Verlag Dr. Dieter Winkler

Dieter Hoof

Opfer – Engel – Menschenkind

Studien zum Kindheitsverständnis in Altertum und früher Neuzeit

Mit zahlreichen Abbildungen

Verlag Dr. Dieter Winkler

Die Deutsche Bibliothek – CIP-Einheitsaufnahme

Hoof, Dieter:
Opfer – Engel – Menschenkind : Studien zum Kindheitsverständnis in Altertum und früher Neuzeit / Dieter Hoof. – Bochum : Winkler, 1999

ISBN 3-930083-26-4 kt
ISBN 3-930083-35-3 Gb

Umschlagbild: Die Grabstele der Plangon, attisch, ausgehendes 4. Jahrhundert v. Chr. (siehe S. 266)

Printed in Germany

Für Johannes Wilhelm

geboren am 16. Februar 1957
gestorben am 30. April 1963

und alle,
denen es versagt war,
in die Fülle des Lebens
hineinzuwachsen

Ihre Engel in den Himmeln
sehen allezeit das Angesicht
meines Vaters in den Himmeln
Mat. 18,10

Inhalt

VORWORT

Das Verständnis der erwachsenen Menschen von ihren Kindern unterlag im Verlauf der Geschichte mehrfach einem Wandel - zum Guten wie zum Bösen. In diesem Buche wird auf der Grundlage vielfältiger Erkenntnisse der historischen Disziplinen ein von der alten bis zur neuzeitlichen Geschichte reichender Längsschnitt zum Kindheitsverständnis herausgearbeitet. Die Weite des Forschungsfeldes erfordert jedoch eine Beschränkung auf epochale und geographische Schwerpunkte. Es ist beabsichtigt, damit einen Beitrag zur Fundierung eines der Humanität verpflichteten Begriffs von Erziehung und Bildung zu leisten.

Die vorgelegten, differenzierten Untersuchungen konnten nur deshalb durchgeführt werden, weil Verfasser die großzügige Hilfe von Museen, Archiven, Bibliotheken und Denkmalbehörden bei der Bereitstellung von Bild- und Textquellen in Anspruch nehmen konnte. Sehr entgegenkommend, auch bei der Klärung inhaltlicher Fragen, war die B'Ephoreia Prohistorikon kai Klassikon Archaiotiton - Frau K. EVSTRATIOU und Ephoros X. PETRAKOS - in Athen. Der Archaeological Receipts Fund (TAP-Service) in Athen - Direktor Dim. METAXAS - stellte bereitwillig die benötigten Aufnahmen von Bildwerken aus verschiedenen Heiligtümern zur Verfügung. Frau Martha ROHDE-LIEGLE, Redaktion der Zeitschrift „Antike Kunst", Basel, erlaubte den Wiederabdruck von Rekonstruktionszeichnungen bedeutsamer attischer Vasenmaleien. Prof. Dr. Rolf A. STUCKY, Basel, überließ uneigennützig Aufnahmen von derzeit im Libanon verloren gegangenen Skulpturen. Dem Istituto degli Innocenti in Florenz bin ich für die Hilfe bei der Bereitstellung älterer Literatur zur florentinischen Waisen-Fürsorge dankbar. Mit Br. JEAN-PHILIPPE von der Communauté in Taizé konnte ich mich über den Abdruck eines in der dortigen Versöhnungskirche vorhandenen Bildes von Abraham und Isaak verständigen. Kustos Dr. Michael KNUTH von der Skulpturensammlung der Staatlichen Museen in Berlin war nicht nur bei mehrfach vorgetragenen Wünschen nach Aufnahmen von Renaissance-Skulpturen, die ja zum Teil im letzten Kriege vernichtet wurden, sehr hilfsbereit, sondern er gab auch vielfältigen fachlichen Rat. Eingeschlossen in den Dank für die mir in Berlin gewährte Hilfe sind Dr. Huberta HERES und Dr. Katrin ACHILLES-SYNDRAM sowie - in der Antikensammlung - Dr. Gertrud PLATZ. Auch bei den Damen und Herren Direktoren, Abteilungsleitern und Photosachbearbeitern der in nachfolgendem Verzeichnis aufgeführten Museen, Archive und Bibliotheken fand ich freundliche Bereitschaft zur Überlassung von Aufnahmen und Kopien gesuchter Werke aus ihren Beständen, worauf jeweils an gegebener Stelle hingewiesen wird. Angesichts des fächerübergreifenden Grundlagenbereichs, auf dem die vorgelegten Studien aufbauen, war ich auf vielfältige Kommunikation angewiesen. Dankbar denke ich an Korrespondenzen und Gespräche mit Fachkollegen aus den verschiedenen Disziplinen: Prof. Dr. Christian BÖRKER, Erlangen und Oberkustos Dr. Karl Viktor DECKER, Mainz, Prof. Dr. Georg DESPINIS in Athen sowie

Prof. Dr. Dres. h.c. Otto KAISER, Marburg/Lahn, Prof. Dr. Wolfgang PÖHLMANN, Braunschweig, Dr. Rainer WILKE, Braunschweig, und viele andere. Prof. Dr. Joachim NAUCK war von Anbeginn an bei Theorie-Erörterungen und bei der Textgestaltung ein hilfreicher Ansprechpartner. Prof. Dr. Dr.h.c. Ulrich BLEIDICK und Frau Luise geb. KÖLSCH, Seevetal, bin ich seit langem durch gemeinsame periegetische Interessen verbunden. Herr Peter AMESBURY und Herr Peter SCHADE-DIDSCHIES von der Medienwerkstatt des Erziehungswissenschaftlichen Fachbereichs der Technischen Universität Braunschweig halfen ausdauernd bei der Aufarbeitung des photographischen Materials. An der Textverarbeitung haben Frau Nadine DÖGE, Frau Jutta GNEVECKOW, Frau Alexandra GRAMSCH und Frau Julia LAUFHÜTTE erheblichen Anteil.

MUSEEN, ARCHIVE UND BIBLIOTHEKEN

Ann Arbor (Michigan), Kelsey Museum of Archaeology, University of Michigan
Athen, Archäologisches Nationalmuseum
..., Archaeological Receipts Fund (TAP-Service)
Beirut, Nationalmuseum (nicht zugänglich gewesen)
Berlin, Skulpturensammlung und Antikensammlung der Staatlichen Museen zu Berlin Preußischer Kulturbesitz
Boston, Museum of Fine Arts
Braunschweig, Herzog Anton Ulrich-Museum
..., Bibliothek (Schulbuchabt.) des Seminars für Evangelische Theologie und Religionspädagogik an der Technischen Universität
Budapest, Szépmüvészeti Múzeum (Museum der Schönen Künste)
Cambridge (Massachusetts), Harvard University Archives
Delphi, Archäologisches Museum
Dresden, Staatliche Kunstsammlungen
Florenz, Museo dell' Opera di Santa Maria del Fiore (Museum der Dombauhütte)
..., Galleria degli Uffici
..., Museo Nazionale del Bargello
..., Museo del Bigallo
..., Istituto degli Innocenti
..., Archivi Alinari
Groningen, Groninger Museum
Jerusalem, Rockefeller-Museum
Kopenhagen, Ny Carlsberg Glyptothek
Korfu, Archäologisches Museum
München, Staatliche Antikensammlungen und Glyptothek
..., Residenz, Antiquarium
..., Bayerische Staatsgemäldesammlungen, Alte Pinakothek
Paris, Musée du Louvre, Abt. Griechische und römische Antike
Piräus, Archäologisches Museum
Prag, Národní Muzeum v Praze (Nationalmuseum)
Prato, Museo del Duomo
Soest, Burghofmuseum
Tunis, Musée du Bardo
Vavrona (Brauron), Archäologisches Museum
Wien, Kunsthistorisches Museum
Würzburg, Martin von Wagner-Museum der Universität
Wolfenbüttel, Herzog August Bibliothek

ZUR EINLEITUNG: KINDHEIT IN DER GESCHICHTE

Die Geschichte der Kindheit ist über Jahrtausende hin traurig gewesen. In ihrer Hilflosigkeit sind den Kindern die naturnotwendigen Zuwendungen, die ihnen das Überleben und Weiterleben ermöglicht hätten, versagt geblieben, und die Zeit ist über ihr namenloses Elend hinweggegangen. Aber es leuchtet in der Geschichte auch eine Linie der Bewußtheit auf, nämlich, Kinder in ihrer Hilfsbedürftigkeit zu umfassen sowie ihnen Empathie und Verstehen entgegenzubringen.

In der ursprünglichen Natur des Menschen ist die mütterliche wie auch väterliche Sorge für das Kind angelegt. Diese Sorge bewahrte das Kind zunächst vor den Gefahren im Lebenskampf, sofern nicht Katastrophen über Eltern und Kind hereinbrachen.

Aus dem naturhaften Eingebundensein erwuchs den Menschen im sozialkulturellen Verlauf die Gefahr, irrationalen Zwängen anheimzufallen. In Religion und sozialem Leben konnten sich Handlungsfigurationen und Rituale der Mißachtung, Instrumentalisierung und Preisgabe von hilflosen Gliedern der Gesellschaft bilden. Dadurch wurde bei den Erwachsenen die Entwicklung der Empathie für das Kind und die Fähigkeit, es zu verstehen, eingeschränkt wenn nicht gar unterdrückt.

Es besteht Anlaß zu der Vermutung, daß bei den Menschen der Urzeit die naturhafte Sorge noch nicht gestört war. Öfter wird auch gesagt, daß die Kinder in den nachfolgenden prähistorischen Zeitaltern, in denen es matriarchalisch ausgerichtete Kulturen gegeben haben könnte, glücklicher gewesen seien. Die bislang zur Verfügung stehenden Quellen bringen hierfür jedoch noch keine Beweise.

Bei der Formulierung von Thesen zur frühen Geschichte der Kindheit kann in gewissen Grenzen der ethnologische Vergleich unter einem neuakzentuierten Gesichtspunkt der Lebensförderung hilfreich sein. Denn in Felduntersuchungen über Naturvölker zeigt sich nicht selten ein hingebungsvolles Verhalten der Menschen zu ihren Kindern.

Die elterliche Sorge für das Kind kann sich über Empathie und Verstehen zu humaner Akzeptanz des Kindes weiterentwickeln, was zur Anerkenntnis des eigenen Seins und Lebensrechtes des Kindes führt. In der geschichtlich faßbaren Zeit gibt es für das Leben der Kinder alle Möglichkeiten des Menschlichen von humaner Akzeptanz und Entfaltung bis zu tiefer Mißachtung. Die Frage von Lloyd deMAUSE „Hört ihr die Kinder weinen“[1] ist nicht mehr zu ignorieren und hat die Forschung inzwischen mehr motiviert als die mögliche Gegenfrage „Hört ihr die Kinder lachen“. Das ausgestandene Leid der Hilflosen ist in der sozialgeschichtlichen Forschung kein Gegenstand des Vergessens mehr. Lebensnot hat die Kinder weinen gemacht. Sie haben nicht nur an Unausweichlichem

---

[1] Ll. de MAUSE (Hrsg.), Hört ihr die Kinder weinen (1977) 12ff.

gelitten, sondern ebenso an den alltäglichen Umständen inhumaner Lebensordnungen, in die sie hineingeboren wurden. Dies alles zu erkennen, bedarf es einer „Geschichte von unten", welche die Lebensvollzüge in einer Gesellschaft, die Handlungsstrukturen und den Handlungsrahmen der Menschen erforscht. Auf dieser Grundlage kann dann versucht werden, Empfindungsqualitäten, Mentalitäten und Denkbewegungen der Menschen unter den je besonderen Umständen der Existenz nachzuvollziehen.

Kindheitsforschung gewinnt ihre Ergebnisse daher aus konkreten und im einzelnen erfaßten historischen Gegebenheiten. Allerdings hat sich in den vergangenen Jahren eine Art und Weise herausgebildet, alle mehr oder minder gesicherten Fakten in kühne, die Geschichte umfassenden Gedankengänge einzuspannen, obzwar die Zusammenhänge noch nicht sorgfältig erforscht sind. Das weite Ausgreifen der Spekualation hat sicher zunächst seinen Sinn gehabt, in der Eröffnung des eminenten anthropologischen und sozialgeschichtlichen Horizontes, den die Kindheitsforschung letztlich doch umfassen muß. Das ist spätestens seit Philippe ARIÈS bewußt, dessen Arbeit - wenn auch auf die abendländische Neuzeit beschränkt - ebenfalls sehr weitgespannte Gedankengänge vollzieht.[2]

Angesichts der notwendigen Weite in der Kindheitsforschung und der Gefahr der Spekulation bietet sich in der derzeitigen Forschungslage die Fokussierung auf fundamentale historische Erscheinungen und auf paradigmatische Ausprägungen des kindlichen Lebens an. Wir halten uns aber bewußt, daß mit jedem Eintritt eines Menschen in diese Welt immer zugleich auch eine eigentümliche Sozialisation ihren Lauf nimmt und daß das Leben des Menschen immer eigentümlichen Gefahren ausgesetzt ist.

Die Schwerpunkte der vorliegenden Studien liegen im Bereich der westsemitischen Kulturen zur Zeit des Alten Testamentes, im spätklassisch-frühhellenistischen Griechenland und in Florenz zur Zeit der Frührenaissance. Geographisch gesehen, liegen diese Bereiche insgesamt auf bevorzugten Routen heutiger Bildungsreisen.

Jeder in der Geschichte erkennbare Lebenszusammenhang hat seinerseits Geschichte. Diese muß zum Verständnis der jeweiligen Zeitlage ebenfalls in die Erörterung einbezogen werden. Gegebenenfalls sind hierzu eigene Exkurse notwendig.

Bei Forschungen in den genannten Kulturepochen bewegen wir uns nicht in wissenschaftlichem Neuland. Religionswissenschaft und Theologie, Archäologie, Kunstgeschichte, Literaturgeschichte und allgemeine Historiographie, nicht zuletzt die Sozialgeschichtsforschung haben bislang schon erhebliche Quellengruppen bereitgestellt, die auch für die Kindheitsforschung von Bedeutung sind. Die Methoden der genannten Disziplinen fundieren und ergänzen diejenigen der Erziehungsgeschichte, welche ihrerseits das Erkenntnisinteresse und seine Problematik konkret bestimmen kann. Die Kindheits-

[2] Ph. ARIÈS, Geschichte der Kindheit (1975)

forschung ist förmlich darauf angewiesen, daß die Fragen interdisziplinär gestellt werden. So haben zum Beispiel die Disziplinen der Klassischen Archäologie und der Kunstgeschichte bedeutende Gruppen von Kinder-Skulpturen bekannt gemacht, durch die das nur auf Grund schriftlicher Quellen erarbeitete Wissen über Kindheit erheblich ergänzt und sogar modifiziert werden kann. Andererseits können zum Beispiel ein Keilschrifttext oder ein biblischer Quellentext wie auch ein eigentümlicher archäologischer Fundkomplex, jeweils für sich genommen, Forschungslücken schließen und zu neuen kindheitsgeschichtlichen Erkenntnissen im Gesamtzusammenhang führen.

Zwar versucht die „Geschichte von unten" zu ermitteln, wie es an unterschiedlichen Orten zu unterschiedlichen Zeiten den Kindern im einzelnen ergangen ist, um daraus Schlußfolgerungen zum jeweiligen Kindheitsverständnis zu ziehen. Diese Absicht kann jedoch angesichts der Quellenlage nicht immer voll realisiert werden. Alltagsszenarien in ihren vielfältigen und lebendigen Verschränkungen darzustellen, gar Lebensläufe konkret nachzuvollziehen, wird um so schwieriger, je weiter wir zeitlich zurückgehen. Dennoch ist beabsichtigt, auch aus dem Altertum wirklich Geschehenes im Zusammenhang von Bewußtsein und Mentalität zu ermitteln. Gelegentlich erlauben die Quellen aber doch, idealtypische Geschehensverläufe, auch aus existentiellen Lebenslagen von Eltern und Kindern, vor dem geistigen Auge erstehen zu lassen. Daraus ergeben sich ebenso Schlußfolgerungen zum Kindheitsverständnis in der betreffenden Epoche.

Der Frage nach der Kindheit und nach dem Lebensglück der Kinder gebührt ein neuer und hervorragender Platz in unserem Denken und Forschen. Kindheit entscheidet auch über den Frieden oder Unfrieden der Nachfolgenden.

Die Kindheitsforschung bedarf wie jeder Forschungsbereich der erkenntnisleitenden begrifflichen Bestimmungen oder Kategorien. Zu unterscheiden sind allgemeine Grundbegriffe des Verstehens und solche Bestimmungen, die, wenngleich auch auf Grundbedeutungen gerichtet, so doch insbesondere zum Verständnis von Erscheinungen in einzelnen Epochen der Kindheitsgeschichte geeignet sind. Ein entscheidender Grundbegriff des Verstehens ist die oben formulierte humane Akzeptanz des Kindes. Dieser Begriff vermag die Aufmerksamkeit der Forschung darauf zu richten, wie Menschen mit den noch hilflosen Kindern in ihrer jeweiligen gesellschaftlichen Lage umgegangen sind. Humane Akzeptanz des Kindes hat sich, wenn das überhaupt gesagt werden muß, aus bestimmten historischen Prozessen der Bewußtseinsbildung ergeben, so aus der aufklärerischen Entwicklung der Allgemeinen Menschenrechte seit dem 18. Jahrhundert oder - um weit zurück zu gehen - aus den immer neu beschworenen biblischen Bestimmungen der Gottebenbildlichkeit des Menschen und der Achtung des Menschen. Zugeordnete Leitbegriffe, die zunächst auch noch die Ebene von Grundbedeutungen betreffen, sind etwa elterliche Sorge, Weinen und Glücklichsein der Kinder, kindliche Entfaltung, Mißachtung und Preisgabe der Kinder. Sie sind auf Grund vorläufiger Kenntnisnahme des Gegenstandsfeldes formuliert und werden im Diskurs über die konkreten historischen Erscheinungen in den verschiedenen Epochen inhaltlich weiter ausgefüllt, differenziert und auch modifiziert.

Kindheit und Kindheitsverständnis müssen somit im sozialkulturellen, religiösen und politischen Kontext erörtert werden - auf der Basis des bezeichneten humanen Grundverständnisses. Notwendig ist weiterhin, daß sich der Forscher von einem heutigen, spätbürgerlichen Bewußtsein über Kindheit löst und sich ebenso nicht in die Abhängigkeit von aktuellen Tendenzen postmoderner Lebensauffassung begibt. Nicht unberücksichtigt bleiben darf, daß auch die altersmäßige Eingrenzung von Kindheit epochenabhängig ist. Sie wird außer durch biologische durch umweltbedingte und ökonomische Faktoren bestimmt.

Der Kindheitsbegriff selbst - der Merkmalszusammenhang, welcher Kindheit bestimmt - ist über Zeiten und Kulturen hin nicht einheitlich, wie nunmehr noch an Ausprägungen der neuzeitlichen Epochen angedeutet werden soll. Von früheren Epochen soll erst in den hier folgenden Untersuchungen gehandelt werden, denn bisher ist die Forschung bei der Bestimmung von Kindheit noch kaum hinter die Neuzeit zurückgegangen. Jedoch wurden, angeregt durch ARIÈS, für die Epochen seit der Renaissance charakteristische Ergebnisse gewonnen.

Mit dem Kindheitsbegriff haben sich auch sozialkritisch orientierte pädagogische Entwürfe der Gegenwart, unter anderem für Lateinamerika, auseinandergesetzt und neue Aspekte zu einem Kindheitsverständnis beigesteuert. Demgegenüber stehen immer noch ein unglaubliches Ausmaß an industrieller Kinderarbeit in verschiedenen Entwicklungsländern und eine verbreitete Kinderprostitution. In Ansehung dessen werden alle unsere theoretischen Bemühungen um eine humane Bestimmung von Kindheit leicht zu einem wirklichkeitsenthobenen Gedankenspiel.

Eine wesentliche Erkenntnis der auf die Neuzeit gerichteten Kindheitsforschung ist, daß Kinder nicht in behüteter Umgebung aufwuchsen - die Kinder gehobener und höherer Schichten so wenig wie die Kinder der unteren Schichten -, sondern daß sie am Leben der Erwachsenen partizipierten. Besonders für die Barockzeit und das 18. Jahrhundert ist dies durch vielfältige Quellen, auch aus der bildenden Kunst, nachgewiesen worden. Dennoch unterstanden die Kinder einem mehr oder minder ausgeprägten Schutz wegen ihrer Hilfsbedürftigkeit. Nur führte das nicht zu einem besonderen Verständnis von „Kindlichkeit".

In der Barockzeit gab es ein schon in der Hochrenaissance entwickeltes und sich mehr und mehr konsolidierendes Verständnis vom Kinde als einem kleinen, noch unvollkommenen Erwachsenen. Das blieb so bis in das 19.Jahrhundert hinein, in den höheren wie in den niederen Schichten.

Ivan ILLICH hat in seinen seit den 70er Jahren weit verbreiteten programmatischen Schriften zur Verbesserung der Lage der unterdrückten Schichten am Beispiel der

Landbevölkerung Mexikos herausgestellt, wie die Menschen einen Begriff von der „Brauchbarkeit" eines Heranwachsenden hatten und haben: „In den Anden bestellt man den Acker, sobald man ‚brauchbar' geworden ist. Vorher hütet man Schafe. Wer gut genährt ist, sollte mit Elf brauchbar sein, sonst mit Zwölf..."[3] In dieser Lebensordnung waren die Kinder aber ob ihrer Unentwickeltheit vor krasser Ausbeutung geschützt, was in manchen Zentren der Frühindustrialisierung in Europa während der ersten Hälfte des 19. Jahrhunderts und in den bezeichneten Entwicklungsländern nicht der Fall war und ist.

Neben dem Verständnis des Kindes als einem noch unvollkommenen Erwachsenen konnte sich in den neuzeitlichen Gesellschaften Europas noch eine ganz andersartige Auffassung über Kinder Geltung verschaffen, nämlich das am Bilde der Engel orientierte Denk- und Vorstellungsmuster, welches von einer tiefen mentalen Schicht getragen war und ist.

Kinder als Engel sind Wesen von einer ursprünglichen, göttlichen Natur, die den Erwachsenen verloren gegangen ist. Die Impulse für das Bild der Kinder als Engel gehen, wie zu zeigen ist, bis in das ausgehende Mittelalter zurück. Trotz aller sozialen und ökonomischen Bedrängnisse, denen das Kindesleben ausgesetzt war, ist dieses Engelbild entstanden und über alle Jahrhunderte lebendig geblieben. In Ansehung der zeitlich einhergehenden Auffassung von Kindern als unvollkommenen Erwachsenen kann man sagen, daß die Menschen der Neuzeit ein mehrdeutiges, wenn nicht sogar ambivalentes Verhältnis zu ihren Kindern hatten. Die Engel-Komponente im Kindheitsverständnis ist - wie mehr thesenhaft zum Ausdruck gebracht werden soll - auch in unserer heutigen Denk- und Vorstellungswelt noch derart internalisiert, daß sich die kindheitsgeschichtliche Forschung bislang nicht damit auseinandersetzen wollte.

Die Denk- und Vorstellungswelt „Kinder als Engel" wird noch dadurch weiter differenziert, daß in der Epoche der Romantik eine geistes- und sozialgeschichtliche Strömung zusätzlich zur Geltung kam, Kinder ob ihrer „Unschuld" als Wesen besonderer Art zu idealisieren.[4] Auch von diesem historischen Impuls ist eine erhebliche mentalitätsbildende Kraft mit eigener Dynamik ausgegangen - in einer Zeit, da zugleich die Kinderarbeit in Bergwerken und Manufakturen menschenverachtende Ausmaße anzunehmen begann.

Schließlich brachte das sich anbahnende bürgerliche Zeitalter die „Kindlichkeit" hervor, als eine eigene, auch lebenspraktisch bestimmbare Qualität der Altersstufe. Kindlichkeit konnte sich entfalten, wenn den Kindern eine von der rauhen Welt abgeschirmte, behütete Kindheit ermöglicht wurde - in denjenigen gesellschaftlichen Schichten, die nicht am Rande des Existenzminimums leben mußten.

---

[3] I. ILLICH, Entschulung der Gesellschaft (München 2.Aufl.1972) 50f.

[4] M.S. BAADER, Die romantische Idee des Kindes und der Kindheit (1996)

Engelhaftigkeit, Idealisierung der Kindheit und Kindlichkeit in behütetem Raume sind bedeutsame Aspekte in einem humanen Zusammenhang des europäischen Kindheitsverständisses, der vom ausgehenden Mittelalter bis in die Moderne hin reicht. Im Jahre 1900 erscheint dann im Prozeß eines sich weiterentwickelnden sozialen und pädagogischen Bewußtseins das Buch von Ellen KEY über „Das Jahrhundert des Kindes". Und unter den seit der Jahrhundertwende in der westlichen Welt aufgekommenen Reformströmungen nimmt die „Pädagogische Bewegung vom Kinde aus" eine hervorragende Stellung ein. Deren Wirkungsgeschichte ist in der erziehungswissenschaftlichen Literatur vielfach beschrieben worden. Wenn auch die einzelnen Züge des modernen Kindheitsverständnisses nicht Gegenstand unserer Erörterungen sind, so nehmen wir doch die darin aufleuchtenden Ausprägungen einer humanen Akzeptanz des Kindes zur Kenntnis, als Weiterführung einer Linie des Bewußtseins, die auch in der Vergangenheit Stadien der Geltung hatte.

Jeglicher menschliche Impuls, der in der älteren wie neueren Geschichte Gestalt angenommen hat, bleibt in irgendeiner Weise für die Nachfolgenden bedeutungsvoll. Von dieser Gewißheit aus greifen die folgenden Untersuchungen weit in die Geschichte der Kindheit zurück. Dabei kommen wir - im Bösen wie im Guten - zu erstaunlichen Ergebnissen hinsichtlich der Auffassungen, die Menschen von ihren Kindern hatten. Und das um so mehr, als sich zeigt, daß sogar uralte Denkmuster über Kindheit und dahin einschlagende Mentalitäten noch immer virulent sind - auf dem schillernden Spektrum „Opfer - Engel - Menschenkind".

Die Geschichte der Kindheit als ein wesentlicher Bereich der Sozial- und Erziehungsgeschichte kann gemäß unseren Vorüberlegungen nur im ausführlichen Zusammenhang der gesamthistorischen Entwicklung in ihren verschiedenen Dimensionen verstanden werden. Das erfordert - methodologisch gesehen - eine strukturale Sichtweise, die in der jeweiligen Zeit und Kultur die sozialkulturellen Determinanten von Kindheit aufsucht und gewichtet. Eine nicht geringe Bedeutung kommt hierbei den in der Geschichtsschreibung oft vernachlässigten Lebensbedingungen und Handlungsmöglichkeiten der Frauen und Mütter zu. Je weiter wir in der Geschichte zurückgehen, um so fremdartiger erscheint uns fürs erste die Zeitlage, in die Menschenkinder hineingeboren wurden, als ein Geflecht von politischen, sozialen, religiösen und psychischen Gegebenheiten. Die Zwänge zur Preisgabe ihrer Kinder, denen Menschen in alten wie in neueren Kulturepochen so oft unterlagen, können dadurch aus dem Kontext heraus deutlich gemacht werden, aber ebenso die Umstände und Bewußtseinslagen, in denen Menschen neue humane Grundpositionen gewinnen konnten und ihren Kindern gedeihliche Lebensumstände schufen. Wir treten eine aufregende Reise in weite Räume an, aus denen seit jeher Irrlichter zu uns herüber flackern wie auch Sterne strahlen.

I. KINDER AUF DEM BLUTALTAR UND IM FEUEROFEN - DIE ISRAELITEN IN DER AUSEINANDERSETZUNG MIT DEM BAAL UND DEM MOLOCH

Das Geheimnis der Erlösung heißt Erinnerung.
Alte rabbinische Weisheit

1. Das Lebensrecht des Kindes. Erste Bestimmung einer Grundgegebenheit

Eine der massivsten Gefährdungen des Kindes in der Geschichte war der religiöse Brauch des Kinder-Opfers, sei es als regelmäßiger Ritus in einer Kultgemeinschaft oder als exzeptionelle Opferhandlung. Unsere diesbezüglichen Erörterungen sind nicht mit der religionswissenschaftlichen oder theologischen Problematik an sich befaßt, sondern sie haben das Kind als Ausgangspunkt und gedankliche Mitte - auf dem Hintergrund der religionswissenschaftlichen und theologischen Sachverhalte.

Das Kind tritt in völliger Offenheit für alle Prägungen in diese Welt ein, und es ist allen Gefährdungen bis hin zum physischen Untergang ausgesetzt. Den Weg des Kindes bestimmen die Eltern, das soziale Umfeld, die ökonomischen Verhältnisse, historische, mentale und religiöse Gegebenheiten einer Gesellschaft. Diese Faktoren sind für das Kind, das noch nicht die Möglichkeit der Selbstbestimmung hat, Chance und Verhängnis. Es kommt vor, daß Erwachsene den Tod des Kindes verantworten müssen. Leitbegriff unseres Diskurses ist das Lebensrecht des Kindes. Das Lebensrecht verschafft sich Geltung durch Lebenswillen, Urvertrauen und Liebesfähigkeit. Es sind menschliche Eigenschaften beim Kinde, die ihre Entsprechung bei Erwachsenen, zuallermeist bei den Eltern, den Vätern und Müttern, finden müssen. Nur durch die Entsprechung kann das Lebensrecht des Kindes verwirklicht werden. Unvoreingenommene und vorbehaltlose Zuneigung der Eltern zum Kinde ist eine, wenn nicht die entscheidende Voraussetzung für humane Existenz auf der noch hilflosen Stufe des Lebens. Die Hilflosigkeit, um nicht zu sagen: das Ausgesetztsein des Kindes bedeutet immer zugleich auch unaufhebbare Fürsorgepflicht, die als anthropologische Konstante verstanden werden kann. Der aufgezeigte Zusammenhang hat neben der emotionalen und ethischen Dimension zugleich eine rationale, die aber nur von Erwachsenen bzw. von bereits zur Fürsorge fähigen Personen zum Bewußtsein gebracht werden kann, und zwar auf Verantwortung hin. Das Kind kann zunächst nur seine auf Entsprechung hin gerichteten Lebenskräfte zu Geltung bringen. Das Lebensrecht des Kindes wurde in der Geschichte auf vielfältige Weise in Frage gestellt und wird auch heute in der Welt oft mißachtet. Aber alle stattgefundenen Regressionen in humaner und sozialer Hinsicht und alle denkbaren Umdeutungen des kindlichen Lebensrechtes klären letztlich nur dessen unbedingte und nicht hinterfragbare Gültigkeit.

In der vor drei Jahrtausenden entstandenen und seither ununterbrochen wiedererzählten, leidhaft erörterten und interpretierten, auch vielfach verurteilten Erzählung von Abraham und Isaak begegnet uns der Vater, der nicht „vom Kinde aus" handelte, wenngleich seine väterliche Liebe - folgen wir der uns alleine noch erhaltenen biblischen Fassung der Erzählung - besonders tief und innig war. Abraham aber hatte ein Problem mit seinem Gott[1], genauer: mit der Kraft, die er von seiner sozialen und religiösen Prägung aus als seinen Gott verstand, ein Problem übrigens, das sich als ein wesentliches Konstitutivum der nachfolgenden mehrtausendjährigen Glaubensentwicklung herausstellen sollte. Der Gott Abrahams verhüllte - zunächst jedenfalls - bei dem Vater ein Bewußtsein über das prinzipiell nicht zur Disposition stehende Lebensrecht des Kindes und über die Pflicht, dieses Lebensrecht zu wahren. Die Erzählung verkündet, so scheint es, daß Gott den Abraham um des Wertes „Gehorsam" willen prüfen wollte, ob er bereit war, sein Kind persönlich auf dem Blutaltar zu opfern.

Opfern kann man nur etwas, was einem gehört, im Sinne von „Eigentum" und „Verfügungsrecht". Kinder sind aber nicht verfügbares Eigentum ihrer Eltern, wiewohl im Lebensumkreis Abrahams, in seinem sozialkulturellen Horizont, ein auf die eigenen Kinder gerichtetes Eigentums-Verständnis solche extrem übersteigerten Züge annehmen konnte. Auch die Geschichte der nachfolgenden Jahrtausende bis hin zur Gegenwart liefert unendlich viele Beispiele dafür, daß Eltern, insbesondere Väter, Eigentum an ihren Kindern auszuüben trachteten, oder doch eine dahingehende Mentalität besaßen und noch besitzen, wobei sicher auch Momente aus Sklaverei-Ordnungen hineinspielen konnten. Weil die „Prüfung" Abrahams nicht nur ihn selbst und sein Eigentum betraf, sondern sich hauptsächlich gegen das Lebensrecht seines Kindes auf dieser Erde richtete, konnte sie gar nicht von Gott her kommen. Lebensrecht des Kindes ist göttliches Recht, eine Gleichsetzung, die wir nicht zu problematisieren anstehen. Gott kann zwar ein Kind wieder zu sich nehmen, aber nicht durch das Opfermesser des Vaters, und Gott erweckt auch nicht den Eindruck, als ob er solches beabsichtige. Wir wissen, wie die Erzählung ausgeht: Das Kind erleidet nicht den Opfertod, sondern wird durch ein Tier substituiert. Es muß ein anderer Sinn in der Erzählung liegen, als er zumeist - insbesondere von theologischer Seite aus - darin gesehen wird.

---

[1] Außer dem Begriff „ Gott" kommen in der folgenden Erörterung von Fall zu Fall die Begriffe „Jahwe", „Elohim" und „der Herr" in Frage, auch „El" und „Baal" sowie „Moloch" (in mehreren Abwandlungen) und „Gottheit" , je nachdem, welcher alttestamentliche oder neutestamentliche Sachverhalt zur Rede steht und ob der Zusammenhang von seiner theologischen oder religionswissenschaftlichen Seite her dargestellt wird. (Außerdem haben wir es mit weiblichen Gottheiten aus dem vorderasiatischen Bereich zu tun, deren Namen oft unterschiedlich sind.)

2. Kinder-Opfer: Thematische Eingrenzung

Doch zunächst befassen wir uns ausführlicher mit dem Lebensumkreis, in dem eine solche, göttliches Prinzip verkennende, unmenschliche Erzählung entstehen konnte. Dabei zeigt sich, daß eine, in reale Einzelheiten gehende, historische „Momentaufnahme" der Lage Abrahams von den Quellen her weder möglich ist, noch überhaupt ausreichen würde, den komplexen Bedingungsrahmen des Kinder-Opfers aufzuzeigen. Vielmehr geraten wir dabei in lange Zeiträume der Geschichte des Volkes Israel und benachbarter semitischer Volksgruppen, und wir stoßen auf vielfältige weitere Nachrichten über Kinder-Opfer im religiösen und kultischen Zusammenhang. Auch starke Bewegungen gegen das Kinder-Opfer zeigen sich.

Die diesbezüglichen Erörterungen könnten - unter Hinzuziehung archäologischer Forschungsergebnisse und orientalistischer Quellen außerhalb der Bibel - auf den gesamten vorderasiatischen Bereich ausgedehnt werden, reichend vom Gebiet der Hethiter in Kleinasien bis nach Syrien und über Mesopotamien hin, wo die frühen Kulturentwicklungen stattgefunden haben. Auch Europa könnte in die Erörterungen einbezogen werden. Jedoch soll eine Konzentration auf die westsemitischen Volks- bzw. Kulturgruppen erfolgen, welche das Land zwischen dem nördlichen Syrien auf der einen und Ägypten auf der anderen Seite, nämlich Phönizien und Palästina, eingenommen haben.[2] Denn die Absicht besteht nicht darin, eine allgemeine Geschichte des Kinder-Opfers zu entwikkeln, sondern das kindheitsgeschichtliche Problem von den alttestamentlichen Überlieferungen her zu konkretisieren, und zwar, weil diese über Glaubensentwicklung und christliche Kirchen wesentlich in die europäische Kultur- und Mentalitätsgeschichte hineingewirkt haben. Entsprechendes gilt ja, wenn auch nicht so ausgeprägt, für die Überlieferungen der Antike, in welcher ebenfalls Kinder-Opfer vorkommen, deren Rezeption bis in unsere Zeit hinein kulturbedeutsam geblieben ist (wie im weiteren ausführlich zu zeigen ist). Es kann auch nicht mehr darum gehen, die über Jahrhunderte reichende Geschichte der Exegese der einschlägigen alttestamentlichen Texte neu zu schreiben. Das ist bereits ausführlich geschehen[3] und bedarf keiner Wiederholung.

---

[2] Über den weiteren semitischen und mesopotamischen Bereich und dort u.U. praktizierte Kinderopfer-Kulte unterrichten mit Hinweisen auf Quellen: M. WEINFELD, The Worship of Molech and the Queen of Heaven ..., Ugarit-Forschungen 4, 1972, 133ff.; M. SMITH, JAOS 95, 1972, 477ff. (Replik auf M. WEINFELD, u.a. wegen Kinder-Opfern in Assyrien); M. WEINFELD, Ugarit-Forschungen 10, 1978, 411ff. (Gegen-Replik). - P.G. MOSCA, Child Sacrifice in Canaanite and Israelite Religion (1975) 188f. - Siehe auch: J. HENNINGER, Menschen-Opfer bei den Arabern, Anthropos 53, 1958, 721ff. - Für Europa: M. M. RIND, Menschenopfer - Vom Kult der Grausamkeit (Regensburg 2. Aufl. 1998) (enthält vielfältige Kinderopfer-Hinweise).

[3] Literatur-Liste bei Cl. WESTERMANN, BK I/2, 1981, 429f. (im Zusammenhang von „Abrahams Opfer")

Notwendig ist jedoch, die hauptsächlichen inhaltlichen Komplexe im Alten Testament zusammenzustellen, die das Kinder-Opfer betreffen. So gibt es außer der bewußten, gewissermaßen singulären Erzählung über Abraham und Isaak eine Reihe von Stellen, in denen - allerdings ohne genauere Konkretisierungen - von kultischen Praktiken im Zusammenhang mit Kinder-Opfern die Rede ist, ferner Erzählungen bzw. Erwähnungen über bestimmte Kinder-Opfer namentlich genannter historischer Personen. Vom Opfer-„Sinn" her kann man in den verschiedenen Kinderopfer-Überlieferungen entweder einen - nicht einheitlich in Erscheinung tretenden - Erstgeburts-Zusammenhang oder eine allgemeine auf Kinder gerichtete Opfergesinnung erkennen. Alle Kinderopfer-Kulte waren an ursprüngliche Stammesgottheiten aus einem Baal-/Moloch-Umkreis gebunden. Erstgeborenen-Opfer wurden aber schon früh von der israelitischen Volks-Gottheit Jahwe/Elohim okkupiert, während die allgemeinen Kinder-Opfer bis in historische Zeit hinein den Baal/Moloch-Gottheiten dargebracht wurden. Alle in Frage kommenden Text-Stellen werden vollständig wiedergegeben. Hinsichtlich des religions- und sozialgeschichtlichen Zusammenhanges alttestamentlicher Nachrichten über Kinder-Opfer kann außer auf die Ergebnisse alttestamentlicher Forschung i.e.S. auch auf außerbiblische Schriftquellen und historische Forschungsergebnisse zurückgegriffen werden.

Erkenntnisziel ist das Kindheitsverständnis, das die Israeliten in Auseinandersetzung mit den Nachbarvölkern bzw. mit ihrem religösen Umfeld, auch mit ihrer eigenen Geschichte entwickelt haben, zugespitzt auf den Umgang mit dem Kinderopfer-Brauch. Eine Alltagsgeschichte des Kinderlebens kommt dadurch noch nicht in den Blick. Sie wäre ein eigenes Bemühen wert. Einzelne Streiflichter auf die Eltern-Kind-Beziehung im alten Israel mögen dennoch aufleuchten.

Nach einem erheblichen Zeitsprung richtet sich unsere Aufmerksamkeit auf neuere und gegenwärtige exegetische und religionspädagogische Positionen im Zusammenhang der alttestamentlichen Stellen zum Kinder-Opfer. Hierbei wird vorausgesetzt, daß theologische Wissenschaft und Religionspädagogik in der Tat bestimmte Seiten heutigen Bewußtseins spiegeln und somit Verständnis-Kategorien herausarbeiten, die hinwiederum kritisches Weiterdenken in dem anstehenden, letzte Lebens- und Existenzfragen betreffenden Problemkreis ermöglichen.

Es haben sich nicht nur Theologen und Religionspädagogen zum Kinder-Opfer geäußert, sondern naturgemäß auch Religionswissenschaftler sowie Philosophen, und außerdem hat sich die Bildende Kunst seit Jahrhunderten mit der Thematik auseinandergesetzt.

3. Das Quellen-Problem

Kinder-Opfer kommen in der Religionsgeschichte Israels und seiner Nachbarvölker seit der Frühzeit vor. Sie reichen in Zeiträume zurück, aus denen es noch keine direkten israelitischen Schriftquellen gibt. Auch sind im syrisch-palästinensischen Raum keine konkret aussagefähigen archäologischen Quellen über Kinder-Opfer vorhanden.[4] Jedoch enthält die Bibel Nachrichten über Kinder-Opfer, die unzweifelhaft in die Frühzeit Israels, wenn nicht gar in die Phase seiner Ursprünge gehören. Dieser uns zunächst interessierende Zeitraum beginnt - gemäß der für den Vorderen Orient gültigen prähistorischen Gliederung - vermutlich schon in der Mittleren Bronzezeit (erste Hälfte des 2. Jahrtausends v.Chr.), sicher aber in der Jüngeren Bronzezeit (etwa von 1500 bis 1000 v.Chr.) und umfaßt noch die anschließende Eisenzeit.

In der Bibel leuchten die frühzeitlichen Epochen auf in den Erzväter-Erzählungen, in den Erzählungen über den Auszug aus Ägypten, über die Wüstenwanderung und über die Landnahme in Kanaan sowie in den Berichten über die Richter und über die Bildung des israelitischen Stammesverbandes. Mit der anschließenden Königszeit beginnen die im historiographischen Sinne beschreibbaren Epochen. Während aller Zeiten blieben die Kinder-Opfer ein Problem. Noch die Propheten setzen sich, wie im einzelnen zu zeigen ist, vehement damit auseinander.

Die Schriften des Alten Testamentes, welche Geschehnisse aus den frühen Zeiträumen überliefern, sind erst lange Zeit später entstanden und in ihrer uns heute gegebenen Fassung zudem das Ergebnis verschiedener, aufeinander folgender Redaktionen mit weiteren Einarbeitungen. Das jahwistische Geschichtswerk im Pentateuch datiert um 950 v.Chr., das elohistische Geschichtswerk um 800 v.Chr. Diese Überlieferungsbestandteile beruhen auf Urquellen, die uns nicht mehr bekannt sind. Die Urquellen hinwiederum tradieren mündliches Erzählgut, dessen Ursprünge naheliegenderweise an die Zeit des Erzählten heranreichen. Ethnologische Vergleiche erweisen, daß das Erzählgut nicht chronologisch und historisch genau bestimmte Sachverhalte weitergibt, sondern eine Funktion als traditions- und identitätsstiftender Gedankenkreis besitzt, zur Erklärung und Legitimation von Glaubensüberzeugungen und kultischer Praxis.

Die zur Rede stehenden alttestamentlichen Erzählungen oder Textstellen bewahren somit mindestens drei Schichten oder Rudimente davon in sich auf, nämlich 1. tradierte Fakten und Sagen im Spiegel des Bewußtseins zum Zeitpunkt der Niederschrift der vorliegenden Texte, 2. die in den genannten Inhalten noch aufscheinenden Fakten-Kenntnisse und Bewußtseinsbestandteile der Verfasser nicht mehr erhaltener Urquellen und 3. schließlich Spuren des zugrundeliegenden mündlichen Erzählgutes mit seinen, eine historische bzw. prähistorische Ausgangslage kennzeichnenden Inhalten und der diesen Inhalten unter Umständen noch nahen Bewußtseinslage. Es wäre denkbar, daß in einem Text außer der ersten Schicht auch die weiteren, zugrundeliegenden Schichten aufgedeckt werden könnten. In diesem Idealfall ergäbe sich eine mehrschichtige historische Information. Jedoch hat die quellen- und literaturkritische Forschung noch keineswegs immer die verschiedenen Schichten oder Anteile davon deutlich aus den überlieferten Texten

---

[4] Neuerdings jedoch: H. SEEDEN, A thophet in Tyre? In: Berytus 56, 1991, 39 ff.

herauslösen können. Je konkreter und detaillierter die Fragen an den betreffenden Text gestellt werden, desto unklarer fallen oft die Antworten aus.

Dennoch besteht die Absicht darin, Sachverhalte über das Kinder-Opfer in der Geschichte Israels und in seinem gewichtigen politischen, kulturellen und religiösen Umfeld zu ermitteln. Unsere nachgehende Bearbeitung beabsichtigt keine bloße Zusammenfassung des Erkenntnisstandes, sondern ist vielmehr bemüht, in akzentuierter Weise nach den betroffenen Kindern selbst zu fragen. Da aber Kinder in der Geschichte eine schweigende Gruppe darstellen, ist ein solches Vorhaben nur über eine Exponierung des Kindheitsverständnisses möglich, welches die Schreiber bzw. Redaktoren hatten - und diejenigen, über die sie erzählen, etwa die Israeliten während der Landnahme-Epoche. Jedoch werden wir das tatsächliche Bewußtsein derjenigen Vater-Gestalt, die der Erzählung von Abraham und Isaak zugrundeliegt, nie völlig ermitteln können.

Angesichts der aufgezeigten Mehrschichtigkeit der alttestamentlichen Quellen zur Frühzeit Israels ist ein historiographischer Längsschnitt durch das Problemfeld „Kinder-Opfer" kaum möglich. Vielmehr bietet sich an, die Quellen gemäß den oben genannten Überlieferungskomplexen zu besprechen und dabei - so weit möglich - jeweils die historische Frage zu stellen und zu versuchen, einen Zusammenhang herzustellen.

Diejenigen Quellen sodann, welche einschlägige Informationen aus historischer Zeit enthalten, werden zweckmäßigerweise im Anschluß erörtert. Es sind insbesondere Mitteilungen über die Kult-Praktiken judäischer Könige sowie die Verurteilungen, welche die Propheten über die kanaanäischen Kinder-Opfer zu ihrer Zeit aussprechen. Diese Nachrichten repräsentieren im übrigen eine historische Bewußtseinslage, in der das Kinder-Opfer als menschliches Problem überhaupt deutlich hervortreten konnte.

Die Bibeltexte werden nach der Zürcher Bibel wiedergegeben. Verfasser ist sich aber dessen bewußt, daß verschiedene gravierende Einzelfragen nur im Rückgriff auf den Originaltext erschöpfend diskutiert werden können. Es liegen schon wichtige textkritische Untersuchungen namentlich zu unserer Thematik vor. Es sei vor allem auf die von Otto EISSFELDT eingeleitete Diskussion um „Moloch" hingewiesen.[5]

4. Epochen und Aspekte der israelitischen Geschichte und Religion

In einer nicht genau einzugrenzenden Zeit während der ersten Hälfte des 2. Jahrtausends v.Chr. (in der Mittleren Bronzezeit) wanderte eine kleine Bevölkerungsgruppe, die zu

[5] O. EISSFELDT, Molk als Opferbegriff ... (1935). Des weiteren: W. KORNFELD: Der Moloch. Eine Untersuchung zur Theorie O. Eissfeldts, WZKM 51, 1952, 287ff.; M. BUBER, Königtum Gottes (Werke Bd. 2; 485ff. [1964]); P.G. MOSCA, Child Sacrifice in Canaanite and Israelite Religion (1975) (ausführlich und den neueren Forschungsstand repräsentierend)

einem in Nordwestmesopotamien lebenden Nomadenstamm gehörte, in den syrisch-palästinensischen (kanaanäischen) Raum ein. Diese Gruppe liegt den biblischen Nachrichten über die Erzväter Abraham, Isaak und Jakob zugrunde; sie ist überhaupt nur von daher erschließbar. Es ist ausführlich diskutiert worden, ob die - der Bibel zufolge - von Abraham in Haran (im Gebiet des oberen Euphrat) begonnene Wanderung (Gen. 11,31) mit großräumigen Völkerbewegungen jener Jahrhunderte in Verbindung gebracht werden kann, namentlich mit der Amoriter-Bewegung im 18. Jahrhundert. Mit „Amoritern“ (Amurru) wurde schon in zeitgenössischen Texten, wenn auch in wechselnder Eingrenzung, eine große Volks- oder Völkergruppe westlich von Mesopotamien bezeichnet, aus welcher die Kanaanäer hervorgegangen sind und zu welcher man Abraham rechnen kann. Die Amoriter hatten mehrfach erheblich in die geschichtliche Entwicklung eingegriffen. So waren sie in Verbindung mit den östlich von Mesopotamien ansässigen Elamitern um die Wende zum 2. Jahrtausend am Sturz der sumerischen Ur-III-Dynastie beteiligt.[6]

Der syrisch-palästinensische Raum befand sich auf Grund seiner geopolitischen Lage als schmales Durchzugsgebiet seit jeher im Spannungsfeld der Großmächte, nämlich Babyloniens, Assyriens und des Hethiterreiches im Norden und Ägyptens im Süden. Für die Nachkommen Abrahams und - Jahrhunderte später - für das sich herausbildende Volk Israel wurde Ägypten mehrfach zum Schicksal. Entscheidende politische Entwicklungen und religiöse Manifestationen sind nur auf dem ägyptischen Hintergrund zu verstehen.

Die „Abraham-Gruppe“ war aber ohne Zweifel ein ziemlich kleiner, familiär bestimmter Verband, dessen Wanderungen schwerlich mit bestimmten geschichtlichen Ereignissen-verbunden werden können. Vielmehr ist es sinnvoll, die siedlungs- und kulturgeschichtliche Gesamtlage jener Jahrhunderte in Betracht zu ziehen, um näherungsweise zu Aussagen über die Bewußtseinslage Abrahams und seiner Leute zu kommen. Daß wir damit keine Beiträge zu einer Familien- oder Stammesgeschichte gewinnen, möge deutlich hervorgehoben sein.

Eine solch kleine Bevölkerungsgruppe fand zwischen der syrisch-arabischen Wüste und dem fruchtbaren Gebiet im Westen Kanaans genügend Freiraum für ein rand- oder halbnomadisches Leben, wie es in der biblischen Überlieferung festgehalten ist. Abraham hatte vielfältige friedliche Kontakte zu den seßhaften, Ackerbau treibenden Bevölkerungsgruppen. Aber es wird auch von kriegerischen Verwicklungen berichtet, die sich jedoch nicht einordnen lassen.

Die soziale Struktur der Gruppe ergibt sich aus der halbnomadischen Lebensform und Wirtschaftsweise. Existenzgrundlage waren die Schaf- und Ziegenherden. Ob der Esel als

---

[6] R. de VAUX, Die Patriarchenerzählungen und die Geschichte (1965) 18ff. - Cl. WESTERMANN, BK I/2, 1981, 57ff. (mit Erörterung des Datierungsproblems S. 56f.). - Bei beiden Autoren weiterführende Verweise

Lastträger Bedeutung hatte, ist noch nicht erwiesen. Die Kleinviehzucht erlaubte ein teilautarkes Leben, das Handelsbeziehungen zu den seßhaften Bevölkerungsteilen einschloß. Letztere hatten keineswegs große zusammenhängende Regionen in Besitz. Die Gruppe lebte unter Führung ihres Oberhauptes im jahreszeitlichen, durch die Regenperiode bestimmten Wechsel in den wüstennahen Weidegebieten oder in direkter Nachbarschaft zum westlichen Kulturland in einer noch „vorpolitischen" Lebensordnung. Eine politische Ordnung entsteht demgegenüber erst bei einer dichten Bevölkerung durch das regionale und überregionale Zusammenspiel von Stammes- und Volksverbänden. Innerhalb der Gruppe gab es allerdings eine Herrschaftsstruktur mit Abhängigen (Sklaven).[7]

Aus Mari, der Hauptstadt eines westsemitischen Reiches am mittleren Euphrat, welches vom Hammurabi aus Babylon (1792-1750) zerstört wurde, gibt es ein sehr reichhaltiges Archiv von Keilschrifttexten, die unter anderem über Beziehungen zu nicht seßhaften Bevölkerungsgruppen handeln und woraus zum Teil ziemlich detaillierte Informationen über die Lebensgewohnheiten der letzteren gewonnen werden können. Die angedeuteten wirtschaftlichen und sozialen Zusammenhänge der Abraham-Gruppe können durch die Mari-Texte entsprechend konkret herausgearbeitet werden, worauf hier zumindest hingewiesen werden soll.[8]

Die soziale Struktur der Gruppe war des weiteren durch ein ausgeprägtes Familien- und Generationsbewußtsein geprägt. Kinder spielten darin als Erben von Rechten und von Vermögen (Herden) eine entscheidende Rolle.[9] Die Erzählung von Abrahams Frau Sara, die lange Zeit unfruchtbar blieb (Gen.16), mag, obwohl sie nur in einer Jahrhunderte später niedergeschriebenen Fassung vorliegt, noch ein wesentliches Moment der familiären Grundstruktur der „Patriarchenzeit" mit ihren Rechtssatzungen widerspiegeln. Um einen Sohn zu bekommen, gibt Sara ihrem Manne ihre Magd Hagar zur Frau, welche den Ismael zur Welt bringt. Später bekommt Sara dann noch selbst einen Sohn, nämlich Isaak (Gen.21). Die Bibel berichtet weiter, wie Hagar und Ismael durch Saras Betreiben von Abraham verjagt werden. Aber Gott greift ein und errettet beide, nicht ohne daß dem Abraham auch über seinen Sohn Ismael Nachkommen verheißen werden. Die Inhumanität des Verhaltens der Herrschaft gegenüber einer Abhängigen wird nicht direkt thematisiert.

Das bewegliche Vermögen der nomadisierenden Gruppe konnte beträchtlichen Umfang annehmen. Das Heranwachsen von Viehbeständen gleichwie deren Verlust bewirkten eine existentielle Grundbefindlichkeit der Abhängigkeit des Menschen von den

---

[7] de VAUX a.O. 27ff.; WESTERMANN a.O. 80ff.

[8] de VAUX a.O. 15ff.; 20ff.; WESTERMANN a.O. 74ff. Die aus den Funden von Mari sich ergebenden Erkenntnisse wachsen weiterhin.

[9] Erörterung einschlägiger Bibelstellen bei de VAUX a.O. 30ff.

Naturgegebenheiten. Die Familie in ihrem Fortleben und der dem naturhaften Lebensprozeß unterworfene Besitz an Vieh waren miteinander verknüpft und numinos rückverbunden. Das Besitz-Verständnis erstreckte sich unter diesen Bedingungen auch auf die eigenen Kinder und - da es sich bereits seit langem um eine „patriarchalische" Ordnung handelte - ebenso auf Frauen, und selbstverständlich auf Abhängige. Dem erstgeborenen Sohn kam in dieser Phase der Sozialgeschichte erhebliche Bedeutung zu. Es kann vorausgesetzt werden, daß die Eltern-Kind-Beziehung trotz aller sozial-ökonomischen Determinanten intensiven, emotionalen Charakter hatte, wobei alle Beziehungsweisen zwischen Vätern/Müttern und Söhnen/Töchtern erheblich waren. Die diesbezüglichen, teilweise recht anschaulichen Erwähnungen in verschiedenen biblischen Texten haben aber eher Quellenwert für die Lage zum Zeitpunkt der Fixierung der Texte; die spezifische emotionale Verfaßtheit der Menschen zur Zeit Abrahams ist allenfalls in Andeutungen erschließbar.

Sicher erschließbar ist, daß die Menschen eine Opfer-Gesinnung hatten und von Verpflichtungen des Dankes gegenüber der göttlichen Macht getragen waren. Von ihrer Lebenslage her kam den Tier-Opfern zentrale Bedeutung im religiösen Denken und in der kultischen Praxis zu. Kinder-Opfer können in entsprechendem Zusammenhang verstanden werden, auch wenn sie de facto durch Tier-Opfer ausgelöst wurden. Entscheidend ist, daß es eine auf Kinder-Opfer gerichtete mentale Verfaßtheit der Menschen gab. Sie kann - im Sinne einer Ausgangshypothese - als psychisch und sozial internalisierte sowie kulturell überhöhte, irrationale Zwangslage verstanden werden.

Vorstehende Feststellungen und Vermutungen sind noch nicht im Sinne eines Beitrages zur allgemeinen Typologie von Hirtenvölkern zu verstehen, namentlich, was die Opfer-Gesinnung anbetrifft. Jedoch kann man die durch Abhängigkeit von Viehbeständen und Weidegebieten bestimmten Lebensordnungen im ethnologischen Vergleich auch andernorts wiederfinden.

Es ist auch möglich, daß sich hinter den in der Genesis familiengeschichtlich zusammengefaßten Personen Abraham, seinem Sohn Isaak und seinem Enkel Jakob jeweils eigene Volksgruppen und auch zeitliche Phasen verbergen.[10] Von Jakobs Sohn Joseph wird berichtet, daß er in Ägypten zu hohen Ehren gekommen ist. Seine Brüder, schließlich auch Jakob, ziehen ebenfalls nach Ägypten, ohne daß jedoch ihr Kontakt zur alten Heimat abreißt (Gen. 37,50). Diese Patriarchentradition bewahrt offensichtlich die Erinnerung an Wanderbewegungen einer westsemitischen Stammesgruppe. Die Wanderbewegungen könnten im Zusammenhang mit der Hyksos-Bewegung stehen. Die Hyksos sind eine semitisch-kanaanäische Volksgruppe aus dem mesopotamischen Raum,

---

[10] M. WEIPPERT, Abraham der Hebräer? Bemerkungen zu W.F. ALBRIGHTs Deutung der Väter Israels, Bibl 52, 1971, 407ff.; J. SCHARBERT, Patriarchentradition und Patriarchenreligion, EvThBeih 19, 1974, 11f.

die in der Mitte des 17. Jahrhunderts Ägypten erobert und dort als 15. und 16. Dynastie ein Jahrhundert lang herrscht. Nach Vertreibung der Hyksos und der Gründung des Neuen Reiches 1551 (18. Dynastie) erweitert sich die ägyptische Macht bis nach Mesopotamien. Palästina wird ägyptische Provinz, jedoch bleiben die regionalen Herrschaften bestehen.

Vier Jahrhunderte lang siedeln die ausgewanderten semitisch-kanaanäischen Volksgruppen in Ägypten. Unter ihnen sind die „Josephs-Stämme" im Hinblick auf die Entstehung Israels von besonderer Bedeutung. Die *Knechtschaft Israels* (Ex. 1) kann mit dem Pharao Ramses II. (1290-1224) in Verbindung gebracht werden. Sie ist vermutlich der Anlaß für den Auszug der Stämme aus Ägypten unter der Führung von Mose und Aaron. Es folgt die Periode des Wanderns und der Landnahme der Israeliten, zunächst wiederum in den wüstennahen Räumen mit vielfältigen, auch kriegerischen Kontakten zu den dort ansässigen Volksgruppen. Als besonders spektakuläres Ereignis ist in der Überlieferung die Eroberung der kanaanäischen Stadt Jericho festgehalten. Die biblische Schilderung (Jos.6) könnte eine spätere Kultprozession zur Feier des Ereignisses spiegeln, oder sie instrumentalisiert Erinnerungen an ein zerstörerisches Erdbeben zwecks identitätsstiftender Legendenbildung.

In der ersten Phase der Wanderung nach dem Auszug aus Ägypten empfing Mose die Offenbarung des einen Gottes Jahwe, und es wurde das zentrale Kult-Heiligtum für die wandernden Stämme, die Bundeslade, etabliert. Deren Zelt konnte immer neu aufgestellt werden. Die wandernden Israeliten kamen mannigfach mit lokalen kanaanäischen Gottheiten in Berührung, welche ihnen prinzipiell vertraut sein mußten, da ihre religiösen Ursprünge entsprechender Art waren.

Martin BUBER hat im einzelnen dargelegt[11], wie die umherziehenden Gruppen und Stämme ursprünglich jeweils einen „Malk" (Melk, Melekh, Molekh, Moloch[12]) als „mitgehenden Stammesgott" besaßen, der ihnen Hilfe gewährte, auch Eroberungen ermöglichte. Aber der Stammesgott war es nicht allein, durch den sie Begnadigungen erfuhren. Die bewohnten Orte, die sie erreichten, Oasen, die Errettung und Weiterleben gewährten, waren von Baal, genauer: von jeweils bestimmten Baalen besetzt. Das Wachstum der Pflanzen in gesegneten Ebenen wurde einem Baal als Gottheit der Fruchtbarkeit verdankt, der sich mit einer Aschera (Astarte) zum Segen des Landes paarte. Malk und Baal repräsentierten für die Westsemiten somit - weit in vormosaische Zeit zurückreichend - konkrete numinose Mächtigkeiten. Sie korrespondierten mit der gött-

---

[11] M. BUBER, Königtum Gottes (1932/1964) 589ff. („ Der westsemitische Stammesgott"). - Siehe demgegenüber: W. KORNFELD, Der Moloch, Eine Untersuchung zur Theorie O. EISSFELDTs, WZKM 51, 1952, 308ff. („Wer war also *mlk*?"). - „Moloch" (EISSFELDT), RGG IV, col. 1089f. (mit Literatur)

[12] Zum Begriff und zu seiner Vokalisation siehe BUBER a.O. 607; KORNFELD a.O. 308ff.; P.G. MOSCA, Child Sacrifice ... (1975) 122ff.

lichen Macht El, die nicht an konkrete Lebenslagen bzw. Siedlungen/Städte gebunden war. „El“ könnte mit „Gott“ schlechthin übersetzt werden. Wenn ein Stamm seßhaft wurde, konnten Malk und Baal zu einer Gottheit verschmelzen, da beiden bereits eine monolatrische Tendenz zu eigen war. So wird es verständlich, wie sich bei den Israeliten auf einer durch Malk, Baal und El bestimmten religiösen Grundlage ein zum Monotheismus tendierender Jahwe-Glaube herausbilden konnte. Jahwe aber blieb Jahrhunderte hindurch in der Auseinandersetzung mit den kanaannäischen Gottheiten. Noch zur Zeit der Propheten wurden in Israel und Juda dem Malk/Moloch bzw. Baal Kinder-Opfer dargebracht. Martin BUBER zeigt auf, daß das ungeheure Problem oder die schwerwiegende religiöse Last von der Ursprungslage an bis weit in historische Zeiträume virulent geblieben ist.[13] Andere Theologen würden die von der kanaanäischen Religion auf die Israeliten und den Jahwe-Glauben ausstrahlende Kinderopfer-Praxis am liebsten ganz zurückdrängen, wo immer einschlägige Bibelstellen entsprechende Deutungen möglich zu machen scheinen.[14]

Von Otto EISSFELDT[15] ist im Anschluß an karthagische Texte späterer Zeit die einschlägig bekannte Diskussion darüber in Gang gebracht worden, daß es bei den Semiten eine mit „molk“ transkribierbare Bezeichnung „mlk" für eine Opferart, nämlich für das Kinder-Opfer bzw. für sein Substitut gegeben habe, daß also nicht eine göttliche Macht „Moloch“ damit bezeichnet sei. Dieser im Grunde nur philologisch zu erörternden Theorie ist widersprochen worden u.a. von Martin BUBER[16] und Walter KORNFELD[17]. Später hat EISSFELDT herausgestellt, daß es in der Tat in einigen semitischen Religionen auch eine Götterbezeichnung „Malk“ gibt.[18] Es ist sicher problematisch, einen Wortgebrauch aus dem späten Karthago - auch noch aus dessen römischer Zeit - in direkte Beziehung zum Wortgebrauch zu den mehrere Jahrhunderte älteren alttestamentlichen Texten zu setzen, wie es EISSFELDT unernimmt. Gleichwohl ist seine Studie bedeutsam als Verständigungsversuch über die Komplexität „Moloch“ [19]. Außerdem ist EISSFELDT

---

[13] BUBER a.O. 597ff. - R. de VAUX, Les sacrifices de l'Ancien Testament (1964)

[14] Besonders ausgeprägt bei M. WEINFELD (1972) (siehe Anm. 2 mit Hinweis auf Replik von SMITH und Gegen-Replik).

[15] O. EISSFELDT, Molk als Opferbegriff ... (1935)

[16] BUBER a.O. 599ff.

[17] W. KORNFELD, Der Moloch ..., WZKM 51, 1952, 287ff. - Siehe sodann P.G. MOSCA, Child Sacrifice ... (1975) 55f. et passim

[18] „Moloch“ (EISSFELDT), RGG IV, col. 1089f.

[19] In den folgenden Erörterungen wird der Begriff „Moloch“ , ggf. zusammen mit „Baal“ , zur Kennzeichnung der kinderopfer-fordernden Gottheit benutzt, im Einklang mit der Wortwahl in deutschen Bibelübersetzungen (Zürcher Bibel, Luther-Bibel, Einheitsübersetzung u.a.). Auch in der Bibel kommen beide Bezeichnungen zusammen vor, so in Jer. 32, 34-35 (siehe Text 25 auf S. 91). Ein Beitrag zur Klärung des Problems „Moloch“ (ob Gottheit oder Opfer für die Gottheit) ist damit nicht beabsichtigt.

intensiv mit dem Kinderopfer-Problem an sich befaßt, und er legt ferner an Hand historischer Quellen dar, wie der Begriff vom Moloch in einer fast zweitausendjährigen Rezeptionsgeschichte als ein unersättlicher, kinderopferfordernder Gott/Götze in unser Verständnis eingegangen ist.

So weit zur Einordnung der uns beschäftigenden Quellentexte notwendig, seien in gebotener Kürze die auf die Landnahme folgenden Epochen der Geschichte Israels skizziert.- Die israelitischen Stämme hatten sich seit Ende des 12. Jahrhunderts der noch freien Siedlungsbereiche Palästinas bemächtigt. Sie gerieten mehrfach in kriegerische Auseinandersetzungen einerseits mit den ihnen stammesverwandten Völkerschaften östlich des Jordan und andererseits mit den Philistern im Westen, die den südlichen Küstenstrich beherrschten. Die Philister waren keine Westsemiten, sondern stammten aus dem mediterranen Raum und waren im Zusammenhang mit dem bis Ägypten reichenden „Seevölkersturm" (in dessen Zusammenhang auch die Dorische Wanderung nach Griechenland steht) in das palästinensische Küstenland nahe Ägyptens geraten. Um dem militärischen Druck seitens der Nachbarn im Osten und Westen standhalten zu können, schlossen sich die israelitischen Stämme zeitweilig unter der Führung von „Richtern" zusammen, was sich ausführlich in der Bibel spiegelt. Um 1012 wurde Saul König über alle Stämme, ohne jedoch militärische Niederlagen gegen die Ammoniter im Osten und die Philister im Westen verhindern zu können. Erst seinem Nachfolger David gelang die Niederwerfung der Philister (siehe die Erzählung von David und Goliath 1.Sam.17; pass.). Auch besiegte David die Feinde im Norden (in Syrien) und im Osten. Jerusalem machte er zur Hauptstadt Israels. Davids Sohn Salomo, der von 969-930(?) regierte, baute in Jerusalem den Tempel für Jahwe. Jedoch konnte er die kanaanäischen Kulte in seinem Reich nicht ausschalten. Er arrangierte sich mit den semitischen Phöniziern, die zu der Zeit bereits mächtige Stadtstaaten im nördlichen (libanesischen) Küstenbereich gegründet hatten und zunehmend als seefahrende Kaufleute hervortraten. Im phönizischen Tyros wurde der mächtige Baal Melkart verehrt. Auch die anderen phönizischen Städte (Sidon, Byblos u.a.) und markanten Lokalitäten hatten ihren besonderen Baal sowie weitere Gottheiten aus dem kanaanäisch-phönizischen Pantheon. Sie alle übten ihren Einfluß auf die iraelitische Bevölkerung aus.

Nach Salomos Tod um 930 v.Chr. zerfiel Israel in das Nordreich Israel und das Südreich Juda. König Ahab von Israel (871-852) hatte die Phönizierin Isebel zur Frau, die sich nicht nur in die Politik einschaltete, sondern auch um die Etablierung phönizischer Kulte in ihrem neuen Lande bemüht war. Ahabs Dynastie wurde 845 von Jehu gestürzt, der die von den Phöniziern übernommenen Kulte auszurotten trachtete. Im Südreich versuchte die Königin Athalja (845-840), Tochter der Isebel, den Baals-Kult einzuführen. Sie wurde von dem Priester Jojada umgebracht.

Im Nordreich wie im Südreich gab es Tophets (Altäre), auf den Höhen und im Tal, wo die Leute den Baal verehrten und ihm Opfer darbrachten.

In der ersten Hälfte des 8. Jahrhunderts bleibt das Nordreich von seinen Feinden weitgehend verschont. Die Propheten beginnen - auch im Südreich - gegen die Abkehr vom reinen Jahwe-Glauben zu predigen. Unter Tiglatpileser III. von Assyrien gerät das Nordreich ab 732 in kriegerische Verwicklungen mit Assyrien, die ein Jahrzehnt später mit seinem Untergang enden. Israeliten werden nach Mesopotamien verschleppt, Babylonier und Syrer im Gebiet des ehemaligen Nordreiches angesiedelt. Dadurch entsteht die neue Bevölkerungsgruppe der Samaritaner. Diese hängen, wie in 2.Kön.17 überliefert ist, nicht nur dem reinen Jahweglauben, sondern auch babylonischen und kanaanäischen Göttern an, und bei ihnen gibt es wiederum Kinder-Opfer.

Im Südreich versucht Hiskia (725-697), gegenüber Assyrien selbständig zu bleiben, und er konzentriert den Jahwe-Kult auf den Tempel zu Jerusalem. Sein schwacher Nachfolger Manasse (696-642) läßt die kanaanäischen Kulte wieder zu, während Josia (639-606) eine durchgreifende Kultreform durchführt, um den Jahwe-Glauben in seiner reinen Form zu Geltung kommen zu lassen. Der Prophet Jeremia sagt in seinen Predigten den kommenden Untergang Judas voraus. Nach mehreren Kriegen gerät Juda in babylonische Gewalt (nachdem in Mesopotamien ein Machtwechsel stattgefunden hat). Im Jahre 587 v.Chr. wird der Tempel zu Jerusalem zerstört, und große Teile der Bevölkerung werden in die „Babylonische Gefangenschaft" geführt. Im Jahre 539 unterliegt Babylon den Persern, und die Juden können wieder zurückziehen und den Tempel aufbauen. Es entsteht ein jüdisches Staatswesen theokratischer Prägung unter persischer Oberhoheit. Neben dem zentralen Tempelheiligtum gibt es im Lande die Synagogen. Der Baals-Kult ist, soweit es die Juden betrifft, endgültig überwunden. Im vierten Jahrhundert v.Chr. wird Palästina Bestandteil des Alexanderreiches.

Im Verlauf der skizzierten, über eineinhalb Jahrtausende währenden Volksgeschichte hat in der - nicht immer gleichartig ausgeprägten - Bindung des Volkes an den Einen Gott des Alten Testaments zugleich ein menschheitsgeschichtlich erheblicher Erkenntnisprozeß stattgefunden, nämlich, daß einer Gottheit, welche Kinder-Opfer fordert, nicht zu dienen ist. Der Weg dieser Erkenntnis mit seinen Seitenwegen und auch Verirrungen wird nachfolgend an den einzelnen biblischen Quellen konkretisiert. Zuvor richtet sich unsere Aufmerksamkeit jedoch noch auf eine besonders massive Ausformung des Kinder-Opfers - zwar nicht im biblischen, wohl aber im kanaanäisch-phönizischen Zusammenhang.

5. Zwischenthema: Kinder-Opfer bei den Karthagern

Seit dem 12. Jahrhundert v.Chr. sind die Phönizier im Zuge ihrer mediterranen Handelsaktivitäten bereits an der nordwestafrikanischen Küste mit Kolonien vertreten. Im Jahr 814 v.Chr. gründeten Phönizier aus Tyros Karthago, vermutlich an der Stelle einer ursprünglich sidonischen Kolonie. In den nächsten 200 Jahren entwickelte sich Karthago zu einem von Tyros zunehmend unabhängigen, mächtigen Staatswesen, das schließlich die Vorherrschaft über alle phönizischen Siedlungen im westlichen Mittelmeer errang.[20]

Im letzten Jahrhundert seiner Blüte, d.h. bis zum Jahre 146 v.Chr., war Karthago eine Großstadt mit vielleicht 250.000 Einwohnern (nicht 400.000, wie unrichtige Schätzungen besagen).[21] Heute ist Karthago ein Vorort von Tunis. Die Stadt hatte zur Landseite eine ausgedehnte, nahezu uneinnehmbare Schutzmauer. Auf dem Hügel von Byrsa im Innern der Stadt stand der prächtigste Tempel. Er war dem Gott Eschmun geweiht, der von den Griechen mit Asklepios gleichgesetzt wurde. Die für die karthagische Existenz entscheidenden Hafenanlagen bestanden aus einem Kriegs- und einem Handelshafen, die miteinander verbunden waren. Die Ausmaße sind noch heute zu erkennen.

Die Verfassung Karthagos, welche übrigens auch die Aufmerksamkeit des Aristoteles erregt hat, war oligarchisch bestimmt, durch den Rat der 300, aus welchem wiederum der Rat der Ältesten gebildet wurde. An der Spitze des Staatswesens standen zwei Sufeten (in etwa vergleichbar den Richtern Israels, wie auch das Wort „Sufet" die Bedeutung von „Richter" hat). Es gab außerdem die Volksversammlung, welche de jure die souveräne Macht repräsentierte. De facto jedoch bestimmten die Besitzenden im Rat die Staatsangelegenheiten entsprechend dem kaufmännischen Grundzug in der karthagischen Wirtschaft und Lebensart. In unserem Zusammenhang von Bedeutung ist, daß es noch ein aus zehn Ratsmitgliedern bestehendes Gremium gab, welches über alle religiösen Angelegenheiten Aufsicht führte, d.h. insbesondere über die Tempel der verschiedenen Gottheiten mit ihrer Priesterschaft. Religion und Staatswesen waren in Karthago wie auch ansonsten in der vorderorientalischen und antiken Welt miteinander verbunden.

Seit dem 3. Jahrhundert v.Chr. standen die Karthager (Punier) in Auseinandersetzung mit den Römern, nämlich in den drei Punischen Kriegen. Der Dritte Punische Krieg endete 146 v.Chr. mit der vollständigen Niederlage und Zerstörung Karthagos.

Die karthagische Religion hat auf der Basis der phönizischen Kulte von Tyros, wohin während aller Jahrhunderte die religiösen Beziehungen nie vollständig abgebrochen waren, besondere kultische und mentale Ausprägungen hervorgebracht. Im vorstehenden Rahmen ist es nicht notwendig, das gesamte karthagische Pantheon darzustellen. Wir beschränken uns auf den Gott Baal Hammon und die Göttin Tanit, welche zusammen verehrt wurden und Kinder-Opfer forderten. Baal Hammon kann auf den phönizischen El zurückgeführt werden, seine Partnerin Tanit auf Aschera/Astarte.

---

[20] D. HARDEN, The Phoenicians (1962). - B.H. WARMINGTON, Karthago. Aufstieg und Untergang einer antiken Weltstadt (1963). - G. HERM, Die Phönizier. Das Purpurreich der Antike (1973). - J.G. PEDLEY (Hrsg.), New Light on Ancient Carthage (1880). - M. GRAS / P. ROUILLARD / J. TEIXIDOR, L'univers phenicien (1989)

[21] Nach Strabon XVII 3, 15 sollen es sogar 700 000 Einwohner gewesen sein. Diese zweifellos unrichtige Zahl ist auch in allgemeine Lexika eingegangen.

Die Karthager waren in der Alten Welt bekannt und berüchtigt wegen ihrer exzessiven Kinderopfer-Praxis.

Unser Erkenntnisinteresse richtet sich zunächst auf die religionsgeschichtlichen Sachverhalte, wie sie hauptsächlich durch archäologische Untersuchungen erhellt werden konnten. Aus den Sachverhalten erwächst die Frage nach dem primären religiösen Sinn des Kinder-Opfers sowie die Frage nach seinem sozialökonomischen Zusammenhang in der karthagischen Lebensordnung. Zu letzterem Aspekt haben STAGER und WOLFF, maßgeblich beteiligt an neueren Untersuchungen in Karthago, eine bemerkenswerte These im Zusammenhang der Bevölkerungskontrolle vorgelegt. Außerdem soll versucht werden, die Mentalität in einer Gesellschaft zu erörtern, welche an zentraler religiöser Stelle Kinder-Opfer praktizierte und dadurch tiefsten menschlichen Schmerz und ein tremendum ohnegleichen durch die Geschichte hindurch hervorgerufen hat.

Der Erkenntnisstand über Karthago ist in den letzten Jahrzehnten kontinuierlich gewachsen, und die Forschungsergebnisse sind entsprechend publiziert.[22] Unsere zusammengefaßte Darlegung des in der Fachwelt Bekannten legitimiert sich durch die Einfügung der Sachverhalte in die Kindheitsgeschichte.

In der karthagischen Welt gab es wie im phönizischen Ursprungsland und bei den Kanaanäern neben den Baal-Tempeln als besondere Form von Heiligtümern die Opferaltäre oder Tophets, so in Hadrumetum (heute Sousse) 130 Kilometer südlich von Karthago, in Nora auf Sardinien (heute Capo di Pula), in Motye an der sizilianischen Westküste (heute Isola San Pantaleo) und natürlich in der Stadt Karthago selbst mit Baal Hammon und Tanit als fordernden Gottheiten. Diese - keineswegs vollständige - Aufzählung karthagischer Tophets[23] demonstriert die Bedeutung des Kinder-Opfers bei den Karthagern, einem Volke, das, wie hier herausgehoben werden soll, erheblichen Anteil an der frühen Geschichte Europas hat.

Nach bisherigem Erkenntnisstand war das Tophet oder Tanit-Baal-Heiligtum in Karthago das größte von allen, entsprechend der Größe der Stadt und ihrer Rolle in der karthagischen Machtsphäre. Es befand sich nahe beim Hafen in direkter Nachbarschaft zum Stadtbereich mit dem Marktplatz und den öffentlichen Gebäuden. Das solcherart in den städtischen Zusammenhang eingefügte Heiligtum war ein eingefriedeter Bereich von erheblicher Ausdehnung, nämlich - so weit bisher ermittelt -von etwa 6.000 Quadratmetern, heute im Quartier Salammbo zwischen der Avenue Annibal und der Rue des

---

[22] Die Erforschung Karthagos ist noch immer in vollem Gange. Französische, amerikanische und deutsche Archäologen-Teams waren und sind daran beteiligt. Einen ausführlichen, inzwischen schon nicht mehr vollständigen Literaturbericht bietet John H. HUMPHREY, Bibliography of the International Campain to Save Carthage, in: J.G. PEDLEY (Hrsg.), New Light on Ancient Carthage (1989), 123ff.

[23] M. GRAS et al., L'univers phenicien (1989) 170ff. („La mort des enfants")

Abb. 1. Die Ausgrabungen im Tophet von Kathago.

Ausschnitt aus dem von KELSEY 1925 freigelegten Areal (siehe STAGER in PEDLEY [1980]). Die Aufnahme zeigt einen Teil der entdeckten und in situ belassenen Grabsteine, welche über Urnenbestattungen von geopferten Kindern stehen. Sie gehören überwiegend der Periode Tanit II (7.- 4.Jh.v.Chr.) an. Rechts im Bild befinden sich römische Überreste - Aufnahme: Kelsey Museum Archives No.7.1874 (Kelsey-Museum of Archaeology, University of Michigan, Ann Arbor). - Weitere leicht greifbare Abbildungen der Ausgrabungen bei STAGER in PEDLEY (1980) und STAGER/WOLF (1984).

Suffétes gelegen. Das Gelände ist zum Teil von römischen Hinterlassenschaften überlagert.

Die Anlage ist zum Teil ausgegraben. Die ersten wichtigen Untersuchungen fanden bis 1925 statt. Dann folgten weitere Kampagnen bis zu den umfangreichen Forschungen durch die Universität Michigan und die American School of Oriental Research.[24] Es sind tausende von Urnenbestattungen zutage gekommen. Die Überreste in den Urnen stammen überwiegend von verbrannten Kindern bis zu zwei Jahren, aber auch noch von Kindern um zwölf Jahre. Amulette und Perlen als Beigaben kommen öfter vor. Außerdem wurden die verbrannten Überreste von Tieren bestattet, bei denen man an Ersatzopfer denken kann.

Die Tatsache der Einzelbestattungen ist von erheblichem Erkenntniswert. Denn bisher herrschte auf Grund von literarischen Überlieferungen (siehe S. 40ff.) die Auffassung vor, daß die karthagischen Kinder-Opfer in erster Linie eine öffentliche oder staatliche Angelegenheit gewesen seien, indem nämlich anläßlich allgemeiner Notlagen oder Bedrohungen Massenopferungen von Kindern stattgefunden hätten. Nunmehr wird deutlich, daß private Kinder-Opfer von Familien bzw. Eheleuten ein erhebliches Gewicht im Leben der Karthager gehabt haben müssen.

Die verschiedenen Ausgräber waren bemüht, die Stratigraphie und Chronologie des Tophet zunehmend zu verfeinern. Zuletzt hat Lawrence E.STAGER eine Gliederung mit acht Phasen von etwa 700 v.Chr. bis 146 v.Chr. vorgelegt.[25] In unserem Zusammenhang mag die von Donald HARDEN vorgelegte Gliederung ausreichen, welche die drei Hauptschichten Tanit I bis III umfaßt.[26] Tanit I reicht von 800 v.Chr. bis ins frühe 7. Jahrhundert. Diese Schicht ruht auf dem ursprünglichen Felsboden auf, der heute zum Teil schon unter Meereshöhe liegt. Sie enthält Einzelbestattungen von Urnen mit verbrannten Kinderknochen unter Steinpackungen. Tanit II, die umfangreichste Schicht, reicht bis ins späte 4. Jahrhundert v.Chr. Darin kommen die schon in den zwanziger Jahren freigelegten, überaus zahlreichen Urnenbestattungen unter Grabstelen vor, welche von den Ausgräbern in situ belassen worden sind und deren Abbildungen seither weltweite Verbreitung gefunden und Erschütterungen hervorgerufen haben (Abb.1). Die Tanit-III-Schicht schließlich umfaßt die letzten 1½ Jahrhunderte bis zum Untergang Karthagos 146 v.Chr. Während dieser Zeit wurden die Urnen mit den verbrannten Überresten der Opfer überwiegend wiederum für sich bestattet; gelegentlich kommen aber auch noch Grabstelen vor. Tanit III ist erheblich durch Einflüsse römischer Zeit gestört.

---

[24] L.E. STAGER, The Rite of Child Sacrifice at Carthage, in: PEDLEY a.O. 1ff. mit forschungsgeschichtlicher Einleitung

[25] STAGER a.O. 2

[26] D. HARDEN, The Phoenicians (1962) 97

Auf eine ins einzelne gehende typologische und sachkundliche Erörterung der Funde aus Tanit I bis III kann hier verzichtet werden. Unser Schwergewicht liegt auf solchen Befunden, die grundlegende Aufschlüsse über die karthagische Kinderopfer-Praxis und ihre religiösen und sozialen Hintergründe geben können. Wesentliche Hinweise werden der bereits angezogenen Studie von STAGER verdankt.

Sechs Jahrhunderte war das Tophet in Gebrauch, ein Zeitraum, der vergleichsweise so lange gedauert hat, wie die europäische Geschichte vom späten Mittelalter bis zur Gegenwart. Es liegt nahe, angesichts eines solchen zeitlichen Ausmaßes auch statistische Überlegungen anzustellen. STAGER teilt mit, daß er im Rahmen der jüngeren Ausgrabungen an der Freilegung von über 400 Urnen der Zeit von 700 bis 146 v.Chr. mitgewirkt hat, und zwar in einem kleinen, umgrenzten Areal des Heiligtums. Der überwiegende Teil dieser Bestattungen gehört in das 4. Jahrhundert. Zu der Zeit hatte das Heiligtum seine größte Ausdehnung. Unter Berücksichtigung dieser Befunde und der bereits früher im Heiligtum freigelegten Bestattungen kommt STAGER zu folgenden Schätzungen[27]: Zwischen 400 und 200 v.Chr. wurden etwa 20.000 Urnenbestattungen vorgenommen, das sind pro Jahr 100. Die Karthager haben somit über Jahrhunderte hin alle drei Tage ein Kind dem Feuer übergeben. In der Anfangszeit Karthagos mögen es weniger Kinder gewesen sein, aber die Stadt war auch noch nicht so groß wie zuletzt.

Im Hinblick darauf, daß in jüngster Zeit das Bestehen von Kinderopfer-Kulten in Karthago (und anderswo) auch bestritten worden ist[28], muß die Tatsache, daß in dem Tophet über Jahrhunderte ausschließlich Urnen mit Überresten von Kindern eines engumgrenzten frühen Alters und - zum kleineren Teil - von Tieren bestattet worden sind, ausdrücklich hervorgehoben werden. Alle Überlegungen, daß diese Bestatteten eines natürlichen Todes gestorben sein könnten und das Tophet ein regulärer Bestattungsplatz gewesen sei, können nur in den Bereich der Zweck-Argumentationen verwiesen werden.

Wenden wir einen gleichzeitigen Blick nach Griechenland: Im 4. Jahrhundert, der Zeit höchster Dichte an Kinder-Opfern in Karthago, stand in Attika das Artemis-Heiligtum

---

[27] STAGER a.O. 3

[28] A. PARROT / M.H. CHÉHAB / S. MOSCATI, Die Phönizier. Die Entwicklung der phönizischen Kunst ... (1977) 15ff. führen ihren kunsthistorischen Diskurs über das karthagische Tophet mit seinen Grabstelen, von einem kurzen Hinweis abgesehen, am Kinderopfer-Problem vorbei. - R.A. STUCKY, Die Skulpturen aus dem Eschum-Heiligtum bei Sidon (1993) 58f., stellt unter Bezugnahme auf die nicht sonderlich ergiebigen Befunde in dem möglichen Tophet in Tyrus (H. SEEDEN, A tophet in Tyre? In: Berytus 56, 1961, 39ff.) Kinderopfer-Bestattungen in Tophets grundsätzlich in Frage und möchte diese These auch „mit den Befunden der phönizisch-punischen Thophets ... in direkten Zusammenhang ... setzen". STUCKY argumentiert jedoch von den Gegebenheiten im Eschum-Heiligtum von Sidon aus. Dieses Heiligtum ist aber eher ein Beleg dafür, daß Kinder-Opfer im phönizisch-punischen Ursprungsland überwunden waren, und nicht dafür, daß es dort früher keine Kinder-Opfer gab. (Siehe hierzu im folgenden Anm. 33.)

von Brauron in hoher Blüte, wie im folgenden Kapitel gezeigt wird. In Brauron waren Priesterinnen auf der Basis religiöser Überlieferungen im Zusammenhang des Iphigenien-Opfers und seiner kultisch-mentalen Bewältigung mit der freiheitlichen Erziehung junger Mädchen befaßt, im Rahmen eines lebenszugewandten erzieherischen Gesamtentwurfs, der vom Kleinkindalter bis zur Heiratsfähigkeit reichte.

Im Bereich des karthagischen Tophet hat P. CINTAS in den vierziger Jahren Überreste eines kleinen Gebäudes festgestellt, das auf Grund der Beifunde in die Zeit vom Ende des 9. Jahrhunderts bis in die zweite Hälfte des 8. Jahrhunderts datiert.[29] Zu diesem Gebäude scheint auch ein steinerner Altar gehört zu haben. Angesichts der Nähe zum Hafen liegt die Vermutung nahe, daß es sich um eine Opferstätte der karthagischen Seefahrer handelte, wo Kinder-Opfer dargebracht wurden, um von der Gottheit Schutz und Segen für die Seereise zu erlangen. Diese Opferstätte war, wie der stratigraphische Befund erweist, nicht allzu lange in Gebrauch gewesen, denn das Areal ist von Urnenbestattungen der Tanit-I-Schicht überlagert. Wegen der Einzelheiten sei auf den Bericht von CINTAS verwiesen.

Opferaltäre von Seefahrern waren im Mittelmeerraum verbreitet. Es sei auf das Artemis-Heiligtum in Aulis hingewiesen, wo Agamemnon seine Tochter Iphigeneia opfern wollte, um von der Göttin günstigen Wind für die Kriegsfahrt nach Troja zu erwirken. Für das genannte Artemis-Heiligum in Brauron gibt es eine entsprechende Überlieferung. Natürlich sind die zeitlichen und kulturellen Unterschiede zwischen dem phönizischen Karthago einerseits und Aulis bzw. Brauron andererseits nicht außer acht zu lassen. Die Opferaltäre der letzteren Orte haben, so weit bestimmbar, einen mykenischen Ursprung, und es fanden dort schon lange keine Menschen-Opfer mehr statt, als diese Praxis bei den Karthagern noch immer mehr in Übung kam. Möglich ist, daß es ursprüngliche Beziehungen des Artemis-Kultes zu vorderasiatischen Kulten einer Menschen-Opfer fordernden weiblichen Gottheit gab, die auch einmal mit kanaanäisch-phönizischen Kulten verbunden war. Gesicherte Erkenntnisse hierüber haben wir noch nicht.

Die Art und Weise, wie bei den Karthagern die Kinder-Opfer vollzogen wurden, ist im einzelnen nicht rekonstruierbar. Insbesondere wird öfter die Frage gestellt, ob die Kinder lebendigen Leibes dem Feuer übergeben oder vorher getötet wurden, etwa durch Erwürgen. Den Ausführungen von Diodor zufolge (siehe S. 40) könnten die Kinder noch lebend gewesen sein. Und wenn wir Kleitarchos (S. 43) Glauben schenken, ließ man die Kinder lebend aus den Armen einer ehernen Statue des Kronos/Baal Hammon in das inwendig darunter befindliche Feuer gleiten, wo sie mit einem sardonischen, d.h. mit einem schmerzhaft verzerrten Ausdruck des Lächelns zu Tode kamen. Die Überreste in den Urnen geben keine Aufschlüsse mehr.

---

[29] Bei HARDEN a.O. 101 mit Anm. 76 Kurzbeschreibung des Gebäudes mit Altar und Beifunden gemäß den Arbeiten von CINTAS und weiteren Forschern Anfang der 50er Jahre.

Im stratigraphischen Bereich zwischen Tanit II und Tanit III, d.h. in der Zeit um das ausgehende 4. Jahrhundert, gibt es eine unregelmäßige, 10 bis 12 Zentimeter mächtige, mit Knochen, Asche und Gesteinsschutt durchsetzte Schicht, die für diese Zeit auf kultische Feuerstellen verweist, eben wegen ihrer Unregelmäßigkeit, aber sonst auch keine Aussagen zuläßt. Es liegt nahe, an diesen Feuerstellen den Standort der von Diodor, Kleitarochos und anderen Autoren genannten Statue des Kronos/Baal-Hammon zu vermuten. Jedoch wird ein solcher Nachweis archäologisch nie zu erbringen sein.

Aufmerksamkeit erfordern sodann die Grabstelen, wie sie insbesondere in Tanit II üblich waren.[30] Ohne auf die inhaltlichen und stilistischen Aspekte der Darstellungen auf den Stelen im einzelnen einzugehen, sei auf das oft vorkommende Tanit-Zeichen hingewiesen. Es ist ein meist stilisiertes Bild der Göttin in Form eines auf einer Seite stehenden Dreiecks, mit einer Ecke nach oben, und mit einem Querbalken darüber; dieser repräsentiert wohl die ausgebreiteten Arme der Göttin. Der Kopf ist in Form eines Kreises angedeutet. Vereinzelt gleicht sich das Tanit-Zeichen auch mehr einer menschlichen Gestalt an. Das Zeichen verweist auf die Göttin als Empfängerin des Opfers, dessen Überreste in der Urne unter dem Grabmal bestattet sind. Außer dem Tanit-Zeichen finden sich auf den Stelen u.a. Astralsymbole wie Sonne und Mond sowie Darstellungen von Baitylien (Steinsetzungen im numiosen Zusammenhang).

Weithin bekannt geworden ist die schlanke, obeliskartige Stele Abb. 2 a und b.[31] Darauf ist unter anderem ein Priester dargestellt, der ein zu opferndes Kind auf dem Arm trägt.

Der Kult der Tanit und des Baal Hammon mit institutionalisierten Kinder-Opfern war auf eine etablierte Priesterschaft angewiesen. HARDEN weist darauf hin, daß es - Inschriften zufolge - Priester und Priesterinnen gegeben hat, und daß sich das Amt über Generationen vererben konnte.[32] Die Priesterschaft von Tanit und Baal Hammon war - wie die Priester und Priesterinnen Karthagos überhaupt - fest in die gesellschaftliche und staatliche Ordnung eingegliedert, und sie muß eine erhebliche, auch von massiven irrationalen Momenten gespeiste, soziale Macht besessen haben. Die mentale Verfaßtheit von Priestern und Priesterinnen, die ununterbrochen Kinder vom Leben zum Tode brachten, läßt sich nur erahnen. Ein nicht ausformulierbar gewesener Sadismus und eine besondere Verbrämung der von der Gottheit geforderten Inhumanität waren Bestandteile der Verfaßtheit, die ihr notwendiges Gegenüber bei den Gläubigen und namentlich bei den

---

[30] Neuere Abbildungen u.a. bei: PARROT / CHÉHAB / MOSCATI a.O. Abb. 166-170; E. STAGER / S.R. WOLFF, Child Sacrifice at Carthage ..., BiblArchRev 10, 1984. 31ff. mit Abb. 39 und 40

[31] Die Stele ist außerdem abgebildet und erörtert bei: O. EISSFELDT, Molk als Opferbegriff ... (1935) 18 mit Anm. 2 und Tf. 2,5: G. CHARLES-P ICARD, Les religions de l'Afrique antique (1954) 45; B.H. WARMINGTON, Karthago (1963) 158ff. und Tf. 5; PARROT / CHÉHAB / MOSCATI a.O. 164 mit Abb. 171; O. KAISER, Salammbo, Moloch und das Tophet, in: Die Karawane 19, Heft 1/2, 1978, 14; STAGER / WOLFF a.O. 47

[32] HARDEN a.O. und Abb. 31 mit Erläuterung S. 305

Abb. 2 a. Grabstele (obere Hälfte) aus dem Tophet von Karthago, Periode Tanit II (4.Jh.v.Chr.). Höhe um 90 cm. Photo Musée du Bardo, Tunis.

Abb.2 b. Ausschnitt aus der Grabstele mit Darstellung eines Priesters, der ein zu opferndes Kind auf dem Arm trägt.

Eltern der zu opfernden Kinder fand. Die Priester mußten sich ja mit den Eltern konkret verständigen, wenn diese ihr Kind zu Opferung anmeldeten. Die Töpfer, welche die Urnen lieferten, die Steinmetzen, welche die Grabmäler anfertigten, und viele andere waren bewußtseinsmäßig in die Kinderopfer-Praxis eingefügt. Wie die Erwachsenen mit ihren Kindern, wenn diese Fragen stellen konnten, darüber sprachen, bleibt für immer im Dunkeln. Die Dichter können versuchen, verschiedene Facetten des unmenschlichen Kultes zu imaginieren, so wie es Gustave FLAUBERT in seinem Karthago-Roman „Salammbô“ (s.u.) getan hat.

Unter den literarischen Quellen zu den karthagischen Kinder-Opfern[33] sind Texte von Diodor, Plutarch und Kleitarchos besonders aufschlußreich. - Diodor, sizilisch-griechischer Historiker aus dem letzten vorchristlichen Jahrhundert, berichtet, wie die Karthager im Jahre 310 v.Chr. dem Agathokles, Tyrann von Syrakus, ausgesetzt waren und die Erstürmung ihrer Stadt befürchten mußten:

Da in Folge dessen die Karthager glaubten, ihr Unglück sei von den Göttern über sie verhängt, so nahmen sie Zuflucht zu allen Mitteln, wodurch man die Gnade der Gottheit zu gewinnen meint, und da sie wähnten, daß hauptsächlich Herakles [d.i. Baal Melkart], der Gott ihres Mutterlandes, ihnen zürne, so sandten sie eine Menge Geldes und nicht wenige der kostbarsten Weihgeschenke nach Tyros. Denn da sie Kolonisten dieser Stadt waren, so pflegte man in früheren Zeiten von allen eingehenden Zöllen diesem Gotte den Zehnten zuzusenden; später aber, nachdem sie großen Reichtum sich erworben und bedeutendere Einkünfte erhalten hatten, sandten sie nur noch Weniges hin, und vernachlässigten diesen Gott. Durch diese Unfälle nun zur Reue erweckt, bedachten sie jetzt alle Götter in Tyros. Sie schickten ferner auch aus ihren Tempeln goldene Tabernakel für die Abbilder der Götter, um vor ihnen Gebete zu verrichten, in der Meinung, daß durch Übersendung solcher Weihgeschenke zur Abbitte der Zorn des Gottes eher versöhnt werden könnte. Sie gaben auch dem Kronos [d.i. Baal Hammon] Schuld, daß er ihnen entgegen sei, weil sie in früheren Zeiten die vorzüglichsten ihrer Söhne diesem Gotte geopfert, später aber heimlich Kinder gekauft, und erzogen und zum Opfer geweiht

[33] Zusammenstellung der einschlägigen Textimonien in: „Kronos“ (MAYER, Maximilian), in: ROSCHER, Ausführl. Lex. d. Griech. u. Röm. Mythologie II 2 („Der sogenannte Moloch“), unter Bezugnahme auf F. MÜNTER, Religion der Karthager (1816). Eine neue, umfassende Zusammenstellung und ausführliche Erörterung ist enthalten in P.G. MOSCA, Child Sacrifice ... (1975). - Der Vollständigkeit halber muß zumindest erwähnt werden, daß in neuerer Zeit der Wahrheitsgehalt der antiken Quellen generell bestritten worden ist. Die griechischen und römischen Schriftsteller hätten, um ihre eigenen Völker vorteilhaft herauszustellen, den Karthagern die Kinderopfer-Kulte nur angedichtet. (Auch die archäologischen Quellen werden, wie oben erwähnt, entsprechend herunterinterpretiert.) Wortführer dieser Deutungslinie ist Sabatino MOSCATI. Siehe die Besprechung des Buches von D.D. HUGHES, Human Sacrifice in Ancient Greece (London/New York 1991) durch W. BURKERT in Gnomon 66, 1994, 97ff. mit Anm. 13 auf S. 100 (Phönizien/Punien und die Arbeiten von MOSCATI betreffend).

hätten. Als man eine Untersuchung anstellte, so fand man, daß Einige von den zu Opfern bestimmten unterschoben waren. In Erwägung jener Vorfälle und beim Anblick der vor ihren Mauern gelagerten Feinde fühlten sie abergläubische Angst wegen Nichtbeachtung des einheimischen Götterdienstes. In der Absicht also, dieses Vergehen wieder gut zu machen, wählten sie zweihundert der vornehmsten Knaben aus, und opferten sie öffentlich. Andere aber, die nachteiligem Gerede ausgesetzt waren, boten sich freiwillig dazu an; es waren ihrer nicht weniger als dreihundert. Es befand sich aber bei ihnen ein ehernes Standbild des Kronos [des Baal Hammon], mit ausgestreckten, auf den Boden geneigten Armen, so daß der auf dieselben gelegte Knabe hinunterrollte und in eine mit Feuer angefüllte Vertiefung fiel...
[Folgen Bezugnahmen Diodors auf Euripides' *Iphigeneia bei den Taurern* V. 617f., wo Orestes seine Opferung durch Iphigeneia erwartet, und auf die Sage von Kronos, der seine eigenen Kinder verzehrte.]
(Diod. XX 14; ed. J.Fr. WURM 1840)

Die im Text mitgeteilte Massenopferung ist ansonsten nicht überliefert. Archäologische Hinweise für ein solches Geschehen gibt es ebenfalls nicht. Überhaupt ist kein weiterer Beleg dafür vorhanden, daß die Karthager in besonderen Notlagen Massenopfer von Kindern veranstaltet hätten. Der zeitliche Abstand zwischen Diodor und den berichteten Ereignissen beträgt über zwei Jahrhunderte, und des Verfassers besondere Quelle hinsichtlich des Massenopfers von Kindern im Zusammenhang mit der Bedrohung durch Agathokles ist nicht mehr feststellbar. Trotz aller dieser einschränkenden Momente kann Diodors Bericht nicht von vornherein in den Bereich der Fiktion verwiesen werden; es muß eine entsprechende Überlieferung gegeben haben, und wahrscheinlich hatte sie einen gewissen Wahrheitsgehalt. Darüber hinaus vermittelt der Text - wenn auch in einer durch einen Griechen der Spätzeit gefilterten Form - karthagische Mentalität. Die Karthager hatten sehr fest ausgebildete Gefühle der Abhängigkeit und des Ausgeliefertseins gegenüber ihren Göttern. Tanit und Baal Hammon standen im Zusammenhang von Fruchtbarkeitskulten, und sie bedurften einer permanenten Blutzufuhr, um positiv und förderlich auf das Wohl der Menschen zurückzuwirken. Kamen die Menschen den Forderungen der Gottheiten nicht nach, wurden sie vom Unheil heimgesucht - siehe die Bedrohung durch Agathokles. Die Opfer für die Gottheiten bestanden aus dem Wichtigsten, was es für Karthager gab, nämlich aus Handelserträgen und Vermögenswerten für den Baal Melkart im Heimatort Tyros der fernen Vorfahren - und außerdem aus den eigenen Kindern für Tanit und Baal Hammon in Karthago selbst, wobei das Schwergewicht ausdrücklich auf „den eigenen" lag; Diodor zufolge waren es Knaben. Die Gottheiten ließen sich nicht hinters Licht führen, weder durch einen nach und nach verringerten Zehnten, noch durch untergeschobene, käuflich erworbene Sklavenkinder, die eigens zum Zwecke der Opferung aufgezogen worden waren. In dem zur Rede stehenden Ernstfall besannen sich die Karthager dann auf ihre Pflicht zur Opferung des Zehnten und der eigenen Kinder. Es waren die vornehmen, der Führungs- und Besitzschicht angehörigen Familien, die unter dieser Pflicht standen. Zu den von Staats wegen ausgewählten

200 Knaben kamen - Diodor zufolge - noch dreihundert hinzu, die von den Eltern freiwillig gebracht wurden, so daß auf einer öffentlichen Kultfeier angesichts der Feinde vor den Stadtmauern 500 Kinder dem ehernen Gotte ins Feuer gegeben wurden.[34]

Diodors Erwähnung der versuchten Ersatzopfer - käuflich erworbene Kinder anstelle der eigenen - macht deutlich, daß karthagischen Eltern Empfindungen gegenüber ihren eigenen Kindern nicht fremd waren und daß ein Kindes-Opfer wohl von emotionalem Schmerz und innerseelischen Dissonanzen begleitet gewesen sein muß. Aber ganz offensichtlich waren die Menschen im allgemeinen auf eine Art und Weise geprägt, daß sie die Preisgabe des Kindes durch eine grausame Tötungshandlung nicht nur aushalten konnten, sondern einen solchen Prozeß sogar noch aktiv zu initiieren vermochten. Bei einem käuflich erworbenen Kinde, das sie ins eigene Haus aufgenommen hatten, scheint eine „Tötungs-Hemmung" kaum noch bestanden zu haben.

Plutarch, der Schriftsteller aus dem ersten nachchristlichen Jahrhundert, berichtet in einem knappen Textstück über das Kinder-Opfer, so daß die aus Diodors Bericht gewonnenen Erkenntnisse, soweit sie Opferbewußtsein und Opferbereitschaft der Menschen betreffen, bestätigt und ergänzt werden können:

... sie opferten ihre eigenen Kinder. Die Kinderlosen aber opferten solche, die sie wie Lämmer oder Vögel von den Armen gekauft hatten. Die Mutter stand dabei ohne Rührung und Klage; und wenn sie klagte und weinte, so mußte sie den Kaufpreis wieder hergeben, und das Kind wurde trotzdem geopfert. Der ganze Platz vor dem Bilde füllte sich mit Händeklatschen, da die Flöte gespielt und die Pauken geschlagen wurden, damit man das Schreien nicht hören konnte.
(Plut.mor. [De superstitione] 171 D)

Die *ohne Rührung und Klage* dem Opfer beiwohnende Mutter - diejenige arme Frau, der das Kind abgekauft worden war - stand nicht nur in einer ökonomischen, sondern auch in einer sozialen Zwangslage: sie benötigte das Geld, und sie hatte ihre leidvollen Gefühle zu unterdrücken, und zwar im Interesse derer, die als Angehörige der herrschenden und besitzenden Schicht ihr das zu opfernde Kind abgekauft hatten. Die äußere Unterdrükkung von Gefühlregungen wird allgemeine Maxime gewesen sein. Lautes Musizieren übertönte, wie wir lesen, die Todesschreie der gequälten Kinder, deren Eltern sich an der solcherart veranstalteten Ausschaltung der humanen Empfindungen durch Händeklatschen beteiligten. Es besteht kein Anlaß, den Ausführungen von Plutarch grundsätzlich zu mißtrauen. In den zwei Jahrhunderten, die zwischen Karthagos Untergang und Plutarch liegen, ist nicht jede Erinnerung versunken, zumal das römische Karthago bereits wieder aufgebaut war und Geschichte niemals ganz ausgelöscht werden kann. Auch gibt

[34] Die Diodor-Stelle über den ehernen Gott hatte erheblichen Einfluß auf die Ausprägung des Moloch-Götzenbildes aller nachfolgenden Jahrhunderte. Siehe Abb. 6 a/b.

es Hinweise darauf, daß der Kinderopfer-Brauch im karthagischen Bereich nach dem Untergang Karthagos nicht ausgerottet war.[35]

Opferbewußtsein und Opferbereitschaft sind allgemeine menschliche Eigenschaften, die in allen Kulturen und sozialen Lagen vorkommen. Unsere Erörterung ist nicht mit der Opferbereitschaft an sich befaßt, sondern mit der Bereitschaft zur Opferung von Kindern, zumal von leiblichen Kindern. So sehr wir auch versuchen, die Motivations- und Empfindungslage der betreffenden Menschen in ihrer sozialen Lage zu verstehen, es bleibt ein Rest an Unverständnis.

Begriffe in der Art von Areté und Kalokagathía, mit denen die Griechen wesentliche Aspekte des Menschwerdens und Menschseins bezeichneten, waren den Karthagern fremd. Die bildhafte Ausprägung menschlichen Wesens, wie sie die Griechen in der Glyptik und Malerei geleistet haben, und die dadurch bewirkte Selbsterfahrung lagen überhaupt nicht in ihrem Horizont, so daß es bei ihnen auch keine Ansätze zu einer dahingehenden Rezeption gab wie bei den Römern.

Doch orientieren wir uns weiter an den Quellen. Die Bereitschaft der Karthager zur Opferung der eigenen Kinder hatte eine öffentliche oder staatliche und eine persönliche Seite. In den Texten von Diodor und Plutarch werden neben öffentlichen Kinderopfer-Vorgängen auch Verhaltensweisen der Menschen mitgeteilt, die ihr persönliches Leben betreffen. Der persönliche Aspekt wird noch besonders an einer Stelle aus Kleitarchos deutlich, einem Historiker der Alexanderzeit, als Karthago in hoher Blüte stand:

Kleitarchos sagt, daß die Phönizier, insbesondere die Karthager, in ihrer Ehrfurcht vor Kronos [d.i. Baal Hammon], dessen Wohlwollen sie zu erlangen trachten, geloben, der Gottheit eines ihrer Kinder als Opfer zu verbrennen, und zwar dann, wenn sie [in einer Angelegenheit] besonderen Erfolg erhoffen. Dort steht in ihrer Mitte eine eherne Statue von Kronos, ihre Hände ausgebreitet über einem Feuerschlund, dessen Flammen das Kind verschlingen. Wenn die Flammen auf den Körper fallen, ziehen sich dessen Glieder zusammen, und der offene Mund scheint fast zu lachen, bis der zusammengezogene Körper leise in den Schlund gleitet. Daher ist ein Grinsen als sardonisches Lachen bekannt, weil sie lachend sterben.
(Kleitarchos bei Schol.Plat.rep. 337A [Fragm.d.griech.Hist. 137 F 9; ed. F. JACOBI])

Demzufolge konnten karthagische Familien, richtiger: Eltern bzw. Ehepaare - sie werden einige Male auf den Stelen genannt - schwierige Lebenslagen durch ein Kinder-Opfer

---

[35] Die Hinweise ergeben sich aus dem Weiterbestehen des Kultes der Tanit und des Baal Hammon bei Bevölkerungsresten nach der Katastrophe von 146 v. Chr. Eine Tanit aus dem späten ersten Jahrhundert v. Chr. publizieren STAGER / WOLFF a.O. 48. (Es gibt sicher weitere archäologische Belege.) In der Folgezeit bis zur Christianisierung ging die Entwicklung auf eine Substituierung des Kinder-Opfers durch ein Tier-Opfer hin. Siehe u.a. die *molcomor*-Erörterung bei EISSFELDT a.O. 18f.

bemeistern. Kleitarchos bezieht sich dabei sicher auf ein Verhalten der Karthager zu seiner Zeit oder in noch nicht allzu ferner Vergangenheit. Für diese Zeit, das 4. Jahrhundert v.Chr., haben STAGER et al. in ersten Untersuchungen[36] festgestellt, daß 88 % der Urnen menschliche Reste enthalten und daß in 10% der Bestattungsfälle Tierknochen vorkommen. Die restlichen 2% der Urnen enthalten menschliche und tierische Reste zusammen. Im 7. und 6. Jahrhundert v.Chr. (einem ebenfalls in den ersten Untersuchungen berücksichtigten Zeitraum) war der Anteil an Tierbestattungen erheblich höher, nämlich um 30%. Die Urnen mit menschlichen Knochen aus dem 4. Jahrhundert enthalten zu 68% Überreste jeweils eines Kindes überwiegend im Alter zwischen einem Jahr und drei Jahren, wie es namentlich an den Zähnen erweisbar ist. Aber es kommen auch die verbrannten Knochen entweder von lebend geopferten Säuglingen, von nach der Geburt verstorbenen Kindern oder von Totgeburten vor, was im einzelnen nicht mehr feststellbar ist.

Erhebliche Aufmerksamkeit erregen die verbleibenden 32% Urnen aus der Gesamtheit der Urnen mit menschlichen Überresten aus dem 4. Jahrhundert v.Chr. Diese Urnen enthalten zwei oder drei Kinder. Bei Urnen mit zwei Kindern ist immer ein Neu- oder Totgeborenes mit einem Zwei- bis Vierjährigen zusammen, und bei den Dreifachbestattungen sind zwei Neu- oder Totgeborene mit einem Zwei- bis Vierjährigen zusammen, wobei die beiden ersteren dem dentalen Befund gemäß ziemlich eindeutig als Zwillinge erkannt werden konnten.

Für diese zunächst eigenartig erscheinenden Sachverhalte haben STAGER und WOLFF[37] eine sehr überzeugende Deutung gefunden. Sie schließt an die bereits bekannte Gepflogenheit karthagischer Eltern an, der Gottheit in einem Gelübde zuzusagen, daß sie ein Kind opfern werden. Das Kind mußte frei von körperlichen Mängeln sein und - so scheint es - ein bestimmtes Alter erreicht haben, nämlich zwischen einem und drei Jahren. Das Opfer-Gelöbnis konnte somit auch ein noch nicht geborenes, vielleicht sogar ein noch nicht einmal gezeugtes Kind betreffen. Wenn nun dieses Kind die Geburt oder die erste Zeit nicht überlebte - Zwillinge waren naturgemäß besonders gefährdet - dann konnten die Eltern ihr Gelübde nur dadurch erfüllen, daß sie statt des verstorbenen, wenn vorhanden, ihr nächstjüngstes lebendes Kind opferten, welches, den damaligen Geburtenintervallen gemäß und unter Hinzurechnung eines eventuellen weiteren Jahres bis zu vier Jahren alt sein konnte; das verstorbene, eigentlich zum Opfer bestimmte Kind wurde dann mit dem richtig geopferten Kind zusammen bestattet. STAGER weist dann noch darauf hin, daß diese Opferpraxis nicht mehr mit der in der Bibel mehrfach erwähnten Darbringung der Erstgeburt (siehe Kap.7) in Verbindung gebracht werden kann. Hier hat

---

[36] L.E. STAGER, The Rite of Child Sacrifice at Carthage, in: PEDLEY (1980) 4f., unter Bezugnahme auf anthropologische und chronologische Untersuchungen von J.H. SCHWARTZ; STAGER / WOLFF a.O. 40.

[37] STAGER / WOLFF a.O. 50f.

eine karthagische Sonderentwicklung auf der Grundlage einer ursprünglichen, kanaanäisch-phönizischen Opferpraxis stattgefunden.

Es ist also sehr wahrscheinlich, daß in Karthago Kinder von vornherein zur Opferung bestimmt wurden und daß man sie so lange aufzog, bis sie in das für die Opferung geeignete Alter kamen. Wenn sie denn vorher starben, mußten die Eltern ein älteres Ersatz-Kind hernehmen; ggf. mußten sie ein fremdes Kind kaufen.

Die kinderopfernden Eltern gehörten, wie schon herausgestellt, einer höheren, wenn nicht der führenden Schicht Karthagos an. Unter den mit einem Text versehenen Grabstelen befinden sich solche, auf denen ein Vater mit seiner höheren Stellung genannt ist. Warum hat aber gerade die führende - und besitzende - Schicht ihre Kinder geopfert? STAGER und WOLFF legen dar, daß die dieser Schicht angehörigen Familien ein Interesse daran haben mußten, ihre Nachkommenschaft klein zu halten, so daß die Kinder-Opfer auch ein Mittel der Bevölkerungskontrolle waren. (Von Geburtenkontrolle kann man angesichts der angewandten Praktiken nicht reden.) Reichtum und Macht der herrschenden Familien in der Großstadt Karthago und in ihrem Umland sowie in der nicht mehr ausdehnungsfähigen Region waren von der Weitergabe eines möglichst ungeteilten Erbes abhängig. So konnten sich die schrecklichen religiösen Zwänge der Opfernden im Fortgang der Geschichte mit ihren politisch-wirtschaftlichen Machtinteressen verbinden. Tanit und Baal Hammon haben es den Menschen leicht gemacht, unerwünschte Kinder zu beseitigen. Was sich aber menschlich in den Familien abgespielt hat, und wie es um die Kinder selbst bestellt war, um diejenigen, welche dem Tode geweiht waren, und um die, welche ihre Eltern zum Weiterleben bestimmt hatten, kann im einzelnen nicht mehr nachgezeichnet werden. Wir wissen nur, daß unendlich viele Kinder im Abgrund des Leidens untergegangen sind.

Die karthagische Kinderopfer-Praxis ist seit jeher intensiv rezipiert worden. Allen diesen Arbeiten nachzugehen wäre ein eigenes Forschungsprogramm. Es folgen drei Autoren, die jeweils einen bestimmten Akzent zu setzen versuchen. - Zunächst sei FLAUBERT aus dem Jahre 1862 zitiert. Der Dichter konstruiert und imaginiert in Anlehnung an Diodor (siehe S. 40f.) eine Massenopferhandlung, dieses Mal jedoch im Zusammenhang mit der Bedrohung Karthagos durch den Söldner-Aufstand nach dem Zweiten Punischen Krieg.[38] Dabei sollte auch der junge Hannibal durch seinen Vater Hamilkar geopfert werden. Nachdem bereits unzählige Kinder dem glühenden Baal dargebracht worden waren, er-

---

[38] G. FLAUBERT, Salambo (1908). Im Anhang äußert sich der Dichter selbst über seinen Umgang mit historischen Informationen und Quellen. FLAUBERT überträgt Diodors Beschreibung einer Massenopferung anläßlich der Bedrohung Karthagos durch Agathokles von Syrakus im Jahre 310 v. Chr. auf die Ereignisse nach dem 2. Punischen Krieg 218-201 v. Chr.

reichte die Psychose der Opfernden - sie standen zusätzlich unter dem Druck der Belagerer - einen neuen Höhepunkt[39]:

Der Abend sank; Wolken ballten sich über dem Baal. Der Scheiterhaufen brannte nicht mehr; er bildete eine Kohlenpyramide bis zu seinen Knien. Über und über rot wie ein blutüberströmter Riese, schien er mit seinem zurückgeworfenen Haupte unter der Last seiner Trunkenheit zu wanken.

Je mehr die Priester sich eilten, desto mehr nahm der Wahnsinn des Volkes zu. Als die Zahl der Opfer sich verringerte, schrien die einen, man sollte sie schonen, die anderen, es bedürfte noch weiterer. Es war als ob die mit Menschen beladenen Mauern unter dem Gebrüll des Schreckens und der mystischen Wollust zusammenbrächen. Fromme kamen in die Gänge und schleppten ihre Kinder herbei, die sich an sie klammerten. Sie schlugen sie, um sie von sich loszumachen und den roten Männern zu überliefern. Die Spielleute hielten bisweilen erschöpft inne. Dann hörte man das Schreien der Mütter und das Prasseln des Fetts, das auf die Kohlen herabfiel... alle begehrten ihr Teil an dem Opfer; und die Väter, deren Kinder schon früher gestorben waren, warfen jetzt ihre Bilder, ihr Spielzeug, ihre aufbewahrten Gebeine ins Feuer...

Vielleicht hat FLAUBERT mit Formulierungen wie *Gebrüll des Schreckens* und *mystische Wollust* in der Tat einen Aspekt in der Verfassung der Opfernden getroffen. Andererseits lesen wir bei Plutarch (siehe S. 42), daß es wichtig gewesen sei, beim Kinder-Opfer weder Rührung noch Klage zu zeigen. Aber Plutarch spricht nicht von Massenopferungen. Sofern es solche dennoch gegeben hat, ist ein Massen-Verhalten wie das von FLAUBERT erdachte wahrscheinlich, auch und gerade bei den Eltern. An anderen Stellen versucht FLAUBERT ebenfalls die Kinder nachzuempfinden, so den jungen Hannibal und ein Sklavenkind, das Hamilkar anstelle seines Sohnes opfern will...

Der Roman von FLAUBERT hat übrigens Modest Petrowitsch MUSSORGSKIJ im Jahre 1867 zu einer frühen, Fragment gebliebenen Oper veranlaßt.

Gerhard HERM, als Volkswirtschaftler und Dokumentarfilmer eingehend mit den mediterranen Kulturen befaßt, schreibt 1973 in seinem Buch über die Phönizier[40]:

... daß sie [die Karthager] keineswegs aus gedankenloser Unmenschlichkeit handelten, wenn sie doch einmal konsequent waren und sich die Kleinen vom Herz rissen. Ihr Glaube, dies tun zu müssen, ist vielleicht sogar ihre geheime Tragödie gewesen; er markiert den Punkt, an dem sie verletzlich, hilflos und unsicher waren, ausgeliefert den unbekannten Mächten, die kein menschlicher Verstand erfaßt. Wie Jakob wurden sie von

---

[39] FLAUBERT a.O. 283f.

[40] G. HERM, Die Phönizier ... (1973) 109f. (TB-Ausgabe o.J.)

dunklen Engeln geschlagen und dabei im Innersten verletzt, aber diese ständig offene Wunde war auch das Merkmal ihrer Menschlichkeit.

Menschlichkeit?

STAGER und WOLFF beschließen ihren Beitrag von 1984, welcher die These von der Bevölkerungskontrolle durch Kinder-Opfer enthält, mit Hinweisen auf das erschütternde Kinderelend in der europäischen Neuzeit, wie es unter anderem in den Kindsmorden der unehelichen Mütter und in den Sterblichkeitsraten der Kinder in den Findelhäusern zum Ausdruck kommt. Und sie führen weiter aus[41]:

Ritual infanticide at Carthage served some of the same ends as informal infanticide did from antiquity till now in other societies. For the Carthaginians, this religious institution was immensely important. Of course, it had the overt support of the state. We feel discomfort with the ostentation of the Carthaginian cult - its special precinct, the painted urns, the inscribed monuments. It ist repulsive, but then so too is the way so many children in our tradition have perished in less obvious ways. Perhaps the Carthaginians would have gotten a better press in the West had they concealed their practices more subtly.

So sehr von der Handlungsweise der Karthager ein Pesthauch der Unmenschlichkeit ausgegangen und durch die Geschichte hindurch vernehmbar geblieben ist, so gewiß ist zu anderen Zeiten und an anderen Orten in anderen Zusammenhängen ebenfalls Unmenschliches an Kindern in unvorstellbarem Ausmaß geschehen.

Bei der nun folgenden Erörterung der biblischen Quellen zum Kinder-Opfer im kanaanäischen und israelitischen Bereich ist eine synchronische Betrachtung mit der karthagischen Entwicklung nützlich. Als Karthago 814 v.Chr. gegründet wurde, gab es in Israel die getrennten Reiche Israel und Juda. Der Elohist schickte sich an, die altüberlieferte Erzählung von Abraham und Isaak neu niederzuschreiben. Die Phönizier in ihrem Ursprungsland standen in nachbarschaftlicher, wirtschaftlicher und kultureller Beziehung zu den Israeliten. Als Karthago Jahrhunderte später, im Jahre 146 v.Chr. unterging, war dort die Kinderopfer-Praxis noch hoch entwickelt, während im hellenistisch beeinflußten Palästina dieser Kult überwunden war.

---

[41] STAGER / WOLFF a.O. 51

6. „Der Herr befiehlt Abraham, seinen Sohn Isaak zu opfern“

(1)[42] Gen. 22, 1-19

1 Nach diesen Begebenheiten [Abraham hatte mit Abimelech in Philisterland einen Brunnen-Vertrag geschlossen; vorher hatte er, weil Isaak geboren war, die Magd Hagar mit dem von ihm gezeugten Sohn Ismael verstoßen] wollte Gott den Abraham prüfen. Er sprach zu ihm: Abraham! Er antwortete: Hier bin ich! 2 Er sprach: Nimm deinen Sohn, deinen einzigen, den du liebhast, den Isaak, und gehe hin ins Land Moria und opfere ihn daselbst als Brandopfer auf einem der Berge, den ich dir nennen werde. 3 Da bepackte Abraham am anderen Morgen in der Frühe seinen Esel und nahm seine beiden Knechte und seinen Sohn Isaak mit sich; und er spaltete das Holz zum Brandopfer, machte sich auf und ging an den Ort, den ihm Gott genannt hatte. 4 Am dritten Tage, als Abraham seine Augen erhob, sah er die Stätte von ferne. 5 Da sprach Abraham zu seinen Knechten: Bleibet ihr hier mit dem Esel, ich aber und der Knabe wollen dorthin gehen, und wenn wir angebetet haben, wollen wir zu euch zurückkommen. 6 Dann nahm Abraham das Holz zum Brandopfer und lud es seinem Sohne Isaak auf; er selbst nahm den Feuerbrand und das Messer, und so gingen die beiden miteinander. 7 Da sprach Isaak zu seinem Vater Abraham: Vater! Abraham antwortete: Was willst du, mein Sohn? Er sprach: Siehe, hier ist wohl der Feuerbrand und das Holz; wo ist aber das Lamm zum Opfer? 8 Abraham antwortete: Gott wird sich das Lamm zum Opfer selbst ersehen, mein Sohn. So gingen die beiden miteinander. 9 Als sie nun an die Stätte kamen, die Gott ihm genannt hatte, baute Abraham daselbst den Altar und schichtete das Holz darauf; dann band er seinen Sohn Isaak und legte ihn auf den Altar, oben auf das Holz. 10 Hierauf streckte Abraham seine Hand aus und ergriff das Messer, um seinen Sohn zu schlachten. 11 Da rief ihm vom Himmel her der Engel des Herrn zu: Abraham, Abraham! Er antwortete: Hier bin ich! 12 Er sprach: Lege deine Hand nicht an den Knaben und tue ihm nichts; denn nun weiß ich, daß du Gott fürchtest: du hast deinen Sohn, deinen einzigen, mir nicht vorenthalten. 13 Wie nun Abraham seine Augen erhob, sah er einen Widder, der sich mit seinen Hörnern im Gebüsch verfangen hatte. Da ging Abraham hin, nahm den Widder und opferte ihn als Brandopfer anstatt seines Sohnes. 14 Und Abraham nannte die Stätte „Gottessicht“, daher man noch heutigen Tages sagt: auf dem Berge „Gottessicht“.

15 Und der Engel des Herrn rief Abraham abermals zu vom Himmel her: 16 Ich schwöre bei mir selbst, spricht der Herr: weil du das getan und deinen Sohn, deinen einzigen, mir nicht vorenthalten hast, 17 darum will ich dich segnen und dein Geschlecht so zahlreich machen wie die Sterne des Himmels und wie den Sand am Gestade des Meeres, und dein Geschlecht wird das Tor seiner Feinde besitzen; 18 Mit dem Namen deines Stammes

[42] Alle in den nachfolgenden Untersuchungen bis Abschnitt 11 (über den bethlehemitischen Kindermord) herangezogenen Bibeltexte sind zusätzlich fortlaufend durchnumeriert.

werden sich Segen wünschen alle Völker der Erde, weil du mir gehorcht hast. 19 Hierauf kehrte Abraham zu seinen Knechten zurück, und sie machten sich auf und zogen nach Beerseba, und Abraham blieb in Beerseba wohnen.

a) Bedeutung des Textes

Unser alttestamentlicher Quellenaufweis beginnt mit der Erzählung von Abraham und Isaak, weil darin ein Geschehen so dargestellt wird, als ob es in der Erzväterzeit stattgefunden habe, der frühesten Epoche (dem ausgehenden 2. Jahrtausend v. Chr.), die im vorstehenden Rahmen Aufmerksamkeit erfordert. Es wird sich allerdings zeigen, daß das Erzählte in dieser Form und mit diesen Akzentsetzungen nicht ein Zeugnis der fraglichen Epoche darstellt.

Von allen Überlieferungen eines Kinder-Opfers in der abendländischen Religionsgeschichte ist die von Abraham und Isaak am bekanntesten geblieben. Bis in die Gegenwart hinein hat jeder einmal davon gehört, im Religionsunterricht, in der Predigt oder sonstwo. „Der Herr befiehlt Abraham, seinen Sohn Isaak zu opfern": In diesem Tenor wird die alttestamentliche Erzählung seit jeher andächtigen Gottesdienst-Teilnehmern, lernenden Kindern und frommen Lesern dargeboten. Sie steht in evangelischen und katholischen Predigttext-Verzeichnissen, Religionsbüchern und Schulbibeln, in Traktaten und auf Kalenderblättern. Mit der Erzählung befassen sich katechetische Werke, Religionslehrpläne und -richtlinien für die Hand des Lehrers. Wir haben es, schon wegen des Bekanntheitsgrades, mit einem sehr erheblichen Gegenstand, auch für uns heute, zu tun.

Prediger und Religionspädagogen schöpfen aus einem beträchtlichen theologischen Fundus. Die Bibliographie zu Abraham und Isaak aus Jahrhunderten hat gewaltige Ausmaße. Die Thematik insgesamt hier aufzuarbeiten, verbietet sich schon aus Gründen des Umfangs.[43] Bereits biblische Autoren bringen Abraham zur Sprache (Sir. 44, 21-22; 1. Makk. 2,52; Hb.11,17-19; Jk. 2,21-24). Aber nicht nur Theologen, Prediger und Religionslehrer haben seit Jahrtausenden die Erzählung weitergetragen. Künstler und Philosophen fühlten sich ebenfalls zu allen Zeiten durch die Erzählung herausgefordert. Jedem neuen Einstieg in den umfangreichen Sachverhalt haftet etwas Zufälliges an. Wir lassen uns von einer religionswissenschaftlichen Sichtweise leiten und sind der eingangs formulierten Kind-Orientierung verpflichtet.

Die Tatsache, daß die Überlieferung von Abraham und Isaak bis heute wirksam geblieben ist, nicht nur als Bestandteil der Heiligen Schrift, sondern auch im Predigt- und Lehr-Kanon, hebt sie aus allen Kinderopfer-Überlieferungen in unserem Kulturkreis heraus.

---

[43] Einen auslegungsgeschichtlichen Überblick bietet: D. LERCH, Isaaks Opferung christlich gedeutet (1950). - Ausführliche Bibliographie außerdem in: Cl. WESTERMANN, BK I/2, 1981, 429f.

Andere Kinderopfer-Überlieferungen haben vornehmlich in literarischen und künstlerischen Gestaltungen neue Vergegenwärtigung erfahren. Sie sind aber nicht so deutlich in einem allgemeineren Bewußtsein vorhanden wie Abraham und Isaak.

Doch ehe wir die Wirkung dieser biblischen Erzählung auf Menschen unserer Zeit, namentlich wiederum auf Kinder, diskutieren, richten wir den Blick auf die Erzählung selbst, als einem Zeugnis für den Umgang der Menschen mit dem Kinder-Opfer zur Entstehungszeit der vorliegenden Fassung der Erzählung, wobei zugleich die erheblichen Impulse erkennbar werden, die davon auf alle nachfolgende Theologie eingewirkt haben. Auch ist auf die Ursprünge der Erzählung einzugehen.

b) Theologische und religionsgeschichtliche Aspekte des Textes

Gen.22,1-19 ist nach textkritisch begründeter Auffassung ein dem Elohisten zuzuordnender Text.[44] Die Niederschrift hat demzufolge vor oder um 800 v.Chr., d.h. noch vor der Assyrer-Bedrohung und vermutlich im Nordreich stattgefunden. Es ist vorauszusetzen, daß dem Schreiber der Baals-Kult der Kanaanäer und namentlich die im Lande vorhandenen Tophets als Stätten von Kinder-Opfern bekannt waren. Die harten Predigten der Propheten Jesaja (Tritojesaja), Jeremia und Ezechiel gegen die Kinderopfer-Praxis datieren in eine spätere Zeit.

Verschiedene Autoren, so insbesondere VEIJOLA[45], argumentieren auf Grund inhaltlicher Merkmale dahingehend, daß Gen.22 in nachexilischer Zeit, um 500 v. Chr., eine Redaktion gemäß deuteronomistischer Theologie erfahren habe. Insbesondere die dem Abraham auferlegte Pflicht zu unbedingtem Gehorsam lege dieses Verständnis nahe.

Die Erzählung wird als „erzählte Theologie“ verstanden. „Hinter dieser Gestalt [der Erzählung]“, so führt Claus WESTERMANN aus, „steht ganz deutlich gedanklich-theologische Arbeit, steht der ausgesprochenen theologische Begriff des *nissāh,* des Erprobens oder Prüfens...“.[46] Erprobt wird Abrahams Gehorsam gegenüber Gott durch ein Verhaltensangebot „Opferung des eigenen Kindes“, welches im kulturellen Umkreis des Schreibers (bzw. Redaktors einer älteren Überlieferung), bei den Adressaten der Erzählung verstanden wurde. Es ist schlechterdings auszuschließen, daß ein Erzähler ein Glaubens-

---

[44] Cl. WESTERMANN, BK I/2, 1981, 139ff.; W.H. SCHMIDT, Einführung in das Alte Testament (4. Aufl. 1989), 85; 88f.

[45] T. VEIJOLA, Das Opfer des Abraham. Paradigma des Glaubens aus dem nachexilischen Zeitalter, ZThK 1988 H. 2, 129ff.

[46] Cl. WESTERMANN, Forschung am Alten Testament (1964) 72. Siehe auch: W. PÖHLMANN, Die Opferung Isaaks - Die „Bindung“ Isaaks, braunschw. beitr. f. theorie u. praxis von ru und ku 72, 1995, 44

problem im Kinderopfer-Zusammenhang darbietet, ohne daß im Volke Kinder-Opfer als Handlungsmöglichkeit im Bewußtsein gewesen wären.

Gehorsam gegenüber einem Gott, der sich eines zeitabhängigen, schrecklichen Erprobungsmittels bedient, ist die eine theologische Linie des Elohisten, die andere ist die des Gottvertrauens. Auch damit ist eine bedeutsame Seite der betreffenden Zeit und Gesellschaft gekennzeichnet; man kann förmlich von einem mentalen Aspekt sprechen. Rabbinische wie christliche Theologie entwickelt an Gen. 22 den theologischen Begriff der Gotteserfahrung.[47] Dieser Begriff kann als eine Logifizierung des Begriffs des Gottvertrauens verstanden werden. Es gab in der Zeit den starken Wunsch der Menschen nach einem personalen Gott, zu dem man in vertrauensvoller Beziehung stehen konnte. Wie anders hätte ein Schreiber die Erzählung von Abraham und Isaak so enden lassen können, wie sie uns bekannt ist.

Eine naive Betrachtung läßt Abraham Gott passiv erfahren als den, der einen Ruf erteilt, dem bedingungslos zu folgen ist - in Gehorsam. In Wahrheit ist Abraham hochaktiv, denn er geht einen Weg. Der Weg nach Moria ist Metapher für die religiöse Leistung, die er erbracht hat. Abraham stand unter Zwang des Moloch, und den Vatergott hat er gefunden. Es war doch wahrlich keine übernatürliche Zaubermacht, die sich ein Opfertier im Gebüsch verfangen ließ, sondern ein Mensch hatte dafür gesorgt, daß das Substitut bereit stand. Des weiteren könnten wir über die metaphorische Funktion des Engels nachdenken. Aber es braucht hier längst nicht alles durchreflektiert zu werden.

Nun weiß ich, daß du Gott fürchtest: Zugegebenermaßen ist Vers 12 nicht so einfach in die entwickelte Verständnislinie einzufügen. Auch ist der Bogen von Vers 2 bis dahin unleugbar. Exegetische Konstruktionen gehören zwar nicht zur Aufgabe vorliegenden Diskurses, aber soviel tritt deutlich hervor: Bis Vers 15 hat „Gott" alle Züge von Baal/Moloch, ab Vers 13 ist er ein Vatergott, der nie Kinder-Opfer von Menschen fordern wird. (Die Verse 15 bis 19 wären eigens zu besprechen; sie sind wahrscheinlich ein Appendix.[48])

Die Bedeutung von Gen. 22 liegt - allen alten und neuen Theologen und Religionspädagogen zum Trotz - nicht in der Akzeptanz eines schrecklich-unmenschlichen Gehorsams unserem Gott gegenüber, sondern darin, daß sich in dieser Erzählung religionsgeschichtlich die Überwindung des Moloch ankündigt. Weil es keine Gehorsamspflicht gegenüber einem menschenopfer-fordernden Gott gibt. Doch davon im folgenden noch mehr. Es ist auch nicht ausgemacht, daß wir es hier mit einem Geschehen zu tun haben, das sich zwischen dem einen herausragenden Menschen und Gott abgespielt hat. Denn im Alten Testament ist so vieles in Form personaler und zeitlich komprimierter Prozesse ver-

---

[47] I. MAYBAUM, Die Opferung des Isaaks, EvTh 6, 1957, 249ff.; G. von RAD, Das Opfer des Abraham (1971) 34f.

[48] Cl. WESTERMANN, BK I/2, 1981, 445

schlüsselt und symbolisiert, daß auch Abrahams Gotteserfahrung, so wie sie in der elohistischen Fassung überliefert ist, als Prozeß der Gotteserfahrung eines Volkes im Dunstkreis von Moloch mit seiner Gehorsamkeitsforderung verstanden werden kann.

Der Prozeß einer neuen Gotteserfahrung Abrahams ist menschheitsgeschichtlich gesehen, viel zu bedeutsam, als daß man daran etwas herunterspielen darf, wie es u.a. Ignaz MAYBAUM getan hat: „Biblische Exegese, wie sie der Religionshistoriker geben kann, kann nur feststellen, daß wir in der *akedah*[49] von dem Punkt in der Religionsgeschichte erfahren, an dem das Menschen-Opfer durch das Tier-Opfer ersetzt wird. Wenn das alles wäre, so würde es bedeuten, daß die grandiose Erzählung des Elohisten mit ihrer majestätischen Reihe der Ereignisse auf eine der zahlreichen Tatsachen von religiöser Folklore zusammenschrumpft...“[50] Menschen-Opfer als Folklore-Erscheinung - wo soll das hin? Kennzeichnungen wie „majestätisch“ und „grandios“ für die sprachliche Gestalt der Erzählung in ihrer Einmaligkeit sind subjektive Wertungen. Auch die Rede von dem „großartigen Stück Weltliteratur“, wie sie von anderen Autoren formuliert worden ist, geht in diese Richtung. Richtiger scheint mir der Hinweis darauf zu sein, daß die Erzählung von Abraham und Isaak trotz der neuartigen Wendung im ganzen überaus traurig ist, und zwar, weil darin ein Kind so unmenschlich instrumentalisiert wird. Es bedarf wohl einer besonderen, mir nicht nachvollziebaren Einstellung, um die ästhetisch-literarischen Qualitäten der Erzählung wahrzunehmen und künstlerischen Gefallen daran zu finden.[51] Es soll hier auch nicht gegen Ignaz MAYBAUM polemisiert werden; es ließen sich in exemplarischer Absicht ebenso andere Autoren mit einem entsprechenden Tenor zitieren.

Die in Gen. 22 symbolisch verdichtete Erfahrung, daß Gott keine Kinder-Opfer fordert, ist in der Geschichte Israels nicht geradlinig oder störungsfrei verlaufen. Sie war Beeinträchtigungen und Verstellungen ausgesetzt. Abraham, der sich aufmacht, seinen Sohn zu schlachten, ist in seinem religiösen und sozialen Bewußtsein verstellt; er steht noch oder schon wieder unter dem Zwangsgehorsam gegenüber dem Baal/Moloch. Und dabei täuscht er nicht nur das für die Opferung vorgesehene Kind, sondern auch dessen Mutter und die Knechte (Sklaven), über seine Absichten. Es muß schon ein problematischer „wahrer“ Gott sein, der solch „falsch Zeugnis wider den Nächsten“ für gut befindet. (Bei den Kanaanäern wie bei den Karthagern waren sich gemäß unseren Erörterungen im vorigen Kapitel Vater und Mutter vermutlich einig, ihr Kind gemeinsam auf den Blutaltar

---

[49] *akedah (ageda)* = die „Bindung“ Isaaks, verständlicher: die Fesselung des Kindes und seine Aufbringung auf den vorbereiteten Blutaltar zur Verbrennung daselbst. Die Benutzung des Wortes in deutsch- (und anders-)sprachigen theologischen Diskursen ist geeignet, den Sachverhalt in gelehrter Weise zu logifizieren.

[50] MAYBAUM a.O. 249

[51] MAYBAUM a.O.; Cl. WESTERMANN, BK I/2, 1981, 434; PÖHLMANN a.O. 39ff., auch unter Bezugnahme auf Elie WIESEL (Adam oder das Geheimnis des Anfangs, Freiburg 4. Aufl. 1980, mit einem Kapitel „Die OpferungIsaaks“) und E. AUERBACH (Mimesis ...)

zu legen.) Gerhard von RAD spricht von der „geschichtlichen Authentizität" und der „Wahrheit" der Erzählung in der vorliegenden Gestalt[52], und er meint damit eben die darin zum Ausdruck kommende Gotteserfahrung, allerdings ohne den im vorstehenden akzentuierten Moloch-Ansatz zu vertreten. Jedoch konzediert er, daß sich dem Volke Israel „zu Zeiten sein Gottesbild verdunkelte" [53], weil es kein „in der Welt vorhandenes selbständiges Böses" seinen Gott beeinträchtigen lassen wollte. Könnte man nicht einfacher und klarer sagen, daß sich dem Volke Israel trotz Beeinträchtigungen und Verstellungen sein Gottesbild mehr und mehr erhellte? Gerhard von RAD führt noch aus, daß die geschichtliche Authentizität und Wahrheit von Gen. 22 eben nicht in den „vagen Spuren liegt, die zum Ältesten in diesem Erzählstoff gehören und die vielleicht (vielleicht aber auch nicht) in die Zeit der Erzväter zurückreichen könnten"[54], sondern - wie ausgeführt - in der uns heute vorliegenden Fassung. Dem ist zu widersprechen, denn sollte es Hinweise darauf geben, daß bereits die Erzväter, also ein „realer" historischer Abraham bzw. ein damit bezeichneter Stammesverband eine Erzählung, wenn nicht einen Text gegen den Kinderopfer-Kult besessen haben, so wäre das in seiner Originalität doch viel bedeutsamer, als eine spätere, theologisierte Gehorsams-Konstruktion des kanonischen Textes angesichts einer unmenschlich-grausamen „Gottes"- Forderung. Bis heute verstehe ich nicht die weitverbreiteten exegetischen und katechetischen Normsätze wie zum Beispiel: „ Es geht in diesem Text [Gen. 22] nicht um eine religionsgeschichtlich bedeutsame Überwindung des Kinder-Opfers, sondern darum, daß Abraham sich durchringt zu der völligen Hingabe an Gott..."[55] Doch, es geht wohl um die Überwindung des Kinder-Opfers.

Der Grund dafür, daß in der elohistischen Erzählung von Abraham und Isaak eine frühe kanaanäsche Strömung gegen Kulte mit Kinder-Opfern lebendig geblieben ist, könnte daran liegen, daß Gen. 22 die Ätiologie eines Heiligtums darstellt, in welchem ursprünglich Kinder-Opfer dargebracht wurden, bis das Substitut an deren Stelle trat. Ist dann der Gedanke abwegig, daß auch schon ein Patriarch seinen Gott wegen der ehemals geopferten Kinder im Fürbitte-Gebet um Vergebung angesprochen haben könnte?

Die Auffassung über das Alter einer ursprünglichen Erzählung von Abraham und Isaak - ob sie in die Zeit der Erzväter zurückgeht oder erst während der Landnahme abgefaßt wurde - ist schwankend.[56] Ebenso bleibt die genaue Gestalt der ursprünglichen Fassung

---

[52] G. von RAD, Das Opfer des Abraham (1971) 35

[53] von RAD a.O. 34

[54] von RAD a.O. 35

[55] Lehrplan für die Evangelische Unterweisung an Volksschulen, erarbeitet von einem rheinisch-westfälisch-lippischen[Kirchen-]Ausschuß (ohne Verlag/Ort) 1954, S. 53f. (als Exempel; es gibt viele weitere Belege)

[56] Cl. WESTERMANN, BK I/2, 1981, 433 mit Literatur-Hinweisen

unklar, obzwar Rekonstruktionen versucht worden sind.[57] Der Ort, wo sich das Heiligtum befunden haben könnte, liegt im Dunkeln. Das im Text genannte *Land Moria* ist nicht bestimmbar, auch wenn diese Ortsbezeichnung in der Bibel noch einmal vorkommt, als Name des Tempelberges von Jerusalem in 2.Chr.3,1. WESTERMANN vermutet, daß die Bezeichnung nachträglich für den Ort des Opfers von Abraham in Anspruch genommen wurde, um den Tempelberg besonders herauszustellen.[58]

Zusammenfassend bleibt festzustellen: Wenn es auch keine klaren Angaben über das Opfer Abrahams und dessen Stätte gibt, so darf dennoch als gesichert gelten, daß es sich um ein von dem Elohisten bereits vorgefundenes Traditionsgut handelt. Wahrscheinlich haben wir es mit einer Kultlegende für ein bestimmtes Heiligtum zu tun, das sich von einem Tophet zu einer Jahwe-Stätte, zu einem *Berg Gottessicht* (Gen.22,14) gewandelt hat. Letztlich ist die elohistische Fassung der Erzählung ein Beleg dafür, daß Kinder-Opfer trotz eines angenommenen frühen Gegenimpulses im Vorstellungshorizont der Menschen in Kanaan, auch der Israeliten, lebendig geblieben sind, sogar als Handlungsmöglichkeit.

c) Apologetische Zuspitzung

Alle Theologie, die den Opferbefehl als Befehl des Einen Gottes voraussetzt und daraus den Gehorsamkeits-Skopus entwickelt („Glaube heißt, Gott aufs Wort gehorchen“[59]), verbleibt unwissentlich oder vielleicht auch wissentlich in der Akzeptanz von Baal/Moloch, mit dem der Eine Gott einstmals eng verknüpft war. Was von dem Elohisten noch in existentieller Verschränkung verstanden wurde, ein kinderopfer-fordernder und ein väterlich liebender Gott in einem, ist heute, am Ausgang des zwanzigsten Jahrhunderts nach Christus, ein schrecklicher Anachronismus, wenn wir uns bewußt halten, daß die Menschenrechte und die Rechte des Kindes integrative Bestandteile eines globalen Bewußtseins werden. Zwar haben sich wichtige Rechte des Kindes im Verlauf der abendländischen Geschichte schon immer Geltung zu verschaffen versucht, und sie können im übrigen auch biblisch abgeleitet werden, nicht nur aus dem Neuen Testament, sondern auch aus dem Alten Testament, aber ein Verständnis vom Eigenrecht des Kindes hat sich daraus nur schwer bilden können. Bestimmte positive Akzentsetzungen in der Neuzeit werden uns noch begegnen.

Die nun schon über zwei Jahrtausende währende Erörterung über den fordernden Gott und die Glaubens-Kraft Abrahams in Gen.22 würde uns kaum so ausnehmend beschäftigen, gäbe es nicht deren erhebliche Auswirkungen auf gottesdienstliche Predigt und

[57] WESTERMANN a.O.

[58] WESTERMANN a.O. 437

[59] U. BACH in: Göttinger Predigt-Meditationen, 35. Jahrg. 3. Reihe: Für alle Sonntage des Kirchenjahres 1980/81, S. 174ff. (Judika - 5.4.1981. 1. Mose 22, 1-14a), hier S. 175

Religionsunterricht bis in die Gegenwart, wodurch Gläubige und Schulkinder noch immer an Baal/Moloch gebunden werden. Substantielle Fragen des Menschseins, der Elternschaft, der Gemeinde und der Ökumene geraten dadurch in den Hintergrund, und sei es für den einen Sonntag Judika alle vier Jahre (im Turnus der Predigttexte)[60] oder für eine Stunde im Religionsunterricht. Vorstehende Erörterung wird gerade (im Sommer 1995) niedergeschrieben, da gemeldet wird, welche Massaker die Eroberer von Srebenica unter der Zivilbevölkerung angerichtet haben. Kann ein Predigthörer oder ein Schulkind bei aller „fachmännischen" Exegese/Katechese Kriegsgreuel und alttestamentliches Kinder-Schlachten „in der gebotenen Weise" auseinanderhalten? Ist das überhaupt notwendig? Wenn auch unsere Zeit mit ihren Grausamkeiten kaum besser als frühere Zeit ist, so sind wir gegenüber früher doch insofern weitergekommen, als wir die Unmenschlichkeiten jeglicher Art in alle Welt hinausschreien können und vielleicht auch gehört werden.

Es muß in neuer Weise darüber gesprochen werden, daß religiöse Einsichten und theologische Denk-Ergebnisse nicht auf Kosten eines hilflosen Kindes gewonnen werden können. Sie sind a priori verwerflich und untauglich wenn nicht schlicht falsch, selbst dann, wenn das hilflose Kind nur eine Gedankenfigur darstellen sollte und es Abraham und Isaak wie in Gen.22 dargestellt in Wirklichkeit gar nicht gegeben haben sollte.

Von einer Erzählung, in welche solcherart ein hilfloses Kind eingefügt ist, geht eine bewußtseins- und mentalitätsbildende Kraft aus, keineswegs nur im Sinne einer Theologie des Gehorsams und des Gottvertrauens, sondern auch durch eine vom Wort Gottes losgelöste Fixierung der Vorstellung an das Messer und seine Möglichkeiten. Und es kann keinem Hörer/Leser der Erzählung verwehrt werden, sich die befohlene Opferung ganz konkret vorzustellen, indem er sich daran erinnert, wie im jüdischen und moslemischen Kulturkreis noch heute den Opfer-Tieren die Schlagader aufgeschnitten wird, damit das Tier daran verbluten kann. Exegeten von Gen. 22 werden an dieser Stelle in aller Regel bemerkenswert abstrakt in ihrer Wortwahl, so daß man den Eindruck gewinnt, sie wollten aus den Geschehnissen in der Erzählung lediglich Metaphern für einen Vorgang machen, der sich im Kopf Abrahams abspielt. Aber auch ein solches Verständnis ist wie gesagt verwerflich. Denn bei alledem bleibt der erhebliche Sachverhalt, daß in der Erzählung über ein Kind auf Tod und Leben verfügt wird. Und daß schließlich in der Erzählung immer nur zwischen Gott, dem Vater und dem Kind etwas Schreckliches passiert und die noch lebende Mutter unbeteiligt und unwissend bleibt, muß ganz bestimmt festgehalten werden.

Warum erhält Abraham denn den Befehl, ausgerechnet sein Kind zu opfern? So könnte dummerweise jemand fragen, der den religionsgeschichtlichen Hintergrund nicht kennt.

---

[60] Perikopenbuch, hrsg. von der Lutherischen Liturgischen Konferenz Deutschlands (Hannover 1985) 185f. (als Exempel)

Soll er doch seiner Frau, seinem Bruder, seiner Schwester, seinem Vater und seiner Mutter (sollten sie noch leben), seinem Nachbarn oder sonst einem Erwachsenen, den er *liebhat*, das Messer an den Hals legen. Doch das ging einfach deshalb nicht, weil es üblich war, die eigenen Kinder zu opfern.

Dann gibt es auch noch Hiob, in dessen Geschichte mit Gott ebenfalls die eigenen Kinder eine Rolle spielen. Diese Kinder müssen tatsächlich sterben, ohne daß ein rettender Engel erscheint, und zwar deshalb, weil dem Vater bei allem Leid, das bereits über ihn gekommen ist, eine weitergehende tiefe Leidenserfahrung auferlegt wird, um sein Gottvertrauen unter Beweis zu stellen. Die Kinder Hiobs erfahren aber nicht, daß sie um der Religion ihres Vaters willen sterben müssen. Schließlich kennen wir den Fall des Königs David - nein, nicht seinen Fall, sondern den seines Kindes, das aus der Verbindung mit der Frau des Hethiters Uria stammte. David hatte dafür gesorgt, daß Uria im Kriege gegen die Ammoniter zu Tode kam. Denn nur so konnte er sich die Frau des Uria aneignen. (2.Sam.10-12.) Und der Prophet Nathan verkündigte dem König: ....*weil du den Herrn durch dieses dein Tun verhöhnt hast, so muß dein Sohn, der dir geboren ist, sterben!* Hier liegt wiederum das Unverständnis vor, das in alttestamentlicher Zeit erst nach und nach gewandelt wurde. Als wenn das Kind ein Besitz wäre, an dem der Vater wegen seiner Sünde gestraft werden könne. Das Kind hat sein eigenes Lebens- und Sterberecht. Und über das Leid der Mutter ist ebenfalls nichts gesagt.

Das Kind Isaak muß einen Leidensweg der Todesangst gehen, für den es kaum noch eine Steigerung gibt. Das wird auch nicht dadurch vermindert, daß das Kind dem Text zufolge und offensichtlich mit dem von Abraham angenommenen Einverständnis Gottes bis zuletzt über den tatsächlichen Sachverhalt im unklaren gelassen wurde. Warum hat kaum einer von allen Exegeten den - im wörtlichen Sinne verstandenen - Leidensweg des Kindes deutlich herausgestellt, anstatt immer nur von einem Eigentlichen und Wesentlichen, nämlich der einmaligen Dichte der Gotteserfahrung zu reden, die der messerbewehrte Vater dabei hatte? KIERKEGAARD, der eine, schon vom Titel her berühmte, existentiell bestimmte Deutung von Gen. 22 vorgelegt hat[61], ist ebenfalls nicht wegen des Kindes in „Furcht und Zittern" geraten, sondern wegen des Gottes, als dessen Prinzip er die „teleologische Suspension des Ethischen" erkannte und dem er sich gerade deshalb ohne Einschränkung auslieferte. Im übrigen sind sich die Herausgeber und Bearbeiter der Schriften KIERKERAARDs darüber einig, daß dessen leidende Beschäftigung mit Abraham und Isaak in engem Zusammenhang mit der Beziehung zu seiner Braut Regine OLSEN stand, auf die er, den opfernden Abraham als Vorbild ansehend, in Form eines persönlichen Opfers verzichten zu müssen glaubte.[62] Es ist jedenfalls gut zu wissen, daß eine in

---

[61] Sören KIERKEGAARD, Furcht und Zittern [1843] (Gesammelte Werke 4. Abt., 3. Aufl. 1993)

[62] F. GROSSART im Nachwort zur Ausgabe von „Furcht und Zittern" aus dem Jahre 1949, S. 161; E. HIRSCH in der Einleitung zu „Furcht und Zittern" 3. Aufl. 1993 S. IX

der Neuzeit so bedeutsam gewordene Abraham-und-Isaak-Deutung wie die von KIERKEGAARD anthropogen bedingt ist und damit zugleich sozialkulturelle Umstände um 1843 spiegelt, als „Furcht und Zittern" erschienen ist. Selbst ein Lächeln, das Regine OLSEN ihrem Entlobten während eines Gottesdienstes schenkte, wird im Werkzusammenhang als bedeutsam herausgestellt.[63] So zwanghaft, wie damals unter Umständen in der bürgerlichen Schicht Kopenhagens und anderswo Liebesbeziehungen, Verlobungen und Hochzeiten gelebt und erlebt wurden, so zwanghaft haben Theologen und Gläubige auch manche alttestamentliche Überlieferung verstanden.

Gott suspendiert das Ethische nicht, auch nicht vorübergehend oder in einer bestimmten Absicht.

In seinem Alterswerk „Streit der philosophischen Fakultät mit der theologischen" äußert sich KANT zu Abraham und Isaak[64]:

.... Daß es aber n i c h t Gott sein könne, dessen Stimme er [der Mensch] zu hören glaubt, davon kann er sich wohl in einigen Fällen selbst überzeugen; denn wenn das, was ihm durch sie geboten wird, dem moralischen Gesetz zuwider ist, so mag die Erscheinung ihm noch so majestätisch und die ganz Natur überschreitend dünken: er muß sie doch für Täuschung halten. [Und weiter in der Anmerkung:] Zum Beispiel kann die Mythe von dem Opfer dienen, das Abraham auf göttlichen Befehl durch Abschlachtung und Verbrennung seines einzigen Sohnes - (das arme Kind trug unwissentlich noch das Holz hinzu) - bringen wollte. Abraham hätte auf diese vermeintliche Stimme antworten müssen: „Das ich meinen guten Sohn nicht tödten solle, ist ganz gewiß; daß aber du, der du mir erscheinst, Gott sei, davon bin ich nicht gewiß und kann es auch nicht werden", wenn sie auch vom (sichtbaren) Himmel herabschallte.

Der Alttestamentler Claus WESTERMANN sagt dazu, daß KANT „nicht verstehen [konnte], was hier gemeint ist", und zwar deshalb, weil er „das Wort als ‚das Gesagte' von dem Redenden zu abstrahieren" bemüht sei, was aber nicht gehe, weil es das Wort des dem Abraham vertrauten Gottes sei.[65] Lassen wir dies auf sich beruhen.

Der junge HEGEL sagt - etwa zur gleichen Zeit wie KANT - über Abraham, daß dieser „nicht lieben" konnte[66], denn

selbst die einzige Liebe, die er hatte, die zu seinem Sohne, und Hoffnung der Nachkommenschaft... konnte ihn drücken, sein von allem sich absonderndes Gemüt stören und in eine Unruhe versetzen, die einmal so weit ging, daß er auch diese Liebe zerstören wollte

---

[63] Diese biographische Episode wird im Kontext erörtert von Liselotte RICHTER im abschließenden Essay zur Ausgabe von „Furcht und Zittern" aus dem Jahre 1961, S. 129f.

[64] KANT, Akademie-Ausgabe VII 63

[65] CL.WESTERMANN, BK I/2, 1981, 436

[66] HEGEL, Der Geist des Judentums [1798], Werke I 279

und nur durch die Gewißheit des Gefühls beruhigt wurde, daß diese Liebe nur so stark sei, um ihm doch die Fähigkeit zu lassen, den geliebten Sohn mit eigener Hand zu schlachten.

HEGEL steht damit gegen alle Theologie, die doch immer der besonderen Liebe des Vaters zu seinem Kinde das Wort geredet hat, um gerade dadurch dem vorgesehenen Kindes-Opfer seine besondere Schwere zu geben. Gott als auslösende Kraft für das Kindes-Opfer ist für HEGEL keinen Gedanken wert. Daß Abraham „Günstling seiner Gottheit" war, entwickelt er aus dessen Verhältnis zur Welt. Abraham unterjochte sich das Notwendige, und gegen das übrige (der kanaanäischen Welt) war er durch sein „Ideal" (Gottes Stammvater-Verheißung) in Sicherheit gesetzt.

Ausführlich hat sich SCHELLING über Abraham und Isaak geäußert, nämlich in seinem Alterswerk „Philosophie der Offenbarung", erschienen 1857.[67] Die Erzählung von Abraham und Isaak kann nach SCHELLING „als urbildlich für die ganze Folge der alttestamentlichen Offenbarungen gelten". Es folgt hier das Kernstück seiner Erörterung. Nachdem SCHELLING das nach der Sintflut ergangene Verbot Gottes, Menschenblut zu vergießen, angeführt und den aufscheinenden Widerspruch zu der an Abraham ergangenen Forderung der Opferung seines Kindes herausgestellt hat, führt er aus:

Überlegen wir nun aber, daß es ungefähr um dieselbe Zeit ganze Völker, und zwar dem Abraham stammverwandte Völker gab, welche es als ein göttliches Gebot ansahen, in gewissen Fällen die geliebtesten ihrer Kinder, nämlich die einzigen, ein- oder erstgeborenen zu opfern, so müßten wir doch alle historische Wahrscheinlichkeit beiseitsetzen, wenn wir nicht annähmen, das Princip, von welchem Abraham zu jener Handlung u n m i t t e l b a r versucht oder sollicitirt [veranlaßt] wurde, sei wesentlich dassselbe gewesen, das auch jene Völker verleitete. Dieß wäre allerdings nicht anzunehmen, ohne zugleich anzunehmen, daß für Abraham die Offenbarung des wahren Gottes an ein falsch-göttliches Princip gebunden war, oder dieses zur Voraussetzung hatte. Für sich allein ist jenes Princip allerdings das ungöttliche, ja widergöttliche, aber dieses Princip w i r k t ja nicht für sich allein, wie der Verlauf der Erzählung zeigt. Denn als Abraham eben die Hand ausstreckt, den Sohn zu schlachten, ruft ihm der Engel Jehovahs zu, und wehrt ihm, die Hand an den Knaben zu legen. Hier ist also Elohim und der Engel Jehovahs, Mal'ach Jehovah, unterschieden. Das Verhältniß nun zwischen dem Elohim, der dem Abraham gebietet, seinen Sohn zu opfern, und dem Engel, d.h. der Erscheinung des Jehovah, welche ihn davon zurückhält, läßt sich nun schwerlich anders als so denken. Der, welcher Elohim genannt wird, ist die S u b s t a n z des Bewußtseyns, der Engel Jehovahs ist nichts Substantielles, sondern ein im Bewußtseyn nur Werdendes, eben nur Erscheinendes, er ist nicht substantiâ, er ist immer nur actu da im B e w u ß t s e y n, immer nur Mal'ach Jehovah, d.h. eben nur Erscheinung, Offenbarung des Jehovah, und

---

[67] SCHELLINGs Werke, VI. Hauptband (1927) 514ff.

setzt daher den Elohim als Substanz, als Medium seiner Erscheinung fortwährend voraus; er ist nicht für sich der wirkliche, denn in dem vorliegenden Fall zeigt er sich als den wirklichen eben nur durch Aufhebung der vorhergegangenen Sollicitation, er setzt also das Princip dieser Sollicitation selbst als Bedingung seiner Wirklichkeit voraus; sonach ist eigentlich keiner von beiden für sich der wahre Gott, denn der wahre e r s c h e i n t nur, indem er den vorausgehenden, soweit er nicht der wahre ist, aufhebt; er ist daher von diesem nicht zu trennen. Der wahre Gott ist also im A.T. durch den falschen vermittelt und gleichsam an diesen gebunden. Dieß ist die Schranke der alttestamentlichen Offenbarung überhaupt. Indem die höhere Potenz, welche die Ursache aller Offenbarung ist, das entgegengesetzte Princip überwindet, b r i n g t sie in ihm den wahren Gott als erscheinend h e r v o r. Die Offenbarung ist also von Seiten Gottes nicht möglich, ohne daß er im Bewußtseyn u n m i t t e l b a r ein anderer, ja sich selbst ungleicher ist - a b e r i n d e m er sich in diesem unmittelbaren Seyn aufhebt, sich selbst zu sich selbst vermittelt und so in der That im Bewußtseyn h e r v o r b r i n g t. Ohne ein solches sich Hervorbringen im Bewußtseyn wäre gar keine Offenbarung Gottes...

In diesem Text redet nicht der Theologe, sondern der Philosoph, der wie KANT und HEGEL in der idealistischen Strömung steht und von daher in der anstehenden Materie auch sozusagen inkompetent ist. SCHELLING ermittelt die Bedeutungen, welche den „Prinzipien" oder „Potenzen" zukommen, die das Geschehen in der Abraham-und-Isaak-Erzählung konstituieren, und die in einer logischen Struktur zueinander stehen. Es sind „Elohim" als der falsche Gott und der „Engel Jehovahs" als der wahre Gott. Elohim wird durch unmittelbare „Hervorbringung" des Engels Jehovahs im Bewußtsein überwunden. Der wahre Gott ist aus dem falschen Gott direkt vermittelt. Es handelt sich um eine Offenbarung Gottes in der historischen Zwangslage geläufiger Kinderopfer-Praxis; SCHELLING beginnt seine Erörterung mit dem Hinweis auf diese Lage. Abraham erfährt, daß der Gott, der von ihm die Abschlachtung seines Sohnes fordert, der falsche Gott ist und daß er dessen Ansinnen nicht nachzukommen hat. SCHELLING spricht von der „Aufhebung der Sollicitation". Konsequenterweise kann man daraus die Schlußfolgerung ziehen, daß die Offenbarung des wahren Gottes allen Predigern und Religionslehrern verloren gegangen ist, die an der Theologie des Gehorsams gegenüber dem angenommenen Einen Gott festhalten. Der Vater, der sich mit seinem Kinde auf dem Wege zum Berg Moria befand, hatte nicht die Erfahrung des Einen Gottes, sondern eines falschen Gottes, was er aber noch nicht wußte. Den Predigthörern und Schulkindern wäre vieles erspart geblieben, wenn ihre Lehrer wie SCHELLING eine Einsicht bewahrt hätten, daß Abraham dem Malk/ Moloch bzw. Baal untertan gewesen war, und daß ihm die Kraft geschenkt wurde, sich davon zu befreien. Aber wie gesagt, SCHELLING ist Philosoph.

Hier möge nochmals auf KIERKEGAARD bezug genommen werden, dessen Deutung „Furcht und Zittern" in derselben Zeit entstanden ist, als SCHELLING seine Vorlesungen zur Philosophie der Offenbarung abhielt. Wir haben gesehen, daß KIERKEGAARD eine ganz andere Position zu Abraham und Isaak einnimmt als SCHELLING. KIERKEGAARD erkennt in der Erzählung eine Zuspitzung des göttlichen Handels auf eine „teleologische Suspension des Ethischen" hin. Es ist bei ihm der Eine Gott, der sich auf zweierlei Weise verhält. Unserem heutigen Verständnis liegt es demgegenüber wahrlich näher, von einer Suspension des Ethischen in bezug auf Moloch/Elohim zu sprechen als demjenigen Prinzip, das von der höheren Potenz im Sinne SCHELLINGs überwunden wird. Der Moloch mißachtet das Kind, der Engel des Herrn aber bewirkt, daß das Kind in seine göttlichen Rechte eingesetzt werden kann.

Der Philosoph Leszek KOLAKOWSKI schließlich - Gerhard von RAD läßt ihn in seinem Buch über „Das Opfer des Abraham" ausführlich zu Wort kommen - unterstellt in einer Satire[68] Abraham „die Natur eines Gefreiten", denn er „war es gewohnt, sich genau an die Instruktionen von oben zu halten". Und von dem Sohne weiß KOLAKOWSKI zu berichten:

Isaak verwand seinen Schock allerdings nie: seit dieser Zeit schwankte er auf den Beinen, und ihm wurde übel beim Anblick des Vaters. Aber er lebte lange und hatte viel Erfolg.

Solche Sätze haben befreiende Wirkung. Sie sollten auch in die gottesdienstliche Predigt einfließen. Noch besser wäre allerdings, die Theologie des Gehorsams, wie sie im Anschluß an die Perikope von Abraham und Isaak entwickelt worden ist, als Sondermüll der Predigtgeschichte zu entsorgen.

d) Variationen über einen Vater, sein Messer und sein Kind. Ein Jahrhundert Schulbibel-Illustrationen

Es mag effektvoll sein, mit der bösen Rede des Philosophen das böse Thema abzuschließen. Aber das reicht zum Verständnis des Gesamtproblems nicht aus. Wie überhaupt alle biblisch-religiösen Erörterungen letztlich in Fragen um Verkündigung und Unterricht kulminieren müssen, so ist auch bei Abraham und Isaak die katechetische Problematik deutlich zu machen, zumal hier das Kind selbst Bestandteil des Themas ist. Man darf voraussetzen, daß die Erzählung von Abraham und Isaak von Anfang an, schon seit alttestamentlicher Zeit, Gegenstand von Unterrichtung und Verkündigung war.[69] In unserem Zusammenhang ist besonders bedeutsam, was den Kindern in den vergangenen hundert oder zweihundert Jahren beigebracht worden ist, denn das verweist direkt auf heutige Fragen nicht nur des religiösen Unterrichts, sondern auch des Kindheitsverständnisses. In der katechetischen Literatur und in Büchern für die Hand der Schüler begegnet

---

[68] „Kolakowski" , in: G. von RAD, Das Opfer des Abraham (1971) 78ff.

[69] Zur Abraham-und-Isaak-Rezeption während der gesamten christlichen Zeit siehe D. LERCH, Isaaks Opferung christlich gedeutet (1950)

uns durchgehend Abraham, der mit seiner Bereitschaft zur Opferung, konkreter: zur Abschlachtung seines Kindes unter Zuhilfenahme eines Instrumentes wie des Schlachtermessers oder eines spitzen Dolches eine Leistung höchster Gottgefälligkeit vollbracht hat. Die Tatsache dieses Beibringens ist über ihre didaktisch-methodische Dimension hinaus Bestandteil einer Kindheitsgeschichte der Moderne, in der bereits mehrfach deutlich gewordenen Komplexion der Aspekte. In biblischer Zeit brachten Menschen reale Kinder-Opfer dar, in unserem Jahrhundert vollziehen Menschen Kinder-Opfer im Kopf und zwingen ihre lebenden Kinder, an diesen Opfern teilzunehmen. Dabei ist bemerkenswerterweise manchem heutigen Erwachsenen, der sich der hypertrophen Anmaßung des Deutungsmusters nicht entziehen konnte, sei er/sie Theologe/Theologin oder Lehrer/Lehrerin, auch der Gedanke gekommen, daß die Kinder in ihrer Natürlichkeit oder religiösen Unbedarftheit gedacht haben mögen, sie selber könnten ebenfalls von ihrem Vater auf dem Blutaltar dargebracht werden - herrjemine, jesusmariajosef. Aber keiner derjenigen, die diesen Aufhänger für ihre Katechese hergenommen haben - Verfasser hat alleine drei Autoren gefunden - ist auch nur annähernd bereit, „echte" Konsequenzen daraus zu ziehen, sagen wir einmal: Abraham und Isaak aus dem Lehrplan zu streichen.

Eine empirisch fundierte Wirkungsgeschichte der Erzählung von Abraham und Isaak wird wohl nie geschrieben. Man könnte allerdings heute noch die alten Leute danach befragen, im offenen Gespräch und vermittelst konkreter, von Empathie getragener Impulse. Die nachfolgende Darlegung ist ein mehr bescheidener Vorbeitrag. Es werden Illustrationen aus Schulbibeln und Biblischen Geschichten zusammengestellt, also Bilder, die den Kindern beim Lesen und Lernen in der Schule und zu Hause ansichtig waren (Abb. 3 mit den Beispielen a - o).

Quellenangaben zu den Abbildungen

Vorbemerkungen: Angaben über Auflage und Erscheinungsjahr eines Buches besagen, welche Ausgabe zur Verfügung stand. Die Erscheinungsjahre der Erstauflagen müßten eigens ermittelt werden. - Die Bildurheber sind angeführt, soweit die Bücher über sie Angaben enthalten.

a. WIEDEMANN, Franz: Wie ich meinen Kleinen die biblischen Geschichten erzähle. Für Lehrer, Lehrerinnen, Gouvernanten, Väter und Mütter und überhaupt alle, welche es mit der Erziehung der Kleinen zu tun haben. Zugleich ist es ein Buch für die Kleinen selbst. 11.Aufl. Dresden o.J. (1. Aufl. 1867 oder früher), S. 28.

b. Dr. J.SCHUSTERs Biblische Geschichten für katholische Volksschulen. Neu bearbeitet von G. MAY. Freiburg i. Br. 1889, S. 16.

→ S. 65

Abb. 3 a-e. Illustrationen zu Abraham und Isaak in Schulbibeln und Biblischen Geschichten vom 19. Jahrhundert bis in unsere Zeit. Erster Teil, aus Büchern bis etwa 1914. Quellenangaben S. 61f.

f

g

h

i

k

l

Abb. 3 f-l. Illustrationen zu Abrahm und Isaak. Zweiter Teil, von 1914 bis etwa 1950.

m 1;2

n 1;2;3

o

Abb. 3 m-o. Illustrationen zu Abraham und Isaak. Dritter Teil, neuere Zeit.

Forts. von S. 61

c. MAYER, Christian: Erster Unterricht im christlichen Glauben für die untersten Klassen der evangelischen Volksschule. Durchges. 63.Aufl. Ansbach 1920, S. 27.

d. Christoph von SCHMIDs Biblische Geschichte für katholische Volksschulen. Neu bearb. von Dr. Albert WERFER. I. Altes Testament, 271. unveränderte Aufl. München o.J. (20er Jahre), S.21.

e. REIINSTORF, E. / GERKE, L.: Biblische Geschichte für Schule und Haus (Unterstufe). 4. Aufl. Harburg o.J. (vor 1914), S. 14 - Ebenso in: [Ohne Verf.:] Biblische Geschichte für katholische Schulen. Paderborn o.J. (20er Jahre?) S. 18. (Künstler: Julius SCHNORR von CAROLSFELD)

f. Katholisches Religionsbüchlein für die Grundschule, herausgegeben von den bayerischen Bischöfen. München 1927, S. 21. - ECKER: Katholische Schulbibel für das Bistum Hildesheim. Celle 1949, S. 25. - Katholische Schulbibel für das Bistum Münster. Münster/Westf. 1953, S. 25.

g. ECKER, Jakob: Handbüchlein zur kleinen katholischen Schulbibel. Trier 1909, S.25 - Kleine Katholische Schulbibel. Mit bischöflicher Genehmigung. 1952, S.12 (Imprimatur von 1929).

h. Katholische Schulbibel für die Erzdiözese Köln. Düsseldorf 1929. S. 16. (Obiges Bild g hier als Initiale des Kapitels „Die Prüfung Abrahams". Der Buchschmuck ist von Philipp SCHUMACHER.)

i. Biblische Geschichte für das Bistum Mainz. Große Herdersche Schulbibel, 3. unveränd. Abdr. Freiburg i.Br. 1949, S.21. (Künstler: Philipp SCHUMACHER)

k. DIETZ, Otto: Die biblische Geschichte. Mit den Worten der Heiligen Schrift erzählt, 8. Aufl. (257.-296.Tausend) München 1950 (1. Aufl. 1932), S. 19. (Als Initiale des Kapitels „Isaaks Opferung". Holzschnitt von Annemarie NAEGELSBACH.) (evang.)

l. VEIT, Ernst: Gottbüchlein. Erster Unterricht im christlichen Glauben. 3. Aufl. (181.-220.Tausend) München 1940, S. 27. (Das betr. Kapitel „Abraham und sein Sohn Isaak" hat zu Anfang noch zwei weitere Bilder, nämlich Isaak zwischen seinen Eltern und Abraham mit Isaak, dem beladenen Esel und den Knechten unterwegs. Künstler: Bruno GOLDSCHMITT.) (evang.)

m. ERB, Jörg: Der gute Hirte. Eine Einübung in den christlichen Glauben und in das christliche Leben. Ausgabe für die Badische Landeskirche, 26. Aufl. (571.-580.Tausend) Karlsruhe 1970. (Künstler: Christian RIETSCHEL)

n. WINNEWISSER, Alfred: Die Gaben Gottes. Biblische Geschichten in einfacher Gegenwartssprache. Hrsg. v.d. Arbeitsgemeinschaft Evang. Gehörlosenseelsorger Deutschlands e.V., Kassel 1967, S. 28, 29, 30. (Künstlerin: Paula JORDAN; die Bilder sind hier stark verkleinert.) - Das mittlere Bild ist auch enthalten in: ERB, Jörg: Schild des Glaubens. Geschichten der Bibel Alten und Neuen Testaments... Kassel 1955, S.25.

o. Die Bibel unserer Kinder. Die Worte der Heiligen Schrift von Anne de VRIES für die Kinder erzählt, 15. Aufl. (401.- 425.Tausend) Stuttgart 1979, S. 35. (kath.)

Die vorgelegte Zusammenstellung der Illustrationen hat repräsentativen Charakter. Die betreffenden Schulbibeln und Biblischen Geschichten entstammen einer Spezialbibliothek, die das Gesamtspektrum an Religionsbüchern seit dem 19. Jahrhundert abdeckt.[70] Der Bestand ist ausführlich eingesehen worden, um möglichst viele Bilder zu Abraham und Isaak zu finden, ohne daß jedoch Vollständigkeit beabsichtigt war. Manche Bilder kommen über Jahrzehnte immer wieder in verschiedenen Büchern vor. Ein besonderes Beispiel ist Bild *g* von Philipp SCHUMACHER, das mindestens seit den zwanziger Jahren in Schulbibeln verschiedener deutscher Diözesen vorkommt, auch ohne Nennung des Künstlers. Die Darstellung ist sogar als einer Initiale würdig befunden worden (Bild *h*). Eine Variation des Themas vom selben Künstler stellt Bild *f* dar. - Besonders hingewiesen sei auf den der Nazarener-Kunstrichtung verpflichteten Julius SCHNORR von CAROLSFELD mit Bild *e*. Darstellungen von Künstlern in Nachfolge und im Stile der Nazarener haben sich, wie alle Bilder von *a* bis *i* zeigen, bis in die fünfziger Jahre in den Religionsbüchern gehalten. Dann setzte in den Kirchen das Bemühen um neue Darstellungsweisen biblischer Geschichten und Glaubensfragen ein. Einige Bücher bringen auch eine der bekannten Graphiken REMBRANDTs zum Thema[71], und in einem Buch von 1927 ist ein Holzschnitt aus dem 17. Jahrhundert mit einem - für heutige Betrachter - tumben Abraham wiedergegeben, wie er im Begriff ist, mit einem Schwert oder Degen den auf einem Scheiterhaufen knienden Isaak zu erschlagen, während dieser bei gefesselten Armen und Beinen betet.[72]

Es sei dem Betrachter überlassen, die vorgelegten Bilder vergleichend zu betrachten und die jeweiligen Akzentsetzungen zu ermitteln. Einige ikonographische Einzelheiten seien jedoch aufgeführt, zum Beispiel die Bekleidung bzw. Nacktheit des zu opfernden Kindes, was von vornherein die Schulkinder interessiert haben wird. Auf den meisten Darstellungen ist erkennbar, daß der Vater sein Kind vor der Opferung entkleidet und ihm einen

---

[70] Bibliothek des Seminars für Evangelische Theologie und Religionspädagogik am Erziehungswissenschaftlichen Fachbereich der Technischen Universität Carolo-Wilhelmina zu Braunschweig

[71] Erika HAASE, Frohe Botschaft. Ein bibl. Lesebuch f. d. evang. Unterweisung in der Schule. 5.-9. (10.) Schulj. II (Rendsburg 1952) S. 26 (REMBRANDT, Gespräch Abrahams mit Isaak, 1645). - Martin RANG, Biblische Geschichte und Bilder aus der Kirchengeschichte, für Klasse 5-6 (29. Aufl. Göttingen 1979) bei S. 26 (REMBRANDT, Die Opferung Isaaks)

[72] Franz ETZIN - Fritz KASCH, Ein feste Burg ... Erster Teil: Unterstufe. Erzählungen aus Bibel und Kirche (Leipzig 1927) S. 14

Lendenschurz umgebunden hat. Auf Bild *d* spielt der Künstler mit langen Faltenwürfen bei dem Vater, bei dem Kinde und bei dem Engel Gottes. Die Bildreihe *m1;2* zeigt, daß der Vater das Kind vorher umgekleidet hat: mit Beinkleidern geht es den Berg hinan, und in einem Hemd ist es am Altar gefesselt. Das spitze Schlachtermesser hält der Vater dabei seinem braven Isaak direkt unter die Augen. Bei den Bildern *f* bis *h* stellt sich die Frage, warum der Alte bereits in diesem frühen Stadium des Geschehens mit gezücktem Messer hinter seinem Kind einherschreitet. Bild *g* trägt in der Ausgabe von 1909 die Unterschrift: „Isaak steigt den Berg hinauf. Gehorsam und geduldig trägt er seine schwere Last, das Opferholz. Hinter ihm ist Abraham mit Messer und Feuer." - Man kann die Bilder auch danach typisieren, wie das Kind von seinem Vater gebunden worden ist (Gen. 22,9). Die Fesselung der Hände auf dem Rücken wird von der Kriminalpolizei bei der Festnahme von Schwerverbrechern ähnlich vorgenommen. Auf Bild *m2* sind dem Kinde auch die Füße gefesselt. So weit wie bei der Opferung Iphigeneias durch ihren Vater Agamemnon sind die Schulbibel-Illustratoren allerdings nicht gegangen, denn dieses arme Opfer bekam, wenn wir Aischylos folgen, zusätzlich einen Knebel in den Mund (Aischyl. Ag. 236-238; s.w.u. S. 160). - Ob der *Feuerbrand* gemäß Gen. 22,6 im wirklichen Baal-/Moloch-Kult ein Glutkessel oder eine Pechfackel war, diese Frage wird dem um Gottes Wort bemühten Katecheten wohl eher gleichgültig sein. - Die gequälte Kreatur auf Bild *n3* (Gen. 22,13) ist nicht nur Tierschützern, sondern gewiß auch den Kindern ein Ärgernis. - Und was schließlich den Engel des Herrn anbetrifft, so läßt sich etwas Positives festhalten: Bei den Bildern der Nazarener ist der Engel offensichtlich immer eine junge Frau, die dem unsäglichen Treiben des alten Mannes ein Ende bereitet.

Natürlich ist es müßig, bei den hier gezeigten Bildern die Frage nach ihrer religions- und kulturgeschichtlichen Richtigkeit zu stellen, und der Theologe mag sogar antworten, daß es darauf überhaupt nicht ankomme, sondern daß vielmehr der Verkündigungsgehalt eines Bildes das Wesentliche sei, zum Beispiel der Vater, der bereit ist, das Messer an sein Kind zu legen. Dem soll nicht widersprochen werden, gleichwohl sei daran erinnert, daß es auch vielfältige, von Kirchen und Bibelwerken initiierte Editionen gibt, die ausdrücklich um authentische Bildquellen bemüht sind. Daß man historische Bilder richtig und kindgemäß zugleich darbieten kann, zeigen viele Bilderbücher und bebilderte Jugendschriften mit historischem Inhalt. Biblische Geschichte ist immer auch Geschichte. Phantasien über existentielle Sachverhalte gehören dann doch nicht in Schulbücher.

Auf eine ins einzelne gehende Untersuchung der Texte in Schulbibeln und Biblischen Geschichten sei ebenfalls verzichtet. Ein exemplarischer Textauszug aus einem für die Grundstufe bestimmten Buch von 1909[73] mag genügen:

Wer hat verboten, einen Menschen zu töten? Auch ein Vater darf sonst sein Kind nicht töten. Was wäre das, wenn ein Vater aus Bosheit seinen Sohn töten würde? Warum durfte

[73] Buch „g" obiger Liste, S. 25

A b r a h a m den I s a a k opfern? Wenn man tut, was G o t t befiehlt, begeht man keine Sünde. Wer hat nämlich dem Menschen das Leben g e g e b e n? Wer darf darum einem Menschen das Leben auch wieder n e h m e n? Ja, Abraham durfte seinen Sohn opfern. Aber wie schwer mußte es ihm sein, hier Gott dem Herrn zu folgen! Wenn Abraham seinen Sohn opfert, so sieht man daraus, daß er Gott den Herrn noch mehr liebt als den Isaak. Wenn er seinen Sohn nicht opfern würde, würde man daraus erkennen, daß er den Isaak mehr liebte als Gott den Herrn. Die Eltern dürfen ihre K i n d e r nicht mehr lieben als den lieben G o t t. Den müssen sie über alles lieben.

Auch du mußt deine Eltern lieben. Aber Gott den Herrn mußt du noch mehr lieben!

Dieser kaum noch zu ertragende Text ist bald ein Jahrhundert alt und, was seine Sprache und die massierten, die Grenze zur Bösartigkeit überschreitenden Normierungen anbetrifft, gewiß veraltet. Inhaltlich aber haben heutige Katechesen über Gen.22 auch nichts Neues zu sagen. Denn die Erzählung gibt für die konkret denkenden Kinder im Grundschulalter kaum etwas anderes her als einen schrecklichen Gott, der zunächst unbedingten Gehorsam fordert, ehe er sich von seiner liebenden Seite zeigt.

Seit jeher ist die Erzählung von Abraham und Isaak für die Grundschule bestimmt. Es handelt sich um eine quasi selbstverständliche Lehrplan-Norm. Auch in allen für die vorliegende Studie durchgesehenen Religionsbüchern ist das der Fall. Meistens kommt die Erzählung im zweiten oder dritten Schuljahr vor, im Zusammenhang alttestamentlicher Themen insgesamt. Unsere Erörterungen haben aber deutlich gemacht, daß diese erschütternde biblische Materie wegen ihrer Komplexität und Fragwürdigkeit nicht im mindesten für Sieben- bis Achtjährige geeignet ist. Wenn überhaupt, so käme der Text allenfalls für die Sekundarstufe II in betracht. Dort möge der Lehrer/die Lehrerin den jungen Leuten die theologischen Aspekte „Gehorsam" und „Gottvertrauen" bei Abraham zu vermitteln versuchen, wie sie den Grundschulkindern aufoktroyiert werden. Ihm/ihr käme dabei nicht nur „Furcht und Zittern" an, sondern ihm/ihr verginge Hören und Sehen ob einer postmodernen Jugend, die sich die rituelle Tötung eines Kindes als frommen Glaubensakt - und sei es auch nur im Ansatz - wahrlich nicht mehr bieten lassen würde.[74]

e) Von der Theologie des Gehorsams zum Glauben an den väterlichen Schutz. Bilder einer anderen Art

Schulbibel-Bilder gehören zum Genre Gebrauchsgraphik. Die hier vorgestellten Schulbibel-Bilder zu Abraham und Isaak in ihrer Gesamtheit haben anmaßenden Charakter. Denn sie wollen in didaktischer Absicht eine existentielle Thematik unvergleichlicher Art

---

[74] Aufschlußreich wäre eine systematische Inhaltsanalyse neuerer Schulbücher und Lehrpläne/Richtlinien der verschiedenen christlichen Kirchen (auch außerhalb Deutschlands) sowie jüdischer Lehrwerke zur Opferung Isaaks.

zur Darstellung bringen, genauer: einen dahingehenden Text illustrieren. Diesem Text wird, wie schon dargelegt, von maßgebenden Autoren außergewöhnliche theologische Bedeutung und literarische Meisterschaft zugesprochen. Die Bilder in ihrer Trivialität entsprechen dem nicht im mindesten. Julius SCHNORR von CAROLSFELD ist dabei nicht einmal ausgenommen. Was im besonderen das an dem Vorgang beteiligte Kind anbetrifft, so sind die Bilder nur noch verlogen. So lieb wie auf den Bildern geht kein Kind in den Tod. Die Bilder konnten aber auch nur deshalb so werden, weil Predigt und Religionsunterricht den Gehorsamkeits-Aspekt so rigide hervorgekehrt haben, wobei zwangsläufig die existentielle Tiefe des in der Erzählung verkörperten uralten Menschheits-Zwanges aus dem Blick geraten mußte. Es bleibt ein Abraham übrig, dem in seiner Opfer-Tötungs-Gesinnung nicht die geringsten Zweifel aufkommen. Die bildmäßige Konsequenz dieser Eindeutigkeit ist das Messer in jeder dargestellten Phase der Erzählung. (Nur auf dem letzten Bild unserer Zusammenstellung kommt das Messer nicht mehr vor.) Nun sind die Schüler und Schülerinnen in dem genannten jungen Alter nicht einer solchen Menge von Abraham-und-Isaak-Bildern ausgesetzt wie die Leser des Vorliegenden. Sie haben allenfalls ein Bild in ihrem Religionsbuch neben anderen Bildern biblischen und religiösen Inhaltes. Und im übrigen haben Kinder bekanntermaßen ein „dickes Fell", so daß nicht immer alles Fragwürdige die Tiefe ihres Wesens erreicht - zum Glück. Gleichwohl hat vorliegende thematische Zusammenstellung „Methode". Sie beantwortet die Frage nach der katechetischen Verwertung des existentiellen Themas über ein Jahrhundert hin. Die Antwort ist deprimierend ausgefallen.

Leichter als über Schulbibel-Illustrationen ist über Werke der bildenden Kunst zu Abraham und Isaak zu sprechen. Denn dabei kann man sich der kunstwissenschaftlichen Sprache bedienen und den impliziten religiösen Aspekt in seiner Schwere im Hintergrund belassen. Und außerdem ist ein Kunstwerk meist nicht mit einem direkten didaktischen oder katechetischen Auftrag versehen.

Unter den vielen Künstlern der Neuzeit, die sich dem Thema zugewandt haben, tritt REMBRANDT hervor. Im Jahre 1636 malte er ein Bild „Die Opferung Isaaks"[75]; von 1645 datiert eine Radierung „Abraham und Isaak"[76], welche zeigt, wie der Vater dem Sohn etwas erklärt, und von 1655 stammt eine Zeichnung „Das Opfer Abrahams"[77] sowie eine

---

[75] REMBRANDT, Die Opferung Isaaks, 1636. Öl auf Leinwand. München, Alte Pinakothek Inv. Nr. 438. Ein ähnliches Bild von REMBRANDT in Sankt Petersburg. Hierzu eine Entwurfszeichnung im Britischen Museum; siehe O. BENESCH, The Drawings of Rembrandt, Vol. I (London 1954), Kat. Nr. 90 mit Abb. S. 98

[76] REMBRANDT, Abraham und Isaak (Gespräch Abrahams mit Isaak), 1645. Radierung. Kat. BARTSCH 34. (Adam BARTSCH schuf 1797 einen bis heute gültigen Katalog der Druckgraphik von REMBRANDT. Die meisten Autoren benutzen die BARTSCH-Numerierung.)

[77] REMBRANDT, Das Opfer Abrahams, 1655-66. Zeichnung. Dresden, Kupferstichkabinett. W. SCHEIDIG, Rembrandt als Zeichner (Leipzig 1976) Kat. Nr. 140

Radierung „Abrahams Opfer".[78] Gerhard von RAD widmet in seiner Studie[79] diesen vier Werken ein eigenes Kapitel sub specie artis et theologiae. Der Autor versucht, dem „religiösen Betroffensein" REMBRANDTs auf die Spur zu kommen. Vier Arbeiten zu Abraham und Isaak lassen sicher den Schluß auf Betroffenheit des Künstlers zu. REMBRANDT imaginiert die Opferszene aus seelischer Tiefe. Auf dem Gemälde zwingt der Vater das Gesicht des Kindes mit der voll bedeckenden Hand gewalttätig nach unten, um zustechen zu können, und auf der Radierung von 1655 hält der Vater dem ihm zur Seite in die Knie gezwungenen Kinde wiederum das Gesicht mit der Kraft seiner vollen Hand verdeckt, ebenfalls um zustechen zu können (was der Engel dann bekanntermaßen verhindert). REMBRANDT gewinnt dem Thema von Abraham und Isaak nach jeder Seite hin schreckliche Intensität und Tiefe ab, gerade in der überkommenen religiösen Sinngebung. Der Betrachter der Bilder REMBRANDTs ist geneigt, alle kritischen Gedanken an den Bibeltext im Keime zu unterdrücken. Aber dabei ist doch eher der künstlerische Ausdruck wirksam. REMBRANDT gibt jedem Sujet einmalige Größe. (Die angesprochenen Werke sind in den einschlägigen Publikationen über REMBRANDT leicht anschaubar.)

Und dann gibt es noch einen Künstler im Umkreis REMBRANDTs, nämlich Jan LIEVENS, der sich auch Abraham und Isaak zugewandt hat. LIEVENS und REMBRANDT waren befreundet, sie hatten in ihrer frühen Zeit ein gemeinsames Atelier in Leiden. Von LIEVENS gibt es ebenfalls mehrere Werke zum Thema[80]; eines davon folgt interessanterweise nicht dem traditionellen ikonographischen Muster, sondern stellt die Szene mit Abraham und Isaak nach dem Eingreifen des Engels dar (Abb. 4). Abraham, der sich fürchtet, versucht, seinem sich ebenfalls fürchtenden Kinde im Gebet Schutz vor der Bedrohung durch eine unheimliche Macht zu geben, die aus dem Himmel herniederwirkt. Den Bearbeitern zufolge ist die Szene durch Flavius Josephus, Antiquitates Judaicae I 13, angeregt, den jüdischen Autor aus dem ersten nachchristlichen Jahrhundert, der zu LIEVENS' Zeit viel gelesen wurde. Was bei Flavius Josephus ein Dankgebet von Vater und Sohn ist, wird bei LIEVENS zu einer Grenzsituation, die dem noch im Abgründigen befangenen Vater gleichwohl die Möglichkeit gibt, sein Kind, das sich an ihn lehnt, schützend zu umfangen. Angenehm ist zu sehen, daß hier einmal das Messer am Boden liegt neben dem getöteten und zur Verbrennung bestimmten Schaf.

Noch einige Schritte weiter im Verständnis von Abraham und Isaak geht eine Darstellung in der Versöhnungskirche der Kommunität von Taizé: Sie zeigt nur noch das von väterlichen Händen beschützte, angstfreie Kind (Abb. 5).

---

[78] REMBRANDT, Abrahams Opfer (Die Opferung Isaaks), 1655. Radierung. Kat. BARTSCH 35.
[79] G. von RAD, Das Opfer des Abraham (1971) 86ff. (mit Abbildungen der genannten Arbeiten von REMBRANDT mit Ausnahme der Zeichnung im Britischen Museum)
[80] R. KLESSMANN, Die holländ. Gemälde des Herzog Anton Ulrich-Museums (Braunschweig 1983), 120f.; ders. (Hrsg.), Herzog Anton Ulrich-Museum (2. Aufl. München 1987), 84f.

Abb. 4. Jan LIEVENS, Das Opfer des Abraham, um 1638. Gemälde auf Leinwand, 180 x 136 cm. Herzog Anton Ulrich Museum Braunschweig Inv.Nr. 242. Museumsphoto B.P. KEISER.

Abb. 5. Isaac. Glasfenster in der Verkündigungskirche von Taizé. Copyright Ateliers et Presses de Taizé. F-71250 Taizé-Communauté.

7. „Alle Erstgeburt ist mein", spricht der Herr

Die Quellen

(2) Ex.11,4-7; 12,29-31: Die Tötung der ägyptischen Erstgeburt

11,4 Und Mose sprach zum Pharao: So spricht der Herr: Um Mitternacht werde ich mitten durch Ägypten schreiten; 5 dann wird jeder Erstgeborene in Ägypten sterben, vom Erstgeborenen des Pharao, der auf seinem Thron sitzt, bis zum Erstgeborenen der Sklavin hinter der Handmühle, auch alle Erstgeburt unter dem Vieh. 6 Da wird großes Wehklagen sein im ganzen Lande Ägypten, desgleichen nie gewesen ist und nie wieder sein wird. 7 Gegen die Israeliten aber soll auch nicht ein Hund mucksen, weder gegen Mensch noch Vieh, damit ihr erkennt, daß der Herr einen Unterschied macht zwischen Ägypten und Israel.

12,29 Und es begab sich um Mitternacht, da schlug der Herr alle Erstgeburt im Lande Ägypten, vom Erstgeborenen des Pharao, der auf seinem Throne saß, bis zum Erstgeborenen des Gefangenen, der im Kerker lag, und alle Erstgeburt des Viehs. 30 Da stand der Pharao auf in jener Nacht, er und alle seine Leute und alle Ägypter, und es erhob sich großes Wehklagen in Ägypten; denn es gab kein Haus, in dem nicht ein Toter war. 31 Und er ließ noch in der Nacht Mose und Aaron rufen und sprach: Macht euch auf und zieht hinweg aus meinem Volke, ihr sowohl als die Israeliten! Geht, dient eurem Gott, wie ihr gesagt habt...

(3) Ex.13,2.11-16: Aus: Der Auszug Israels aus Ägypten

2 Weihe mir alle Erstgeburt bei den Israeliten, alles was zuerst den Mutterschoß durchbricht, unter den Menschen und unter dem Vieh; mir gehört es.

11 Wenn dich nun der Herr ins Land der Kanaaniter bringt, wie er dir und deinen Vätern geschworen hat, und es dir gibt, 12 so sollst du alles, was zuerst den Mutterschoß durchbricht, dem Herrn darbringen; jeder erste Wurf des Viehs, den du bekommst, gehört, soweit er männlich ist, dem Herren. 13 Jede Erstgeburt vom Esel aber sollst du mit einem Lamm auslösen; willst du sie jedoch nicht auslösen, so brich ihr das Genick. Auch alle Erstgeburt vom Menschen unter deinen Söhnen sollst du auslösen. 14 Wenn dich dann künftig dein Sohn fragt: „Was hat das zu bedeuten?" so sollst du ihm antworten: „Mit starker Hand hat uns der Herr aus Ägypten, aus dem Sklavenhause, herausgeführt. 15 Denn als der Pharao sich hartnäckig weigerte, uns ziehen zu lassen, da tötete der Herr alle Erstgeburt in Ägypten, die Erstgeburt der Menschen wie die Erstgeburt des Viehs; darum opfere ich dem Herrn alles, was zuerst den Mutterschoß durchbricht, soweit es männlich ist, alle Erstgeburt aber unter meinen Söhnen löse ich aus. 16 Und das soll dir wie ein Zeichen auf der Hand und wie ein Merkzeichen auf der Stirne sein; denn mit starker Hand hat uns der Herr aus Ägypten herausgeführt."

(4) Ex.22,29-30: Aus dem Bundesbuch, der Sammlung ältester Rechtsvorschriften

29 Die Fülle [deiner Tenne] und den Saft [deiner Kelter] sollst du nicht zurückbehalten. Deinen erstgeborenen Sohn sollst du mir geben. 30 Ebenso sollst du es halten mit deinem Rind und deinem Schaf; sieben Tage mag es bei seiner Mutter bleiben, am achten Tage aber sollst du es mir geben.

(5) Ex.34,19-20: Aus: Erneuerung der Gesetzestafeln

19 Alle Erstgeburt ist mein: all dein männliches Vieh, die Erstgeburt von Rind und Schaf. 20 Die Erstgeburt vom Esel sollst du mit einem Lamm auslösen; willst du sie aber nicht auslösen, so brich ihr das Genick. Alle Erstgeburt unter deinen Söhnen sollst du auslösen. Und man soll nicht mit leeren Händen vor meinem Angesicht erscheinen.

(6a) Num.3,11-13.44-45; Num.8,16-17: Über Amt und Weihe der Leviten (Auszüge)

3,11 Und der Herr redete mit Mose und sprach: 12 Siehe, ich selbst habe die Leviten aus den Israeliten ausgesondert zum Ersatzt für alle Erstgeborenen unter den Israeliten, für das, was zuerst den Mutterschoß durchbrochen hat; mir sollen die Leviten gehören. 13 Denn mein ist alle Erstgeburt; an dem Tage, da ich alle Erstgeburten im Lande Ägypten schlug, habe ich mir alle Erstgeburten in Israel geweiht, von den Menschen sowohl als vom Vieh; mir sollen sie gehören, mir, dem Herrn.

3,44 Und der Herr redete mit Mose und sprach: 45 Nimm die Leviten zum Ersatz für alle Erstgeborenen unter den Israeliten, und das Vieh der Leviten zum Ersatz für ihr Vieh; die Leviten sollen mir gehören, mir, dem Herrn.

8,16 Denn geschenkt sind sie [die Leviten] mir aus den Israeliten; zum Ersatz für alle Erstgeborenen unter den Israeliten, für das, was zuerst den Mutterschoß durchbrochen hat, habe ich sie mir ausgesondert. 17 Denn mein ist alle Erstgeburt unter den Israeliten, von den Menschen sowohl als vom Vieh; an dem Tage, da ich alle Erstgeburten im Lande Ägypten schlug, habe ich sie mir geweiht.

(6b) Num.18,15: Aus den Vorschriften für die Einkünfte der Priester (der Aaroniden)

(18,8 Und der Herr sprach zu Aaron:....) 15 Alle Erstgeburten von allem Fleisch, das sie dem Herrn darbringen, es sei ein Mensch oder Tier, soll dir zufallen; nur mußt du die Erstgeburt eines Menschen lösen lassen, und auch die Erstgeburt eines unreinen Tieres mußt du lösen lassen. [Folgen Angaben über den Loskauf.]

(7) 2.Kön.3,26-27: Aus der Erzählung über den Feldzug Jorams von Israel (zusammen mit Josaphat, dem König von Juda und dem König von Edom) gegen die Moabiter

26 Als der König von Moab sah, daß ihm der Kampf zu schwer ward, nahm er sieben-

hundert Schwertkämpfer mit sich, um gegen den König von Edom durchzubrechen; aber es gelang nicht. 27 Da nahm er seinen erstgeborenen Sohn, der nach ihm König werden sollte, und opferte ihn als Brandopfer auf der Mauer. Nun erhob sich ein großer Zorn wider Israel, so daß sie von ihm ablassen und in ihr Land zurückkehren mußten.

(8) Ez.20,23-26: Aus: Der Abfall des Volkes in Vergangenheit und Gegenwart. Umkehr und Begnadigung

23 Doch ich schwur ihnen in der Wüste mit erhobener Hand, daß ich sie unter die Heiden zerstreuen und über die Länder versprengen werde, 24 weil sie meine Gebote nicht hielten und meine Satzungen mißachteten und meine Sabbate entweihten und weil ihre Augen an den Götzen ihrer Väter hingen. 25 So habe denn auch ich ihnen Satzungen gegeben, die nicht gut waren, und Gebote, durch die sie nicht am Leben bleiben konnten. 26 Ich ließ sie unrein werden durch Opfergaben, indem sie alle Erstgeburt durchs Feuer gehen ließen; ich wollte sie mit Grausen erfüllen, auf daß sie erkannten, daß ich der Herr bin.

(9) Mi.6,6-8: Prophetische Worte über die Absurdität kultischer Opfer

6 „Womit soll ich vor den Herrn treten, mich beugen vor dem Gott der Höhe? Soll ich vor ihn treten mit Brandopfern, mit einjährigen Kälbern? 7 Hat der Herr Wohlgefallen an vieltausend Widdern, an ungezählten Bächen Öls? Soll ich meinen Erstgeborenen hingeben für meine Sünde, die Frucht meines Leibes als Sühne meiner Seele?" - 8 „Es ist dir gesagt, o Mensch, was gut ist und was der Herr von dir fordert: nichts als Recht üben und die Güte lieben und demütig wandeln vor deinem Gott."

Im Alten Testament spielen, wie schon ausgeführt, zwei Arten von Kinder-Opfern eine erhebliche Rolle, nämlich die Darbringung der - männlichen - Erstgeburt und das Kinder-Opfer für Baal/Moloch. Vorstehende Auszüge betreffen die Darbringung der Erstgeburt. Zwischen beiden Opferarten gibt es im einzelnen nicht genau bestimmbare Zusammenhänge, sei es, daß sie im gleichen Kontext genannt werden, oder daß sich in den Quellen die Begriffe überschneiden. Allerdings sind die Zusammenhänge zwischen den beiden Opferarten auch in Frage gestellt worden[81], mit der Konsequenz, daß für die Darbringung der Erstgeburt und für das Baal-/Moloch-Opfer unterschiedliche religionsgeschichtliche Herkunft angenommen werden müßte.

Die Opferung Isaaks, welche in unserer obigen Darstellung vom Kult des Baal/Moloch her verstanden wird, ist von mehreren Autoren auch im Zusammenhang des Erstge-

[81] P.G. MOSCA, Child Sacrifice ... (1975) 236ff. - O. EISSFELDT, Molk als Opferbegriff ... (1935) 50ff. et passim (betr. das Kinder-Opfer als Erstlingsopfer in den vordeuteronomischen Teilen des AT). - Cl. WESTERMANN, BK I/2, 1981, 437 („Exkurs über das Menschenopfer [Kinderopfer]")

borenen-Opfers erörtert worden, jedoch ohne daß es hierbei eindeutige Erkenntnisse gegeben hat.[82] Zu beachten wäre auch, daß es sich bei der Opferung Isaaks um ein exzeptionelles Erstgeborenen-Opfer handelt, und, daß Abrahams biologischer Erstgeborener, Ismael, dabei unberücksichtigt bleibt.

Auf die Probleme der historischen Authentizität alttestamentlicher Quellen ist oben S. 23f. hingewiesen. Die hier wiedergegebenen Textstellen sind zunächst Quellen für die Zeit ihrer endgültigen Redaktion, und zwar in erster Linie hinsichtlich des Bewußtseins des Schreibers/ Redaktors, der in bestimmter Weise mit einer Überlieferung umgegangen ist. In den Texten kommen aber auch direkte historische Mitteilungen vor, z.B. bei den Propheten, wenn sie gegen die Kinderopfer-Praxis in ihrer Zeit predigen. Von besonderer Bedeutung sind dann die aus den alten Überlieferungen herauslösbaren Informationen über frühe kinderopfer-fordernde Gottheiten. Die biblische Reihenfolge der Quellentexte zum Erstgeborenen-Opfer entspricht nicht der zeitlichen Reihenfolge ihrer Entstehung bzw. ihrer endgültigen Redaktion. Auch kommt in der gegebenen Anordnung keine historische Folge der mitgeteilten Ereignisse, Verkündigungen, Gesetzgebungen und Predigten zum Ausdruck. Um eine historische Folge herzustellen, müßten zudem die verschiedenen Schichten in einem Text (s.o. S. 23) deutlich gemacht werden, was aber nicht immer gelingt.

Ein Beispiel für die Komplexität eines alttestamentlichen Textes und die dadurch bedingten Verständnisprobleme und schwierigen Glaubensfragen ist schon unsere erste Quelle, die Legende von der Tötung aller ägyptischen Erstgeburt durch Jahwe Ex.11,4-7;12,29-31 (Text 2). Das erzählte Geschehen hat konstitutive Bedeutung für die spätere religiöse Begründung des Erstlings-Opfers und ist zusammen mit anderen legendarischen Bestandteilen der Erzählung vom Exodus in die Ätiologie des Passahfestes der alttestamentlichen und jüdischen Religion eingegangen. Richten wir unsere Aufmerksamkeit zunächst auf den Passah-Zusammenhang der Tötung aller ägyptischen Erstgeburt. Die Verkündigung der Tötungs-Absicht Jahwes ist, historisch gesehen, nicht, wie im Text erzählt, anläßlich des Aufbruchs des Volkes aus Ägypten an Mose ergangen, d. h. zu einem Zeitpunkt etwa im 13. Jahrhundert v. Chr., sondern sie wurde drei Jahrhunderte später - vermutlich vom Jahwisten - als inzwischen entstandene und für die Identität des Volkes wichtige Tradition über alte Passah-Opferbräuche gelegt, die an sich nichts mit dem Exodus zu tun hatten. Auch die Darstellung der Tötung selbst Ex.12,29-31 wurde in der späteren Zeit niedergeschrieben. Bei den Passah-Opferbräuchen handelte es sich, wie Martin NOTH darlegt, ursprünglich um kultische Begehungen in Verbindung mit menschlichen und tierischen Erstlings-Opfern vor dem Aufbruch zu den Sommerweiden im Frühjahr.[83] Ein solcher Kult war kennzeichnend für eine Gesellschaft von Kleinvieh-

---

82 z.B. O. KAISER, Den Erstgeborenen deiner Söhne sollst du mir geben ... RATSCHOW-Festschrift (1976), 27f. (mit ausführl. Lit. in Anm. 11)

83 M. NOTH, Das zweite Buch Mose, ATD V (6. Aufl. 1978) 70ff.

Nomaden der Väterzeit und blieb sicher auch nach dem Aufenthalt in Ägypten, in der Epoche der Wüstenwanderung, lebendig. NOTH entwickelt den religionsgeschichtlichen Aspekt, wonach es bei den ursprünglichen Passah-Opferbräuchen um die Abwehr des „Verderbers" ging, der den eigenen Leuten und Tieren Schaden zufügen konnte. In der Exodus-Nacht tritt dann Jahwe als „Verderber" auf, aber als Verderber der gegnerischen Kinder und Tiere.

Bis in die Gegenwart ist die Exodus-Erzählung mit der Tötung aller ägyptischen Erstgeburt ein geschätzter Lernstoff im evangelischen und katholischen Religionsunterricht der Grundschule geblieben, freilich ohne daß in der didaktischen Bedingungsprüfung die aus quellenkritischen Untersuchungen gewonnenen Erkenntnisse Berücksichtigung gefunden haben. Die Katecheten/Religionslehrer vermitteln einen am Jahwisten orientierten Skopus von der göttlichen Führung des Volkes, dessen - sicherlich inhumaner - Gegner nach unglaublichen Plagen an einer zutiefst humanen Stelle, an seinen eigenen, unschuldigen Kindern brachial getroffen wird. Und es wird ebenfalls vermittelt, daß man selber unter Gottes Schutz steht. Kinder sind noch einfältig genug, sich bei diesem Erzählstoff Gott als einen bewaffneten und furchterregenden Schläger vorzustellen, der nächtens durch Ägyptens Häuser zieht und Kinderschädel einschlägt. Was sich in unserer realistischen Zuspitzung wie makabre Ironie ausnimmt, belegt nur die mangelnde Bereitschaft der Lehrenden, einen zugegebenermaßen sehr schwierigen biblischen Inhalt textkritisch und didaktisch-analytisch anzugehen sowie die Lebensumstände wie auch die mentale Ursprungslage der Menschen vor dreitausend Jahren neu zu vergegenwärtigen, um daraus einen gemäßeren Skopus abzuleiten. Ein Nachdenken, das dem Theologen (z.B. NOTH) recht ist, ist dem Schulkind billig. Aber wahrscheinlich ergibt sich bei näherer Betrachtung, daß die Exodus-Erzählung für Grundschulkinder genau so wenig geeignet ist wie die Erzählung von Abraham und Isaak, allen kirchlichen Lehrplankommissionen zum Trotz.

Es bleibt zunächst festzuhalten, daß die in der Exodus-Erzählung enthaltene Inhalts-Komponente von der Tötung aller ägyptischen Erstgeburt ihren Ursprung in einem überkommenen Kult des Erstlings-Opfers hat. Die Darbringung der Erstgeburt, der menschlichen wie der tierischen, hatte apotropäische Bedeutung und gründete in einer Empfindung des Abhängigseins von den der Gottheit zugeschriebenen Naturgewalten. Dieses Abhängigsein war noch zum Zeitpunkt der Entstehung von Ex.11,4-7 und der genannten Erzählung, vielleicht im 10. Jahrhundert v. Chr., mit einer anderen mentalen Linie verbunden, nämlich mit einer Bereitschaft der Menschen, sich an Leib und Leben von Kindern zu vergreifen, wobei der Erstgeborene (die *Erstgeburt*) in sozialpsychologischer Hinsicht eine besondere Sensibilität und Spannung repräsentierte. In Ex.11,4-7;12,29-31 findet eine Übertragung dieser Verfaßtheit auf Gott und ein gedankliches Ausleben des Kinder-Tötens an den Kindern des Gegners statt. Den Israeliten wäre bei ihrem Auszug aus Ägypten doch viel besser geholfen gewesen, wenn Gott einfach die

Waffensysteme der Ägypter verbogen und unbrauchbar gemacht hätte, anstatt - mit KIERKEGAARD gesprochen - derart „das Ethische zu suspendieren".

Doch wenden wir uns zunächst wieder zu den Ursprüngen. Älter als der Text 11,4-7 sind im Buch Exodus die Texte 22, 29-30 und 34,19-20 (obige Texte 4 und 5) über das Recht Gottes an aller männlichen Erstgeburt. Ex.22,29-30 wird meist als der älteste Hinweis auf das Erstgeborenen-Opfer überhaupt angesehen. Dem ist aber auch widersprochen worden.[84] Die Gesetzessammlung des „Bundesbuches", dem 22,29-30 entstammt, setzt wegen Erwähnung der Landbauprodukte Seßhaftigkeit voraus und wird der Richterzeit im 11.Jahrhundert angehören.[85] Für 34,19-20 ist keine direkte Möglichkeit der Datierung gegeben. Die Forderung *Deinen erstgeborenen Sohn sollst du mir geben* 22,29b könnte man auch verstehen um Sinne von „Jeden erstgeborenen Sohn sollt ihr mir geben". Allgemeiner ethnologischer Auffassung zufolge ist das aber ganz unwahrscheinlich, denn es ist aus Vergangenheit und Gegenwart kein Volk und keine Religion bekannt, wo ein bestimmtes Bevölkerungssegment - außer von einem Kriegsgegner - vollständig hingeopfert wurde. Insofern ist partielles Erstgeborenen-Opfer in der Frühzeit Israels wahrscheinlich. Aber es verschaffte sich auch eine „Gegenbewegung" in Form des Ersatzopfers (der Auslösung) wie in 34,30b Geltung.

Die kollektive Erinnerung an den frühzeitlichen Passah-Kult mit seinen existentiell zu verstehenden Opferriten muß von hoher Intensität gewesen sein. Nur so konnte die Exodus-Erzählung mit den strukturierenden Opfer-Übertragungen entstehen und schon in „kurzer" Zeit, in den ersten drei Jahrhunderten des letzten Jahrtausends v.Chr., zu einer neuen identitätsstiftenden Legende für eine zentrale rituelle Figuration der alttestamentlichen Religion werden. Indem Gott alle ägyptische Erstgeburt tötet, bringt er sein Volk in eine Vorteilsposition, da es in Zukunft kein Menschen-Opfer mehr vollziehen muß, sondern bei bleibender Gehorsamspflicht nur noch Auslösungen zu vollziehen hat. So etablierte sich eine feste Opferpraxis, wie sie in Ex.13,11-16 anschaulich zum Ausdruck kommt. Es handelt sich um eine deuteronomistische Ergänzung zur Exodus-Erzählung, die etwa in das 6. Jahrhundert v.Chr. datiert.[86] Diese Quelle enthält Normen für religiöses Denken und Vorschriften für die rituelle Praxis, woraus erschlossen werden könnte, daß Erstgeborenen-Opfer überwunden seien. (Siehe hierzu auch die wiedergegebene Stelle Num.18,15; Text 6b.) Allerdings zeigt die Erzählung von Abraham und Isaak, deren endgültige Redaktion wahrscheinlich sogar jünger ist, noch eine Ambivalenz an. Und die Kinder-Opfer für Baal/Moloch, die im 6. Jahrhundert keineswegs überwunden waren, müßten gänzlich den kanaanäischen Mitbewohnern des Landes angelastet werden können. Möglicherweise sind Erstgeborenen-Opfer später auch erneut in den Baal-/Moloch-Zusammenhang hineingeraten.

---

[84] KAISER a.O. 25f. mit Literatur

[85] W.H. SCHMIDT, Einführung in das Alte Testament (4. Aufl. 1989) 117

[86] NOTH a.O. 72

Das Prinzip „Auslösung der Erstgeburt" hat noch eine weitergehende Ausprägung erfahren, wodurch die Eltern (richtiger: der Vater) von dem direkten Opferzwange bei der Geburt des ersten Sohnes entlastet wurden, nämlich durch die Amtseinsetzung und Weihe der Leviten (der Angehörigen des Stammes Levi), ursprünglich als Priester, später in Jerusalem als Kultdiener im Tempel. Dies ist in den wiedergegebenen Textstellen Num.3,11-13.44-45; Num.8,16-17 (Text 6 a) dargelegt. Gott fordert die Leviten zum Eigentum als Ersatz für *alle Erstgeborenen aus den Israeliten*, weil er *alle Erstgeburt im Lande Ägypten schlug*. Obzwar die durch den Levitendienst ersetzten Erstlings-Opfer in den Numeri-Textstellen geschlechtsunspezifisch bezeichnet sind, so sind dennoch wohl die männlichen Erstlings-Opfer gemeint, im Einklang mit den Bestimmungen im Exodus-Buch. Die Stellen sind aber, als Ergänzung zur Exodus-Erzählung, ebenso wie diese nicht als Verkündigungen an Mose zu verstehen, sondern sie gehören zum Quellenkomplex der Priesterschrift, die im 6. Jahrhundert v.Chr. im babylonischen Exil oder kurz nachher entstanden ist. Die Mitteilungen setzen eine bestehende Organisation des Kultes voraus. NOTH legt dar, daß es sich bei der Auslösung des Erstlings-Opfers durch den Leviten-Dienst vermutlich um eine späte Gedankenkonstruktion handelt, mittelst derer dann auch Tier-Opfer als Auslösung für Erstgeborene zum Wegfall gebracht werden konnten oder sollten.[87] Die Sonderstellung der Leviten war seit langem gegeben; sie wurde nur neu „instrumentalisiert". Ob diese Form der Auslösung, genauer: dieses Auslösungsverständnis tatsächlich nennenswerte kultische Konsequenzen hatte, ist wohl nicht mehr erforschbar. Dennoch sind die betreffenden Numeri-Texte bedeutsam, belegen sie doch, daß Opfergedanken und -verpflichtungen im Zusammenhang mit dem Erstgeborenen bis weit in historische Zeiten aktuell geblieben sind. Der betreffende priesterschriftliche Autor hat sicher aus einem Zeitbewußtsein geschöpft, das auch eine Komponente der Art enthielt, daß sich die Menschen von den ihnen auferlegten Opferzwängen befreien wollten.

Die Auslösung einer gesellschaftlich übergreifenden Verpflichtung zur Opferung von Kindern durch Verpflichtung eines bestimmten Personenkreises oder einer Gruppe zum kultischen Dienst ist möglicherweise eine typologisch bestimmbare Erscheinungsform des Religiösen. So wie der Dienst der Leviten im Tempel an die Stelle des ansonsten notwendigen Erstlings-Opfers treten sollte, so gab es in griechischen Artemis-Heiligtümern den Dienst der *arktoi* und *nebroi*. Das waren junge Mädchen als Bärinnen bzw. Hirschkälber, d.h. als Tiere, die der Göttin heilig waren. Die jungen Mädchen deckten mit ihrem Dienst vor der Heirat Verpflichtungen ihrer Gesellschaft gegenüber der Göttin ab, die in der Frühzeit Kinder-Opfer auf dem Blutaltar beansprucht hatte.[88] Bemerkenswert sind auch die zeitlichen Parallelen zwischen der israelitischen und der griechischen Religionsgeschichte. In der jeweiligen frühzeitlichen (bronzezeitlichen) Entwicklung gab

---

[87] M. NOTH, Das vierte Buch Mose (ATD VII; 3. Aufl. 1977) 33ff.

[88] Betr. *arktoi* siehe im folgenden Kap. II 10, S. 191ff.; betr. *nebroi* daselbst S. 232.

es faktische Kinder-Opfer, und in der zweiten Hälfte des letzten vorchristlichen Jahrtausends hatten sich kultische Formen der Auslösung etabliert. Im Leviten-Dienst kann man, wie in dem Mädchen-Dienst für Artemis, eine objektivierende Form der Befreiung von alten, im kollektiven Bewußtsein erhalten gebliebenen Zwängen zur Opferung von Kindern erkennen.

Versuchen wir, aus dem Bisherigen zusammenfassende Ergebnisse zu formulieren und Schlußfolgerungen zu ziehen. - Bei allen Unklarheiten, welche die biblischen Quellen zum Opfer des Erstgeborenen enthalten, werden in grundsätzlicher Hinsicht gewichtige Sachverhalte deutlich und interpretierbar. Die Israeliten empfanden sich über lange Zeiten hin als abhängig von naturhaften Prozessen, wie dem Reifen der Feldfrüchte und des Weins, der Vermehrung des Viehs und der Geburt eigener Nachkommen. Die Abhängigkeit bewirkte numinose Rückbindung. Das jeweils Erste der Ernte und die männliche Erstgeburt unter dem Vieh (unter Beachtung der Sondervorschriften für Esel) stand der Gottheit zu. Bei den eigenen Nachkommen war der erste Sohn als der Gottheit zugehörig herausgehoben, wenn nicht faktisch, so doch symbolisch. Die Menschen brachten ihre eigenen Nachkommen auf einer bestimmten Empfindungsebene mit den Früchten und dem Vieh in einen engen Zusammenhang; die Auslösungsvorschriften für die erstgeborenen Söhne werden zusammen mit den Opfervorschriften für Früchte und Tiere aufgeführt. Die spätere Vereinnahmung des Erstlings-Opfers durch die für das Volk Israel identitätsstiftende Exodus-Tradition stärkte erheblich das Auslösungsprinzip bis hin zur Amtseinsetzung und Weihe der Leviten.

Es bleibt zwischen Gott und Mensch eine Besitzbeziehung: Nicht hat Gott dem Menschen das Leben geschenkt, sondern der ins Leben getretene Mensch, zugespitzt: der erstgeborene Sohn, gehört Gott. Eigentlich muß der Mensch geopfert werden. Das Opfer ist von den Eltern - bei den Israeliten muß man genauer sagen: von dem Vater - auslösungsweise zu vollziehen. Das Kind untersteht daher körperlich und bewußtseinsmäßig der Verfügungsgewalt des Vaters im Auftrage Gottes. Die Verfügungsgewalt wirkte sich natürlich nicht durchgehend als Mißachtung des kindlichen Lebens aus. Sie stand aber einer prinzipiellen Anerkennung des kindlichen Lebensrechtes im Wege. Verfügung über ein Kind kann auch emotionale Bindung zum Kinde einschließen. Schutz und Fürsorge können ebenfalls gewährleistet sein.[89]

Die Auslösungsopfer für Erstgeborene sind nur unter der Voraussetzung verständlich, daß es einmal tatsächlich Opfer von Erstgeborenen gab, und zwar in einer frühen Ausgangslage, die durch die überkommenen biblischen Quellen kaum noch erfaßbar ist (siehe S. 27ff.). Dennoch würden wir gerne erfahren, wie oft, in welchem Alter und unter

---

[89] Im AT ist mehrfach von der Pflicht der Menschen zur Fürsorge für die Waisenkinder die Rede, immer im Zusammenhang mit der Sorgepflicht für die schutzbedürftigen Witwen: Dtn. 10,18; 26,12; 27,19; Ps. 68,6; Jes. 1,23; 10,2; Ez. 22,7; Mal. 3,5.

welchen Bedingungen in der Vor- und Frühzeit Israels Erstgeborene zu Tode gebracht wurden. Konkret aussagefähige Quellen hierüber werden vielleicht nie entdeckt. Was wir aber wissen, ist, daß trotz oder gerade wegen der Auslösungsbestimmungen in der sich fortentwickelnden israelitischen Gesellschaft eine latente Bereitschaft zur Darbringung der Erstgeburt erhalten blieb. Unter diesem Aspekt ist Abraham zu einem ständigen Zeichen geworden, zu einem Hinweis auf die Kräfte der Überwindung des Kinder-Opfers. Denn Abraham hat nicht nur das zu opfernde Kind ausgelöst, sondern das Kinder-Opfer überhaupt verwandelt, wobei wahrscheinlich nicht einmal ein Unterschied zwischen Erstgeborenem-Opfer und Opfer für Baal/Moloch zu machen ist.

Nunmehr seien noch einige weitere historische Spuren zum Opfer des Erstgeborenen sowie die dahingehende Bewußtseinslage verfolgt. Dabei finden wir uns unversehens im religionsgeschichtlichen Zusammenhang des Kinder-Opfers für Baal/Moloch wieder.

Die bisher besprochenen Texte zum Erstgeborenen-Opfer betreffen das generelle Opfer - jeder erstgeborene Sohn gehört Gott. Eine Ausnahme wäre die Erzählung von Abraham und Isaak (sofern sie in den Zusammenhang des Erstgeborenen-Opfers gehört), denn sie hat ein exzeptionelles Opfer an einem als Erstgeborenem geltenden Sohn zum Inhalt. Der Vater erhält auf einmal, man könnte fast sagen: unerwartet, den göttlichen Auftrag, seinen Sohn zu opfern. Im Bedingungsrahmen des Erzählten gab es somit ein generelles Erstgeborenen-Opfer nicht. Es konnte für Isaak vorher auch kein Auslösungs-Opfer stattgefunden haben. Insofern stand der Erstgeborene Isaak unter anderen Gefahren des Geopfertwerdens als ansonsten erstgeborene Söhne. Es waren wohl eben doch diejenigen Gefahren, die aus dem Baal-/Moloch-Kult herrührten und unter den Israeliten aktuell waren. Die Vermutung ist berechtigt, daß in der Geschichte des Volkes Israel zweierlei Kinderopfer-Traditionen lebendig geblieben sind, möglicherweise als unterschiedliche Stammestraditionen. Die jeweiligen unterschiedlichen Text-Traditionen stützen eine solche Vermutung.

Ebenfalls von einem exzeptionellen Erstgeborenen-Opfer handelt der deuteronomistische Text 2.Kön.3,26-27 (obige Zusammenstellung Text 7) mit Kontext. Auf den ersten Blick scheint dieses Kinder-Opfer gar nicht in unseren Zusammenhang zu passen, wurde es doch von einem nicht jahwe-gläubigen Moabiter-König an seinem Sohn vollzogen und geschah nicht auf Geheiß des Gottes, sondern aus Menschen-Absicht. Aber es liegt dennoch ein sehr dichter Zusammenhang mit der israelitischen Religiosität vor, quod est demonstrandum.

Der Text wurde im 6. Jahrhundert v.Chr. niedergeschrieben bzw. redigiert und hat ein Geschehen aus dem 9. Jahrhundert zum Inhalt, dessen Historizität nicht sicher ist. König Joram von Israel - gemäß 2.Kön.3,2 ließ er auch die von seinem Vater errichteten Baals-Säulen beseitigen - führte Krieg gegen die Moabiter mit ihrem König Mesa, weil dieser seine Tributzahlungen eingestellt hatte. Bundesgenossen von Joram waren Josaphat,

König von Juda sowie der König von Edom.[90] Der Zusammenhang der Ereignisse, bei dem auch der Prophet Elisa eine Rolle spielt, ist aus 2.Kön.1-3 ersichtlich. Unsere Aufmerksamkeit gilt dem Kinder-Opfer des Königs Mesa, vermittelst dessen er das Kriegsglück zu seinen Gunsten wenden und die Isrealiten mit ihren Verbündeten in die Flucht schlagen konnte.

Man kann sich den Ablauf der in zwei Bibelversen mitgeteilten Ereignisse wie folgt vorstellen: Nachdem dem König Mesa der Durchbruch durch den Belagerungsring um seine Stadt trotz seiner *siebenhundert Schwertkämpfer* nicht gelungen war, ließ er auf der Stadtmauer ein schreckenerregendes Opfer inszenieren. Die Belagerer konnten genau beobachten, wie der Sohn des Königs, sein vorgesehener Nachfolger auf dem Thron, von einem Priester durch Erstechen zu Tode gebracht und auf einem vorbereiteten Scheiterhaufen verbrannt wurde, auf ebendieselbe Weise, wie es auch Abraham mit seinem Sohn vorhatte. Diese schauerliche Tat, welche auch hervorragend in einem modernen Ausstattungsfilm zur Geltung gebracht werden könnte, hatte auf doppelte Weise durchschlagenden Erfolg: Die moabitische Gottheit[91] verlieh den moabitischen Kämpfern zum Lohn für die Opfergabe ungeheuren Kampfesmut und verursachte zugleich bei den verbündeten Belagerern eine schlechterdings nicht mehr zu verdrängende Angst, so daß diese schleunigst die Flucht antraten. Solches besagt die Formulierung: *Nun erhob sich ein großer Zorn wider Israel.*

Wir erinnern uns, daß in Karthago ein halbes Jahrtausend später angesichts der Bedrohung durch Agathokles mehrere hundert Knaben öffentlich dem Baal Hammon geopfert worden sein sollen. Aus dem phönizischen Tyros ist überliefert, daß angesichts der Bedrohung durch Alexander d. Gr. überlegt wurde, ein in solcher Lage früher üblich gewesenes Kinder-Opfer zu erneuern (s.u. S. 125). Auch die in die Frühzeit zurückreichende Überlieferung von Agamemnon, der seine Tochter Iphigeneia der Artemis opferte, um seine kriegerischen Vorhaben günstig zu beeinflussen, bedarf im anstehenden Zusammenhang der Erwähnung.

Wie gesagt, ist der Feldzug Jorams von Israel gegen Mesa von Moab historisch nicht sicher nachweisbar. Aber das schränkt die Bedeutung des Textes für die Klärung des Kinderopfer-Problems nicht ein, im Gegenteil. Die Tatsache, daß eine solche Überlieferung entstehen konnte und von israelitischen Theologen im deuteronomischen Umkreis gepflegt wurde, ist erheblich. Kinder-Opfer zur Abwehr von kriegerischen Gefahren und zur Vermeidung von Niederlagen waren im westsemitischen Umkreis ohne Zweifel

---

[90] Das Gebiet der (mit den Israeliten verwandten) Moabiter (später: Nabatäer) lag östl. bis südöstl. des Toten Meeres, das der (ebenfalls vielfältig mit den Israeliten verbundenen) Edomiter südl. des Toten Meeres.

[91] Gottheit der Moabiter war Kamos, ein Sonnen-Gott, der möglichereise wie die kanaanäisch-phönizischen Götter mit einer Frauen-/Mutter-Göttin verbunden war. Kamos wurde zeitweilig auch in Jerusalem verehrt.

bekannt und wurden praktiziert. Ohne realen Hintergrund wäre die Stelle 2.Kön.3,26-27 wohl kaum notiert worden. König Mesa - sein Name steht zugleich für andere, in den Überlieferungen nicht festgehaltene Veranstalter von Kinder-Opfern - wußte sehr genau, was er tat. Er kannte die Wirkungsmacht des Kinder-Opfers auf die eigenen Kämpfer, und ehe er seine politische Karriere aufs Spiel setzte und eventuell von den Siegern an Leib und Leben gestraft wurde, ließ er sein Kind in einem öffentlichen Kultakt mit dem Opfermesser abstechen. Er hatte ja die Macht, derart über sein Kind zu befinden. Die andere, nicht minder wichtige Seite dieses Kinder-Opfers bzw. dieser Kinderopfer-Überlieferung ist die, daß die vereinigten Kriegsheere aus Israel, Juda und Edom sich davon beeinflussen ließen, obwohl Mesas Gottheit nicht die ihre war. Tausende von Soldaten mit ihrem Heerführern glaubten an die numinose Macht eines solchen Kinder-Opfers und ergriffen folglich die Flucht. Und für den Fall, daß es sich um eine Legende handelt, bleibt ein Sachverhalt dahingehend festzuhalten, daß der Verfasser dieser Erzählung eine entsprechende Mentalität bei den Angehörigen seines Volkes, die den Text im kultischen Zusammenhang verwenden sollten, voraussetzen konnte. Insofern ist es nicht berechtigt, die Bedeutung der zur Rede stehenden Bibelstelle etwa mit dem Hinweis darauf abzumindern, daß es sich bei dem Erzählten lediglich um ein exzeptionelles Kinder-Opfer gehandelt habe. War haben es mit einem generellen Bewußtseins-Inhalt auch auf israelitischer Seite zu tun. Im übrigen zeichnen sich die beiden Bibelverse durch sprachliche bzw. literarische Merkmale aus, die schon bei der Erzählung von Abraham und Isaak erkennbar sind. In meisterhaft lakonischer Kürze wird ein existentieller Sachverhalt in Worte gefaßt, und wiederum ist die Qual des auf seine Tötung hin leidenden Kindes kein Wort der Erwähnung wert. Das Kind als Individuum steht hier nicht zur Erörterung an.

Das Erstgeborenen-Opfer blieb im Bewußtseins- und Handlungszusammenhang des Kinder-Opfers insgesamt lebendig. Die Propheten verkündeten dem Volk Israel deshalb scharfe Verdammungen und Gottes Strafgericht. Wenn man alle chronologischen Hinweise im Kontext der einschlägigen Bibelstellen berücksichtigt, so gab es im Jahrhundert vor dem babylonischen Exil (587 v.Chr.) eine zunehmende Ausbreitung des Kinderopfer-Kultes. In Jerusalem war der Kinderopfer-Kult deutlich ausgeprägt, aber es gab ihn auch andernorts (siehe das folgende Kapitel). Zum Erstgeborenen-Opfer in dieser Epoche finden wir zwei Textstellen bei den Propheten, nämlich Mi.6,6-8 (Text 9) als die wahrscheinlich frühere Stelle sowie Ez.20,23-26 (Text 8). Micha predigte zwar schon zur Zeit des Jesaja, Ende des 8.Jahrhunderts v.Chr. Die Textstelle ist jedoch erst im deuteromistischen Umkreis, und zwar kurz nach dem babylonischen Exil 539 v.Chr. entstanden. H.W. WOLFF vermutet innerhalb der Tradentenschule eine Gruppe, „die in losem Anschluß an Michas Anklagen sozialkritisch orientiert und damit ganz gegenwärtigen Mißständen zugewandt war“.[92] Ezechiel wirkte im babylonischen Exil. Die Textstelle

---

[92] H.W. WOLFF, BK XIV/4 (1982) S. XXXVIf.

Ez.20,23-26 gehört aber wahrscheinlich zu einem erst im 5. Jahrhundert fortgeschriebenen Komplex und diente nachträglicher Erklärung des über das Volk Israel herniedergebrochenes Unheils.[93]

Wenden wir uns zuerst der Textstelle aus dem Ezechiel-Buche zu. Diese Sätze haben den Exegeten seit jeher Schwierigkeiten bereitet, bringen sie doch zum Ausdruck, daß die Gottheit von den Menschen reale Erstgeborenen-Opfer fordert. Genauer gesagt, die Menschen wurden von der Gottheit veranlaßt, *die Erstgeburt durchs Feuer gehen* zu lassen (siehe S.93). Mit der Forderung bzw. Veranlassung realer Kinder-Opfer rückt diese Quelle in die Nähe der Erzählung von Abraham und Isaak. Allerdings sollten die Menschen nicht wie bei Abraham auf ihren Gehorsam und ihrer Opferbereitschaft hin geprüft werden, sondern sie sollten durch die *Opfergaben ... unrein werden.* Und weiter redet die Gottheit durch den Mund des Propheten: *Ich wollte sie mit Grausen erfüllen, damit sie erkennten, daß ich der Herr bin.* Die Erzeugung des Grausens wird als göttliches Mittel verstanden, die Menschen dafür zu strafen, daß sie die Gebote nicht gehalten und die Satzungen mißachtet hatten, wie schon in V.24 gesagt ist. Aber es wird „Gott dem Herrn" auch in den Mund gelegt, daß seine eigenen, daraufhin gegebenen Satzungen (=Gebote), *alle Erstgeburt durchs Feuer gehen zu lassen, „nicht gut waren".*

Es ist nicht „Gott der Herr", der solche unguten Gebote erläßt, auch wenn der Text auf den ersten Blick solches glauben macht. Wir hätten es sonst wiederum mit der „ teleologischen Suspension des Ethischen" durch Gott zu tun, um KIERKEGAARDS Formulierung erneut zu bemühen. Richtiger scheint es zu sein, daß hier „Gott der Herr" mit der Baal-/Moloch-Gottheit in Konkurrenz steht, daß also die Wandlung der letzteren zum ersteren noch nicht abgeschlossen ist und deshalb noch immer oder schon wieder Kinder-Opfer, im besonderen Erstgeborenen-Opfer, veranstaltet werden und die Gesellschaft diesbezüglich von Diskrepanzen des Bewußtseins bestimmt wird.

Das Grausen schickt Gott, aber den Opferbefehl als ungute Satzung keineswegs. Der Verfasser von Ez.20,23-36 wollte das noch nicht trennen, darum argumentierte er in einem Baal-Moloch-/Jahwe-Konnex. Wenn er vom Grausen spricht, markiert er ein Vor-Stadium der Befreiung von der kinderopfer-forderden Gottheit, vielleicht schon als Mitleiden mit den als eigenständigen Menschen noch nicht erkannten Opfer-Kindern. Am Ende des Befreiungsprozesses steht die Gewißheit, daß „Gott der Herr" die Menschen durch einen Zwang zum Kinder-Opfer weder bestrafen noch erziehen kann. Kinder stehen weder bei Gott noch bei den Menschen zur Disposition.

Es ist allgemeine, gesicherte Auffassung, daß Ez.20,23-26 denjenigen Quellen zuzurechnen ist, die sich auf tatsächlich praktizierten Kinderopfer-Kult beziehen.[94] Hierzu werden im folgenden weitere Belegtexte aufgeführt. - Wir richten unsere Aufmerksamkeit nun-

---

[93] O. KAISER, Den Erstgeborenen deiner Söhne ... RATSCHOW-Festschrift (1976) 40

[94] M. BUBER, Königtum Gottes (1932/1964) 606; KAISER a.O. 40

mehr noch auf die Textstelle bei dem Propheten Micha 6,6-8 mit der Frage: *Soll ich meinen Erstgeborenen hergeben für meine Sünde?* Hier scheint auf den ersten Blick ein ganz anderer Geist zu walten als bei Ezechiel.

Das gesamte sechste Kapitel bei Micha ist eine Anklage gegen Gottlosigkeit. Im letzten, hier nicht wiedergegebenen Teil (V.13-16) werden göttliche Strafen angekündigt. Ein durchgehender Akzent des Predigers ist die Verlassenheit des Menschen. Aber ebenso verkündet er, daß Gott den Menschen erhört und ein Friedensreich schafft. Erstgeborenen-Opfer sind kein Weg, vor den Herrn zu treten, ebensowenig wie die sonstigen Opfer an Widdern und Öl (die ja ebenfalls als Erstlings-Opfer in Frage kommen). Alle diese Opfer werden, indem sie in maßloser Übersteigerung formuliert werden (*vieltausend Widder, ungezählte Bäche Öls*), ad absurdum geführt. *Es ist dir gesagt, o Mensch, was gut ist und was der Herr fordert: nichts als Recht üben und die Güte lieben und demütig wandeln vor deinem Gott* (V.8). Diese alttestamentliche Kernstelle über aufrichtiges Leben ist in sich so bündig und sprachlich geschlossen, daß ihre Herkunft aus einer antithetischen Rede im Kinderopfer-Zusammenhang leicht vergessen wird. Der Prediger hat den Satz im Hinblick auf falsches Opferverhalten ausgesprochen in einer Zeit (nach dem babylonischen Exil; s.o.), da die Kinder-Opfer in ihrer Unmenschlichkeit noch nicht aus dem Bewußtsein der Menschen herausgelöst waren. Insofern ist die Textstelle derjenigen bei Ezechiel über das Erstgeborenen-Opfer als Strafe Gottes zuzuordnen. Beide Prophetenworte bringen die noch bestehende religiöse Ambivalenz im Volke Israel zum Ausdruck. Was Ezechiel in Worte faßt, ist ja auch eine Absurdität. Durch die Bestimmung des überaus Bösen tritt das erlösende Moment hervor. Ezechiel und Micha bzw. ihre Redaktoren leisten somit einen erheblichen Beitrag zur religiösen Entwicklung, zum Gottesverständnis und zur Herausbildung von Menschlichkeit im transzendenten Bezug. Es gibt keine Notlage im persönlichen, familiären, sozialen, politischen und religiösen Leben, die auf Kosten von geopferten Kindern gewendet werden kann. (Über den König Mesa zum Beispiel ist später das Gericht gekommen.)

Es bleibt noch darauf hinzuweisen, daß das Erstgeborenen-Opfer nach Mi.6,7b nicht als generelles Pflichtopfer verstanden wird wie das Erstgeborenen-Opfer bzw. seine Auslösung im Sinne der mosaischen Vorschriften, sondern als exzeptionelles Opfer. In diesem Licht beleuchtet, scheint wiederum eine, wohl spätere Verknüpfung des israelitischen Erstgeborenen-Opfers mit dem als kanaanäisch geltenden Kinderopfer-Kult für Baal/Moloch nahezuliegen. Über diesen handeln die folgenden Erörterungen.

8. „Sie ließen ihre Söhne und Töchter durchs Feuer gehen“

Nachfolgende Zusammenstellung enthält - in Fortführung der Textsammlungen zum Erstgeborenen-Opfer - solche alttestamentlichen Quellen zum Kinder-Opfer, die in erkennbarem Zusammenhang mit bestehendem Baal-/Moloch-Kult stehen.

(10) Lev.18,21 Aus: Ehe- und Keuschheitsgesetze

21 Du sollst nicht eines deiner Kinder hingeben, um es dem Moloch zu opfern, damit du nicht den Namen deines Gottes entweihest; ich bin der Herr.

(11) Lev.20,1-5 Aus: Gegen Abgötterei und Unzucht

1 Und der Herr redete mit Mose und sprach: 2 Zu den Israeliten sollst du sagen: Wer von den Israeliten oder von den Fremden, die in Israel wohnen, eines seiner Kinder dem Moloch hingibt, der soll getötet werden; das Volk des Landes soll ihn steinigen. 3 Und ich werde mein Angesicht wider einen solchen Menschen wenden und ihn aus seinem Volk ausrotten, weil er dem Moloch eines seiner Kinder hingegeben hat, mein Heiligtum zu verunreinigen und meinen heiligen Namen zu entweihen. 4 Und wenn das Volk des Landes es einem solchen Menschen nachsieht, daß er eines seiner Kinder dem Moloch hingibt, indem es ihn nicht tötet, 5 so werde ich selbst mein Angesicht wider einen solchen Menschen und wider sein Geschlecht wenden und werde ihn und alle, die sich mit ihm dem Moloch hingeben, aus ihrem Volk ausrotten.

(12) Deut.12,29-32 Aus: Verbot kanaanäischen Gottesdienstes

29 Wenn der Herr, dein Gott, vor dir die Völker ausrottet, zu denen du ziehen wirst, um sie zu bezwingen, und du sie bezwingst und dich in ihrem Lande niederläßt, 30 so hüte dich, daß du dich nicht bestricken lassest, es ihnen nachzutun, nachdem sie vor dir vertilgt sind, und daß du nicht nach ihren Göttern fragest und sprechest: „Wie dienten diese Völker ihren Göttern? Ich will es auch so machen!“ 31 Du sollst nicht so verfahren gegenüber dem Herrn, deinem Gott; denn alles, was dem Herrn ein Greuel ist und was er haßt, haben sie zu Ehren ihrer Götter getan; sogar ihre Söhne und ihre Töchter verbrannten sie ja ihren Göttern. 32 Alles, was ich euch gebiete, das sollt ihr getreulich halten, ihr sollt nichts dazu- und nichts davontun.

(13) Deut.18,9-12 Aus: Gesetz über Wahrsager und Propheten

9 Wenn du in das Land kommst, das der Herr, dein Gott, dir geben will, so sollst du dich nicht an die Greuel jener Völker gewöhnen. 10 Es soll in deiner Mitte keiner gefunden werden, der seinen Sohn oder seine Tochter durchs Feuer gehen läßt, kein Wahrsager, Zeichendeuter, Schlangenbeschwörer oder Zauberer, 11 kein Bannsprecher oder Geisterbeschwörer, keiner, der Wahrsagegeister befragt oder sich an die Toten wendet. 12 Denn ein Greuel ist dem Herrn ein jeder, der solches tut, und um dieser Greuel willen wird sie der Herr, dein Gott, vor dir vertreiben.

(14) 2.Kön.16,1-4 Aus: Ahas von Juda (vergl. 2.Chr.28,1-4)

1 Im siebzehnten Jahre Pekahs, des Sohnes Remaljas, wurde Ahas, der Sohn Jothams, König von Juda. 2 Zwanzig Jahre alt war Ahas, als er König wurde, und sechzehn Jahre regierte er zu Jerusalem. Er tat nicht, wie sein Ahnherr David, was dem Herrn, seinem Gott, gefallen hätte: 3 er wandelte auf dem Wege der Könige Israels, ja er ließ seinen Sohn durchs Feuer gehen nach der greulichen Sitte der Völker, die der Herr vor Israel vertrieben hatte; 4 er opferte und räucherte auch auf den Höhen und den Hügeln und unter jedem grünen Baum.

(15) 2.Kön.17,13-20 Aus: Untergang des Reiches Israel und Wegführung des Volkes

13 Und ob der Herr durch alle Propheten und alle Seher Israel und Juda verwarnen und ihnen sagen ließ: „Kehret um von euren bösen Wegen und haltet meine Gebote und Sat zungen genau nach der Weisung, die ich euren Vätern gegeben und die ich durch meine Knechte, die Propheten, gesandt habe" - 14 sie gehorchten nicht, sondern waren halsstarrig wie ihre Väter, die nicht auf den Herrn, ihren Gott, vertrauten; 15 sie verachteten seine Satzungen und den Bund, den er mit ihren Vätern geschlossen, und seine Warnungen, durch die er sie verwarnte, und folgten den nichtigen [Götzen] und trieben Nichtiges wie die Völker, die um sie her wohnten, da doch der Herr ihnen verboten hatte, es ihnen gleichzutun; 16 sie verließen alle Gebote des Herrn, ihren Gottes, und machten sich zwei gegossene Kälber, machten Ascheren, beteten das ganze Herr des Himmels an und dienten dem Baal; 17 sie ließen ihre Söhne und Töchter durchs Feuer gehen, trieben Wahrsagerei und Zeichendeuterei und gaben sich dazu her, zu tun, was dem Herrn mißfiel, so daß sie ihn erzürnten. 18 Darum ward der Herr sehr zornig über Israel und tat sie hinweg von seinem Angesichte; nichts blieb übrig, als der Stamm Juda allein. 19 Aber auch Juda hielt die Gebote des Herrn, seines Gottes, nicht und wandelte nach den Satzungen, die Israel sich selbst gemacht hatte. 20 So verwarf denn der Herr das ganze Geschlecht Israels, demütigte sie und gab sie in die Hände der Räuber, bis er sie von seinem Angesicht verstieß.

Zur Erläuterung:
Aschera, Ascheren: Siehe die Hinweise bei Text (18)
Gegossene Kälber: Dem kanaanäischen Baal war die Stiergestalt zu eigen. In diesem Zusammenhang stehen auch das *goldene Kalb* in Ex.32 und - in einem weiteren Rahmen - der kretische Minotauros. Der Tanz um das goldene Kalb ist nicht im Sinne eines Kultberichtes aus der Exodus-Zeit zu verstehen, sondern vielmehr ebenfalls als Verurteilung der von den Kanaanäern übernommenen Kultpraktiken, vermutlich durch den deuteronomistischen Redaktor. Insofern können aus Ex.32 Hinweise auf den Baal-/Moloch-Kult späterer Zeit gewonnen werden.

(16) 2.Kön.17,29-33 Aus: Neubesiedlung des Landes

(24 Der König von Assyrien aber ließ Leute von Babel, Kutha, Awa, Hamath und Sepharwaim kommen und siedelte sie an Stelle der Isrealiten in den Ortschaften Samarias an; und sie nahmen Samaria in Besitz und wohnten in den Städten des Landes.)

29 Ein jedes Volk aber machte sich seinen eigenen Gott und stellte ihn in die Höhlenheiligtümer, welche die Samariter errichtet hatten, ein jedes Volk in den Städten, die es bewohnte. 30 Die Leute von Babel bildeten Sukkoth-Benoth ab, die von Kuth einen Nergal und die von Hamath einen Asima; 31 die von Awa machten einen Nibhas und einen Tharthak, und die von Sepharwaim verbrannten ihre Kinder dem Adrammelech und dem Anammelech, den Göttern von Sepharwaim. 32 Doch verehrten sie auch den Herrn und erwählten sich Höhenpriester aus allen Teilen des Volkes; die taten für sie den Dienst in den Höhenheiligtümern. 33 Den Herrn verehrten sie, und zugleich dienten sie ihren Göttern nach der Weise der Völker, aus denen man sie weggeführt hatte.

Zur Erläuterung:
Die ethnischen Umsiedlungen nach der Eroberung *Samarias* durch die Assyrer 722 v.Chr. bewirkten den samaritanischen Synkretismus der Folgezeit. In unserem Zusammenhang sind die Sepharwiter mit ihrem Kult für *Adrammelech* und *Anammelech* von Bedeutung. Eine Stadt *Sepharwaim* ist nicht nachgewiesen. Möglicherweise stammt die danach benannte Voksgruppe aus Nordmesopotamien, wo es eine Gottheit „Adadmilki“ gab, woraus „Adrammelech“ geworden sein könnte. „Anammelech“ könnte auf die sumerisch-akkadische Gottheit „Anu“ zurückzuführen sein. Adrammelech und Anammelech sind kinderopfer-fordernde Moloch-Gottheiten wie die Baal-/Moloch-Gottheiten bei den Westsemiten.

(17) 2.Kön.21,5-7 Aus: Die Könige Manasse und Amon von Juda (vergl.2.Chr.33,1-7)

5 Auch baute er [Manasse] dem ganzen Heer des Himmels Altäre in beiden Vorhöfen beim Tempel des Herrn. 6 Er ließ seinen Sohn durchs Feuer gehen, trieb Zeichendeuterei und Schlangenbeschwörung und hielt Totenbeschwörer und Wahrsager; vieles tat er, was dem Herrn mißfiel, so daß er ihn erzürnte. 7 Und er stellte das Bild der Aschera, das er gemacht hatte, in das Haus, von dem der Herr zu David und zu seinem Sohne Salomo gesagt hatte: In diesem Hause und zu Jerusalem, das ich aus allen Stämmen Israels erwählt habe, will ich meinen Namen wohnen lassen ewiglich.

Zur Erläuterung:
Heer des Himmels: Hinweis bei dem folgenden Text
Aschera: ebenso

(18) 2.Kön.23,4-14 Aus: Josia von Juda und seine Reformation

4 Dann gebot der König dem Hohenpriester Hilkia und dem zweiten Priester und den Schwellenhütern, aus dem Tempel des Herrn alle Geräte hinauszuschaffen, die man dem Baal und der Aschera und dem ganzen Heer des Himmels gemacht hatte; und er ließ sie draußen vor Jerusalem auf den Feldern am Kidron verbrennen und ihre Asche nach Bethel bringen. 5 Auch beseitigte er die Götzenpriester, welche die Könige von Juda eingesetzt hatten und die auf den Höhen in den Städten Judas und um Jerusalem her opferten, auch die, welche dem Baal, der Sonne, dem Mond, den Gestirnen des Tierkreises und dem ganzen Heer des Himmels opferten. 6 Er ließ die Aschera aus dem Tempel des Herrn hinausschaffen und sie draußen vor Jerusalem im Kidrontal verbrennen und zu Staub zerstampfen und den Staub dann auf die Gräber der gemeinen Leute werfen. 7 Er riß die Wohnungen der Geweihten ein, die beim Tempel des Herrn waren, in denen die Weiber Gewänder für die Aschera woben. 8 Er ließ alle Priester aus den Städten Judas [nach Jerusalem] kommen und entweihte die Höhen, wo die Priester geopfert hatten, von Geba bis nach Beerseba; und das Heiligtum der Feldteufel riß er ein, das am Eingang des Tores Josuas, des Stadtobersten, stand, links wenn man ins Stadttor hineingeht. 9 Doch durften die Höhenpriester nicht zum Altar des Herrn in Jerusalem hinaufsteigen; dagegen aßen sie ungesäuertes Brot unter ihren Brüdern. 10 Er entweihte auch die Feuerstätte im Hinnomtale, damit niemand mehr seinen Sohn oder seine Tochter dem Moloch zu Ehren durchs Feuer gehen lasse. 11 Er ließ die Rosse, welche die Könige von Juda dem Sonnengott zu Ehren am Eingang des Tempels aufgestellt hatten, nach der Halle des Kämmerers Nethan-Melech schaffen, die in dem Anbau war, und die Sonnenwagen ließ er verbrennen. 12 Auch die Altäre auf dem Dache, dem Obergemach des Ahas, welche die Könige von Juda gemacht, und die Altäre, die Manasse in den beiden Vorhöfen des Tempels gemacht hatte, ließ der König niederreißen und, nachdem sie dort zerschlagen waren, ihren Staub ins Kidrontal werfen. 13 Und die Höhenheiligtümer östlich von Jerusalem, auf der Südseite des Ölberges, die Salomo, der König von Israel, der Astarte, dem Greuel der Sidonier, und dem Kamos, dem Greuel der Moabiter, und dem Milkom, dem Greuel der Ammoniter, gebaut hatte, entweihte der König. 14 Und er zerschlug die Malsteine und hieb die Ascheren um und füllte ihre Stätte mit Menschengebeinen.

[Folgen weitere Mitteilungen über Josias Reformen, namentlich über die Zerstörung von Höhenheiligtümern, worunter sich auch Baals-Kultstätten befunden haben könnten. In V. 20 wird sogar berichtet: „Und er schlachtete auf den Altären alle Höhenpriester, die dort waren, und verbrannte Menschengebeine darauf." Letztere Mitteilung bedeutet, daß die Altäre entweiht wurden.]

Zur Erläuterung:
Aschera: Als Fruchtbarkeits-Göttin weibliche Hauptgottheit bei den Westsemiten. Sie tritt auch als Gemahlin des Hauptgottes El oder des Baal auf. Sie hat viele Entsprechungen im gesamten vorderasiatischen Bereich. Auch die verschiedenen Mutter-Gottheiten sind mit ihr verwandt.

Ascheren: Kultpfähle in Jahwe-Heiligtümern, zu beiden Seiten des Altars stehend. Sie verkörpern die Göttin Aschera. Die Ascheren trugen vermutlich weibliche Merkmale, ebenso wie die Kult-Male der Göttin Tanit bei den Karthagern.

Heer des Himmels: das kanaanäische Pantheon

Kidron-Tal und *Hinnom-Tal:* In Jerusalem; ersteres Tal ist ein Einschnitt zwischen Stadt und Ölberg nahe beim heutigen Dungtor im SO der Stadt, südlich des Tempelberges. Das Dungtor markiert wahrscheinlich die Stelle des biblischen Scherbentores Jer.19,2 (s.u. Text 24). Nach SW geht das Kidron-Tal in das Hinnom-Tal (*Ben-Hinnom*) südlich des Berges Zion über. Im Kidron-Hinnom-Tal ist das Jerusalemer Tophet zu suchen. Nicht weit vom Kidron-Hinnom-Tal befanden sich gemäß V.13 die *Höhenheiligtümer* für Astarte, Kamos und Milkom (s.u.).

Die Asche der verbrannten Geräte des Götzendienstes nach Bethel bringen: Entweihung des dortigen, auf die Erzväterzeit zurückgehenden Heiligtums

Geweihte: Kult-Dienerinnen, genauer Tempel-Prostituierte im Dienst der Göttin Aschera. Sie woben die Gewänder für ihre Göttin. - Das Weben eines Gewandes für die weibliche Gottheit ist eine rituelle Form von allgemeinerer religionsgeschichtlicher Bedeutung. In Athen woben Mädchen und Frauen das Gewand für die Göttin Athena (siehe S. 209/10).

Feldteufel, Heiligtum der: Lokale numinose Mächtigkeiten entsprechend den ortsgebundenen Baalen der Frühzeit

Höhenpriester: Außer den Baals-Priestern im Jerusalemer Tophet und in weiteren Tophets können auch Priester anderer kanaanäischer Heiligtümer in Juda gemeint sein. (Siehe die w.u. aufgeführten Gottheiten mit ihren Heiligtümern.)

Sonnengott, Sonnenwagen: Es gab in Juda außerhalb des Jahwe-Kultes einen eigenen Sonnenkult mit Anbetung der Sonne (siehe auch Ez.8,16). Ein möglicher Zusammenhang mit dem Baals-Kult ist nicht geklärt.

Astarte, Greuel der Sidonier: Aus dem phönizischen Sidon nach Jerusalem übertragene Göttin; sie entspricht der Aschera.

Kamos, Greuel der Ammoniter: Ein ebenfalls nach Jerusalem übertragener Gott, welcher dem Moloch entspricht. Die Ammoniter lebten östlich des Jordan im Raume des heutigen Amman. (Kamos war allerdings in erster Linie der Gott der Moabiter sö. des Toten Meeres.)

... und füllte ihre Stätte mit Menschengebeinen: Akt der Entweihung

(19) 2.Chr.28,1-4 Aus: Ahas (vergl. 2.Kön.16,1-4)

1 Zwanzig Jahre alt war Ahas, als er König wurde, und sechzehn Jahre regierte er zu Jerusalem. Er tat nicht wie sein Ahnherr David, was dem Herrn, seinem Gott gefallen hätte; 2 er wandelte auf den Wegen der Könige Israels, ja er ließ sogar für die Baale gegossene Bilder anfertigen. 3 Er selber brachte im Tale Ben-Hinnom Räucheropfer dar und ließ seine Söhne durchs Feuer gehen nach der greulichen Sitte der Völker, die der Herr vor Israel vertrieben hatte; 4 er opferte und räucherte auch auf den Höhen und auf den Hügeln und unter jedem grünen Baum.

(20) 2.Chr.33, 2-6 Aus: Manasse und Amon (vergl.2.Kön.21,5-7)

2 Er [Manasse] tat, was dem Herrn mißfiel, nach den greulichen Sitten der Völker, die
der Herr vor Israel vertrieben hatte: 3 er baute die Höhenheiligtümer wieder auf, die
sein Vater Hiskia niedergerissen hatte; er errichtete den Baalen Altäre, machte Ascheren
und betete das ganze Heer des Himmels an und diente ihnen. 4 Er baute solchen Altäre
im Tempel des Herrn, von dem doch der Herr gesagt hatte: „Zu Jerusalem soll mein
Name wohnen ewiglich." 5 Auch baute er dem ganzen Heer des Himmels Altäre in
beiden Vorhöfen beim Tempel des Herrn. 6 Er ließ sogar seine Söhne durchs Feuer
gehen im Tale Ben Hinnom, trieb Zeichendeuterei und Schlangenbeschwörung und
Zauberei und hielt Totenbeschwörer und Wahrsager; vieles tat er, was dem Herrn
mißfiel, so daß es ihn erzürnte.

(21) Ps.106,36-38 Aus: Bußgebet Israels

36 Sie dienten ihren [der Heiden] Götzen -
die wurden ihnen zum Fallstrick -,
37 und sie opferten ihre Söhne
und ihre Töchter den bösen Geistern
38 und vergossen unschuldiges Blut,
das Blut ihrer Söhne und Töchter,
die sie den Götzen Kanaans opferten,
und das Land wurde durch Blutschuld
entweiht

Zur Erläuterung:
Die *bösen Geister* oder Dämonen V.37 sind - als offensichtlich kanaanäische Gottheiten - nicht genau bestimmbar.

(22) Jes.57,4-7 Aus: Drohrede an die Pflichtvergessenen und Abtrünnigen in Israel

Über wen macht ihr euch lustig? Über wen reißt ihr das Maul auf und streckt ihr die
Zunge heraus? Seid ihr nicht Sündenkinder, eine Lügenbrut? 5 die ihr in Brunst geratet
bei den Terebinthen, unter jedem grünen Baum, die ihr die Kinder schlachtet in den
Tälern inmitten der Felsenklüfte. 6 Bei den glatten Steinen des Tales ist dein Teil, dein
Los; auch ihnen hast du Spenden ausgegossen und Gaben geopfert. Soll ich dabei mich
beruhigen? 7 Auf hohem und ragenden Berg hast du dein Lager bereitet, bist auch dort
hinaufgestiegen, um Opfer zu schlachten.

(23) Jer.7,30-33 Aus: Jeremias Tempelrede

30 Denn die Söhne Judas haben getan, was mir mißfällt, spricht der Herr. Sie haben in
das Haus, das nach meinem Namen genannt ist, ihre Scheusale [d.h. Götzen] gestellt, es
zu entweihen. 31 Sie haben die Höhe des Thopheth im Tal Ben-Hinnom gebaut, um ihre

Söhne und Töchter zu verbrennen, was ich ihnen niemals geboten habe und was mir nie in den Sinn gekommen ist. 32 Darum siehe, es werden Tage kommen, spricht der Herr, da wird man nicht mehr „Thopheth" und „Tal Ben-Hinnom" sagen, sondern „Mordtal", und man wird im Thopheth begraben müssen, weil sonst kein Raum mehr ist. 33 Und die Leichname dieses Volkes werden den Vögeln des Himmels und den Tieren der Erde zum Fraße dienen, und niemand wird sie verscheuchen.

(24) Jer.19,1-7 Aus: Das Zerschmettern des Kruges, ein Sinnbild des Gerichts

1 So sprach der Herr: Geh und kaufe einen aus Ton gefertigten Krug, dann nimm etliche von den Ältesten des Volkes und von den Ältesten der Priester mir dir 2 und gehe hinaus ins Tal Ben-Hinnom am Eingang des Scherbentores und predige dort die Worte, die ich dir sagen werde. 3 Sprich: Höret das Wort des Herrn, ihr Könige von Juda und ihr Bewohner Jerusalems! So spricht der Herr der Heerscharen, der Gott Israels: Siehe ich bringe Unheil über diesen Ort, daß jedem der davon hört, die Ohren gellen sollen, 4 darum weil sie mich verlassen und diese Stätte mißbraucht und an ihr fremden Göttern geopfert haben, die weder sie noch ihre Väter noch die Könige Judas gekannt, und weil sie diese Stätte mit dem Blut Unschuldiger erfüllt 5 und dem Baal Höhen gebaut haben, um ihre Kinder dem Baal als Brandopfer zu verbrennen, was ich ihnen niemals geboten und wovon ich ihnen nie etwas gesagt habe und was mir nie in den Sinn gekommen ist. 6 Darum siehe, es kommen Tage, spricht der Herr, da wird man diese Stätte nicht mehr „Thopheth" und „Tal Ben-Hinnom" nennen, sondern „Mordtal". 7 Und ich werde an diesem Orte die Weisheit Judas und Jerusalems ausleeren und sie durch das Schwert fallen lassen vor den Feinden und durch die Hand derer, die ihnen nach dem Leben trachten; ihre Leichen aber werde ich den Vögeln des Himmels und den Tieren des Feldes zum Fraße geben. [Folgt weitere Beschreibung des Gerichtes und Auftrag an den Propheten, den Krug zu zerschmettern. Auch die Untaten des Volkes werden weiter ausgemalt.]

Zur Erläuterung:
Betr. das *Tal Ben-Hinnom* und das *Scherbentor* siehe die Hinweise bei Text 18.

(25) Jer.32,34-35 Aus: Der Acker zu Anathoth

34 Sie stellten in dem Haus, das nach meinem Namen genannt ist, ihre Scheusale [d.h. Götzen] auf, es zu verunreinigen 35 und bauten die Baalshöhen im Tale Ben-Hinnom, ihre Söhne und Töchter dem Moloch zu verbrennen; und doch habe ich es ihnen niemals geboten, und nie ist es mir in den Sinn gekommen, daß sie solche Greuel tun sollten, um Juda zur Sünde zu verleiten.

(26) Ez.16,17-21 Aus: Das untreue Jerusalem

Und du nahmst deine Schmucksachen, gefertigt aus meinem Gold und aus meinem Silber, *die ich dir gegeben hatte, und machtest dir Mannsbilder daraus und buhltest mit ihnen. 18 Du nahmst auch deine buntgewirkten Gewänder und bekleidetest sie damit, und mein Öl und mein Räucherwerk setztest du ihnen vor. 19 Meine Speise, die ich dir gegeben hatte - Feinmehl und Öl und Honig hatte ich dir zu essen gegeben -, das setztest du ihnen vor als lieblich duftendes Opfer, spricht Gott der Herr. 20 Und du nahmst deine Söhne und Töchter, die du mir geboren hattest, und schlachtetest sie ihnen zum Fraße. War`s nicht genug an deiner Buhlerei, 21 daß du noch meine Kinder schlachtetest und sie dahingabst, indem du sie ihnen verbranntest?*

(27) Ez.20,30-31 Aus: Der Abfall des Volkes in Vergangenheit und Gegenwart. Umkehr und Begnadigung

30 Darum sprich zum Hause Israel: So spricht Gott, der Herr: Wollt ihr euch auch mit dem Wandel eurer Väter verunreinigen und euch ihren Scheusalen hingeben? 31 Ja, dadurch, daß ihr eure Kinder durchs Feuer gehen laßt, verunreinigt ihr euch für all eure Götzen bis auf den heutigen Tag. Und da sollte ich mich von euch befragen lassen, Haus Israel? So wahr ich lebe, spricht Gott der Herr, ich will mich von euch nicht befragen lassen.

(28) Ez.23,36-39 Aus: Verderbnis der beiden Schwesterreiche Israel und Juda

36 ... So halte ihnen denn ihre Greuel vor! 37 Sie haben Ehebruch getrieben, und Blut ist an ihren Händen; sie haben Ehebruch getrieben mit ihren Götzen und sogar ihre eigenen Kinder, die sie mir geboren hatten, ihnen zum Fraße durchs Feuer gehen lassen. 38 Und noch mehr haben sie mir angetan: Sie haben an demselben Tage mein Heiligtum verunreinigt, und meine Sabbate haben sie entweiht. 39 Und wenn sie ihre Kinder ihren Götzen geschlachtet hatten, so kamen sie noch am selben Tage in mein Heiligtum, es zu entweihen.

Beachtung erfordern zunächst die verschiedenen sprachlichen Kennzeichnungen des Ritus. (Sie werden zum besseren Überblick nachfolgend in der Infinitiv-Form wiedergegeben.) In der Sprache der Zürcher Bibel lauten diese Kennzeichnungen: Eines seiner Kinder *dem Moloch hingeben* (Lev.18,21; 20,2.3.4.5; siehe Texte 10 und 11); Söhne und Töchter bzw. Kinder *den Göttern/dem Baal/dem Moloch...verbrennen* (Deut.12,31; 2.Kön.17,31; Jer.7,31; 19,5; 32,35; siehe Texte 12, 16, 23, 24, 25); seinen Sohn/seine Tochter *durchs Feuer gehen lassen* (Deut.18,10; 2. Kön.16,3; 17,17; 21,6; 2.Chr.28,3; 33,6; Ez.20,31, siehe Texte 13, 14, 15, 17, 19, 20, 27), Söhne und Töchter *den bösen Geistern/den Götzen Kanaans ... opfern* (Ps.106,37.38; siehe Text 21). Es kommen auch komplexe Formulierungen vor: *Seinen Sohn oder seine Tochter dem Moloch zu Ehren durchs Feuer gehen lassen* (2.Kön.23,10; siehe Text 18); Söhne und Töchter den *Mannsbildern* (= Götzen) *zum Fraße schlachten* (Ez.16,20; siehe Text 26). Auf die zuletzt angeführte Stelle folgt sogar noch eine Massierung von Wörtern, nämlich nochmals *schlachten,* sodann *dahingeben* und *verbrennen* (Ez.16,21; siehe Text 26). Schließlich wird eine in Ez.23,37 (siehe Text 28) vorkommende Kennzeichnung: die Kinder *den Götzen ... zum Fraße durchs Feuer gehen lassen* zwei Verse weiter noch variiert durch: Kinder *den Götzen schlachten* (Ez.23,39; siehe Text 28).

Unter all diesen sprachlichen Schrecknissen bedarf die Formulierung *durchs Feuer gehen lassen* einer besonderen Erläuterung. Aus der diesbezüglichen, ausführlichen Diskussion seien drei Stellungnahmen herausgehoben. Martin BUBER setzt sich wie andere Autoren auch mit der Frage auseinander, ob *durchs Feuer gehen lassen* tatsächlich Opferung bedeutet oder vielleicht eine Weihung gemeint sei.[95] Im letzteren Falle wären die Kinder nicht vom Leben zum Tode gebracht worden, sondern die Eltern hätten sie der Gottheit zum Dienst verpflichtet. BUBER kommt aber zu dem Ergebnis, daß diese Möglichkeit im Hinblick auf die Vergleichstexte auszuschließen ist; es heißt ja zum Beispiel auch: die Kinder *den Götzen zum Fraße durchs Feuer gehen lassen* (Ez.23,37; siehe Text 28). Demgegenüber tritt Moshe WEINFELD in einer ausführlichen Erörterung[96] für die These von dem Weihe-Ritus ein. Morton SMITH hat in seiner Reaktion darauf[97] die gegenteiligen Fakten und Gesichtspunkte zusammengetragen, wodurch WEINFELD sich zu einer Replik veranlaßt gesehen hat[98], jedoch ohne daß seine Argumente stichhaltiger geworden wären. BUBER erörtert außer der These von dem Weihe-Ritus auch die Möglichkeit, daß die Formulierung *durchs Feuer gehen lassen* den Ritus eines nur symbolischen Kinder-Opfers bezeichnen könnte. Der symbolische Ritus hätte aber von Fall zu Fall in ein tatsächliches Opfer umschlagen können. Diese Überlegung ist zwar nicht zu entkräften, sie erscheint aber im Zusammenhang aller einschlägigen Texte nicht zwingend.

Das alttestamentliche Quellenmaterial zum Kinder-Opfer im Baal-Moloch-Zusammenhang ist, wie die Zusammenstellung 10 bis 28 zeigt, umfangreich. Allerdings sind die hier vereinigten Texte nicht in direkter Weise historiographisch verwertbar, so als ob jeweils zeitlich genau bestimmte Ereignisse, Predigten, Gesetze oder Bewußtseinsinhalte mitgeteilt oder zum Ausdruck gebracht werden. Wenn historische Sachverhalte zur Sprache kommen, so sind sie mit nachträglichen Akzentsetzungen durch die betreffenden Schreiber oder Redaktoren versehen, die sich in bestimmter religiöser Absicht an die Menschen ihrer Zeit wandten. In dieser Hinsicht sind zum Beispiel die Mitteilungen über den König Ahas von Juda zu verstehen, welcher von 736 bis 721 v. Chr. regierte und *seinen Sohn durchs Feuer gehen ließ* sowie weitere kanaanäische Opferpraktiken durch

---

[95] BUBER, Königtum Gottes (1932/1964) 597ff.

[96] M. WEINFELD, The Worship of Molech and the Queen of Heaven ..., Ugarit-Forschungen 4, 1972, insbes. S. 141

[97] M. SMITH, JAOS 95, 1972, 477ff.; siehe auch KAISER a.O. 37

[98] M. WEINFELD, Ugarit-Forschungen 10, 1978, 411ff.

führte (2.Kön.16,1-4; 2.Chr.28,1-4; siehe Texte 14 und 19), oder über den König Manasse von Juda, welcher von 693 bis 639 regierte und ebenfalls *seine Söhne durchs Feuer gehen ließ* wie auch sonst den kanaanäischen Göttern diente (2.Kön.21, 5-7; 2.Chr.33,6; siehe Texte 17 und 20). Auch der Bericht über die Reformen des König Josia von Juda (2.Kön.23,4-14; siehe Text 18) wendet sich an Menschen einer späteren Zeit. Josia, der von 638 bis 608 regierte, trachtete, alle nicht dem Herrn dienenden Kulte, worunter die Kinder-Opfer, auszurotten.

Die angeführten, dem zweiten Königsbuch zugehörigen Quellentexte sind Bestandteile des deuteronomistischen Geschichtswerkes, das, auf alten, nicht mehr genau eingrenzbaren Quellen beruhend, während des babylonischen Exils (587 - 539) und in der anschließenden Zeit der persischen Vorherrschaft entstanden ist. Den Verfassern lag daran, dem Volke seine Sünden vorzuhalten, die es seit alters her begangen hatte, nämlich seine Abkehr von Gott und die Zuwendung zu den kanaanäischen Gottheiten. Die Kinder-Opfer für Baal/Moloch nehmen in dem Sündenkatalog einen hauptsächlichen Platz ein. Die politischen Katastrophen wurden, wie in 2.Kön.17,13-20 (Text 15) deutlich ausgeführt, als Strafgericht Gottes verstanden und als Aufforderung, von solchen Untaten endlich abzulassen.

In der nachexilischen Zeit hatte es demzufolge wieder Tendenzen gegeben, sich den kanaanäischen Gottheiten zuzuwenden und Kinder-Opfer darzubringen. Die von den Menschen an diesen Kult geknüpften Befreiungs- und Erlösungserwartungen müssen eine ganz erhebliche Kraft besessen haben. Das chronistische Geschichtswerk, welches etwa 200 Jahre später als die Königsbücher entstanden ist, übernimmt die anklagend-warnenden Mitteilungen aus den letzteren, wie aus 2.Chr. 28,1-4; 33,2-7 (Texte 19 und 20) ersichtlich ist.

Von Bedeutung ist natürlich die Frage, welchen Quellenwert die Textstellen in 2.Kön. für die Zeit haben, über die sie berichten. Der deuteronomistische Verfasser hat wohl kaum nur historische Phantasien zum Zwecke der Drohung ausgesprochen. Zweifellos gab es zur Zeit der Könige Ahas, Manasse und Josia die Opfertötung von Kindern, nicht nur bei den in Samaria von den Assyrern im Jahre 722 neu angesiedelten Sepharwitern gemäß 2.Kön.17,31b (Text 16). Martin BUBER spricht von „Populärsynkretismus" und „Molekhisierung JHWHs [Jahwes]", dem die Könige Ahas und Manasse und vielleicht auch der Verfasser der nicht mehr bekannten Urquelle des zweiten Königsbuches anhingen.[99] Er erörtert auch hier die Möglichkeit, daß die Könige in den berichteten Fällen keine Opfertötung vorgenommen, sondern einen kanaanäischen Weiheritus für ihre Söhne veranstaltet haben könnten (s.o.). Er stellt jedoch in Ansehung aller einschlägigen Textstellen nicht in Abrede, daß es bei den Israeliten seit der Königszeit Kinder-Opfer für

[99] BUBER a.O. 606

Baal/Moloch gab.[100] In dieser Zeit war die Verschmelzung der Israeliten mit den Kanaanäern in ethnischer und sozialer Hinsicht weit fortgeschritten.

Was nun die Historizität der in 2.Kön.23 (Text 18) berichteten religiösen Reformen des Königs Josia (um 620 v.Chr.) im einzelnen anbetrifft, besteht in der Forschung keine Einhelligkeit mehr. Otto KAISER legt dar, daß im besonderen die in V.10 berichtete Entweihung und damit Unbrauchbarmachung der *Feuerstätte im Hinnomtale* (des Tophet) durch Josia nicht stattgefunden haben könnte, wobei er philologische, textkritische und historische Gesichtspunkte anführt[101], auf deren Darlegung hier verzichtet werden kann. Ein vormals als sicher geltender Zusammenhang, wonach König Josia eine Religionspolitik wie in 2.Kön.23 beschrieben zur Durchsetzung des deuteronomischen Gesetzes (siehe anschließend) betrieben hätte, ist fraglich geworden.[102] Die Virulenz des Kinderopfer-Problems tritt damit nur um so stärker hervor - und der berechtigte Eifer der nachexilischen, deuteronomistischen Schule, diese Art der permanenten Abkehr vom reinen Jahwe-Glauben zu brandmarken.

Eine historisch bedeutsame Quellengruppe stellen des weiteren die Gesetzestexte dar. Sie können verstanden werden als Fixierung des Normen-Horizontes wie auch als Formulierung von Ansprüchen, welche Theologie und Religion in der israelitischen Gesellschaft stellten. Biblische Gesetzestexte sind ebenso mehrschichtig wie die sonstigen, für das Kinderopfer-Problem in Frage kommenden Textquellen. Zum Kinder-Opfer im Baal-/Moloch-Zusammenhang gibt es die Gesetzestexte Lev.18,21 (in obiger Zusammenstellung Text 10), Lev.20,1-5 (Text 11), Deut.12,29-31 (Text 12) und Deut.18,8-12 (Text 13). Während der Text aus Lev.20, wie KAISER ausführt, eine „formengeschichtlich ... späte Komposition" darstellt[103] und demzufolge keine Primärinformation vermittelt, kann Lev.18,21, namentlich 18,21a (*Du sollst nicht eines deiner Kinder hergeben...*) als primäres Verbotswort angesehen werden. Beide Leviticus-Stellen gehören zum Heiligkeitsgesetz, das in der Zeit des babylonischen Exils von 587 bis 539 niedergeschrieben worden ist. Das zitierte Verbotswort tradiert aber wahrscheinlich eine alte Gesetzesbestimmung. Auch steht es mit Jer.7,31 (Text 23) im Zusammenhang[104], wo es heißt: *Sie haben die Höhe des Tophet im Tal Ben-Hinnom gebaut, um ihre Söhne und Töchter zu verbrennen, was ich ihnen niemals geboten habe...* Hinwiederum haben diese Jeremia-Stelle und das Verbot Lev.18,21 auf andere Texte eingewirkt, nämlich auf die Stelle über die Entweihung der *Feuerstätte* (des Tophet) im Kidron-Hinnom-Tal durch König Josia 2.Kön.23,10 (Text 18), sowie auf die deuteronomistisch geprägten Jeremia-Stellen 19,5

---

[100] BUBER a.O. 606f. mit Aufzählung der biblischen Quellen

[101] KAISER, Den Erstgeborenen deiner Söhne ..., RATSCHOW - Festschrift (1976) 34f.; 40f.

[102] W.H. SCHMIDT, Einführung in das Alte Testament (4. Aufl. 1989) 126

[103] KAISER a.O. 42

[104] KAISER a.O. 43

(Text 24) und 32,35 (Text 25), welche ebenfalls das Tophet im Kidron-Hinnom-Tal zum Gegenstand haben.

Die beiden deuteronomischen Quellen (Texte 12 und 13) entstammen einem literarkritisch erschließbaren Gesetzeskorpus, der, auf alten Urquellen beruhend, schon zur Zeit Josias bestanden hat und wahrscheinlich mehrfach bis in die nachexilische Zeit hinein redaktionell umgearbeitet wurde.[105] Jedoch darf vorausgesetzt werden, daß das Verbot, Kinder-Opfer darzubringen, von der Zeit der frühesten Niederschrift des Gesetzes an prinzipiell Gültigkeit im Jahwe-Glauben hatte.

Die Priesterschaft im Dienste Jahwes verkörperte, wenn wir der Bibel folgen, seit der Landnahme entschiedene Gegnerschaft zu dem unmenschlichen Kult, wie er permanent von den kanaanäischen Mitbewohnern des Landes auf die Israeliten übergriff. Allerdings hatte die Priesterschaft keine „Polizeigewalt", der Opfertötung von Kindern ein Ende zu setzen, obwohl dafür gemäß Lev.20,4-5 (Text 11) die Todesstrafe gesetzt war.

Ohne Zweifel war bei den Israeliten selbst eine Affinität zum Kinderopfer-Kult vorhanden, vielleicht wegen der Erinnerung an die eigene Kultgeschichte des Erstgeborenen-Opfers. Die Tophets im Lande waren in der kanaanäisch-israelitischen Gesellschaft intensiv genutzte Kultstätten mit weitreichender religiöser und sozialer Wirkung. Von den biblischen Quellen her gesehen ergibt sich ein Bild ständiger Auseinandersetzung zwischen kanaanäischer Religion und dem Anspruch Jahwes. Ein Ausdruck dessen sind auch die auf Kinder-Opfer bezogenen Verse im 106. Psalm (Text 21). In Vers 36 heißt es, daß die heidnischen Götzen den Israeliten *zum Fallstrick* wurden. Der Psalm ist ein Bußgebet der nachexilischen Gemeinde.[106]

Eine letzte, aber bedeutende Gruppe von Quellen zum Kinder-Opfer im Baal-Moloch-Zusammenhang sind die einschlägigen prophetischen Texte. Es gibt sieben Stellen (Texte 22 bis 28), die hinsichtlich Entstehung und Inhalt insgesamt mit dem deuteronomistischen Geschichtswerk verschränkt sind und so schwerpunktmäßig wiederum auf die Zeit nach dem babylonischen Exil verweisen. Im einzelnen nicht mehr bestimmbare Urtexte sind vorauszusetzten bei dem Propheten Tritojesaja, dem die Stelle Jes.57,4-7 (Text 22) zugehört, und bei Jeremia, der dreimal, 7,30-33 (Text 23); 19,1-7 (Text 24) und 32,34-35 (Text 25) den Kinderopfer-Kult zur Sprache bringt. Tritojesaja wirkte vor dem babylonischen Exil. Seine Worte wurden vermutlich später aktualisiert.[107] Jeremia, der

---

[105] SCHMIDT a.O. 123ff.

[106] H.-J. KRAUS, BK XV/2 (5. Aufl. 1978), 905. Verf. legt auf Grund textkritischer Merkmale dar, daß in Ps. 100 die Verse 37 und 38 ursprünglich nicht in direktem inhaltlichen Zusammenhang stehen. Während sich V. 37 in der Tat auf Kinder-Opfer bezieht, sollte mit V. 38 auf „Bluturteile und Justizmorde" einer ungerechten Gerichtsbarkeit hingewiesen werden.

[107] Cl. WESTERMANN, Das Buch Jesaja Kapitel 40-66, ATD XIX (3. Aufl. 1976) 259; SCHMIDT a.O. 268

seine Berufung im Jahre 625 empfing, wirkte über Jahrzehnte bis zur Zerstörung Jerusalems im Jahre 587, ohne daß seine Predigt immer aufgenommen wurde. Der Abfall des Volkes von Gott und die Zuwendung zu den fremden Göttern, darin eingeschlossen der Kinderopfer-Kult, fordern Gottes Strafgericht heraus. Jeremia prophezeit die bald über das Volk hereinberechende Katastrophe. Das Jeremia-Buch hat verständlicherweise auch redaktionelle Eingriffe erfahren. Auf textliche Zusammenhänge der drei Jeremia-Stellen untereinander und mit Lev.18,21 (Text 10) sowie mit 2.Kön.23,10 (Text 18) ist bereits hingewiesen (siehe S. 95/96). Der Prophet Ezechiel wirkte im 6. Jahrhundert, aber die Kinderopfer-Stellen 16,20-21 (Text 26); 20,30-31 (Text 27); 23,36-39 (Text 28) gehören, wie KAISER darlegt[108], zu einem erst im 5. Jahrhundert fortgeschriebenen Komplex, und sie vermitteln ein Verständnis des Kinder-Opfers aus dieser späten Zeit.

Die prophetischen Texte stellen gegenüber chronistisch-erzählend angelegten Bibeltexten und solchen, die Gesetze verkünden, sprachlich und literarisch herausgehobene Gestaltungen dar. Sie sind unbeschadet aller redaktionellen Überarbeitungen gewaltig im Ausdruck, reich an bildhaften Ausgestaltungen, Metaphern und Symbolen. Sie klagen an und rütteln auf. So gewinnen gerade die uns beschäftigenden Textabschnitte zu den Kinder-Opfern an Eindringlichkeit. Die Propheten wurden schon in der nachexilischen Gemeinde im Gottesdienst verlesen.

Die prophetischen Texte sind aber trotzdem auch Quellen für historische Fakten. Zweifelsfreie Opfertötung von Kindern wird nach BUBER belegt durch Jes.57,5 (Text 22); Jer.7,31 (Text 23); Jer.19,5 (Text 24) und durch die drei Stellen aus Ezechiel (Texte 26 bis 28).[109] Diese Stellen sowie alle übrigen sind über die Bestätigung der tatsächlichen Kindestötung hinaus eindringliche Zeugnisse für die Auseinandersetzung der Jahwe-Religion und ihrer Anhänger mit dem kanaanäischen Opferkult, und sie vermitteln vielfältige konkrete Aufschlüsse über den Kult, so daß das historische Bild in mehrfacher Hinsicht deutlicher wird.

Wie alle sonstigen Gruppen von biblischen Texten geben auch die prophetischen Texte bei der historischen Nutzbarmachung eigentümliche Probleme auf. Die Propheten machen *pflichtvergessenes* und *abtrünniges* Verhalten (gemäß der Formulierung bei Text 22) namhaft. Die Tatsache dieser Predigten an sich ist die primäre historische Information. Darüber hinaus gewinnen wir selektive Informationen aus dem Insgesamt der israelitischen und kanaanäischen Religionswelt: Jahwe-gläubige Angehörige der israelitisch-kanaanäischen Gesellschaft hatten sich kanaanäischen Kultpraktiken zugewandt. Unsere Textzusammenstellung fokussiert auf die von Israeliten vorgenommenen Kinder-Opfer. Diese sind in einem allgemeineren religionsgeschichtlichen Kontext zu verstehen. Die Israeliten, die sich zu den Opferpraktiken und Heilserwartungen der kanaanäischen

---

[108] KAISER a.O. 40

[109] BUBER a.O. 606

Religion hingezogen fühlten, hatten sicher eine prägende diesbezügliche Sozialisation erfahren - seit Generationen, wenn wir alle bisher gewonnenen chronologischen Hinweise in Betracht ziehen. Die kanaanäische Religion bestand aber selbstververständlich nicht nur aus Opferpraktiken für Baal-/Moloch-Gottheiten, auch wenn es sich dabei um eine sehr markante Ausprägung handelte. Es sei nur auf die Eschmun-Verehrung hingewiesen, in der gerade zu der Zeit, als die prophetischen Texte ihre endgültige Fassung erhielten, deutliche humane Tendenzen zur Geltung kamen. (Siehe hierzu unsere Erörterungen über das Eschmun-Heiligtum im phönizischen Sidon S. 118 ff.)

Unklarheiten bestehen hinsichtlich des tatsächlichen quantitativen Ausmaßes der israelitischen „Abtrünnigkeit". Die Propheten sprechen summarische Verurteilungen aus mit den Anreden *ihr* und *du* (Jes.57,4-7; Text 22), womit gesagt sein soll „ihr Israeliten" und „du Volk Israel", ihr alle. Oder es heißt *die Söhne Judas* und *dieses Volk* (Jer.7,30.33; Text 23). In Jer.19,3 (Text 24) steht *Ihr Könige von Juda und ihr Bewohner Jerusalems*. Auch in den weiteren Textstellen von Jeremia und Ezechiel (Texte 25 bis 27) wird durch die Pronomina *sie, du, ihr* die Gesamtheit der Israeliten wegen abtrünnigen Verhaltens angesprochen. Zahlenmäßige Feststellungen sind dadurch jedoch nicht gegeben.

Was das zeitliche Vorkommen der beklagten Kinder-Opfer für Baal/Moloch bei den Israeliten anbetrifft, so sei an bisherige Ergebnisse erinnert. Eine latente Bereitschaft hierzu muß über alle Jahrhunderte hin bestanden haben. Für die späte Phase des Königreiches Juda bis zum babylonischen Exil verdichten sich die Hinweise wieder, unter anderem eben durch die Propheten Jeremia, Ezechiel und Tritojesaja. Nach Rückkehr aus dem Exil war die Bereitschaft der Israeliten zum Opfer für Baal/Moloch noch nicht überwunden. Erst mit der Ausbreitung der Synagogen verschwand der unmenschliche Kult schließlich.

Die vielfältigen, von den Propheten erwähnten religionsgeschichtlich bedeutsamen Momente der kanaanäischen Religion in einem Zusammenhang zu bringen, wäre eine eigene Erörterung wert. Hier seien die direkten, auf den Baal-/Moloch-Kult bezogenen Hinweise herausgehoben, wie sie bereits in der Textzusammenstellung vorgegeben sind. - Das Tophet in Jerusalem kommt in jeder der drei Jeremia-Stellen (Texte 23 bis 25) zur Sprache. Aus dem sprachgewaltigen Kapitel mit dem Sinnbild über das Zerschmettern des Kruges Jer.19 (Text 24) ist hier von Bedeutung, wie der Prophet den Ruf erhält, *ins Tal Ben-Hinnom am Eingang des Scherbentores* hinauszugehen und am Ort der Kinder-Opfer selbst das Gericht zu verkündigen, welches der Herr über Jerusalem kommen läßt (V.2 ff.). - In Jes.57,5-7 (Text 22) lesen wir auch von weiteren Stätten böser Taten im Lande, von *Tälern inmitten der Felsenklüfte*, von *den glatten Steinen des Tals* und von *hohem und ragendem Berg.* Vorher, in V.4-5, heißt es *Seid ihr nicht Sündenkinder, eine Lügenbrut? die ihr in Brunst geratet bei den Terebinthen [wohl Pistazien], unter jedem grünen Baum...* In diesem Vers ist vielleicht ein Hinweis auf Sexual-Riten im Kult für Aschera/Astarte verborgen. Der Prophet nennt das In-Brunst-Geraten in einem Zuge mit dem Kinder-Schlachten. - In den Texten kommen kanaanäische Gottheiten in verschiedenen Bezeichnungen vor, nämlich als *Scheusale*, *Baal*, *Moloch*, *Mannsbilder* und *Götzen*. Darin spiegelt sich wohl die Vielfalt kanaanäischer Kultstätten im Lande. *Scheusale* und *Moloch* betreffen eventuell das Gleiche; mit *Götzen* sind vermutlich die kanaanäischen Gottheiten in ihrer Gesamtheit gemeint. (Man vergleiche hierzu auch 2.Kön.23 [Text 18] über Josias Reformen.) Für genauere Klärungen ist auf den Originaltext zurückzugreifen. - In Ez.23,39 (Text 28) wird klar und direkt ein synkretistischer Sachverhalt aufgeführt: *Und wenn sie ihre Kinder ihren Götzen geschlachtet hatten, so kamen sie noch am selben Tage in mein Heiligtum, es zu entweihen.* Diese Stelle vermittelt in bildhafter Weise die Vorstellung, daß die Leute nach ihrem schaurigen Kinder-Opfer im Tophet hinaufgestiegen sind aus dem Kidron-Hinnom-Tal zum Tempelberg, um Jahwe anzubeten.

Dann ist noch eine Stelle Ez.23,47 (nicht in vorliegender Zusammenstellung) zu erwähnen, die zwar nicht vom Kinder-Opfer handelt, jedoch geeignet ist, eine Seite des alttestamentlichen Kind-Verständnisses zu erhellen. In der fortgeführten Strafpredigt des Propheten lesen wir dort: *...und man steinige sie [die Abtrünnigen] in der Gemeinde und zerhaue sie mit den Schwertern; man töte ihre Söhne und Töchter, und ihre Häuser verbrenne man.* Hier werden wiederum Kinder heimgesucht mit dem Ziel, die Eltern zu treffen, ähnlich, wie es auch bei Hiob und König David der Fall ist (von Abraham ganz zu schweigen).

Ein andersartiger Akzent ist im Jeremia-Kapitel über das Zerschmettern des Kruges 19,4 (Text 24) gesetzt, wo es heißt: ... *weil sie diese Stätte [das Tal Ben-Hinnom] mit dem Blute Unschuldiger erfüllt [bringt Jahwe Unheil über diesen Ort].* Mit dem *Blute Unschuldiger* sind, wie der folgende Vers besagt, ausdrücklich die Kinder gemeint, die *dem Baal als Brandopfer* dargebracht wurden. Bei Jeremia kommt bereits vorher, in der Tempelrede 7,6-7 (nicht in obiger Zusammenstellung) eine entsprechende Formulierung vor, die auf Betroffene bezogen ist:... *wenn ihr Fremdlinge, Waise und Witwe nicht bedrückt und nicht unschuldiges Blut vergießt an dieser Stätte und nicht anderen Göttern nachlauft..., so will ich euch an diesem Orte wohnen lassen...* Auch wenn mit dieser Formulierung mehr allgemein das Unrecht des Tötens gemeint soll, so ist der Akzent auf *unschuldigem* Betroffensein dennoch bemerkenswert, zumal ja auch das Wort *Waise* vorkommt und hinterher von den *anderen Göttern* gesprochen wird, denen die Menschen nicht nachlaufen sollen. Nicht übersehen werden darf in diesem Zusammenhang dann noch die Stelle in dem nachexilischen Bußgebet Israels Ps.106, 37-38 (Text 21) ... *und sie opferten ihre Söhne und Töchter den bösen Geistern, und vergossen unschuldiges Blut...* Die geopferten Kinder als *unschuldig* (bzw. als *Unschuldige*) überhaupt herauszustellen, ist ansonsten nicht der Tenor im Alten Testament, weil es ja immer um das Opferverhalten Erwachsener und um ihr Verhältnis zu Gott geht.

Vom Verbot des Kinder-Opfers bis zum Verständnis für das Kind hatten und haben die Menschen einen langen Weg zurückzulegen. Bei Jeremia bzw. bei seinem deuteronomistischen Redaktor gibt es Schritte in diese Richtung.

Abb. 6 a: „Der Götze Moloch mit 7 Räumen oder Capellen“

Abb. 6 b: „Der Götze Moloch. Wie Ihme die Kinder zum Opfer in seine glüende Arme gegeben“

Erläuterungen zu Abb. 6a/b:

Quelle: [LUNDIUS, Johannes:] Die Alten Jüdischen Heiligthümer, Gottesdienste und Gewohnheiten, für Augen gestellet, In einer ausführlichen Beschreibung des gantzen Levitischen Priesterthums, Und fünff unterschiedenen Büchern: ... durch Johannem LUNDIUM, ... Samt einem Vorbericht ... Henrici MUHLII, ... itzo von neuem übersehen ... durch Johan. Christophorum WOLFIUM ... Hamburg 1738. 1236 Seiten fol. (Die beiden Bilder sind vorgesehen bei S.564, befinden sich jedoch bei S.683. Bild b mit Urheber-Vermerk „J.W. Michaelis fecit.") Exemplar Herzog August Bibliothek Wolfenbüttel. Daselbst auch die Auflagen aus den Jahren 1701, 1704, 1711 und 1722. - Reproduktionen: Fotowerkstatt der Bibliothek.

LUNDIUS, der sein opus maximum im 17. Jahrhundert verfaßt hat (er starb 1686), führt auf S.639 für die Darstellung auf Abb. a die Gewährsleute KIRCHER, Gregorius MICHAELIS und HOFM[...] an. Deren Werke wären in Verfolgung einer neuzeitlichen Rezeptionsgeschichte des Moloch-Überlieferung noch zu ermitteln. Sechs der „Räume oder Capellen" in der ehernen Moloch-Statue seien für verschiedene, zu verbrennende Opfer-Tiere vorgesehen gewesen. In das siebte dieser Fächer wären die zu opfernden Kinder eingelegt worden.

Die Darstellung auf Abb. a hat fiktiven Charakter. Mit ihrer Hilfe konnte aber die schaurige Vorstellung des Moloch-Kultes aufgebaut werden. LUNDIUS referiert die Auffassungen darüber, ohne die Sachverhalte sensationell aufzubauschen.

Abb. b ist ebenfalls voller Phantasie, namentlich wenn damit der Moloch-Kult im Kidron-Hinnom-Tal in Jerusalem und an anderen kanaanäisch bestimmten Opferstätten veranschaulicht werden soll. EISSFELDT, der das Bild 1935 erneut veröffentlicht hat[110], erörtert diese Moloch-Rezeption im Anschluß an einschlägige Autoren, die auf eine Stelle in einem frühen Midrasch (einer rabbinischen Bibelauslegung des 5. oder 6. Jahrhunderts n.Chr.) Bezug nehmen. Der betreffenden Midrasch-Stelle liegt eine Moloch-Vorstellung zugrunde, die offensichtlich von antiken Beschreibungen des Baal-Hammon-Kultes in Karthago beeinflußt ist, wie sie u.a. Diodor (siehe S. 40f.) und Kleitarchos (S. 43) gegeben haben. Von daher ist auf die kanaanäischen Opferpraktiken mit dem ehernen Moloch-Bild geschlossen worden.

In allen nachfolgenden Jahrhunderten haben sich rabbinische und christliche Theologen an das so entstandene Moloch-Bild gehalten, um die alttestamentlichen Kinderopfer-Texte zu veranschaulichen. Der Einfluß der von LUNDIUS weitergegebenen ikonographischen Muster war erheblich - bei den Theologen und bei den von ihnen Unterwiesenen. Bemerkenswert ist schließlich, daß die Moloch-Rezeption immer neben der gläubigen Auseinandersetzung mit Abraham und Isaak stattgefunden hat.

---

[110] O. EISSFELDT, Molk als Opferbegriff ... (1935) Taf. IV u. S. 67ff.

9. Kindesleben als Objekt der Preisgabe. Weitere alttestamentliche Fälle (Hiel von Bethel und Jephta aus Gilead)

Kinder-Opfer sind auf den ersten Blick gesehen Ausdruck dafür, daß die Opfernden, nämlich die Eltern wie die Gesellschaft insgesamt, der die Eltern angehören, in einem Verhältnis der Abhängigkeit zu der Gottheit stehen. Die Erstgeborenen-Opfer der Frühzeit sicherten die Gewährung der Erzeugnisse von Ackerbau und Viehzucht durch die Gottheit. Mit Kinder-Opfern für Baal/Moloch versicherten sich die Menschen des göttlichen Wohlwollens und erwarben sich Hilfe in Notlagen.

Unsere bisherigen Studien haben gezeigt, wie die Israeliten trotz jahrhundertelanger Gegenströmung durch die sich fortentwickelnde Religion Jahwes die Vorstellung von der Wirkungsmacht der Preisgabe von Kindern bewahrten, und zwar in sehr differenzierter Weise. Denken wir an Abraham und Isaak, an die Reaktion der Soldaten auf die Opferung des Sohnes von König Mesa und an die Opfer für Baal/Moloch in ihrer kultischen Vielfalt. Die Vorstellung, daß Kinder Objekte der Preisgabe und Kompensation werden können, war in den verschiedensten Lebensbereichen der alttestamentlichen Gesellschaft virulent. Wir befassen uns nunmehr noch mit zwei weiteren Preisgabe-Situationen, nämlich mit der an Jericho gebundenen Überlieferung von den Söhnen des Hiel aus Bethel und mit Jephta aus Gilead, von dem erzählt wird, daß er seine Tochter opferte, als Preis für einen gewonnenen Krieg. Es folgen zunächst die Textstellen zu Hiel von Bethel.

(29) Jos.6,26-27 Aus: Einnahme und Zerstörung Jerichos

26 Damals ließ Josua die Leute schwören: Verflucht vor dem Herrn ist der Mann, der sich aufmacht und diese Stadt [d.h. Jericho] wieder baut; wenn er ihren Grund legt, koste es ihn seinen erstgeborenen Sohn, und wenn er ihre Tore setzt, seinen jüngsten Sohn. 27 So war der Herr mit Josua, und sein Ruf ging durch das ganze Land.

(30) 1.Kön.16,34 Aus: Simri, Omri und Ahab von Israel

34 In seinen [des Königs Ahab] Tagen baute Hiel von Bethel Jericho wieder auf. Es kostete ihn seinen Erstgeborenen Abiram, als er ihren Grund legte, und seinen jüngsten Sohn Segub, als er ihre Tore einsetzte, nach dem Worte, das der Herr durch Josua, den Sohn Nuns, geredet hatte.

Die kurze Erzählung im ersten Königsbuch ist primär. Sie entstammt dem deuteronomistischen Geschichtswerk aus dem 6. Jahrhundert v.Chr. Vers Jos.6,26, auf den Bezug genommen wird, ist nach Martin NOTH von dem deuteronomistischen Verfasser der vorausgehenden Erzählung von der Eroberung Jerichos hinzugefügt worden.[111] Die Jericho-Überlieferung ist ansonsten nicht deuteronomistisch.

Das kanaanäische Jericho - die Stadt hatte bereits eine mehrtausendjährige Geschichte hinter sich - wurde von den Israeliten im Zuge der Landnahme erobert: Dem Josua-Buche zufolge war es die erste, spektakuläre Militäraktion nach dem Eindringen der Israeliten in das Westjordanland im 12. Jahrhundert v.Chr. - König Ahab von Israel, unter dessen Regierung Hiel von Bethel die Stadt Jericho wieder aufgebaut haben soll, regierte im 9. Jahrhundert. Bethel liegt etwa zehn Kilometer von Jericho entfernt. Eine Persönlichkeit namens Hiel ist ansonsten nicht überliefert.

Die Eroberung und Zerstörung Jerichos wurde für die Israeliten in der Überlieferung zu einem geheiligten Akt bei der Inbesitznahme des Landes. Insofern konnte sich die Legende herausbilden, wonach ein von Josua ausgesprochenes Verbot des Wiederaufbaues der Stadt mit der Verfluchung eines eventuellen Verbots-Übertreters verbunden war. Dennoch blieb Jericho, archäologischen Quellen zufolge, nie gänzlich unbewohnt. Ein völliger Wiederaufbau der Stadt fand jedoch erst im 7. Jahrhundert v.Chr. statt. Die Bautätigkeit des genannten Hiel in Jericho muß, wenn sie denn historisch ist, eher gering gewesen sein.

Was es mit dem Tode der beiden Söhne Hiels, seines Erstgeborenen Abiram und seines jüngsten Sohnes Segub, konkret auf sich gehabt haben könnte, bleibt im dunkeln. Die Formulierungen *koste es ihn* (Jos.6,26; Text 29) und *es kostete ihn* (1.Kön,16,34, Text 30) geben keinen definitiven Aufschluß. Alle in der Forschung diskutierten Möglichkeiten bleiben hypothetisch:

- Die beiden Söhne wurden als Brandopfer dargebracht, um die Gottheit wegen des auf der Ruinenstätte lastenden Fluches zu versöhnen;
- Die beiden Söhne wurden als Bauopfer dargebracht - jeweils einer zu Anfang und zu Ende des Bauvorhabens[112];

---

[111] M. NOTH, BK IX/1, 2. Aufl. 1983, 365

[112] Auch wenn die Darbringung der Söhne von Hiel als Bauopfer rein hypothetisch bleibt, so ist diese Möglichkeit dennoch bei der Kinderopfer-Thematik zu berücksichtigen. Eine kurze Erörterung des Bauopfer-Problems im Zusammenhang von 1. Kön. 16, 34 mit Hinweisen auf archäologische und schriftliche Quellen findet sich bei KAISER a.O. 31ff. - Hinweise auf kanaanäische Bauopfer bei J. HENNINGER, Menschenopfer bei den Arabern, Anthropos 53, 1958, 779. - Siehe auch: „Bauopfer" (ELIADE), RGG I, col. 935. - Bauopfer waren in verschiedenen Kulturen des Vorderen Orients wie auch Europas über Jahrtausende hin üblich. Der kindheitsgeschichtlich erhebliche Sachverhalt bedarf einer neuen monographischen Aufarbeitung. Noch in der Neuzeit gab es Bauopfer. In Theodor STORMs Novelle „Der Schimmelreiter" ist von einem geplanten Bauopfer beim Deichbau die Rede, und zwar in der Form des Tier-Opfers. Der Protagonist Hauke Haien verhindert das Bauopfer aber wegen seines abergläubischen Charakters. →

- Die Gottheit ließ die beiden Söhne zur Strafe dafür sterben, daß ihr Vater das - schon Jahrhunderte bestehende - Wiederaufbau-Verbot mißachtet hatte.

Es könnte aber auch sein, daß dem Hiel in Jericho zwei Söhne auf natürliche Weise verstorben waren, und daß in den Jahrhunderten nach Hiel und Ahab der fromme wie strenge Glaube die durch den Deuteronomisten niedergeschriebene Überlieferung entstehen ließ. Dem Schreiber war wohl noch bekannt, welches Schicksal unter den genannten Möglichkeiten den Söhnen in der Zwischenzeit tatsächlich zugeschrieben worden war.

Wenn auch dieser Appendix der Jericho-Überlieferung erhebliche Unklarheiten aufweist, so tritt dennoch ein grundsätzlicher Sachverhalt von erheblicher Bedeutung hervor, nämlich, daß darin über die Preisgabe zweier Kinder gehandelt wird, als Kompensation für eine fluchwürdige Handlungsweise ihres Vaters, sei es, daß sich die Gottheit selbst die Opfer holte, oder daß der Vater die Opfer darbringen mußte. Der deuteronomistische Schreiber läßt deutlich erkennen, daß hier keine Bindung an eine kanaanäische Gottheit vorliegt, sondern an Gott, den Herrn Israels, welcher den Fluch Josuas gelten läßt und die Konsequenzen des Fluches sichert. Der Tod der Söhne geschah *nach dem Worte, das der Herr durch Josua...geredet hatte* (wie es im ersten Königsbuch heißt). Schon die Etablierung des Fluches war gemäß der Überlieferung rückverbunden, denn *so war der Herr mit Josua, und sein Ruf ging durch das ganze Land* (wie im Buch Josua formuliert ist). In diesem Zusammenhang bleiben die betroffenen Kinder als eigenständige Individuen gänzlich unberücksichtigt.

(31) Ri.11,30-40 Jephthas Opfer

30 Und Jephtha tat dem Herrn ein Gelübde und sprach: Wenn du die Ammoniter wirklich in meine Hand gibst, 31 so soll, wer immer aus der Tür meines Hauses mir [zuerst] entgegenkommt, wenn ich wohlbehalten von den Ammonitern heimkehre, dem Herrn gehören; ich will ihn als Brandopfer darbringen. 32 Dann zog Jephtha gegen die Ammoniter in den Krieg, und der Herr gab sie in seine Hand. 33 Er brachte ihnen eine sehr schwere Niederlage bei, von Aroer an bis in die Gegend von Minnith - zwanzig Städte - und bis nach Abel-Keramim. So wurden die Ammoniter von den Israeliten gedemütigt. 34 Als nun Jephtha nach Mizpa zu seinem Haus kam, siehe da trat gerade seine Tochter heraus, ihm entgegen mit Handpauken und im Reigentanz. Sie war sein einziges Kind; er hatte außer ihr weder Sohn noch Tochter. 35 Als er sie sah, zeriß er seine Kleider und sprach: Ach meine Tochter! Wie beugst du mich tief! Du bringst mich ins Unglück! Ich habe meinen Mund dem Herrn gegenüber aufgetan und kann nicht zurück. 36 Sie aber sprach zu ihm: Mein Vater, hast du deinen Mund dem Herrn gegenüber aufgetan, so tue

---

Forts.:
Bauopfer wie das von Theodor STORM beschriebene gehen mit großer Wahrscheinlichkeit auf Menschen-Opfer, im besonderen auf Kinder-Opfer zurück.

mir, wie du es ausgesprochen hast, nachdem der Herr dir Rache verliehen an deinen Feinden, den Ammonitern. 37 Dann sprach sie zu ihrem Vater: Dies sei mir noch vergönnt: laß mir noch zwei Monate Zeit, daß ich hingehe auf die Berge und meine Jungfrauschaft beweine, ich und meine Gespielinnen; dann will ich wieder herabkommen. 38 Er sprach: Gehe hin! Und entließ sie für zwei Monate. Da ging sie hin mit ihren Gespielinnen und beweinte ihre Jungfrauschaft auf den Bergen. 39 Nach zwei Monaten kam sie wieder zu ihrem Vater, und er tat ihr, wie er gelobt hatte. (Sie hatte aber nie mit einem Manne verkehrt.) Daher ward es Brauch in Israel: 40 Jahr um Jahr gehen die Töchter Israels hin, die Tochter Jephthas, des Gileaditers, zu besingen, vier Tage im Jahr.

Und Jephta tat dem Herrn ein Gelübde..., nämlich einen Menschen als Brandopfer darzubringen für den Fall, daß der Herr geneigt ist, ihm zu Willen zu sein, indem er ihn, der ein großer Heerführer und Haudegen war, in einer kriegerischen Auseinandersetzung den Sieg davon tragen lassen würde. Dieses Gelübde wurde ausdrücklich dem Herrn, daß heißt Jahwe, dem Gott Israels gegeben. Aus dem mosaischen Gesetz (Num.30,2-16; Deut.23,21) bzw. von einer entsprechenden Norm her waren dem Jephta und denjenigen, die über ihn geschrieben haben, bekannt, daß Gelübde, die dem Herrn gegeben werden, ohne Einschränkungen erfüllt werden müssen. Inhaltlich gesehen kollidiert das Gelübde mit einem anderen Gebot des Herrn, nämlich keine Kinder-Opfer darzubringen, wie aus unseren bisherigen Erörterungen im einzelnen bekannt ist. Allerdings gelobte Jephta, einen Menschen zu verbrennen, nicht ein Kind. Es wird erzählt, daß der Herr den Jephta über seine Feinde, die benachbarten Ammoniter, siegen ließ, und das fällige Brandopfer war ein Kind, ein heranwachsendes, und zwar sein eigenes. Die Tatsache, daß das Brandopfer gemäß der Schrift dem Herrn und nicht dem Baal oder Moloch versprochen wurde, gibt ihm eine erhebliche religiöse und theologische Dimension.

Die Überlieferung von Jephta ist ebenso kompliziert und vielschichtig wie die anderer Opfer-Überlieferungen, namentlich wie die von Abraham und Isaak. Wir erörtern die Sachverhalte schwerpunktmäßig unter dem Aspekt des Kinderopfer-Problems.

Während die Erzählung von Abraham und Isaak dem elohistischen Geschichtswerk angehört und möglicherweise eine deuteronomistische Umarbeitung und „Zuspitzung" erfahren hat (siehe S. 50), gehört das Buch der Richter mit der Erzählung von Jephta zum deuteronomistischen Geschichtswerk selbst, in welchem ursprüngliche Überlieferungen zu einer Geschichte Jahwes mit seinem Volk zusammen komponiert und in einen theologischen Zusammenhang gebracht worden sind. Mit Abraham und Isaak haben Jephta und seine - im kanonischen Text namenlose - Tochter gemeinsam, daß bereits in früher Zeit von ihnen erzählt wurde. Freilich ist über die Ur-Erzählungen nichts genaues mehr bekannt. Die beiden Erzählungen unterscheiden sich hinsichtlich der Zeit, in welcher die jeweilige Überlieferung handelt. Abraham und Isaak gingen ihren Weg nach Moria in der Erzväterzeit, und Jephta legte seine Tochter in der Zeit der Stammes-Organisation auf den Scheiterhaufen, d.h. in der Richterzeit des 11. Jahrhunderts v. Chr. Auch verlaufen die beiden Erzählungen sehr unterschiedlich. Die in der älteren Zeit angesiedelte Erzählung von Abraham und Isaak nimmt, wie wir wissen, ein positives, hoffnungsfrohes Ende.

Die Erzählung von Jephta und seiner Tochter hat ebenfalls eine intensive Rezeptionsgeschichte aufzuweisen. Man kann das noch schärfer formulieren und sagen, daß Jephta seit altersher viel Unheil in den Köpfen der Menschen angerichtet hat.

Jephta stammte aus dem isrealitischen Gebiet Gilead im Ostjordanland. Weil seine Mutter keine rechtmäßige Frau seines Vaters war, galt er als nicht ebenbürtig und wurde von seinen Brüdern aus dem väterlichen Erbe vertrieben. In Tob, ebenfalls im Ostjordanland, entwickelte sich Jephta, wie im Buch der Richter weiter erzählt wird, zu einem wegen seiner Tapferkeit und Führungsqualitäten geachteten Heerführer. Als die Gileaditer von den Ammonitern, die östlich von ihnen, beim heutigen Amman, siedelten, bedrängt wurden, machten sie Jephta zu ihrem Heerführer. Sie mußten aber dessen Bedingung erfüllen, ihn auch nach dem Kriege als ihren Oberherrn („Richter") anzuerkennen. Jephta war nicht nur ein herausragender Feldherr, sondern offenbar auch ein geschickter Politiker in den Stammeswirren seiner Zeit, als Israel auf dem Weg zu einem Volk war.

Am Anfang des Krieges gegen die Ammoniter stand Jephtas Gelübde. Aus der Erzählung ist zu erfahren, wie Jephta nach dem Kriege nach Hause zurückkehrte, nach Mizpa (in Tob; nicht zu verwechseln mit anderen Orten gleichen Namens, etwa mit Mizpa in Benjamin), wo ihm denn notwendigerweise jemand als erster entgegentreten mußte, derjenige welcher dem Gelübde zufolge als Opfer darzubringen war. Religionsgeschichtlich gesehen, hatte das Opferverprechen in dieser Form auch einen Sinn im Zusammenhang mit der Türschwelle. Ohne die Sachverhalte hier im einzelnen auszubreiten, sei darauf hingewiesen, daß die Türschwelle, allgemeiner: der Hauseingang, numinos geladen und magisch besetzt war. Jephtas äußerer, kriegerischer Erfolg wurde durch ein Verzicht-Versprechen bewirkt, dessen konkrete Bestimmung an der Übergangsstelle zum inneren Lebensraum, eben dem Haus, erfolgen sollte. Nur Jephta war als Persönlichkeit entscheidend. Die Menschen im Hause unterstanden seiner Verfügung und waren seine Kompensationsmasse im zauberhaften Handel mit der Gottheit. Verschiedene Autoren - wir ersparen uns hier die Belege - heben hervor, Jephta hätte eigentlich damit rechnen können, daß ihm ein Sklave oder eine Sklavin zuerst entgegentreten würde, welche zu opfern ja nicht so erheblich gewesen wäre wie das eigene einzige Kind, seine reigentanzende Tochter, die ihm dann als erster Mensch entgegen kam. Nun mußte Jephta so über seine Tochter verfügen, wie er gelobt hatte, was von der sozialen, rechtlichen und religiösen Ordnung her offensichtlich keine grundsätzlichen Probleme bereitete. Gelöbnisse wie das von Jephta werden in außergewöhnlichen Fällen vorgekommen und allgemein sanktioniert gewesen sein.

Folgerichtig kommen nun Emotionen mit ins Spiel; bei einem Sklaven oder einer Sklavin wäre dergleichen eher gering gewesen. Zu beachten ist aber, daß unser Diskurs bezüglich der Emotionen von verschiedenen Mentalitäten her bestimmt ist, zunächst von unserer eigenen angesichts des ungeheuerlich erscheinenden Vorganges, sodann von der Mentalität früherer abendländischer Exegeten des Kapitels Ri. 11 sowie derjenigen des deuteronomistischen Schreibers/Redaktors und schließlich von der Mentalität der Menschen zur Richterzeit selber.

Der deutoronomistische Schreiber hat denn Jephta auch in einer bestimmten Weise persönlich gekennzeichnet, ohne Wertung. Dessen Handlungsweise erscheint uns heute auf Grund des vorliegenden Textes egozentrisch geprägt. Dem ordnet sich die Tatsache ein, daß Jephta seine geliebte Tochter selbst für das hereinbrechende Unheil verantwortlich macht: *Wie beugst du mich so tief! Du bringst mich ins Unglück!* Der Schreiber stattet das arme Kind (die arme Jungfrau) angesichts dessen sogar noch mit göttlicher Stärke aus: *Mein Vater...so tue mir, wie du es ausgesprochen hast.* Entsprechendes ist auch von anderen zum Opfer bestimmt gewesenen Kindern bekannt. Isaak war, einer rabbinischen Überlieferung zufolge[113], aktiv an seiner eigenen Opferung beteiligt, und Iphigeneia hatte sich, gemäß einer Version ihres Mythos[114], ebenfalls freiwillig zum Opfer hingegeben. Tatsächlich jedoch werden Ankündigungen des Getötetwerdens über alle Zeiten hinweg in Schmerz und Verstörung aufgenommen. Die Jungfrau - sie könnte 14 oder 15 Jahre alt gewesen sein - hat sich ganz sicher nicht so verhalten, wie die Bibel hier erzählt. Es ist zu vermuten, daß Jephtas Tochter, so es sie denn gab, anschauliche Kenntnisse über Opfertötungen und Schlagader-Aufschneiden hatte. Es könnte auch eine zur Selbstzerstörung neigende inzestuöse Vaterbindung vorgelegen haben. Alle diese Einzelheiten und Eventualitäten sind deutlich auszusprechen, soll die Jephta-Erzählung nicht in einem abstrakten pseudotheologischen Diskurs verbleiben.

Die Tochter bittet den Vater um einen Aufschub der Opfer-Tötungs-Handlung von zwei Monaten, damit sie mit ihren Gespielinnen ihre *Jungfrauschaft beweinen* kann, das heißt, die heranwachsenden jungen Frauen wollen der Trauer Ausdruck verleihen, daß die Tochter nicht heiraten und Kinder gebären wird, was für Frauen die wichtigsten Lebensinhalte waren. An dieser Stelle der Erzählung leuchtet Menschlichkeit auf, auch wenn alles Erzählte Fiktion sein sollte. (Wieviel psychische Stärke kann man einer jungen Frau in Erwartung des Todes konzedieren?)

Die übermenschliche Kraft, die der veruntreuten Tochter zugeschrieben wird, ist als Bild für einen kostitutiven religiösen Prozeß zu verstehen, als ätiologische Legende, denn *Daher ward es Brauch in Israel: Jahr um Jahr gehen die Töchter Israels hin, die Tochter Jephthas, des Gileaditers, zu besingen, vier Tage im Jahr.* Vermutlich ist ein wohl in Gilead zu lokalisierender Frauen- oder Jungfrauenkult angesprochen, welcher nur in einen kanaanäischen Zusammenhang gehören kann und vielleicht als Gegengewicht gegen Menschenopfer-Kulte in demselben Kulturkreis verstanden werden darf. Dieser

---

[113] D. LERCH, Isaaks Opferung christlich gedeutet (1950) Anm. 2 auf S. 19/20 (ausführlich)
[114] Siehe die Erörterung über Aischylos Agamemnon 239 w.u. S. 161f.

weibliche Kult - er wird mit Aschera/Astarte/Ischtar, vielleicht auch mit der ugaritischen Anat in Verbindung gestanden haben - war wohl nicht von Dauer in der kanaanäisch-israelitischen Religionsgeschichte. Die Wendung in der Erzählung, daß die Tochter nach zwei Monaten des Beweinens in Erwartung des Geopfertwerdens zu ihrem Vater zurückkommt, hat einen hohen Symbolwert: Das in Jephta verkörperte Prinzip des kinderopfernden Vaters trägt den Sieg davon. Vermutlich hatte schon der deuteronomistische Schreiber/Redaktor der Erzählung von Jephta und seiner Tochter kein konkretes Wissen mehr über diesen Frauenkult und erst recht nicht über seinen religionsgeschichtlichen Zusammenhang. Es drängt sich die Vermutung auf, daß es im kanaanäischen Bereich exklusive Frauenkulte ähnlich den griechischen Kulten für Artemis, Aphrodite und Demeter gab, deren Ursprünge bekanntlich in Kulten vorderasiatischer Mutter-Gottheiten gesucht werden.

Die kurzen Hinweise Ri.11,37-38 reichen nicht aus, Inhalte und Sinngebung des weiblichen Kultes auf dem Berge genauer zu bestimmen, also etwa die Frage zu beantworten, ob dieser Kult zu Jephtas Zeiten bereits eine das Kindesleben schützende anstatt fordernde Rolle hatte[115], entsprechend zum Artemis-Kult, in welchem ursprünglich Menschen-Opfer dargebracht wurden, der aber später zu einer das Kindesleben beschützenden Institution wurde (siehe unsere diesbezügliche Teilstudie). Jedenfalls ist bedeutsam, daß die Bibel, zwar kurz und verschlüsselt, dennoch aber mit einem positiven Akzent, die Erinnerung an einen weiblichen Kult bewahrt, der in der Religion Jahwes ansonsten keinen Platz hat.

Der deuteronomistische Schreiber/Redaktor stand vermutlich vor einem Problem: Jephta als eine für die Geschichte Israels bedeutsame Persönlichkeit durfte nur dem Glauben an den einen Gott zugetan sein. Er wurde aber offensichtlich seit alters her mit einem Kinder-Opfer in Verbindung gebracht. Dieses mußte notwendigerweise als für Jahwe bestimmt dargestellt werden, so wie es der erste Satz der Erzählung zum Ausdruck bringt. Tatsächlich aber handelte es sich bei dem Gott Jephtas noch überhaupt nicht um den Herrn des Volkes Israel, denn diesem können keine Kinder-Opfer dargebracht werden. In Ri.11,24 (nicht im hier wiedergegebenen Textauszug) ist sogar ein direkter diesbezüglicher Hinweis enthalten, denn dort ist davon die Rede, daß den Ammonitern ihr Gott Kamos hilft[116], während den Israeliten ihr Gott Jahwe beisteht. Der so bezeichnete Jahwe trägt noch alle Züge eines vormosaischen, mitgehenden Stammesgottes in der

[115] Die wenigen vorhandenen Hinweise auf einen möglichen Kult mit Jungfrauen-Opfer im Gilead der Richterzeit sind zusammengefaßt bei: W. RICHTER, Die Überlieferungen um Jephtah Ri.10,17-12,6, in: Bibl 47, 1966, 510ff.

[116] Dem deuteronomistischen Schreiber des Richterbuches war offensichtlich nicht mehr bekannt, daß der Gott der Ammoniter nicht Kamos, sondern Milkom war. Kamos wurde bei den Moabitern verehrt.

Art des Moloch. Nur an einen solchen Gott kann man sich mit Menschenopfer-Gelübden wenden, und nur mit ihm konnte der nachmosaische Jephta seinen Handel treiben.

Die Erzählung von Jephta und seiner Tochter betrifft einen besonderen Handlungs-Typus des Kinder-Opfers zur Herbeiführung des Kriegsglückes insofern, als der Gottheit erst „gezahlt" werden soll, wenn tatsächlich ein Sieg errungen worden ist. Und es ist nicht von vornherein von einem Kinder-Opfer die Rede, sondern von einem Menschen-Opfer allgemein. Aber die Geschichte würde es überhaupt nicht geben, wenn sie nicht auf ein außergewöhnliches Opfer hinausgelaufen wäre. Das eigene Kind mußte es sein, eben weil bei Anlässen wie dem anstehenden immer ein latenter Kinderopfer-Zwang bestand. Daß in der Erzählung die Opferhandlung anders aufgebaut ist, als in sonstigen Kinderopfer-Erzählungen, ist grundsätzlich gesehen eigentlich unerheblich. Agamemnon konnte nach der Opferung seiner Tochter erst so richtig lossegeln / kämpfen / dreinschlagen und sich abreagieren. Jephta hatte die Tötung von Feinden bereits hinter sich, als er seine Tochter entkleidete, ihr die Schlagader aufschnitt, sie verbluten ließ und auf dem Scheiterhaufen verbrannte (als *er ihr tat, wie er gelobt hatte*).

Zu Jephtas Opfer-Gelübde gibt es Parallelen in der Religionsgeschichte.[117] Am bekanntesten ist das Gelübde des kretischen Königs Idomeneus, der auf seiner Rückkehr von Troja, wo er auf Seiten der Griechen gekämpft hatte, in einen Sturm geriet. Idomeneus gelobte, bei glücklicher Heimkehr den ersten Menschen, der ihm begegnen wird, dem Poseidon zu opfern (Servius Komm. zu Vergil Aeneis III 121). Als erster Mensch begegnete ihm sein Sohn (oder, einer anderen Überlieferung zufolge, eine seiner Töchter). Bedeutungsvoll ist nun aber, daß Idomeneus, der hauptsächlichen Überlieferung zufolge, an der Ausführung des Opfers gehindert wurde, auch selbst dagegen zu wirken trachtete, und daß sein Widersacher Leukos ihn in die Verbannung trieb.[118]

Um noch weiter bei Idomeneus zu bleiben: Diese Sagengestalt hat mehrfach Dichter und Komponisten angeregt. In MOZARTs Oper „Idomeneo" nach einem Text von Giambattista VARESCO bleibt der Sohn nach mancherlei Verwicklungen ebenfalls am Leben, wobei der Vater aktiv gegen die Macht der fordernden Gottheit anzugehen versucht (und damit im nachhinein sein böses Gelübde wirkungslos machen möchte). Eine frühere Fassung der Oper von 1712 mit dem Text von DANCHET und in der Vertonung von CAMPRA hatte noch einen tragischen Ausgang. Das Motiv des Menschenopfer-Gelübdes ist, wie schon daran erkennbar, über Jahrtausende lebendig geblieben, und die Thematik findet - in der künstlerischen Gestaltung - noch immer Beifall. Unter anderen hat Richard STRAUSS den „Idomeneo" von MOZART neu bearbeitet.

---

117 W. BAUMGARTNER, Jephtas Gelübde ... ARW 18, 1915, 240ff.

118 Außer Servius Komm. zu Vergil Aeneis III 121 sind bei R. v. RANKE-GRAVES, Griechische Mythologie (1960/1987) 567f. weitere Quellen zu Ideomeneus herangezogen und aufgeführt.

Von Maiandros, einem König in Kleinasien, erzählt Pseudo-Plutarch (in Plut. de fluviis IX 1), daß dieser der Göttermutter gelobt hatte, im Falle eines Sieges über Pessinos den ersten Menschen, der ihn bei der Heimkehr beglückwünschen würde, zu opfern. Als ihm sein Sohn mit der Mutter und der Schwester begegnete, opferte er diese drei auf dem Altar und stürzte sich anschließend in den Fluß, der seither Maiandros (Mäander) heißt. (Maiandros ist in anderen Überlieferungen der Flußgott, Sohn des Okeanos und der Thetis, und insofern als Person/Personifizierung nicht mit o.a. Maiandros identisch.[119])

ROSE macht darauf aufmerksam, daß ein vergleichbares Opfer-Gelübde wie die Gelübde von Jephta und Idomeneus in dem Märchen „Das singende, springende Löweneckerchen" der Gebrüder GRIMM vorkommt.[120] Darin verspricht der Vater dem bösen Löwen, der ihn in der Gewalt hat, um seines Lebens willen und wegen eines Geschenkes für seine Tochter, das erste Lebewesen zu opfern, das ihm bei der Heimkehr entgegenkommt. Diese Verpflichtung geht der Vater also nicht von sich aus ein, sozusagen als Zahlungs-Angebot für einen militärischen Sieg, sondern der Löwe fordert solches von ihm. Das erste Lebewesen, das dem Vater bei der Heimkehr begegnet, ist nicht wie erwartet die Katze oder der Hund, sondern das betreffende Kind selbst. Dieses hat aber soviel Kraft, nicht nur den Vater zu trösten, sondern sich auch noch gegen den bösen Löwen im Wald zu behaupten, der sich dann als ein verzauberter Prinz herausstellt. Mit der Idomeneus-Sage hat das Märchen die Errettung des zum Opfer vorgesehenen Kindes gemeinsam.

Das Motiv des durch ein Gelübde einer bösen Macht übereigneten Kindes ist im übrigen in der Märchen- und Sagen-Literatur Europas weit verbreitet, wie Walter BAUMGARTNER im Anschluß an GUNKEL und GRESSMANN aufzeigt in der Absicht, Jephtas Gelübde in einen weiteren, über die Bibel hinausgehenden Zusammenhang zu stellen.[121] Varianten des Grundmusters der Kindes-Preisgabe sind dadurch gegeben, daß das Kind entweder freiwillig oder gezwungen von Vater oder Mutter einer Verkörperung des Bösen versprochen wird, und dadurch, daß das Kind entweder aus der Hand des Bösen errettet oder tatsächlich geopfert wird. Doch sind alle Varianten BAUMGARTNER zufolge gleichwertig und treten ohne weiteres füreinander ein, Jephtas Gelübde eingeschlossen. Denn immer geht es um ein zu opferndes oder auszulieferndes Kind. Wir haben es mit einem Menschheits-Problem zu tun.

Für Jephta kam es, dem kanonischen Text zufolge, überhaupt nicht in Frage, das einmal gegebene, böse Gelübde zu umgehen. Es trat auch keine Gottheit in Erscheinung, die wie

---

[119] Quellenhinweise siehe unter „Maiandros 1." und „Maiandros 2." in ROSCHER, Ausführl. Lex. d. griech. u. röm. Mythologie (1884-1886).

[120] Erstmals erschienen in Bd. II der Urausgabe der Kinder- und Hausmärchen von 1814, Nr. 2. - Siehe auch H.J. ROSE, Griechische Mythologie (6. Aufl. 1982) 286.

[121] BAUMGARTNER a.O. 240

in der Erzählung von Abraham und Isaak eine Auslösung des zur Opferung bestimmten Kindes durch ein Tier-Opfer veranlaßte. Jephta verfolgte die Einlösung seines in der Kriegs- und Feldherren-Not gegebenen Gelübdes unbeirrt, wobei er sogar noch, wie wir gelesen haben, das arme Opfer selbst in Schuld setzte.

Das Menschenopfer-Gelübde, welches durch die Opferung des eigenen Kindes realisiert wird, kann wie die sonstigen Menschenopfer-Handlungen als typologisch bestimmte Erscheinungsform des Religiösen angesehen werden. Dieses besondere Gelübde diente im Verlauf der alten Geschichte bei führenden Persönlichkeiten der Befreiung aus einer mit dem Kriege in Zusammenhang stehenden Zwangslage, ähnlich wie das bereits vorher vollzogene Opfer.

Opfer-Gelübde sind überhaupt eine allgemein verbreitete religiöse Reaktionsweise auf Notlagen. Wie oft haben Menschen schon in Todesnot Gelübde gen Himmel geschickt, für den Fall der Errettung etwa ein soziales Werk zu tun, eine fromme Stiftung zu begründen oder eine Kapelle, gar eine Kirche zu bauen...

Die Ungeheuerlichkeit von Menschenopfer-Gelübden, zumal, wenn diese Kinder-Opfer zur Folge hatten, muß schon in damaliger Zeit Menschen bewußt gewesen sein und sie betroffen gemacht haben. Man halte sich bewußt, daß der Gelobende trachtete, den drohenden eigenen Untergang dadurch zu kompensieren, daß er einen anderen Menschen dem Untergang weihte. Dieser konnte sui generis nur ein mit Leib und Leben Abhängiger sein, so das eigene Kind.

Natürlich ist Jephtas Gelübde auch so interpretierbar, daß es hierbei um das Schicksal des Volkes ging, nicht um das persönliche Schicksal. Unter diesem Aspekt wird Jephta sogar zu einer heroischen Gestalt.

Die Erzählung von Jephtas Opfer steht somit in einem komplexen Zusammenhang von Zeit- und Bedeutungsebenen. Eine frühe, in sich schon komplexe Ebene ist durch den, weder textlich noch religionsgeschichtlich genau rekonstruierbaren Ursprung des Geschehens in der Richterzeit gegeben. Es ist denkbar, daß es damals einerseits ein Frauen-Kult für eine Aschera-Gottheit und andererseits einen männlich, d.h. durch Priester, bestimmten Kinderopfer-Kult für Moloch gab. Mögliche Zusammenhänge zwischen diesen Kulten bleiben hypothetisch. Eine nächste, allenfalls in Ansätzen rekonstruierbare Ebene ist durch Überlieferungsbestandteile bestimmt, welche dem deuteronomistischen Schreiber noch zur Verfügung standen, und die - soviel ist sicher - Kinderopfer-Erinnerungen wie auch dahingehende mentale Momente tradiert haben. Die Vorstellung eines jahwe-gläubigen Jephta, der seinem Gott Menschen-Opfer andiente, wie es ansonsten für Baal und Moloch geschah, muß in dieser Überlieferung bereits fixiert gewesen sein. Schließlich gibt es die deuteronomistische Verarbeitung der Jephta-Überlieferung im Richter-Buch mit ihrer bestimmten theologischen Handschrift, wie sie uns deutlich geworden ist.

Zwar ist die Opfer-Erzählung Ri. 11,30-40 in einer wertungsfreien Bericht-Form verfaßt. Die anscheinende Zurückhaltung des Erzählers kann kaum so verstanden werden, als ob Jephtas Gelübde und Handlungsweise in deuteronomistischer Zeit kritisch eingeschätzt oder gar verurteilt worden wäre. Vielmehr scheint die überlieferte Erzählung bis dahin immer akzeptiert worden zu sein.

Jephta blieb lange Zeit eine achtungsgebietende Persönlichkeit der israelitischen Geschichte. Im ersten Samuel-Buch 12,11 wird er zusammen mit anderen Richtern als Erretter von den Feinden ringsum gefeiert. Im vorausgehenden Vers 10 ist der Notschrei des Volkes formuliert, das *den Baalen und Astarten gedient* hatte, wodurch es in die Hände der Feinde geraten war. Jephta als einer der gefeierten Erretter aber opferte selbst seine Tochter einem Baal/Moloch. Die Tatsache, daß diese Gottheit in der zur Rede stehenden frühen Phase der israelitischen Religions-Geschichte als Jahwe bezeichnet wird, macht eine noch nicht aufgelöste Ambivalenz deutlich. In der einsetzenden Jephta-Rezeption - sie bleibt Jahrtausende aktuell - bleibt immer Jahwe derjenige, dem das Menschen-Opfer in der besonderen Form des Tochter-Opfers dargebracht wurde. Diese Gegebenheit ist kindheitsgeschichtlich von erheblicher Bedeutung: Sie liefert einen Beitrag zum Kindheitsverständnis für alle verschiedenen Zeiten, in denen Jephta akzeptiert war.

Die Hochachtung Jephtas setzt sich im Neuen Testament fort. Im Hebräerbrief 11,32-34 werden er, die anderen Richter, König David und die Propheten aufgeführt als diejenigen, *die durch den Glauben Königreiche niederkämpften, Gerechtigkeit übten, Verheißungen erlangten...*

Ähnlich wie bei der Erzählung von Abraham und Isaak haben sich auch bei der Erzählung von Jephtas Opfer Autoren über die sprachliche Qualität geäußert. Der Alttestamentler Hans Wilhelm HERTZBERG formuliert beispielsweise: „Die Erzählung ist ... von besonderer Schönheit, ja Zartheit".[122] Auf weitere Belege dieser Art sei verzichtet. Die Erzählung ist weder schön noch zart, allein schon deshalb nicht, weil der Gegenstand des Erzählten eine Ungeheuerlichkeit darstellt, die nicht hinweg interpretiert werden kann. Poetische Empfindungen sind bei dieser Geschichte aus der finsteren Welt eigentlich fehl am Platz, und um Gottes Offenbarung handelt es sich dabei auch nicht.

Aufschlußreich ist die pseudepigraphische Version der Jephta-Überlieferung bei Philo (Pseudo-Philo) 39,10-40,9 (ed. RIESSLER, deutsch 1928). Der Verfasser, welcher im ersten nachchristlichen Jahrhundert in Jerusalem lebte, schlägt andere Töne an als der deuteronomistische Schreiber. Am Beginn der Opfer-Erzählung steht die Erzürnung des Herrn über Jephta, der zwar ein Opfer gelobt, sich deswegen aber - wie bekannt - nicht festlegen will. Und weil das Gelübde ja auch einen Hund betreffen konnte, beschließt der Herr, daß Jephtas Gelübde die eigene einzige Tochter Seïla treffen solle. Gleichwohl soll

---

[122] BAUMGARTNER a.O. 240

Israel errettet werden. Die Tochter willigt wiederum freiwillig, zugleich auch aktiv vorausschauend in die eigene Opferung ein, wobei sie sich sogar auf des Vorbild von Abraham und Isaak bezieht:

Oder weißt du nicht mehr,
was in unserer Väter Tagen geschah,
als der Vater seinen Sohn als Brandopfer hinlegte,
und als dieser ihm nicht widersprach,
sondern frohlockend einwilligte? [Oh Jemine!]

An der Notwendigkeit einer Erfüllung des Gelübdes läßt auch Pseudo-Philo keinen Zweifel, aber das Gelübde wird als voreilig verstanden, denn Seïla spricht:

Ich bin ja nicht darüber bekümmert, daß ich sterben muß,
noch kränkt es mich, daß ich meine Seele hingeben soll,
sondern weil mein Vater zu rasch mit seinem Gelübde war.
Bringe ich mich nicht freiwillig zum Opfer dar,
so fürchte ich, mein Tod würde nicht wohlgefällig sein.
Dies will ich den Bergen erzählen...

Diese Verse sind wahrlich eine Kunstrede - was sie wiederum mit dem kanonischen Text verbindet. Die Tochter wird mit übermenschlicher Kraft ausgestattet (wodurch sie bei den Griechen zur Göttin geworden wäre). Schließlich tut Jephta auch in dieser Version *alles, was er gelobt hatte, und brachte Brandopfer dar.* Der ätiologische Charakter des Geschehens für einen besonderen Kult wird hervorgehoben; daran sind interessanterweise auch die *Söhne Israels* aktiv beteiligt. Offensichtlich waren dem Verfasser die religionsgeschichtlichen Zusammenhänge nicht mehr bekannt. Jedoch leidet die grundsätzliche Akzeptanz Jephtas auch bei dem Pseudepigraphen kaum Schaden. Die Erzählung schließt mit der Mitteilung: *Jephta richtete die Israeliten zehn Jahre lang; dann starb er und wurde bei seinen Vätern begraben.*

Die gesamte nachbiblische Jephta-Rezption darzustellen, würde eine eigene Monographie bedeuten.[123] Einige Hinweise auf die Bedeutung des Themas in der jüdisch-christlichen Überlieferung mögen genügen. Rabbiner der frühen nachchristlichen Zeit waren bemüht, über Pseudo-Philo hinausgehend das in Ri.11,30-40 Erzählte abzumindern, die Opferangelegenheit von Jahwe wegzubringen und Jephtas Verantwortung herauszustellen. In der Haggada, den besinnlichen Betrachtungen im Talmud, wird Jephta als ein Verdammter dargestellt, dessen unkluges Gelübde und sündhafte Tat allenfalls durch seine nachträgliche Reue abgemindert wurden. Er hätte seine Tochter auch durch eine

---

[123] Ausführliche Verweise bei: W.O. SYPHERD, Jephthah and his Daughter (1948); W. RICHTER, Die Überlieferungen um Jephthah ..., Bibl 47, 1966, 510ff.; „Jephtah", in: Encyclopaedia Judaica IX 1978, col. 1341ff.; Ph. TRIBLE, Mein Gott, warum hast du mich vergessen ... (1990) 135ff.

Geldgabe für den Tempelschatz auslösen können, aber weder er noch der Hohepriester konnten ihren Stolz überwinden und aufeinander zugehen. Am Ende wurde Jephta zur Strafe Glied für Glied zerstückelt.[124]

Diese „Abrechnung“ mit Jephta aus früher Zeit ist ohne wesentlichen Einfluß auf die christliche Auseinandersetzung mit seinem Opfer geblieben. Durch das Mittelalter und die Neuzeit hindurch hat die Erzählung nicht nur Theologen, sondern ebenso Schriftsteller, Dramatiker und bildene Künstler beschäftigt, und zwar durchgehend auf der Basis des kanonischen Textes als einer festen Gegebenheit für gläubige Auseinandersetzung.[125] Sicher gibt es epochal bedingte Unterschiede der Akzeptanz Jephtas und seines Gott gegebenen Gelübdes, und manche Facette in einem der zahlreichen Werke mag auch kritischer Natur sein. Grundsätzlich bleibt Jephta aber ein „Gottesmann“.

Eine Ergänzung zur Rezeptionsgeschichte liefert Uta NEIDHARDT in einem Beitrag über das Gemälde „Die Opferung der Tochter Jephtas“ von Willem de POORTER um 1633.[126] Der Maler wirkte in Haarlem und hat wesentliche Impulse aus dem Werk REMBRANDTs empfangen. Das Bild folgt einem ikonographischen Muster, wonach der Henker im Begriff ist, die kniende Tochter mit dem Schwerte zu enthaupten, während der Vater in königlichem Gestus der Handlung beiwohnt. Die Szene findet im Beisein weiterer Zuschauer statt, die, so kann man interpretieren, Öffentlichkeit herstellen und die Opferung der Tochter damit zu einer Angelegenheit der Gesellschaft machen. Uta NEIDHARDT bringt sodann ein Vergleichs-Werk von Jacob Willemsz de WET d.Ä. von 1635, auch einen Kupferstich nach einer Zeichnung von Hans BOL um 1570[127], sowie Hinweise auf weitere Variationen des Themas aus der Werkstatt Willem de POORTERs und der Brüder Jacob und Gerrit de WETs. Die Verfasserin kommt zu dem Ergebnis, daß die Opferszene in der angedeuteten Weise in Haarlem eine ausgeprägte ikonographische Sonderstellung einnahm. Sie geht auch dem Grund für die Wertschätzung des Bildmusters nach, mit welchem doch eine Schrecklichkeit nicht nur aufgegriffen, sondern auch gepflegt wird. Aber die Menalität war auch im 17. Jahrhundert noch eine andere als heute. Jephtas Opfer war anerkannt als eine aus einer Problemlage heraus sich ergebende Konsequenz, d.h. die Menschen vollzogen das Tochter-Opfer in Gedanken ebenso mit wie die Opferung Isaaks, und zwar aus der Lage des Opfernden heraus, nicht des geopferten Kindes.

---

[124] „Jephthah“, Encyclopaedia Judaica IX 1978, col. 1343

[125] Siehe hierzu die ausführliche Darstellung der weltweiten Jephta-Rezeption in Literatur, Musik und Bildender Kunst vom Mittelalter bis zum 20. Jahrhundert bei SYPHERD a.O.

[126] U. NEIDHARDT, in: Dresdner Kunstblätter 4, 1994, 98ff. anläßlich der Schenkung des Gemäldes an die Gemäldegalerie Alter Meister in Dresden.

[127] Jacob Willemsz de WET d.Ä. (1610-1671/72 Haarlem), wahrscheinlich wie de POORTER ein Schüler REMBRANDTs. Angaben zu dem ehemals in Basel befindlichen Gemälde von de WET „Jephtha opfert seine Tochter” bei U. NEIDHARDT a.O. 101. - Daselbst S. 100 Angaben zu dem Kupferstich „Das Opfer Jephthas“ nach Hans BOL.

Die Menschen haben, so die Verfasserin, in der damaligen Notlage des Aufstandes der nördlichen Niederlande gegen die spanische Herrschaft Parallelen ihrer Führerpersönlichkeiten Willem van ORANJES und des Prinzen MAURITS van NASSAU zu den alttestamentlichen Richtern gesehen. Wenn dem so ist - die These Uta NEIDHARDTs sollte wegen ihrer Bedeutsamkeit weiter verifiziert werden -, dann handelt es sich um ein symbolisches Wiederaufleben des Kinder-Opfers, wie es in der alten Geschichte in Kriegszeiten wirklich vollzogen wurde. - Festgehalten sei dann noch, daß im Jahre 1751 Georg Friedrich HÄNDEL sein Oratorium „Jephta" vollendete.

Bestimmte soziale und mentale Voraussetzungen können dazu führen, daß ein Thema wie das von der Opferung der Tochter Jephtas gesteigerte Beachtung erfährt. So wird das Anwachsen der Zahl literarischer und namentlich dramatischer Werke zu Jephta im England des 19. Jahrhunderts durch die Affinität der Werke zum viktorianischen Bewußtsein erklärt („the works about Jephta clearly appealed to Victorian sentimentality").[128] In unserem Jahrhundert hat sich neben anderen Lion FEUCHTWANGER mit dem Thema auseinandergesetzt. Der Roman „Jefta und seine Tochter" stellt ein intensives Bemühen um die Vergegenwärtigung historischer Sachverhalte im Gewande der Dichtkunst dar. FEUCHTWANGER ist sich - wie aus dem Nachwort ersichtlich - im klaren darüber, daß der Jephta der Bibel wie auch der seines Romans nicht die tatsächliche historische Gestalt darstellen. Er wollte seinen „Jefta, ohne ihm seine besonderen Einzelzüge zu nehmen, ins Typische erhöhen. Sein Schicksal, so einmalig und merkwürdig es erscheint, sollte zum Gleichnis werden". Der Romantext kann als eine dichte Komposition aus Vermutungen und Thesen zur Mentalität der Richterzeit verstanden werden. Die Handlungs- und Reaktionsmuster sind bis in die Details ausgeführt. FEUCHTWANGER, der im übrigen eine bibelkritische Position einnimmt, kommt dennoch nicht umhin, die dichterische Schönheit der biblischen Erzählung herauszustellen. Ohne seine poetische Wahrnehmung und Distanz hätte er die unmenschliche Geschichte wohl auch nicht so hingebungsvoll aus der Zeit heraus darzustellen vermocht.

Moderne Theologen haben öfter exegetische Probleme mit der Erzählung von Jeptha und seiner Tochter. Angesichts der heute nicht mehr hinweg zu interpretierenden Ungeheuerlichkeit des Erzählten wird wieder wie in der Haggada eine exegetische Linie dahingend eingeschlagen, daß es sich bei dem Opfer-Gelübde und seiner Ausführung allein um das Werk Jephtas handele und daß demzufolge nicht Gott der Herr im Spiele sei. Martin BUBER, der von den älteren und jüngeren Theologen aufgeführt sein soll, hebt deutlich darauf ab, daß Jahwe hier weder das Opfer gebiete noch es wohlgefällig annehme.[129] Auch wird darauf hingewiesen, daß Jephtas Opfer von exzeptioneller Art war und in einer unruhigen Zeit stattfand.[130] Aber gerade mit diesem Argument kann die Schwere

---

[128] „Jephthah", Encyclopaedia Judaica IX 1978, col. 1343

[129] M. BUBER, Königtum Gottes (1932/1964) 605

[130] O. KAISER, Den Erstgeborenen deiner Söhne ... RATSCHOW-Festschrift 31; 44 mit Anm. 73

des Opfers und seine religiös-soziale Bedeutung am wenigsten herabgemindert werden, im Gegenteil. Unsere bisherigen Erörterungen haben gezeigt, welche erhebliche Wirkung von exzeptionellen Kinder-Opfern in Kriegszeiten ausging. Opfer-Gelübde waren dabei kaum ausgenommen, sie werden ihre öffentliche Dimension gehabt haben.

In jüngster Zeit ist Jephta mit seiner Tochter besonders in den Blick der feministischen Theologie geraten. Die Theologinnen thematisieren das Schicksal der Jungfrau in einer bereits männlich dominierten, patriarchalen Lebensordnung der Richterzeit und zugleich die Theologie darüber in unserer heutigen, männlich dominierten Wissenschaftsordnung. Es handelt sich demzufolge um einen komplexen Zugriff. Hildegunde WÖLLER deutet das Geschehen der Erzählung von Jephtas Opfer als „religiöse Entmündigung" der Frau.[131] Phyllis TRIBLE stellt in ihrer ausführlichen Exegese den unmenschlichen Charakter des Opfers heraus[132], und Dorethee SÖLLE betont in einer kurzen Ausführung, daß die Erinnerung als „Geheimnis der Erlösung" (Rabbi Bunan) nicht mehr wie bislang immer an den Frauen vorbei gehen kann und daß namentlich eine derart „erbarmungslose Geschichte" wie die von der Tochter Jephtas der ständigen Erinnerung bedarf[133]. Die Theologinnen unterscheiden sich von den Theologen noch in einem weiteren wesentlichen Punkt: Sie stellen nämlich die betroffene Tochter von vornherein in den Mittelpunkt ihrer Erörterungen, während die Männer hauptsächlich immer von Jephta, seiner Politik, seinen Problemen und seiner Verirrung sprechen. Phyllis TRIBLE, deren Beitrag „Die Tochter Jiftachs" Teil ihrer monographischen Arbeit über „Frauenschicksale im Alten Testament" ist, hat ihren Blick auf die gesamte betroffene Menschengruppe der Frauen im Alten Testament gerichtet. In dieser Hinsicht besteht eine Entsprechung zu vorliegender Untersuchung, welche die betroffene Menschengruppe der Kinder zum Gegenstand hat. Die von den feministischen Theologinnen vorgenommene Umorientierung der Betrachtungsweise war überfällig. Frauen waren - so lächerlich es ist, das auszusprechen - nicht nur Objekte von religiöser Praxis und theologischem Denken, sondern ebenso wie die Männer Subjekte, und ihre religiösen Einstellungen und Handlungen waren nicht immer die gleichen wie die der Männer. Was im besonderen die Tochter Jephtas und ihre Religiosität anbetrifft, so ist allerdings zu bekräftigen, daß die kurzen Mitteilungen in Ri.11,37-40 über einen - als kanaanäisch anzunehmenden - Frauenkult so fragmentarisch und zudem deuteronomistisch gefiltert sind, daß daraus keine sicheren Erkenntnisse gewonnen werden können. Die Stelle ist für feministisches Erkenntnisinteresse eigentlich unergiebig. (Siehe auch S. 108). Auch hat der Aspekt, daß hier eine Tochter geopfert wird, vermutlich keine besondere feministische Dimension, angesichts der überlieferten Opferungen und Preisgaben von Söhnen seit der Frühzeit. Andererseits ist die Tatsache, daß im Alten Testament Männer die Opferer von Kindern waren, feministisch ver-

---

[131] H. WÖLLER, Vom Vater verwundet (1992) 32ff.

[132] Ph. TRIBLE, Mein Gott, warum hast du mich vergessen ... (1990), 135ff.

[133] „Erinnerung" (SÖLLE), Wörterbuch der feministischen Theologie (1991) 78

wertbar. Entscheidend ist aber der Blick auf die Kinder, die als Abhängige für unmenschliche Handlungen zur Verfügung standen. Sie gehörten dem männlichen wie weiblichen Geschlecht an.

Hiel von Bethel und Jephta der Gileaditer sind, wie sich gezeigt hat, Repräsentanten von Kinderopfer-Formen, welche nicht einem vorausgehenden „Gottes-Gebot“ folgten und demzufolge keine „Pflichtopfer“ waren, sondern als Individual-Opfer im Ermessen des Opfernden standen. Hiel von Bethel hätte - der unklaren Überlieferung zufolge - den Aufbau Jerichos unterlassen können. Dann wäre nicht die von Gott dem Herrn akzeptierte Verfluchung durch Josua wirksam geworden, wonach er seine Söhne preisgeben mußte. Jephta wiederum schloß ein Kompensationsgeschäft mit seinem Gott ab, freilich ein solches, das dem Volke Nutzen brachte. Mit solchen Feststellungen bewegen wir uns wohlgemerkt nicht in einem Diskurs über historische Fakten, sondern vielmehr über mentalitätsgeschichtliche und religionspsychologische Erscheinungen im interdependenten Zusammenhang mit Fakten. Die in den Überlieferungen vorkommenden Opfer-Kinder waren in der Funktion von besonders wertvollen, weil geliebten Tauschgegenständen. Die Väter gaben auf grausame Weise ihr Geliebtes im „Handel“ mit der Gottheit ab und erhielten dafür eine neue psychische Disposition, um auf ihrem Handlungsfeld bestehen zu können. Das ist die entscheidende kindheitsgeschichtliche Gegebenheit.

Nun haben wir es bei den Kanaanäern, Phöniziern, Karthagern und insbesondere bei den Israeliten nicht mit uns fernen Völkern und Kulturen zu tun, sondern mit solchen, die den Europäern religions- und kulturgeschichtlich direkt verbunden sind. Und so weit die Kinderopfer-Überlieferungen durch die Israeliten tradiert wurden und in die kanonischen Schriften eingegangen sind, konnten sie durch Jahrtausende hindurch direkten Einfluß auf das religiöse und soziale Bewußtsein im Abendland nehmen.

Die Kinder-Opfer der Frühzeit und nachfolgender Jahrhunderte waren, obzwar Bestandteil der ausgeprägten religiösen Kultur, von unmenschlicher Art. Aber auch die symbolische Akzeptanz von Kinder-Opfern in der abendländischen Religionsgeschichte und Kultur hatte unmenschliche Züge. Denn dadurch wurde ein Bewußtsein über die Verfügbarkeit von Kindern stabilisiert. Die christliche Denk- und Lebenswelt hat vermutlich nie eine Reaktion wie die Rabbiner der Haggada hervorgebracht, welche Jephta zur Strafe für seine Tat haben in Stücke reißen lassen. Der unmißverständliche Gehalt dieses drastischen Bildes ist doch, daß die Menschen sich durch die Vorstellung der Vernichtung des bösen Menschen von den Kinderopfer-Zwängen befreien wollten.

Das Kind benötigt zu seiner Entfaltung die Liebe der Erwachsenen und deren schützende Hand. Beides kann nur dann voll zur Geltung kommen, wenn das Verfügbarmachen des Kindes in jeglicher Form überwunden ist, wenn Menschen in der Lage sind, das Eigenrecht des Kindes anzuerkennen.

10. Phönizische Akzente in später Zeit

Unsere Erörterungen haben deutlich gemacht, daß es seit der Bronzezeit bei den westsemitischen Volksgruppen Kinderopfer-Kulte gab, wenn auch in wechselnder Intensität und Akzeptanz. Gegenseitige Beeinflussungen zwischen Israeliten und Kanaanäern unter Einschluß der Phönizier waren für Jahrhunderte kulturbedeutsam. Eine isolierende Heraushebung einzelner Kinderopfer-Überlieferungen und deren theologische Fundierung bis hin zu ihrer religiösen Rechtfertigung verstellt den Blick auf das menschheitsgeschichtliche Problem der Verfügbarmachung und Preisgabe des Kindes ebenso wie auf den schwierigen historischen Prozeß einer schließlichen Akzeptanz des Kindes.

Seit der Mitte des fünften Jahrhunderts v. Chr. ist bei den Menschen im phönizischen Sidon eine mit dem Kinderopfer-Kult nicht mehr zu verbindende Einstellung der Kindesliebe und Kindesfürsorge erkennbar, und zwar an einer Quellengruppe von Kinder-Skulpturen, welche als Votivgaben für den Gott Eschmun in dessen großem sidonischen Heiligtum aufgestellt wurden.[134] Eschmun war der Gott der Vegetation und der Heilkraft. In hellenistischer Zeit wurde er mit Asklepios verbunden.

Die betreffenden vorhellenistischen Kinder-Skulpturen zeigen zunächst zyprische, dann deutliche griechische Einflüsse. Letztere gingen unter anderem von Rhodos aus nach Phönizien. Eine in den Bildwerken zum Ausdruck kommende Hellenisierung Phöniziens in dieser Zeit - sie wird von mehreren Autoren diskutiert[135] - erstreckt sich jedoch noch kaum auf die Religion. Vielmehr bringen die Votivskulpturen mit griechischen Stilmitteln das religiöse Bewußtsein der Sidonier zur Geltung. Nach Alexander d.Gr. jedoch unterlagen die phönizischen Städte in der veränderten politischen Ordnung einem weitreichenden kulturellen und religiösen Einfluß im hellenistischen Sinne.

Das Eschmun-Heiligtum liegt ca. drei Kilometer nördlich von Sidon (Stadtmitte) in dem Gelände Bostan ech Sheiq (Garten des Scheichs) am Westhang des Libanon-Gebirges, welches die schmale phönizische Küstenebene abschließt. Der heilige Bezirk erstreckt sich über den Südhang des von dem Nahr el-Awali (dem Bostrenus der Antike) gebildeten, in die Ebene auslaufenden Tales. Dieser Bezirk, der durch die Quelle Ydlas

---

[134] L. GANZMANN et al., Das Eschum-Heiligtum von Sidon. Die Funde der türkischen Ausgrabungen von 1901 bis 1903 ..., IstMitt 37, 1987, 110ff. und Kat. Nr. 64-73; R.A. S TUCKY, Die Skulpturen aus dem Eschum-Heiligtum bei Sidon, AntKunst 17. Beiheft, 1993 (auf der Grundlage der umfangreichen Ausgrabungen von Maurice DUNAND in den Jahren 1963 bis 1985; wegen der Arbeiten von DUNAND siehe STUCKY a.O. 8f. und Bibliographie S. 112). Der Bürgerkrieg im Libanon hat die nocht nicht abgeschlossenen Untersuchungen im Eschum-Heiligtum abrupt unterbrochen. Auch haben die in der Kreuzritterfestung von Byblos magazinierten Funde durch Kriegseinwirkungen erhebliche Beeinträchtigungen erfahren.

[135] Siehe STUCKY a.O. 48.64

zusätzlich bewässert wird, ist seit alters her von üppiger Vegetation besetzt und trägt heute - mit Ausnahme des Ausgrabungsgeländes - Obstplantagen. Das Ydlas-Wasser war schon in der Antike kanalisiert und speiste auf seinem Wege viele Becken, die, in die Vegetation eingefügt, sicher kultischen Reinigungen dienten. Den Abschluß (oder Anfang) des heiligen Bezirks bildet ein von König Bodaschtart im letzten Drittel des 6. Jahrhunderts v.Chr. aus Kalkstein-Quadern errichtetes gewaltiges Podium von 60 m Länge, 40,6 m Breite und ca. 25 m Höhe (Angaben nach STUCKY). Das Podium steht versetzt an der Stelle eines früheren Podiums. Auf dem Podium standen zwei Tempel, die wie andere Teile der Anlage während des großen Satrapenaufstandes (Aufstand des Tennes) von 350 v.Chr., als Sidon die persische Oberhoheit abschütteln wollte, zerstört wurden. Von einem dieser frühen Tempel sind einzelne Bauteile mit persischen Stilelementen erhalten. Unter den am Fuß des Podiums befindlichen Bauten ist ein Astarte-Heiligtum von besonderer Bedeutung.

Astarte, die *Göttin der Sidonier* (1.Kön.11,5.33) ist als Verkörperung der Fruchtbarkeit auf ihren dortigen männlichen Gegenpart, den jugendlichen Gott Eschmun bezogen, der in jahreszeitlichem Rhythmus Tod und Wiedergeburt verkörpert. Sidonische Familien erhofften sich von beiden Gottheiten gesundes Wachstum und Segen für ihre Kinder, wie es sinnfällig in den im Heiligtum dargebrachten Votivgaben von Kinder-Skulpturen zum Ausdruck kommt. Es gab in Sidon übrigens auch ein eigenes Hauptheiligtum der Astarte.

Einzelheiten über rituelle Formen des Eschmun-Kultes und des Astarte-Kultes als Veranstaltungen der sidonischen Kultgemeinschaft können aufgrund der bisherigen archäologischen Befunde oder schriftlichen Quellen noch nicht bestimmt werden. Jedoch müssen die beiden Kulte, die in Sidon sehr alt sind, auch orgiastische Züge besessen haben. Es ist denkbar, daß Eschmun, dessen Verbindung mit Asklepios in hellenistischer Zeit sozusagen zwingend war, in der späteren Zeit außerdem eine Affinität zu Dionysos hin hatte. Bei Astarte ist zumindest in Erwägung zu ziehen, daß ihr von ihrem Ursprung als kanaanäischer Frauengöttin aus auch in Sidon einmal eine Todes-Komponente zu eigen gewesen war.

Die Darbringung von Kinder-Skulpturen als Votivgaben gehört zu den Äußerungen privater Frömmigkeit im Heiligtum. In griechischen Artemis-Heiligtümern gibt es ebensolche Erscheinungen in ausgeprägtem Maße (hierzu unsere ausführliche Teilstudie). Vorbestimmte Plätze für die Aufstellung der Skulpturen sind, wie von den Ausgräbern hervorgehoben wird, nicht feststellbar.[136] Das weiträumig angelegte Heiligtum muß im 5. und 4. Jahrhundert mit den aus verschiedenen Epochen stammenden, an vielen Stellen einschließlich des Podiums aufgestellten Skulpturen ein höchst lebendiges Erscheinungsbild dargeboten haben. Die heute noch vorhandenen Skulpturen einschließ-

---

[136] STUCKY a.O. 55f.

lich der anderen Sachgruppen zugehörigen Bildwerke[137] sind nur noch ein spärlicher Überrest dessen, was vor Kriegszerstörungen und insbesondere vor den Materialentnahmen für die - im Gelände mehrfach nachgewiesenen - Kalkbrennöfen späterer Jahrhunderte einmal vorhanden war. Glücklicherweise sind zwei depotmäßige Häufungen von Skulpturen ans Tageslicht gekommen. Die erste von diesen wird einer vermutlich in der anläßlich des Satrapenaufstandes von 351/350 erfolgten Vergrabung von Skulpturen in einer sog. Favissa (einer sakralen Grube) verdankt.[138] Sodann ist im Fußboden des genannten Astarte-Heiligtums, einem nicht überdachten Raum, eine Steinpackung mit Skulpturenfragmenten aus der Zeit vom 5. bis 2. Jahrhundert aufgeckt worden.[139] Dieser ergiebige Fund ist übrigens ein Beleg dafür, daß die Skulpturen, zu denen die Fragmente gehörten, vor ihrer Verwendung als Baumaterial im Heiligtum vorhanden waren, trotz ihres unterschiedlichen Alters. Aufschlußreich ist auch eine aus dem 4. Jahrhundert stammende Inschrift, die von einem Wächter handelt, der an der Quelle Ydlas, d.h. im Heiligtum, eingesetzt war, um über die Votivstatuen der kauernden Kinder (?) zu wachen, und der die Gottheit um Segen bittet.[140]

Über zweieinhalb Jahrhunderte wurden im sidonischen Eschmun-Heiligtum Kinder-Skulpturen als Votivgaben aufgestellt. Unsere Aufmerksamkeit richtet sich auf deren unterschiedliche Stilepochen und die darin eventuell zum Ausdruck kommenden Aspekte des Kindheitsverständnisses der Phönizier.

Erste Kinder-Skulpturen als Votivgaben treten in Sidon bereits im 5. Jahrhundert v.Chr. auf. Es gibt das Körperfragment eines sitzenden „Temple-Boy" und einen Kopf, der vermutlich zu einer ebensolchen Figur gehörte.[141] Die - etwas irreführende - Bezeichnung „Temple-Boys" erklärt die Figuren als Votivgaben.[142] Temple-Boys sind Knaben im Krabbelalter. Sie wurden meist sitzend dargestellt, mit seitlich ausgestrecktem Beinpaar oder mit nach vorne gerichteten, auch mit angewinkelten Beinen (richtiger: Beinchen). Sie sind entweder unbekleidet oder tragen ein um Unterkörper und teilweise um die Beine geschwungenes Gewand. Das ikonographische Muster der Temple-Boys wurzelt in zyprischer Tradition. Die beiden genannten Funde sind zudem aus zyprischem Kalkstein gefertigt. Es gibt aber auch die These vom ägyptischen Ursprung des Bildmusters.[143]

Neben den zyprischen Votiv-Skulpturen des 5. Jahrhunderts erkennt Rolf A. STUCKY

---

[137] Ägyptische Sarkophage, zyprische Skulpturen in Stein und Terrakotta im Melkart-/Herakles-Zusammenhang, weitere Skulpturen von Göttern und Heroen, Altäre, „Throne", mythologische Reliefs u.a.

[138] STUCKY a.O. 11f. und S. 26 mit Anm. 162

[139] STUCKY a.O. 12f. und S. 56 mit Anm. 420

[140] STUCKY a.O. 34 und Kat. Nr. 229 mit Abb.

[141] STUCKY a.O. Kat. Nr. 11 und 10

[142] STUCKY a.O. 29ff.

[143] STUCKY a.O. 32f. mit Anm. 220

eine Gruppe von phönizischen, d.h. durch einheimische Stilmerkmale gekennzeichneten Arbeiten.[144] Diese zeichnen sich „durch das härtere Steinmaterial und die bei aller Unbeholfenheit doch stärkere plastische Bearbeitung vor allem der Rückseiten aus". (Die zyprischen Skulpturen sind vorderseitig für den Betrachter mehr ausgearbeitet.)

Es ist leicht denkbar, daß der Brauch, Kinder-Skulpturen als Votivgaben im Heiligtum darzubringen, um die Kinder unter den Segen der Gottheit zu stellen, von Zypern aus nach Phönizien kam. Zunächst wurden die Skulpturen aus Zypern importiert. Dann befaßten sich einheimische Werkstätten mit ihrer Herstellung. Perträthafte Züge hatten Bildwerke in dieser Zeit noch nicht. Eine Votivskulptur stellte das Kind nicht dar, sie stand für das Kind.

Eine neue Stufe sidonischer Kinder-Skulpturen ist durch griechische und gräzisierende Stilmerkmale gekennzeichnet. Die Darstellungen zeigen eine gewisse Körperschwere bei etwas füllig ausgedrückten Körperproportionen, ohne daß darin von vornherein die Körperlichkeit von Kleinkindern zum Ausdruck kommt. Auch in den Gesichtsdarstellungen ist das Kindliche noch nicht in seiner Charakteristik erfaßt. Klarheit der Auffassung wie in den Werken der griechischen Klassik kommt in den sidonischen Skulpturen vielleicht ansatzweise zum Durchbruch. STUCKY erörtert ausführlich die Frage nach der Übernahme griechischer Momente durch sidonische Werkstätten. Er vermutet starken Einfluß wandernder griechischer Handwerker.[145] Einer der Temple-Boys stellt ausweislich der Inschrift Baalschilem, den Sohn des Königs Baana dar. Baalschilem wird gegen 400 v.Chr. König von Sidon; das Votiv für ihn als Kind muß mindestens 15 Jahre früher aufgestellt worden sein. STUCKY führt eine Anzahl entsprechender Skulpturen auf[146], für die durch das Votiv des Königskindes ein zeitlicher Anhalt gegeben ist. Die Anzahl der Skulpturen macht deutlich, daß eine breitere Bevölkerungsschicht im Eschmun-Heiligtum Kinder-Votive darbrachte.

Außer den Temple-Boys kommen in der Folgezeit auch stehende Knaben als Votiv-Skulpturen vor. Ebenso sind im Sidon Weihungen von Skulpturen stehender Mädchen belegt, jedoch keineswegs so häufig wie in griechischen Artemis-Heiligtümern. Die stehenden Figuren stellen gegenüber den Temple-Boys ältere Kinder dar; sie mögen zwei bis vier Jahre alt gewesen sein.

Um die Mitte des 4. Jahrhunderts gewinnen die Kinderdarstellungen an Schlankheit, wenn auch die Gesichter noch der mehr runden Form der früheren Darstellungen folgen.[147] Auch die Frisur ändert sich. War diese zunächst noch mehr in den Kopf einge-

---

[144] STUCKY a.O. 19f.

[145] STUCKY a.O. 33

[146] STUCKY a.O. 29f. und Kat. 101 mit Tf. 54, 101

[147] STUCKY a.O. 33f.

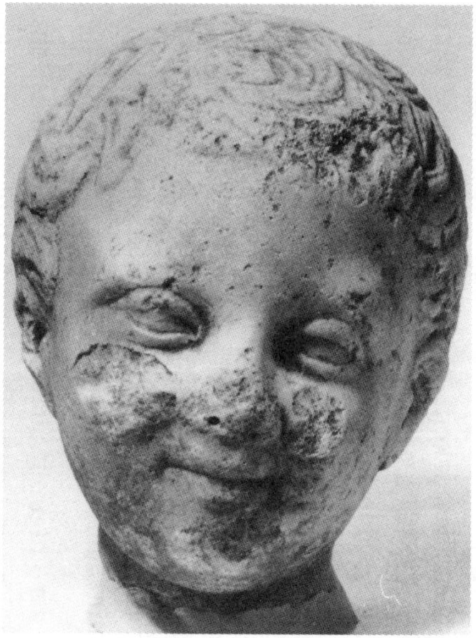

Kinderskulpturen (die noch erhaltenen Köpfe) als Votivgaben aus dem Eschmun-Heiligtum in Sidon (Phönizien) aus dem 4.Jahrhundert v.Chr.

Abb. 7. Sidon Inv. E 1688. STUCKY Kat.186.Höhe 17,5 cm. Fundstelle im Heiligtum beim Podium.

Abb. 8. Sidon, ohne Inv.Nr. STUCKY Kat.199. Größe des Kopfes und Fundstelle im Heiligtum nicht bekannt.

Abb. 9. Sidon Inv. E 861. STUCKY Kat. 214. Höhe 15,5 cm. Fundstelle im Heiligtum im Bereich des Podiums.

Die Aufnahmen stammen von den Ausgrabungen Mireille und Maurice DUNANDs und befinden sich in der Grabungsdokumentation Archives DUNAND, Universtité de Genevè. Der Abdruck erfolgt mit freundlicher Genehmigung von Herrn Prof. Dr. STUCKY, Archäologisches Seminar der Universität Basel, der dankenswerterweise die Vorlagen zur Verfügung stellte. Wie alle sidonischen Funde sind auch die hier vorgestellten im Zusammenhang mit dem Bürgerkrieg im Libanon durch Diebstahl abhanden gekommen.

meißelt, so tritt sie nunmehr hervor. Die Locken werden zu plastischen Bestandteilen des Gesichtes.

Schließlich gibt es Kinder-Skulpturen, bei denen eine weitere Akzentuierung der Körperformen festzustellen ist. STUCKY spricht von Längung und vom „Verlust des inneren Haltes“[148], was vielleicht eine etwas zu sehr akzentuierte Beschreibung darstellt. Diese Skulpturen repräsentieren eine letzte Stufe, die vom Bearbeiter in die zweite Hälfte des 4. Jahrhunderts datiert und schon mit der hellenistischen Strömung in Zusammenhang gebracht wird.

Kinder-Skulpturen der späten Stufen zeigen oft eine deutliche Differenzierung der Physiognomien bis hin zum Ausdruck individueller Züge, Eigenschaften, die der Forschung in einer kindorientierten Betrachtungsweise am ehesten bewußt werden. Im Sinne der Typisierungen von Ernst BUSCHOR stellen solche Bildnisse „Seinsporträts“ oder schon „Erscheinungsporträts“ dar.[149]

Zwei der hier wiedergegebenen Beispiele für porträthafte Kinderbildnisse (Abb. 7 und 8) datieren STUCKY zufolge in die erste Hälfte des 4. Jahrhunderts, und zwar wegen der noch in die Kopfform eingearbeiteten Frisuren. Das dritte Bildnis Abb. 9 mit plastisch hervortretender, gelockter Frisur ist demzufolge später. Die Chronologie des sidonischen Inventars ist jedoch mit Unklarheiten behaftet, so daß eine endgültige Festlegung nicht getroffen werden kann.

Die drei Köpfe stammen wie noch andere auch wahrscheinlich von Votivskulpturen stehender Kinder im Alter von zwei bis vier Jahren. Das Geschlecht ist nicht mehr bestimmbar; Abb. 9 stellt aber sehr wahrscheinlich ein Mädchen dar. Man beachte die Nuancen im Gesichtsausdruck der Kinder, namentlich was die Lippen anbetrifft. Mit diesen Momenten stehen die sidonischen Kinderbildnisse neben denjenigen aus dem Artemis-Heiligtum im attischen Brauron (siehe Abb. 23 bis 42).

Die geistigen Voraussetzungen für die Darstellung individueller Kinder hatten die griechischen Künstler der Hoch- und Spätklassik in den Porträtskulpturen berühmter Persönlichkeiten geschaffen, denn diese zeichnen sich durch „realistische“ Wahrnehmung der Physiognomie aus. (Die entsprechende Gemäldekunst ist leider verloren gegangen.) Wann und wo dieser erhebliche geistige und künstlerische Impuls die Kinder-Votive erreicht hat, ist derzeit noch nicht mit Sicherheit auszumachen. In Sidon wie im fernen Brauron haben die Künstler-Handwerker jedenfalls solche Werke hervorbringen können. STUCKY entwickelt die Auffassung, wonach die Kinder-Votive in Sidon von den kauernden Temple-Boys bis zu den Bildnissen stehender Kinder insgesamt ein halbes

---

[148] STUCKY a.O. 34

[149] E. BUSCHOR, Bildnisstufen (1947), 168ff. 186ff. Siehe hierzu auch die Erörterungen zu den brauronischen Kinder-Votiven in Kap. II 12.

Jahrhundert früher sind als in Griechenland, und daß der Brauch, Kinder-Votive aufzustellen, vom Orient nach Westen gekommen sein könnte[150], daß aber andererseits „gewisse Vorstellungen vom Leben des Kindes und der gesamten Familie aus dem Westen in die phönizische Gedankenwelt eingeflossen waren".[151] Dieser komplizierte Zusammenhang ist nur durch exakte archäologische Daten zu verifizieren. Es bleibt zunächst bei der wesentlichen Festellung, daß es im vorhellenistischen Sidon Manifestationen der Kindesliebe und Kindesfürsorge gab, die sich darin äußerten, daß Eltern mit Kinder-Votiven die Gottheit um Segen für ihre Kinder baten.

Möglicherweise gab es im Heiligtum über die privaten Weihungen von Kinder-Skulpturen hinaus auch offizielle Ereignisse, vielleicht Kulte, im Zusammenhang mit Kindern. Denn unter den Gebäuden am Fuße des Tempel-Podiums (s.o.) befindet sich ein umfriedeter Bereich, dessen Außenwand einen Kinderfries aus hellenistischer Zeit trägt.[152] Wenn man bedenkt, daß der plastische Schmuck in Heiligtümern in aller Regel deren Sinnbezüge und Kulte spiegelt, so hat die Vermutung von R. A. STUCKY, daß sich der Fries auf ein dort üblich gewesenens Kinderfest bezieht[153], viel für sich. Hierbei drängt sich der Vergleich mit dem „Kinderfest" der *arkteia* im attischen Brauron auf.

Im übrigen werden in hellenistischer Zeit in Sidon, dem archäologischen Befund zufolge, die Weihungen von Kinder-Skulpturen zunehmend geringer. Interessanterweise kommen dann aber noch Skulpturen von älteren Knaben, etwa im Gymnasion-Alter, vor.

Verallgemeinerungen hinsichtlich eines sozialen Prozesses „Kindesliebe und Kindesfürsorge" für das gesamte Phönizien und ggf. darüber hinaus sind so lange nicht zulässig, wie nicht aus weiteren Eschmun- und Melkart-Heiligtümern Weihungen für Kinder bekannt werden. Hierbei ist zu bedenken, daß in phönizischen Städten, die jeweils eigene Königtümer waren, auch gewisse eigene sozialkulturelle Entwicklungen stattgefunden haben können. Gleichwohl kann, ausgehend von den sidonischen Kinder-Skulpturen, die These verfolgt werden, wonach es im kanaanäisch-phönizischen Umkreis jener Zeit insgesamt eine Entwicklung auf sozialkulturell geprägte Wertschätzung von Kindern hin gab, in Verbindung mit einer Tendenz zur Überwindung der Kinderopfer-Kulte und des Kinderopfer-Bewußtseins. Bei den Israeliten hatte in der Zeit, als die Sidonier erstmals zyprische Temple-Boys im Eschmun-Heiligtum aufstellten, der Prophet Jeremia in seinen Predigten nicht nur die Kinder-Opfer verurteilt, sondern ebenfalls neue, humane Akzente gesetzt. Der Zwang zum Kinder-Opfer ging im westsemitischen Kulturkreis, bei

---

[150] STUCKY a.O. 33

[151] STUCKY a.O. 58f.

[152] Gebäude VI a im Bezeichnungsschema der Ausgrabungen von DUNAND. Siehe M. DUNAND, Le temple d' Echmoun à Sidon, Bulletin du Musée de Beyrouth 26, 1973, 20; STUCKY a.O. 10

[153] STUCKY a.O. 48 Anm. 346 mit Literatur zur Erörterung der Frage von Kinderfesten im Eschmun-Kult.

Israeliten und Kanaanitern sowie bei den Phöniziern in ihrem Ursprungsland mehr und mehr zurück - nur nicht bei den Karthagern.

Für Tyros, eine der anderen bedeutenden phönizischen Städte, gibt es allerdings schriftliche Quellen, die ein Weiterbestehen von Kinderopfer-Kulten zu belegen scheinen. Pompeius Trogus zufolge, einem römischen Geschichtsschreiber der augusteischen Zeit, soll der Perserkönig Dareios I. den Puniern (Karthagern) untersagt haben, Menschen-Opfer, das heißt wohl in erster Linie: Kinder-Opfer, darzubringen. Diese Mitteilung betrifft die Zeit um 520 v.Chr., als Tyros, wie Phönizien insgesamt, persische Satrapie war. Der König kann mit seinem Verbot eigentlich nur Tyros selbst gemeint haben, und nicht die für ihn unerreichbare, ferne tyrische Kolonie Karthago, wobei natürlich zu fragen ist, ob die ein halbes Jahrtausend später fixierte Nachricht (Pompeius Trogus in den Epitoma Historiae Philippicae des Justinus XIX 1,10)[154] überhaupt stimmt. Trotzdem kommt der Nachricht auch ein Quellenwert zu, insofern sie nämlich belegt, daß in der Kaiserzeit ein Wissen über Kinder-Opfer früherer Jahrhunderte vorhanden war. - Bedeutsamer ist eine Nachricht aus der Alexander-Biographie des Quintus Curtius Rufus, die allerdings auch erst viel später als das Berichtete fixiert wurde, nämlich im ersten nachchristlichen Jahrhundert. Curtius berichtet, daß bei der Belagerung von Tyros durch Alexander (im Jahre 332 v.Chr.) einige Einwohner vorschlugen, ein Opfer zu erneuern, welches vor vielen Jahren bereits unterbrochen worden war, nämlich dem Saturn (d.i. der tyrische Baal Melkart) einen freigeborenen Knaben darzubringen (Curt.Hist.IV,III 23). Ob ein solches Opfer zur Abwehr der Streitmacht Alexanders bzw. zur Stärkung der eigenen Kampfkraft tatsächlich vollzogen wurde, ist nicht überliefert, wohl aber, daß Alexander die Stadt, die eine Inselfestung war, eroberte und es dabei nicht an Grausamkeiten fehlen ließ. Paul G.MOSCA weist mit Recht darauf hin, daß in der von Curtius tradierten Nachricht auf die in früherer Zeit tatsächlich praktizierten Kinder-Opfer bezug genommen wird.[155]

Schriftliche Quellen aus Tyros über Kinder-Opfer einerseits und archäologische Quellen aus Sidon über Wertschätzung von Kindern andererseits besagen natürlich noch nichts über religiös-kulturelle Unterschiede zwischen beiden Städten. Darin kommt zunächst nur eine unterschiedliche Quellenlage zum Ausdruck. In Sidon gab es ebenso wie in Tyros eine das soziale Leben belastende Kinderopfer-Tradition[156], so wie man für Tyros

---

[154] P.G. MOSCA, Child Sacrifice ... (1975) 7ff. erörtert den Quellenwert der Nachricht und schließt nicht aus, daß sogar Karthago selbst im Blickpunkt von Dareios I. gewesen sein könnte, zumal in den Epitoma Historiae Philippicae des Justinus bereits vorher schon, in XVIII 11-12, die Karthager mit ihrem Kinderopfer-Kult zur Sprache kommen.

[155] MOSCA a.O. 8f.

[156] Auf ein mögliches Tophet in Tyros verweisen die beiden folgenden Beiträge: H. SEEDEN, A thophet in Tyre? Berytus 56, 1991, 39ff. sowie: J. CONHEENNY - A. PIPE, Note on some cremated bone from Tyrian cinerary urns, Berytus 56, 1991, 83ff. Solange es jedoch keine

auch neue Akzente einer auf Kindesliebe und Kindesfürsorge gerichtete Einstellung der Menschen in den Epochen seit dem sechsten oder fünften Jahrhundert v.Chr. voraussetzen darf.

Das böse Erbe ihrer Religionsgeschichte konnten die westsemitischen Völker nicht in einem Menschenalter überwinden. Die Menschen brauchten zwei Jahrhunderte und länger, um von dem Kinder-Tötungs-Zwang freizukommen und der Akzeptanz des Kindes und der Kindes-Fürsorge zum Durchbruch zu verhelfen. Es war ein religiöser, sozialer und politischer Prozeß, an dessen Ende die Menschen keine Überreste verbrannter Kinder mehr beisetzen mußten.

11. Weiterer Aspekt: Kindesleben in der Verfügungsmacht menschenverachtender Despoten - Die Legende vom bethlehemitischen Kindermord

(31) Mat.2,16-18

Als ... Herodes sah, daß er von den Weisen getäuscht worden war, wurde er sehr zornig, sandte hin und ließ in Bethlehem und in dessen ganzem Gebiet alle Knäblein töten, die zweijährig und darunter waren, gemäß der Zeit, die er von den Weisen genau erkundet hatte. 17 Da wurde erfüllt, was durch den Propheten Jeremia gesprochen worden ist, welcher sagt: 18 „Eine Stimme hört man in Rama, viel weinen und Jammern; Rahel weint um ihre Kinder und will sich nicht trösten lassen, weil sie nicht mehr sind."

[Dieser Erzählung geht diejenige von den Weisen aus dem Morgenlande voraus. Darin heißt es über den König Herodes, daß er von den Weisen Genaueres über den „neugeborenen König der Juden" wissen wollte, denn er war darüber sehr erschrocken (Mat.2,1-12). Außerdem wird erzählt, wie Joseph auf Geheiß des von Gott gesandten Engels mit Maria und dem Kinde vor Herodes nach Ägypten flüchtet (Mat.2,13-15).]

[Im Anschluß an die Darstellung des Kindermordes steht im Text, wie Joseph durch den Engel des Herrn vom Tode des Herodes erfährt und wie er daraufhin mit der Familie aus Ägypten nach Nazareth in Galiläa zieht (Mat.2,19-23).]

Bei allen bisher zur Sprache gekommenen, in alttestamentliche Zeit gehörende Formen des Kinder-Opfers war eine Gottheit im Spiel, entweder als fordernde Macht oder als gewährende bzw. gebende Instanz, mit der man einen „Handel" mit Kindern treiben konnte. Demgegenüber kommt in vorstehender Erzählung aus dem Matthäus-Evangelium ein Mensch vor, der aus eigener Machtvollkommenheit Kinder nach Belieben töten

---

aussagekräftigen Vergleichsfunde von anderen tyrischen/phönizischen Orten gibt, kann der in den gen. Beiträgen verhandelte Fundplatz noch nicht für ein tyrisches Tophet in Anspruch genommen werden.

lassen konnte. König Herodes vernichtet ein ganzes Bevölkerungssegment. Durch die Tötung aller Kinder in einem bestimmten Alter gedenkt er, das eine Kind zu treffen, von dem er glaubt, daß es seiner Königsmacht schaden könne. In diesem unmenschlichen Geschehen ist aber Gott auch Mitwirkender, jedoch nicht mehr als Empfänger eines Kinder-Opfers, sondern als Erretter des einen Kindes. Denn Gott sendet seinen Engelsboten, der dem Joseph aufzeigt, wie er Jesus aus dem Mordplan des Despoten heraushalten kann. Über alle übrigen, getöteten Kinder verliert das Evangelium kein weiteres Wort. (Aber später wird sich die Kirche noch intensiv den unschuldig Getöteten zuwenden; s.w.u.). Das gerettete Kind ist selbst von göttlicher Art. Es hat einen Auftrag seines himmlischen Vaters in der von Verderben und Tod bestimmten Welt zu erfüllen. Seine Heilsbotschaft wird also nicht nur mit dem Jubelchor der himmlischen Heerscharen in der Christnacht (Luk.2,13-14) eingeleitet, sondern auch mit einem Gewaltverbrechen an anderen Kindern.

Historischer Hintergrund der Legende vom bethlehemitischen Kindermord - sie kommt nur bei Matthäus vor - ist die Herrschaft von König Herodes I. (dem Großen), der von 40 bis 4 v.Chr., anfangs nur über Judäa, schließlich über das gesamte Palästina regierte. Jesus muß demzufolge vor dem Jahre 4 v.Chr. geboren sein. Ob die Bethlehem-Erzählungen (außer in Mat.2 auch in Luk.2) einen historischen Kern haben, insbesondere, ob ein galiläisches Ehepaar Joseph und Maria wegen des von Kaiser Augustus angeordneten Zensus tatsächlich, wie Lukas schreibt, von Nazareth nach Bethlehem gereist ist, kann historisch nicht erwiesen werden. Der legendarische Ägypten-Aufenthalt der Familie nach Geburt des Kindes ist zeitlich so „eingepaßt", daß daraus keine langjährige ägyptische Kindheitsphase für Jesus gefolgert werden kann (obzwar das ebenfalls behauptet worden ist).

Herodes war nicht nur ein geschickter Politiker in der Ausnutzung von Spielräumen unter römischer Oberhohheit, sondern er sicherte seine Herrschaft auch innenpolitisch durch grausames und brutales Vorgehen. Die Religion zog er ins machtpolitische Kalkül, die Hohenpriester wurden königliche Beamte. Nach und nach ließ er alle seine idumäischen Verwandten, die ihm die Macht streitig machen konnten, umbringen, sogar drei seiner Söhne. Die Legende vom bethlehemitischen Kindermord ist deutlich erkennbar auch ein Spiegel dieses Herrschaftsverhaltens.

Das Matthäus-Evangelium wurde vermutlich zwischen 80 und 90 n.Chr. in griechischer Sprache in einer syrischen Christen-Gemeinde niedergeschrieben.[157] Der Text fixiert ein bereits seit Jahrzehnten in Umlauf gewesenes mündliches Erzählgut, das zur Rechtfertigung des Glaubens und als Rückhalt frommer Andacht diente. Eine historiographische Darstellung lag nicht in der Absicht des Evangelisten.

---

[157] W. GRUNDMANN, Das Evangelium nach Matthäus (4. Aufl. 1975) 38ff. - U. LUZ, Das Evangelium nach Matthäus (1958) 73ff.

Die Erzählung vom bethlehemitischen Kindermord weist auffallende Analogien zu einer Kindermord-Erzählung im Exodus-Buch 1,15-2,10 auf. Danach hatte der Pharao den Hebammen der unterdrückten Israeliten (Hebräer) befohlen, alle neugeborenen Knaben zu töten. Da die Hebammen dem Befehl jedoch nicht nachkamen - es wurde ihnen schlechterdings Unmenschliches abverlangt -, ließ der Despot die neugeborenen Knaben in den Nil werfen. Einer Mutter gelang es, ihren neugeborenen Sohn zu verbergen, bis sie ihn schließlich doch aussetzen mußte und - wie allgemein bekannt - in ein schwimmfähiges Kästchen legte. Das Kästchen wurde von der Tochter des Pharao im Schilf gefunden und das Kind einer hebräischen Amme übergeben - der leiblichen Mutter des Kindes. Das so gerettete Kind erhielt den Namen Mose und konnte in seine vorbestimmte Aufgabe als Retter des Volkes hineinwachsen.

Es besteht kein Zweifel daran, daß die Erzählung vom Mord an den hebräischen Knaben Herrschaftsverhalten eines Pharao spiegelt, als reale Möglichkeit seiner Macht, auch wenn die Überlieferung von dem Kind Mose fromme Legende späterer Zeit sein wird.

Wir erinnern uns sodann, daß es in der Zeit der ägyptischen Knechtschaft und früher bei den Israeliten den Brauch des Passah-Erstlingsopfers mit Reminiszenzen an tatsächliche Kinder-Opfer gab, und daß der Exodus-Erzählung zufolge in der Nacht des Auszuges Gott der Herr alle Erstgeburt der Ägypter schlug (siehe S. 75ff.). Das Töten von Kindern und deren Getötetwerden lag im Horizont der Menschen - der alten Volksgruppen und der Autoren, die später über sie schrieben.

Die Mose-Überlieferung als zentraler Inhalt der jüdischen Thora war dem Schreiber des Matthäus-Evangeliums und seiner Gemeinde gewiß bekannt. Und darum ist es wahrscheinlich, daß die Erzählung vom bethlehemitischen Kindermord ihr Vorbild in der Erzählung vom Mord an den hebräischen Knaben hat.[158]

Das grausame Mordgeschehen in Bethlehem schließt der Evangelist aber an das prophetische Wort bei Jeremia 31,15 an, wo es heißt: *In Rama hört man klagen, bitterlich weinen, Rahel weint um ihre Kinder, will sich nicht trösten lassen, weil sie nicht mehr sind.*[159] Rahel, die Frau des Patriarchen Jakob, ist die Stammutter Israels. Der Ort Rama, nördlich von Jerusalem gelegen, wurde demzufolge als symbolhafte Stütze früher Vorahnung künftigen Leidens der Kinder in Anspruch genommen, wobei unter *Kindern* die isrealitischen Kinder als Altersgruppe wie auch die „Kinder Israel" als das gesamte Volk Israel verstanden werden können. Einer Überlieferung in Gen.35,19-20 zufolge wurde Rahel südlich von Jerusalem, an der Straße nach Bethlehem, bestattet. Man kann an ihrem Grabe noch heute beten.

---

[158] R.T. FRANCE, Herod and the Children of Bethlehem, NT 21, 1979, 108ff.

[159] R.T. FRANCE a.O. 103ff.; ders., The Formula-Quotations of Mathew 2 ..., NewTestStud 27, 1981, 244ff.

Dem Prophetenwort eignet Weite, was die Leidenserfahrungen des Volkes und Erlösung daraus anbetrifft. Die rabbinische Theologie der Gegenwart bezieht das Wort auf das unermeßliche Leid jüdischer Kinder im Holocaust. So ist das Wort unter anderem auf eindrucksvolle Weise in der Holocaust-Gedächtnisstätte auf dem Berg Zion notiert. Der Evangelist Matthäus hat das Wort wie gezeigt auf die in seiner Gemeinde überlieferte Grausamkeit des Königs Herodes an bethlehemitischen Kindern bezogen.

Eine einfache Überlegung verweist schon darauf, daß der bethlehemitische Kindermord ein symbolhaftes Bild über das Todesschicksal Unschuldiger darstellt und nicht als konkretes Faktum in Jesu Geburtsgeschichte gelten kann. Denn der Protagonist hat, allen Evangelien zufolge, während seines Wirkens nie auf ein solch infernalisches Ereignis im Zusammenhang mit seiner Geburt und Errettung bezug genommen. Es hätte ihm doch später zur Kenntnis gelangen müssen. Alle Versuche von theologischer Seite, den bethlehemitischen Kindermord als Wirken Gottes in seinem Heilsplan zu verstehen, sind fehl am Platz. Walter GRUNDMANN zum Beispiel spricht davon, daß die Tötung der Kinder vom „Willen und Fügen Gottes umschlossen ist“[160]. Solche Deutungen, die wiederum auf eine „teleologische Suspension des Ethischen“ durch Gott im KIERKEGAARDschen Sinne hinauslaufen, verkennen das Symbol-Denken der Menschen vor 2000 Jahren. Die damaligen Schreiber verknüpften gedachte Ereignisse, um Sinneszusammenhänge deutlich zu machen: Kinder stehen immer in der Gefahr, den traurigsten, weil bösartig herbeigeführten Tod zu erleiden - in der Gottesferne. Aber sie sind eingeschlossen in die Erlösungsverheißung, wiederum durch ein Kind.

Im Fortgang seiner Erörterungen relativiert GRUNDMANN seinen Gedanken vom „Willen und Fügen Gottes“ jedoch, indem er zugleich die „verantwortliche [!] Entscheidung des Menschen“ für schuldhaftes Geschehen herausstellt.[161] Dem ist allerdings hinzuzufügen, daß diejenigen, welche die Macht haben und Gewalt ausüben, kaum immer zur Verantwortung gezogen werden können. Im übrigen kreist dieser Gedanke um den Täter, nicht um die betroffenen Kinder. Und vieles Leid, das Kindern zugefügt wird, bleibt ungesühnt. Die Erzählung vom bethlehemitischen Kindermord benennt das Böse in dieser Welt.

Seit dem 5. Jahrhundert begeht die Kirche in der Weihnachtswoche am 28. Dezember zum Gedächtnis an den bethlehemitischen Kindermord den Tag der Unschuldigen Kinder. Vom Mittelalter bis teilweise ins 18. Jahrhundert wurden an diesem Tage den Kindern besondere Rechte gewährt. In Frankreich und im Rheinland wählten Ministranten aus ihrer Mitte einen „Kinderbischof“, der den Gottesdienst selbst abhalten

---

[160] GRUNDMANN a.O. 85

[161] GRUNDMANN a.O. 85. - LUZ a.O. 130 entwickelt eine weitere exegetische Linie: „Es geht dem Evangelisten um den Kampf zwischen Gott und dem Jesusfeind Herodes; die unschuldigen Kinder kommen gleichsam nur auf der Rückseite dieses Kampfes vor. Daß Gott seinen Sohn auf Kosten Unschuldiger rettet, beschäftigt Matthäus nicht ...“

durfte. Auch war es mancherorts üblich, daß sich die Kinder gabenheischend an ihre Eltern wandten. In der Schweiz hieß der Gedenktag „Kindlitag“, und es wurden Bedürftige und Kranke in der Gemeinde bewirtet.

Das Leid der Kinder hat in der Geschichte die vielfältigsten Züge angenommen, und oft waren die Kinder dem physischen Untergang geweiht. Auch in der Gegenwart ist das Leid nicht aufgehoben, in unserem Lande so wenig wie in der weiten Welt. Oft leiden Kinder an der Inhumanität mit, deren sich Erwachsene an Erwachsenen schuldig machen. Nicht selten aber richtet sich inhumanes Verhalten direkt gegen Kinder. Es ist schwer, durch das Leid hindurch das Licht der Hoffnung zu erkennen.

Abb. 10. Die Kinder dieser Welt
Momentaufnahmen aus Elat, Ashkelon, Nazareth und Jerusalem.

II DIE KINDER VON BRAURON - ANNÄHERUNG AN DIE LEBENSVOLLZÜGE IN EINER PARADIGMATISCH AUFLEUCHTENDEN INSTITUTION

1. Das Artemis-Heiligtum von Brauron. Andeutung des Erkenntnisrahmens

Wir begeben uns wieder in die Zeit, als Alexander der Große sich anschickte, die Welt neu zu gestalten, und als die attische Demokratie in das Stadium ihres Zerfalls eintrat. In den vorausgegangenen Jahrzehnten hatte sich Griechenland ein kulturelles Lebensverständnis herausgebildet, das wir als klassisch, im engeren Sinne als spätklassisch bezeichnen. Obzwar der Begriff schwerpunktmäßig auf die Äußerungen der Kunst bezogen ist, so betrifft er gleichwohl eine Gesamtstruktur des Lebens unter Einbeziehung politischer und sozialer Voraussetzungen in der antiken Gesellschaft. Der Komplexität der attischen Lebenskultur dieses Zeitalters nähern wir uns von der spezifischen Seite der Frauen und Kinder her.

Uralte kultische Überlieferungen und Mythen bestimmten das Leben der Griechen auch in klassischer Zeit. Auf ihrer Grundlage konnten Frauen - thesenhaft formuliert - eine Fähigkeit entwickeln, Kinder in ihrem eigenen Lebensrecht wahrzunehmen und zu fördern.

In Brauron an der attischen Ostküste, 30 Kilometer von Athen entfernt, befand sich das bedeutende Heiligtum der Artemis Brauronia, mit einer sehr alten, als „Grab der Iphigeneia“ bezeichneten Kultstätte. Iphigeneia ist unter anderem als Tochter des Agamemnon bekannt, der sie anläßlich einer Kriegsvorbereitung auf dem Blutaltar der Göttin Artemis zu opfern gedachte. Die Göttin verwandelte jedoch das Kinder-Opfer in ein Tier-Opfer. In unserem Zusammenhang am wichtigsten ist zunächst, daß im dortigen Heiligtum Athener Bürgertöchter in jungem Alter als *arktoi* dienten. Das waren „Bärinnen“, die, in safranfarbene Gewänder gehüllt, kultische Tänze aufführten (und vieles andere lernten). Im Heiligtum waren sie, wie zunächst mehr thesenhaft gesagt werden möge, „internatsmäßig“ untergebracht unter der Obhut von Artemis-Priesterinnen. Wenn wir heutige Begriffe verwenden wollen, so könnte man auch von der Grundstufe einer höheren Mädchenbildung sprechen, und insofern stellen vorstehende Untersuchungen einen Beitrag zur pädagogisch-historischen Tatsachenforschung dar.

Das Artemis-Heiligtum von Brauron war in erster Linie eine Frauenangelegenheit. Denn dort waren über den Bärinnen-Kult hinaus alle glücklichen und traurigen Fälle, die im besonderen das Leben der Frauen und der von ihnen geborenen Kinder bestimmen, in Kult und Opfer aufgehoben. Ein Heiligtum lebt ja nicht allein von seinen feierlichen Höhepunkten und den dahin gerichteten vorbereitenden Handlungen, sondern ebenso durch die Besucher, die sich der Gottheit mit Bitte und Dank nähern.

Für die Männer hatte das Heiligtum ebenfalls Bedeutung, weil sie ja die Väter der dort

Abb. 11. Nordwestecke der Stoa im Heiligtum der Artemis von Brauron. Im Vordergrund Räume, die mit Betten und Tischen ausgestattet waren. Die Räume gelten heute als Banketträume (*okoi*) für die Besucher des Heiligtums, sie wurden aber auch als Wohnräume für die im Heiligtum dienenden Mädchen gedeutet. Im Hintergrund das Fundament des Artemis-Tempels. Dahinter die Kapelle des Ag. Georgios.

Abb. 12. In der Stoa, vor den Eingängen zu den Räumen, wurden zahlreiche Kinder-Statuen als Votivgaben aufgestellt. Die Basen sind zum Teil wieder errichtet. Es muß ein sinnhafter Zusammenhang zwischen der Zweckbestimmung der Räume und den Kinder-Statuen bestanden haben. Siehe auch Abb. 16.

dienenden bzw. der Göttin Artemis anheimgestellten Kinder und die Ehemänner betroffener Frauen waren. Es gibt in Brauron Darstellungen, auf denen Männer, Frauen und Kinder gemeinsam als Adoranten und Opfernde auftreten.

Unklare schriftliche Überlieferungen lassen auch die Vermutung zu, daß sich die Männer während der von den Frauen gefeierten Brauronien daselbst dem Weine hingaben.[1] Gewiß wird dieser dionysische Aspekt eine gewisse Geltung für das religiöse Leben im Heiligtum gehabt haben, aber wahrscheinlich gab es in Brauron keine strikte Trennung von feiernden Frauen und Kindern auf der einen Seite und von sich entäußernden Männern auf der anderen Seite. Dafür sprechen die Adoranten-Darstellungen eine zu deutliche Sprache.

Der brauronische Kult spiegelt während der gesamten Zeit seines Bestehens tiefste existentielle Fragen, die aus ursprünglichen, grausam-irrationalen Komponenten von Elternschaft, nicht zuletzt aus anthropologischen Dissonanzen von Vaterschaft herrühren. Auf diese Fragen haben die Griechen in historischer Zeit in einer befreienden Weise zu antworten vermocht. Das soll nach Maßgabe der zur Verfügung stehenden Quellen im einzelnen nachgezeichnet werden. In unserem Diskurs wird aber zugleich deutlich, daß die Menschen wesentliche Probleme des Lebens auch heute nicht bewältigt haben.

Die Sozialgeschichtsschreibung ist auf dem Wege, das Bild der Frau im klassischen Griechenland, so wie es die männlich orientierten Altertumswissenschaften seit der europäischen Renaissance geprägt haben, zu revidieren - bei aller historisch manifesten Zurückstellung der Frauen im öffentlichen politischen Leben jener Zeit. Brauron trägt unter anderem zu der Revision bei.[2]

Das Artemis-Heiligtum ist, obzwar in der literarischen Überlieferung seit jeher bekannt, archäologisch erst seit den fünfziger Jahren unseres Jahrhunderts in den Blick geraten, dann aber eingehend durch die griechische Denkmalpflege erforscht worden. So ist ein sehr reichhaltiges und bedeutsames Quellenmaterial über die Jahrtausende erhalten geblieben. Schaden haben allerdings die Naturgewalten an dem Heiligtum angerichtet. Auch sind Jahrzehnte früher gelegentlich schon Objekte im Kunsthandel aufgetaucht. Doch davon später ...

Von den Kindern aus Brauron wüßten wir nichts Genaueres, wenn es nicht Künstler gegeben hätte, die - noch nicht näher bestimmbaren Werkstätten angehörend - aus der

---

[1] J. PAPADIMITRIOU, Scientific American 1963, 115

[2] Ansätze für eine veränderte Betrachtungsweise u.a. bei S. POMEROY, Godesses, Whores, Wives an Slaves (1976); E. DÖRNER / F.K. DÖRNER, Antike Welt 8, 1977, Sondernummer; J. GOULD, JHS Vol.C 1980, 38ff.; B. WAGNER, Zwischen Mythos und Realität (1982); H. KAMMERER-GROTHAUS, Frauenalltag im antiken Griechenland (1984); L. HUCHTHAUSEN (Hrsg.), Die Frau in der Antike (1985); M. R. LEFKOWITZ, Die Töchter des Zeus (1992). Siehe auch G. DEVEREUX, Baubo (1981); ders., Frau und Mythos (1982).

Geistigkeit und Humanität ihrer Zeit und Kultur einen neuartigen Impuls empfingen, der sie befähigte, Persönlichkeiten, insbesondere die Kinder, in einer Art und Weise darzustellen, daß wir durch die marmorne Form hindurch gestalthafte Züge des Lebens, das sie führen konnten, wiedererkennen. Die Kinder von Brauron schauen heute den Besucher im Museum des Heiligtums mit einer Lebendigkeit und Unmittelbarkeit ohnegleichen an, in ihrer je besonderen Liebenswürdigkeit, die über das ganze Spektrum menschlicher Charaktere reicht. Der Betrachter gibt seinen distanzierten Objekt-Bezug auf und tritt mit dem einzelnen Kinde in einen Dialog ein, über Jahrtausende hinweg.

Die Kinder-Skulpturen in ihrer Gesamtheit sind als Votivgaben an Artemis zu verstehen. Möglicherweise haben Eltern die Bildnisse ihrer Töchter, die *arktoi* gewesen waren, der Göttin geweiht, ähnlich, wie von der Akropolis in Athen überliefert ist, daß Eltern Bildnisse ihrer Töchter, die als Arrhephoren gedient hatten, der Athena Polias gewidmet haben (siehe S. 207). Aber es gibt ebenfalls zahlreiche Knaben-Bildnisse, und außerdem sind öfter sehr junge Kinder dargestellt, was zu der Vermutung berechtigt, daß Eltern allgemein der Artemis von Brauron Bitt- und Dankopfer für ihre Kinder darbrachten.

Weniger als hundert Kinder-Skulpturen haben, meist nur noch als Köpfe, die Zeiten überdauert. Wieviele mag es tatsächlich gegeben haben?

2. Das Gebiet von Brauron

Brauron (heute Vraona oder Vavrona) liegt an der gleichnamigen Bucht am Golf von Euböa, im Mündungsgebiet des Flüßchens Erasinos, neun Kilometer nordöstlich von Markopoulo (Abb. 13). Die südliche Küste der Bucht von Vavrona wird von der auf einer Halbinsel steil nach Osten ins Meer abfallenden, zum Perati-Gebirge gehörenden Felsformation des Dsungari (Chamolia) bestimmt. Weiter südlich dieser Halbinsel, ebenfalls an einer Bucht und auf dem westlich um das Perati-Gebirge herum verlaufenden Landwege erreichbar, befindet sich Porto Rafti. In dessen Nähe, an der nördlichen Küste der Bucht von Porto Rafti, ist Steiria, der Vorort des gleichnamigen antiken Demos, zu suchen. Von Porto Rafti über Thorikos bis zur antiken Festung Sounion mit dem Poseidon-Tempel an der Südspitze Attikas, jedoch nicht über eine direkte Küstenstraße erreichbar, sind es rund 35 Kilometer. - Von Brauron nach Norden liegt in sieben Kilometer Entfernung Loutsa /Artemis[3], wo man am Nordrande des Ortes in den Dünen die heute unscheinbaren Überreste des Artemis-Tempels von Halai-Araphenides findet. Wenige hundert Meter westlich dieses Tempels, innerhalb eines modernen Gartensiedlungsareals, liegen die ebenfalls unscheinbaren Überreste eines möglichen Dionysos-

[3] Der bisherige Ortsname „Loutsa" wurde vor wenigen Jahren in Anlehnung an das dortige alte Heiligtum durch „Artemis" ersetzt. „Loutsa" ist aber weiterhin in Gebrauch.

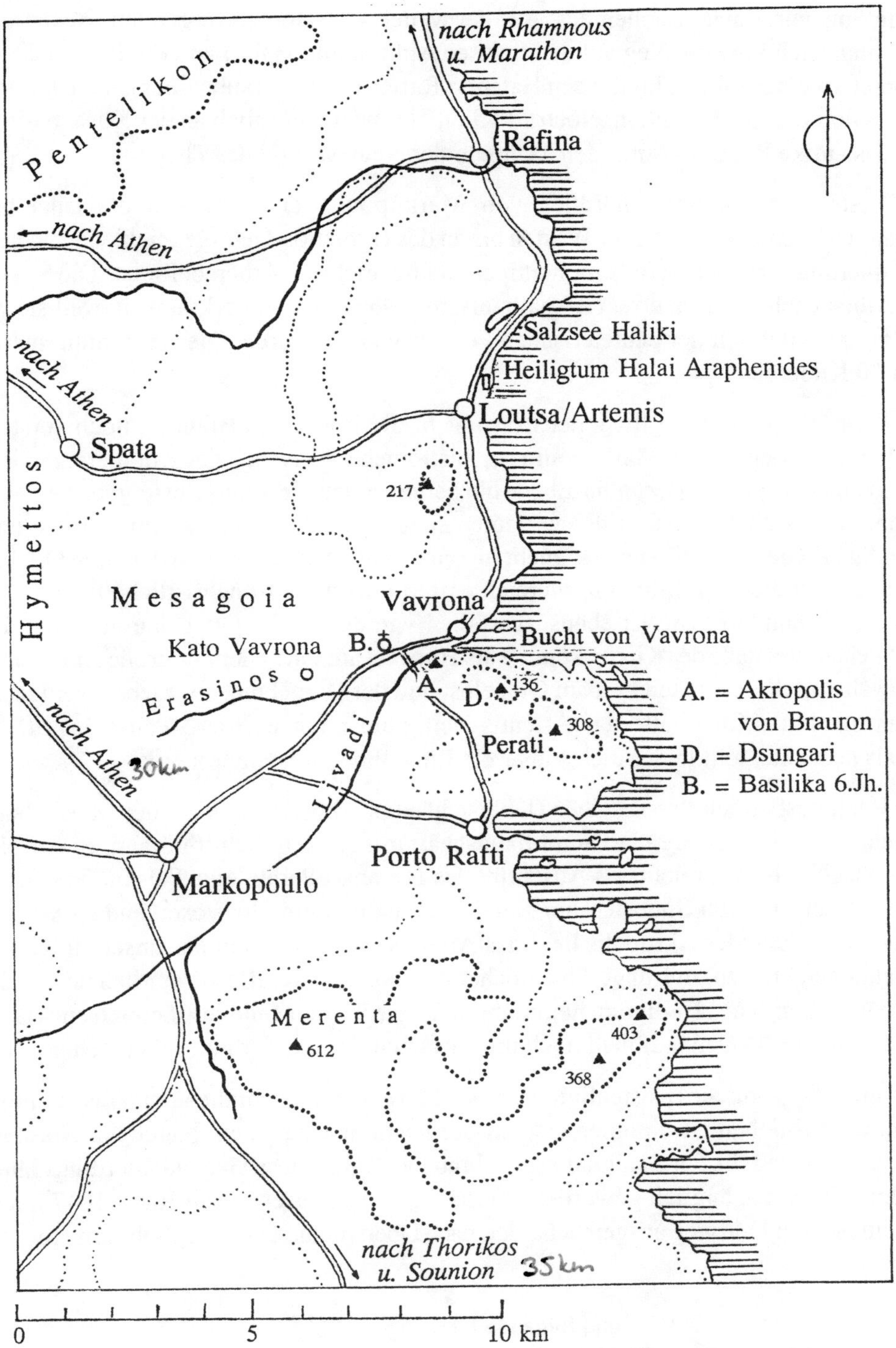

Abb. 13. Brauron und seine Umgebung

Heiligtums von Halai-Araphenides. Auf der weiter nach Norden führenden Küstenroute stößt man nach kurzem Weg auf den Salzsee Aliki (antik: Halai) und erreicht nach acht Kilometern nördlich von Loutsa den Hafenort Rafina (antik: Araphenides). Von dort sind es 17 Kilometer bis Marathon. Noch 14 Kilometer weiter nördlich an der Küste befindet sich das antike Rhamnous mit den Tempeln der Nemesis und der Thetis.

Im Westen von Brauron, nördlich von Markopoulo, erstreckt sich die fruchtbare Mesagoia-Ebene, die weiter im Westen bis an das Hymettos-Gebirge reicht, nach dessen Überquerung man sich bereits im heutigen Stadtgebiet von Athen befindet. Die Strecke von Athen nach Brauron erregt deshalb unsere besondere Aufmerksamkeit, weil sie von der Pompé anläßlich der penteterischen Feste begangen wurde. Die Entfernung beträgt etwa 30 Kilometer.

Aus der Mesagoia-Ebene fließt der Erasinos in die Bucht von Brauron, noch verstärkt durch den aus dem Raum Markopoulo her zuströmenden Livadi. Vier Kilometer landeinwärts von Brauron zur Mesagoia-Ebene hin befinden sich die alten Klostergehöfte Palaea Vraona und Kato Vraona, in deren Namen sich die antike Ortsbezeichnung bis heute lebendig erhalten hat. Wieder zur Bucht hin, noch etwa 500 Meter von der alten Ortslage und dem Heiligtum im Mündungsbereich entfernt, liegt die frühchristliche Basilika aus dem 6. Jahrhundert.[4] Sie ist ebenso verfallen wie der antike Ort Brauron selbst. Die erheblichen Ausmaße der Kirche können als Hinweis auf eine ehemals große Einwohnerzahl während dieser späten Zeit am Ort selbst und der Umgebung angesehen werden. Im 2. Jahrhundert n.Chr. hatte das Artemis-Heiligtum noch existiert. Pausanias, der es damals besuchte, teilt leider nichts über die Einwohner von Brauron mit.

Im Mündungsbereich des Erasinos (Übersichtsplan Abb. 14) gab es, der Meeresbucht vorgelagert, seit altersher eine Sumpflandschaft mit starkem Schilfbestand. In das Niederungsgebiet hinein reicht, als Ausläufer des Dsungari/Perati, eine Felskuppe von 200 x 400 Meter, die von Südosten her zugänglich ist und eine hervorragende Akropolis bildete. Am Fuße der Akropolis liegt das Artemis-Heiligtum, um das unsere folgenden Darlegungen kreisen. In frühgeschichtlicher Zeit konnten Schiffe vermutlich noch näher an ein ursprüngliches Heiligtum heranfahren. Heute ist der Mündungsbereich entwässert und fruchtbarer Boden, auf dem noch im trockenen Sommer grüne Äcker stehen.

Während die südliche Küstenlinie der Bucht wegen der abfallenden Felsen immer urtümlich geblieben ist, konnten sich an der leicht ansteigenden, hügeligen Nordseite Menschen ansiedeln. Zu Beginn dieses Jahrhunderts war diese Gegend allerdings längst wieder schwer zugänglich geworden. Archäologische Reisende seit ROSS 1847[5] haben dort einen alten Fahrweg ausgemacht, der, nach Überwindung einer Anhöhe am Nordost-

---

[4] E. STIKAS, PraktArchEt 1951 und folgende Jahrgänge

[5] „Brauron“ (MILCHHÖFER), RE V, 822-824; E. CURTIUS / A. KAUPERT, Karten von Attika (1884) mit Text von A. MILCHHÖFER; J. PAPADIMITRIOU, PraktArchEt 1948, 81f.

Rand der Bucht, nach Halai Araphenides geführt haben könnte. Heute hat sich von der Bucht bis nach Loutsa/Artemis die moderne Tourismus-Kultur ausgebreitet.

Der Erasinos war Braurons Schicksal, wenn er, im Sommer ein Rinnsal, in der Regenzeit die Wasser aus der Mesagoia-Ebene und von den Gebirgen im Süden Attikas heranführte.

3. Bildungsgeschichtliche Aspekte des Heiligtums

Unsere Aufmerksamkeit gilt nunmehr dem Heiligtum selbst, und zwar seiner Entwicklung, die bis zu der religiösen, sozialen und pädagogischen Ausprägung im ausgehenden 4. Jahrhundert v.Chr. geführt hat. Als terminus ante quem bietet sich eine Überschwemmungskatastrophe an, die zwischen 310 und 300 über das Heiligtum hereinbrach und Teile davon, so wahrscheinlich auch den angenommenen Wohn- und Lebensbereich der *arktoi*, zerstörte, wobei das Inventar in den Schlammfluten versank. In den drei oder vier Jahrzehnten vorher sind die Kinder-Skulpturen entstanden.

Bei der Beschreibung kommt ein bildungsgeschichtliches Strukturverständnis zur Geltung, demzufolge die durch eine Institution ermöglichte kindliche Sozialisation wie auch das in der Institution stattfindende, absichtsvolle Lernen kulturell bedingt und verflochten sind. Kulturelle Gegebenheiten schlagen sich verständlicherweise auch in baulichen Einrichtungen und in deren Inventar nieder. Das Heiligtum wird im Hinblick auf das Kinderleben und dessen Voraussetzungen betrachtet, wobei ebenfalls die an heiliger Stätte handelnden Erwachsenen sowie die religiös-sozialen Prozesse insgesamt unsere Aufmerksamkeit erfordern.

Ein solcher integrativer Ansatz hat Gültigkeit für alle bildungsgeschichtlichen Erörterungen. Man halte sich aber vergleichweise bewußt, daß bei näher an die Gegenwart heranreichenden Themen, wie etwa den Lateinschulen des ausgehenden Mittelalters und der frühen Neuzeit oder dem ländlichen Schulwesen des 18. und 19. Jahrhunderts mehr direkte Gemeinsamkeiten mit dem heutigen Bildungswesen aufscheinen als bei einer antiken Bildungseinrichtung. Viele Erscheinungen aus der jüngeren Geschichte sind uns von der Gegenwart her noch leicht einsichtig und benötigen keine eigenen begrifflichen Kennzeichnungen. Bei antiken Sachverhalten jedoch können pädagogische Begriffe, die aus neuzeitlichen oder gegenwärtigen Sachverhalten gewonnen sind, oft nicht ohne nähere Bestimmung benutzt werden. Wo immer möglich, ist auf die antiken Begriffe zurückzugreifen, etwa auf solche, die die Geschichtsschreiber, Grammatiker und Scholiasten benutzt haben. Im übrigen kommt bei der Beschreibung der baulichen Einrichtungen, der Gegenstände und Kunstwerke des Heiligtums das archäologische Begriffssystem zur Geltung; es erfaßt die einstmalige äußere Lebenswelt der Menschen, so wie sie sich aus den Hinterlassenschaften rekonstruieren läßt.

Soweit das Artemis-Heiligtum als Einrichtung der Mädchenbildung zur Rede steht, ist im nachfolgenden Diskurs seine Einordnung in den übergreifenden historischen Zusammenhang „Schule“ oder „Bildungswesen“ zu reflektieren. Vom Schul-Verständnis her treten spezifische Merkmale dieser Einrichtung besonders deutlich hervor, etwa die Tätigkeit der Priesterinnen als Lehrerinnen. Dieser Aspekt ist bislang für Brauron wie für die Artemis-Heiligtümer insgesamt noch nicht gebührend zur Geltung gekommen.[6] Demgegenüber steht das griechische Gymnasion, für das es nie Zweifel an seiner schulgeschichtlichen Bedeutung gegeben hat. Das Gymnasion wurde betontermaßen als am Anfang einer Entwicklungslinie unseres höheren (Knaben-)Schulwesens stehend verstanden, die - in Deutschland - im Humanistischen Gymnasium der Humboldtschen Bildungsreform kulminierte, unbeschadet aller christlichen und kirchlichen Prägungen der überkommenen Schule. Einrichtungen der griechischen Mädchenbildung waren in diesem Zusammenhang nicht unterzubringen. Wir müssen zur Kenntnis nehmen, daß dem Artemis-Impuls in zwei Jahrtausenden europäischer Bildungsgeschichte keine Renaissance beschieden war (was man von dem Artemis-/Diana-Thema in der Kunstgeschichte wahrlich nicht sagen kann).

4. Bisherige Untersuchungen und weiterführende Studien

Mit außergewöhnlichem Erfolg hat Johannes PAPADIMITROU in den Jahren von 1948 bis zu seinem Tode 1963 Ausgrabungen im Heiligtum von Brauron durchgeführt. Außer dem Temenos-Bereich liegt von dem antiken Ort Brauron allerdings das meiste noch im Dunkeln, mit Ausnahme der bronzezeitlichen Siedlung auf der Akropolis (Übersichtsplan Abb. 14), die PAPADIMITRIOU durch gleichlaufende Untersuchungen in Umrissen erhellt hat. Seitdem das Heiligtum mit seinem reichhaltigen Inventar durch die regelmäßigen Berichte von PAPADIMITRIOU in den Zeitschriften der griechischen Denkmalpflege seit 1948[7] bekannt wurde - auch im weiteren Periodika erschienen Berichte -, hat es erhebliche Beachtung in der archäologischen Fachwelt gefunden. Mit der Eröffnung des Museums in Brauron 1969 konnte auch die Öffentlichkeit an den Entdeckungen teilnehmen.[8] Es fehlen bislang jedoch noch hauptsächliche Teile einer die bisherigen Untersuchungen

---

[6] Der mehrfach vorgenommene Vergleich des Artemis-Heiligtums mit einem „Kloster“ und der *arktoi* mit „Novizinnen“ setzt zweifellos einen unrichtigen Akzent (u. a. L. KAHIL, AntKunst 20, 1977, 97: aufgegriffen von E. SPECHT, Schön zu sein und gut zu sein [1989] 117). Dagegen C. BÖRKER, Gnomon 41, 1969, 805f. Auch die „Waisenhaus“-Deutung (I. D. KONDIS, ArchDelt 22, 1967, 180f.) ist zu verwerfen.

[7] Siehe „Brauron-Berichte“ im Lit.-Verz.

[8] P.G. THEMELIS, Brauron. Führer durch das Heiligtum und das Museum (o.J.). - Beim Archäologischen Nationalmuseum Athen sind inzwischen sieben Abgüsse von Objekten allein aus Brauron zu erwerben.

abschließenden Monographie, mit Ausnahme einer Studie über die Architektur der Stoa von Char. BOURAS.[9] Die Veröffentlichung der Skulpturen wird von G. DESPINIS vorbereitet.

Der vielschichtige brauronische Quellenkomplex hat seither mehrfach Anlaß zur Bearbeitung besonderer Probleme gegeben. Die Ergebnisse sind auch für die Kindheitsforschung von erheblicher Bedeutung. Von Lilly KAHIL stammen Untersuchungen über ausgewählte keramische Funde des 5. Jahrhunderts mit ihren bildlichen Darstellungen[10] sowie über den Artemis-Kult in Brauron und in Attika insgesamt[11]. In einer dritten diesbezüglichen Studie wendet sie sich auf Grund neuer Funde nochmals besonders solchen Darstellungen auf brauronischen Vasen zu, die den Dienst der *arktoi* zum Inhalt haben.[12] - Semni PAPASPYRIDI-KAROUZOU hat bereits 1957 eine ausführliche Studie über das blinde Mädchen vorgelegt, wovon noch der Kopf erhalten ist.[13] J.D. KONDIS handelt in einer längeren Studie erneut über die Artemis Brauronia und ihren Kult.[14] Beachtung erfordert ebenfalls eine kleinere musikwissenschaftliche Studie von J.G. LANDELS über eine Aulos (ein oboenartiges Instrument) aus dem späten 6. oder frühen 5. Jahrhundert[15], die vielleicht im kultischen Zusammenhang gesehen werden darf.

Brauronische Funde sind auch bereits ausführlicher von Bearbeiterinnen übergreifender Themen berücksichtigt worden, so u.a. von Christiane VORSTER in ihrer Studie über griechische Kinderstatuen[16] und von Hilde RÜHFEL in ihren beiden Büchern zur Kindheit in Griechenland und in Athen[17].

Nicht unberücksichtigt bleiben darf die Arbeit von Tullia LINDERS über die Schatzverzeichnisse der Artemis Brauronia in Athen[18], denn diese Verzeichnisse betreffen nach neuester Erkenntnis die in Brauron selbst und nicht, wie ursprünglich angenommen, die im Brauronion auf der Akropolis von Athen aufbewahrten Schätze. Über das Athener Brauronion hat G.Ph. STEVENS schon 1936 Untersuchungsergebnisse vorgelegt.[19]

---

[9] Char. BOURAS, ʽΗ ἀναστήλωσις τῆς στοᾶς τῆς Βρανρῶυος (1967)
[10] L. KAHIL, AntKunst 1.Beiheft, 1963, 5ff.
[11] L. KAHIL, AntKunst 8, 1965, 20ff.
[12] L. KAHIL, AntKunst 20, 1977, 86ff.
[13] S. PAPASPYRIDI-KAROUZOU, ArchEphem 1957, 68ff.
[14] I. D. KONDIS, ArchDelt 22, 1967, 156ff.
[15] J. G. LANDELS, ABSA 58, 1963, 116ff.
[16] C. VORSTER, Griechische Kinderstatuen (1983)
[17] H. RÜHFEL, Das Kind in der griechischen Kunst (1984); dies., Kinderleben im klassischen Athen (1984). Siehe auch: dies., Bilddokumente zur Paideia im antiken Athen, in: C. RITTELMEYER - E. WIERSING, Bild und Bildung (1991) 53ff.
[18] T. LINDERS, Studies in the Treasure Records of Artemis Brauronia Found in Athens (1972)
[19] G. P. STEVENS, Hesperia 5, 1936, 443ff.; Suppl. III. 1940; 15, 1946, 73ff.

Er gibt über Brauron eine größere Anzahl schriftlicher Quellen, die Historiographie wie die Mythologie betreffend. Diese und neueren Arbeiten, die sich mit ihnen auseinandersetzen, sind jeweils an gegebener Stelle vermerkt. Vorab sei auf die kindheitsgeschichtliche Studie von Angelo BRELICH über „Paides e Parthenoi" hingewiesen, die schwerpunktmäßig vom Aspekt der Initiationen ausgeht und außer Brauron eine Reihe bedeutsamer Kulte (Athen, Korinth, Patrai, Sikyon, Delphi u.a.) in die Betrachtung einbezieht.[20] Die Studie stellt hinsichtlich der in Frage kommenden Quellen, die insgesamt in ihren wesentlichen Ausschnitten wiedergegeben sind, den neueren Erkenntnisstand dar.

Aus allem Vorstehenden ergibt sich ein inzwischen erhebliches Spektrum an vorhandenen Informationen über das Artemis-Heiligtum von Brauron. Eine nochmalige, wenn auch zusammenfassende Darstellung rechtfertigt sich, abgesehen davon, daß die meist fremdsprachigen Beiträge über verschiedene Periodika verstreut sind, durch die besondere Fragestellung im Hinblick auf die Kinder von Brauron.

5. Die antike Stadt Brauron und das Heiligtum: Topographie, Archäologie und Imagination

Brauron hat in seiner über tausendjährigen Geschichte unterschiedlichen Siedlungscharakter gehabt. Schwerpunktmäßig kann man dem derzeitigen Untersuchungsstand zufolge zwei Bereiche unterscheiden: (Übersichtsplan Abb. 14). Zunächst die in der Bronzezeit besiedelte und offenbar blühende Akropolis, zu der vermutlich auch das an ihrem nordwestlichen Fuße gelegene alte Heiligtum („Grab der Iphigeneia") gehörte; sodann ein späteres, bis in die frühchristliche Zeit reichendes großes Heiligtum, ebenfalls am Fuße der Akropolis, direkt an das alte Heiligtum anschließend und mit diesem zu einem Temenos verbunden. Der historische Ort Brauron, zu dem das spätere Heiligtum gehörte, ist bisher, von einzelnen Spuren abgesehen, nur durch kurze schriftliche Hinweise auf einzelne Gebäude bekannt.
Der Akropolis-Hügel, mit einer Höhe von 46 Metern südlichster Ausläufer des Perati-Gebirges, befindet sich bereits mitten in der Erasinos-Niederung, wenige hundert Meter von der heutigen Küstenlinie am Ende der Bucht von Brauron entfernt. Vielleicht kommen bei späteren Untersuchungen in diesem Bereich und auf den angrenzenden Höhen Hinterlassenschaften zutage, die eine annähernde Rekonstruktion des antiken Brauron um das Heiligtum herum möglich machen.

Ehe PAPADIMITRIOU 1948 mit seinen Ausgrabungen begann, hatte sich auf Grund archäologischer Hinweise und literarischer Quellen die Vermutung verdichtet, daß sich

[20] A. BRELICH, Paides e Parthenoi (1969)

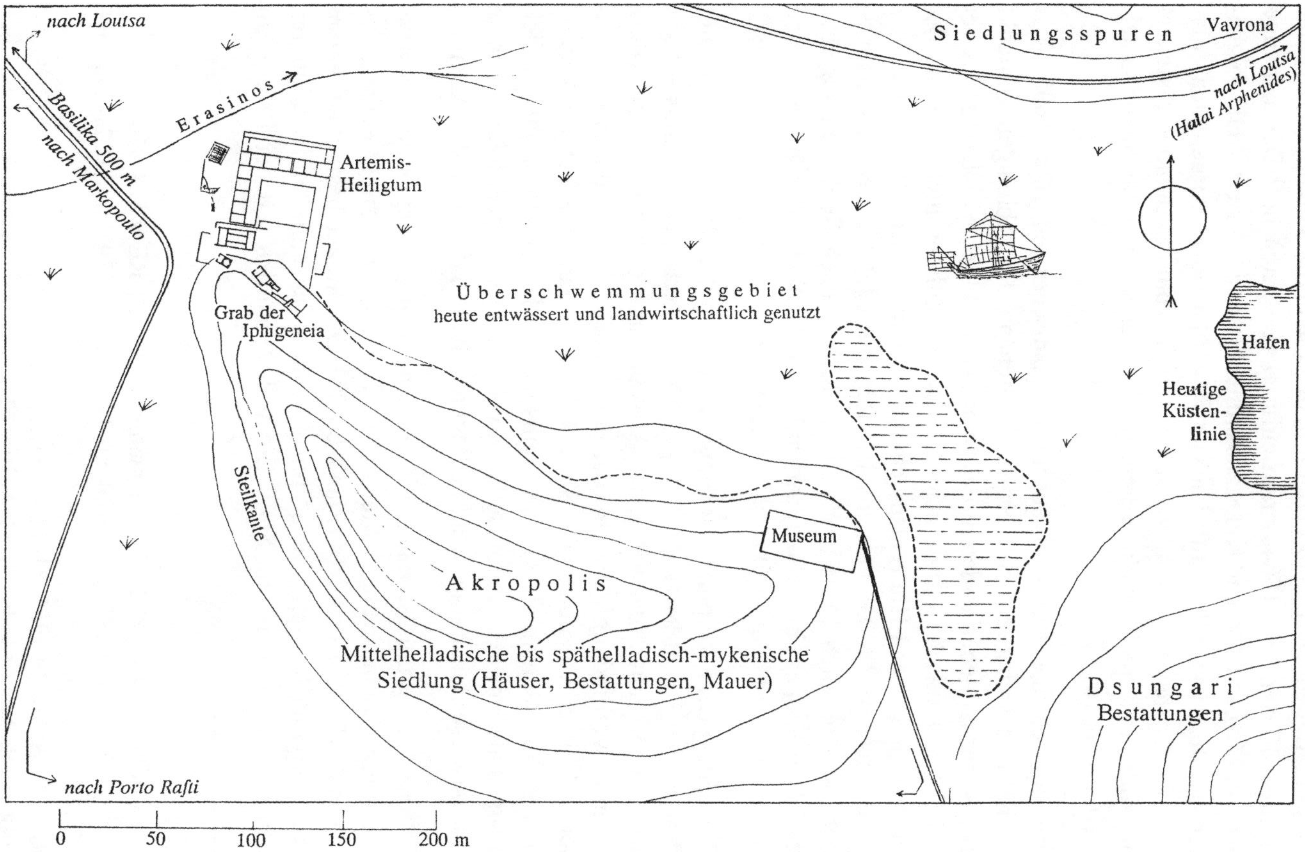

Abb. 14. Brauron in Geschichte und Gegenwart
In frühgeschichtlicher Zeit, als sich hier der Artemins-Kult bzw. der Kult einer Frauengöttin konstituierte, reichte die Küstenlinie vermutlich noch bis nahe an das alte Heiligtum der Iphigeneia („Grab der Iphigeneia") heran.

an der Erasinos-Mündung das Artemis-Heiligtum von Brauron befinden müsse. Bekannt waren Siedlungsspuren an der nördlichen Hanglage der Niederung und Feldskammergräber auf dem Dsungari, dem Berg zum Perati hin; unter anderen hatten CURTIUS und MILCHHÖFER in ihrem Kartenwerk 1884 darauf aufmerksam gemacht.[21] Der damalige Kenntnisstand ist von MILCHHÖFER und KERN zusammenfassend referiert.[22] Die folgenden Darlegungen beruhen wesentlich auf den von PAPADIMITRIOU vorgelegten Ausgrabungsberichten. Der spätere Leser wird zusätzlich auf die zum Zeitpunkt der Niederschrift des Vorliegenden noch nicht erschienenen, endgültigen und vollständigen Darstellungen zurückgreifen können.

Die Akropolis trägt Spuren eines Ringwalls aus mittelhelladischer Zeit (2000 -1600). Aus eben dieser Epoche sind Gebäude und Terrassenspuren an den Abhängen entdeckt worden. Bemerkenswert ist neben anderem das Steinkistengrab eines Kleinkindes bei einer Zimmerwand.[23] Keramische Funde belegen eine Besiedlung auch während der späthelladischen Perioden II und IIIa (entsprechend Mittelmykenisch II), in absoluter Chronologie der Zeit bis etwa 1300. Funde aus dem folgenden Jahrhundert, der spätmykenischen Periode, werden selten. Dann bricht allem Anschein nach die Besiedlung ab. - Auf dem Dsungari-Berg gibt es eine größere Anzahl von Felsenkammergräbern aus den späthelladischen Perioden II bis IIIb mit reichhaltigem Inventar.[24]

Das Ende der Besiedlung der Akropolis von Brauron etwa um die Wende vom 14. zum 13. Jahrhundert wird von PAPADIMITRIOU weniger mit kriegerischen Ereignissen, als vielmehr mit dem Synoikismos (der Einigung) Attikas durch den sagenhaften König Theseus von Athen in Verbindung gebracht (der uns in einer Version der Iphigenien-Überlieferung auch als deren Vater begegnet; siehe S. 166). Im Zuge dieses Synoikismos zogen die Bewohner der Siedlung auf der Akropolis nach Athen. Gleichwohl verblieb Brauron, das ehemals als eine der kekropischen Zwölfstädte eine erhebliche regionale Macht besaß, eine gewisse Bedeutung, wohl bedingt durch das Heiligtum der Artemis.

Dieses ursprüngliche Heiligtum ist innerhalb eines archäologischen Komplexes zu suchen, der sich in einer Länge von 25 Metern von NW nach SO direkt entlang des auslaufenden Akropolis-Felsens erstreckt (Plan Abb. 15). Die Anlage besteht aus einem kleinen Tempel „Heiligtum der Iphigeneia" im NW, daran anschließenden mittleren Räumen und dem „heiligen Haus" im SO.[25] Ein wahrscheinlich seit der Bronzezeit

---

[21] CURTIUS - KAUPERT a. O. (Anm. 5)

[22] „Brauron" (MILCHHÖFER), RE V, 822-824. - „Brauronia" (KERN), RE V 824-826

[23] J. PAPADIMITRIOU, PraktArchEt 1955, 119-120 mit Tf.38; 1956, 77-80 mit Tf.22-23α (das Kindergrab auf Tf.22β)

[24] J. PAPADIMITRIOU, PraktArchEt 1955, 81-87 mit Tf.23β-24

[25] J. PAPADIMITRIOU, PraktArchEt 1949, 79-83; 1950, 173-177; 1955,118-119 mit Tf.38α und 39α; 1956, 75-77 mit Tf.19-20; 1957, 42-45 mit Tf.9-11α. - Überblicksmässig bei THEMELIS a.O. (Anm.8), 24-27

bestehender Weg führt die Akropolis hinauf. Der kleine Tempel stammt aus klassischer Zeit und überschneidet an seiner hinteren Wand die mittleren Räume, die zu der Zeit, als der Tempel errichtet wurde, schon eingestürzt waren. In ihrer überkommenen Form sind die mittleren Räume frühestens um 700 v.Chr., d.h. zu Beginn der archaischen Zeit entstanden. Sie waren höhlenartig angelegt. Sie reichten mit ihrem Mauerwerk bis unter den ehemals überhängenden Felsen. Die herabgestürzten Felsbrocken sind noch vorhanden. Aus diesen Räumen stammen verschiedene Opfergaben von Frauen an Artemis/Iphigeneia aus dem 6. und 5. Jahrhundert (Vasen, Skulpturen, Fragmente, Bronzespiegel, Goldschmuck, Idole). Das „heilige Haus" am Ende des Komplexes ist ebenfalls aus klassischer Zeit, aber älter als der kleine Tempel. In den mittleren Räumen und im heiligen Haus fanden sich Spuren von Feuerstellen, die man mit Altären in Verbindung bringen könnte. Nahe bei dem heiligen Haus wurden Grabstellen, allerdings auch erst aus dem genannten historischen Zeitraum, entdeckt. Darin könnten Priesterinnen bestattet worden sein, die dort wohnten und ihren Dienst verrichteten. Besondere Beachtung verdienen noch Fragmente von Urkunden-Stelen, die im Bereich des ursprünglichen Heiligtums zutage kamen. Sie datieren in die Mitte des 4. Jahrhunderts und enthalten Listen von Opfergaben wie Gewänder, Gold- und Silberschmuck[26] (siehe hierzu im folgenden S. 173f.). Vielleicht diente ein Raum des ursprünglichen Heiligtums zur Aufbewahrung dieser Tempelschätze.

Der Deutung von PAPADIMITRIOU folgend ist in den mittleren, höhlenartigen Räumen die Stelle des ursprünglichen, bronzezeitlichen Artemis-Heiligtums zu suchen, die - seit ihrer Ausgrabung - gemäß einer Stelle in der *Iphigeneia bei den Taurern* des Euripides mit einigem Recht als „Grab der Iphigeneia" in Anspruch genommen werden darf. Euripides läßt Athena sprechen: *Du, Iphigeneia, werde Priesterin an Braurons Felsenstieg. An deinem Grab wird manches schöne Kleid dir dargebracht...*(Iph.T. 1462-1464; siehe S. 158). Wenn in dem verhältnismäßig kleinen Bereich des ursprünglichen Heiligtums seit der Bronzezeit Priesterinnen gelebt und gewirkt haben sollten und opfernde Frauen immer wieder dorthin kamen, so wird einsichtig, daß frühe datierende Funde nicht ohne weiteres zu erwarten sind. Die Einbauten klassischer Zeit machen deutlich, daß das ursprüngliche Heiligtum noch Bedeutung hatte, als der Temenos durch einen Tempelbau und schließlich durch die Stoa mit den Aufenthaltsräumen erweitert wurde.

Euripides hätte *Braurons Felsenstieg* nicht ins Spiel gebracht, wenn das Bewußtsein über eine dortige, altehrwürdige Stätte nicht bei den Menschen in Attika vorhanden gewesen wäre. Die Stelle am Fuß der Akropolis von Brauron war naturgemäß wie geschaffen für ein Heiligtum der Artemis oder einer noch früheren weiblichen Gottheit. Das Heiligtum

---

[26] J. PAPADIMITRIOU, PraktArchEt 1956, 75-76. - Zu den im Bereich des ursprünglichen Heiligtums zutage gekommenen Urkunden gibt es Zweitschriften von der Akropolis zu Athen. PAPADIMITRIOU führt auf: IG II² 1514, 1515, 1516, 1517, 1518, 1524, 1529. Diese sind bearbeitet von T. LINDERS a.O. (Anm.18) 5ff.

stellte die Verbindung her zwischen den Menschen, die auf der Akropolis wohnten, und der chtonischen Göttin in der schilfbewachsenen Erasinos-Niederung im Küstenbereich. Insofern hat PAPADIMITRIOUs Vermutung betreffend bronzezeitliches Alter des ursprünglichen Heiligtums trotz fehlender archäologischer Datierung einiges für sich. Vorgreifend auf unsere ins einzelne gehenden Erörterungen mag es daher statthaft sein, die brauronischen Mythen auf diese Lokalität hin zu beziehen.

Man stelle sich vor, wie eine Flotte in der Bucht vor Anker lag, und der Heerführer Agamemnon ein grausiges Kinder-Opfer an seiner Tochter Iphigeneia veranstalten ließ, oder allgemeiner: wie vor militärischen Operationen auf dem dortigen Blutaltar von Priesterinnen Menschen, worunter Kinder, geopfert wurden. Oder wie einer anderen, zentralen Überlieferung zufolge ein Schiff mit Iphigeneia und dem Gefolge ihrer Sklavinnen in die Bucht einlief, und wie vielleicht Orestes mit seinen Männern die Frauen zu den Einwohnern geleitete, allgemeiner: wie Seefahrer den Platz okkupierten und sich dort niederließen. Oder schließlich, wie einer dritten Überlieferung zufolge eine dort gestrandete Mannschaft mit ihrem Führer (Orestes) gefangen genommen und von Priesterinnen auf dem Blutaltar der Göttin dargebracht wurde. Die Gedanken reichen auch zu den lemnischen Pelasgern, die von See aus den Ort überfielen, unter den Einwohnern auf dem Berge und unter den Priesterinnen im Heiligtum ein Blutbad anrichteten und die dort dienenden Jungfrauen fortschleppten. Schließlich gibt es eine Überlieferung, daß im Heiligtum - nehmen wir an: im nahegelegenen Schilf - Bären im Dienst der Göttin gehalten wurden, wobei die Frage auftaucht, wer die Tiere dort gewartet hat. Waren es Frauen oder Männer? Die brauronische Mythologie hält viel Stoff bereit für neue literarische Gestaltungen.

Der in seinen Fundamenten erhaltene Artemis-Tempel wurde in dorischer Bauweise wahrscheinlich in der ersten Hälfte des 5. Jahrhunderts v.Chr. errichtet, anstelle eines Tempels aus archaischer Zeit, der sich ein Stück weiter dort befand, wo heute die Kapelle des Ag.Georgios steht. Der Tempel hat die Ausmaße von ca. 19 x 10 m. Auf der Ostseite war ein Prostylos (eine Vorhalle mit Säulen), anschließend die dreischiffige Cella mit zwei Säulenreihen, und auf der Westseite ein Adyton (ein Kultraum). Es sind aber noch nicht alle architektonischen Einzelheiten geklärt. Man kann sich den Tempel als höchstes und das Heiligtum blickmäßig beherrschendes Gebäude vorstellen, zumal er bereits auf erhöhtem Felsengrund fundamentiert ist. Bezüglich der Kultstatue der Artemis sei auf die gesonderte Erörterung S.180ff. verwiesen.

Entlang der Nordseite des Tempels verläuft eine aus baulichen Gründen notwendig gewordene Stützmauer mit Stufen. Bei dieser Mauer fanden sich zahlreiche Skulpturen bzw. Skulpturenfragmente, auch Stelen und Reliefs, aus dem 5. und insbesondere aus dem 4. Jahrhundert. Bei den Skulpturen handelt es sich meistens um Bildnisse von Kindern, denen, ebenso wie den Kinder-Skulpturen in der Stoa (s.w.u.) unser besonderes Interesse gilt. Vertiefungen in der Mauer deuten darauf hin, daß die Skulpturen hier als

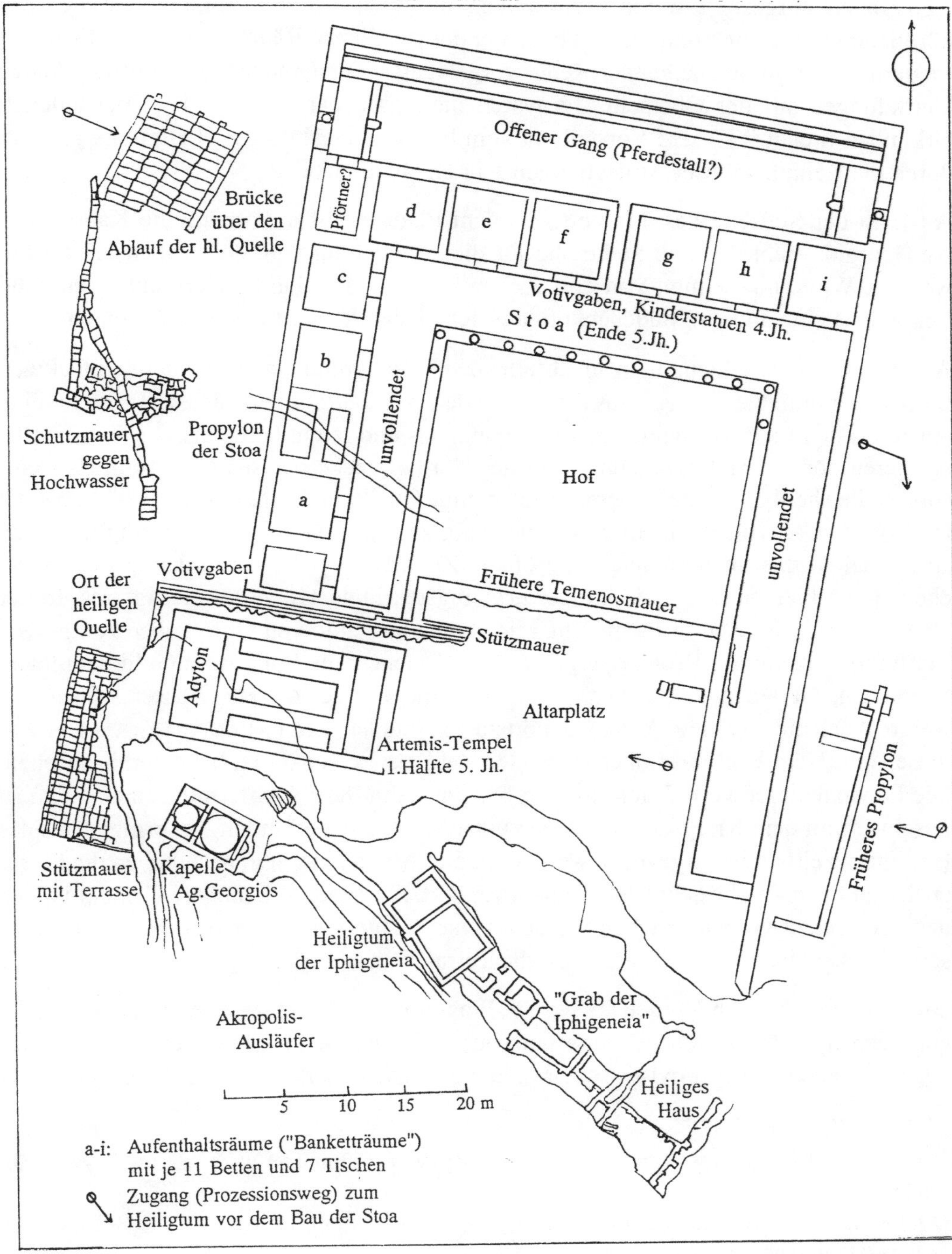

Abb. 15. Plan des Artemis-Heiligtums von Brauron (vereinfacht)
Nach PAPADIMITRIOU 1963, BOURAS 1967 und THEMELIS (o.J.)

Votivgaben aufgestellt waren.[27] Außerdem befinden sich im Winkel zwischen der nördlichen Stützmauer und der Außenmauer der westlichen Räume bei der Stoa - diesen Mauern in zusammenhängender Reihe vorgelagert - Fundament-Steine mit länglichen Vertiefungen auf der Oberseite. Es waren die Basen der w.u. (S. 173) behandelten Urkunden-Stelen.[28] Unsere Vorstellung vom Erscheinungsbild des Heiligtums gewinnt durch die Kenntnis dieser Aufstellungen sehr an Deutlichkeit.

Auch an der Südseite des Tempels, bei dem Plateau, auf dem heute die Kapelle des Ag.Georgios steht, ist eine Steinreihe für die Aufstellung von Votivgaben festgestellt worden. Weiterhin stammt von dort Keramik aus dem 5. Jahrhundert, außerdem sind Urkundensteine und ein Mädchenkopf aus dem 4. Jahrhundert zutage gekommen.[29]

Auf der Westseite erkennt man am abfallenden Felsengrund eine von einer rechteckigen Stützmauer umfaßte Terrasse aus der Zeit Ende des 5. Jahrhunderts. Diese Terrasse füllte einstmals den Platz vor dem früheren Tempel aus und reicht heute bis vor die Kapelle. An deren nördlicher Begrenzung - bei der Nordwestecke des späteren Tempels - entspringt die „heilige Quelle". Terrasse und heilige Quelle sind, was das religiöse Leben im Heiligtum anbetrifft, in einem Zusammenhang zu sehen. Die Terrasse ermöglichte den Aufenthalt von Besuchern, auch in größerer Zahl. Die Quelle - man denke sie sich als ehemaligen kleinen See - ist eine der ergiebigsten Fundstellen des Heiligtums. In der Quelle selbst wie auch in ihrem Umkreis kamen tausende von Opfergaben zutage wie Tonfiguren, Keramik, Bronzespiegel, Schmucksachen aus Silber und Gold, Gemmen, Skarabäen, Geräte aus Knochen, sogar hölzerne Geräte, die im Wasser konserviert waren. Auch die erwähnte Aulos[30] gehört zu den Funden. Mit PAPADIMITRIOU kann man diese Gegenstände in ihrer überwiegenden Zahl als Versenkopfer an Artemis ansehen. Die Funde datieren vom 7. Jahrhundert bis zum Jahr 480.[31] Der terminus ante quem ist unschwer mit dem Kriegszug der Perser unter Xerxes in Verbindung zu bringen, als das Heiligtum zeitweilig aufgegeben werden mußte. Allem Anschein nach haben die Perser auch den bis dahin bestehenden Tempel zerstört. Der heute erkennbare Tempel ist erst nach der Perser-Gefahr errichtet worden, versetzt zum vorherigen Tempel, so daß sich seine West-Seite nicht mehr genau an die Terrasse anschließt.

Die Quelle fließt nach Norden ab, wo das Wasser nach 40 Metern eine steinerne Brücke aus der Mitte des 5. Jahrhunderts unterquert. Vorher wird es dort eine Holzbrücke gegeben haben. Zwei provisorische Mauern zwischen Terrasse und Brücke sind später

---

[27] J. PAPADIMITRIOU, PraktArchEt 1950, 173-174; 1959, 19 mit Tf.12β-δ. Tf.13α; Ergon 1959, 15-18

[28] J. PAPADIMITRIOU, PraktArchEt 1945, 85, Abb.3; Ergon 1959, 18, Abb.19; Ch. BOURAS a.O. (Anm.9) Plan Abb.69

[29] J. PAPADIMITRIOU, PraktArchEt 1950, 173-176 mit Abbildungen; Ergon 1959, 15-16

[30] LANDELS (Anm.15)

[31] Ergon 1961, 31-34 mit Abbildungen; J. PAPADIMITRIOU, Scientific American 1963, 113-115

zum Schutz der dann bestehenden Stoa vor Überschwemmungen gebaut worden.[32] Auch in diesem Bereich kamen zahlreiche Funde zutage, darunter Scherben eines für Brauron kennzeichnenden kleinen Kratérs aus dem 5. Jahrhundert mit der Darstellung tanzender und laufender *arktoi,* die unsere besondere Aufmerksamkeit erregen (siehe S. 219).

Ehe die Stoa gebaut wurde, führte über die genannte - westlich gelegene - Brücke der Zugang zum Heiligtum im Bogen nach Osten und Süden zum ehemaligen Propylon an der Ostseite. Auf dessen Bodensteinen sind Wagenspuren erhalten. Nach Passieren des Propylon befand sich der Besucher auf dem Altarplatz vor dem Tempel. Der Altarplatz ist nach Norden durch die Temenosmauer begrenzt, die wenige Meter nach Norden versetzt, in der West-Ost-Richtung des Tempels verläuft. Daß es sich bei dem freien Platz östlich vor dem Tempel in der Tat um den Altarplatz handelt, wird nach PAPADIMITRIOU durch den dortigen Ausgrabungsbefund erhärtet. Denn das dort seit altersher vielfach auf- und umgeschichtete Erdreich ist stark mit Ascheresten durchsetzt. Die zahlreichen eingelagerten Fundstücke - ursprünglich wohl auch zum Teil Votiv- und Opfergaben - gehören dem Zeitraum vom 7. bis zum 5. Jahrhundert an.[33] (Wegen weiterer Mauerreste auf und bei dem Altarplatz ist auf den endgültigen Ausgrabungsbericht zu verweisen.)

In dem so beschriebenen Umfange hat das Heiligtum bis in die letzten Jahrzehnte des 5. Jahrhunderts bestanden, unter Einbeziehung des ursprünglichen, kleinen Heiligtums am Felsenrand. - Nunmehr richten wir unsere Aufmerksamkeit auf die um 420 v.Chr. errichtete Stoa, durch die das Heiligtum eine weitere, sehr erhebliche Erweiterung erfuhr.

Die Stoa[34] ist ein dreiflügeliges Gebäude, dessen Anlage nach Süden hin offen ist und einen Hof umschließt. Dieser reicht bis an die frühere Temenosmauer heran und bildet mit dem anschließenden Altarplatz einen zusammenhängenden Innenbereich des erweiterten Heiligtums. Der Ostflügel der Stoa ist nie fertiggestellt worden, vermutlich aus wirtschaftlichen Gründen im Zusammenhang mit dem Peloponnesischen Krieg 431-404. Die Innenmaße der Stoa sind durch den erhaltenen Stylobat (die Standfläche für die Säulenstellung) im einzelnen bestimmbar. Sie betragen (abgerundet) auf der Westseite 25 m, auf der verbindenden Nordseite 28 m und auf der projektierten Ostseite, die nahe an den Felsbereich des ursprünglichen Heiligtums heranreicht, 43 m. Die Nordseite hatte elf dorische Säulen; auf der West- wie auf der Ostseite war je eine anschließende Säule ursprünglich ebenfalls schon vorhanden. Die Säulen konnten größtenteils wieder errichtet werden, um die Ecken herum sogar mit Architrav, Triglyphen und Metopen, was dem heutigen Besucher einen lebhaften Eindruck von ehemaligen Erscheinungsbild der Stoa

---

[32] Ergon 1962, 25-27 Abb.32; BCH 86, 1962, 681 Abb.25 (betr. Brücke über den Abfluß der Quelle)

[33] J. PAPADIMITRIOU, PraktArchEt 1956, 73-75; 1959, 20

[34] Zur Stoa ausführlich: Ch. BOURAS (Anm.9); C.BÖRKER, Gnomon 41, 1969, 802ff.

Abb. 16. Rekonstruktion der Stoa
Westlicher Teil des Nordflügels mit den Eingängen zu den Aufenthaltsräumen („Bankett-räumen"). Entlang der Wand sind Kinderstatuen und weitere Votivgaben aufgestellt. Siehe auch Abb. 12. - Nach Ergon 1961, 22 Abb. 21. Mit freundl. Genehmigung des Herausgebers.

vermittelt (siehe Abb. 11 auf S. 132). Von der Stoa aus südwärts gewandt kann man auch um so leichter den Artemis-Tempel und das alte Heiligtum wieder vor dem imaginativen Auge erstehen lassen. Im Museum von Brauron befindet sich ein Modell des gesamten Heiligtums.

Auf der nördlichen wie westlichen Rückseite der Stoa liegen die im Mauer-Grundriß heute noch deutlich erkennbaren Räume, denen in unserem Zusammenhang einige Bedeutung zukommt. Sie sind von der Stoa aus zugänglich. An der Nordseite sind es sechs Räume. Ein zusätzlicher Raum der Nordwestecke hat einen äußeren Zugang. Zwischen dem dritten und vierten der von innen aus zugänglichen Räume befindet sich ein Durchgang. An der Westseite erkennen wir von N nach S zunächst wiederum zwei von innen zugängliche Räume, sodann, in gleicher Breite wie die Räume, ein Propylon, (das auch in späterer Zeit des Verfalls noch als Durchgang diente), daran anschließend noch einen den übrigen gleichen Raum, und als Abschluß einen kleineren Raum. Die insgesamt neun gleichen, von der Stoa aus zu betretenden Räume waren, wie an erhaltenen Verankerungen im Boden erkennbar, entlang der Wände mit je elf Klinen (Betten) von 1,77 m Länge ausgestattet. Davor standen neun Tische aus Marmor.

Hinter dem Nordflügel befindet sich ein unüberdachter, von beiden Seiten durch Propyläen zugänglicher, breiter Gang. Der oben erwähnte Durchgang zwischen den Räumen stellt die Verbindung zwischen diesem Gang und der Stoa dar. Der kleine Raum am Westende des Nordflügels ist auch von dem breiten Gang aus zu betreten.

Hinsichtlich der architektonischen Rekonstruktion der Stoa mit den anschließenden Räumen und der dabei aufgetauchten, ins einzelne gehenden baukundlichen Fragen wird insgesamt auf die monographische Studie von BOURAS[35] verwiesen.

Ebenso bedeutsam wie die Räume bei der Stoa und deren Inventar sind die - ähnlich wie an den Seiten des Tempels - entlang der Türwand in der Stoa aufgestellten zahlreichen Kinder-Skulpturen aus den letzten Jahrzehnten des 4. Jahrhunderts.[36] Eine Darstellung des Artemis-Heiligtums von Brauron unter kindheitsgeschichtlichem und bildungsgeschichtlichem Aspekt kann in der Betrachtung der Kinder-Skulpturen kulminieren.

In einer schriftlichen Quelle etwa aus der Mitte des 3. Jahrhunderts, d.h. einige Jahrzehnte, nachdem die Überschwemmungskatastrophe Brauron heimgesucht hatte, wurden von einer Athener „Baukommission" zwecks Feststellung angefallener Restaurierungsarbeiten die in Frage kommenden Gebäude aufgenommen. In der Aufzählung sind die folgenden Gebäude genannt: *neos, parthenon, oikoi, amphipoleion, gymnasion, palaistra, hippones*.[37]

---

[35] BOURAS a.O.

[36] Kinder-Skulpturen aus Brauron sind u.a. abgebildet (einschl. Mehrfach-Veröffentlichungen) in: J. PAPADIMITRIOU, PraktArchEt 1949, 85 Abb.19α-β; 1950, 176 Abb.5; 178 Abb.6-7; 180 Abb.9 rechts; 181 Abb.10; 1959, Tf.12 β-δ. - Ergon 1958, 36 Abb.38; 37 Abb.39; 1959, 16 Abb.15; 17 Abb.16-17; 1960, 22 Abb.30; 23 Abb.32; 24 Abb.33; 29 Abb.38. - BCH 83, 1959, 595 Abb.25; 596 Abb.27; 84, 1960, 664 Abb.5; 665 Abb.6a-b; 666 Abb.7; 85, 1961,639 Abb.2; 640 Abb.4-5; 643 Abb.9. - S. PAPASPYRIDI-KAROUZOU, ArchEphem 1957, 75 Abb.7; Tf.18-19 [das blinde Mädchen]. - P.G. THEMELIS, Brauron. Führer durch das Heiligtum und das Museum (o.J.) 22 Abb.a-b; 26 Abb.; 66 Abb.a-b; 70 Abb.a-c. - C. VORSTER, Griechische Kinderstatuen (1983) Tf.12,2; Tf.18,2; Tf.23,2; Tf.24,4; Tf.25,1.5. - J. PAPADIMITRIOU, Scientific American 1963, 116. - H. RÜHFEL, Das Kind in der griechischen Kunst (1984) 219 Abb.89; 220 Abb.90. - J. CHARBONNEAUX et al., Das hellenistische Griechenland (1971) 227 Abb.239.240. - I. DOUSKOU, Athen. Die Stadt und ihre Museen (1985) 54, Abb.56.

[37] Niederschlag der von den Nomotheten in Athen veranlaßten Überprüfung ist eine in Brauron aufgefundene Inschrift, abgebildet bei J. PAPADIMITRIOU, Scientific American 1963, 118. Hierzu

→

Nach PAPADIMITRIOU bezeichnet *neos* den Artemis-Tempel und *parthenon* (wörtlich: Jungfrauengemach) die Stoa mit den anschließenden Räumen. Letztere dienten demzufolge der Unterbringung der *arktoi.* Dieser Zuweisung ist aber widersprochen worden, namentlich durch BÖRKER.[38] Mit *parthenon* könnte auch, analog zum Parthenon auf der Aktropolis zu Athen als dem Tempel der jungfräulichen Athena, der Tempel der Artemis gemeint sein, so daß *neos* dann folgerichtig der kleine Tempel im ursprünglichen Heiligtum am Felsenrand gewesen wäre. Die Bezeichnung *parthenon* kommt auch bereits in, das Heiligtum betreffenden Urkunden aus der Mitte des 4. Jahrhunderts vor, ohne daß das Gebäude sicher bestimmt werden kann.[39] In seiner engagierten Stellungnahme vermutet BÖRKER, daß die Räume der Stoa mit den in o.a. Quelle genannten *oikoi* identisch seien und daß sie als Bankettträume gedient hätten. Die relativ kleinen Klinen reichten den Feiernden zur geselligen Lagerung mit hochgelegten Beinen - wie allgemein üblich gewesen - völlig aus. Heranwachsende Mädchen konnten aber auch bequem darauf schlafen. Für die Deutung als Bankettträume gibt es in der Tat reichhaltige Vergleichsfunde in griechischen Heiligtümern, die BÖRKER in einer eigenen Studie zusammengetragen hat.[40] Er kommt jedoch nicht auf die besonderen kultischen Gegebenheiten Braurons zu sprechen, woraus sich sicher zusätzliche Deutungsaspekte ergeben. Ohne Zweifel ist der Benutzerkreis der Klinen-Räume durch den Artemis-Kult bestimmt. Das legen bereits die vor den Räumen aufgestellten Kinder-Skulpturen nahe. Der Text auf der Base einer Skulptur gibt z.B. Aufschluß darüber, daß diese von *Mnesistrate*, der *Tochter des Theotimidos aus Anagyrus* (beim heutigen Vari in Attika) der Artemis gewidmet worden ist.[41] (Diese Base ist auf Abb. 11 als zweite von rechts erkennbar; sie steht vor der ersten Base daselbst.) Mit einigem Recht darf man vermuten, daß Mnesistrate anläßlich eines Opfers zusammen mit ihrer Familie auch einen Klinen-Raum zum

---

weiterhin: J.D. KONDIS, ArchDelt 20, 1967, 169-170; T. LINDERS, Studies in the Treasure Records of Artemis Brauronia Found in Athens (1972) 71-73; L. KAHIL, AntKunst 20, 1977, 96-97

[38] C. BÖRKER, Gnomon 41, 1969, 806. - Der Deutung BÖRKERs schließt sich LINDERS a.O. an. - Siehe auch C. VORSTER, Griechische Kinderstatuen (1983) 64-65

[39] IG² 1514-31 (Urkunden von der Akropolis in Athen, siehe LINDERS a.O. 70f. 1.) Verfasserin erörtert die Frage nach denjenigen Gebäuden in Brauron, in welchen die Tempelschätze aufbewahrt waren, was im vorstehenden Zusammenhang nicht eigens zu berücksichtigen ist (zu den Tempelschätzen siehe hier S. 173).

[40] C. BÖRKER, Festbankett und griechische Architektur (1983) mit Abb.19. - E.WILL, Banquets et salles de banquet... (1976) mit Abb.2. - R.A.TOMLINSON, Greek Sanctuaries (1976) 110ff. - M.S. GOLDSTEIN, The Setting of the Ritual Meal...(1975) 114ff.

[41] ΑΡΤΕΜΙΔΙ
ΜΝΗΣΙΣΤΡΑΤΗ
ΘΕΟΤΙΜΙΔΟΥ
ΑΝΑΓΥΡΑΣΙΟΥ
ΑΝΑΘΗΚΕΝ Siehe Abbildung auf S. 250 links.

„Bankett“ benutzt hat. Es wäre wohl zu einseitig, anzunehmen, daß die Räume nur den dionysisch zechenden Männern vorbehalten waren.

Natürlich ist der Gedanke PAPADIMITRIOUs reizvoll, daß die im Heiligtum dienenden Mädchen direkt bei dem Festplatz (bestehend aus dem Hof der Stoa und dem anschließenden Altarplatz), wo sie die kultischen Tänze aufführten, zugleich auch wohnten. Wir hätten es dann mit einem zusammenhängenden „Schul- und Internats-Komplex“ mitten im Temenos zu tun. Letztlich ist jedoch nicht entscheidend, wo die Mädchen wohnten, ob innerhalb oder außerhalb des Temenos.

Was im besonderen die *oikoi* anbetrifft, so könnten diese auch außerhalb des Temenos gestanden haben. Als *amphipoleion* (Priester-/Priesterinnenwohnung) ist naheliegenderweise das heute so genannte „heilige Haus“ im ursprünglichen Heiligtum am Felsenrand in Anspruch zu nehmen, allerdings auch ohne daß endgültige Sicherheit besteht. Die zueinander gehörenden Einrichtungen *gymnasion* (Lauf-/Wettkampfbahn) und *palaistra* (Sporthalle) sind außerhalb des Temenos zu suchen. Ihre Erwähnung gibt indessen deutliche Hinweise nicht nur auf das bauliche Umfeld des Artemis-Heiligtums, sondern ebenfalls auf Leben und Jugendbildung in Brauron überhaupt. Hier mag der Hinweis angebracht sein, daß Gymnasien und Palästren nicht immer nur für die Erziehung der männlichen Jugend bestimmt waren, sondern je nach den lokalen Schwerpunkten auch der Mädchenerziehung dienen konnten[42], ein Aspekt, der namentlich für Brauron der Beachtung bedarf. Ob schließlich mit *hippones* (Pferdeställe) der breite Gang hinter den Räumen des Stoa-Nordflügels gemeint sein könnte, muß offen bleiben. Jedenfalls werden die Besucher des Heiligtums ihre Pferde nicht allzuweit von diesem entfernt eingestellt haben können.

Im übrigen ist bewußt zu halten, daß Brauron eine lebendige antike Stadtsiedlung gewesen ist, die nicht auf das Heiligtum und sein direktes bauliches Umfeld beschränkt war, sondern sich über den Bereich der Erasinos-Mündung und der benachbarten Höhen ausgestreckt haben muß, was durch zukünftige Ausgrabungen sicher noch deutlicher erhellt werden kann. Östlich des ursprünglichen Heiligtums kam ein kleines Haus mit zwei Räumen zutage. Darin wurden wiederum kleine Kratere mit Darstellungen tanzender *arktoi* gefunden.[43] Auf vielfältige weitere Einzelfunde im Umkreis des Heiligtums, namentlich im Erasinos-Schlamm und am Fuße der Akropolis, sei hier nur summarisch hingewiesen. Das Schwergewicht unseres kurzen, archäologischen Durchganges sollte insbesondere auf solchen Befunden liegen, die Hinweise auf den Artemis-Kult geben und den Dienst der *arktoi* in spätklassischer Zeit erhellen, was weiter unten auszuführen ist.

---

[42] H. - I. MARROU, Geschichte der Erziehung im klassischen Altertum (1957): Hinweise auf die sportliche Betätigung der Mädchen außer in Sparta auch in Olympia, Chios, Teos und Pergamon S.172-173 mit Quellenangaben. - Siehe auch E. SPECHT, Schön zu sein und gut zu sein (1989) 102ff.

[43] Ergon 1961, 36 mit Abb.40-41

Abb. 17. *Und wenn die Nymphen dich [Artemis] während des Tanzes umkreisen - Nahe den Quellen ... oder im See ...* (Kallimachos hymni 3,170f.)

Das Heiligtum von Brauron, von NO aus der Erasinos-Niederung gesehen. Im Hintergrund die Ausläufer der Akropolis (im Bilde von links nach rechts abfallend). Durch die Säulen der Stoa ist das Fundament des Artemis-Tempels zu erkennen, dahinter die Kapelle Ag. Georgios. - Artemis ist an den abgelegenen Seeufern, in Sumpf und Schilf zu Hause, dort, wo die Natur furchteinflößend ist, oder wo in der Einsamkeit ihre chtonische Wesenheit zur Geltung kommt. In ihrer Gesellschaft befinden sich die Tiere - und die Jungfrauen, die bei Kallimachos zu Nymphen werden. (Die angezogene Textstelle steht im Halai-Araphenides-Kontext.)

6. Das ausgehende 4. Jahrhundert v.Chr. Anmerkungen zur politischen, kulturgeschichtlichen und pädagogischen Situation

Im Jahre 338 begann durch die Niederlage der vereinigten Athener und Thebaner bei Chaironea die makedonische Vorherrschaft in Griechenland. Demosthenes (384-322) kämpfte seit 352 in seinen Reden für den Erhalt der griechischen Freiheit gegen Philipp II. von Mazedonien. Der panhellenische Kongreß 337 in Korinth, ein Jahr nach der Niederlage, besiegelte die makedonische Vorherrschaft. Im Jahre 336 bestieg Alexander 20-jährig den makedonischen Thron und veränderte in wenigen Jahren das politische und kulturelle Bild von Europa bis Asien.

Athen bleibt zunächst selbständig, wenn auch im Verteidigungszustand. 322, ein Jahr nach Alexanders Tod, wird Athen von den Makedoniern besetzt. Unter dem Diadochen Kassandros erhält Attika von 317 bis 307 ein oligarchisches Regime mit Demetrios von Phaleron an der Spitze, der das kulturelle Leben Athens fördert. Der makedonische Einfluß bleibt auch in der Folgezeit mehr oder minder stark. Mehrfach wird Attika in diesen Jahrzehnten von Kriegszügen heimgesucht.

Eine Generation zuvor hatte Platon (427-347) seine Ideenlehre entwickelt und die geistige Welt wie auch das politische Denken durch die *Politeia* (der Staat) und die *Nomoi* (Gesetze), Werke, die eine umfassende Staats- und Bildungslehre enthalten, bereichert. Aristoteles (384-323) lebte noch, als die Kinderbildnisse von Brauron geschaffen wurden. Im Zusammenhang der vorliegenden Studie ist aus seinem umfassenden Werk eine wissenschaftliche Materialsammlung zur *Politika* (Staatsschriften), nämlich die *Athenaion politeia*, hervorzuheben, welche über die Verfassungsordnung Attikas handelt und Informationen über die Verwaltungsstruktur, die *Trittyen* und *Demen* („Kreise“ und „Gemeinden“), und über die Organisation der athenischen Staatsfeste enthält.

Was die großen Tragiker des 5. Jahrhunderts anbetrifft, nämlich Aischylos (525/524-456/455), Sophokles (um 496-406) und Euripides (485/484?-406), so wurden um 330 auf Veranlassung des athenischen Staatsbeamten Lykurgos Staatsexemplare ihrer Dramen angefertigt. Diese Dramen behaupteten sich nach wie vor auf der Theaterbühne. Auch der Komiker Aristophanes (um 445 - um 386) blieb geschätzt. Alle vier Dramatiker haben innerhalb ihres Gesamtwerkes bestimmte Überlieferungen um Artemis und Iphigeneia aufgegriffen und textlich neu vermittelt. Aus den alten, kultisch und mythisch formulierten Bindungen des griechischen Bewußtseins heraus entwickelten sie eine befreiende, humanistische Sicht der Existenz im Einklang mit einer sich fortentwickelnden gesellschaftlichen Praxis. In unserem Zusammenhang ist insbesondere ihre Bewältigung des im Artemis-Kult Griechenlands an zentraler Stelle stehenden Iphigenien-Opfers von Bedeutung. Die Überlieferung um Iphigeneia ist - neben derjenigen von Abraham und Isaak -

wohl die am meisten bekannte Kinderopfer-Überlieferung der Religionsgeschichte überhaupt. Das Opfer gewann in den Dichtungen wie in der kultischen Institution einen Sinn des Segens für Frauen in den Nöten von Schwangerschaft, Geburt, Kindbett und Kinderpflege, auch wenn tödliche Krankheit hereinbrach, und das Opfer stand ebenso für die Erziehung heranwachsender Mädchen im Dienst der Göttin. Aischylos gestaltet in der Agamemnon-Tragödie (wie in der Orestie insgesamt) die mythischen Geschehnisse um die Ursprungsriten aus schuldhafter, unausweichlicher Verstrickung heraus und hin zu freien menschlichen Beziehungen und politischen Verhältnissen. Euripides übermittelt in seinen beiden Iphigenien-Dramen über ätiologische Zusammenhänge hinaus wesentliche inhaltliche Sinnbestimmungen für den überkommenen Artemis-Kult. Eine Iphigenien-Tragödie des Sophokles ist leider bis auf wenige Fragmente verloren gegangen. Aristophanes liefert in seiner *Lysistrate* unter anderem eine aufschlußreiche Skizze über die athenische Mädchen- und Jungfrauenbildung im Zusammenhang mit dem Athena- und dem Artemis-Kult.

Zeitgenössische Dramatiker sind Diphilos (geb. um 350), Philemon (geb. um 364?) und Menandros (342/341-293/292). Von letzterem ist am meisten erhalten. Die Komödien des Menandros bringen in spätklassischer Abgeklärtheit und Weisheit realistisch-humane Züge des Lebens jenseits mythischer Bindungen zur Geltung. Eine in seinem Stück *Epitrepontes* (das Schiedsgericht) um eine Kindesaussetzung herum gefügte Handlung steht im brauronischen Kult-Zusammenhang. - Alle einschlägigen Testimonien der dramatischen Dichter greifen wir an gegebener Stelle auf.

In der bildenden Kunst tritt der Athener Praxiteles (tätig zwischen 370 und 320) hervor, dessen Marmorwerke Göttliches zum Gegenstand haben und den Ausdruck des Seelischen hervorbringen. Von ihm stammt auch, gemäß einem Hinweis bei Pausanias I 23,7, ein Kultbild der Artemis, das sich zu der Zeit, als Pausanias seine Reisebeschreibung verfaßte (2.Jh.n.Chr.), im Brauronion auf der Akropolis zu Athen, einer Filiale des Heiligtums von Brauron, befand (siehe S. 180). Der Bildhauer und Architekt Skopas (4. Jahrhundert, nicht genau bestimmbar) legt Pathos und Bewegung in seine Figuren. Lysippos, der Bronzebildhauer (geb. um 400/390, gest. gegen Ende des 4.Jh.) steht in seiner Naturanschauung und Persönlichkeitswahrnehmung am Beginn der hellenistischen Strömung in der Kunst. Zwischen seinen Werken und den Bildnissen von Brauron gibt es Verbindendes. Zeitgenosse ist auch der Maler Apelles (2. Hälfte 4.Jh.), von dessen Werken nichts überkommen ist.

In sozialgeschichtlicher Hinsicht liegt unser Augenmerk vornehmlich auf Lebensformen der Frauen und Kinder und auf dem Familienleben. Bekanntermaßen ist die Rolle der griechischen Frau in ausgehender klassischer Zeit gefestigt als Vorsteherin und Wirtschafterin des Hauses, als Erzieherin der Kinder und natürlich als Ehefrau. Gattenliebe ist ein hohes Gut, und es gibt beredte Zeugnisse darüber. Allerdings unterstand der Mann nicht wie seine Ehefrau dem Gebot sexueller Treue. Aufschlußreiche Hinweise gibt Xenophon (um 430/425 - um 353) in seiner - sicher nicht unbedingt verallgemeinerungsfähigen - Erörterung des Hauswesens von Isomachos (Xen.oik. IV 2-3). Zwischen Isomachos und seiner Ehefrau bestand ein beträchtliches Gefälle, hinsichtlich des Alters und der Bildung, so daß die junge Ehefrau von ihrem Manne erst auf ihre Pflichten hin geprägt werden mußte. Deutlich erkennbar umfaßt das Hauswesen (der *oikos*) einen wesentlichen Komplex griechischer Mentalität und Sinngebung des Lebens.

Erhebliche Beachtung haben aber in der kulturanthropologischen und philosophiegeschichtlichen Literatur auch weitergehende Lebens- und Gefühlsqualitäten der Griechen gefunden. Die Söhne wachsen über das Gymnasion in ihre gesellschaftlichen und politischen Aufgaben hinein. Die hierfür unabdingbare literarisch-philosophische und musisch-sportliche Bildung vollzieht sich auf männlich orientierter, emotionaler und erotischer Beziehungs-Ebene, dem im bürgerlich-repressiven Rezeptions-Umkreis unseres Jahrhunderts öfter mit Staunen, auch mit distanzierendem Unverständnis begegnet worden ist. Seit zwei Jahrzehnten etwa hat sich hier ein Verständniswandel vollzogen, wie unter anderem die Arbeiten von Kenneth J. DOVER[44] und Michael FOUCAULT[45] belegen. FOUCAULT entwickelt die Sexualgeschichte insgesamt und so auch die der griechischen Homosexualität nicht als eine Geschichte des Verhaltens und der Verbote, sondern als Geschichte der Selbsterfahrung des sexuellen Subjekts, als Korrelation zwischen Wissensbereichen, Wissenstypen und Subjektivitätsformen. Vorstehende Untersuchungen setzen - durch FOUCAULT keineswegs ausgeschlossene - Schwerpunkte jenseits der besonderen griechischen Männerwelt, die dadurch unbeschadet ihrer Bedeutsamkeit eine sozialkulturelle Relativierung erfährt.

7. Mythologische Nachrichten im Umkreis des Iphigenien-Opfers

Die lebendige Überlieferung, in der Brauron gegen Ende des 4. Jahrhunderts v.Chr. stand[46], reichte, was die bezogenen „Ereignisse" anbetrifft, damals schon fast ein Jahrtausend zurück, in die Zeit des sagenhaften Trojanischen Krieges, und sie gründet in einem mythologischen Zusammenhang, der durch Personifikation von Kriegertum und Heldenehre, durch weissagende Frauen und Männer, durch Verstrickungen, Totschlag, Menschen-Opfer und blutgetränkte Altäre strukturiert ist. Wobei wir die Frage zunächst offen lassen, ob die sich darin kundtuende mentale Verfassung der Menschen in der Frühzeit mehr durch Anerkennung schicksalhaften Ausgeliefertseins an die Außenmächte

---

[44] K. J. DOVER, Homosexualität in der griechischen Antike (1983)

[45] M. FOUCAULT, Der Gebrauch der Lüste (1986)

[46] Gesamtdarstellungen mit vielfältigen Brauron-Erwähnungen (Auswahl): W.H. ROSCHER, Ausführliches Lexikon der Griechischen und Römischen Mythologie (1884-1937). - L. PRELLER / C.ROBERT, Griechische Mythologie I-III (4.Aufl.1894-1926). - R.v.RANKE-GRAVES, Griechische Mythologie (1987). - H.J.ROSE, Griechische Mythologie (1982). - Siehe ebenfalls: L.W. FARNELL, The Cults of the Greek States I-III (1896).

oder mehr durch dumpfe Hinnahme menschlicher Ambivalenz bestimmt war.

Allerdings sind diese Bestimmungen nicht aus direkten Quellen jener Epoche geschöpft, sondern wir entnehmen sie aus den erst mehrere Jahrhunderte später fixierten Überlieferungen, nämlich den Homerischen Epen (2. Hälfte 8. Jh.) und dem Epischen Zyklus (7./6. Jh.). In diesen uns heute bekannten Gesängen und Erzählungen sind verständlicherweise Bewußtseinsinhalte und Mentalitäten aus der Zeit ihrer schriftlichen Gestaltung eingeflossen. Die tatsächliche Befindlichkeit der Menschen in der Ursprungslage können wir nur erahnen.

Historisch und archäologisch gesehen ist die angedeutete, ursprüngliche Lebenswelt in einer mykenischen Kultur zu suchen, welche chronologisch durch die Perioden Späthelladisch II bis III entsprechend Mittel- bis Spätmykenisch vom Ende des 14. bis zum Anfang des 12. vorchristlichen Jahrhunderts bestimmt ist. Daß die frühen griechischen Kultformen und Göttergestalten, so die herausragende Gestalt der Artemis, ihrerseits auf noch früheren, insbesondere kleinasiatischen und vorderasiatischen Ausprägungen beruhen, sei zumindest erwähnt. Artemis ist aus einer prähellenischen *Magna Mater (potnia)* erwachsen, in deren Zusammenhang auch Kubaba/Kybele sowie Ischtar/Astarte/Aschera und andere Göttinnen stehen.

Die brauronische Artemis hatte eine doppelte Wesenheit, nämlich die der Artemis Tauropolos als der ursprünglich grausamen, Menschen- und Tieropfer heischenden Stier-Göttin, und der Artemis Iphigeneia, der gütigen, Liebe und Leben beschützenden Göttin. Kindbett-Tod, Totgeburten und Kindessterben waren bei der einen aufgehoben, glückliche Mutterschaft, Gesundheit und Lebensglück bei der anderen, jedoch ohne daß die beiden Sphären und damit die beiden Sinnfiguren der Göttinnen streng voneinander abgegrenzt gewesen wären. I. D. KONDIS hebt in seiner historisch-archäologischen Quellenstudie sogar die chtonisch-dämonische Seite der Iphigeneia hervor.[47]

Die doppelte Wesenheit der brauronischen Artemis konstituierte sich in der Stiftungslegende, genauer: in einer wesentlichen ihrer Varianten, durch ein Kindes-Opfer[48] auf einem Blutaltar der Göttin und durch die Aufhebung eben dieses Opfers durch dieselbe Göttin. Vergegenwärtigen wir uns die Überlieferung. - Als die achäischen Griechen unter Agamemnon in den Krieg um Troja aufbrechen wollten, lag ihre Flotte in der Bucht von Aulis im Golf von Euböa ohne Wind fest. Die Göttin trug Zorn auf Agamemnon, weil er auf der Jagd eine ihr heilige Hirschkuh (einer anderen Überlieferung zufolge eine Ziege) erlegt hatte. Auch soll er sich gerühmt haben, geschickter auf der Jagd zu sein als die Göttin. Der Seher Kalchas, ein Apollon-Priester, prophezeite, daß die Flotte nicht eher absegeln könne, bis Agamemnon seine schönste Tochter, Iphigeneia, der Artemis geopfert habe. (Später in Troja gab Kalchas auch den Anstoß zur Tötung der Priamos-

[47] I.D. KONDIS, ArchDelt 22, 1967, 163ff.

[48] P. CLEMENT, AC 3, 1934, 393ff; KONDIS a.O.156ff; W. SALE, RheinMus 118, 1975, 265ff.

Tochter Polyxena am Grabe des Achilleus.) Auf Druck der Heerführer ließ Agamemnon Iphigeneia unter dem Vorwand, sie mit Achilleus zu verheiraten, mit ihrer Mutter Klytaimnestra in Mykene abholen und nach Aulis bringen. Noch heute ist in Aulis bei einem dorischen Artemis-Tempel eine mykenische Opferstätte zu besichtigen.[49]

Iphigeneia, obwohl von dem ebenfalls getäuschten Achilleus vor dem Opfertod auf dem Altar beschützt, willigte freiwillig in ihre Opferung ein, um den Griechen zu dienen. Im letzten Augenblick aber wurde sie von der Göttin durch eine Hirschkuh ersetzt[50] und nach Taurien (auf die Krim) entrückt, wo sie in Chersonese (nahe bei dem heutigen Sewastopol) unter dem König Thoas Oberpriesterin der Artemis wurde. Die Taurer hatten ihren Namen nach den Stieren, mit denen Osiris einst ihr Land gepflügt hatte. Das Volk galt als kriegerisch und räuberisch.

Einer anderen, in Attika erzählten Version des Mythos zufolge lag die griechische Flotte nicht bei dem böotischen Aulis, sondern in der Bucht von Brauron fest, wo auch das Iphigenien-Opfer stattfand[51], welches hier durch eine Bärin ersetzt wurde, womit ein direkter ätiologischer Hinweis auf den im Brauroner Artemis-Heiligtum ausgeübten Bärinnen-Kult gegeben ist. (Weitere Aspekte zum Bären / zur Bärin S. 164.)

Der Kult der taurischen Artemis war grausam. Schiffbrüchige und angelandete Fremde wurden öffentlich der Göttin, deren berühmtes hölzernes Kultbild im Tempel stand, geopfert. Adelige Fremde wurden von der Priesterin persönlich mit dem Schwert getötet. Der Altar war stets mit Blut bespritzt. - In anderen Überlieferungen wird die Priesterin als Artemis selber angesehen (oder auch als die, vielerlei Widersprüchlichkeiten - himmlisches Glück und abgrundtiefes Grauen - verkörpernde Hekate).

Lange Jahre diente Iphigeneia der taurischen Artemis. Nach dem Fall Trojas kehrte Agamemnon nach Mykene zurück und wurde von Klytaimnestra, die die Geliebte des Aigisthos geworden war, im Bade ermordet. Agamemnon hinterließ die Kinder Elektra und Orestes, Geschwister der Iphigeneia. Elektra brachte ihren kleinen Bruder nach Phokis zu ihrem Onkel, dem König Strophios. Nachdem Orestes herangewachsen war, rächte er den Mord an seinem Vater, indem er Aigisthos und seine Mutter Klytaimnestra tötete. Von da an verfolgten ihn die Rachegöttinnen, die Erinyen. In Delphi riet Apollon dem ruhelosen Muttermörder, sich durch eine Heldentat von seinem Verbrechen zu reinigen. Er solle in Chersonese das Bild der Artemis entwenden und dann nach Attika

---

[49] BCH 83, 1959, 682ff. mit Abb.24 (Untersuchungen durch J. THREPSIADIS); siehe auch die folgenden Jahrgänge.

[50] Diese Version der Substitution des Tochter-Opfers liegt der Gestaltung von Euripides in *Iphigeneia in Aulis* zugrunde.

[51] Schol.Aristoph.Lys. 645. - H.J. ROSE, Griechische Mythologie (1982), mit weiteren Quellenangaben zur brauronischen Iphigenien-Version. - A. BRELICH, Paides e Parthenoi (1969) 242f.

bringen. Daß seine Schwester dort als Priesterin der Artemis lebte, wußte Orestes nicht. Vielmehr glaubte er, daß sie in Aulis den Opfertod erlitten habe.

König Thoas ließ Orestes bei der Ankunft in seinem Lande gefangen nehmen, um ihn der Artemis zu opfern. Iphigeneia erkannte ihren Bruder wieder, ein Menschenalter nach der Trennung. Gemeinsam flohen sie, nachdem sie unter Lebensgefahr das Bild der Göttin an sich gebracht hatten, nach Attika.

Der weitere Verlauf dieses in klassischer Zeit noch sehr lebendigen Mythos wie auch das Sinnverständnis, das die Griechen schließlich hierüber gewonnen haben, sind uns in einer Gestaltung von Euripides überliefert. In seiner Tragödie *Iphigeneia bei den Taurern* (entstanden nach 412 v.Chr.) erscheint zu guter letzt die Göttin Athena, welche als Schwester der Artemis auftritt, über dem Tempel von Chersonese, ruft den König Thoas zum Frieden mit Orestes und Iphigeneia auf und richtet sich an die bereits in der Ferne segelnden Geschwister, zunächst an Orestes und zum Schluß an Iphigeneia:

Zieh mit der Schwester, mit dem heilgen Bild,
Und kommst du zu dem Götterbau Athen,
So findest du am Rande Attikas,
Da wo es an Karystos') Klippen grenzt,*
Ein Heiligtum, das Halai nennt mein Volk.
Dort gründe einen Tempel für das Bild.
Zum Angedenken an das Taurerland
Und an dein rastlos Fliehn von Pol zu Pol
Wird Tauropolos dies Bild benannt.
Setz diesen Brauch: die Priestrin ritz am Fest
Die Kehle eines Jünglings mit dem Schwert;
Als Wergeld deiner Schlachtung soll dies Blut
Den Brauch bewahren und der Göttin Recht.
Du, Iphigenie werde Priesterin
An Braurons Felsenstieg! An deinem Grab
wird manches schöne Kleid dir dargebracht
Aus der verstorbnen Wöchnerinnen Gut.

(Eur.Iph.T. 1448 ff.; übersetzt von Ernst BUSCHOR)
*) Karystos auf Euböa gegenüber Halai

Durch das Geschwisterpaar Orestes und Iphigeneia ist ein enger Zusammenhang zweier benachbarter Kultstätten der Artemis, nämlich Halai Araphenides und Brauron, hergestellt, der offenbar nie unterbrochen war. - Ergänzend noch zwei weitere Erwähnungen.

Eine Stelle in den Hymnen des Kallimachos (geb. kurz vor 300 v.Chr.) besagt:

In Halai [wohin Orestes geht] soll das Bild der taurischen Göttin einen Tempel bekommen. (Kallim.h. 3,173f.)

Und bei dem Geographen Strabon (geb. 64/63 v.Chr.) heißt es:

... *Brauron, wo sich das Heiligtum der brauronischen Artemis befindet, (Halai Araphe)nides, da wo das Heiligtum der Tauropolos.* (Strab. IX 399)

Der Tempel von Halai Araphenides im heutigen Loutsa/Artemis ist archäologisch ebenfalls erforscht.[52]

Der Iphigenien-Mythos hat - selbst wenn wir nur die attische Überlieferung berücksichtigen - noch vielfältige weitere Versionen und Facetten, und er ist auch nicht so zu verstehen, als ob es die Artemis-Kulte in Attika erst gab, nachdem der sagenhafte Orestes das sagenhafte Kultbild der Göttin nach Halai Araphenides (oder nach Brauron, wie es auch heißt) gebracht hatte. Schon die Eröffnung der Geschichte mit dem Iphigenien-Opfer in Aulis bzw. in Brauron würde dem ja widersprechen. Vielmehr ist anzunehmen, daß Überlieferungen um Orestes und Iphigeneia nachträglich von Kultstätten ursprünglicher weiblicher Gottheiten in Anspruch genommen worden sind, unter anderem eben von Brauron und Halai Araphenides. Ein sehr früher Kult mit Menschen-Opfern im Artemis-Umkreis wird möglicherweise in einem Mythos vermittelt, wonach Orestes selbst in Brauron geopfert worden sein soll, und zwar von Iphigeneia[53], die noch mehrfach als eigenständige göttliche Gestalt auftritt[54].

In diesem Zusammenhang ist eine archäologische Spur bedeutsam, die J. TRAVLOS in Brauron, Halai Araphenides und Aulis verfolgt, nämlich das Vorhandensein eines Adytons in jedem der drei dorischen Artemis-Tempel.[55] Ein Adyton ist ein geschlossener Raum hinter der Cella und nur von dieser aus zugänglich. (Wegen des Adytons in Brauron siehe den Plan Abb.14.) Im dorischen Tempelmodell befindet sich an dieser Stelle ansonsten der von außen zugängliche Opisthodom. Ein Adyton ist kennzeichnend für die Verehrung einer chtonischen Gottheit, wie sie die frühe oder urtümliche Iphigeneia gewesen sein könnte. Für ihre in die Bronzezeit zurückreichende Tradition in Brauron wird indessen das dortige ursprüngliche Heiligtum mit dem „Grab der Iphigeneia" an *Braurons Felsenstieg* (Euripides) in Anspruch genommen (S. 143).

Erheblich ist sodann eine Überlieferungslinie, der Aischylos in seiner 458 v.Chr. ur-

---

[52] J. PAPADIMITRIOU, PraktArchEt 1957, 45ff; Ergon 1957, 23ff. - Neuere Untersuchungen in Halai Araphenides durch P.G. THEMELIS.

[53] Siehe Herleitung und Nachweis des Mythos bei R. von RANKE-GRAVES, Griechische Mythologie (1987) 404f.

[54] U.v. WILAMOWITZ-MOELLENDORFF, Hermes 18, 1883, 249ff.; P. CLEMENT, AC 3, 1934, 395 mit Quellen

[55] J. TRAVLOS, Τρεῖς ναοί τῆς Ἀρτέμιδος: Αὐλιδίας, Ταυροπόλου καὶ Βραυρωνίας, in: Neue Forschungen in griechischen Heiligtümern. Internationales Symposion in Olympia 1974 (1976) 197ff. (mit Grundrissen der drei Tempel). - Hierüber: L. KAHIL, Ant.Kunst 20, 1977, 96 mit Abb.9

aufgeführten *Orestie* zu bleibender Geltung verholfen hat. Wenn auch Brauron darin nicht selbst vorkommt, so gibt es doch in dem besungenen kultischen Schlüsselereignis ein Detail, das nach neueren Erkenntnissen mit dem brauronischen Kult in einem engen Zusammenhang steht. In der Agamemnon-Tragödie - dem ersten Stück in der Orestes-Trilogie - erleidet Iphigeneia in Aulis tatsächlich den Opfertod (was im dramatischen Aufbau für Klytaimnestra das vorgeschobene Motiv für die spätere Ermordung ihres Mannes abgibt). Die in profanen Worten nicht leicht nachzuerzählende Opferhandlung stellt sich gemäß dem Chorgesang Aischyl.Ag. 205-257 in ihrer Sinnstruktur kurz zusammengefaßt wie folgt dar: Agamemnon in unausweichlichem Schuld-Konflikt zwischen Vatersein und Bindung an *des Kampfbundes Eidschwur* (nämlich zur Besiegung und Zerstörung Trojas auszufahren) entscheidet sich für das letztere und damit für die Opferung Iphigeneias, wobei Aischylos in der fünften Strophe (218-226) die Konfliktlage wegen der Bereitschaft des Vaters zur Opferung seines Kindes auf menschliches, schandbares Verderben hin zuspitzt (und Artemis zugleich in Zugzwang gesetzt wird, die Griechen zum Kriege ausfahren zu lassen):

Und als der Not Zwangsjoch er sich beugte,
Im Herzen wehn ließ gottlose Windsbraut,
Unrein-unheilge, da - da wandt
In tollem Wagmut er Seel und Sinn um.
Menschen macht tollkühn ja schandgemute,
Unselge Wirrung des Geistes, Unheils Urquell. Er wagt's nun,
Opferer zu sein eigenen Bluts
Dem Weibesraub) sühnenden Krieg zu Nutz und*
Weihung der Flottenausfahrt.
(Übersetzt von Oskar WERNER) *) Raub der Helena

Die rituellen Maßnahmen werden getroffen. Die Jungfrau erhält einen Knebel in den Mund, damit sie keinen Fluch gegen das väterliche Haus aussprechen kann. - Und weiter heißt es 238-241:

βία καλινῶν δ' αναύδῳ μένει ,
κρόκου βαφὰς ἐς πέδον χέουσα,
ἔβαλλ' ἕκαστον θυτήρων ἀπ' ὄμ-
ματος βέλει φιλοίκτῳ ...

Und trotz des Knebels, ob stumm gleich, doch traf,
Das Safrankleid nieder gleiten lassend,
Sie ihrer Opfrer jedweden mit Auges Pfeil,
erbarmungsflehend...

Die Stelle 239: κρόκου βαφὰς ἐς πέδον χέουσα ist insofern mit einer Unklarheit behaftet, als sie auch *als das Safrangewand niederglitt* verstanden werden kann; andere maßgebliche Übersetzer haben sich für diese Lesart entschieden. Bei englischen Übersetzern finden wir ebenfalls die eine wie die andere Version.[56]

Die Frage geht doch dahin, ob Aischylos im Zuhörer das Bild einer Iphigeneia erwecken wollte, die aktiv ihre eigene Opferung im Sinne ritueller Vorschriften mitgestaltet und den Teilnehmern an der Opferhandlung (worunter ihre engsten Angehörigen und Bekannten) ihre Nacktheit selbst präsentiert hat, wodurch sie wahrlich zur übermenschlichen, göttlichen Gestalt werden mußte. (Über Abraham und Isaak gibt es eine analoge, aber nichtbiblische Überlieferung, wonach Isaak ebenfalls an seiner Opferung mitgewirkt hat.)

Der extrem sexual-sadistische Charakter dieser Handlung ist nicht im Horizont des Dichters, wie überhaupt die klassische Tragödie sich nie in eine dahingehende mentale Richtung exponiert hat. Vielmehr ist das grausame Opfer in dichterischer Erhöhung auf das kommende, unausweichliche Schicksal hin gerichtet, mit allen weiteren bösen Zuspitzungen und lichtvollen Befreiungen im Verlauf der *Orestie*. Was Iphigeneia anbetrifft, so feiert der Chor die Anmut der Jungfrau, die vordem im Prunksaal ihres teuren Vaters das Heilslied gesungen hat. Der Höhepunkt der Opferhandlung wird nicht zum Höhepunkt im Vortrag des Chores, er verbleibt vielmehr als fürchterlicher Gedanke:

Was nun kam, nicht sah ich's noch sprech ich's aus. (Aeschyl.Ag. 247)

Die an der Stelle Aeschyl.Ag. 239 sich entzündende Frage, ob Iphigeneia ihr safranfarbenes Gewand selbst abgeworfen hat, ehe sie das Messer empfing, oder ob es - mit gelinder Nachhilfe des Opferpriesters - von alleine zu Boden geglitten ist, wäre trotz ihrer Bedeutung für alle Zeiten wohl eher ein Problem im Apparat kritischer Aischylos-Editionen geblieben, wenn sich nicht in jüngerer Zeit durch archäologische Quellen (Vasenmalereien, siehe S. 226ff.) neue konkrete Hinweise hierauf ergeben hätten. Demzufolge tanzte auf den Brauronien eine Gruppe von älteren *arktoi* eine Szene unbekleidet, wobei die Vermutung naheliegt, daß es sich um die Schlußszene eines Ritus handelt, der die Opferung Iphigeneias spiegelt und zu der die Tänzerinnen vorher ihr Safrangewand abgeworfen hatten.[57] Der kurze Hinweis bei Aischylos, daß Iphigeneia ihr Gewand

---

[56] *... as she let fall to the ground her saffron-dyed raiment* (FRAENKEL) und *with her robe of saffron hanging down towards the ground* (LLOYD-JONES); cf. Classical Review (Oxford) NS II (1952) 135. Die beiden Übersetzungen der *Aischylos*-Stelle werden von Chr. SOURVINOU-INWOOD, ClassQuart 21, 1971, 340, diskutiert im Hinblick auf die korrespondierende Stelle in Aristoph. Lys.645 (betr. den Bildungsgang athenischer Bürgertöchter): *[Ich] trug das krokos-[safran-]farbene Gewand als arktos auf den Brauronien.* Die Stelle kann auch übersetzt werden: *Dadurch, daß ich das krokos-[safran-]farbene Gewand abwarf, war ich arktos auf den Brauronien* (siehe vorl. S. 198/199).

[57] Die Bedeutung dieses Zusammenhangs für die athenische Mädchenbildung soll im folgenden durch mehrschichtige methodische Bemühungen ermittelt werden. Die betreffenden archäologischen Quellen hat LILLY KAHIL in ihren grundlegenden Beiträgen 1965 und 1977 ausgebreitet. Von ihr stammt auch der Anstoß zur Berücksichtigung der in Anm.56 aufgeführten Stelle

→

abwirft, spricht demzufolge wahrscheinlich einen im Bewußtsein der Menschen seiner Zeit wohlbekannten Zusammenhang des Artemis-Kultes an, namentlich was die darin mitwirkenden Mädchen bzw. heranwachsenden Jungfrauen anbetrifft.

Im Iphigenien-Mythos mit seinen verschiedenen Gestaltungen wird ein komplexer Bindungs- und Handlungszusammenhang der Menschen über die Zeiten hin tradiert. Dessen Komponenten sind - in variierender Gewichtung durch verschiedene literarische Urquellen wie durch die Dramatiker des 5. Jahrhunderts: die Anerkennung schicksalhaften Ausgeliefertseins, die Verfügungsgewalt des Vaters über sein Kind in letzter Konsequenz, die Opfer-Mentalität, die - zur Steigerung der Kampfes-Wut - ebenfalls bis zur letzten Konsequenz reicht, und ein vermutbarer Hang unserer fernen Vorfahren zu kollektiver, extremer Exaltation auf dem Schmerz-Lust- oder Leid-Freude-Spektrum in einer vielfältig grausamen Lebensordnung. Die Tragödien von Aischylos und Euripides sind aber im Gegensatz zu den Urquellen (den Mythen, aus denen sie geschöpft haben) schon nicht mehr Spiegel dieser Lage, sondern bereits „Verarbeitung“ unter einem Verständnis unausweichlichen Schuldigwerdens.

Bei Aischylos stürzt der Vater, der seine Tochter preisgegeben hat, nach seinem Feldherrenerfolg schließlich in das Verderben. Bei Euripides liegt das Schwergewicht auf Iphigeneia selbst und ihrer Errettung durch die Gottheit; Iphigeneia gerät aber in deren Dienste, oder anders gewendet: sie verbleibt, wenn auch nunmehr als opfernde Priesterin der Artemis, in der Ambivalenz zwischen der lebensbedrohenden und der lebensbeschützenden Kraft.

Bemerkenswerterweise gibt es in der attischen Überlieferung noch eine andere Antwort auf die Forderung eines Tochter-Opfers, nämlich die, daß der Vater selbst aktiv handelnd die Göttin überlistet und sein Kind vor dem Opfermesser rettet. Ein dahingehender Mythos ist nämlich im Artemis-Heiligtum von Mounichia (auf dem Koumoundourou-Vorgebirge bei dem Kastell-Hügel in Piräus) ätiologisch manifest[58], und er verdient insofern besondere Beachtung, als er sehr wahrscheinlich mit den Mythen von Brauron wie auch von Aulis in einem Zusammenhang steht.

Zum genaueren Verständnis dessen ist zuvor noch ein vertiefender Blick auf die den

---

aus der *Lysistrate* des Aristophanes mit ihrem bedeutsamen Kontext. Der Sinn dieser Stelle erschließt sich vollends durch Hinzuziehung der besprochenen Stelle Aischyl.Ag.239 (SOURVINOU-INWOOD a.O.). In ihren weiteren Arbeiten entfalten Lilly KAHIL und Christiane SOURVINOU-INWOOD die Sachverhalte; Chr. SOURVINOU-INWOOD erörtert ausführlich die von L. KAHIL und anderen veröffentlichten Vasenmalereien mit Darstellungen von *arktoi* unter ikonographischen und ikonologischen Gesichtspunkten (s.w.u.).

[58] Ausführlich mit Quellen bei: S. SOLDERS, Die außerstädtischen Kulte und die Einigung Attikas (1931) 22-24. - L. DEUBNER, Attische Feste (1932) 204-207. - A. BRELICH, Paides e Parthenoi (1969) (auch im Zusammenhang mit Brauron).

brauronischen Bärenkult betreffende Ätiologie notwendig. Im Scholion zur *Lysistate* des Aristophanes - diese Komödie wird uns noch beschäftigen - werden gleich mehrere Variationen über die Bärin bzw. den Bären mitgeteilt. Die Erzählung von der Opferung einer Bärin anstelle der Iphigeneia bei der in Brauron angesiedelten Opferhandlung ist oben bereits erwähnt. Dann heißt es noch:

... *Ein Bär wurde dem Artemis-Heiligtum angeboten und gezähmt. Irgendwann hat eine Jungfrau mit dem Bären gespielt, und der Bär hat sie im Gesicht gekratzt. Ihr Bruder war deshalb traurig und tötete den Bären. Artemis wurde darüber sehr traurig und bestimmte, daß jede Jungfrau vor der Ehe den Bären nachspielen und, gekleidet mit dem krokosfarbenen Gewand, das Heiligtum pflegen muß. Das wurde a r k t e u e s t h a i genannt. - Andere sagen: Als in Athen die Pest ausbrach, sprach der Gott Apollon zu den Athenern, sie würden von ihrem Unglück befreit, wenn sie die Jungfrauen veranlassen, ihren Bärendienst abzuleisten, zur Strafe für den getöteten Bären. Als die Athener von dem Orakel hörten, entschlossen sie sich, daß die Jungfrauen nicht eher heiraten dürften, bevor sie nicht ihre Dienste der Göttin angeboten hätten.*
(Schol.Aristoph.Lysistr. 645)

Über Mounichia gibt es von dem byzantinischen Gelehrten Eustathios eine Erzählung mit zum Teil entsprechenden Elementen. Sie fußt auf einer verlorenen Schrift des Grammatikers Pausanias aus dem 2. Jahrhundert n.Chr. (Eust. zu Hom. I 1. II 732):

... *Pausanias erzählt, daß ein gewisser Embaros sehr geschickt im Gebete war. Er sagt, daß dieser das Heiligtum der Artemis Mounichia gegründet hat. Als irgendwann ein Bär im Heiligtum gefunden und von den Athenern getötet wurde, brach die Pest aus. Der Gott [Apollon] weissagte, daß sie von der Pest befreit würden, sofern jemand seine Tochter der Artemis opfere. Baros oder Embaros versprach, dies zu tun, unter der Bedingung, daß seine Familie lebenslänglich [d.h. für alle Zeiten] das Priesteramt erhalte. Er schmückte seine Tochter und versteckte sie im Heiligtum. Dann zog er einer Ziege Kleider an und opferte sie anstelle seiner Tochter. Seitdem, so wird gesagt, gebe es das Sprichwort „Du bist Embaros" d.h. so klug wie Embaros.*

In der oben herangezogenen Stelle des Lysistrate-Scholions werden außerdem in einem Zuge *arktoi* in Mounichia und in Brauron genannt: *Sie haben geopfert zu Ehren der Artemis Munychia und der Brauronischen Artemis*. Eine solche Nachricht tradiert auch der alexandrinische Grammatiker Harpokration in einer kurzen Notiz (ed. BEKKER 1833, 1, 444, 30f.). Die Vermutung ist nicht unberechtigt, daß Mounichia für die Athener hinsichtlich des Kultes und der Mädchenbildung eine ähnliche Bedeutung wie Brauron hatte.[59] Es gibt in Piräus mehrere frühhellenistische Kinder-Darstellungen, darunter noch

[59] J. THREPSIADIS, PraktArchEt 1935, 159ff.

fast vollständig erhaltene Statuen, so zwei Mädchen, wovon eines mit Ente, und ein Knabe, welche den Brauroner Statuen nahe kommen.[60]

Die mythologischen Nachrichten aus den herangezogenen Stellen des *Lysitrate*-Scholions und von Harpokration sind erheblich. Von Brauron wie von Mounichia wird gleichermaßen über das Sakrileg der Tötung des heiligen Bären im Heiligtum berichtet, wobei in Brauron zusätzlich von einer dort befindlichen Jungfrau die Rede ist, die von ihrem Bruder vor dem Bären beschützt wurde. Eine Jungfrau im Heiligtum kann als Hinweis auf dort bisher schon üblich gewesenen Jungfrauendienst verstanden werden. Die Reaktion der Göttin auf das Sakrileg ist in den beiden Erzählungen nicht ganz einheitlich; entweder ist die Göttin nur traurig über die Tötung des Bären (Brauron, erste Version), oder die Athener werden zur Strafe von der Pest heimgesucht (Brauron, zweite Version; Mounichia). Zur Abwehr des Verderbens - so jeweilige Weissagungen des delphischen Apollon - soll (in Brauron) der Bärinnen-Dienst für Töchter im krokos-(safran-)farbenen Gewand (d.h. als *arktoi*) eingerichtet bzw. (in Mounichia) eine Tochter zum Blutopfer bestimmt werden. Der Dienst der *arktoi* steht, wie schon herausgestellt, stellvertretend für das tatsächliche (oder ursprüngliche) Tochter-Opfer, mit der entscheidenen Wendung, daß die „Geopferten" nicht mehr dem Verderben anheimgegeben, sondern zum fraulichen Leben hingeführt werden. Die Erzählung aus Mounichia verfolgt eine weitergehende Sinn-Linie. Embaros, von dem es bei dem Grammatiker Pausanias heißt, daß er das dortige Heiligtum gegründet habe, und der auch als erster Priester angesehen wird, handelt auf den Orakelspruch hin „pragmatisch", indem er der Göttin ein Ersatzopfer, die Ziege, unterschiebt. (Beim Iphigenien-Opfer hatte die Göttin selbst das Ersatzopfer bewirkt; in Aulis war es die Hirschkuh, in Brauron die Bärin.) Embaros verstärkt seine Position sogar, indem er - als Mann - seiner Familie und seinen Nachkommen das Priesterant für Artemis auf Dauer sichert. Und wenn es in Mounichia seither ebenfalls den Dienst der *arktoi* gibt - die kurze diesbezügliche Erwähnung des Eustathios bzw. seine Quellen versichern dies wohl -, so ist dadurch auf dem Deutungs- und Sinn-Spektrum „Artemis" auch in Mounichia der Durchbruch lebenserhaltender Kraft und Akzeptanz des Kindes im kultischen Bilde auf Dauer bewahrt worden.

Was den Mythos von Embaros so bedeutsam macht, ist in der Tat die Personifikation und Stabilisierung väterlichen Schutzes für das Kind. Embaros, der Priester und Vater, steht damit in diametralem Gegensatz zum Priester Kalchas und zum Vater Agamemnon mit dem Heerführer-Beruf. Sein Mythos konnte zwar keinen Stoff mehr für die Tragödie abgeben, weil er ja geradewegs Befreiung und Glück verkündet, aber dafür wurde Embaros mit seiner Handlungsweise bei den Athenern sprichwörtlich für Klugheit.

---

[60] C. VORSTER; Griechische Kinderstatuen (1983) Kat.30 Tf.11.2-3; Kat.53 Tf.16,2; Tf.25,3; Kat.79 Tf.6,6; Kat.104 Tf.19,1-2; Kat.105 Tf.19,3; Kat.159 Tf.10,4; Kat.193 (die naheliegende Herkunft dieser Skulpturen aus dem Heiligtum der Artemis in Mounichia ist nicht mehr erweisbar).

Mit dieser Gegenüberstellung wird natürlich nicht in vordergründiger, eindimensionaler Weise der Verworfenheit des tochteropfernden Vaters in einer partriarchalen Frühzeit das Wort geredet. Die Opferung des Schönsten und Liebsten, das der Vater besitzt (!), ist struktureller Bestandteil einer inhumanen Lebensordnung, die ohne Kampf nicht bestehen kann und darum eine grausame Loslösung von emotionalen Bindungen erfordert, was nur unter zwanghaften Umständen erfolgen kann, den Menschen aber in die Lage versetzt, seine Kampf-Kraft und Kampfes-Wut zu steigern. Walter BURKERT entwickelt die dahingehenden Linien in extenso.[61] Dabei gerät unter Umständen das historische Prinzip aus dem Blick, wonach im homo necans auch der homo politicus angelegt ist. In der *Orestie* des Aischylos erwächst aus den als tragisch verstandenen Bindungen und Konstellationen der Menschen im Zeitalter der Helden schließlich die demokratische Ordnung des Lebens, sinnhaft herausgestellt in der Stadtgöttin Athena. Christian MEIER findet in diesem Zusammenhang zu der bemerkenswerten Verküpfung von „Politik und Anmut“ im Fortgang der griechischen Geschichte, wobei er sich ausdrücklich in einem mentalitätsgeschichtlichen Diskurs einordnet.[62]

Die Gestalt (oder Sinnfigur) des Agamemnon ist dank Aischylos und Euripides, nicht minder durch Sophokles[63], ebenso in den Bearbeitungen des Iphigenien- und Agamemnon-Themas durch RACINE, GLUCK, ALFIERI, HAUPTMANN und anderen bis in unsere Zeit allgemein bekannt geblieben[64]. Über Embaros wissen die Philologen Bescheid, und sicher lernen die Schulkinder in Athen seine Geschichte.

Der Zusammenhang zwischen den Mythen der Artemis-Kulte von Aulis, Brauron und Mounichia ist auch Gegenstand einer textkritischen Untersuchung von William SALE 1975.[65] Der Autor befaßt sich differenziert mit den Varianten zu den einzelnen Überlieferungen und ihren Stemmata (auf deren Ausbreitung hier verzichtet werden muß) und zeigt, daß der vermutbare gemeinsame Ursprung in einem Archetyp nicht mehr verifizierbar ist. Aulis und Brauron sind durch den Iphigenien-Mythos verknüpft, Brauron und Mounichia durch den Bären-Mythos und den Bärinnen-Kult. Für alle drei Heiligtümer ist das Tochter-Opfer konstitutiv (was in einer aulidischen Version tatsächlich vollzogen wurde). SALE schließt nicht aus, daß der Iphigenien-Mythos sogar im Dunkel der

---

[61] W. BURKERT, Homo Necans (1972) 76-80 et pass. („Sexualisierung der Tötungsriten; Jungfrauenopfer, Phalloskult“). - ders., Glaube und Verhalten, in: Entretiens Hardt 27, 91ff.

[62] C. MEIER, Politik und Anmut (1985)

[63] Sophokles, *Elektra*. Von einer *Iphigeneia* des Sophokles sind minimale Fragmente erhalten.

[64] E. PHILIPP, Die Iphigenien-Sage von Euripides bis Gerhard Hauptmann, Diss. Wien 1948 (nicht eingesehen)

[65] W. SALE, RheinMus 118, 1975, 264ff. Verf. knüpft an die Studie von KONDIS in ArchDelt 22, 1967, 156ff. an. Unter den von SALE angemerkten vorausgehenden Studien ist insbesondere auf diejenige von CLEMENT, AC 3, 1934, 393ff., zu verweisen; darin alle wesentlichen Quellen in den bis dato anerkannten Fassungen.

Mounichia-Überlieferung wurzeln könne, wie andererseits aber auch alle sonstigen Übertragungswege zwischen den drei Kultstätten denkbar sind. Bei allen ätiologischen Unklarheiten über Aulis, Brauron und Mounichia ergibt sich doch Klarheit darüber, daß es den Menschen in Griechenland irgendwann, vielleicht auf Grund eines Hauptimpulses im Netzwerk des Artemis-Kultes[66], gelungen ist, den Zwang zur grausamen Preisgabe der eigenen Kinder zu überwinden.

Schließlich ist noch eine attische Version über Artemis/Iphigeneia zu erwähnen, welche auf dem ambivalenten Sinn-Spektrum des Mythen-Komplexes einen spezifischen Akzent setzt. Diese Überlieferung leitet sich her von Nemesis, der Göttin der strafenden Gerechtigkeit, welche im attischen Rhamnous zusammen mit Thetis, der Verkörperung der göttlichen Welt- und Rechtsordnung, verehrt wurde. Nemesis verband sich mit Zeus und gebar Helena, die von Theseus geraubt wurde und mit ihm Iphigeneia zeugte. Iphigeneia verfiel der Artemis und wurde in Brauron ihre Priesterin.[67] Die Frauen-Göttin zieht das aus gewalttätiger Verbindung entstandene Kind an sich.

Der Dienst der Frauen und Jungfrauen[68] in Brauron (wie in anderen Artemis-Heiligtümern) geht, religionsgeschichtlich gesehen, wahrscheinlich auf uralte Kulte mit weiblichen Sinngestalten vormykenischer Zeiten zurück. In diese Richtung deutet u.a. die Überlieferung vom Frauenraub der Pelasger, welche von den Geschichtsschreibern Herodot (geb. um 484 v.Chr.) und Philochoros (zwischen 340 und 261) wie auch von Plutarch (geb. 45 v.Chr.) mitgeteilt wird[69]. Mit „Pelasgern" haben die Griechen in nicht ganz genau bestimmbarer Weise ursprüngliche, vormykenische Bevölkerungsteile in ihrem Lande bezeichnet. Den genannten Autoren zufolge hatten die auf Lemnos in der Nordägäis als Seeräuber hausenden Pelasger - auch Tyrrhener genannt - Kenntnis über den Kult der Frauen in Brauron. Einstmals waren sie ja Herren von Athen gewesen. Sie veranstalteten einen Raubzug und verschleppten während eines Festes Frauen und Jungfrauen (Mädchen), die aus Athen gekommen waren, auf ihre Insel. Die Überlieferung besagt übrigens, daß die Pelasger die mit den geraubten Jungfrauen gezeugten Kinder getötet haben, aus Angst, daß diese ihnen überlegen werden könnten. Die uralte

---

[66] Zu Artemis und zum Artemis-Kult insgesamt: „Artemis" (WERNICKE), RE III, 1936-1440; L.R. FARNELL, The Cults of the Greek States II (1896) 425ff.; K. HOENN, Artemis. Gestaltwandel einer Göttin (1946). - Zum Artemis-Kult in Attika: S. SOLDERS, Die außerstädtischen Kulte und die Einigung Attikas (1931) 21ff.; L. DEUBNER, Attische Feste (1932) 179ff.; L. KAHIL, Ant.Kunst 8, 1965, 20ff. Siehe auch vorstehende Erörterungen S. 232ff. („Sinnbestimmung ...")
[67] „Brauronia", RE V 824 (im Anschluß an U.v. WILAMOWITZ-MOELLENDORFF, Hermes 18, 249ff.)
[68] Mit „Jungfrauen" werden hier und im folgenden heranwachsende Mädchen und junge Frauen vor der Ehe bezeichnet. Das Wort hebt im Gegensatz zum neuzeitlich-bürgerlichen Sprachgebrauch nicht primär auf sexuelle Unberührtheit ab, auch wenn diese bei den sehr jung heiratenden griechischen Frauen vorausgesetzt wurde.
[69] Zusammenstellung der Testimonien bei I. SVORONOS, JIAN 18, 1916, 18f.

Untat der Pelasger an den Jungfrauen von Brauron war noch in historischer Zeit fest im griechischen Bewußtsein vorhanden. Als Miltiades, der spätere siegreiche Feldherr von Marathon, Lemnos für die Athener eroberte, konnte er seine Eroberung als Vergeltung für ebendiese Untat legitimieren.

Im Zusammenhang des Mythos vom Frauenraub der Pelasger ist der Vollständigkeit halber auf eine Diskussion hinzuweisen, die um die Friesplatten vom Illissos-Heiligtum geführt wurde, einem jonischen Tempel der Artemis Agrotera (der Jagdgöttin) von Agrai am Illissos (heute im Stadtgebiet von Athen, südöstlich des Olympieon). Der Tempel wurde vermutlich um 448 v.Chr. errichtet.[70] Auf einer Friesplatte ist eine Frauenraub-Szene dargestellt.[71] STUDNICZKA hatte darin den Frauenraub der Pelasger in Brauron erkennen wollen, und SVORONOS, dem wir die Zusammenstellung der literarischen Überlieferung zum Thema verdanken, hat die Vermutung von STUDNICZKA in einer - so darf man wohl sagen - überflutend phantastischen Betrachtung aufgegriffen und in Details ausgestaltet[72], was weitere Forscher zum Widerspruch herausfordern mußte[73].

Die Überlieferung vom Frauenraub der Pelasger gibt Anlaß, mit besonderem Blick auf das Artemis-Heiligtum und Frauen-Zentrum von Brauron die Geschlechterfrage seit prähistorischer Zeit anzusprechen. Der Mythos vermittelt zunächst ein punktuelles Geschehen, nämlich, daß eine bronzezeitliche, von kriegerischen Männern dominierte Gesellschaft, wie sie sich auf Grund der geographischen Gegebenheiten in der Ägäis hatte bilden können, männlich-physische Gewalt gegenüber einer auswärtigen Frauen-Gruppe, oder besser: einem von Frauen bestimmten sozialen Gefüge mit integrierten Kindern, angewendet hat. Dieser erhebliche Sachverhalt ordnet sich ein in einen Umkreis weiterer Mythen über die Anwendung männlicher Gewalt gegenüber Frauen. Man denke an den Raub der Sabinerinnen durch die Römer, an das unbotmäßige Verhalten der Kentauren auf der Lapithenhochzeit und die Aggression des lüsternen Pan gegenüber der Nymphe Erytheia. Auch der schon erwähnte Raub der Helena von Rhamnous durch Theseus ist hier nochmals zu nennen. (Theseus hat andererseits seine Heimatstadt Athen von dem kretischen Minotauros befreit, der ständige Opfer an Jünglingen und Jungfrauen forderte.)

Eine Ausdeutung der Überlieferung vom Frauenraub der Pelasger kompliziert sich

---

[70] J. TRAVLOS, Bildlexikon zur Topographie des antiken Athen (1971) 112 („Artemis Agrotera"). - SVORONOS a.O. wie auch H. MÖBIUS, AM 60/61, 1935/36, 234ff. hatten den Tempel der Artemis Agrotera am Ilissos als das Metroon von Agrai angesehen.

[71] C. BLÜMEL, Die klassisch griechischen Skulpturen der staatlichen Museen zu Berlin (1966), Tf. 151. - SVORONOS a.O. Abb.7

[72] SVORONOS a.O., hier insbes. S.17ff. Im Anschluß an J. STUDNICZKA, Friesplatten vom Jonischen Tempel am Ilissos, in Athen, Berlin und Wien nachgewiesen zum Winckelmannsfeste d. arch.Sem. d. Univ. Leipzig am V Dezember MDCCCCX

[73] U.a. H. MÖBIUS, AM 60/61, 1935/36, 234ff. mit Lit.

dadurch, daß die Pelasger, einer weiteren Überlieferung zufolge[74], auf ihrer Insel Lemnos ebenfalls einen Artemiskult besaßen, der hinsichtlich der Menschen-Opfer vielleicht noch urtümlicher als derjenige von Chersonese war. Auch ist von einer dortigen Priesterin/Göttin Chryse die Rede (sie kommt ebenfalls in einer Version des Opfers in Aulis vor), welche - in späterer Zeit als die Schwester der Iphigeneia angesehen - Mädchen-Opfer als Bärinnen-Opfer forderte. Andreas ALFÖLDI hat zusammenfassend darzulegen versucht, daß Bären-(Bärinnen-)Kulte wesentliches Kennzeichen ursprünglicher matriarchaler Gesellschaftsordnungen im eurasischen Raume, d.h. in unserem Falle: vormykenischer Kulturen waren.[75] Die archäologische Quellenlage zur Verifizierung dieses Ansatzes ist allerdings denkbar karg. Was im besonderen den von Priesterinnen versehenen Kult auf Lemnos anbetrifft, so wären dessen Ursprünge ebenfalls in frühen matriarchalen Ordnungen zu suchen. Abgesehen davon, daß wir uns damit bereits weit im Bereich der religionsgeschichtlichen Spekulation befinden, so fehlt für die Nutzbarmachung der matriarchalen Vermutung auch eine sinnstiftende mythologische Überlieferungslinie etwa von der Art, daß die Frauen der Frühzeit (sei es in vormykenischer oder noch in mykenischer Zeit) als soziale Macht Menschen und insbesondere Kinder vor der Opferung beschützt hätten.

Exkurs: Dionysos in Brauron und Halai Araphenides

Die Artemis-Überlieferung der Kultstätten Brauron und Halai Araphenides erfährt eine wichtige Ergänzung dadurch, daß es für beide Orte zudem eine, wenn auch vage, Dionysos-Überlieferung gibt. Sie knüpft sich nur an späte Zeugnisse und hat auch keine lokalisierten Mythen. In seiner Komödie *Der Frieden* aus dem Jahre 421 (zur Zeit des Peloponnesischen Krieges) bringt Aristophanes die Szene, in der Trygaios, der mit dem Riesen-Mistkäfer zu den Göttern emporgeritten ist, die Eirene (den Frieden) zu den Athenern herabführt, zusammen mit den Frauen Opóra (dem Herbstregen) und der Theoria (der Festfreude), welche beide für den Rat der Stadt bestimmt sind. Die Stelle lautet:

Trygaios: ... Und hab' ich nicht mein Käferroß bestiegen,
Gerettet die Hellenen, daß sie all' auf ihren Gütern
Jetzt ungestört des Schlafes sich und Beischlafs mögen freuen?
Sklave kommt heraus: Die Dirn' ist jetzt gebadet, vorn und hinten,
Der Sesamkuchen gar, die Strietzeln fertig,
Parat ist alles, fehlt nur noch der Steife!

---

[74] Die Überlieferung ist zusammengefaßt bei L.R. FARNELL, The Cults of the Greek States II (1896) 452f.; Testimonien daselbst S.570, Anm.52b

[75] A. ALFÖLDI, Die Struktur des voretruskischen Römerstaates (1974) 45ff. („Matriarchale Ordnung und Dreiteilung")

T r y g a i o s: Wir müssen d i e erst, die Theoria,
Dem Rate bringen.
S k l a v e: Welche? Wer ist die?
T r y g a i o s: Theoria, dieselbe, die wir einst
Nach Brauron brachten und im Rausch verzausten -
Du weißt, wir kriegten sie nur mühsam -
S k l a v e: Herr!
Was die 'nen Jubiläumshintern hat!
(Artistoph. Pax 865-877; übersetzt von Ludwig SEEGER)

Im zugehörigen Scholion wird dieser bäuerlich-derbe Szenenausschnitt auf die brauronischen Dionysien bezogen (Schol.Aristoph. Pac. 874). DEUBNER versteht die Stelle hingegen als Kennzeichnung eines Aspektes der - von Athen aus beschickten - Penteterien und der Pompé dorthin, mithin des Artemis-Kultes[76], und nicht eines dort ebenfalls ausgeübten Dionysos-Kultes. Die Erwähnung des Scholiasten ist so knapp und unsicher, daß sie eine endgültige Klärung nicht erlaubt.

Für Halai Araphenides gibt es die Erwähnung einer bacchantischen Episode anläßlich eines - wiederum nicht genau bestimmbaren - nächtlichen Festes, das dort stattgefunden hat. Es handelt sich um die folgenreiche Verführung, wenn nicht Vergewaltigung der Pamphyle durch Charisios in Menandros' Komödie *Das Schiedsgericht.*[77] Die Handlung läuft übrigens so aus, daß die beiden später die Ehe schließen und das vom Pamphyle zunächst ausgesetzte Kind nachträglich legitimiert wird.

Die Tatsache, daß Menandros eine Kindesaussetzung zum Drehpunkt einer dramatischen Gestaltung macht, ist, in einem weiterreichenden kindheitsgeschichtlichen Zusammenhang betrachtet, zweifellos von Bedeutung. Der Dichter erweist jedenfalls, daß er den auch in seiner abgeklärten Zeit noch verbreiteten, vom heutigen Blickpunkt aus unmenschlichen Brauch nicht so einfach stehen läßt.[78]

Die auf Brauron bezogenen sexuellen Sprach-Späße des Aristophanes wie auch die ein Jahrhundert später, zur Zeit der brauronischen Kinder-Skulpturen, von Menandros in Halai Araphenides angesiedelte sexuelle Handlung gehören sinnhaft nur in den dionysischen Umkreis. Auch wenn noch keine genauen Beweise für Dionysos-Kulte bzw. Dionysos-Komponenten an den beiden Artemis-Kultorten erbracht sind, so darf dennoch thesenhaft formuliert werden, daß sich Artemis und Dionysos in Brauron und Halai

---

[76] L. DEUBNER, Attische Feste (1932) 208

[77] Menandros *Epitrepontes* (ed. v.WILAMOWITZ-MOELLENDORFF) Vers 234ff. (in der Neu-Übersetzung von K. und U. TREU Vers 451ff). - Siehe auch: K.TREU, Menanders Frauen, in: L. HUCHTHAUSEN (Hrsg.), Die Frau in der Antike (1988) 61-64

[78] Zum Problem der Kindesaussetzung sind in der Bibliographie von KARRAS / WIESHÖFER 27 Titel aufgeführt („Kindesaussetzung“, „Findelkinder“)

Araphenides nicht ausgeschlossen haben, ja daß in der Fülle und Selbstbewußtheit des von Artemis her bestimmten Frauen-Kultes und Frauen-Handelns Raum für volle Geschlechtlichkeit war, in naturhafter Direktheit wie in kultischer Erhöhung. Die beiden Belegstellen betreffen zwar nur die großen Feste und die dorthin gekommenen Athener, aber auch die Artemis-Priesterinnen selbst werden in spätklassischer Zeit ihre göttliche Herrin kaum noch als Keuschheitsgebieterin verstanden haben, von der sie allenfalls in die Kallisto-Rolle gedrängt wurden. Akzeptanz des Kindes im Bärinnen-Kult der historischen Zeit einerseits und entfaltete Geschlechtlichkeit andererseits haben gemeinsame tiefgreifende und naturhafte Wurzeln, die allerdings auch absterben konnten.

Johannes PAPADIMITRIOU, der in langen Jahren mit der Archäologie Braurons befaßt war, hat auch die Dionysos-Spur im Zusammenhang der Tauropolien in Halai Araphenides wie der Brauronien verfolgt. In einer Entfernung von 500 Metern westlich des Artemis-Tempels von Halai Araphenides entdeckte er Gebäudereste, die er einem Dionysos-Heiligtum zuordnet.[79] Wegen dieser Fundstelle wird man auf den endgültigen Fundbericht warten müssen.[80] Kurz vor seinem Tode 1960 hat er sich gegenüber Karl KERÉNYI geäußert, daß er in Brauron ein Theater zu entdecken glaube[81], was für eine Dionysos-Stätte nahezu zwingend ist. Vielleicht befand sich das Theater am Nordhang der brauronischen Akropolis, in der Nähe des heutigen Museums.[82] KERÉNYI besetzt die attische Ostküste insgesamt in einem kühnen, imaginativen Gedankengang mit einem von der Frühzeit her wirksamen Dionysos-Impuls.[83]

Als die Mythen im Griechenland des 8. Jahrhunderts im wesentlichen ihre bis heute bekannte Gestalt annahmen, lagen, wie eingangs gezeigt, die bezogenen Ereignisse oder „Urszenen" - im Sinne von Walter BURKERT: die grundlegenden Riten[84] - bereits Jahrhunderte zurück. Handlungszwänge wie das Iphigenien-Opfer in Aulis mögen mit allem

---

[79] Ergon 1957, 24-25. - Aus dem Umkreis der betreffenden Fundstelle stammt auch die von PH.D. STAUROPOULLOS, ArchDelt 1932, 30ff., veröffentlichte Urkunde *Ehrenvoller Volksbeschluß des Demos Halai...* aus dem 4. Jahrh.v.Chr., welche in Z.20-22 Hinweise enthält, die auf Wettkämpfe und auf ein Theater in Halai Araphenides und damit auf dort stattgefundene Dionysia schließen lassen.

[80] Die Untersuchungen in Halai Araphenides wurden durch P.G. THEMELIS fortgeführt.

[81] K. KERÉNYI, Dionysos (1976) 132 mit Anm.38

[82] Ergon 1961, 33. - Die Existenz eines Theaters in Brauron bleibt dennoch bislang hypothetisch.

[83] KERÉNYI a.O. 128ff.

[84] Über den Ursprung der Mythen in den Riten: W. BURKERT, Kekropidensage und Arrhephoria, Hermes 94, 1966, 10 et passim; ders., Neues Feuer auf Lemnos. Über Mythos und Ritual, in: ders., Wilder Ursprung (1990) 60-76

gebotenen Vorbehalt in der mittel- und spätmykenischen Zeit, d.h. etwa im13. Jahrhundert vermutet werden. Auch zu dieser Zeit war die männlich orientierte Gesellschaftsordnung bereits etabliert. Der männlichen, Gewalt ausübenden Macht stand die überkommene Macht der menschenschlachtenden Artemis-Priesterinnen gegenüber. Es ist schwer auszumachen, ob der rettende Artemis-Impuls, wie er unter anderem aus der Überlieferung von Aulis in die geschichtliche Zeit hineinleuchtet, aus der Zeit trojanischer Helden stammt, von denen der Mythos handelt, also mykenischen Ursprungs ist, oder schon im vorausgehenden Zeitalter in möglicherweise matriachalisch ausgerichteten Gesellschaftsordnungen angelegt war. Die weitergehende, kaum zu beantwortende Frage wäre, ob es in vormykenischen Gesellschaftsordnungen auf griechischem Boden keine Menschen-Opfer und insbesondere keine Kinder-Opfer gegeben habe. Mögliche Zusammenhänge mit vorderasiatischen Kulturen, in denen es Menschen- und Kinder-Opfer gab, würden eher die gegenteilige Vermutung nahelegen.

Ernsthafte Vermutungen betreffend einen aktiven Beitrag von Frauen an der Konstituierung politisch-sozialer und religiöser Lebensordnungen richten sich des weiteren auf die von Kreta her in die Ägäis ausstrahlende minoische Kultur, die - begründeten Vermutungen zufolge - durch den gewaltigen Ausbruch des Vulkans auf Thera um 1500 v.Chr. aufs schwerste beeinträchtigt und durch die mykenischen Griechen absorbiert wurde. Die Pax Minoica, welche bis dahin im östlichen Mittelmeer auf Grund der geopolitischen Gesamtlage geherrscht hatte, konnte in ihrem kulturellen Kern wesentliche weibliche Komponenten zur Geltung bringen. Vielleicht wird eine neuerliche Durchforschung der reichhaltigen, seit den Untersuchungen von Arthur EVANS in Knossos zutage gekommenen kretischen Quellen doch noch weitere Einsichten vermitteln. Einbezogen werden müßten auch die neueren Ausgrabungen in der bronzezeitlichen Siedlung Akrotiri auf Thera, wo es deutlich erkennbare Frauen-Kulte gab[85], über deren Opfer-Praktiken jedoch noch keine konkreten Aussagen möglich sind.

In geschichtlicher Zeit, auf die alle unsere Erörterungen hinauslaufen, haben die Menschen wie überall in Griechenland so auch in Attika die alten Mythen lebendig gehalten, darunter diejenigen von männlicher Gewalt gegenüber Frauen und Kindern ebenso wie diejenigen von der ursprünglich grausamen Verfaßtheit des Artemis-Kultes. Eine Hintergrundfolie für ein aktiv-kämpferisches Bewußtsein der griechischen Frauen waren sie kaum. Dahingehende Gedanken übertragen nur heutige Mentalitäten und politische Absichten auf die Antike. Jedoch haben die Frauen erheblichen, wenn nicht den entscheidenden Anteil daran, daß der Artemis-Kult in seiner Fortentwicklung bis in das klassische Zeitalter und darüber hinaus besondere humanistische Akzente gesetzt hat. Um diesen Zusammenhang kreisen die folgenden Darlegungen.

---

[85] N. MARINATOS, Kunst und Religion im alten Thera (1988). Mit Literatur.

8. Brauron und Athen in historischer Zeit

Brauron ist eine der Zwölfstädte, die auf den sagenhaften ersten attischen König Kekrops zurückgehen[86], und die Stadt war seit altersher ein politischer Faktor in Attika, mit dem Artemis-Kult als Mitte der Identifikation. Im Prozeß der Herausbildung des attischen Staatswesens im 13. Jahrhundert v.Chr. (Synoikismos unter dem - ebenfalls noch sagenhaften - athenischen König Theseus) war der Artemis-Kult zu bedeutsam, als daß die Mächtigen diesen in seiner lokalen, auf einen Demos beschränkten Bestimmung belassen hätten. Spätestens seit Peisistratos, dessen Tyrannis von 561 bis 527 währte und der selbst aus Brauron stammte, ist eine Übernahme des Artemis-Kultes von Brauron mit dem großen Fest der penteterischen Brauronien als Staatskult erwiesen, desgleichen die Einrichtung einer Filiale in Athen. (Andere große Staatsfeste waren die Panathenäen als das wichtigste Fest von allen, die Eleusinien, die Delien auf Delos und die Herakleen in Marathon.)

In der Demenordnung des Kleisthenes von 509/07 verlor Brauron seine Eigenständigkeit und wurde dem neuen Demos Philaidai zugefügt. Das nördliche Halai Araphenides, ursprünglich einmal Bestandteil des „Brauronischen Staates", bildete einen eigenen Demos.[87] Wenn auch Brauron nach der neuen Ordnung keine eigenständige politische Bedeutung mehr hatte, so war sein religiöses und soziales Gewicht im athenischen Staate ungeschmälert, weswegen auch den kultischen Ausprägungen, insbesondere dem Dienst der *arktoi* und den Penteterien, eine überörtliche Bedeutung zukommt.

Die Filiale, das Heiligtum der Artemis Brauronia auf der Akropolis von Athen, war eine dorische Stoa mit seitlichen Gebäuden und dazwischen liegendem Festplatz, ähnlich wie die Stoa in Brauron selbst, jedoch ohne angeschlossene Einzelräume. Das Heiligtum wurde zu Anfang des 5. Jahrhunderts errichtet, noch bevor Mnesikles die Propyläen erbaute, in deren unmittelbarer Nähe es sich seither befindet.[88] SOLDERS vertritt in seiner Studie über den attischen Synoikismos[89] in Anlehnung an LÖPER allerdings die Auffassung, daß der Artemis-Kult auf der Akropolis, wenn er auch zweifelsfrei von Brauron übernommen sei, doch schon lange vor Peisistratos dort begründet sein müsse, alleine schon wegen der Größe des heiligen Bezirks, der vom Areal der späteren Propyläen bis zu dem der Chalkothek beim Parthenon reicht. Einen eigenen Tempel für Artemis hatte

---

86 S. SOLDERS, Die außerstädtischen Kulte und die Einigung Attikas (1931) 106ff. („Die kekropischen Zwölfstädte"; mit Quellen). - RE V 822 („Brauron")

87 RE III 379 („Araphen"); VII 2227 („ Ἁλαὶ Ἀραφηνίδες")

88 G.P. STEVENS, Hesperia 5, 1936, 457-470 („The Sanctuary of the Brauronian Artemis")

89 R. LÖPERs in Russisch erschienener Beitrag „Spuren des Synoikismus der zwölf Staaten Attikas" von 1911 wird von SOLDERS a.O. 107f. referiert.

das Brauronion allerdings nicht. In seinem Eingangsbereich befinden sich aber zahlreiche Bettungen für Stelen, die vermutlich für Weihegeschenke bestimmt waren[90], entsprechend zu den Stelen in Brauron, wo insbesondere Kinder-Skulpturen als Weihegeschenke aufgestellt waren.

Brauron selbst bleibt die Hauptstätte der Verehrung der Artemis Brauronia, und das Athener Brauronion war, vom Kult her gesehen, dem Ursprungs-Heiligtum nachgeordnet. Jedoch wurde das Heiligtum von Athen aus verwaltet, was seine Bedeutung als Staatsheiligtum verdeutlicht. (Ähnlich verhielt es sich mit dem Apollon-Heiligtum auf Delos und dem Demeter-Heiligtum in Eleusis.) Aufschlußreich ist ein Komplex von, Brauron betreffenden, athenischen Schatzverzeichnissen - es sind in Stein gemeißelte Urkunden - aus der Mitte des 4. Jahrhunderts, die neuerlich von Tullia LINDERS monographisch bearbeitet worden sind.[91] Darin aufgeführt sind Gold- und Silberschmuck, bronzene Geräte und insbesondere Gewänder als Opfergaben für Artemis. Interessanterweise hat PAPADIMITRIOU in Brauron selbst Inschriften des gleichen Inhaltes entdeckt, die leider noch nicht vollständig ediert sind.[92] Ziemlich sicher ist aber bislang schon, daß die athenischen Verzeichnisse Zweitschriften der brauronischen Urkunden sind. Und es spricht alles dafür, daß die darin genannten Tempelschätze in Brauron aufbewahrt blieben, nur eben, daß der Bestand von Athen aus kontrolliert wurde. Zu erwähnen ist noch, daß in einer Inschrift die *epistatai* (Verwalter) und die Priesterin gemeinsam als zuständig für die Schatzkammern von Brauron genannt werden.[93]

In diesem Zusammenhang richtet sich unser Blick auch auf athenische Schatzverzeichnisse aus der ersten Hälfte des 4. Jahrhunderts, d.h. aus der Zeit nach dem Peloponnesischen Krieg, als sich wieder Schätze ansammeln konnten. Hierüber hat LEHNER bereits 1890 eine zusammenfassende Bearbeitung vorgelegt.[94] Diese Schatzverzeichnisse betreffen die Tempelschätze der Athena und weiterer Gottheiten. Sie wurden insgesamt auf der Akropolis an mehreren Stellen aufbewahrt und von einem besonderen Kollegium verwaltet. Bei einem Wechsel des Kollegiums wurden jeweils neue Schatzverzeichnisse als Übergabeurkunden angelegt. In unserem Zusammenhang von Bedeutung ist, daß vielfältige Schätze auch als der Artemis Brauronia zugehörig auftauchen. U.a. publiziert

---

[90] STEVENS a.O. mit Abb.13; 461 mit Abb.15

[91] T. LINDERS, Studies in the Treasure Records of Artemis Brauronia Found in Athens (1972)

[92] J. PAPADIMITRIOU, PraktArchEt 1949, 84-85 (PAPADIMITRIOU war noch der Ansicht, daß die in den Urkunden aufgeführten Tempelschätze auf die Akropolis von Athen gebracht worden seien). - LINDERS a.O. 72f.

[93] LINDERS a.O. 73 mit Anm.40 (mit zwei weiteren Testimonien betr. Priesterinnen von Brauron)

[94] H. LEHNER, Über die athenischen Schatzverzeichnisse des vierten Jahrhunderts (1890); aufgegriffen bei LINDERS a.O. 73 mit weiterer Literatur, insbes. W.S. FERGUSON, The Treasures of Athena (1932)

LEHNER ein von ihm zusammengestelltes Verzeichnis von 52 Teilen.[95] Bei diesen Schätzen könnte es sich um solche handeln, die aus Brauron auf die Akropolis von Athen überführt wurden, aber sie werden nur einen Teil der brauronischen Schätze ausgemacht haben. Ob und inwieweit im Brauronion auf der Akropolis auch Opfergaben dargebracht wurden, ist unklar.

Das zentrale kultische Ereignis für Brauron waren die penteterischen Brauronien. Dieses Fest als eines der athenischen Staatsfeste wurde von dem Kollegium der Opfermänner in Athen ausgerichtet. Die Zeugnisse hierüber (Aristot. Ath.Pol. 54,7; Pollux VIII 102 sowie ein Inschrift CIA II 792) hat U.v.WILAMOWITZ-MOELLENDORFF besprochen.[96] Die penteterischen Brauronien waren auch mit einer Pompé über die 30 Kilometer lange Strecke von Athen nach Brauron verbunden, deren Organisation verständlicherweise von Athen aus erfolgte.

Über die brauronischen Feste - neben den penteterischen gab es auch die jährlichen Brauronien - als vornehmliche Frauen- und Mädchen-Feste, über den Charakter des Kultes insgesamt in seiner Frauenorientiertheit und über die inhaltliche Wirksamkeit der Frauen, namentlich zwischen den Penteterien, ist mit der Feststellung der von Männern bestimmten athenischen Verwaltungsmodi noch kaum Einschränkendes gesagt.

Von allen Artemis-Kultstätten in Attika ist diejenige von Brauron am genauesten bekannt - dank glücklicher archäologischer Umstände. Nur deshalb kann die diesem Ort zukommende Bedeutung überhaupt herausgestellt werden. Außer Zweifel steht aber auch, daß Brauron zu den wichtigsten Kultstätten der Artemis überhaupt gehört, ebenso daß wir den dort stattgefundenen Entwicklungen paradigmatischen Charakter zusprechen dürfen.

Dem stratigraphischen Befund zufolge hat die Überschwemmungskatastrophe gegen Ende des 4. Jahrhunderts des Heiligtum aufs schwerste betroffen. Die Stoa wurde von den Fluten des Erasinos unterspült und zum Einsturz gebracht, der Schlamm lagerte sich über diesen Teil des Heiligtums. Der Dienst der *arktoi* und die brauronischen Feste scheinen ihr Ende gefunden zu haben. Zwar wurde wenige Jahrzehnte später die erwähnte Athener Baukommission in Brauron tätig (siehe S. 149), die Stoa ist dennoch nicht wieder aufgebaut worden. Der erhöht liegende Tempel war erhalten geblieben und wird weiter kultischen Zwecken gedient haben. Pausanias hat ja im zweiten nachchristlichen Jahrhundert, mehrere Jahrhunderte später, noch von dem *alten Holzbild* der Artemis in Brauron berichtet (siehe S. 177). Auf langes Weiterbestehen des Heiligtums deutet auch ein nahe bei dem Temenos gefundenes Relief, welches Polydeukes, den Schüler des Herodes Atticus zeigt und in das zweite nachchristliche Jahrhundert datiert.[97] Vielleicht

---

[95] LEHNER a.O. 75-77

[96] Siehe U.v.WILAMOWITZ-MOELLENDORFF, Aristoteles und Athen I (1893), 228-230

[97] Ergon 1961, 35f. mit Abb.39; 1962, 33 Abb.42

enthält der noch ausstehende endgültige Ausgrabungsbericht genauere Quellen-Hinweise auf das Leben in Brauron während der hellenistischen Zeit insgesamt. Sicher blieb Artemis in Brauron ununterbrochen lebendig, bis das Christentum dem heidnischen Götzendienst den Garaus machte.[98]

9. Der Artemis-Kult von Brauron in historischer Zeit

a) Der Wandel einer Sinnfigur

Die von Euripides in seiner Tragödie *Iphigeneia bei den Taurern* übermittelte Ätiologie der beiden Kultstätten Brauron und Halai Araphenides (siehe S. 143 und 158) wie auch die von Aischylos in der *Orestie* gestaltete Überlieferungslinie (S. 160ff.) sind mit Akzentsetzungen verbunden, die für den geistigen und sozialen Umkreis kennzeichnend sind, aus welchem die Dichter in ihrer Zeit schöpften. An die Stelle der ursprünglich grausamen Verfaßtheit des Artemis-Kultes ist eine humane Sinnbestimmung getreten, die aber den Göttern und Heroen auch mit ihren ursprünglichen Ansprüchen und Verstrikkungen verpflichtet bleibt, so wie Menschlichkeit letzten Endes nur auf dem Hintergrund von stattgefundener Un-Menschlichkeit definiert werden kann, zumindest aber eine dahingehende Ambivalenz akzeptieren und integrieren muß. Auch die Athener, die sich dem lebenszugewandten Embaros in Mounichia verwandt fühlten, trugen die Vergangenheit ihres sozialen Verbandes und die Geschichte der Entbindung aus zwanghafter Lage in sich.

Wenn den jungen Männern, die noch ihrer Kindlichkeit verbunden sind, im kultischen Akt in Halai Araphenides die Kehle mit dem Schwert geritzt wird, oder die jungen Mädchen in Brauron im Safrangewand ihre Tänze aufführen, so bleibt darin die Erinnerung an eine todbringende, gar mörderische Problemlage aufgehoben, die doch auch eine Sehnsucht nach glücklichem Leben enthielt. Das Opfer, ursprünglich mit weitest reichenden Konsequenzen, war der Versuch, die Sehnsucht zu stillen. Sichtbarer Ausdruck einer Überwindung urtümlicher Zwänge ist neben dem nur mehr symbolischen Vollzug des Menschen- und Kinder-Opfers im weiteren dessen Ersatz durch das Tier-Opfer. In historischer Zeit werden der Göttin Ziegen und - ihrer Hypostase als *Tauropolos* gemäß - Stiere geopfert, was zugleich die Voraussetzung für das gemeinsame kultische Festmahl der Opfernden, der Frauen, Männer und Kinder, bildet.

Den Wandel der Sinnfigur „Artemis“ bringt Kallimachos in poetischer Weise zum Ausdruck:

---

[98] ... und in Brauron schließlich eine stattliche frühchristliche Basilika errichtet wurde. E. STIKAS, PraktArchEt 1951 unf folgende Jahrgänge

Und wenn die Nymphen dich während des Tanzes umkreisen
Nahe den Quellen --- oder --- oder im See
Oder dort, wohin du gekommen bist zu wohnen, in Halai Araphenides,
Nachdem du die Gewohnheiten der Tauropolos abgelehnt hast.
(Kall. h. 3,170f.)

b) Brauron, Halai Araphenides und das alte Kultbild der Artemis

Mit der Ausprägung je eines Kultes für die Artemis Tauropolos und für die Artemis Iphigeneia (bzw. die Artemis Brauronia) nahe beieinander in dem ursprünglich einmal selbständig gewesenen Staatswesen Brauron[99] machten sich die Griechen das ambivalente Spektrum zwischen Tod und Leben ansichtig und manifest. Allerdings bedeutet das nicht, daß in Halai Araphenides nur einer symbolisch leben-fordernden und in Brauron nur einer leben-schützenden Artemis gedient worden wäre. Die ursprünglich an beiden Kultorten verehrten Gottheiten sind vermutlich generell leben-fordernd gewesen.

Ehe das Heiligtum von Brauron mit seinem außergewöhnlich reichen und sachklärenden Quellenbestand durch PAPADIMITRIOU ausgegraben wurde - in Verfolgung dessen entdeckte und untersuchte er auch den Tempel von Halai Araphenides -, hatte es unterschiedliche Auffassungen über die jeweiligen Akzentsetzungen der beiden Artemis-Kulte und ihre Lokalisierungen gegeben, bis hin zu der irrtümlichen Vermutung, daß Halai und Brauron ein und derselbe Kultort gewesen sein könnten.[100] Die knappe schriftliche Überlieferung gibt keine endgültigen Aufschlüsse, und die inhaltlichen Informationen überschneiden sich auch teilweise. Schriftliche und archäologische Quellen zusammen erlauben aber nunmehr doch ein differenziertes Bild zu zeichnen.

So klar, wie Euripides die beiden Kulte nach Orestes und Iphigeneia trennt, ist es wohl weder in klassischer Zeit noch vorher gewesen, wenn auch bestimmte konstitutive Kult-Akte, wie das Kehle-Ritzen in Halai und die Wöchnerinnen-Opfer in Brauron spezifiziert sind.

Die Erwähnung des Euripides, daß in Brauron (nur) für die verstorbenen Wöchnerinnen geopfert wurde, ist auf der Sinnlinie einer „tauropolischen" oder auch chtonischen Artemis Iphigeneia zu verstehen. Iphigeneia vollzieht nicht mehr, wie ehemals im taurischen Chersonese, das Menschen-Opfer selbst, sondern sie empfängt Gewand-Opfer von den verstorbenen Frauen, genauer: von denjenigen, die einem todbringenden Frauen-Schicksal anheimgegeben sind. Zweifellos aber ist Euripides in diesem Punkt unvollständig. Denn auch die glücklichen Wöchnerinnen und Mütter wandten sich an Artemis

---

[99] Siehe Anm. 86 und 87; außerdem L. DEUBNER, Attische Feste (1932) 208f.
[100] Siehe die bei DEUBNER a.O. 208 Anm.11 aufgeführten Autoren

Iphigeneia, die gütige Göttin, der sie Dankopfer schuldeten. Wie anders sollten die brauronischen Terrakotta-Votivgaben aus dem 5. Jahrhundert verstanden werden, die eine Kourotrophos-Gottheit (siehe S. 185/86) darstellen? Oder die marmornen Votiv-Reliefs aus dem 4. Jahrhundert, auf denen opfernde Familien mit Kindern dargestellt sind, wie sie sich der Gottheit nähern? (Ganz zu schweigen von den Kinder-Skulpturen vom Ende des 4. Jahrhunderts.) Im brauronischen Artemis-Kult waren gleichermaßen Unglück wie Glück im Frauenleben aufgehoben.[101]

So wie Artemis aus der komplexen kultisch-mythischen Tradition heraus bestimmte Tiere zum Opfer forderte, nämlich Ziege und Stier, so waren ihr auch bestimmte Tiere heilig. Die brauronische Artemis war außer mit dem Hirsch und der Hirschkuh verständlicherweise mit der Bärin und dem Bären verbunden. Hirsch und Hirschkuh bewahrten das Ersatzopfer in der aulidischen Version der Ursprungslegende auf, Bärin und Bär in der besonderen brauronischen Version.

Was das sagenhafte Kultbild der Artemis anbetrifft, so ist zunächst an die Stelle bei Euripides (siehe S. 158) zu erinnern, wonach Orestes von der Göttin Athena den Auftrag erhalten hatte, in Halai Araphenides *einen Tempel für das Bild* zu begründen. Demgegenüber schreibt der Reiseschriftsteller Pausanias in seiner in der zweiten Hälte des 2. Jahrhunderts n.Chr. entstandenen *Beschreibung Griechenlands* über Brauron, daß dort

... Iphigeneia, die Tochter des Agamemnon, auf der Flucht aus Tauris mit dem Bild der Artemis gelandet sein soll; sie habe das Bild dort zurückgelassen und sei nach Athen und später nach Argos gekommen. Es ist da auch wirklich ein altes Holzbild der Artemis ... (Paus. I 33,1; übersetzt von Ernst MEYER)

Vermutlich haben die Leute in Brauron diese Version Pausanias erzählt. Er bezweifelt aber, daß das von ihm im Tempel gesehene *alte Holzbild* (I 23,7; daselbst auch als das der *taurischen Artemis* bezeichnet) wirklich das richtige Bild sei. Vielmehr favorisiert er als das richtige Bild das Schutzbild der Artemis Orthia (Artemis der Aufrechten) in Sparta, denn einer dortigen regionalen Überlieferung zufolge wurde Orestes nach Rückkehr aus dem Taurerlande König von Sparta. Die Spartaner brachten ihrer Artemis ursprünglich ebenfalls blutige Opfer dar, doch beschränkten sich diese seit Lykurgos,

---

[101] Gesichtspunkte für eine gütige Artemis Iphigeneia bei PAPADIMITRIOU, PraktArchEt 1957, 45; Scientific American 1963, 113. Früher schon bei WERNICKE, „Artemis", RE III 1381f., im Anschluß an PRELLER / ROBERT. WERNICKE differenziert in eine „gnädige, hilfreiche und eine finstere, unerbittliche" Göttin, entsprechend wie bei der Entbindungs-Göttin Eileithyia (diese auch als Epiklesis der Artemis). - Die chtonische, ja dämonische Iphigeneia versucht KONDIS, ArchDelt 22, 1967, 163ff. herauszuarbeiten (siehe auch vorl. S. 156). - THEMELIS, Brauron. Führer durch das Heiligtum..., S.11, unterscheidet - wohl zu sehr trennend - zwischen Iphigeneia, der die Gewänder der bei der Geburt verstorbenen Frauen dargebracht wurden (Eur.Iph.T. 1462-1464), und Artemis, der die Frauen nach glücklicher Entbindung ihre Chitones opferten.

dem sagenhaften spartanischen Gesetzgeber, auf die Geißelung der Epheben, mit deren Blut der Altar bespritzt wurde. Die hellenistische Fassung des Altars ist noch heute am Eurotas im heutigen östlichen Sparti im ehemals sumpfigen Weidengebiet Limneion zu sehen. Die hölzerne Göttin achtete sehr darauf, daß die Geißelung nicht etwa zu schwach geschehe, andernfalls wurde sie nämlich der sie tragenden Priesterin zu schwer und tat dadurch ihren Unwillen kund (Paus. III 16,7-11). Für die dem Akt beiwohnenden Zuschauer gab es erhöhte Sitzreihen, deren Fassung aus römischer Zeit ebenfalls noch erhalten ist. Die Analogie zum Kult der Artemis Tauropolos, namentlich, was den späteren, nur noch symbolischen Vollzug des Menschen-(Jünglings-)Opfers anbetrifft, liegt auf der Hand.[102]

Seinen Zweifel an der Echtheit der in Brauron gesehenen Figur begründet Pausanias damit, daß die Athener, als sie 480 v.Chr. vor den Persern flüchten mußten, sicherlich das Original mitgenommen hätten, weil es doch so bedeutungsvoll war. Inzwischen ist archäologisch gesichert, daß die Perser den Tempel in seiner alten Form zerstört haben. Später wurde das Heiligtum mit dem Tempel in dorischer Bauweise wieder errichtet.

Ein von den Persern angeblich nach Susa in Elam verschlepptes Kultbild kann darum - so müssen wir mit Pausanias folgern - überhaupt nicht das originale Artemis-Bild *aus dem Barbarenlande* (d.h. aus Chersonese) gewesen sein. Pausanias unterstützt seine Ausführungen über die Bedeutung des Artemis-Bildes des weiteren dadurch, daß er noch andere Völker außerhalb Griechenlands aufführt, welche den Anspruch erhoben, seither das originale Bild zu besitzen.[103]

Es gibt keine Nachrichten über ein von den Athenern vor den Persern sichergestelltes Kultbild (das dann nach dem Kriege möglicherweise sogar wieder zurückgebracht worden sein könnte). Es bleibt bei der lapidaren Information, daß Pausanias sechseinhalb Jahrhunderte später im Tempel von Brauron ein *altes Holzbild* gesehen hat.[104]

Die Frage, um welches Bild bzw. um welchen Artemis-Typus es sich bei dem Kultbild

---

[102] Die Geißelung der Epheben ist auch als Übertragungszauber verstanden worden in dem Sinne, daß mit den am Eurotas geschnittenen Ruten (aus „Keuschlamm") Lebens- und Kampfkraft auf die jungen Männer übertragen werden sollte. Siehe K. HOENN, Artemis (1946) 35f.; im Anschluß an A. THOMSEN, Archiv für Religionswissenschaft 9, 1906, 397ff. Diese Deutung widerspricht nicht dem Ursprungskult der Artemis Orthia mit Menschen-Opfern, sie trägt vielmehr der Fortentwicklung des Kultes auf der Linie der spartanischen Sozialpsyche Rechnung (in gewisser Analogie zum attischen Artemis-Kult, der von den Menschenopfern der Frühzeit zu spezifischen Formen menschlicher Emporhebung gefunden hat).

[103] C. ROBERT, Archaeologische Maerchen (1886) 144ff. („Die Kultbilder der Brauronischen Artemis") glaubt allerdings im Anschluß an Pausanias und Euripides Iph.T. bewiesen zu haben, daß das alte Kultbild der Artemis niemals aus Brauron entführt worden sei.

[104] Zusammenfassung der Kenntnisse und Deutungsmöglichkeiten bei F. GRAF, Das Götterbild aus dem Taurerland, Antike Welt 10, Heft 4, 1979, 33ff.

gehandelt haben könnte, berührt komplexe mythologisch-religionsgeschichtliche Zusammenhänge auf dem Hintergrund der allgemeinhistorischen Zusammenhänge im Mittelmeerraum. Die Göttin genoß in manigfaltiger Gestalt Verehrung in der gesamten griechischen Welt und in benachbarten Kulturkreisen. Eine dahingehende Gesamt-Beschreibung ist hier nicht möglich und auch nicht notwendig, zumal es bereits umfassende Darstellungen gibt.[105]

Den überkommenen Typus der brauronischen Artemis hat FARNELL 1896 in Auseinandersetzung mit Pausanias (III 16,7-91), mit Euripides und weiteren Überlieferungen zu erschließen versucht.[106] Er kommt zu dem Ergebnis, daß es sich vermutlich um eine Artemis mit Schild und erhobener Streitaxt (also nicht mit Köcher, Pfeil und Bogen) gehandelt hat. Eine solche ist nämlich dargestellt auf einer in die Zeit nach den Perserkriegen datierten Münze aus Laodicea in Syrien[107], einer Stadt, die zum Kreise derjenigen gehörte, die das alte taurische Kultbild aus Brauron erhalten zu haben vorgaben. Damit ist aber trotz des Beweisversuches von FARNELL zunächst nur die Bedeutung eines Typus herausgestellt.

In allen Jahrhunderten war auch die Wesenheit der brauronischen Artemis als jungfräuliche Jagdgöttin bekannt, korrespondierend zu ihrer Eigenschaft als Herrin der Tiere. Der um 200 n.Chr. wirkende Universalgelehrte Athenaios - er ist für seine Sorgfalt im Umgang mit den Quellen bekannt - zitiert aus einem nicht mehr erhaltenen Stück des attischen Komödiendichters Diphilos (geb. um 350 v.Chr.):

Jungfrau, zähmst mit deinen Bögen, Tochter der Leto und des Zeus, du überwachst den geliebten Ort der Götter, das Heiligtum zu Brauron, und dir gehört es. (Athen. VI 223 A)

Diese Stelle, so bedeutsam sie für das Artemis-Verständnis im 4. Jahrhundert auch ist, kann ebenfalls nicht für eine Bestimmung des Kultbildes herangezogen werden.

Über das Artemis-Kultbild im Tempel von Halai Araphenides gibt es bisher keine Erkenntnisse. Der von Euripides mitgeteilten Legende zufolge soll ja sogar dort und nicht in Brauron das ursprüngliche, originale Kultbild gewesen sein.

Selbst wenn Klarheit darüber bestünde, welcher Art die - möglicherweise alterwürdigen - Kultbilder in den Tempeln von Brauron und Halai Araphenides gewesen waren, so hätten wir damit noch keine konkreten Hinweise auf die Ausprägung des Kultes, etwa hinsichtlich seiner „tauropolischen Komponente" seit archaischer Zeit. Hierzu ist auf andere Quellen zurückzugreifen.

---

[105] „Artemis" (WERNICKE), RE III 1336-1440. - L.R. FARNELL, The Cults of the Greek States II (1896). - K. HOENN, Artemis (1946).

[106] FARNELL a.O. 526f.

[107] FARNELL a.O., Münzen Tf.B 32 (nach S.756)

c) Frauliche und mütterliche Identität: Die Artemis im Brauronion zu Athen

In seinem Bericht über die Akropolis von Athen schreibt Pausanias:

... *Auch ist da eine Heiligtum der brauronischen Artemis, deren Kultbild (agalma) ein Werk des Praxiteles ist; die Göttin hat ihren Namen nach dem Ort Brauron. Das alte Holzbild (to archaion xoanon) ist in Brauron, die taurische Artemis, wie man sagt.* (Paus. I 23,7)

Die Übersetzung *Kultbild* (Ernst MEYER) kann keine Festlegung auf *Tempelbild* im engeren Sinne bedeuten; im Brauronion gab es nämlich keinen Tempel (siehe S. 172/73). Der Begriff *agalma* kann ebenfalls mit *Kleinod, Weihegeschenk* oder *Götterbild* übersetzt werden.[108] Wichtig ist auch festzuhalten, daß Pausanias über einen Sachverhalt berichtet, den er im zweiten nachchristlichen Jahrhundert vorgefunden hat.

Weitere Quellen-Hinweise stammen aus dem uns direkt beschäftigenden Zeitraum. Es sind verschiedene, Brauron betreffende Schatzverzeichnisse (siehe S. 173/74) aus den Jahren zwischen 353 und 334, und sie gehören zu dem von Tullia LINDERS bearbeiteten Quellenkomplex.[109] Leider sind die Eintragungen nur fragmentiert überkommen und enthalten Unklarheiten. Es werden verschiedenen Bildnisse der Artemis aufgeführt, von denen sich zwei näher bestimmen lassen, das eine als *die steinerne [d.h. marmorne] Statue (to lithinon hedos)* und das andere als *die alte Statue (to hedos archaion)*.[110] Diese beiden Bildnisse bzw. die Kennzeichnungen tauchen nämlich bereits in einem ebenfalls fragmentierten Verzeichnis aus dem späten 5. Jahrhundert auf.[111] Es kommen aber noch weitere Kennzeichnungen vor, so neben dem einfachen *hedos* die Kennzeichnung *das aufrechte Bild (to agalma to orthon,* auch *to agalma to hestekos)*[112], jedoch ohne daß jede dieser Kennzeichnungen ein eigenes Bildnis meint. Vielmehr hat LINDERS wahrscheinlich gemacht, daß es insgesamt nur drei Bildnisse gewesen sein dürften, unter Einschluß der beiden alten. Das dritte Bildnis könnte somit eine Statue neueren Datums sein, mithin aus der Zeit des Praxiteles stammen, der von 370 bis 320 wirkte.

Alle Bildnisse finden überhaupt nur deshalb Erwähnung, weil sie mit den als Opfergaben

---

[108] T. LINDERS, Studies in the Treasure Records of Artemis Brauronia Found in Athens (1972) 30 mit Anm.70; im Anschluß an H. BLOESCH, Agalma. Kleinod, Weihegeschenk, Götterbild (1943).

[109] LINDERS a.O. 9ff.

[110] LINDERS a.O. 12 (IG II² 1514, 26-28 [*to lithinon hedos*]); S.14 (IG II² 1514,35-36 [*to hedos to archaion*]). Aus den Jahren 349/48-344/43. Auch an weiteren Stellen vorkommend.

[111] LINDERS a.O. 14 mit Anm.61 (Quellenhinweise)

[112] LINDERS a.O. 15 (IG II² 1516, 19-21 [*to agalma to orthon*]). Aus den Jahren 347/46-344/43. Auch an weiteren Stellen vorkommend.

dargebrachten Gewändern drapiert oder garniert waren, denn diese sind - neben anderen Gaben - Gegenstand der Schatzverzeichnisse.

Die Pausanias-Stelle über die Artemis im Athener Brauronion und ihr möglicher inhaltlicher Zusammenhang mit den Schatzverzeichnissen haben eine Reihe von Forschern intensiv und auch kontrovers beschäftigt.[113] Solange nicht bekannt war, daß die Athener Verzeichnisse Zweitschriften von brauronischen Urkunden darstellen und daß sich die aufgeführten Opfergaben aller Wahrscheinlichkeit nach in Brauron selbst befanden, hat es nahe gelegen, das von Pausanias über 500 Jahre später im Athener Brauronion gesehene Kultbild mit demjenigen Bildnis gleichzusetzen, das als wahrscheinlich jüngeres (siehe Anm. 112) in einem Verzeichnis von 343/42-341/40 vorkommt.

Gesichert ist somit nur, daß es im 4. vorchristlichen Jahrhundert in Brauron mehrere, höchstwahrscheinlich drei, Artemis-Bildnisse gegeben hat, die - auch - zur Anbringung von Opfergaben dienten, und daß sich im zweiten nachchristlichen Jahrhundert im Athener Brauronion eine Artemis-Statue des Praxiteles befunden hat. Denkbar, aber nicht beweisbar ist, daß die in den Urkunden aufgeführte *alte Statue* die Jahrhunderte bis Pausanias in Brauron überdauert hat und mit dem von Pausanias dort gesehenen *alten Holzbild (to archaion xoanon)* der taurischen Artemis identisch ist. Denn die Drapierung eines Tempelbildes mit Opfer-Gewändern ist nicht außergewöhnlich.[114] Ebenfalls unbeweisbar, aber nicht auszuschließen ist, daß die Statue des Praxiteles ursprünglich für Brauron bestimmt war und erst später ihren Weg nach Athen gefunden hat. Andererseits müssen auch im dortigen Brauronion ursprüngliche Artemis-Bildnisse vorhanden gewesen sein.[115]

Die Existenz einer praxitelischen Artemis im brauronischen Zusammenhang ist erheblich. J.D. KONDIS versucht in seiner Studie über die Artemis Brauronia die Praxiteles-Spur sogar noch über die Statue hinaus zu verfolgen und den Einfluß des Bildhauers auch auf die brauronischen Votiv-Reliefs nachzuweisen.[116]

Praxiteles, der dem geistigen und seelischen Bewußtsein seiner spätklassischen Zeit bild-

---

[113] C. ROBERT, Archaeologische Maerchen (1886) 144ff. - L.R.FARNELL, The Cults of the Greek States II (1896) 540f. - F. STUDNICZKA, Artemis und Iphigenia..., Abh.d.Philolog. -Hist.Klasse d.Sächs.Akademie d.Wiss. 37(5), 1926, 77f. - J. TRÉHEUX, Sur le nombre des statues culturelles du Brauronion et la date de l'Artémis de Praxitéle, RA 55, 1964, 1ff. - LINDERS a.O.

[114] Belegstellen bei LINDERS a.O. 12 mit Anm.42. Außer der aus privater Frömmigkeit herrührenden Opferung von Gewändern für die Gottheit gab es auch die offiziellen Darbringungen wie z. B. des Peplos für Athena anläßlich der großen Panathenäen (s.u. S. 209ff.).

[115] Die beiden Seitenflügel des Brauronions erscheinen förmlich für die Aufnahme von Artemis-Statuen vorgesehen. Siehe G.P. STEVENS, Hesperia 5, 1936, 460.468 et pass.

[116] J.D. KONDIS, ArchDelt 22, 1967, 192ff.

haften Ausdruck zu geben vermochte, wird auch einer von ihm geschaffenen Artemis eine auf konkrete Bedeutung hin gerichtete Gestalt verliehen haben. Wir dürfen in seiner Artemis eine Identifikationsfigur für Frauen und Mütter wie für ihre Familien vermuten. Nicht minder werden die Priesterinnen das Bild aufgenommen haben, in ihrem Beruf als Kult-Dienerinnen und als Lehrerinnen der *arktoi*.

Wie die meisten Werke des Praxiteles existiert auch die brauronische Artemis nicht mehr. Als ihre römische Replik gilt indessen die Diana von Gabii (Abb. 18) welche 1792 bei der Villa Borghese nahe bei Rom zu Tage gekommen ist und seither erhebliche Beachtung gefunden hat.[117] Die Frage, ob diese Statue oder zumindest ihr Bildgedanke tatsächlich auf praxitelischem Vorbild beruht (womit zugleich wahrscheinlich würde, daß es sich um die brauronische Artemis handelt), soll hier nicht mehr im einzelnen erörtert werden. Es gibt Hinweise auf einen möglichen Zusammenhang.[118] Daher ist gerechtfertigt, die Diana von Gabii in den Umkreis der Quellen zu stellen, die über die Sinngebung des brauronischen Kultes wie auch der Lebensvollzüge im Heiligtum in der zweiten Hälfte des 4. Jahrhunderts Aufschluß geben. Zumindest ist das heute vorhandene Werk ein zusätzlicher Beleg für das Artemis-Verständnis dieser Zeit, wie es die römischen Kopisten rezipiert haben.

Die Diana von Gabii zeigt sich in einem fast schon realistischen Gestus als souveräne Frauengestalt in anmutiger Bewegung. Sie trägt einen doppelt gegürteten Chiton, der locker die linke Schulter freigibt und nur bis an die Knie reicht. Beidhändig hebt sie einen bereits umgelegten Mantel, im Begriff, diesen über der rechten Schulter zu befestigen, indem sie mit graziler Hand einen mit Spange versehenen, über den Rücken gezogenen Zipfel greift, während die linke Hand das Manteltuch unter dem linken Arm her zur rechten Schulter führt, so daß eine unsymmetrische, fließende Drapierung entsteht. Durch das ziemlich weit zurückgesetzte Spielbein bildet sich - zumindest in der Draufsicht - eine dynamische Bewegungsfigur; die beschäftigten Hände und der geneigte Kopf verstärken den lebhaften Eindruck.

Das Bild ist leicht zu deuten als Göttin, die das geopferte Gewand annimmt. Der Unterschied dieser Artemis zur Jägerin mit Bogen und Köcher ist bemerkenswert. An die letztere erinnert nur das hochgeschürzte, die Beine freigebende Gewand.

Praxiteles hat aber für seine verschiedenen Auftraggeber auch verschiedene Artemis-Bilder geschaffen, entsprechend dem überkommenen Sinn-Spektrum der Göttin. Beson-

---

[117] Zur älteren und neueren Rezeption und Einordnung der Diana von Gabii: G. LIPPOLD, Die griechische Plastik (1950) 239 mit Anm.7; M. BIBER, The Sculpture of the Hellenistic Age (2.Aufl.1961) 21 mit Anm.82; T. LINDERS a.O. (Anm.108) 15 mit Anm.70; F. HASKELL / N. PENNY, Taste and the Antique (1981) 199.

[118] Arbeiten mit Erörterungen für und gegen den praxitelischen Ursprung der Diana von Gabii bei LINDERS a.O. (Anm.108) 15 mit Anm.70

Abb. 18a,b. Diana von Gabii

Marmor, Höhe 165 cm. Musée du Louvre, Paris. Aufnahmen des Museums. - Die Statue gilt als römische Kopie einer Mitte des 4. Jahrhunderts v. Chr. von Praxiteles geschaffenen Artemis. Diese ist noch für das 2. Jahrhundert n. Chr. im Brauronion zu Athen bezeugt.

ders bekannt ist die Artemis in Dresden[119], welche auf einem verlorenen frühen Werk des Meisters für das Heiligtum der Artemis Soteira (der Retterin) von Megara beruht (dort in einer Gruppe der Zwölfgötter).[120] Die Dresdner Artemis ist eine mit langem Gewand bekleidete, mädchenhafte Frau mit Bogen und Köcher. Einen Überblick über Artemis-Skulpturen im Umkreis des Praxiteles gibt u.a. FARNELL 1896.[121]

d) Kultische Handlungen und die Teilhabe der Kinder

Kult und Götterverehrung hatten eine offizielle und eine private Dimension, wobei hervorzuheben ist, daß hier wie dort die Kinder integriert waren. - Was die offizielle Religionsausübung anbetrifft, so gab es in den verschiedenen Heiligtümern Griechenlands je nach Ursprung, Charakter und Funktion des Kultes große Feste, die in monatlichen, jährlichen oder weiteren Abständen gefeiert wurden, entweder für die Polis, für einzelne Demen oder für bestimmte Gruppen. Trotz der Vielfalt der Kulte und Ursprungsmythen war allen Festen das Opfer als eine kennzeichnende Form griechischer Religiosität gemeinsam.

Griechische Tempel dienten - im Gegensatz zu christlichen Kirchen - nicht als gottesdienstliche Räume. Die heiligen Handlungen fanden in der Regel an einem Altar vor dem Tempel statt. Auf dem Altar loderte das Opferfeuer, von dem aus sich der Duft gebratenen Fleisches über die Festteilnehmer hin verbreitete. Der Tempel, insbesondere seine Cella, war der Gottheit vorbehalten. Die Tempeltür kann man sich aber während der heiligen Handlungen geöffnet vorstellen. Der dadurch hergestellte Kontakt der Feiernden zur Gottheit war, auch wenn er lebhaft emotionalen Charakter hatte, nicht immer an den ikonischen Gehalt des Bildes gebunden, namentlich, wenn dieses uralt war und mit einer ätiologischen Legende in Zusammenhang stand. Das *alte Holzbild* der taurischen Artemis in Brauron wäre ein Beispiel. Eine praxitelische Artemis hingegen wird, wie bereits angedeutet, die frommen Zeitgenossen sicher auch inhaltlich bewegt haben, möge sie ein Tempelbild oder ein Gedenk- bzw. Votiv-Bild gewesen sein. War sie mit Opfergewändern behangen, so blieb dennoch ihr Gesicht frei.

In Brauron gab es die jährlichen Brauronien und - als Staatsfest - die großen penteterischen Brauronien.[122] Die große Pompé anläßlich der Penteterien nahm ihren Ausgang am

---

[119] L.R. FARNELL, The Cults of the Greek States II (1896) Tf.35 bei S.540; LIPPOLD a.O. 238 mit Anm.4; BIBER a.O. 21 mit Anm.84 und Abb.40

[120] Paus.I 40,3; LIPPOLD a.O. 235

[121] FARNELL a.O. 540ff.

[122] H.F. SUCHIER, De Diana Brauronia (1847). - FARNELL a.O. 435-442. - A. MOMMSEN, Feste der Stadt Athen im Altertum (1898) 452-464. - S. SOLDERS, Die außerstädtischen Kulte und die Einigung Attikas (1931) 27-29. - L. DEUBNER, Attische Feste (1932) 207-208. - L. KAHIL, AntKunst 1.Beiheft 1963, 5ff.; 8, 1965, 20ff.; 20, 1977, 86ff. - J.D. KONDIS, ArchDelt 22, 1967, →

Brauronion auf der Akropolis in Athen. Daran waren Männer, Frauen und Kinder beteiligt. Wegen der Entfernung von über 30 Kilometern nach Brauron wird die Pompé allein einen ganzen Tag in Anspruch genommen haben. Währenddessen war man, wenn wir der oben S. 169 zitierten Stelle in der Komödie *Der Frieden* des Aristophanes Glauben schenken dürfen, voller Erwartung, und es ging auch freizügig zu. Den Winzer Trygaios läßt Aristophanes davon berichten, wie sie einstmals die Theoria, d.i. die Verkörperung der Festfreude, dorthin mitgenommen und sie dann (nach der Übersetzung von Ludwig SEEGER) *im Rausch verzaust* hatten. Das Opfertier auf den Penteterien scheint die Ziege gewesen zu sein.

Ansonsten ist aber auch der Stier hinreichend als Opfertier belegt. Hesychios macht in seinem Lexikon unter *Brauroniois* Mitteilung über rhapsodische Vorträge auf den brauronischen Festen, die die Ilias zum Inhalt hatten. Für unseren Zusammenhang sehr erheblich ist, daß auf den brauonischen Festen die *arktoi* ihre Tänze aufführten, was im folgenden einer ins einzelne gehenden Betrachtung bedarf.

Ob es in Brauron in spätklassischer Zeit noch einen der chtonischen Iphigeneia verpflichteten, besonderen Kult im Adyton des Tempels (siehe S. 159 und Plan Abb. 15) gab, muß offen bleiben. Möglicherweise diente der Raum, weil verschließbar, nur noch der Aufbewahrung von Tempelschätzen, d.h. der Opfergaben.

Über die offiziellen Kult-Ereignisse hinaus war das Heiligtum von Brauron wie jedes Heiligtum ganzjährig Ziel von Pilgern/Pilgerinnen und Opfernden, die sich einzeln oder in Gruppen - hier auch als Familie - der Gottheit näherten. Unter den vielfältigen brauronischen Funden erregen in dieser Hinsicht einige Gruppen von Votivgaben unsere besondere Aufmerksamkeit. Aus dem Anfang des 5. Jahrhunderts, gegen Ende der archaischen Zeit, stammen mehrere Terrakotten, eine sitzende Frau mit Kleinkind in den Armen darstellend.[123] In ihrem Aufbau gemahnen sie an die Madonnen der christlichen Bildtradition. Sie stehen in der griechischen Bildtradition der Kourotrophoi, d.h. der kindtragenden Gottheiten.[124] Wie Theodora HADZISTELIOU PRICE in ihrer Monographie[125] an reichhaltigen Quellen gezeigt hat, ist die Kourotrophos-Sinnfigur - sie zieht sich durch

---

156ff. - A. BRELICH, Paides e Parthenoi (1969) Kap.II. - E. SIMON, Festivals of Attika (1983) 83-88. - H.W. PARKE, Athenische Feste (1987) 215-217. - CHR. SOURVINOU-INWOOD, Studies in Girls' Transitions (1988).

[123] Mus.Brauron. Abb. bei P.G. THEMELIS, Brauron (o.J.) 85. - Nach KONDIS, ArchDelt 22, 1967, 190, stammen die gen. Terrakotten aus derselben Form. C. VORSTER, Griechische Kinderstatuen (1983) 60, schätzt die Bedeutung von Kourotrophos-Terrakotten für dem brauronischen Kult eher als gering ein.

[124] F. WINTER, Die Typen der figürlichen Terrakotten (1903) 139-155 (hier insbes. 139.141)

[125] Th. HADZISTELIOU PRICE, Kourotrophos (1978); Brauron-Hinweise nur kurz auf S.121f. Die Autorin teilt S. X mit: „The study... was inspired by a find in ancient Brauron, where the author worked as a young graduate.“ Offensichtlich ist eine der Kourotrophos-Terrakotten gemeint.

die gesamte griechische Kunstgeschichte - nicht an eine bestimmte Gottheit gebunden. Das Schwergewicht bilden jedoch weibliche und Mutter-Gottheiten, unter denen die Eileithyia (Göttin der Geburt), auch als Hypostase der Artemis, einen wichtigen Platz einnimmt. In Brauron ist die Mutter-Kind-Sinnfigur naheliegenderweise an Artemis gebunden, vielleicht an deren Hypostase einer gütigen Iphigeneia. Insofern können wir in den Terrakotten Weihegaben von glücklichen Müttern an die Göttin vermuten. Es gibt in Brauron des weiteren Terrakotta-Spielzeug, wie Pferdchen, Hunde, Hühner und kleine Handmühlen mit Reibstein. Ob diese Gegenstände als Dankopfer verstanden werden dürfen, muß wohl offenbleiben. Sie könnten auch für verstorbene Kinder geopfert worden sein, ebenso wie die Kourotrophos-Terrakotten vielleicht für verstorbene Mütter dargebracht wurden. In jedem Falle aber sind Votivgaben, die Mutter und Kind darstellen oder die Kinder betreffen, hervorragende Zeugnisse für die mentale Entfaltung der Mutter-Kind-Beziehung und die Akzeptanz des Kindes in der griechischen Gesellschaft.

Das Gewicht der Mutter-Kind-Beziehung, allgemeiner: der Eltern-Kind-Beziehung, und damit die Wertschätzung der Familie ist sodann aus einer Quellengruppe ersichtlich, die dem 5. und 4. Jahrhundert angehört. Es sind Darstellungen von Pilgern und Opfernden, wie sie sich überwiegend auf Votiv-Reliefs befinden. Als Äußerungen privater Frömmigkeit bringen sie die Vorstellungen der Menschen über Artemis zum Ausdruck und geben Aufschlüsse über religiöse Lebensformen, an denen die Kinder vollen Anteil hatten. Diese Zeugnisse sind in erziehungsgeschichtlicher Hinsicht ebenso bedeutsam wie die Quellen über die *arktoi*, und sie verweisen auf den religiös-sozialen Umkreis, in dem sich athenische Erziehung vollzog. - Und dann gibt es in Brauron ja die Kinder-Skulpturen vom Ende des 4. Jahrhunderts als eigentümlichen Ausdruck der Rückbindung der Menschen an die Gottheit. Doch sie sollen später besonders betrachtet werden. Zunächst richten wir unseren Blick noch genauer auf weitere Votiv-Reliefs mit Artemis.

Auf diesen Darstellungen erscheint die Göttin in unterschiedlicher Weise. Zunächst seien einige Werke aus der zweiten Hälfte des 5. Jahrhunderts angeführt. Ein Votiv-Relief zeigt Artemis, wie sie Ziegen füttert.[126] Wir sind geneigt anzunehmen, daß die Priesterin im Heiligtum Gleiches getan hat. Die reale Priesterin in ihrer Zeit disponiert zu ihrem Teil die Vorstellung, welche die Menschen von der Göttin haben. - Auf einer anderen Darstellung, dem sogenannten „Götterrelief", sieht man, einer Deutungsmöglichkeit zufolge, eine ausschreitende Artemis mit dem - noch in Spuren erhaltenen - Hirsch, dabei die stehenden Gestalten von Leto und Apollon sowie den sitzenden Zeus. Möglicherweise gehörte noch eine Iphigeneia als eigene Gestalt zu dieser Gruppe.[127] Bei den betreffenden Göttern könnte es sich allerdings auch entsprechend der von Euripides

---

[126] Mus.Brauron. Ergon 1959, 17 Abb.18; PraktArchEt 1959 Tf.13; BCH 84, 1960, 667 Abb.8; P.G. THEMELIS, Brauron (o.J.) Abb.S.18

[127] Mus.Brauron. Ergon 1958, 33 Abb.35; BCH 83, 1959 Tf.31 oben; J. PAPADIMITRIOU, Scientific American 1963 Abb.S.120; J.D. KONDIS, ArchDelt 22, 1967 Tf.103 unten

Iph.T. 1446 f. gestalteten Szene in Chersonese neben Zeus (oder besser: Poseidon) um Athena und Orestes und um Iphigeneia direkt handeln. In der einen wie der anderen Deutung ist das Götterrelief ein Beleg nicht nur für die Lebendigkeit der Überlieferungen bei den Adoranten, sondern ebenso für sinnstiftende Beziehungen zwischen Menschen und Gottheiten. - Aufschlußreich sind sodann zwei Reliefs mit Adorantengruppen, Frauen und Männern, mit zur Anbetung erhobenen Händen. Auf einer dieser Darstellungen[128] scheint Artemis mit ihrer Fackel am Altar zu stehen, zusammen mit der Hirschkuh, wie sie die Opfernden empfängt. Es ist offensichtlich eine Familiengruppe; sie wird von einer Frau angeführt, hinter ihr ein Mann. Es folgen, kleiner werdend, weitere Personen, und außerdem steht ein kleines Kind bei einer weiblichen Person, in der Hand eine Gabe hochhaltend. Auf der anderen Darstellung[129], dem Relief auf einem brauronischen Urkundenstein, nahen sich männliche Adoranten der stehenden, sie empfangenden Artemis. Wesentlicher Inhalt beider Darstellungen ist somit die Begegnung der Menschen mit der Gottheit.

Die Begegnung bleibt auch Thema auf den Votiv-Reliefs der folgenden Jahrzehnte, die bereits an die Zeit der Kinder-Skulpturen heranreichen. Auf einem Relief aus der zweiten Hälfte des 4. Jahrhunderts taucht die Trias Leto - Artemis - Apollon erneut auf. Eine Familiengruppe von neun Personen, Männer, Frauen und Kinder, hat sich mit Opferstier und weiteren Gaben in einer Kiste (Cista) der mit einer Fackel am Altar stehenden Artemis genähert; bei dieser stehen Apollon und Leto, letztere hält einen Palmzweig.[130] Die Gruppe wird von einem Mann angeführt, wie auch der Stier von einem Mann gehalten wird. Auch auf diesem Werk ist die Begegnung zwischen Menschen und Gottheiten deutlich ins Bild gesetzt, durch die beiderseits zugewandten Gesichter und die erhobenen Hände der Menschen; auch Apollon hebt seine Hand. Die insgesamt vier, beieinander stehenden Kinder sind gleichermaßen den Gottheiten zugewandt, sie scheinen unter der Schutzgebärde einer der Frauen zu stehen, die zudem nicht den Gottheiten, sondern vielmehr den Kindern zugewandt ist. Mit dem Palmzweig in der Hand der Leto wird auf die Geburt der Zwillingsgeschwister Artemis und Apollon durch Leto auf Delos angespielt, ein Ereignis, das unter einer Palme geschah und das, wie wir noch sehen werden, auch in den Tänzen der *arktoi* eine Rolle spielt. - Sodann gibt es ein Relief mit einer Familiengruppe von insgesamt 13 Personen, die sich mit einem Stier und ebenfalls mit Kiste der Göttin am Altar genähert hat, welche im Begriff steht, daß Opfer anzuneh-

---

[128] Mus.Brauron. Ergon 1961, 25 Abb.24 (Teilstück); Ergon 1962, 35 Abb.44 (vervollst. Fragment); BCH 86, 1962, 674 Abb.6 (Teilstück); BCH 87, 1963, 711 Abb.18 (vervollständigtes Fragment); J.D. KONDIS, ArchDelt 22, 1967 Tf.105

[129] Mus.Brauron. Ergon 1961, 26 Abb.25; BCH 86, 1962, 675 Abb.8

[130] Mus.Brauron. Ergon 1958, 35 Abb.37; BCH 83, 1959, 595 Abb.26; J.D. KONDIS, ArchDelt 22, 1967 Tf.104 unten; H. RÜHFEL, Das Kind in der griechischen Kunst (1984), Vorsatzblatt; dies., Kinderleben im klassischen Athen (1984), Abb. nach S.84 (Ausschnitt)

men. Hinter der Göttin schaut der Kopf eines Hirsches hervor. Unter den Kindern ist ein Kleinkind, das noch auf dem Arm getragen wird.[131]

Die angeführten Relief-Darstellungen erlauben Verallgemeinerungen dahingehend, daß es im brauronischen Artemis-Kult des 4. Jahrhunderts v.Chr. differenzierte Möglichkeiten der Verehrung gab. Die Darstellungen legen Hypostasen hinsichtlich der Iphigeneia wie der Tauropolos nahe. Auch ist die weibliche Gottheit nicht nur im Horizont der Frauen, sondern ebenso der Männer, und damit der Familie insgesamt. Bemerkenswert ist schließlich, daß Frauen wie Männer an der Spitze einer Adoranten-Gruppe stehen können. Allen Darstellungen gemeinsam ist, daß die Menschen mit Kindern und die Göttin in einem Verhältnis gegenseitiger Zuwendung stehen.

e) Ein Familienbild

Ein Votiv-Relief[132] sei in exemplarischer Absicht im einzelnen betrachtet (Abb. 19). Eine Gruppe von zehn opfernden und anbetenden Personen - sie besteht aus Frauen, Männern und Kindern - hat sich der auf einem Steinblock sitzenden Artemis genähert. Ihr zur Seite ein halbhoher, stehender Hirsch; dieser wendet sich ihr mit erhobenem, rückwärts gedrehtem Kopf zu. Mit dem erhobenen rechten Arm - die Hand ist nicht mehr vorhanden - scheint die Göttin die Adoranten grüßend zu empfangen.

Die Gruppe wird von einer Frau angeführt. Die Betrachter empfindet förmlich die Begegnungssituation mit. Die Frau ist in verhalten-aufmerksamer Erwartung, was bis in die erhobenen Arme und in die Hände hinein spürbar ist; die rechte Hand ist leider beschädigt. Im Moment der Begrüßung haben die meisten ihren Blick auf die Göttin gerichtet. Die Göttin reagiert in zugeneigter, man möchte sagen: sanftmütiger Weise. Zwei zur Seite - d.h. im Bilde nach vorne - gerichtete und blickende Personen, ein wohl älterer Mann und ein schon größerer Knabe, erscheinen gleichwohl in das Geschehen der Begegnung eingefügt. Vielleicht ist der Knabe, wie es bei Kindern so vorkommt, mit seinen Gedanken irgendwo anders. Bemerkenswert ist auch bei allen Personen die gestische Vielfalt in den Armen und Händen. Die Arme sind entweder frei und leicht erhoben oder im Mantel eingeschlagen, wobei die Hände freigehalten sein können. Darüber hinaus kann man bei jedem Dargestellten subtile Eigenheiten im mimischen Ausdruck feststellen.

Richten wir unseren Blick wieder auf die Frau an der Spitze. Es ist sicher die Mutter. Vor ihr eine kleine Tochter, die zur Göttin emporblickt. Arme und Hände hat das Kind im

---

[131] Mus.Brauron. Ergon 1958, 35 Abb.37; PraktArchEt 1958, 27 Abb.1; BCH 83, 1959, 595 Abb.26; J.D. KONDIS, ArchDelt 22, 1967, Tf.104 oben

[132] Mus.Brauron. Ergon 1958, 34 Abb.36; BCH 83, 1959 Tf.31 unten; J.D. KONDIS, ArchDelt 22, 1967 Tf.105 oben; I. DOUSKOU, Athen (1985) 55 Abb.57

Abb. 19. Votiv-Relief für Artemis. Zweite Hälfte 4. Jahrhundert v. Chr. Marmor. Mus. Brauron. TAP-Service Athen.

Mantel eingeschlagen. Zwar ist es in Körperproportionen und Haltung wie ein Erwachsener dargestellt, dennoch dürfen wir es wegen seiner geringen Größe als sehr junges Kind ansehen. Vermutlich ist es, da gesund aufgewachsen, der Anlaß für das stattfindende Dankopfer. Dargebracht wird eine Ziege, die von dem jungen Mann in vorgeneigter Haltung geführt wird. Möglicherweise handelt es sich bei letzterem um den Sklaven des Hauses. Der in der Mitte mit angehobenen Armen stehende Mann könnte der Familienvater sein.

Aufmerksamkeit verdient auch das zweite kleine Mädchen im letzten Teil der Gruppe. Mit erhobenem Gesicht blickt es die Göttin an und ist ganz von dem Geschehen erfaßt. Von den beiden Brüdern hinter ihm - nehmen wir an, sie seien es - kann man das weniger sagen; der Knabe ist uns deshalb schon aufgefallen. Der größere Bruder im Jünglingsalter beobachtet aber doch wohl, was da vorne geschieht. Nicht übergehen dürfen wir die Trägerin der Kiste (eine Sklavin?) im Hintergrund mit weiteren Gaben oder benötigten Gerätschaften sowie den vor ihr stehenden Mann mit der angehobenen Hand.

Die Auftraggeber des Votiv-Reliefs haben uns keine Angaben über die dargestellten Personen hinterlassen. Gleichwohl sind, wie sich gezeigt hat, die Rollen der Beteiligten entweder erkennbar oder doch zu vermuten.

Das dargestellte Opfer ist ein herausgehobenes Ereignis im Leben der Familie. Sicher sind die Leute eigens von Athen nach Brauron gereist. Eine wohlhabende Familie wird es schon gewesen sein. Sonst hätte sie ein solches Werk kaum in Auftrag geben können.

Versuchen wir, das Werk noch einen Schritt weiter vom Gehalt her zu interpretieren. Wie auch andere brauronische Votiv-Reliefs steht es auf höchster Stufe künstlerischer Gestaltung, und es wird verständlich, wenn KONDIS (s.o.) bemüht ist, in Brauron eine Praxiteles-Spur zu verfolgen. Daß diesem Werk ein wichtiger Platz in der spätklassisch-frühhellenistischen Kunst zukommt, steht außer Zweifel. Eine stilkundliche Erörterung - es sei nur auf die Ausarbeitung der Gewänder hingewiesen - würde in unserem Zusammenhang jedoch zu weit führen. Auch soll der originalen Bearbeitung nicht vorgegriffen werden. Wichtig ist aber, daß durch die Meisterschaft der Darstellung allgemein-bedeutsame Züge der attischen Lebenswelt zum Ausdruck kommen. Der Künstler hat einerseits die „Momentaufnahme“ einer konkreten Opferhandlung in einer bestimmten Familie geliefert und das Bild dieser Familie in ihren Bezügen gestaltet, wie er andererseits deutliche Hinweise auf die geistige und religiöse Mentalität der Menschen seiner Epoche gibt.

Die Familie angesichts der Göttin - das ist in vorstehender Bild-Erzählung primär Korrespondenz der Frauen. Die Mutter stellt den Kontakt zu Artemis her, was in der Realität der Beziehung zwischen Müttern und Priesterinnen entsprochen haben wird. So weit wir das Bild gelten lassen, ist diese Beziehung - in der zweiten Hälfte des 4. Jahrhunderts v.Chr. - durch freundliches Einvernehmen gekennzeichnet. Als gütige Macht hat die Göttin hilfreichen Beistand in den Nöten von Schwangerschaft, Geburt und Kindbett gewährt, und sie hat das Kind über die Gefahren der frühesten Lebenszeit hinweg gesund erhalten. Dafür gebührt ihr der Dank der gesamten Familie, die in Gemeinsamkeit das Opfer darbringt. Hinterher wird sich die Familie zum gemeinsamen Festmahl in einem der „Bankettträume" des Heiligtums (siehe S. 150f.) erneut zusammenfinden. Die Ziege muß ja auch verzehrt werden. Die Kinder werden von Anbeginn ihres Lebens in einer Empfindungswelt sozialisiert, in der sie selbst eine wesentliche Rolle spielen. Es ist bemerkenswert, wie der Bildhauer der aufmerksamen Ernsthaftigkeit der beiden kleinen Mädchen - sie mögen vielleicht zwei und drei Jahre alt sein - Ausdruck verliehen hat. Sie und ihre Brüder wachsen in eine pragmatisch-humane Religiosität hinein.

Das Votiv-Relief ist nur ein Steinchen im Mosaik aller Quellen zur Geschichte der Kindheit in Griechenland. Gleichwohl spiegelt es eine tiefe Menschlichkeit als Lebensbedingung für kindliches Wachstum.

10. Der Bärinnen-Dienst mit den Arkteia im Zusammenhang athenischer Mädchenbildung

a) Möglichkeiten und Grenzen der Erkenntnis

Der Artemis-Kult als ein frauenorientierter Kult hat eine komplexe kindheitsgeschichtliche Dimension. Kinder standen darin an wesentlicher Stelle, und zwar gleichermaßen, was die private Frömmigkeit der Menschen wie auch die offiziellen Kulthandlungen anbetrifft. Unsere Aufmerksamkeit richtet sich nunmehr auf die Beteiligung der Mädchen am brauronischen Kult, nämlich an den jährlichen und penteterischen Brauronien. Der Beitrag der Mädchen bestand in den Arkteia, dem Bärinnen-Kult, mit ihren besonderen Lauf- und Tanz-Riten.[133] Die Quellen erlauben es aber nicht, die jährlichen und die penteterischen Feste hinsichtlich ihrer Inhalte und Kultformen genauer zu trennen; meist können wir nur von den brauronischen Festen allgemein sprechen.

Die leitende Annahme geht dahin, daß die Mädchen im Heiligtum eine „Dienstzeit" ableisteten und daß sie währenddessen in Brauron internatsmäßig untergebracht waren. Das - allenfalls in Teilen erreichbare - Ziel einer den schriftlichen und archäologischen Quellen nachgehenden Untersuchung besteht darin, die Lebenswelt der Mädchen und ihren Dienst möglichst detailgenau im Sinne einer bildungsgeschichtlichen Tatsachenforschung zu beschreiben, d.h. Inhalte und Prozesse der Lernens im „brauronischen Alltag" und auf den festlichen Höhepunkten darzustellen. Ebenso richtet sich unser Interesse

---

[133] Zu den Begriffen: Brauronien: das Fest in seiner Gesamtheit; Bärinnen-Kult (Arkteia): der von den *arktoi* bestrittene Hauptteil der Brauronien; Riten: Bestandteile des Kultes; Bärinnen-Dienst: Aufenthalt und Tätigkeiten der *arktoi* im Heiligtum insgesamt.

auch auf ihre Zeit vor und nach dem Aufenthalt im Artemis-Heiligtum. Notwendigerweise ist nach dem sozialen Umkreis - ob Bürgerschicht oder Oberschicht - zu fragen, dem die Mädchen entstammten, wie auch der religiös-soziale Charakter ihres Dienstes zu bedenken ist, insbesondere, ob die brauronischen Feste in historischer Zeit wesentlich noch als Initiationsriten verstanden wurden, oder ob sie mehr den Abschluß einer - vielleicht besonders qualifizierten - Stufe der Mädchen- und Jungfrauenbildung darstellten. Dieses Problem stellt sich aber nicht nur für die Brauronia, sondern ebenso für die im folgenden noch zu berücksichtigenden Arrephoria in Athen, in deren Mittelpunkt siebenjährige Mädchen standen. Besonders wichtig erscheinen Funktion und Rolle der Priesterinnen. In thesenhafter Zuspitzung mögen sie im folgenden als „Lehrerinnen" verstanden werden. Den spärlichen dahingehenden Quellenhinweisen und Deutungsmöglichkeiten schenken wir besondere Aufmerksamkeit.

Der angedeutete Ansatz folgt dem von der Erziehungswissenschaft entwickelten Strukturverständnis, wonach in einem Bildungssystem die Ziele und Inhalte, auch die Formen des Lernens in einem interdependenten Zusammenhang zu den sozialkulturellen Gegebenheiten der Gesellschaft stehen, in der die Kinder heranwachsen. In einer Gesellschaft mit fortentwickelten humanen Sinnbestimmungen erfahren die zu Erziehenden auch als individuelle Persönlichkeiten mit ihren jeweiligen anthropogenen Voraussetzungen Aufmerksamkeit. Das führt zu einer weitergehenden Differenzierung des strukturellen Zusammenhanges von Voraussetzungen, Absichten und Möglichkeiten in der Erziehung. Vorliegende Untersuchungen sind förmlich von der Ausgangsthese her bestimmt, daß die spätklassisch-frühhellenistische Mädchenbildung in Athen der kindlichen Individualität Raum gab, denn sonst wären nicht - wie zu zeigen ist - ihre Bildnisse mit den ausgeprägt individuellen Zügen im Heiligtum aufgestellt worden. Dem steht nicht entgegen, daß die in diesem Zeitalter hervortretenden Bildungsziele lange Zeiträume zu ihrer Ausprägung benötigt haben.

Die konkreten Gegebenheiten und Umstände des Bärinnen-Dienstes sind noch nicht vollständig geklärt. Die Frage nach den für die *arktoi* wie für die Priesterinnen bestimmten Gebäuden und Räumen im Heiligtum konnte in der archäologischen Erörterung nur teilweise beantwortet werden (siehe S. 143; 148f.). Unklarheiten bestehen des weiteren hinsichtlich des Alters der *arktoi* und der Dauer ihrer Dienstzeit im Heiligtum. Letztere Fragen betreffen zugleich die Stellung der „Brauron-Phase" im Gesamten der athenischen Mädchenbildung, wobei dann nicht außer acht zu lassen ist, daß es in Attika noch weitere Artemis-Heiligtümer gab, in denen Mädchen Dienst taten.

Unser Diskurs soll bis zur Betrachtung der brauronischen Kinder-Bildnisse aus den letzten Jahrzehnten des 4. Jahrhunderts führen. Auch wenn diese möglicherweise keine *arktoi* darstellen, so geben sie dennoch bedeutsame Aufschlüsse über das Kind-Verständnis in Athen und lassen demzufolge zugleich Rückschlüsse auf die Absichten zu, welche die Menschen mit dem Dienst der *arktoi* verbanden. Dahingehende Bestimmungen stehen aber vor einem methodologischen Problem. Wie überhaupt in der historischen

Forschung, die sich archäologischer Quellen bedient, so zeigt sich auch in Brauron, daß bestimmte Quellengruppen für bestimmte Zeiträume oder Phasen besonders dicht vorhanden sind und in anderen Phasen fehlen. In Brauron gibt es für die Zeit vom 5. Jahrhundert bis Anfang des 4. Jahrhunderts Vasenmalereien mit Darstellungen der rituellen Tänze der *arktoi.* Im 5. und insbesondere im gesamten 4. Jahrhundert treten die bereits besprochenen Votiv-Reliefs aus dem Umkreis privater Frömmigkeit auf, und gegen Ende des 4. Jahrhunderts dann die bewußten Kinder-Skulpturen. Zumindest für Brauron gilt angesichts der Fülle dort zutage gekommener Funde, daß die genannten Akzentuierungen wahrscheinlich nicht als Zeichen fragmentarischer Überlieferung zu verstehen sind, so als wenn es etwa auch Kinder-Bildnisse aus früheren Phasen gegeben haben müßte, sondern vielmehr, daß in den verschiedenen Quellengruppen gewandelte Gewohnheiten oder Mentalitäten zum Ausdruck kommen. Allerdings wird man daraus nicht schließen dürfen, daß es hundert Jahre nach den Vasenmalereien mit rituellen Tänzen keinen Dienst der *arktoi* mehr gab, und daß die Leute zu der Zeit nur noch Bildnisse ihrer Kinder als Votivgaben im Heiligtum aufstellten. Wahrscheinlich haben sich bestimmte einzelne Formen des Kultes geändert, in der Weise, daß später die betreffenden Gefäße nicht mehr wie früher für rituelle Handlungen gebraucht wurden. PAPADIMITRIOU hat übrigens bis zuletzt daran festgehalten, daß es sich bei den unter den Kinder-Bildnissen vorhandenen Mädchendarstellungen auch um solche von *arktoi* handeln könne.

Eine Vergegenwärtigung der Lebens- und Bildungsprozesse im Heiligtum wäre nach dem Denkmodell eines Filmdrehbuches möglich. So weit gehen wir im folgenden jedoch nicht. Wir können bereits Erhebliches dadurch erreichen, daß wir die einschlägigen Quellen schriftlicher und archäologischer Art von Fall zu Fall auf ihre jeweiligen inhaltlichen Informationen hin zu befragen und auf den Zusammenhang hin auszudeuten versuchen. Das kommt dem Bereitstellen von Mosaiksteinen für ein Gesamtbild nahe, und es wird dabei zunächst sein Bewenden haben müssen.

b) Was schriftliche Quellen über den Bärinnen-Dienst aussagen

Bislang haben wir die schriftlichen Quellen zum brauronischen Artemis-Kult vornehmlich unter dem ätiologischen Aspekt betrachtet, um Aufschluß über den verborgenen Sinn des Bärinnen-Dienstes zu gewinnen, in dem der Kult kulminiert. Nunmehr richtet sich die Aufmerksamkeit auf solche Stellen, die Aufschluß über den Bärinnen-Dienst selbst, das Mysterium der *arkteuesthai*, geben. Vielfach sind es nur kurze Hinweise oder Erwähnungen, deren Deutung schwierig ist.

Im herangezogenen *Lysistrate*-Scholion (siehe S. 163) heißt es, daß dem Heiligtum *ein Bär angeboten und gezähmt* wurde. Und weiter führt der Scholiast aus:

Irgendwann hat eine Jungfrau mit dem Bären gespielt, und der Bär hat sie im Gesicht gekratzt. Ihr Bruder war deshalb traurig und tötete den Bären...

Hierauf erfolgt die Reaktion der Göttin, was zur Einsetzung des Bärinnen-Dienstes durch die Athener führt in der Weise,

daß jede Jungfrau vor der Ehe den Bären nachspielen und, gekleidet mit dem krokosfarbenen Gewand, das Heiligtum pflegen muß. Das wurde a r k t e u e s t h a i genannt. (Schol.Aristoph.Lys. 645)

Anschließend ist eine ergänzende Version angeführt, wonach Athen wegen des Sakrilegs der Bärentötung von der Pest heimgesucht wurde. Die Athener begegneten dieser Heimsuchung, indem sie bestimmten, daß ihre Jungfrauen nicht eher heiraten dürften, bevor sie nicht der Göttin ihre Dienste angeboten hätten.

Unsere Frage richtet sich auf den faktischen Gehalt dieser Mitteilungen. Der Scholiast hat notiert, was er - in späterer Zeit - offensichtlich von verschiedenen Seiten her an Überlieferungen noch zusammentragen konnte. Die Tatsache des Bärinnen-Dienstes wird eindeutig übermittelt, mit interessanten Akzenten: *Den Bären nachspielen* und *das krokosfarbene Gewand tragen*[134] sind konkrete Mitteilungen über noch stattfindenen oder früher stattgefundenen Brauch. Die Formulierung *das Heiligtum pflegen (periepein to hieron)* darf, wie schon DEUBNER herausgestellt hat[135], mit einigem Recht in dem weitergehenden Sinne verstanden werden, daß die Jungfrauen/Mädchen eben nicht nur auf den Festen an kultischen Handlungen mitwirkten, sondern daß sie eine Zeit des Dienstes im Heiligtum abzuleisten hatten, wobei der Begriff „pflegen" verschiedene Vermutungen zuläßt. Es wird sich dabei kaum in erster Linie um „Putzfrauen"-Dienste gehandelt haben. Der Begriff *arkteuesthai* deutet gerade auf spezifische Tätigkeiten im Zusammenhang mit dem Bärinnen-Dienst. Wenn die *arktoi* auf dem Fest den Bären nachspielten, stellt sich die Frage, wo und unter welchen Umständen solches eingeübt wurde. Es liegt sehr nahe, daß der Bärinnen-Dienst zugleich ein hauptsächlicher Unterrichtsgegenstand für die Mädchen war. Nicht ganz wörtlich nehmen darf man allerdings die Ausführung, *daß jede Jungfrau vor der Ehe den Bären nachspielen ... muß*, denn damit wären das Heiligtum in Brauron und die weiteren in Frage kommenden attischen Heiligtümer von ihrer Kapazität her doch wohl überfordert gewesen. Realistischer ist die andere im selben Text mitgeteilte Version, *daß die Jungfrauen nicht eher heiraten dürften, bevor sie nicht ihre Dienste der Göttin angeboten hätten.*

Die Stelle von der Jungfrau, die mit dem Bären gespielt, und von dem Bruder, der den Bären getötet hat, ist noch in einer weiteren Hinsicht bemerkenswert. In der Tradierung

---

[134] Ob die Krokos-(Safran-)Farbe der *arktoi*-Gewänder tatsächlich auf das Bärenfell verweist, wie es die Scholion-Stelle nahelegt, wird von L. KAHIL, AntKunst 8, 1965, 26, in Frage gestellt. Diese leuchtend gelbe Farbe war ansonsten Kennzeichen der Festgewänder griechischer Frauen. Und Iphigeneia trug nach Aischyl.Ag.239 (s.o. S.160) das Safran-Gewand bei ihrer Opferung. Hierzu auch S. 198.

[135] L. DEUBNER, Attische Feste (1932) 208 mit Anm.1

dieses legendarischen Geschehens kann auch ein über die Zeiten reichendes Bewußtsein darüber vermutet werden, daß neben den Jungfrauen/Mädchen ebenfalls männliche Jugendliche Aufenthaltsmöglichkeit im Frauen-Heiligtum hatten.

Dem S. 163 erörterten Ausschnitt aus dem *Lysistrate*-Scholion ist noch eine einschlägige Textpassage vorgeordnet, die nunmehr ebenfalls Aufmerksamkeit erfordert:

Und dann ist die Bärin, bekleidet mit dem krokosfarbenen Gewand, nach Brauron gegangen. Sie haben die Bärin nachgeahmt und dieses Mysterium durchgeführt. Die Bärinnen waren zu Ehren der Göttin mit dem krokosfarbenen Gewand bekleidet. Sie haben geopfert zu Ehren der Artemis Mounichia und der brauronischen Artemis. Ausgewählte Jungfrauen, die nicht älter als zehn und nicht jünger als fünf Jahre waren. Sie haben das Opfer gebracht und die Göttin für das Volk Athens gebeten. In Athen war die Pest ausgebrochen, weil sie den Bären der Göttin am Tage getötet hatten ...
(Schol.Aristoph.Lysistr. 645)

Die oben aufgegriffene Angabe betr. *alle Jungfrauen* ist somit schon relativiert gewesen in Richtung auf *ausgewählte Jungfrauen.* (Das Scholion ist kein systematischer Text!) Die weitere Angabe, daß die ausgewählten Jungfrauen *nicht älter als zehn und nicht jünger als fünf Jahre waren*, ist mit Unsicherheiten behaftet. In der noch zu erörternden *Lysistrate*-Stelle selbst ist ein Alter von zehn Jahren angegeben. Neue Gesichtspunkte hierzu ergeben sich, wenn wir im folgenden Vasenmalereien mit Darstellungen von *arktoi* mit berücksichtigen (S. 218 ff.).

Weil sie den Bären der Göttin ... getötet hatten, war die Pest ausgebrochen, und die zürnende Göttin mußte besänftigt werden - durch den Opferdienst der *arktoi*. *Andere erzählen* aber, so führt der Scholiast hier weiter aus, daß in Brauron Iphigeneia durch Agamemnon geopfert werden sollte, sie jedoch durch einen Bären abgelöst wurde, und

Aus diesem Grunde wird ihr [der Iphigeneia] zu Ehren diese Feier veranstaltet.

Angesichts dieser unterschiedlichen Legenden im *Lysistrate*-Scholion stellt sich die Frage, was in spätklassisch-frühhellenistischer Zeit denn nun tatsächlich in der Vorstellung der am Kult Beteiligten, der Feiernden, der Priesterinnen, der Kinder und Eltern vorhanden gewesen sein könnte. War es etwa mehr die unheilbringende, strafende und zu besänftigende Göttin, oder doch mehr eine gütige, das Leben und insbesondere Frauen und Kinder beschützende Artemis Iphigeneia? Erinnern wir uns daran, daß im Bereich der privaten Frömmigkeit in Brauron die Frauen je nach Lebens-Schicksal der Göttin in der einen wie in der anderen Gestalt Opfer darbrachten. Darum hatten vielleicht auch auf den Brauronien beide Aspekte Geltung. - Es mag statthaft sein, einmal die Wallfahrten in der christlichen Religion zum Vergleich herzuziehen. Die Teilnehmer an Wallfahrten stellen sich kaum immer letzte Sinn-Fragen. Sie wollen insbesondere an dem Segen teilhaben - oder auch nur beim festlichen und fröhlichen Getriebe dabei sein. Die Pompé von Athen nach Brauron war wohl eine ähnliche Gelegenheit zu allgemeiner Fröhlichkeit. Auf der anschließenden Feier aber kam ein eigentümlicher Iphigenien-Aspekt zur Geltung.

Außer dem *Lysistrate*-Scholion gibt es noch eine Reihe weiterer Testimonien, so in den Scholia Theokritos, in den Scholia Lukianos, bei Harpokration, bei Hesychios und in der Suda, in denen Hinweise auf den Dienst der *arktoi* in Brauron enthalten sind. Diese Erwähnungen gehen insgesamt jedoch nicht über das schon Mitgeteilte hinaus, so daß in unserem Zusammenhang auf eine detaillierte Wiedergabe verzichtet werden kann.[136] Die Testimonien in ihrer Gesamtheit sind aber insofern wichtig, als sie die Tatsache des Dienstes der *arktoi* überhaupt erhärten.

Auch für die als selbstverständlich erscheinende Tatsache, daß in Brauron im 4. Jahrhundert Priesterinnen tätig waren, seien quellenmäßige Belege aufgeführt. Im Zusammenhang mit der Verwaltung des Heiligtums sind wir bereits auf die Priesterin gestoßen, die gemeinsam mit den athenischen *epistatai* für die Verwaltung der brauronischen Schatzkammern zuständig war (siehe S. 173; die Erwähnung betrifft das 5. Jahrhundert). Und in der auf den Votiv-Reliefs dargestellten Göttin Artemis ist unschwer zugleich die reale Priesterin der Göttin zu erkennen, wie sie die Opfernden empfängt und den Opferritus vollzieht, interessanterweise auch, wie sie die Ziegen füttert (S. 186f.). Nicht unwichtig ist sodann, daß für die Mitte des 3. Jahrhunderts v.Chr. in Brauron noch ein Amphipoleion bezeugt ist (siehe S. 151), das naheliegenderweise nur für Priesterinnen (nicht für Priester) bestimmt sein konnte. Die Priesterinnen wohnten ständig im Heiligtum.

Die im *Lysistrate*-Scholion enthaltene - wenn auch fragwürdige - Altersangabe der *arktoi* sowie die - im einzelnen nicht genau zu klärende - zeitliche Einbindung ihrer Dienstzeit in den brauronischen Festrythmus sind bereits für sich genommen Hinweise darauf, daß der Bärinnen-Dienst eine Phase in Leben und Bildung der athenischen Mädchen darstellen könnte. Genaueren Aufschluß darüber gibt die bezogenen Stelle in der *Lysistrate* selbst, der wir uns nunmehr (endlich, so mag der Leser denken) zuwenden. Die Stelle ist in jüngerer Zeit bereits mehrfach und ausführlich im Zusammenhang mit den darin angesprochenen Kulten untersucht worden, so daß unsere Erörterung dankbar daran anschließen kann. In dem differenzierten kultischen, mythologischen und sozialgeschichtlichen Geflecht, das der Komödien-Dichter mit wenigen Versen anspricht, suchen wir nach der klaren Linie zum Verständnis der Mädchenbildung in der athenischen Polis.

---

[136] Testimonien über den Dienst der *arktoi* in Brauron sind mehrfach zusammengestellt bzw. verarbeitet worden: H.F. SUCHIER, De Diana Brauronia (1847), pass. - A. MOMMSEN, Feste der Stadt Athen im Altertum (1898) 453-460 (Anmerkungen) - S. SOLDERS, Die außerstädtischen Kulte und die Einigung Attikas (1931) 27-29. - L. DEUBNER, Attische Feste (1932) 207-208 (Anmerkungen) - J.D. KONDIS, ArchDelt 22, 1967, 182-189 et pass. - A. BRELICH, Paides e Parthenoi (1969) 248-249 et pass. - Cl. MONTEPAONE, Studi Storico Religiosi 3, 1979, 343ff. („L' ἀρκτεια a Brauron")

Die *Lysistrate* des Aristophanes wurde im Jahr 411 v.Chr. uraufgeführt, während des Dekeleisch-Jonischen Krieges. Den zeitgeschichtlichen Rahmen und den Inhalt dieses berühmtesten aller Frauenstücke der Literaturgeschichte als bekannt voraussetzend, beschränkt sich unsere Aufmerksamkeit auf die betreffende, über Mädchenbildung handelnde Stelle. In der vieldiskutierten Frage, ob die *Lysistrate* auch ein Anti-Kriegs-Stück sei, leistet unsere Erörterung kaum einen Beitrag. Ob Krieg oder Frieden, ob Männer oder Frauen, das hat die Griechen nicht zu apodiktischen Stellungnahmen bewogen. Der *Lysistrate* wird man am ehesten gerecht, wenn man sie als gedankliche Probe menschlicher Möglichkeiten auffaßt, eben der Möglichkeiten von selbstbewußten Frauen, die von früh an zu solchen erzogen worden sind. Darauf im besonderen verweist die zur Rede stehende Textstelle, womit im Rahmen des gesamten Stückes ein kleiner, aber bemerkenswerter Akzent gesetzt wird.

Ein wenig ist noch auszuholen. Wir folgen fürs erste der seit über einem Jahrhundert eingeführten Übersetzung von Ludwig SEEGER. Nachdem (in der zweiten Szene) der männliche Chorführer sich gegen die Frauen ausgelassen, auch die Chorführerin beschimpft hat, wird er, der ältere Mann, von dieser zurechtgewiesen und lächerlich gemacht:

638 *Sieh nur zu, daß, wenn du heimkommst, deine Mutter dich noch kennt!*
Und, zum Frauenchor gerichtet, redet sie weiter:
639 *Doch wohlan, betagte Schwestern, machen wir's uns zuvor leicht!*
(Hier erläutert der Übersetzer freimütig: Sie legen die Oberkleider ab.)
Daraufhin stimmt der Chor der Frauen an:
Laß dir nun, Bürgervolk, sagen ein verständig Wort,
640 *Das der Stadt nützlich ist!*
Sie verdient's, denn auferzogen hat sie mich in Prunk und Lust!

Gustav DROYSEN, von dem ebenfalls eine seit dem vorigen Jahrhundert anerkannte Übersetzung stammt, übersetzt/interpretiert die zitierten Verse aus dem Chor der „Weiber" wie folgt:

638 *Wiedererkennen, wenn du heimkommst, soll dich selbst die Mutter nicht.*
639 *Aber setzt mir jetzt, Matronen, über Seit' die Eimerlein.*
Denn wir, oh Volk, tun sofort kund euch ein verständig Wort.
640 *Unserer Stadt fromm und nutz -*
Ihr zum Dank; gehegt ja hat sie uns in Zucht und Zier und Putz.

Auf eben dies *verständig Wort* - es folgt anschließend - richtet sich unsere besondere Aufmerksamkeit. Zunächst ist aber das Selbstbewußtsein der Frauen hervorzuheben und ihre Genugtuung über die in ihrer Heimatstadt genossene Erziehung.
Das *verständig Wort* verträgt in unserem Zusammenhang keine nachdichtende Freiheit, weil die darin enthaltenen inhaltlichen Informationen möglichst genau benötigt werden. In diesem Sinne ist nachfolgende Übersetzung zu verstehen.

641 Ἑπτὰ μὲν ἔτη γεγῶσ᾽ εὐθὺς ἠρρηφόρουν·
εἶτ᾽ ἀλετρὶς ἢ δεκέτις οὖσα τἀρχηγέτι·
645 κᾆτ᾽ ἔχουσα τὸν κροκωτὸν ἄρκτος ἦ Βραυρωνίοις·
κἀκανηφόρουν ποτ᾽ οὖσα παῖς καλὴ ᾽χουσ᾽
ἰσχάδων ὁρμαθόν·

641 *Als ich sieben Jahre alt war, war ich schon A r r h e p h o r e.*
Dann mahlte ich das Getreide (war ich a l e t r i s) mit zehn Jahren für die Herrin,
645 *Trug das krokosfarbene Gewand als a r k t o s auf den Brauronien.*
Und schließlich wurde ich K a n e p h o r e als schöne Jungfrau,
Und trug die Schnur mit den getrockenten Feigen.

Auf die textkritischen Probleme und Lesarten dieser Stelle[137] braucht nicht vollständig eingegangen werden. Notwendig ist zunächst der Hinweis, daß nach neuerer Erkenntnis ἠρρηφόροι (auch ἐρρηφόροι, ἐρσηφόροι) wie geschehen mit ἀρρηφόροι gleichgesetzt werden kann.[138] Möglicherweise haben die beiden Bezeichnungen (mit α und η/ε) erst später ihre etymologische Trennung erfahren. Sie betreffen denselben, im Zusammenhang mit dem athenischen Stadtmythos stehenden kultischen Zusammenhang, der von der Göttin Athena vereinnahmt wurde. *Arrhephoren* sind Trägerinnen der *unsagbaren Dinge*, während die Form *Hersephoren* in späten Urkunden auf die Trägerinnen für die mythische Königstochter Herse im selben Kultzusammenhang bezogen worden ist (s.w.u). - Unklar ist die in Vers 644 genannte (τ)ἀρχηγέτις *(Herrin, Gründerin, Patronin)*, der die Jungfrau als ἀλετρὶς *(Getreidemahlerin)* dienstbar war. Im *Lysistrate*-Scholion ist ἀρχηγέτις als Kennzeichnung der Artemis angegeben. Es gibt aber ebenso stichhaltige Belege für Athena als ἀρχηγέτις.[139] So bleibt die Unklarheit, ob sich Vers 643/44 inhaltlich an den im vorherigen Vers genannten, der Athena zugeordneten Kult der Arrhepohoria anschließt oder auf den im nachfolgenden Vers aufgeführten Artemiskult der Brauronia verweist, wenn nicht gar ein ganz anderer Kult, namentlich der eleusinische Demeter-Kult gemeint ist. Die Frage wird kontrovers diskutiert, eine philologische Lösung ist nicht möglich (siehe auch S. 213). - Vers 645 *Trug das krokosfarbene Gewand als arktos auf den Brauronien* könnte, nachdem sich durch archäologische Funde weitergehende Gesichtspunkte ergeben haben (S. 207ff.), auch folgendermaßen verstanden werden: *Dadurch, daß ich das krokosfarbene Gewand abwarf, war ich*

---

[137] U.v. Wilamowitz-Moellendorff, Aristophanes Lysistrate erklärt... (1927) 162ff.; Chr. Sourvinou-Inwood, ClassQuart 21, 1971, 339ff. („Aristophanes, Lysistrate, 641-647"); dies., Studies in Girls' Transitions (1988) 136-148 („Aristophanes, Lysistrate 641-647 - again"); T.C.W. Stinton, ClassQuart 26, 1976, 11ff. („Iphigeneia and the Bears of Brauron")

[138] W. Burkert, Hermes 94, 1960, 5ff. in Auseinandersetzung mit L. Deubner, Attische Feste (1932) 13ff.

[139] Stinton a.O. mit Belegstellen

arktos auf den Brauronien.[140] Diese Version der Übersetzung legt im übrigen ein wichtiger *Lysistrate*-Kodex nahe, der Codex Ravenna 137, dessen Lesart καταχέουσα τὸν κροκωτὸν im vorstehenden Zusammenhang von Christiane SOURVINOU-INWOOD neu erörtert wird.[141] (Ein analoges Übersetzungs- und Verständnisproblem gibt es auch bei der Aischylos-Stelle über die Opferung Iphigeneias; siehe S. 160/61.) - Die Kanephoren (Opferkorbträgerinnen) im Sinne der *Lysistrate*-Stelle können einem bestimmten athenischen Kult nicht zugeordnet werden, da es keine Belege für eine Verbindung mit dem Tragen von apotropäischen Feigenschnüren gibt.[142]

Die Textstelle führt für verschiedene Altersstufen des Mädchens/der Jungfrau verschiedene Dienste auf. Mit sieben Jahren ist sie *Arrhephore*, mit zehn Jahren *aletris* und anschließend *arktos*, zuletzt ist sie *Kanephore*. Es drängt sich die Vermutung auf, daß diese Dienste in einem Zusammenhang mit Stufen oder Phasen im Bildungsgang athenischer Mädchen stehen, daß somit die Brauron-Phase auf einer bestimmten Vorbildung aufbaut und selbst wiederum als Hinführung zu einer neuen Lebensstufe zu verstehen ist. Um hierüber ein Bild gewinnen zu können, ist zunächst eine gesonderte Erörterung der Arrhephoria und ihrer Ätiologie notwendig. Die Sachverhalte sind in weiterem religionsgeschichtlichen Zusammenhang von den Quellen her durch Ludwig DEUBNER[143] und Angelo BRELICH[144] herausgearbeitet worden. Walter BURKERT hat die Studien speziell über die Arrhephoria in Auseinandersetzung mit DEUBNER weitergeführt.[145] Wir beschränken uns - neben den notwendigen Erläuterungen - auf eine Diskussion der für die Kindheitsgeschichte wesentlichen Momente des kultisch-mythologischen Zusammenhangs. Aber auch in dieser Beschränkung entsteht ein dichtes und komplexes Bild.

c) Was die Mädchen schon vor dem Bärinnen-Dienst lernten: Die Arrhephoria in Athen

Fünfeinhalb Jahrhunderte, nachdem Aristophanes in der *Lysistrate* den Dienst der Arrhephoren in einem Vers literarisch festgehalten hat, besuchte und beschrieb Pausanias Athen. Indem er sich der Akropolis von Norden, d.h. von der römischen Agora her nähert, verweist er auf den am Fuße des Felsens (*über dem Heiligtum der Dioskuren [dem Anakeion]*) liegenden *heiligen Bezirk der Aglauros* und erläutert hierzu:

---

[140] L. KAHIL, AntKunst 20, 1977, 97. - Siehe auch Anm.56.57

[141] Chr. SOURVINOU-INWOOD, ClassQuart 21, 1971, 341f.; dies., Studies in Girls' Transitions (1988) 136 (ebenfalls schon S.132) in Auseinandersetzung mit STINTON a.O.

[142] L. DEUBNER, Attische Feste (1932) 196 mit Anm.6. - Die Erklärung von U.V. WILAMOWITZ-MOELLENDORFF in seinem Lysistrate-Kommentar a.O. (Anm.137) 163, wonach die getrockneten Feigen Vorrats-Gaben für Athena und ihren „Hausstand" seien, trifft nicht den Sachverhalt.

[143] DEUBNER a.O. 9f. („Arretophoria"); 22ff. („Panathenaia")

[144] A. BRELICH, Paides e Parthenoi (1969) 229ff. („Le fanciulle ateniesi"); 314ff. („Panathenaia")

[145] W. BURKERT, Hermes 94, 1966, 1ff.; ders., Homo Necans (1972) 169ff. („Arrhephoria")

Der Aglauros und ihren Schwestern Herse und Pandrosos habe Athena, so erzählt man, den Erichthonios in einem Kasten übergebenen und ihnen verboten, betreffs des übergebenen Gegenstandes neugierig zu sein. Pandrosos habe gehorcht, die anderen beiden aber hätten den Kasten geöffnet, seien beim Anblick des Erichthonios wahnsinnig geworden und hätten sich von der Akropolis, wo sie am steilsten ist, heruntergestürzt.
(Paus. I 18,2; übersetzt von Ernst MEYER)

Erichthonios, der Säugling im Kasten (richtiger: in der Kiste) ist das Königskind. Es wird Nachfolger von Kekrops als König von Athen. Kekrops, der erste Heilige König, war als Erdgeborener schlangengestaltig, aber mit menschlichem Leib und Kopf. Aglauros, Herse und Pandrosos waren seine Töchter.

Nicht nur Kekrops, sondern auch Erichthonios war erdgeboren. Als nämlich Hephaistos sich der Athena nähern wollte, versagte sich diese ihm, und die Erde nahm seinen Samen auf, den *Tau des Hephaistos*. Hieraus erwuchs Erichthonios. Athena nahm das Kind zu sich und erzog es, woran die Kekrops-Töchter Anteil hatten. Das Geheimnis der gewalttätigen Zeugung sollte ihnen jedoch vorenthalten bleiben. In der Kiste befand sich nämlich auch, was Pausanias nicht mitteilt, die Schlange aus der Erde. In anderer Überlieferung waren es sogar zwei Schlangen.[146] Oder es befand sich statt der Schlange und des Säuglings der *Tau des Hephaistos* in der Kiste. Auch davon mußten die Mädchen wahnsinnig werden. Nicht unterschlagen werden darf die Version, wonach Aglauros eine Liebschaft zwischen Herse und Hermes (der Erichthonios gleichzusetzen ist) entdeckte, was ein ebenso erschreckender Vorgang für sie war, als wenn sie die phallische Schlange und einen Säugling gesehen hätte.

Erichthonios war ursprünglich mit Erechtheus identisch, dessen Heiligtum, das Erechtheion, auf der Akropolis-Nordseite mit dem der Athena Polias zu einem gemeinsamen Heiligtum verbunden ist. Pausanias berichtet u.a.:

In dem Tempel der Polias steht ein hölzerner Hermes, angeblich ein Weihegeschenk des Kekrops, ganz verdeckt durch Myrthenzweige.
(Paus. I 27,1; übersetzt von Ernst MEYER)

Nach ernstzunehmender Vermutung war der hölzerne Hermes nichts weiter als ein überdimensionierter Phallos.[147] Und solch Gewaltiges hat wohl auch Herse, da sie ein Kind war, erblickt...

In den differenzierten Überlieferungen um die Sagengestalten des Kekrops, seiner

---

[146] Quellen und Interpretationen zur Schlange siehe W. BURKERT, Hermes 94, 1966, 11f. mit Anm.3; S.15ff. mit Anm.4

[147] W. BURKERT, Hermes 94, 1966, 16 im Anschluß an FRICKENHAUS, AM 33, 1908, 171f. zu Paus.I 27,1

Töchter und des Erichthonios[148] sind bedeutsame Akzentsetzungen für die Ätiologie und das Sinn-Verständnis des Arrhephoren-Kultes enthalten. Klearchos von Soloi, ein Schüler des Aristoteles, sagt, daß die Zweigestaltigkeit des Kekrops (halb Schlange, halb Mensch) vielleicht deshalb in der Mythologie ausgeprägt worden sei, weil er anstelle wahlloser geschlechtlicher Verbindungen (die - wie wir ergänzen - im Grunde auf ständige Besitznahme von Frauen durch Männer hinauslaufen) die Monogamie gesetzt habe.[149] Des weiteren wird dem Kekrops zugeschrieben, daß er als erster erkannt habe, welche Bedeutung der Vaterschaft zukommt. Schließlich soll er die blutigen Opfer einschließlich der Tier-Opfer abgeschafft und sich mit der Darbringung von Gerstenkuchen begnügt haben. In verschiedenen Überlieferungen wird Kekrops übrigens als Pelasger bezeichnet (wie auch die frühgeschichtlichen Überreste auf der Akropolis von den Pelasgern stammen), was um so bemerkenswerter ist, als die Athener klassischer Zeit ansonsten nicht die beste Meinung von diesem Volk hatten, das einstmals auf ihrer Burg herrschte.

Es ist ROSE[150] nicht zu folgen, wenn er die Ausführungen des Klearchos von Soloi als „Rationalisierungen" des ausgehenden 4. Jahrhunderts v.Chr. - eben der Zeit der brauronischen Kinder-Skulpturen - herabmindert. Vielmehr ordnet sich der Philosoph mit seinem Verständnis des Mythos in den humanistisch bestimmten geistigen Prozeß seiner Epoche ein, indem er gerade diejenigen Facetten des Mythos aufscheinen läßt, welche als Entbindung der Menschen, der Frauen, Männer und Kinder, aus Strukturen gewalttätigen Lebens gedeutet werden können.

Doch kommen wir noch einmal auf den von Pausanias angeführten *heiligen Bezirk der Aglauros* zurück. Gemeint ist wohl ein kleines Gelände - kein Heiligtum - unten am Eingang der „Höhle der Aglauros". Letztere führt im Felsen des Akropolis-Nordhanges bis nach oben und kommt im Hof des „Hauses der Arrhephoren" nahe am Rande des Burgfelsens wieder zu Tage. Seit den Untersuchungen von O. BRONEER 1939[151] ist Genaueres über die Höhle bekannt, die einen Höhenunterschied von 18 Metern überwindet. Sie war im oberen Teil mit hölzernen Treppenstufen ausgestattet, im unteren Teil sind es steinerne Stufen. Neueren Untersuchungen zufolge[152] führt die Höhle noch tiefer unter den Ein- bzw. Ausgang beim *heiligen Bezirk der Aglauros* zu einer Quelle, von der aus die Akropolis, wenn sie in Kriegszeiten als Fluchtburg diente, mit Wasser versorgt

→ S. 203

[148] Ausführlich bei R.V. RANKE-GRAVES, Griechische Mythologie (1985) 84-87

[149] Klearchos von Soloi bei Athen.XIII p.555 D nach H.J. ROSE, Griechische Mythologie (1982) 255. - W. BURKERT, Hermes 94, 1966, 22

[150] ROSE a.O. 255 unter Bezugnahme auf U.V. WILAMOWITZ-MOELLENDORFF, Classical Review 1906, 446b, sowie PRELLER / ROBERT II 137 Nr. 3

[151] O. BRONEER, Hesperia 8, 1939, 317-429, nach J. TRAVLOS, Bildlexikon zur Topographie des antiken Athen (1971) 72f. („Akropolis, Mykenische Quelle")

[152] Siehe TRAVLOS a.O. mit Literatur

Abb. 20. REMBRANDT, Die Töchter des Kekrops. Um 1645
Zeichnung, 17,7 x 21,8 cm. Museum Groningen, Aufnahme John STOEL. Zu S. 200.- O. BENESCH, The Drawings of Rembrandt III (London 1955) Kat. 622; W. SCHEIDIG, Rembrandt als Zeichner (Leipzig 1976) Kat. 84; u.a.

Die Darstellung hat, wie es scheint, REMBRANDT Schwierigkeiten bereitet, denn sie enthält mehrere Abdeckungen inWeiß. In Anlehnung an BENESCH kann man die linke Person als Herse ansehen. Demzufolge handelt es sich bei der Person in der Mitte um Aglauros, welche die Kiste geöffnet hat. Aus der Kiste windet sich der schlangenleibige Erichthonios. Sein spitzer Schwanz bewegt sich in die Höhe und in die Szene hinein. Pandrosos, die Gehorsame, steht erschreckt abseits. Die beiden ungehorsamen Schwestern schwanken in ihrem gestischen Ausdruck noch zwischen Faszination und Erschrecken, ehe der Wahnsinn von ihnen Besitz ergreift. Den Hund im Vordergrund hört man förmlich bellen. Das Bild ist in Diagonalen aufgebaut, zunächst hochführend nach rechts zu Pandrosos, sodann von rechts nach links oben zu den verhalten gebeugten Mägden auf einer Treppe zum Portal.

SCHEIDIGs Ausführung „Niemand hat vor Rembrandt das Motiv gemalt" (a.O.S.53) ist nicht zutreffend. Denn das Thema der Kekrops-Töchter in seiner mythologischen Ver-

→

Forts. von S. 201
werden konnte. Die Quelle ist mykenischen Ursprungs (2. Hälfte 13. Jh.v.Chr.) und war nur wenige Jahrzehnte in Betrieb. Der Höhlenaufgang wurde über Jahrhunderte hin benutzt.

Das „Haus der Arrhephoren“ mit Hof und Höhlenöffnung - der kleine Komplex ist auf jedem Akropolis-Plan eingetragen - liegt etwa 40 Meter westlich des Erechtheion, neben welchem sich übrigens noch - nach Westen hin - ein kleines Heiligtum der Pandrosos befindet. Im gesamten Bereich um das Haus der Arrhephoren und das Erechtheion sind Grundmauern frühgeschichtlicher Zeit vorhanden. Östlich des Erechtheion konnten sie als Reste des frühgeschichtlichen Königspalastes bestimmt werden.
Zum Arrhephoren-Kult selbst: Auf seinem Akropolis-Rundgang nimmt Pausanias das Thema der Kekrops-Töchter wieder auf. Auf dem nördlichen Abschnitt des Rundganges besucht er zunächst das Erechtheion bzw. den Tempel der Athena Polias, wobei er u.a. über den dort befindlichen hölzernen Hermes (s.o.) berichtet, tritt sodann in das Heiligtum der Pandrosos ein und begibt sich anschließend zum Haus der Arrhephoren. Er berichtet:

An den Tempel der Athena [Polias] stößt der Tempel der Pandrosos, und Pandrosos ist die einzige der Schwestern, die bei der Aufbewahrung [der Kiste] unschuldig blieb. Was mich aber am meisten in Staunen versetzte, ist nicht allen bekannt, und ich will daher berichten, was geschieht. Nicht weit vom Tempel der Polias entfernt wohnen zwei Jungfrauen, die die Athener a r r h e p h o r o i nennen. Diese halten sich einige Zeit bei der Göttin auf, und wenn die Zeit des Festes kommt, tun sie in der Nacht folgendes. Sie setzen sich auf den Kopf, was ihnen die Priesterin der Athena zu tragen gibt, und dabei weiß diese nicht, was sie ihnen gibt, und die es tragen, wissen es auch nicht, und nicht weit entfernt ist in der Stadt ein Bezirk der Aphrodite „in den Gärten“, zu dem ein natürlicher unterirdischer Gang führt. Dorthin steigen die Jungfrauen hinab. Unten lassen sie, was

---

flechtung war in der ersten Hälfte des 17. Jahrhunderts geschätzt und könnte in einer monographischen Bearbeitung entfaltet werden. Insbesondere RUBENS hat sich damit auseinandergesetzt. So gibt es von ihm eine Ölskizze auf Holz „Die Kekropstöchter wie sie Erichthonius entdecken“ von 1615 (Collection Count SEILERN, London), sodann das hierauf basierende Gemälde „Die Töchter des Kekrops...“ von 1615-18 (Fürstlich Liechtensteinische Sammlung Vaduz) sowie eine weitere Ölskizze auf Holz von ca.1632 (Nationalmuseum Stockholm) und ein hierauf basierendes Gemälde, welches leider zerteilt wurde. (Zu allen Werken siehe: Julius S. HELD, The Oil Sketches of Peter Paul Rubens. A Critical Catalogue I, Kat.231 u. 132 mit Literatur.) Bekannt geworden sind auch Kopien der zweiten Ölskizze von RUBENS. Und dann hat Jacob JORDAENS ein Gemälde „Die Töchter des Kekrops“ geschaffen (im Königl. Museum der Schönen Künste Antwerpen). Diese Aufzählung ist sicher nicht vollständig.

sie getragen haben, und erhalten dafür anderes und bringen es verdeckt. Und diese entlassen sie nun von da und führen statt ihrer andere Jungfrauen auf die Burg. (Paus. I 27,3 übersetzt von Ernst MEYER)

Der Bericht des Pausanias läßt sich durch Informationen aus weiteren Quellen ergänzen, so daß das Bild der Arrhephoria und ihr Zusammenhang in historischer Zeit noch etwas deutlicher werden. (Offenbar hat es den Kult noch zu Pausanias' Zeit gegeben.) Unsere Skizze folgt den Studien von DEUBNER und BURKERT, auf die, auch wegen der hier nicht berücksichtigten vielfältigen Differenzierungen und Verknüpfungen im kultischen und mythologischen Bereich, verwiesen wird.

Der Kult bestand aus zwei Teilen, dem Weben des Peplos für Athena und den von Pausanias beschriebenen, geheimnisvollen Riten. Das Weben des Peplos fand allerdings nur alle vier Jahre statt, die geheimnisvollen Riten hingegen wurden vermutlich jedes Jahr veranstaltet. Seit der Reform durch Peisistratos 565 v.Chr. gab es nämlich die großen - penteterischen - Panathenäen und die kleinen - jährlichen - Panathenäen. Der Peplos war dazu bestimmt, auf der großen Pompé mitgeführt zu werden. Dann wurde er der Athena Polias im Erechtheion umgehängt. Neun Monate vor Beginn des großen Festes wählte der Archon Basileus aus vier ihm vorgestellten vornehmen Mädchen zwei aus, die unter der Obhut der Athena-Priesterin im Haus der Arrhephoren feierlich mit dem Weben des Peplos begannen. Dann aber wirkten an dem kunstvollen Gewand möglichst viele athenische Frauen und Mädchen mit. Die beiden Auserwählten wohnten während der gesamten Zeit auf der Akropolis. Es gab für sie (und die übrigen Beteiligen) auch einen Ballspielplatz, vermutlich im Bereich zwischen dem Haus der Arrhephoren und dem Erechtheion bzw. dem Heiligtum der Pandrosos. Nach acht Monaten war die Arbeit am Peplos beendet. Die Mädchen legten ihre weißen Kleider ab und opferten den Goldschmuck, den sie bis dahin getragen hatten, der Göttin. Das heilige Gewand und die Mädchen begegnen uns dann wieder auf dem Panathenäen-Festzug. Zumindest werden zwei sesseltragende Mädchen im kindlichen Alter im Festzug, wie ihn der Parthenon-Ostfries (entstanden um 438 v.Chr.) zeigt, als Arrhephoren gedeutet (S. 242).

Vor dem großen Fest fanden jedoch noch die Arrhephoria im engeren Sinne, eben die geheimnisvollen Riten, statt. In den Jahren der kleinen Panathenäen wurden sie wohl zur gleichen Zeit veranstaltet. Die Arbeiten von DEUBNER und BURKERT zeigen aber, daß die Zusammenhänge noch nicht endgültig geklärt sind.

Gemäß der Erwähnung von Pausanias trugen die Arrhephoren die geheimen Dinge durch die Höhle in der Akropolis-Nordwand hinunter in den nicht weit entfernten *Bezirk der Aphrodite in den Gärten.* Dieser Ort ist dank den Untersuchungen von O. BRONEER 1932 und weiterführenden Forschungen ebenfalls genau bekannt als Heiligtum des Eros und der Aphrodite. Es befindet sich ebenso wie der heilige Bezirk der Aglauros am Nordhang der Akropolis, jedoch ca. 170 Meter weiter östlich davon auch am Burgumgang. Es gibt dort Votivnischen mit Weihe-Inschriften, und es wurden Votiv-Reliefs, Tonfiguren und Phalloi gefunden, die zum Aphrodite-Kult gehören.[153]

Im Anschluß an den Bericht von Pausanias stellt sich insbesondere die Frage, was denn die Priesterin den Mädchen an Geheimnisvollem zu tragen gab. Die Quellen liefern leider keine genauen Aufschlüsse. Es gibt einige Hinweise wie auch Deutungsmöglichkeiten. Zunächst haben wir natürlich die ätiologische Legende, wonach die Kekrops-Töchter eine lebendige Schlange und einen wirklichen Säugling, das Erichthonios-Kind, tragen mußten. BURKERT vermutet naheliegenderweise, daß die Arrhephoren Analoges durch die Höhle zu bringen hatten.[154] Dann kommen wir auf Dinge, die wie Schlange und Säugling auf Beischlaf (in engeren Sinne: auf Penetration), auf Zeugung und Geburt verweisen. Dazu könnte auch der *Tau des Hephaistos* gehören (siehe S. 200 u. 206).

DEUBNER hebt im Anschluß an ein Lukian-Scholion[155] insbesondere darauf ab, was die Mädchen von ihrem Gang durch die Tiefe wieder mit heraufbrachten, nämlich Gebildbrote in Form von Schlagen und Phalloi. Wäre die von DEUBNER herangezogene Stelle zutreffend, so dürfte man daraus schlußfolgern, daß die Mädchen solches Gebäck dann auch selbst essen durften. BURKERT bezweifelt aber auf Grund grammatischer Unklarheiten[156], daß sich die fragliche Textstelle im Lukian-Scholion überhaupt auf die Arrhephoria bezieht. Eher beziehe sie sich auf die im Scholion hauptsächlich behandelten Thesmophoria, einem Fest, das im Dienst der Fruchtbarkeit der Felder stand. Andererseits ist sicher bekannt, daß der wesentliche Ritus auf den Thesmophoria nicht im Heraufbringen von Gebildbroten bestand, sondern darin, junge weibliche Ferkel in Höhlen hinabzuwerfen, um ihre Kadaver vor der Aussaat wieder heraufzuholen und dem Saatgetreide beizumischen.[157] - Im übrigen begegneten die Arrhephoren während ihrer „Dienstzeit" permanent sexuellen Symbolen, wie z.B. dem schon genannten hölzernen Hermes im Erechtheion. - BURKERT greift noch besonders den vorletzten Satz in dem zitierten Pausanias-Bericht auf, der in der von uns benutzten Übersetzung von Ernst MEYER lautet ... *und erhalten dafür anderes und bringen es verdeckt (egkekalymménon).* Statt *verdeckt* übersetzt BURKERT *[in ein Tuch] eingeschlagen*, was besage, daß es sich um einen Säugling bzw. sein kultisches Äquivalent handeln müsse. Griechische Frauen

---

[153] O. BRONEER, Hesperia 1, 1932, 31ff. und nachfolgende Arbeiten; siehe TRAVLOS a.O. 228ff. („Eros und Aphrodite"). G.S. DONTAS hat noch weiter östlich, am Nordwest-Abhang, ein eigenes Aglauros-Heiligtum nachgewiesen, und zwar auf Grund einer in situ gefundenen Weihe-Inschrift aus der Mitte des 3. Jahrhunderts v.Chr. (Hesperia 52, 1983, 48ff. „The True Aglaurion"). Die Existenz des heiligen Bezirks der Aglauros am Ausgang der Höhle wird durch dieses Heiligtum sicher nicht in Frage gestellt.

[154] W. BURKERT, Hermes 94, 1966, 10ff. mit Darstellung und Erörterung der Kekrops-Legende

[155] DEUBNER a.O. 10

[156] BURKERT a.O. 7ff. mit Anm.1

[157] Thesmophoria: DEUBNER a.O. 50 ausführlich mit Quellen und Vorarbeiten

pflegen ja auch heute noch ihre Säuglinge in ein Tuch eingeschlagen zu tragen. BURKERTs Übersetzung und Deutung ist kaum völlig aus der Luft gegriffen.

Fassen wird das bisherige zusammen: Die Arrhephoren stiegen bei ihrem Hause in die Höhle, passierten nach deren Verlassen den heiligen Bezirk der Aglauros, gingen weiter zum Bezirk der Aphrodite in den Gärten, entledigten sich dort der geheimnisvollen Dinge, erhielten - wohl von den Priesterinnen der Aphrodite - neue geheimnisvolle Dinge und traten damit den Rückweg an. Wieder auf der Akropolis angekommen, wurden sie, so ist zu vermuten, von den Priesterinnen der Athena in Empfang genommen.[158]

Gerne hätten wir noch Genaueres über die *anderen Jungfrauen* gewußt, die gemäß Pausanias anschließend auf die Burg geführt wurden. Ob es vielleicht die Anwärterinnen auf den Arrhephoren-Dienst des kommenden Jahres waren?

Unklar bleibt, was es mit dem *Tau des Hephaistos* aus der ätiologischen Legende auf sich hat, namentlich, ob es außer den Arrhephoria noch einen eigenen Ritus des Tautragens ab. DEUBNER versucht, letzteres von Quellen her zu erweisen[159], allerdings ohne daß er zu einem schlüssigen Ergebnis kommt. Er spricht von einer festlichen Begehung, nämlich den Hersephoria, die der Taugöttin Pandrosos, genauer: dem heiligen Ölbaum im Pandroseion beim Erechtheion gegolten habe und naheliegenderweise der Fruchtbarkeit der Ölbäume diente. In der Kekrops-Legende ist Pandrosos im Gegensatz zu ihren Schwestern Aglauros und Herse bekanntlich diejenige, die das Gebot, die Kiste nicht zu öffnen, befolgt hatte und die darum, so können wir ergänzend folgern, zu einer bewahrenden Göttin wurde. Der Pandrosos-Kult, der ursprünglich einmal selbständige Bedeutung gehabt haben könnte, war wohl auf alle drei Schwestern bezogen. BURKERT macht auf die Stelle in den *Metamorphosen* des Ovid 2,739 aufmerksam: *Herse wohnte in der Mitte zwischen Pandrosos und Aglauros.* Das würde auch der Bezeichnung „Hersephoria" einen eigenen Sinn geben. Es gibt andererseits Argumente dafür, daß die Bezeichnung „Hersephoria" (bzw. „Herrephoria") aus „Arrhephoria" entstanden ist (siehe S. 198). Nachdem die Stadtgöttin Athena die mit der Kekrops-Legende verbundenen, ursprünglich wohl einmal selbständig gewesenen Kulte okkupiert hatte, könnten sich die Hersephoria mit den bedeutsamer gebliebenen Arrhephoria verschränkt haben. Insofern vermag auch BURKERT - im Einklang mit anderen Forschern - nicht, DEUBNER zu folgen, was eine Trennung der Hersephoria von den Arrhephoria in historischer Zeit anbetrifft.[160]

---

[158] Bei den Athenern historischer Zeit ist übrigens nicht nur das Schicksal der Kekrops-Töchter, die das Erichthonios-Kind trugen, im Kult lebendig geblieben, sondern auch das Erichthonios-Kind selbst, und zwar in einem für Neugeborene bestimmten Ritus. Euripides teilt in seiner Tragödie *Ion* mit: *...Erechtheus' Stamm legt seitdem jedem Kind den goldnen Prunk von Schlangen an* (Vers 23f.; übersetzt von Ernst BUSCHOR).

[159] DEUBNER a.O. 13f

[160] BURKERT a.O. 11ff

Er kann aber letztlich auch nur herausstellen, daß Hersephoria und Arrhephoria sich nicht ausschließen, und daß die rituellen Modi im einzelnen nicht mehr zu klären sind. Es erscheint jedoch wahrscheinlich, daß die Arrhephoren während ihrer „Dienstzeit" in dem kultischen Komplex „Haus der Arrhephoren - Pandroseion - Erechtheion" auch in irgendeiner Form am Kult der Göttin Pandrosos beteiligt waren.

Bei allen Unklarheiten bleibt die bedeutende Tatsache, daß Mädchen von zartem Alter im kultischen Dienst als Arrhephoren geheimnisvolle Dinge zu tragen hatten, die einen Sinnhorizont im Umkreis von Sexualität und Kinder-Gebären repräsentierten und der - so lautet die These - wesentlich ihr eigenes Leben als zukünftige Frauen betraf. Das dahingehende Verständnis trägt auch zur Antwort auf die Frage bei, ob die Arrhephoria, wie DEUBNER voraussetzt[161], während all der Jahrhunderte in der Tat ein Kult mit geheimen Riten im vollen Sinne waren, vergleichbar den eleusinischen Riten, und demzufolge nur die beteiligten Athena- und Aphrodite-Priesterinnen Genaueres von den geheimnisvollen Dingen gewußt haben sollten. Oder ob die Riten vielleicht mehr ein „Spiel" mit dem Geheimnisvollen waren, und die kleinen Mädchen über kurz oder lang selbst erahnen konnten, was sie da getragen hatten. Es gibt ja Dinge im Leben, die man erst richtig versteht, wenn man älter geworden ist...

Übrigens haben Eltern, deren Kind die Ehre hatte, als Arrhephore dienen zu können, aus Dankbarkeit das marmorne Bildnis des Kindes auf der Akropolis dargebracht, wie durch Inschriften gesichert ist.[162] Dieser Brauch erregt um so mehr unsere Aufmerksamkeit, als es den noch nicht ausgestandenen Streit darüber gibt, ob die brauronischen Votiv-Bildnisse von Mädchen - wenigstens teilweise - *arktoi* darstellen, also analoge Dankopfer von Eltern dafür waren, daß die Tochter Dienst im Artemis-Heiligtum tun konnte, oder ob die Darbringung aus familiär-privater Dankbarkeit herrührte.

Als ich sieben Jahre alt war, war ich schon Arrhephore. Die mit dieser lapidar erscheinenden *Lysistrate*-Stelle angesprochenen Zusammenhänge und Bedeutungen haben uns zu der Vermutung veranlaßt, daß mit dem Arrhephorendienst eine erste Phase im Bildungsgang athenischer Mädchen angesprochen sein könnte. Was der Vermutung auf den ersten Blick allerdings zu widersprechen scheint, ist die Tatsache, daß es jährlich nur zwei Mädchen aus vornehmen Familien waren, die für diesen Dienst ausgewählt wurden.

Vor einer Auseinandersetzung mit diesem ernstzunehmenden Einwand richtet sich unsere Aufmerksamkeit zunächst noch auf die Frage, ob denn die Arrhephoria nicht ein Initiations-Ritus gewesen sein könnten. BRELICH und BURKERT treten mit Nachdruck dafür ein.[163] BRELICH entwickelt den Gedanken des Initiations-Ritus noch für eine Reihe weiterer griechischer Kulte, nicht zuletzt auch für die brauronischen Arkteia. BURKERT,

---

[161] DEUBNER a.O. 10.15

[162] Quellenangaben bei BURKERT a.O. 5f. mit Anm.3

[163] A. BRELICH, Paides e Parthenoi (1969) 123ff. et pass. - BURKERT a.O. 13-16

dessen Erörterungen auf die Arrhephoria in Athen hin zugespitzt sind, räumt ein, daß in einer Stadtkultur wie der athenischen solche Initiationsriten nicht mehr in vollem Sinne stattfinden konnten, auch wenn die Griechen dem urtümlichen Leben „vor der Epoche der Schriftkultur ... noch überaus nahe" gestanden haben. Die Initiationsriten mit der kennzeichnenden Absonderung der Initianden oder Initiandinnen, hier der Arrhephoren, seien zu einem Vorrecht der höchsten Gesellschaftsschicht geworden, und sie wurden nur noch „symbolisch-repräsentativ" an den beiden auserwählten Mädchen vollzogen. Deren Absonderung im Hause der Arrhephoren sei verbunden gewesen mit der ebenfalls notwendigen Heranführung der Mädchen an die Probleme und Aufgaben ihres späteren Lebens, und zwar auf eine - wie in der Ethnologie vielfach nachweisbare - Bedrohlichkeit und Schock einschließende Weise, eben durch die Begegnung mit geheimnisvollen, sexuell geladenen Symbolen in der Kiste und überhaupt in dem kultischen Bereich zwischen Haus der Arrhephoren, Pandrosos-Heiligtum und Erechtheion. „Jede Frau erlebt das Schicksal der Aglauros" formuliert BURKERT. Traf das noch auf die athenische Braut klassischer Zeit zu?

Die Darlegungen BURKERTs bedürfen inzwischen wohl an einigen Stellen der Entschärfung und Ergänzung. Gewiß trugen die Griechen klassischer Zeit ihren „wilden Ursprung"[164] noch deutlich im kollektiven Bewußtsein; dessen Bewältigung ist ja gerade wesentlicher Inhalt bedeutender Kulte, wie des Artemis-Kultes mit dem Iphigenien-Opfer. Aber auch, wenn ein rituelles Geschehen die frommen Griechen noch zu lebhafter, emotionaler Hingabe zu bewegen vermochte, so ging es ihnen dennoch nicht mehr „unter die Haut". Es war die objektivierte Bewältigung der Traumata aus der sozialen Genese. Die Jünglinge, denen in Halai Araphenides die Kehle mit dem Schwert geritzt wurde (Eur.Iph.T.1459), wußten doch, daß keine körperliche Gefahr mehr über sie kam.[165] Die *arktoi* in Brauron spielten zwar den Iphigenien-Mythos durch, aber sie erfuhren beileibe nicht mehr die Opferung am Blutaltar. Und um einen Sprung in die christliche Welt zu machen: Vorösterliche Passionsspiele und Prozessionen über die Via Dolorosa evozieren zwar manches inbrünstige Gebet, aber weder Erwachsene noch Kinder erleiden dabei Leiden wie Jesus am Kreuz.

Sicher erlebten die Mädchen in klassischer wie schon in vorklassischer Zeit auch im Arrhephoren-Kult keine Initiations-Qualen mehr, ebensowenig, wie ihre Eltern die Leiden der fernen Vorfahren im Kult noch körperlich repetierten. Die kleinen Kinder - man bedenke ihr zartes Alter - begegneten weder einem ithyphallischen Vergewaltiger, noch mußten sie einen todesmutigen Sprung vom Felsen wagen. Ebensowenig waren sie einem Ritual der Mannbarmachung unterworfen, verstanden als kulturell tradierte Vor-

---

[164] So der Obertitel von BURKERT über „Opferritual und Mythos bei den Griechen" (1990)

[165] Die Spartaner waren demgegenüber keineswegs so human, denn bei der Geißelung der Epheben am Altar der Artemis Orthia floß reichlich Blut; auch Todesfälle gab es dabei (s.o.Anm.102.104).

bereitung auf die Begegnung mit männlicher Sexualkraft, in einem Zeitalter, das von Polyklet bis Praxiteles ein Menschenbild der Harmonie gestaltet hat und das sich in der Erziehung den Prinzipien der Areté und Kalokagathía verpflichtet wußte. Wenn im Dionysos-Theater am Fuße der Akropolis die realistisch abgeklärten Stücke des Menandros zur Aufführung gelangten, dann wurden doch oben auf dem Felsen die kleinen Mädchen nicht mehr psychischen Belastungsproben ausgesetzt. Die Arrhephoria ritualisierten vielmehr die Bewahrung der Mädchen vor ungeziemendem, um nicht zu sagen, tödlichem Zugriff, und zwar unter Anleitung von fürsorglichen Priesterinnen. Und so konnten die Mädchen - wenn denn die Überlieferung stimmt - nach dem letzten Passieren des dunkeln Höhlenschlundes (weniger scharf formuliert: der Kellertreppe), was gewiß unter liebender Anleitung der Priesterinnen geschah, die phallischen Gebildbrote verzehren, ähnlich wie christliche Kinder mit dem süßen Osterlamm, dem Osterhasen und den Ostereiern umgehen. Sie erlebten die Schrecken der Kekrops-Töchter, in deren Überlieferung aggressive Sexualität übrigens auch nur mehr in symbolischer Form vorkommt, als spannende Geschichte mit besonderen Dingen, die ihnen, jedenfalls zunächst, geheimnisvoll blieben. Ihre Väter konnten sich mit einem humanen Bilde von dem frühen Gott-König identifizieren, wie es etwa Klearchos von Soloi gezeichnet hat. Ihre Mütter spielten von vornherein eine wichtige Rolle in dem kultur-bewahrenden Kult, wie nunmehr zu zeigen ist.

Es braucht nicht in Abrede gestellt zu werden, daß die Arrhephoria auf einem seit altersher geübten Initiations-Ritus beruhten. Viel erheblicher war indessen der soziale und pädagogische Prozeß, der in jedem Jahr bis zu den von zwei Mädchen vollzogenen Handlungen führte. Auch waren die beiden eher symbolisch abgesondert, oder besser noch: sie waren sichtbar herausgehoben, wie es in ihren weißen Gewändern und in dem Goldschmuck zum Ausdruck kam. Das Haus der Arrhephoren war schon wegen der äußeren Gegebenheiten auf der Akropolis mit dem ständigen Verkehr der Besucher und Gläubigen nicht zur faktischen Absonderung geeignet.

Am leichtesten hilft uns die Imagination noch, für die Jahre der großen Panathenäen ein Bild zu skizzieren, wenn nämlich die Arrhephoren die Webarbeit am Peplos für Athena begannen.[166] Nehmen wir an, daß sie unter Anleitung der Priesterinnen die Kette auf den Webstuhl aufbäumten und auch die ersten Schußfäden hindurchführten. In den kommenden Wochen und Monaten kamen aber möglichst viele athenische Mütter mit ihren Töchtern hinzu, um den kultischen Brauch gemäß an dem Gewande mitzuwirken. Vorher schon hatten Jungfrauen die Wolle für die Webarbeit bereitstellen müssen.[167] Was mag es in dieser Zeit nicht alles an Kontakten zwischen Frauen und Mädchen, an sozialen Erfahrungen, an Erziehungs-Einflüssen und direktem Lernen gegeben haben?

---

[166] Der Beginn war am Fest Chalkeia, neun Monate vor den großen Panathenäen; DEUBNER a.O. 31 mit Quellenangaben.

[167] DEUBNER a.O. gemäß IG II^2 1034

Zugespitzt auf die Mädchenbildung fand während des Peplos-Webens - um moderne erziehungswissenschaftliche Begriffe zu verwenden - funktionale gleichwie intentionale Erziehung statt, ohne daß die jeweiligen Anteile im einzelnen genauer bestimmt werden können. Die Mitarbeit der Kinder am Webstuhl wird deutlich intentional bestimmt gewesen sein, im Sinne der Unterweisung in Textilarbeit. Das Geschenk, das die Göttin Athena den Bürgern ihrer Stadt einst gemacht hatte, Webstuhl und Webkunst, wurde beim Weben des heiligen Gewandes alle vier Jahre symbolhaft neu erworben und an die heranwachsende Frauen-Generation weitergegeben. Die gemeinsame Tätigkeit an heiliger Stätte regte an und stiftete Identität. Sie stabilisierte die Frauen als Handwerkerinnen, Wirtschafterinnen und Erzieherinnen. Und die Töchter lernten neben dem Weben zugleich, eines Tages wie ihre Mütter einen Platz in Familie und Hauswesen einzunehmen. Vielleicht ist es berechtigt, aus den selbstbewußten Dialogen und Chören, die der männliche Dichter Aristophanes den Frauen seiner Zeit in der *Lysistrate* in den Mund gelegt hat, auch auf tatsächliches Bewußtsein athenischer Frauen zu schließen. Die Mädchen übernahmen das Denken und Handeln ihrer Mütter. Vermutlich sind diese nicht einmal „zimperlich“ in ihren Reden untereinander gewesen. Aber dennoch gab es auch eine Ebene des Unausgesprochenen, dessen, wovor die Mädchen von den Frauen bewahrt wurden. Körperliche sexuelle Gewalt war schon in den Worten ferne von ihnen. Urgewaltiges war in der Kiste eingeschlossen. Man mag es interpretieren als „abgelegte“ Erinnerung der Gesellschaft an frühe traumatische Erfahrungen oder als bleibende Gefahr, erneut der Gewalt zu verfallen.

Nun aber waren die Frauen, die Priesterinnen, Mütter und Mädchen, im heiligen Bereich zwischen dem Haus der Arrhephoren und dem Erechtheion ständig von sexuellen Symbolen umgeben, jedoch geschah ihnen davon kein Leid. Vielmehr lagen darin Verweise auf die sexuelle Bestimmtheit des Lebens, welche als solche akzeptiert wurde, und die auch vor den kleinen Mädchen nicht zu verheimlichen war. Vermittlung von Härte gegenüber oder Angst vor dem zukünftigen Ehemann hatte da keinen Platz. Die Kinder widmeten sich mit ihren Müttern neben dem Weben dem Ballspiel, und sicher lernten sie Reigentänze zur Musik. Die Dunkelheit der Felsenhöhle war mitnichten noch ein Medium finsterer Urgewalt - wie hätten die Frauen sonst die kleinen Mädchen dort hinuntersteigen lassen - , sondern sie stand für das Unbekannte, Tiefe, das im Frauenleben der Erschließung harrt und - darauf verweist offensichtlich die Rückkehr der Mädchen mit dem neuen, in einem Tuch eingeschlagenen Geheimnis - die mentale Grundschicht für das künftige Leben als Mutter bildete. Denn eine chthonische Lebenskomponente ist den griechischen Frauen auch in klassischer Zeit nicht verlorengegangen. Es fällt uns heute schwer, angesichts unserer gewandelten sexuellen Empfindungs- und Verhaltensweisen, die irrationale Dimension griechischer Sexualempfindung zu verstehen, wie sie der Arrhephoren-Kult hinsichtlich des Frauen-Lebens objektiviert. Die griechischen, oder mehr eingegrenzt: die athenischen Mädchen genossen eine Sexualerziehung, die, bewahrend und beschützend, dem Geheimnisvollen ebenso wie der konkreten, man kann sogar sagen: der phallischen Bewußtheit Raum gab. Man mache sich den Unterschied etwa zur

Mädchenerziehung viktorianischer Zeit bewußt, als die jungen Frauen manchen Schilderungen zufolge ahnungslos über das waren, was in der Hochzeitsnacht wörtlich genommen auf sie zukam.

Aus Vorstehendem könnte der Eindruck entstehen, als ob athenische Mädchen doch eine schwerpunktmäßig auf Phallos und Penetration und damit auf männliche Dominanz hin gerichtete Sexualerziehung erhalten hätten. Dem ist aber nicht so, sondern wir haben nur erörtert, welche eigentümlichen Grundfragen sich in den Arrhephoria konkretisiert haben. Ein Tenor dieses bemerkenswertes Kultes ist die Humanisierung männlicher Potenz durch weibliches Bewußtsein, verbunden mit der von Kekrops herleitbaren Akzeptanz des Vaters. In anderweitigen Kulten - griechische Religiosität ist ja gerade durch ihre Neigung zum Spezifizieren gekennzeichnet - kommen ebenso Konkretisierungen im Baubo-Sinne zur Geltung.[168] Hierauf muß zumindest hingewiesen werden.

Die Arrhephoria waren entgegen der Auffassung DEUBNERs kein Geheimkult in der griechischen Religions-Landschaft. Auch Pausanias hat nicht expressis verbis einen solchen konstatiert. Er sagt nur, daß ihn *in Staunen versetzte*, was *nicht allen bekannt* sei, doch standen ihm die notwendigen Informationen für seinen Bericht zur Verfügung.

Die Arrhephoria waren inhaltlich mit Geheimnisvollem im Menschenleben befaßt. Nicht jeder"mann" konnte sich dem Geheimnisvollen nähern, sondern Mädchen auf dem Lebensweg zur Frau, unter dem Geleit von Athena- und Aphrodite-Priesterinnen. Es ist durchaus denkbar, daß die leitenden Frauen dem Kult, namentlich dem abschließenden Ritus, eine gewisse, geschlechtsspezifische Exklusivität bewahrt haben. Die beiden, übrigens von einem Manne, dem Archon Basileus, auserwählten Arrhephoren vollzogen den mit dichter Symbolik geladenen Ritus stellvertretend für alle Mädchen und Frauen. Die rituelle Begehung in ihrer gleichnishaften Bedeutung für die Zukunft war sozusagen ein Grundimpuls für die alltägliche Erziehung, namentlich auf dem sexuellen Gebiete.

Mit diesen Schlußfolgerungen ist auch die Frage beantwortet, ob und inwieweit der Arrhephoren-Dienst als eine Stufe im Bildungsgang athenischer Bürger-Töchter verstanden werden kann, so, wie es die wohlbekannte *Lysistrate*-Stelle nahelegt. Zieht man nur den Dienst von zwei Mädchen pro Jahr in Betracht, so wäre die Frage zu verneinen. Erheblich ist jedoch das Rahmengeschehen, was sich wie beschrieben jeweils im Jahre der großen Panathenäen in den acht Monaten vom Beginn des Peplos-Webens an bis zum Ritus der Begehung auf der Akropolis abspielte und seinen Glanz auch auf die Jahre dazwischen warf. Die Arrhephoria waren sinnwahrende Instanz und zugleich Modell für die Mädchenerziehung auf einer Stufe, die wir heute als Grundschulalter kennzeichnen.

Schon ehe die Mädchen in das Arrhephoren-Alter kamen, hatten sie eine eingehende

---

[168] H. FLUCK, Skurrile Riten in griechischen Kulten (1931). - G. DEVEREUX, Baubo (1981); ders., Frau und Mythos (1986)

Erziehung erfahren. Für diese Lebensphase, die im Rahmen unserer Darstellungen nicht mehr eigens erörtert werden kann, gibt es vielfältige Quellen. Konkrete Einblicke in das Kindesleben vermitteln die Malereien auf den Choën-Kännchen, die den Jungen und Mädchen auf dem Anthesterien-Fest geschenkt wurden.[169] Es sei auf ältere und neuere monographische Arbeiten verwiesen, die wesentliche Aspekte der Kindererziehung im allgemeinen und der Mädchenerziehung im besonderen herausstellen.[170] Von Regine SCHMIDT gibt es eine Studie über Kinderspielzeug und Kinderspiel[171], von F.A.G. BECK ein Album über griechische Erziehung[172] und Marieluise DEISSMANN-MERTEN hat die bereits genannte Studie zur Sozialgeschichte des Kindes in Griechenland vorgelegt[173]. Hinzu kommen verständlicherweise alle Veröffentlichungen von und Arbeiten über Kinder-Skulpturen, die im folgenden von Fall zu Fall herangezogen werden. BUSCHORs von starker Empathie getragene Studie „Grab eines attischen Mädchen"[174], die besonders erwähnt sei, bringt vielfältige Fakten zum Kindesleben und entwickelt wesentliche leitende Gesichtspunkte zum Kind-Verständnis der klassischen Zeit, namentlich, was die Achtung des Kindes anbetrifft. Vorliegende Studien können dieses Verständnis bestätigen und weiter differenzieren.

d) Arrhephore - Aletris - Arktos - Kanephore: Die Frage nach den Stufen der Mädchenbildung

Unsere Erörterungen der Arrhephoria haben in Umrissen deutlich gemacht, welche Prägung athenische Mädchen bereits empfangen hatten, wenn sie zum Dienst in das Artemis-Heiligtum kamen. Ihre bisherige Sozialisation und das schon Gelernte waren nicht folgenlos für das, was sie dann - wiederum bei Priesterinnen - an neuen Einstellungen und Fähigkeiten erwarben.

Nun lesen wir im *Lysistrate*-Vers 641 (S. 198), daß die Jungfrau mit zehn Jahren, noch bevor sie als *arktos* das krokosfarbene Gewand auf den Brauronien trug, als *aletris* das

---

[169] G. VAN HOORN, De vita atque cultu puerorum monumentis antiquis explanato (1909); ders., Choes and Anthesteria (1951). - Zahlreiche Choën-Kännchen bei DEUBNER a.O. Tafelteil. - H. RÜHFEL, Kinderleben im klassischen Athen (1984) passim. - Zum Sinnzusammenhang des Choën-Festes auf den Anthesterien: W. BURKERT, Homo Necans (1972) 244ff.

[170] G. VAN HOORN, De vita atque cultu... (1909). - A.E. KLEIN, Child Life in Greek Art (1932). - H. RÜHFEL, Das Kind in der griechischen Kunst (1984); dies., Kinderleben im klassischen Athen (1984); sozialgeschichtlich bedeutsam darin u.a. „Der kleine Pais, der Dienerknabe" (S.61ff.) - E. SPECHT, Schön zu sein und gut zu sein (1989)

[171] R. SCHMIDT, Die Darstellung von Kinderspielzeug und Kinderspiel in der griechischen Kunst (1977)

[172] F.A.G. BECK, Album of Greek Education. The Greeks at School and Play (1975)

[173] M. DEISSMANN-MERTEN in: MARTIN / NITSCHKE, Zur Sozialgeschichte der Kindheit (1986)

[174] E. BUSCHOR, Grab eines attischen Mädchen (1939)

Getreide für die Herrin (ob vielleicht Artemis oder Athena; siehe S. 198) mahlte. Herbert W. PARKE nimmt diese Erwähnung förmlich als Beleg für eine eigene Stufe im Heranwachsen einer jungen Frau in Athen in Anspruch, denn er spricht ohne Problematisierung von insgesamt vier Stufen (wovon die letztere, die der Kanephore, nach dem Bärinnen-Dienst liegt; s.w.u).[175] Das Getreidemahlen zwischen Arrphephoren-Dienst und Bärinnen-Dienst, so wenig auch darüber bekannt ist, war ohne Zweifel ebenfalls ein kultischer Dienst und hatte für die athenischen Mädchen institutionalisierten Charakter. Getreide, Mehl, Backwerk..., diese Dinge waren wahrscheinlich Ersatzopfer für ehemals blutige Opfer in einem noch zu identifizierenden athenischen Kult, vielleicht sogar mit einer Sinngebung von entsprechender Dichte wie bei den Arrhephoria und den Brauronia. Christiane SOURVINOU-INWOOD hatte für das Getreidemahlen im Einklang mit anderen Bearbeitern ursprünglich einen Artemis-Bezug angenommen.[176] Neuerlich nimmt sie die Aristophanes-Stelle jedoch - auf Grund einer Neuinterpretation des zugehörigen Scholions - für einen Ritus im Zusammenhang des Demeter-Kultes in Eleusis in Anspruch.[177] Dieser war wie die Panathenäen und die penteterischen Brauronien athenischer Staatskult. Daß Demeter ebenso wie Athena, Aphrodite und Artemis für athenische Frauen und Jungfrauen von Bedeutung war, braucht kaum betont zu werden. In ihrer früheren Studie war Christiane SOURVINOU-INWOOD bereits zu der interessanten Schlußfolgerung gekommen, daß Aristophanes in den vier Erwähnungen *Arrhephore - aletris - arktos - Kanephore* eine Balance zwischen initiatorischen und sakralen Riten zum Ausdruck bringen wollte.[178] Die Arrhephoria (an erster Stelle) und die Brauronia oder Arkteia (an dritter Stelle) seien initiatorische Riten, genauer: die Überreste davon (initiatory survivals), während es sich bei dem Getreidemahlen (an zweiter Stelle) und der Kanephorie (an vierter Stelle) um sakrale Riten handele. STINTON ordnet in seiner Replik[179] den Ritus des Getreidemahlens zwar einem Athena-Kult zu (Athena als *archegetis*; siehe S. 198), aber das ändert an dem von SOURVINOU-INWOOD herausgestellten Textschema und dem dadurch denkbar gewordenen Gesamtentwurf einer Mädchenbildung nichts. STINTON kann abschließend auch das von Aristophanes angegebene Alter für den Eintritt der Mädchen in den brauronischen Bärinnen-Dienst, nämlich zehn Jahre, bekräftigen (weitergehend hierzu S. 227/28).

Arrhephoria und Brauronia (Arkteia) haben als gemeinsames Kennzeichen die Absonderung der Mädchen aus ihrem familiären Lebenskreis. Für die Arrhephoria konnte bereits deutlich gemacht werden, daß sich ihr ursprünglicher Initiationscharakter zu

---

175 H.W. PARKE, Athenische Feste (1987) 217

176 Chr. SOURVINOU-INWOOD, ClassQuart 21, 1971, 339ff.

177 Chr. SOURVINOU-INWOOD, Studies in Girls' Transitions (1988) 143

178 Chr. SOURVINOU-INWOOD, ClassQuart 21, 1971,342

179 T.C.W. STINTON, ClassQuart26, 1976, 12f. - PARKE a.O. 218 stellt Athena als *archegetis* überhaupt nicht in Frage.

einem Bildungsplan gewandelt und abgeklärt hatte. Für die Brauronia gilt - um es vorwegzunehmen - entsprechendes; der Bärinnen-Dienst kann als schulmäßig gestaltete Bildung verstanden werden. Dem Ritus des Getreidemahlens sowie der Kanephorie als überwiegend sakralen Diensten widmeten sich die Mädchen eher von zu Hause aus.

Nur sehr wenige Bürgertöchter wurden tatsächlich Arrhephoren. Dagegen konnten viele von ihnen *arktoi* in einem Artemis-Heiligtum werden, wie sich zeigen wird. Wieviele am rituellen Getreidemahlen teilnahmen, ist nicht bekannt. Als Kanephoren in der Pompé anläßlich eines Festes wurden wenige benötigt. Jedoch kann man diesen Kulten mit Mädchen-Diensten insgesamt paradigmatischen Charakter zusprechen. Was die Bevorrechtigten verrichten durften, war für alle erkennbarer Ausdruck von Sinnhorizonten im Frauenbewußtsein, und jeder Kult zog Kreise der Teilnahme für Mädchen, Frauen und Mütter, oder für die Familie, je nach den besonderen Akzenten. Vielleicht ist hier der Vergleich mit den Meßdienern in der katholischen Kirche nützlich. In Zeiten oder Regionen ausgeprägten kirchlich-religiösen Lebens hat dieser Dienst hervorragende Signalwirkung für die von der Kirche intendierte Erziehung. Die Priester sind für die Jungen selbst noch im Zeitalter eines entwickelten öffentlichen Schulsystems immer zugleich auch (Religions-)Lehrer.

Die verbreitet gewesene Auffassung, wonach athenische Frauen, Mütter und Töchter in klassischer Zeit ohne nennenswerte Außenaktivität im Hause gebunden gewesen seien, ist nicht mehr haltbar - bei aller Anerkennung der ausgeprägten geschlechtsspezifischen Unterschiede in den Lebensaufgaben von Frau und Mann. Die Altertumswissenschaften haben vor den hier herangezogenen neueren Arbeiten über Jahrzehnte an solch gewichtigen Informationen, wie sie in der *Lysistrate* des Aristophanes enthalten sind, vorbeigelesen.

e) Wie die Mädchen auf dem brauronischen Fest liefen und tanzten

Die *Lysistrate* wurde 411 v.Chr. uraufgeführt. Wenige Jahre zuvor war vermutlich die Stoa im Heiligtum von Brauron fertig geworden. Die Frauen, die in der Komödie ihren vormaligen Dienst als *arktoi* auf den Brauronien besingen, hatten sich bei den rituellen Handlungen wohl noch in dem kleineren, ursprünglicheren Bereich des Temenos - zu denken ist an den Altarplatz vor dem Tempel; siehe den Plan Abb. 15 - bewegt, und erst ein Jahrhundert später, im letzten Drittel des 4. Jahrhunderts v.Chr., wurden in Brauron die Marmorbildnisse von Kindern dargebracht.

Wir können nicht mit letzter Sicherheit sagen, ob der Dienst der *arktoi* auch während des 4. Jahrhunderts ausgeübt wurde, etwa bis zu der Naturkatastrophe am Ausgang des Jahrhunderts. Vieles spricht dafür, insbesondere die Erwähnungen der *arktoi* in den schriftlichen Quellen späterer Zeit, so im *Lysistrate*-Scholion. Wenn darin auch keine zeitlichen Hinweise gegeben sind, so scheinen die Brauronien bei den Autoren dennoch als weiter geübte Praxis bekannt gewesen zu sein. Für PAPADIMITRIOU übrigens besteht kein Zweifel an ihrer ungebrochenen kultischen Tradition. Den Arrhephoria in Athen war gewiß eine ungleich längere historische Dauer beschieden, was alleine schon die diesbezügliche Pausanias-Stelle bezeugt.

Was sich aus unseren bisherigen Erörterungen über die archäologischen und schriftlichen Quellen an wesentlichen Momenten oder auch Einzelheiten zum Leben der *arktoi* ergeben hat oder erschlossen werden kann, sei kurz zusammengefaßt. - Es waren Mädchen im Alter ab etwa zehn Jahren, die im Heiligtum zum Dienst, vielleicht richtiger: zu einem Bildungsaufenthalt weilten. Dieser mochte vielleicht ein Jahr dauern und lag in der an das Jungfrauenalter heranreichenden Lebensphase, wobei zu beachten ist, daß die Menarche im damaligen sozialkulturellen Umfeld früher lag als im heutigen Mitteleuropa. Währenddessen wurden die Mädchen von Priesterinnen betreut. Wo sie in Brauron wohnten, ist noch nicht bekannt. Seit der Fertigstellung der Stoa um 420 v.Chr. könnten sie vielleicht in den zugehörigen Räumen gelebt haben. Der Tempel mit seinem Altarplatz war ihnen ebenso vertraut wie das alte Heiligtum der Iphigeneia an *Braurons Felsenstieg*. Gymnasion und Palaistra außerhalb des Heiligtums sind aus dem Umkreis ihrer Lebens- und Lernumwelt nicht ausschließen. Pilger und opfernde Familien gehörten zum gewohnten Bild während ihres Aufenthaltes. Der Duft des gebratenen Fleisches beim Opfer zog sie wohl ebenso an wie die Erwachsenen. Und sie kannten das Bildnis oder die Bildnisse der Göttin mit den drapierten Gewändern. Was sich um den Tempel herum, auch auf der Terrasse bei der heiligen Quelle zutrug, konnten sie miterleben. Öfter sahen sie, wie Weihegaben aufgestellt wurden. Unter den Besuchern zwischen den hohen Festen waren sicher auch nahe Angehörige. Wenn wir an das Votiv-Relief denken, das Artemis beim Füttern von Ziegen zeigt, so ist denkbar, das die Mädchen den Priesterinnen bei der Versorgung der im Heiligtum gehaltenen Tiere zur Hand gingen. Nicht auszuschließen ist, daß sie selbst eigene Kleintiere, wie Kaninchen und Vögel, betreuten, denn auf den Marmorbildnissen vom Ende des 4. Jahrhunderts sind Kinder öfter mit solchen Tieren dargestellt. Im Hause waren sie ja ebenfalls damit befaßt. Vielleicht hatten sie auch Gelegenheit, den Töpfern bei der Arbeit zuzuschauen, wenn die Bilder ihrer Läufe und Tänze auf den Krateriskoi angebracht wurden, von denen im folgenden die Rede ist. Die Imaginationen ließen sich noch vielfältig weiterführen...

Die „inneren" Bezüge im Heiligtum haben sich den Mädchen wohl andeutungsweise erschlossen, so insbesondere die Begegnungen zwischen den Priesterinnen und den Trost suchenden oder Dank abstattenden Frauen, die in das Heiligtum kamen. Die dabei hervorgetretenen „seelsorgerlichen" oder psychosozialen Mentalitäts-Komponenten können wir heute kaum noch in ihren Einzelheiten nachzeichnen. Die *arktoi* haben aber vieles davon in ihr Bewußtsein aufnehmen können, im Sinne funktionaler Erziehung. Hierbei sind die Vorprägungen in Betracht zu ziehen, welche die Mädchen aus ihrer bisherigen Erziehung auf der Stufe der Arrhephoria mit nach Brauron brachten.

Die aus den schriftlichen Quellen gewonnenen Informationen über den Bärinnen-Dienst sind zwar erheblich, aber sie verbleiben insgesamt auf der Ebene des Allgemeinen (siehe S. 193ff.). Die *arktoi* waren die Hauptakteurinnen im Mysterienspiel der *arkteuesthai*. Im krokos-(safran)-farbenen Gewand spielten sie den Bären oder die Bärin nach, was ätiologisch gleichermaßen als Sühneopfer für die Tötung eines heiligen Bären im Heiligtum der Göttin wie auch als von der Göttin bewirkte Ablösung der Iphigeneia durch eine Bärin (als der brauronischen Version gegenüber der aulidischen) erklärt werden konnte und heute noch erklärt werden kann. Über einen möglichen Sinn-Zusammenhang der beiden Ätiologien ist im folgenden noch zu sprechen. - Die Aufgabe, den Bären nachzuspielen, beinhaltete die festliche Aufführung und - naheliegenderweise - die Vorbereitung darauf. Hieraus ergibt sich, daß die Mädchen in diesem „Fach" von den Priesterinnen (oder beauftragten Frauen) unterwiesen wurden. Weiter ist zu vermuten, daß sie das Spiel nicht nur praktisch einübten, sondern auch „theoretischen" Unterricht über die Mythen erhielten, und zwar in einer dem griechischen Bildungsverständis adäquaten, musikalisch getragenen Art und Weise. Die für die brauronischen Feste bezeugten rhapsodischen Vorträge belegen zumindest, daß es ständige Vergewisserungen über mythologische Inhalte gab. Da konkrete inhaltliche Belege hierüber fehlen, kann man nur vermuten, daß außer der Ilias auch die Mythen um Iphigeneia besungen wurden. Die Erwachsenen, die zum Fest kamen, mögen den Vorträgen in andächtiger gleichwie in fröhlicher bis dionysisch ausgelassener Stimmung gelauscht haben. Im übrigen ist anzunehmen, daß das Fest für die Mädchen Beginn und Abschluß ihres Bärinnen-Dienstes war.

Doch kehren wir auf den Boden archäologisch gesicherter Tatsachen zurück. Unsere Kenntnis über die Art und Weise des Bärinnen-Dienstes hat sich dank den in neuerer Zeit in Brauron entdeckten und nun zu besprechenden Vasenmalereien bis in bestimmte Einzelheiten hinein erweitert, und es ergibt sich mehr und mehr ein differenziertes Bild der im Artemiskult ausgeübten Riten. Die bewußten Quellen stammen insbesondere aus der ersten Hälfte des 5. Jahrhunderts v.Chr. Sie sind also noch mehrere Jahrzehnte früher als die *Lysistrate* des Aristophanes. Die Bekanntgabe der Funde wird Lilly KAHIL verdankt, die 1963 und 1965 ausgewählte keramische Bestände aus dem reichen Brauroner Inventar vorab bearbeitet hat.[180] Es gibt in Brauron hunderte von Fragmenten/Scherben allein von einer bestimmten Form, dem Krateriskos (einem kleinen Kratér), welche die bedeutsamen Darstellungen von *arktoi* tragen. In ihrem Beitrag von 1965 hat sich die Autorin im besonderen dieser Fragmente angenommen und eine Reihe von ihnen abgebildet und beschrieben. 1977 greift sie die Thematik wiederum auf, veranlaßt durch neue Vergleichsfunde, die das bereits skizzierte Bild über die *arktoi* erheblich verdichten.[181] Weitere Ergänzungen werden vermutlich die noch nicht veröffentlichten, dem endgülti-

---

[180] L. KAHIL, AntKunst 1.Beiheft 1963, 5ff. (allgemein über Brauron-Keramik; Krateriskoi mit *arktoi*-Darstellungen Tf.6,1.2; Tf.14,3); dies., AntKunst 8, 1965, 20ff.
[181] L. KAHIL, AntKunst 20, 1977, 86ff.

gen Ausgrabungsbericht vorbehaltenen Krateriskoi mit einschlägigen Malereien erbringen.

Lilly KAHIL hat mit ihren Studien der Erforschung des Artemis-Kultes in Attika und darüber hinaus in Griechenland einen neuen Impuls gegeben, denn die in ihrer inhaltlich-erzählenden Art ausgeprägten Brauroner Darstellungen haben den Blick der Autorin auf entsprechende Vasenmalereien aus anderen Artemis-Heiligtümern gelenkt, die dadurch in neuem und deutlicherem Licht erscheinen. Hierauf ist im folgenden ebenfalls noch einzugehen.

Die Krateriskoi von Brauron sind meist ziemlich kleine, gelegentlich bis um 20 cm hohe Gefäße, die dem umgekehrt glockenförmigen, auch dem kelchförmigen Grundmuster des Kraters folgen, jedoch mit hohem Fuß, der sich nach unten verbreitert, so daß sich eine pokalartige Form ergibt. Sie haben beidseitig fest angedrückte Doppelhenkel. Der hohe Fuß und eine schwarzfigurige Malweise sind Kennzeichen des archaischen Stils, der zu der Zeit, in welche die Krateriskoi frühestens datieren, bereits ausklingt. Die Beibehaltung der alten Stilmerkmale kann mit der kultischen Tradition erklärt werden. Die Krateriskoi sind nicht mit der handwerklichen Sorgfalt angefertigt, wie ansonsten bei Vasen üblich. Auch die bildlichen Darstellungen entbehren der Sorgfalt. Sie erscheinen schnell hingeworfen, was aber dem Eindruck, der von den Dargestellten ausgeht, kaum Abbruch tut.

Den Berichten von PAPADIMITRIOU zufolge stammen die Krateriskoi von verschiedenen Stellen des Heiligtums, ohne daß daraus Schlußfolgerungen hinsichtlich ursprünglicher Zuordnung zu bestimmten Gebäuden möglich sind. Häufungen gibt es im Umkreis des Tempels und im Heiligtum der Iphigeneia. Möglicherweise wurden diese Gefäße, zumindest teilweise, schon von den Besuchern des Heiligtums selbst auf dem Gelände weggeworfen oder verloren.

Lilly KAHIL teilt die Krateriskoi nach der Bemalung in drei Gruppen ein: Zur ersten Gruppe gehören die Krateriskoi nur mit ornamentaler Bemalung, zur zweiten Gruppe solche mit „neutralen“ mythologischen Darstellungen, ohne direkten Bezug zum Artemis-Kult, und in der dritten, zahlenmäßig stärksten Gruppe sind diejenigen mit Darstellungen aus dem Artemis-Kult. Den letzteren Krateriskoi gilt unsere Aufmerksamkeit. Sie werden von der Bearbeiterin noch unterschieden in solche, auf denen laufende, und solche, auf denen tanzende Personen dargestellt sind.

Was die Zweckbestimmung der Krateriskoi anbetrifft, so sei zunächst nur gesagt, daß sie rituelle Funktionen gehabt haben müssen, und daß sie vermutlich von den Besuchern des Heiligtums an Ort und Stelle erworben wurden, ähnlich wie man heute beim Besuch eines Wallfahrtsortes Devotionalien erwerben kann. Es ist anzunehmen, daß die Krateriskoi aus Werkstätten in Brauron stammen.

Dank der Bearbeitung der Krateriskoi durch Lilly KAHIL kann sich unsere Aufmerksamkeit direkt auf die relevanten Darstellungen richten. Die besprochenen Fundstücke sind im Museum von Brauron zugänglich und, zum Teil bereits mehrfach, mit Abbildungen veröffentlicht. Der Stil der Darstellungen entspricht annähernd dem der auf Abb. 21 wiedergegebenen Darstellungen auf attischen Krateriskoi. Unsere Absicht besteht darin, ausschnitthafte „Momentaufnahmen" zu erfassen, welche, sofern sich die ikonographischen Einzelheiten und Zusammenhänge klären lassen, annähernd zu einer Geschehensfolge kultischer Handlungen verbunden werden können. Verschiedene Hinweise aus schriftlichen Quellen tragen zur Ergänzung bei. Unsere Zusammenstellung folgt der Numerierung von Lilly KAHIL. (Der nicht berücksichtigte Krateriskos Nr.1 hat nur ornamentale Verzierungen.)

Die Krateriskoi mit *arktoi*-Darstellungen:

2. Vollständig erhaltener Krateriskos (aus dem Heiligtum der Iphigeneia am Felsenrand)[182]: Zweimal je drei unbekleidete Mädchen mit kurzem Haar laufen mit bewegungsvoll ausgebreiteten Armen jeweils auf einen Altar zu, auf dem ein Feuer brennt; jeder der beiden Doppelhenkel ist nach oben hin zu einem solchen Altar ausgestaltet. Die malerische Gliederung in zweimal drei Mädchen mit je einem Altar scheint durch die freien Räume zwischen den Henkeln bedingt zu sein. Daher darf man hier ableiten: E i n e größere Mädchengruppe läuft in Richtung eines Altars.

3. Krateriskos mit niedrigem Fuß (aus dem Heiligtum der Iphigeneia)[183]: Auf jeder Seite des Gefäßes läuft ein unbekleidetes Mädchen mit kurzem, gebundenem(?) Haar und mit brennender Fackel in der rechten Hand wiederum auf einen Altar zu; die Henkel sind wie beim vorherigen Krateriskos nach oben zu als Altäre ausgestaltet.

4. Krateriskos, mehrfach, auch am Kelch fragmentiert (neben der Brücke gefunden), nach Lilly KAHIL jünger als die übrigen Fundstücke, in die Zeit nach Mitte des 5. Jahrhundert zu datieren.[184] Auf jeder Seite des Gefäßes läuft ein Mädchen mit kurzem, gebundenem(?) Haar und dynamisch ausgebreiteten Armen, das eine auf eine Palme zu, das andere in Richtung eines - unabhängig von einem der Doppelhenkel darstellten - Altars mit brennendem Feuer. Die Mädchen sind mit sehr kurzen Chitones[185] bekleidet. Am

[182] Ergon 1961, 36 Abb.41; BCH 86, 1962, 680 Abb.24; L. KAHIL, AntKunst 1. Beiheft 1963, 13f. Tf.6,1; dies., AntKunst 8, 1965, 21 Tf.7,3; E. SIMON, Festivals of Attica (1983) Tf.24,2; P.G. THEMELIS, Brauron (o.J.) Abb. bei S.50, rechts; Chr. SOURVINOU-INWOOD, Studies in Girls' Transitions (1988) Tf.6,3

[183] L. KAHIL, AntKunst 1.Beiheft, 1963, 13f. Tf.6,2; dies., AntKunst 8, 1965, 21 Tf.7,5; P.G. THEMELIS, Brauron (o.J.) Abb. bei S.50, links; Chr. SOURVINOU-INWOOD, Studies... (1988) Tf.6,5

[184] L. KAHIL, AntKunst 8, 1965, 21 Tf.7,2.4.6; Chr. SOURVINOU-INWOOD, Studies... (1988) Tf.6,2.4.6

[185] Über die verschiedenen Chitones der *arktoi* - siehe die im folgenden besprochenen Darstellungen - äußert sich ausführlich Chr. SOURVINOU-INWOOD; Studies... (1988) 119ff. („The krokotos and other notes on the bears' dress").

oberen Rand der Bildfelder sind Kränze dargestellt, als wenn sie irgendwo aufgehängt wären.

5. Eine einzelne Scherbe (aus dem Heiligtum der Iphigeneia)[186] zeigt nur noch ein laufendes Mädchen in kurzem Chiton mit gebundenem(?) Haar. Der rechte Arm ist in dynamischer Bewegung vorgestreckt. Das Mädchen bewegt sich auf eine randlich noch erkennbare Palme zu.

6. Auf einer weiteren Scherbe (aus dem Heiligtum der Iphigeneia)[187] ist ebenfalls nur noch ein, ziemlich jung erscheinendes, Mädchen erhalten. Es hat kurze Haare und trägt einen recht kurzen Chiton. In kindlich lebhafter Bewegung läuft es auf ein Ziel hin.

7. Fragment aus zwei Scherben (Fundstelle nicht angegeben)[188]: Ein Mädchen in gleicher Kleidung wie das vorige, auch in ebenso lebhafter Bewegung, läuft auf eine Palme zu. Der Kopf ist nicht mehr erhalten.

8. Eine Scherbe (aus dem NO des Heiligtums)[189]: Ein Mädchen, gekleidet mit einem von der Taille an gebauschten Chiton, der über die Knie reicht, ist in einer nach vorn gerichteten Bewegung begriffen, die an einen zierlichen Tanzschritt gemahnt. Das Mädchen trägt eine brennende Fackel in der Hand.

9. Fragment (Fundstelle nicht angegeben)[190]: Eine Mädchengruppe nähert sich in gemessen erscheinender Bewegung einem Altar mit Voluten wie bei einem jonischen Kapitell. Darauf brennt ein Feuer. Zwei Mädchen-Darstellungen sind vollständig erhalten, ein drittes Mädchen ist erkennbar. Die Mädchen haben halblanges, geknotetes Haar und sind mit kurzen Chitones bekleidet, dessen Ärmel bis in die Ellenbogen reichen. Alle Mädchen zeigen die gleiche Bewegungsform mit vorschreitendem rechten Bein und leicht erhobenen Armen.

10. Eine kleine Scherbe (deren Fundstelle wiederum nicht vermerkt ist)[191] zeigt bei einer Bruchkante noch einen gestreckten Arm, die Hand hält einen Kranz. Daneben ein Mädchen, von dem der Kopf und Teile des Oberkörpers mit dem rechten Arm erhalten sind. Der Arm ist gewinkelt, und es könnte sein, daß das Mädchen sein Gewand anhebt.

11. Fragment (ebenfalls ohne Fundstellenangabe)[192]: Zwei unbekleidete Mädchen - ihre Köpfe sind nicht mehr erhalten - bewegen sich in gleicher, schreitender oder tanzender

---

186 L. KAHIL, AntKunst 8, 1965, 21 Tf.8,1; Chr. SOURVINOU-INWOOD, Studies... (1988) Tf.3,1.
187 L. KAHIL, AntKunst 8, 1965, 21 Tf.8,2; Chr. SOURVINOU-INWOOD, Studies... (1988) Tf.3,2.
188 L. KAHIL, AntKunst 8, 1965, 21 Tf.8,3; Chr. SOURVINOU-INWOOD, Studies... (1988) Tf.3,3.
189 L. KAHIL, AntKunst 8, 1965, 21 Tf.8,4; Chr. SOURVINOU-INWOOD, Studies... (1988) Tf.3,4.
190 L. KAHIL, AntKunst 8, 1965, 21f. Tf.8,5; P.G. THEMELIS, Brauron (o.J.) Abb. bei S.52; Chr. SOURVINOU-INWOOD, Studies... (1988) Tf.3,5
191 L. KAHIL, AntKunst 8, 1965, 22 Tf.8,6; Chr. SOURVINOU-INWOOD, Studies... (1988) Tf.3,6
192 L. KAHIL, AntKunst 8, 1965, 22 Tf.8,7; Chr. SOURVINOU-INWOOD, Studies... (1988) Tf.3,7

Bewegung. Das Ziel der sich so Bewegenden (vielleicht eine Palme oder ein Altar) ist ebenfalls nicht mehr erhalten.

Es scheint, als ob die unbekleideten Mädchen auf den Darstellungen Nr. 2, 3 und 11 bereits älter sind. Ihre Körperproportionen deuten in diese Richtung, jedoch lassen die nicht sorgfältig ausgeführten Malereien keine endgültigen Schlüsse zu. Unter den bekleideten Mädchen sind solche mit deutlich erkennbaren kindlichen Proportionen. Das Problem der Altersbestimmung bei den *arktoi* wird w.u. im Zusammenhang mit neuen Krateriskos-Funden nochmals aufgenommen.

Ein weiteres Fundstück aus dem reichen Brauroner Keramik-Bestand fordert noch besondere Beachtung, weil es nämlich auf die Verwendung der zur Rede stehenden Krateriskoi ein deutliches Licht wirft.[193] Es ist selbst ein Krater, und zwar einer des rotfigurigen Stils, was ihn gegenüber den bisher genannten Vasen als jünger ausweist. Erhalten ist ein Fragment vom oberen Rande. Darauf sind noch die Füße einer vor einem Altar sitzenden Person erkennbar. Vor dem Altar liegt ein halb umgestürzter Krateriskos der bewußten Art, der wiederum mit sich bewegenden Personen verziert ist. Für die Darstellung bietet sich eine Erklärung an: Der Krateriskos enthielt das Opfer, das auf dem Altar dargebracht wurde. Die naheliegende weitere Vermutung geht dahin, daß solche Opfer, deren Einzelheiten noch nicht geklärt sind, anläßlich des Festes stattfanden, von dem Wesentliches auf den benutzen Krateriskoi dargestellt ist, nämlich rituelle Läufe und Tänze der *arktoi*. Denn daß es sich bei den Krateriskoi mit Mädchendarstellungen um spezifisch brauronische Informationen handelt - Parallelen aus anderen Heiligtümern finden w.u. noch Erwähnung -, diese Erkenntnisse sind nach dem Dargestellten nicht mehr in Frage zu stellen.

In Anlehnung an Lilly KAHIL lassen sich die Darstellungen auf den Krateriskoi wie folgt zusammenfassen[194]: Zunächst stellen wir laufende Mädchen fest. Sie sind entweder unbekleidet oder tragen einen kurzen Chiton. Sie laufen um einen Altar oder darauf zu. Auf dem Altar brennt ein Feuer. Bei ihrem Lauf halten die Mädchen öfter eine Fackel oder einen Kranz in der Hand. Auf dem Gelände kommt mehrmals auch eine Palme vor. Sodann gibt es Mädchen, die, auch unbekleidet oder mit dem kurzen Chiton bekleidet, gemessen tänzerische Bewegungen ausführen. Auch bei ihnen ist der Altar mit brennendem Feuer Bezugspunkt. Wiederum erscheint die Palme im Bilde.

Aus diesen Feststellungen ergeben sich Fragmente des rituellen Zusammenhanges. Die auf den Bildern vorkommenden ikonographischen Bestandteile führen an einigen Punkten auch zu inhaltlichen Klärungen, wobei aber prinzipiell die Möglichkeit von Fehldeu-

---

[193] L. KAHIL, AntKunst 1.Beiheft 1963, 25 Tf.14,3; dies., AntKunst 8, 1965, 24 Tf.8,8 (ohne die Person am Altar); Chr. SOURVINOU-INWOOD, Studies... (1988) Tf.3,8 (ebenfalls ohne die Person am Altar)

[194] L. KAHIL, AntKunst 20, 1977, 86

tungen eingeräumt werden muß, da Bildquellen für nachgehende Betrachter späterer Zeit nicht immer eindeutig sind.

Der Altar mit brennendem Feuer zeigt an, daß die Kulthandlung zu Ehren der Göttin Artemis vor ihrem Tempel stattfindet (siehe den Plan S. 145). Wir gehen nicht fehl, hierin einen wesentlichen Bestandteil des Ritus auf dem brauronischen Fest zu erkennen. Die Palme ist eng mit Artemis, genauer: mit der apollinischen Trias Leto-Apollon-Artemis, verknüpft.[195] Auf der Insel Delos gebar Leto die Zwillingsgeschwister Apollon und Artemis, indem sie sich gegen den Stamm einer Palme stützte. Man kann die Palme dort noch immer sehen. Auf einem brauronischen Votiv-Relief aus dem 4. Jahrhundert mit Leto, Apollon und Artemis trägt Leto einen Palmzweig in der Hand (S. 187). Auch die Fackel ist ein Kennzeichen von Artemis. Das genannte Votiv-Relief zeigt Artemis mit der Fackel in der Hand am Altar. Die kurzen Chitones, welche einige der Mädchen tragen, werden im Einklang mit den schriftlichen Quellen krokos-(safran-)farben gewesen sein. Die Kränze, welche die laufenden Mädchen in der Hand halten, sind nicht direkt erklärbar. Die erste Vermutung geht dahin, daß die Mädchen im Verlauf des Festes damit bekränzt werden, aber zunächst müssen die Kränze am Ziel des Laufes, wohl auf dem Altar, abgelegt werden (s.w.u.).

Besondere Beachtung verdient zweifellos die Nacktheit einiger, vermutlich älterer Mädchen. In griechischen Kulten ist die Nacktheit von Frauen und Mädchen sehr selten, im Gegensatz zur Nacktheit der Männer.[196] Artemis ist nie völlig unbekleidet. Aber auf den Altären weiblicher Gottheiten ihres ursprünglichen Kreises wurden blutige Opfer dargebracht, und Iphigeneia ließ gemäß einer Lesart der bewußten Aischylos-Stelle vor ihrer Opferung auf dem Altar der Göttin ihr Gewand fallen und präsentierte sich in Nacktheit (S. 160/61). In diesem Mythos könnte der Schlüssel zum Verständnis des zunächst eigenartig erscheinenden Ritus liegen, daß *arktoi* auf dem brauronischen Fest in Nacktheit Läufe und Tänze ausführten. Im folgenden ergeben sich hierzu weitere Gesichtspunkte.

Die rituellen Tänze waren selbstverständlich musikalisch getragen. Genaueres darüber ist aber nicht bekannt. Archäologische Quellen aus Brauron, welche die Musik betreffen, sind nach den bisherigen Veröffentlichungen gering an der Zahl. Herausragend ist eine in Teilen erhaltene Aulos aus Knochen, welche in der heiligen Quelle gefunden wurde und in das Ende des 6. oder den Anfang des 5. Jahrhunderts datiert.[197] Das Fundstück war, wie der Bearbeiter auf Grund der Tonlöcher erweist, Teil einer Doppelaulos und ist

---

[195] Zur Palme im Artemis-Kult: L. KAHIL, AntKunst 8, 1965, 27; dies., AntKunst 20, 1977, 87; jeweils mit Quellen und Literatur

[196] Quellen zur Nacktheit von Frauen in verschiedenen Kulten: L. KAHIL, AntKunst 8, 1965, 30 mit Anm.80; dies., AntKunst 20, 1977, 94 mit Anm.38 (betr.Amphidromia)

[197] J.G. LANDELS, ABSA 58, 1963, 116ff.

eines der frühesten bekannten Exemplare seiner Art. Die Aulos-Musik galt bei den Griechen im Gegensatz zu den edlen Klängen der Kithara als übermütig und vitalisierend und war sehr geeignet, Emotionen zu entfachen. - Des weiteren gibt es zwei Vasenmalereien. Das Fragment einer schwarzfigurigen Pyxis aus dem Heiligtum der Iphigeneia zeigt Frauen, die zur Musik einer von einem Manne gespielten Doppelaulos tanzen[198], und auf dem Fragment einer rotfigurigen Pyxis (deren Fundstelle nicht vermerkt ist) sind tanzende Frauen mit Fackel in der Hand dargestellt, denen eine Frau auf einer Aulos aufspielt[199]. Diese beiden Darstellungen können jedoch ebensowenig wie die Aulos aus der heiligen Quelle als spezielle Belege für die brauronische Festmusik in Anspruch genommen werden. Die Griechen musizierten und tanzten zu den mannigfaltigsten Gelegenheiten. Es verbleibt bei der Vermutung, daß die *arktoi* zur Aulos-Musik tanzten und daß sich die Rhapsoden auf dem Fest der Kithara bedienten.

Zu einem gewissen Zeitpunkt des Festes, am Anfang vielleicht oder auch zum Ende, werden die erwachsenen Teilnehmer unter Zuhilfenahme der Krateriskoi ihr Opfer auf dem Altar der Göttin dargebracht haben.

Im Verlauf ihrer Forschungen zum Artemis-Kult ist Lilly KAHIL auf einen weiteren, sehr bedeutsamen Quellenkomplex aufmerksam geworden.[200] Es handelt sich um drei fragmentierte Vasenmalereien. Zwei der betreffenden Vasen sind Krateriskoi in der Form der brauronischen Krateriskoi, aber größer als diese; bei der dritten Vase könnte es sich um eine ebensolche Form handeln. Der Fundort ist leider nicht mehr bekannt.[201] Der verwendete Ton und die Technik dieser rotfigurigen Keramiken wie auch die Qualität der Malereien machen ihre Athener Herkunft wahrscheinlich. (Bei den brauronischen Krateriskoi hingegen besteht die Vermutung direkter Brauroner Herkunft.) Nach Lilly KAHIL datieren die Funde in das Ende des 5. oder den Anfang des 4. Jahrhunderts. Sie sind also mehrere Jahrzehnte jünger als die brauronischen Krateriskoi.

Die Malereien behandeln ebenso wie die Darstellungen auf den brauronischen Krateriskoi den Dienst der *arktoi* und den Artemis-Kult. Die Vermutung liegt nahe, daß ebenfalls brauronische Szenen dargestellt sind. Aber auch wenn der Vasenmaler seine Bildgedanken aus einem anderen attischen Artemis-Heiligtum empfangen haben sollte, bleibt die Bedeutung dieser Quellen ungeschmälert, zumal sie eine Kontinuität des Bärinnen-Dienstes bis in den Anfang des 4. Jahrhunderts nahelegen, d.h. bis in die Zeit, als in Brauron die Stoa gebaut wurde. (Auch für die Folgezeit ist die Kontinuität eigentlich nicht in Frage zu stellen.)

---

[198] L. KAHIL, AntKunst 1.Beiheft, 1963, 6f. Tf.1,4

[199] L.KAHIL, AntKunst 1.Beiheft, 1963, 24 Tf.13,6

[200] Publiziert in dem bereits mehrfach zitierten Beitrag in AntKunst 20, 1977, 86ff.

[201] Verfasserin teilt mit (a.O. S.86): „Es handelt sich um Fragmente aus der ehemaligen Sammlung Lifschitz, sie befinden sich heute in einer privaten Sammlung in Basel.“

Von den drei Darstellungen beinhalten zwei die rituellen Läufe. Es sind jeweils zusammenhängende Szenen dargestellt. Dankenswerterweise dürfen die diesbezüglichen Nachzeichnungen, wie sie Lilly KAHIL vorgelegt hat, hier erneut veröffentlicht werden.[202] Die dritte Darstellung hat u.a. die apollinische Trias zum Inhalt. Die Szenen werden in der Reihenfolge beschrieben, wie sie in den von Lilly KAHIL vorgelegten Nachzeichnungen erscheinen.

Erster Krateriskos (Abb. 21, Fig. A): Neben einer über einem Doppelhenkel dargestellten Palme an der linken Bildseite beginnt die Szene mit einer liebenswürdigen „Momentaufnahme". Eine mit Chiton und Himation bekleidete Frau mit hochgebundenem Haar wendet sich zu einem Mädchen, das mit einem kniekurzen Chiton bekleidet ist und dessen Haar bis zu Schulter fällt. Das Mädchen ist seinerseits der Frau zugewandt, während diese mit einer Hand damit befaßt ist, dem Gewande des Mädchens einen guten Sitz zu geben. Mit knappen Linien hat der Maler zum Ausdruck gebracht, wie die beiden Personen einander freundlich zugetan sind, die Frau als Helfende, das Mädchen in vertrauensvollem Annehmen der Hilfe. Hinter der Frau läuft ein Mädchen, das wie das erste gekleidet ist, mit vorgestreckten Arm auf ein Ziel hin, welches vermutlich einen Altar darstellt. Denn an der fragmentierten Stelle ist in niedriger Höhe noch eine Volute wie bei einem jonischen Kapitell erkennbar. Dahinter erblicken wir eine Frau in gleicher Gewandung und Haartracht wie die erste. Sie hält in jeder Hand einen Lorbeerzweig. Es scheint so, als ob sie mit den Zweigen Zeichen für die laufenden Mädchen gibt, die den weiteren Teil der Szene ausfüllen. Direkt bei dieser Frau, vermutlich hinter dem vermuteten Altar, aber wegen der Fragmentierung nicht genau erkennbar, läuft wiederum ein Mädchen, von dem noch ein vorgestreckter Arm und das zurückgewandte Gesicht zu sehen ist. Es scheint auch das gleiche Gewand wie alle übrigen zu tragen; die Frisur ist ebenfalls die gleiche. In der Gruppe beim Altar sehen wir eine weitere Frau, sie hält in den Händen aufliegende Körbe hoch. Ihr Kopf ist nicht mehr erhalten. Vor ihr das nächste Mädchen, es ist in vollem Lauf begriffen. Sein linker Arm ist - noch schwach erkennbar - nach vorn gestreckt. Damit schließt die erste Bildhälfte. Sie reicht bis an den anderen Doppelhenkel, über welchem sich wie bei dem gegenüber befindlichen Henkel eine Palme ausbreitet. Diese gesamte Hälfte hat zwei Schwerpunkte: zunächst die hilfreiche Frau mit dem Mädchen und sodann die beiden beim Altar mit Lorbeerzweigen bzw Körben agierenden Frauen, davor oder dabei laufende Mädchen. Die zweite Bildhälfte sodann wird von vier laufenden Mädchen ausgefüllt. Ihre kindlich-dynamischen Bewegungsformen sind mit knappen Strichen treffend ins Bild gesetzt.

---

[202] Betr. Krateriskoi A und B: Photographische Abbildungen außer bei L. KAHIL a.O. (Anm.200): E. SIMON, Festivals of Attica (1983) 84 Abb.10 a.b (Krat.A, Vorhandenes nicht vollst.); H. RÜHFEL, Kinderleben im klassischen Athen (1984) 104 Abb.58 (Krat.A, Vorhandenes nicht vollst.); Chr. SOURVINOU-INWOOD, Studies in Girls' Transitions (1988) Tf.1 (Krat.A); Tf.2 (Krat.B); E. SPECHT, Schön zu sein und gut zu sein (1989) 113 Abb.13 (Krat.A); 114 Abb.14 (Krat.B)

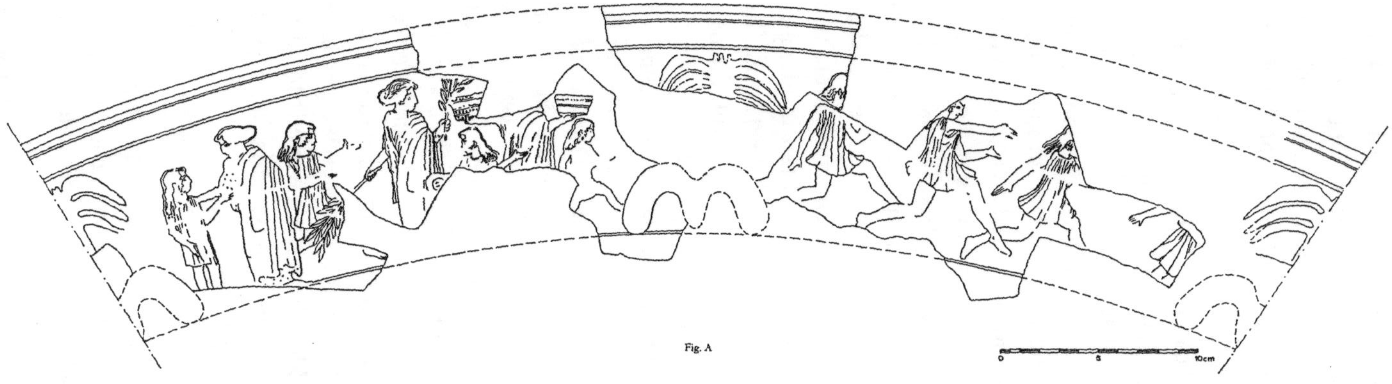

Fig. A

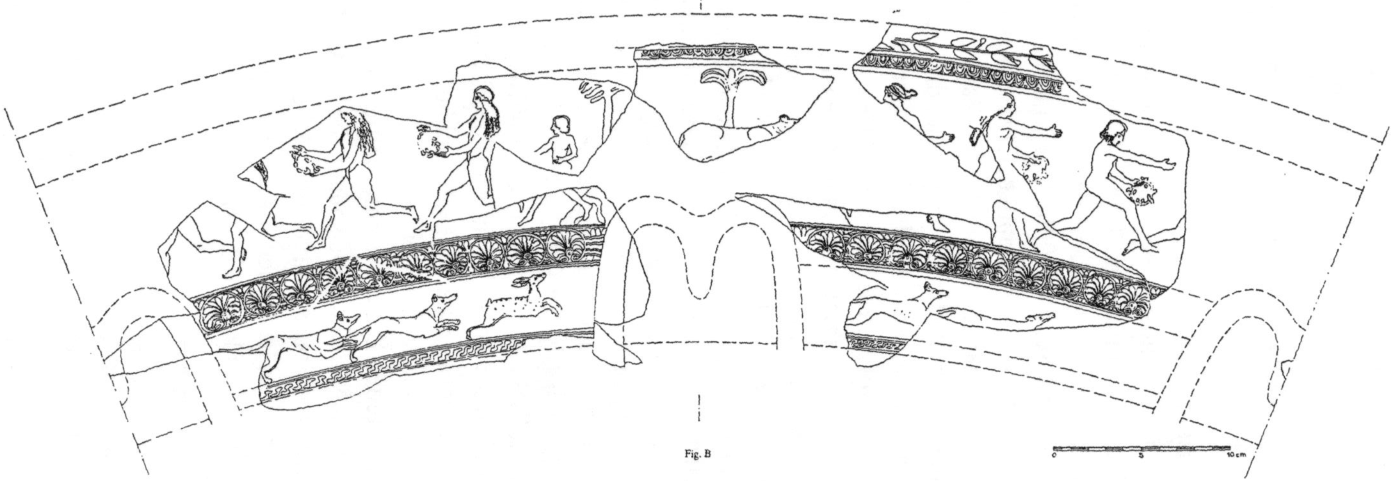

Fig. B

Abb. 21. Darstellung von *arktoi* auf attischen Krateren
Nachzeichnungen. Lilly KAHIL, L'Artemis de Brauron: rites et mystère, in: Antike Kunst 20, 1977, Faltblatt nach S. 86 (daselbst auch photographische Aufnahmen der Fragmente). Mit freundl. Genehmigung des Herausgebers.

Auf dem Bilde sind insgesamt drei Frauen und acht Mädchen in aufeinander bezogenem Agieren dargestellt, die Frauen in betreuender und rituell leitender Funktion, die Mädchen als Läuferinnen. Wenn Hilde RÜHFEL für die hilfreiche Frau den Begriff „Festordnerin" verwendet[203], wird der Sachverhalt möglicherweise verkürzt. Vielleicht ist eine der Frauen sogar leitende Artemis-Priesterin. Zumindest aber darf man in den Frauen Kultdienerinnen in der Rolle ständiger Betreuerinnen bzw. Lehrerinnen vermuten. - Was das Alter der Mädchen anbetrifft, so ist zunächst auf ihre deutlich erkennbaren kindlichen Körperproportionen hinzuweisen. Aus den schriftlichen Quellen ergibt sich wie gezeigt für die in das Heiligtum von Brauron neu eintretenden *arktoi* ein Alter von etwa zehn Jahren. - Palme und Altar im Zusammenhang mit den rituellen Läufern der *arktoi* sind uns bereits von den älteren schwarzfigurigen Krateriskoi aus Brauron bekannt. - Daß es nun auch diesen deutlichen Beleg über die Frauen in einem Artemis-Heiligtum und über ihren Umgang mit den *arktoi* gibt, ist ein Glücksfall für die Forschung.

Zweiter Krateriskos (Abb. 21, Fig. B): Hierauf sind zwei umlaufende Bilder dargestellt, die durch ein Band mit vegetativem Muster (Palmetten und Lotosblumen) getrennt sind. Auch am oberen Rand des oberen Bildes und am unteren Rand des unteren Bildes befindet sich ein umlaufendes Ornament; das obere ist geteilt in ein Band mit Lorbeerzweigen und ein Eierstabornament, das untere hat eine Mäanderlinie. Die Anordnung der einzelnen Fragmente ist gesichert bis auf eine Scherbe mit Bär (Bärin) und Palme, die keine Anschlußstelle mehr hat. Für dieses Teil hat Lilly KAHIL jedoch einen Platz über einem Doppelhenkel wahrscheinlich gemacht, wie die Nachzeichnung zeigt. Das obere Bild ist doppelt so hoch wie das untere. Die Beschreibung erfolgt der Darstellung entsprechend von dem Bären/der Bärin aus nach beiden Seiten bis zum gegenüberliegenden Doppelhenkel hin, der noch gesichert ist. Der über diesem Doppelhenkel liegende Teil der Darstellung ist nicht erhalten. Dort darf ein Altar angenommen werden.

Der Bär/die Bärin steht allem Anschein nach auf einem Hügel oder Fels; entsprechende, ansatzweise erhaltene Linien auf den Scherben beiderseits des Doppelhenkels deuten darauf hin. Hinter dem Tier steht die Palme. Eine weitere Palme befindet sich im Bilde links daneben. Von der Erhöhung mit dem Tier aus läuft auf jeder Seite eine Mädchengruppe nach außen fort. Auf der linken Bildseite sind es fünf, auf der rechten vier Mädchen. Ihr Ziel ist - sofern die Rekonstruktion der Fragmente stimmt - nach der einen wie nach der anderen Seite der angenommene Altar. Das Vorhandensein von zwei Mädchengruppen ist sicher kompositorisch zu erklären, durch die Teilung der Bildfläche in zwei Teile. Jedenfalls haben alle Mädchen denselben Ausgangspunkt und dasselbe Ziel für ihren rituellen Lauf.

Alle Mädchen sind unbekleidet. Die linken Mädchen mit Ausnahme des letzten halten, so weit noch erkennbar, mit beiden im Lauf vorgestreckten Händen einen Kranz; die

---

[203] H. RÜHFEL, Kinderleben im klassischen Athen (1984) 102

rechten halten, so weit noch erkennbar, mit der linken vorgestreckten Hand den Kranz, wobei aber auch der rechte Arm nach vorn gerichtet ist. Die Frisuren sind interessanterweise unterschiedlich: kurz, lang, lang mit Haarband, hochgebunden. In der dem Vasenmaler ansichtigen Wirklichkeit gab es keine Uniformität der *arktoi* hinsichtlich ihrer Haartracht.

Im Gegensatz zu den Mädchen auf dem Krateriskos Fig. A zeichnen sich diese Mädchen nicht nur durch ihre Nacktheit aus, sondern ebenso durch ihr fortgeschrittenes Alter. Sie haben nämlich bereits die Körperproportionen von Jungfrauen oder zumindest von Mädchen im beginnenden Reifealter mit knospenden Brüsten. Eine Ausnahme ist das auf der linken Bildseite erkennbare fünfte Mädchen am Schluß der Gruppe, welches keinen Kranz zu tragen scheint. Es entspricht den kindlichen Mädchen auf Krateriskos Fig. A. Welche Rolle diesem Mädchen im Kreise der älteren zukommt, bleibt unklar.

Das untere Bild zeigt auf der linken Seite zwei Hunde, die ein Hirschkalb verfolgen. Der rechte Teil der Darstellung könnte gleichartig gewesen sein; es sind noch zwei jagende Hunde erhalten. Ob der Hundejagd eine weitergehende ikonographische Bedeutung zukommt, ist fraglich. Vermutlich handelt es sich um eine schmückende Ausgestaltung auf dem Hintergrund der allgemeinen Vorstellung von Artemis als der Herrin der Tiere.

Die besondere Bedeutung der Hauptbildes liegt darin, daß es den Bären/die Bärin in rituellem Zusammenhang mit den *arktoi* zeigt. Zur Erklärung muß man notwendigerweise zunächst beide Bärenversionen der brauronischen Ätiologie in Betracht ziehen und im übrigen beachten, daß beide Krateriskoi zwar den Dienst der *arktoi* zeigen, aber nicht mit letzter Sicherheit über den brauronischen Ritus berichten. In jedem Falle erfahren wir Wesentliches über einen attischen Artemis-Kult. Gemäß der ersten, brauronischen Version ist der Dienst der *arktoi* Sühne-Opfer für die einstmalige Tötung eines heiligen Bären im Artemis-Heiligtum von Brauron (S. 193/94). Nach der anderen Version ist, wie bereits ausführlich besprochen, eine Bärin das Ersatz-Opfer für Iphigeneia. Beide Versionen wurden noch in historischer Zeit in Attika tradiert. Sollte dem Bild die erste Version zugrundeliegen, sollte mithin auf den Brauronien das Sühne-Opfer gefeiert worden sein, wäre auch die umgekehrte Anordnung der Krateriskos-Fragemente denkbar, demzufolge die Mädchen nämlich auf den heiligen Bären zulaufen. In diesem Falle aber ist die Nacktheit der Mädchen schwerer zu verstehen. Wurde hingegen in Brauron die Errettung der Iphigeneia gefeiert - auch mancherlei sonstige Hinweise deuten bekanntlich darauf hin -, so erscheint die Nacktheit plausibel. Die Mädchen haben ihr krokos-(safran–) farbenes Gewand fallen gelassen wie Iphigeneia im Moment der Opferung und laufen in Freiheit von der substituierten Bärin fort, auf den Altar des Heiligtums zu, der nunmehr Stätte des Dankes ist. Damit könnte sich zugleich eine Erklärung für die Kränze ergeben. Sie werden als Dankopfer für die Göttin auf deren Altar dargebracht. Verbleiben wir auf dieser Linie der Deutung, so könnte auch der rituelle Lauf der jüngeren Mädchen, die ihr Gewand noch tragen, erklärt werden: Als „Novizinnen" laufen sie vertrauensvoll auf die Göttin zu. Letztlich ist festzuhalten, daß die beiden Krateriskoi wiederum nur ein ausschnitthaftes Geschehen wiedergeben. Denn auf den älteren Krateriskoi ist ja zu sehen, daß die *arktoi,* ob in Gewändern oder nackt, nicht nur laufen, sondern auch tanzen.

Die Tatsache, daß im rituellen Ablauf ein Bär oder eine Bärin vorkommt, läßt die Vermutung zu, daß es im Artemis-Heiligtum während aller Zeit, da der Kult ausgeübt wurde, auch ein Bärengehege gegeben haben muß.

Die beiden Krateriskos-Darstellungen Fig. A und B geben Anlaß, die Frage nach dem Alter der *arktoi* erneut aufzugreifen und den gewonnenen Erkenntnisstand zusammenzufassen (siehe obige Erörterungen im Anschluß an Aristoph. Lys. 641-45 mit Scholion sowie die von SOURVINOU-INWOOD und STINTON [S. 198; 213 f.] vorgetragenen Ergebnisse/Thesen). Von erheblicher Bedeutung ist zweifellos, daß die bekleidet agierenden Mädchen auf Krateriskos Fig. A jünger sind und ausgeprägt kindlich erscheinen gegenüber den unbekleideten Mädchen auf Krateriskos B. Erinnern wir uns, daß die *arktoi* gemäß Aristophanes zehn Jahre (und evtl. älter) waren, hingegen im zugehörigen Scholion (siehe S. 195) davon die Rede ist, daß die *ausgewählten Jungfrauen nicht älter als zehn Jahre und nicht jünger als fünf Jahre* waren. Diese widersprüchlich erscheinenden Testimonien zusammen mit den Krateriskos-Funden insgesamt sind der Anlaß gewesen für eine neuerliche monographische Erörterung des Problemkreises durch Christiane SOURVINOU-INWOOD.[204] Wir beschränken uns auf Hinweise zu den wichtigsten Ergebnissen dieser ausführlichen und facettenreichen Untersuchung. Die unbekleideten Mädchen sind auf den Krateriskoi als dem angehenden Jungfrauenalter zugehörig dargestellt; für sie dürfte ein biologisches Alter von zehn Jahren oder vielleicht richtiger, ab zehn Jahren zutreffen, denn für die damalige Zeit kann, wie schon ausgeführt, die Menarche etwa ab diesem Alter angesetzt werden.[205] Die bekleideten Mädchen hingegen würden

---

[204] Chr. SOURVINOU-INWOOD in der bereits mehrfach herangezogenen Arbeit über „Studies in Girls' Transitions" (1988) 15ff. - Die Erörterung über das Alter der *arktoi* hat L. KAHIL, AntKunst 8, 1965, 25 eingeleitet im Anschluß an Aristoph.Lys.645 mit Schol. und Suda Lex.I ἄρκτος. Siehe ebenfalls T.C.W. STINTON, ClassQuart 26, 1976, 11ff.

[205] Dennoch bleiben Unsicherheiten bestehen. D.W. AMUNDSEN und C.J. DIERS, Human Biology 41, 1969, 125ff. haben für das klassische Griechenland auf Grund juristischer und medizinischer Quellen (Aristoteles und Hippokrates) die Menarche im Alter von 13 bis 14 Jahren angesetzt. - Paula PERLMAN, Greek, Roman and Byzantine Studies 24, 1983, 115ff. vermutet für die *arktoi* ein Alter zwischen 10 und 14 Jahren, wobei sie auf Platon *nomoi* VIII 833 c - 834 d Bezug nimmt, worin körperliche Wettkämpfe auch für Mädchen vor der Ehe - verständlicherweise in Nacktheit - vorgeschlagen werden; Reigentänze gehören ebenfalls dazu. Ein bis an 14 Jahre heranreichendes Alter der *arktoi* würde auch mit dem von Platon vorgesehenen - späten - Heiratsalter von 16 bis 20 Jahren zusammenpassen. Andererseits ist es fraglich, ob Platon bei seinen Vorschlägen die ihm sicher wohlbekannten Arkteia in Brauron und Mounichia im Sinn hatte. Denn die Arkteia sind kaum in erster Linie sportliche Wettkämpfe gewesen, wie Paula PERLMAN voraussetzt. Im übrigen: Platons „Gesetze" sind das eine, die tatsächlich gültig gewesenen Altersregelungen für die *arktoi* bei den rituellen Handlungen sind ein anderes.

innerhalb der im Scholion angegebenen Alterspanne eindeutig den früheren Jahren zuzuordnen sein. Sie repräsentieren demzufolge eine eigene Gruppe (man könnte sagen: Jahrgangsklasse) von *arktoi*, die bei Aristophanes selbst unberücksichtigt geblieben ist. Diese Altersgruppe entspricht ganz offensichtlich derjenigen der Arrhephoren auf der Akropolis in Athen. Christiane SOURVINOU-INWOOD, die in ihrer Studie außer den Krateriskos-Fragmenten Fig. A und B auch alle brauronischen Fragmente sowie diejenigen aus weiteren Artemis-Heiligtümern abbildet, betont ausdrücklich den ikonographischen Charakter der Bild-Inhalte. Denn die Vasenmaler hatten außer dem „biologischen Alter“ der Mädchen auch deren „soziales Alter“ und ihre Lebensstufen im Sinn. Die jüngere und die ältere Mädchengruppe sind klar voneinander unterschieden, und die Zeitgenossen, welche die Bilder betrachteten - mehr beiläufig, bei der Benutzung der Gefäße - werden damit jeweils bestimmte Kenntnisse und Vorstellungen über den Bärinnen-Dienst verbunden haben, eben das, was wir heute mühsam zu rekonstruieren versuchen. Folgende, teilweise gegeneinander stehende Möglichkeiten über altersmäßige Organisation und inhaltliche Akzente des Bärinnen-Dienstes kommen in Betracht:

- Im Artemisheiligtum standen verschiedene Altersgruppen von *arktoi* in Diensten.
- Die verschiedenen Altersgruppen können entweder gemeinsam oder zu verschiedenen Zeiten im Heiligtum geweilt haben.
- Die verschiedenen Gruppen wurden ihrem Alter entsprechend unterschiedlich betreut und unterwiesen, und sie hatten unterschiedliche rituelle Aufgaben.
- Die Gruppe der jüngeren Mädchen erhielt im Artemis-Heiligtum vielleicht eine analoge Förderung wie die Arrhephoren im Athena- bzw. Aphrodite-Heiligtum.
- Athenische Bürgertöchter könnten vielleicht sogar zweimal während ihrer Kinder-/Jungfrauen-Zeit im Artemis-Heiligtum geweilt haben.
- Die rituellen Tänze und Läufe der älteren Mädchen - auf sie bezieht sich die Aristophanes-Stelle - in ihrer zweifellos erheblichen kultischen Bedeutung fanden vielleicht nur anläßlich der penteterischen Brauronien statt. Dann würde allerdings die Zahl derer, die im Heiligtum Dienst tun konnten, erheblich niedriger gewesen sein, als bislang angenommen, wie andererseits nichts direkt dagegen spricht, daß jedes Jahr ältere Mädchen unbekleidet rituelle Tänze und Läufe ausführten.

Alle diese Unsicherheiten mindern nicht den inzwischen erheblichen Kenntnisstand über die *arktoi*, ob in Brauron oder in anderen Artemis-Heiligtümern, auch wenn die in Testimonien und Bildern überkommenen Mitteilungen nur schwer zu einer allseits geschlossenen Darstellung verknüpft werden können.

Die dritte, von Lilly KAHIL neuerlich vorgelegte Krateriskosdarstellung[206] (hier nicht mehr abgebildet) - sie ist etwas jünger als die zuvor besprochenen - beinhaltet ein Ge-

---

[206] L. KAHIL, AntKunst 20, 1977, 92-94 Tf.20 und Umzeichnung Fig.C. - Ausschnitte bei E. SIMON, Festivals of Attica (1983) Tf.25

schehen, dessen Zusammenhang mit dem brauronischen Fest nicht sicher ist, jedoch die Artemis-Überlieferung betrifft. Auf dem umlaufenden Bild ist zunächst die Trias Leto-Artemis-Apollon dargestellt. Artemis trägt einen kurzen, reichverzierten Chiton und Stiefel wie die thraktische Bendis; sie hat den Bogen gespannt und richtet den Pfeil auf ein Ziel im weiteren Bildteil. Dort sind zwei springende Hirschkühe wie auch zwei Gestalten mit Bärenkopfmaske, nämlich ein niedrig angeordneter, nackter Mann und eine mit Chiton und Himation bekleidete Frau. Lilly KAHIL deutet die Szene als Teil des brauronischen Rituals, in Anlehnung an die Stelle bei Hesychios, *arktos*, wonach die Bärin *gleichzeitig Tier und Priesterin der Artemis* ist. In diesem Falle könnte die Göttin mit der Hirschjagd befaßt sein. Erika SIMON hingegen versteht das Bild als Darstellung der Kallisto-Sage.[207] Danach handelt es sich bei der Bärenfrau um die zum Gefolge der Artemis gehörige Nymphe Kallisto, die wegen ihrer Verbindung mit Zeus von der Herrin ausgestoßen und in eine Bärin verwandelt wurde. Ihr Sohn Arkos, eben der dargestellte männliche Bär, wurde zum Stammvater der Arkader. Folglich wäre die Bärenfrau das Ziel von Artemis' Pfeil, denn der männliche Bär mußte weiterleben.

Sofern die erste Vermutung richtig ist, hätten wir ein weiteres Steinchen im Mosaik des brauronischen Festes und in der Erlebniswelt der *arktoi* gewonnen. Sollte hingegen die Kallisto-Vermutung stimmen, so wäre damit eine neue Facette in der komplexen, an Bär und Bärin orientierten Artemis-Überlieferung in klassischer Zeit erhellt.

f) Bärinnen-Dienst im weiteren Artemis-Heiligtümern

Zu den brauronischen und für Brauron in Anspruch genommenen Krateriskoi gibt es Vergleichsfunde aus den weiteren attischen Artemis-Heiligtümern. Ihr Vorhandensein erlaubt verallgemeinernde Schlußfolgerungen im Hinblick auf die durch den Artemis-Kult bestimmte Mädchenbildung im athenischen Staatswesen insgesamt.
In Halai Araphenides, dem bedeutenden Nachbar-Heiligtum von Brauron, sind in den siebziger Jahren Krateriskoi-Fragmente in großer Zahl entdeckt worden.[208] Die darauf befindlichen Darstellungen sind, den ersten Mitteilungen zufolge, den brauronischen ähnlich. Der Bericht darüber wird interessante Aufschlüsse ergeben.

Aus dem Heiligtum der Artemis Mounichia in Piräus stammt u.a. ein Krateriskos der bewußten Form.[209] Auf jeder Seite ist zwischen den Doppelhenkeln ein Altar mit lodernder Flamme dargestellt, dahinter befindet sich eine Palme. Zu beiden Seiten der Palme ist je ein Kranz aufgehängt. Es sind also gleiche ikonographische Bestandteile wie auf den brauronischen Krateriskoi, wenn auch die Darstellung keine Personen enthält. Ein

---

[207] SIMON a.O. 87f.
[208] Ausgrabungen durch P.THEMELIS 1975-76
[209] L. KAHIL, AntKunst 8, 1965, 23f. Tf.9,12-14

weiteres Fragment aus Mounichia[210] zeigt unbekleidet laufende Mädchen, jedes mit einem Kranz in der Hand. Eine Mädchendarstellung ist vollständig, von der anderen ist noch ein Bein und ein Unterarm erkennbar.

In dem nach den Perserkriegen begründeten Heiligtum der Artemis Aristoboule in Athen dienten sicher auch *arktoi*. Denn von dort, namentlich aus dem Bereich um den Altar vor dem Tempel, kamen ebenfalls Krateriskos-Fragmente zutage.[211] Auf einem Fragment ist eine bekleidete weibliche Person in Bewegung zu sehen, die in der linken Hand einen Kranz trägt. Ein weiteres Fragment zeigt noch den Oberkörper einer bekleideten weiblichen Person mit Fackel in der linken Hand. Auf einem dritten Fragment scheint ein ausgestreckter Arm vorhanden zu sein. Die Darstellungen sind allerdings zu flüchtig angefertigt, als daß Feststellungen über Körperproportionen und Alter der dargestellten Personen getroffen werden können.

Von der Agora in Athen, vermutlich von dortigen Artemis-Kulten, konnte Lilly KAHIL drei bemerkenswerte Krateriskos-Fragmente vorlegen.[212] Ein Fragment zeigt ein mit einem kurzen Chiton bekleidetes Mädchen im Kindesalter, das sich im Lauf befindet. Arme, Schulterpartie und Kopf sind nicht mehr erhalten. Auf dem zweiten Fragment ist die Längshälfte einer weiblichen Person erhalten, die mit einem über die Knie reichenden Chiton bekleidet ist. Die ausgestreckte Hand hält wiederum einen Kranz. Auf dem dritten Fragment befinden sich noch zwei mit halblangen Chitones bekleidete Mädchen, die sich händehaltend im Tanz- oder Laufschritt fortbewegen und dabei zurückblicken. Ihr Blick könnte auf eine springende Hirschkuh gerichtet sein, von der die Vorderläufe erhalten sind.

Schließlich gibt es Krateriskos-Fragmente von der Akropolis in Athen, deren Fundstelle allerdings nicht mehr genau bekannt ist. So kann ihr Zusammenhang mit dem dortigen Brauronion allenfalls vermutet werden.[213] Auf zwei Fragmenten sind Frauen zu sehen, die auf der Aulos spielen; jeweils erkennbar ist dann noch eine tanzende Frau. Eine dieser Darstellungen enthält außerdem eine springende Hirschkuh. Bemerkenswert sind auf einem weiteren Fragment zwei Frauen in symmetrischer Anordnung um einen Altar in der Art einer Säule mit jonischem Kapitell und brennendem Feuer. Die Frauen gießen, wie auf einer besser erhaltenen Seite der Darstellung noch zu sehen ist, unterhalb des Altars eine Flüssigkeit aus Oinochoen. Außerdem ist ein Opferkorb dargestellt. Ein

---

[210] L. PALAIOKRASSA, Τὸ ἱερὸ τῆς ᾿Αρτέμιδος Μουνιχίας (1983) 207f. Tf. 52α; Chr. SOURVINOU-INWOOD, Studies in Girls' Transtitions (1988) 44f. 89 Tf.5

[211] J. THREPSIADIS - E. VANDERPOOL, ArchDelt 19, 1964, 33f. Tf.21,4-10; L. KAHIL, AntKunst 8, 1965, 24 Tf.9,2-6.8-10

[212] L. KAHIL, AntKunst 8, 1965, 23 Tf.9,7.11 (nur zwei Fragmente); dies., Hesperia 50, 1981, 260 Tf.62,7-9; Chr. SOURVINOU-INWOOD, Studies in Girls' Transitions (1988) Tf.4,7-9

[213] L. KAHIL, Hesperia 50, 1981, 255-259 Tf.62, 2-6; Chr. SOURVINOU-INWOOD, Studies in Girls' Transitions (1988) Tf.4,1-6

viertes Fragment zeigt eine im unteren Teil erhaltene Person, die ein knielanges Gewand trägt und weit ausschreitet. Es könnte sich um ein Mädchen handeln.

Die aufgeführten Krateriskos-Fragmente aus attischen Artemis-Heiligtümern - ihre Liste läßt sich sicher noch ergänzen - ordnen sich durch ihre Form und ihre Malereien in einen gemeinsamen rituellen Bedeutungsrahmen ein, in welchem *arktoi* im Mittelpunkt stehen. Alleine schon die bisher bekannte Zahl der Heiligtümer läßt den sicheren Schluß zu, daß es sich - wie Erika SIMON[214] im Gegensatz zu PARKE[215] erneut herausstellt - bei dem Bärinnen- Dienst um eine weitverbreitete institutionelle Form im athenischen Staate gehandelt hat. Demzufolge konnten viele athenische Bürgerfamilien diese Förderung ihren Töchtern zugute kommen lassen, und nicht nur einige wenige aristokratische Familien.[216] Die letztere Vermutung war deshalb entstanden, weil der Bärinnen-Dienst in Brauron als der einzige angesehen wurde. Aber vielleicht war das Artemis-Heiligtum von Brauron die bevorzugte Stätte? Es könnte ja einen Grund haben, warum Aristophanes Brauron nennt. Jedenfalls aber war der Bärinnen-Dienst - gleich, ob er in Brauron oder in einem anderen Heiligtum abgeleistet wurde - eine in athenischen Familien als erstrebenswert angesehen Stufe im Bildungsgang der Töchter.

Die Krateriskoi mit Darstellungen von *arktoi* sind nach den bisherigen Erkenntnissen eine attische Erscheinung. Dennoch war die Einbeziehung von Mädchen in den Artemis-Kult auch ansonsten in Griechenland üblich, wobei es von Region zu Region unterschiedliche rituelle Ausprägungen gegeben hat - auf der Grundlage eines allgemeinen Bewußtseins von Artemis als der Beschützerin der Frauen und Kinder. Aufschlußreiche Belege gibt es aus dem Alten Heiligtum der Artemis zu Kanoni auf Korfu. Dort wurde eine größere Anzahl von Terrakotta-Statuetten der Göttin aus der Zeit vom Ende des 6. bis zum Anfang des 5. Jahrhunderts entdeckt, die als Votiv-Gaben zu verstehen sind. Ihre Größe liegt zwischen 12 und 55 cm. Die Figuren sind reliefartig ausgeführt, mit flacher Rückseite zum Anlehnen an eine Votivwand. Die aufrecht stehende Göttin trägt in der linken Hand meist einen Bogen, während der rechte Arm angewinkelt ist, entweder frei oder ein Tier wiegend. Eine beschädigte Artemis hält in der rechten Hand die Hinterläufe eines herabhängenden Opfer-Tieres. Öfter ist die Göttin mit einer Hirschkuh oder einem Hirschkalb verbunden. Schutzsuchend springt das Tier zu ihr auf oder lehnt sich an sie an. In unserem Zusammenhang bedeutsam ist ein mehrfach vorkommendes Bildmuster, bei dem sich ein Mädchen mit dem Rücken an die Göttin anlehnt und die Arme hoch-

---

[214] SIMON a.O. 86

[215] H.W. PARKE, Athenische Feste (1987) 140

[216] Chr. SOURVINOU-INWOOD, Studies in Girls' Transitions (1988), 111ff. („Who shall be a bear?") widmet der Frage nach dem Teilnehmerkreis an den Arkteia eine eigene Erörterung. Ihre statistischen Überlegungen S.116 machen deutlich, daß nicht jede Bürgertochter *arktos* werden konnte. Verfasserin entwickelt S.112 den öffentlichen, sozialen Charakter der Arkteia („... the woman's proper acculturation is important for the proper functioning at the oikos and the polis").

gestreckt hält - schutzsuchend, wie es scheint. Es reicht seiner Beschützerin mit den hochgestreckten Armen bis an die Hüfte. Bekleidet ist das Mädchen mit einem bis zu den Knöcheln reichenden Peplos, der um die Taille eng anliegt und bei einer gut erhaltenen Statuette lange Falten erkennen läßt.[217]

In den thessalischen Heiligtümern der Artemis Pagasitis zu Pagasai-Demetrias (heute Nea Pagasses) und der Artemis Throsia zu Larissa gab es ebenfalls Kulte mit Diensten junger Mädchen, nämlich die Nebria, wie Paul CLEMENT durch philologische Untersuchungen von Inschriften aus diesen Heiligtümern erschlossen hat.[218] Die Mädchen wurden als *nebroi* = Hirschkälber bezeichnet, was den naheliegenden Schluß zuläßt, daß diese Kulte auf der aulidischen Version der Iphigenien-Legende beruhten und somit eine Analogie zu den Arkteia von Brauron darstellten. Die Epiklesis „Throsia" - ein nur aus dem Heiligtum von Larissa bekanntes Wort - verweist, wie CLEMENT im einzelnen darlegt, auf eine Artemis als Göttin der Fruchtbarkeit.

g) Sinnbestimmung des Bärinnen-Dienstes

Die gewonnen konkreten Informationen erlauben es, den inhärenten Sinn des Bärinnen-Dienstes in Bezug auf Mädchenbildung genauer zu bestimmen und im Zusammenhang mit dem griechischen Verständnis von menschlicher Existenz zu sehen. Hierbei halten wir die bisherigen Erörterungen über das Iphigenien-Opfer, über den brauronischen Kult und über die familiäre Frömmigkeit in historischer Zeit bewußt.

Die Läufe und Tänze der *arktoi* als ein Hauptbestandteil der brauronischen Feste wie auch des Kultes in weiteren Artemis-Heiligtümern sind auf Grund der vorgestellten Krateriskos-Darstellungen einigermaßen erhellt, und man könnte sogar das Wagnis eingehen, Sequenzen einer szenischen Gestaltung daraus zu bilden. Unsere Aufmerksamkeit gilt besonders der rituellen Nacktheit der älteren Mädchen während einer bestimmten Verlaufsphase. Gemäß der von Lilly KAHIL vorgetragenen und von Christiane SOURVINOU-INWOOD weitergeführten Deutung (S. 226ff.) spiegelt die Nacktheit der *arktoi* die Entblößung der zum Blutopfer auf dem Altar hergerichteten Iphigeneia und ist - in Ansehung der Bären-Darstellung auf einem Krateriskos - auf den Höhepunkt hin gerichtet, da die Bärin anstelle der Tochter geopfert wird. Aber auch, wenn die andere ätiologische Legende den Ritus bestimmte, wonach die arktoi als Sühne für den getöteten Bären im Heiligtum dienten, kommen wir auf die Spur der Erinnerung an frühe Blutopfer - indirekt, denn es hat ja die Zeit gegeben, da der Göttin Kinder leibhaftig dargebracht werden mußten.

---

[217] Exemplar Archäol.Mus. Korfu Inv.1857. - Exemplar Nat.Mus. Athen, Alte Slg. CARPANOS, Inv.1111 (M.H. LECHAT, BCH 15, 1891 Tf.7,2; ebenfalls bei L. KAHIL, AntKunst 8, 1965 Tf.10,8). - Weitere Exemplare dieser Terrakotten in der Alten Sammlung CARPANOS. - Zumindest zwei Exemplare, worunter dasjenige bei LECHAT a.O., stammen aus derselben Form.

[218] P. CLEMENT, AC 3, 1934, 401ff.

Die Brauronien mit ihrem zentralen Bärinnen-Kult (den Arkteia) bewahrten tausend Jahre religiöser Entfaltung und sozialer Bewußtseinsbildung in sich auf. Die vorgestellten Quellen vermitteln uns ein Bild des Kultes im 5. Jahrhundert v.Chr., der Zeit der Perserkriege und danach, als die großen Tragiker ihre Werke schufen. Unser Thema ist das Kindheitsverständnis, wie es diese Zeit in ihrem sozialkulturellen Zusammenhang entwickelt hat. Was die Krateriskos-Darstellungen hierüber - mehrmals bis in subtile Einzelheiten hinein - an Informationen übermitteln, darf sicher auch für die folgenden Jahrzehnte bis in das 4. Jahrhundert hinein in Anspruch genommen werden, als in Brauron die Kinder-Skulpturen aufgestellt wurden, zumindest, was die Grundform des rituellen Ablaufes wie auch wesentliche mentale Tendenzen des Festes anbetrifft.

In den Tänzen und Läufen der arktoi ist kindliches Vertrauen (Iphigeneia im Vaterhaus, Spiel der Mädchen mit dem Bären) ebenso aufgehoben wie angstvolles Flüchten der Kinder und schließlich deren befreites Laufen auf die Göttin zu. Die Brauronien waren ein fröhliches Fest von Kindern und Erwachsenen. Die Kinder führten unter Leitung der Priesterinnen für die Festbesucher ein kultisches Schauspiel auf. Unter den Zuschauern dürfen wir auch diejenigen jungen Mädchen in Begleitung ihrer Eltern vermuten, für die das Fest der Beginn ihres Dienstes als arktoi war.

Wenn wir unsere Überlegungen nochmals auf das Iphigenien-Opfer zuspitzen, so gilt aber, daß eine entsprechende Sinnlinie auch bei der Präferierung der Bärentötungslegende erschlossen werden kann, zumal es wahrscheinlich ist, daß den Athenern in spätklassischer Zeit beide Vorstellungen gleichermaßen gegenwärtig waren.

Wie bereits herausgestellt, gewinnt das Iphigenien-Opfer in den tragischen Dichtungen wie in der kultischen Institution einen Sinn des Segens, auch des Trostes für die Frauen in glücklichen und notvollen Lagen, und es steht ebenfalls für die Erziehung heranwachsender Mädchen unter dem Schutz der Göttin Artemis. Die weibliche Gottheit ist dadurch, daß sie Iphigeneia vor der Opferung durch ihren Vater Agamemnon bewahrt hatte, zu einer sinnwahrenden Instanz befreiten Frauenlebens geworden. Das schließt notwendigerweise die Befreiung der Familie und damit zugleich der Väter aus dumpfen Zwängen des Ausgeliefertseins an todbringende Mächte und aus inhumanen Lebensordnungen ein.

Das Bewußtsein der Herkunft aus todbringenden Ursprüngen war bei den im Artemis-Heiligtum Feiernden gewiß noch vorhanden, so wie man sich dessen in rhapsodischen Agonen und eben bei den Arkteia vergewisserte. Die athenischen Mädchen wurden während ihrer Dienstzeit in diesem Bewußtsein erzogen. Der Bärinnen-Dienst hatte existenz-erhellende und existenz-sichernde Funktion für die Frauen, er prägte ihr Selbstbewußtsein und ihre weibliche Fähigkeit, Kinder zu erziehen, Mädchen und Jungen gleichermaßen. Wir sollten uns davor bewahren, hierüber vorschnell ein feministisches Verdikt zu sprechen, das eigentlich nur aus unserer heutigen sozialökonomischen Lage herrührt. Aber ebenso beginnen wir zu verstehen, daß die Alterumswissensschaft vergangener Jahrzehnte auf Grund ihrer Einbindung in die bürgerliche Lebenswelt unseres

Abb. 22 b

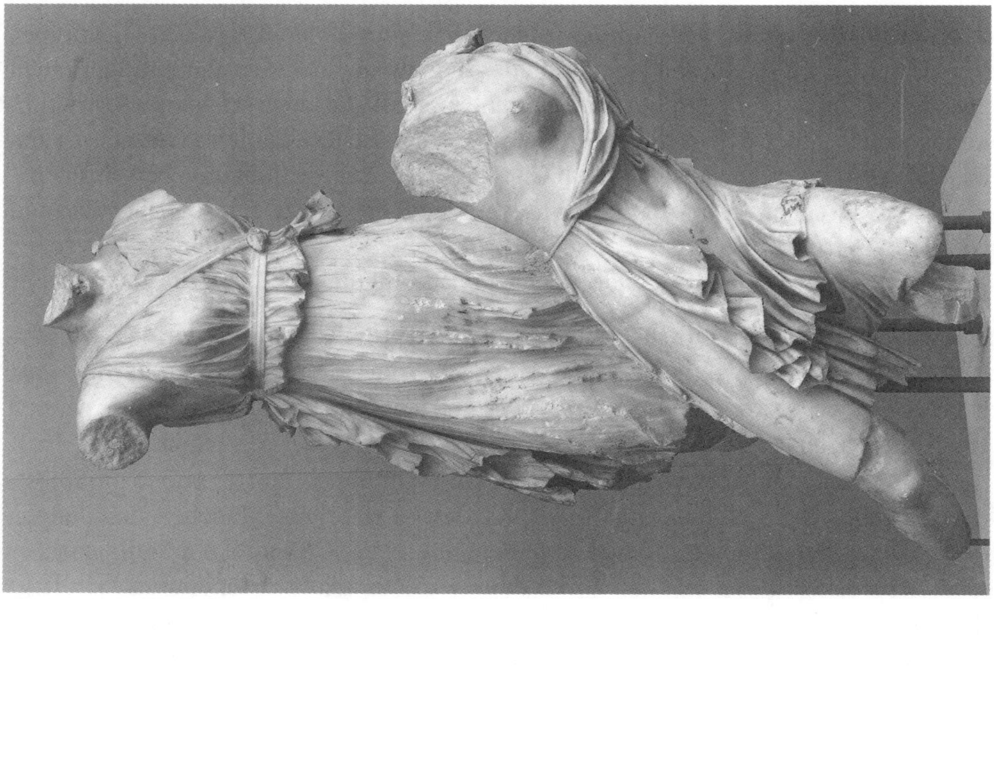

Abb. 22 a

Zeitalters nicht in der Lage war, die Frage nach dem griechischen Frauenbewußtsein von der existentiellen Seite aus zu stellen.

Artemis wurde den Griechen zur Lehrmeisterin für das Kindheitsverständnis in der Weise, daß Kinder einen Anspruch darauf haben, als zu beschützende und als lernende Glieder der Gesellschaft ernst genommen zu werden. Wiederum besteht hier die Gefahr, daß wir unversehens eine Sicht von Kindheit auf die griechische Lebenswelt übertragen, die aus unserer überkommenen bürgerlichen Vorstellung herrührt, nämlich daß Kinder vor den Problemen und Gefahren des Lebens und der Erwachsenenwelt abzuschirmen seien, daß ihnen die Ambivalenz von Tod und Leben, von Unglück und Glück, von Trauer und Freude möglichst verborgen werden müsse. Die Iphigenien-Legende hingegen repräsentiert die Ambivalenzen in der das griechische Bewußtsein kennzeichnenden mythischen Dichte, und die Arkteia gestalten den für menschliche Existenz konstitutiven Zusammenhang in einer symbolischen Figur, welche für die Heranwachsenden im Prozeß ihrer Enkulturation zum Muster der Lebens-Deutung wird. So können die in der Geschichte erreichten humanen Sinnbestimmungen des Lebens, im besonderen das Selbstverständnis der Frauen und Männer, die Aufgaben der Mutterschaft und die fürsorgliche Eltern-Kind-Beziehung tradiert werden. Damit wird deutlich, daß der Bärinnen-Dienst keine Vorbereitung mehr auf einen irrational zwanghaften Initiations-Ritus sein konnte, sondern vielmehr Lebens-Unterweisung mit festlichem Höhepunkt, eben mit den Arkteia als einem kultischen Spiel. →

Abb. 22 a, b. Das Weiterleben eines Motivs. Artemis errettet Iphigeneia vor dem Opfertod und ersetzt sie durch einen Hirsch.

Marmorgruppe aus den Sallust-Gärten in Rom. - Ny Carlsberg Glyptothek, Kopenhagen. Aufnahmen der Glyptothek. - Das späthellenistische Werk (um 150 v. Chr.) steht in klassischer Tradition, jedoch sind die ausgreifenden Bewegungsgestalten der Personen und ihre lebhaft fließenden Gewänder Ausdruck der Spätzeit.[219] Franz STUDNICZKA, dem Bergung, Bearbeitung und der wiedergegebene - in verschiedenen Einzelheiten sicher anfechtbare - Rekonstruktionsversuch verdankt werden[220], wollte die Gruppe erheblich früher datiert wissen. Der namentlich nicht bekannte Künstler läßt interessanterweise einen Hirsch, nicht eine Hirschkuh, von der Göttin zum Ersatzopfer bestimmen. Teile des Hirsches sind noch original erhalten. STUDNICZKA gibt auch einen Überblick über das Bildthema in der Antike. Eine weitere Gruppe mit Artemis und Iphigeneia stammt aus dem Heiligtum des Iuppiters Dolichenus in Rom.[221]

[219] G. LIPPOLD, Die griechische Plastik (1950) 363

[220] F. STUDNICZKA, Artemis und Iphigenie (1926) ; G. LIPPOLD, Philolog. Wochenschrift 47, 1927, 264ff. (Rezension zu STUDNICZKA); F. STUDNICZKA, AD 4, 1931, 56ff.

[221] BRENDEL, AA 1935, 552-556 Abb.10

Wir beginnen wieder zu verstehen, was die Griechen damals schon wußten, nämlich daß Kinder, die ohne Zwang und ohne existentielle Angst erzogen werden, die „gewichtigen" Fragen des Lebens wahrzunehmen lernen im Vertrauen auf diejenigen, die diese Vermittlung übernehmen. Anstatt Schaden zu nehmen, wachsen sie daran, denn den wirklichen, von Menschen verursachten Belastungen wie der Vater-Ferne Iphigeneias sind sie nicht mehr ausgesetzt. Und wenn die Umstände des Lebens den Kindern dennoch Leid und Todesbegegnung bringen, so können sie vielleicht aus dem bis dahin erfahrenen Beistand von Eltern, Lehrern und Vertrauenspersonen - die Artemis-Priesterinnen müssen in dieser Hinsicht ein erhebliches Potential besessen haben - Tröstung in schwerer Lage gewinnen.

Unsere schwergewichtigen Erörterungen über die Einbeziehung von Kindern in das Zentrum der kultischen Bewältigung existentieller Lebensfragen und Lebensnöte wird nicht den Blick darauf verstellen, daß Kinder zu allen Zeiten und in allen Kulturen ein Vermögen ungezwungener Freude zur Geltung bringen konnten und können. Ja es ist sogar lebensnotwendig für sie. Auch die Mädchen in Brauron werden sich in heiterer Unbefangenheit den ernsten rituellen Handlungen hingegeben haben. Die Unterweisung der Mädchen durch die Priesterinnen hatte fröhlichen Charakter, sie war musisch und sportlich ausgerichtet, den Mythen ebenso verpflichtet wie zwischenmenschlicher Akzeptanz. Lehrhafte, unterrichtsmäßige Abschnitte gab es gewiß ebenso wie Freizeit und Spiel. Und wir verstehen das Lob, das Aristophanes in der *Lysistrate* den Frauen in den Mund legt, die ihren in der Kindheit ausgeübten kultischen Dienst im athenischen Staatswesen besingen.

Hier wird ein Rückblick auf die dem Bärinnen-Dienst vorausgehende Bildungsstufe der Arrhephoria notwendig. Denn auf den ersten Blick könnte man meinen, daß die Lerninhalte, die den noch jungen, unter zehn Jahre alten Mädchen im Zusammenhang mit diesem Kult vermittelt wurden, doch eigentlich die späteren hätten sein müssen, da es sich um Sexualität, ja Genitalität, um Ehevorbereitung und Mutter-Rolle drehte. Solches hätte den Jungfrauen doch eigentlich erst in der Brauron-Phase, wenn nicht sogar danach vermittelt werden können. Aber dieser Gedanke stellt sich als Trugschluß dar, denn er rührt aus dem spätbürgerlichen Erziehungsverständnis unseres Zeitalters, wonach Jungfrauen und erst recht junge Mädchen von den Gegebenheiten des geschlechtlichen Lebens, und zwar schon auf der Ebene des Wissens, fernzuhalten seien. Gerade diesem Irrtum waren die Griechen nicht aufgesessen. Denn ihre Kinder verinnerlichten früh eine ahnungsvolle, positive Einstellung zu dem, was eines Tages zum vitalen Erleben wurde. Vor ungeziemender Berührung, gar vor verbrecherischer Ausnutzung waren sie durch fürsorgliche Frauen in einer humanen Sozialordnung, die von den Männern in Gesetze gefaßt war, auf das Beste geschützt.

Was die älteren *arktoi* anschließend dann im Artemis-Heiligtum lernten, betraf die tiefe Grundschicht der Existenz, die überhaupt erst gesichert sein muß, wenn sich Kinder in Freiheit geschlechtlich entfalten sollen. Die Griechen waren sich aus der Überlieferung bewußt, daß das Lebensrecht - hier zugespitzt auf das der Mädchen - in zwanghaften

Verhältnissen und irrationalen Verstrickungen in Frage gestellt war und daß Mitleidlosigkeit zur Geltung kommen konnte. Durch die Errettung des Kindes aus der Verfügungsgewalt des Krieger-Vaters gewährleistet Artemis das Leben des Kindes, anfangs durch dessen Hereinnahme in ihre eigene, noch grausame Lebensordnung (Iphigeneia als Opferpriesterin in Chersonese), später durch Fürsorge für Mütter und Kinder (Iphigeneia als Priesterin in Brauron) und durch Verpflichtung der Töchter zum Dienst im Heiligtum, mit der Aufgabe, die Errettung aus der ursprünglichen Bindung im Kult zu bewahren.

Die neben der Iphigenien-Legende einherlaufende Bärentötungs-Legende ist, was ihre lebensbejahende Tendenz anbetrifft, mindestens ebenso deutlich. Denn auf die Tötung dessen, was ihr heilig ist, reagiert die Göttin, indem sie Mädchen für deren eigene Lebensförderung in Anspruch nimmt.

Die in den beiden brauronischen Legenden zum Ausdruck kommenden Fragen um Tod und Leben wollten die Griechen wohl erst auf der späteren Lebensstufe ihrer Töchter thematisiert wissen. Jedenfalls ergibt sich aus überkommenen Quellen, daß unter den *arktoi* in historischer Zeit eine Gruppe älter war als die der Arrhephoren und daß diese Gruppe es war, die durch ihre Nacktheit bzw. durch das rituelle Ablegen des Gewandes die Iphigenien-Notlage bewußt hielt. Geschlechtlichkeit als Bestandteil harmonischer Lebensführung - sie ist integrativer Faktor der Areté und Kalokagathía - kann schon früh im Kindesleben auf der Bildungsstufe der Arrhephoria erfahren werden. Um jedoch die aus den frühzeitlichen Menschen-Opfern im sozialen Bewußtsein verbliebenen Dissonanzen der Existenz kultisch wahrzunehmen, dazu bedurfte es eines fortgeschrittenen Alters, das bereits auf die Lebensstufe des Erwachsensein verweist. Die Griechen klassischer Zeit eröffneten ihren Töchtern in harmonischer Absicht früh den Blick auf die Geschlechtlichkeit des Lebens, aber vor dem Blick auf Verderben und Tod wurden die Töchter zunächst bewahrt.

Die Arkteiea auf dem brauronischen Fest waren deshalb ein fröhlicher Kult, weil sie Befreiung und Schutz thematisierten. Auf dieser Linie kam erneut Geschlechtliches zur Geltung. Bedeutungsvoll ist das krokos-(safran-)farbene Gewand der *arktoi*. Christiane SOURVINOU-INWOOD entwickelt in ihrer Deutung einen komplexen Sinn der Farbgebung.[222] Bekanntermaßen war das leuchtende Gelb ein Charakteristikum der Festgewänder griechischer Frauen. Die Farbe hatte eine prägnant weiblich-sexuelle wie auch eine ambivalent-sexuelle Bedeutung. SOURVINOU-INWOOD erinnert daran, daß der „unmännliche" Dionysos in seiner Ambivalenz ebenfalls das Gewand trug. Insofern wäre das Gelb für die *arktoi* noch vor der Pubertät („pre-menarche little girls") verwunderlich - wenn es nicht auf deren zukünftiges Frauenleben verweisen würde. Da die Farbe aber integrativer Bestandteil der - von SOURVINOU-INWOOD als initiatorische Riten verstandenen - Arkteia

---

[222] Chr. SOURVINOU-INWOOD, Studies in Girls' Transitions (1988) 127ff. („Shedding the krokotos")

ist, in denen sich die Schutzfunktion der Göttin Artemis manifestiert, wird angezeigt, daß gerade die sexuelle Gefährdung der heranwachsenen Frauen aufgefangen ist. Diesem Verständnis steht nicht entgegen, daß das krokos-(safran-)farbene Gewand in der Überlieferung auch mit dem Bären/der Bärin in Verbindung steht. Die Bären/Barinnen stehen für Wildheit und Naturhaftigkeit („wildness and animality") der Menschenkinder, Eigenschaften, mit denen sie ebenfalls unter dem Schutz der Göttin stehen. Der Deutung von Christiane SOURVINOU-INWOOD kann somit ergänzend hinzugefügt werden, daß die beiden Bedeutungsaspekte der rituellen Verwendung des krokos(safran-)farbenen Gewandes jeweils an eine der brauronischen Ätiologien gebunden sind, nämlich an die Iphigenien-Legende und an die Bärentötungs-Legende. In dem einen wie in dem anderen Falle findet die Befreiung aus dem religiösen und sozialen Ausgeliefertsein der Menschen in der Ursprungslage sinnfälligen symbolischen Ausdruck. Artemis als gütige Iphigeneia wie auch als Herrin der wilden Tiere geleitet die heranwachsenden Frauen durch die sexuellen Gefährdungen ihres Lebens.

Aber die Arkteia verblieben nicht bei der Antizipation und symbolischen Repräsentation von Sexualität, sondern es vollzog sich auf dem Fest auch ein direktes sexuelles, genauer: erotisches Geschehen, nämlich das Abwerfen der bedeutungsvollen Gewänder durch die älteren *arktoi* in der Schlußszene. Das Agieren der unbekleideten, heranwachsenden Mädchen war - selbstredend - für die Festteilnehmer und Festteilnehmerinnen ein aufregendes Geschehen. Die Griechen, oder spitzen wir es einmal zu, die griechischen Männer, haben sich doch nicht nur von schön gestalteten, unbekleideten jungen Männern im Gymnasion in Erregung versetzen lassen.

Die erotische Komponente des Festes - so weit darf man sicher in der Deutung gehen - gehörte zum „Programm". Während die entkleidete Iphigeneia unter dem Opfermesser - sie steht stellvertretend für alle armen Opfer der Frühzeit - bei Zuschauern dumpfen Zwang aus der Tiefe menschlicher Gefühle eskalieren ließ, lebten und spiegelten die unbekleideten *arktoi* in ihren tänzerischen und sportlichen Vorführungen Freiheit. Die zuschauenden Mütter und Väter werden ihre Töchter beifällig beobachtet haben, und alle konnten sich daran erfreuen, auch erotisch. Es war der rituelle Höhepunkt des Festes - so dürfen wir vermuten. Und dann gingen die Mädchen wieder zu ihren Eltern. Die Festbesucher hatten schon die Pompé von Athen nach Brauron hinter sich, auf der es, den wenigen literarischen Hinweisen zufolge, auch dionysisch zugegangen sein mag; der Winzer Trygaios zum Beispiel war, wie Aristophanes im Jahre 421 vermeldet, mit einer Geliebten gekommen. In der um diese Zeit soeben fertiggestellten Stoa mit den anschließenden Bankettträumen wird es entsprechend lebhaft zugegangen sein, natürlich auch im gesamten Ort Brauron.

Es sei nochmals festgehalten, daß die archäologischen Zeugnisse über die Nacktheit der *arktoi* zwar eindeutig, so doch bislang spärlich sind. Was Brauron anbetrifft, so haben wir die von Lilly KAHIL vorgestellten und lokalisierten Krateriskos-Fragmente anführen können. Bei einem weiteren Krateriskos (Abb. 21 B) mit unbekleideten *arktoi* ist bei gesicherter attischer Herkunft brauronischer Ursprung möglich. Außerdem konnte noch ein Beleg aus Mounichia herausgezogen werden (S. 229/30). Es ist denkbar, daß diese bedeutsame rituelle Ausprägung zum attischen Artemis-Kult insgesamt gehörte.

Letztlich ist die Erörterung wiederum auf die Frage zuzuspitzen, ob die Arkteia ein Initiations-Ritus waren, unter Bezugnahme auf unsere früheren Überlegungen im Zusammenhang mit den Arrhephoria. Es ist bereits darauf verwiesen worden, daß verschiedene Autoren, so Angelo BRELICH und Christiane SOURVINOU-INWOOD für ein Verständnis der Arkteia als Initiations-Ritus eintreten. Es hätte dann in klassischer Zeit zwei Initiationen für athenische Mädchen gegeben, im Kindesalter die Arrhephoria und um die Wende zum Jungfrauenalter die Arkteia.

Wenn wir BURKERTs Grundgedanken, wonach Initiation das Selbstverständnis einer Gesellschaft tradiert und das Überleben darin sichert, zustimmen, so könnten in den Arkteia ebenso wie in den Arrhephoria Momente von Initiationsriten bewahrt geblieben sein, freilich ohne das aus ethnologischen Untersuchungen bekannte Merkmal der Begegnung der Initianden mit dem bedrohlich Neuen des zukünftigen Erwachsenen-Lebens. Die Arkteia haben ja gerade das Gegenteil hiervon zelebriert, nämlich die Befreiung von bedrohlichen Traumata der sozialen Genese. Der existentielle Gehalt der zugrunde liegenden Ätiologie ist noch tiefgreifender als bei den Arrhephoria.

Von einer Position der Frauenforschung aus hebt Edith SPECHT[223] bei den Arkteia schwerpunktmäßig auf sportliche Wettkämpfe der Mädchen ab und hält dabei im übrigen am Initiationscharakter der Riten fest. Der Tenor ihrer Argumentation geht dahin, daß es in Griechenland ebenso wie für die Jungen so auch für die Mädchen Agone gegeben haben müsse. Demzufolge werden von der Autorin die auf dem Krateriskos Abb.21 A dargestellten Frauen als „Trainerinnen" oder „Funktionärinnen" verstanden. Diese Deutung ist sicher zu einseitig. Das agonale Moment bei den Läufen der *arktoi* braucht nicht ausgeschlossen zu werden. Keineswegs aber lag darauf ein Hauptakzent der Riten, zumal im Sinne von Initiation. Die auf den Vasenmalereien vorkommenden, kultisch bedeutsamen Attribute, nämlich Altar und Palme, der Bär/die Bärin sowie die - offenbar von allen Mädchen im Lauf gehaltenen - Kränze verweisen vielmehr darauf, daß auch allen Mädchen Ehrung (Segen, Weihe) zuteil wurde. In dem von Frauen getragenen Kult kamen historische Kräfte zur Geltung, die durch die Annahme fortwährender Initiationen im ethnologischen Sinne der Tradierung von strikten Haltungen im Ertragen von Bedrohungen nicht hinreichend verstanden werden können. Vielmehr vermittelte der Kult ein Bewußtsein von Menschen-Sorge und Menschen-Liebe, woran nicht minder gesellschaftliches Bewußtsein erhellt und gestärkt werden konnte. Um so mehr verwundert es, daß gerade Vertreterinnen der Frauenforschung (neben Edith SPECHT auch Beate

---

[223] E. SPECHT, Schön zu sein und gut zu sein (1989) 118

WAGNER u.a.) ohne begriffliche Einschränkungen so nachdrücklich am Initiationscharakter der Arkteia festhalten.

In einer frühgeschichtlichen Phase der Ablösung von Menschen-Opfern durch Tier-Opfer und in den nachfolgenden Epochen der griechischen Geschichte mögen Arkteia als „echter" Initiations-Ritus stattgefunden haben, als „harte" Einübung in die Fähigkeit, existentielle Bedrohungen aushalten zu können. In klassischer Zeit hatten die Griechen eine Sichtweise ihrer Sozialgeschichte entwickelt, die, von den großen Tragikern überhöht und objektiviert, durch das „Prinzip Hoffnung" im Sinne des BLOCH'schen Geschichtsverständnisses beschrieben werden kann, als latente Befreiung, die über den Ist-Zustand der Gesellschaft und damit über das Initiations-Verständnis als Tradierung gegebener Ordnungen hinausweist, so wie auch die Begriffe Areté und Kalokagathía nicht menschliche Lage, sondern vielmehr den Weg kennzeichnen. Auf dem Abschlußfest ihres Dienstes liefen die *arktoi* in ihr zukünftiges Leben hinein...

h) Nach dem Bärinnen-Dienst: Kultische Einbindungen der athenischen Jungfrauen

Und schließlich wurde ich Kanephore als schöne Jungfrau,
Und trug die Schnur mit den getrockneten Feigen.
(Aristoph.Lys. 645-646)

Mit diesen Schlußversen besingt der Frauenchor einen kultischen Dienst der athenischen Jungfrauen nach der „Brauron-Phase". Der Dichter hätte diesen Dienst nicht so hervorgehoben, wenn er im Leben der Jungfrauen von minderer Bedeutung gewesen wäre. Die Nennung kann mit einiger Berechtigung auch als exemplarisch verstanden werden, für die Einbindungen der Jungfrauen in das kultische Leben der Polis überhaupt.

Kanephorie (das Tragen von Opferkörben) war in verschiedenen Kulten üblich.[224] Auch Feigen spielten öfter eine Rolle. Denn diese Frucht war eine Grundnahrung schon in Urzeiten, noch ehe es Ackerbau gab. Im Kult hatten die Feigen entweder apotropäische Bedeutung, so wie es bei Aristophanes offensichtlich gemeint ist, oder sie wurden im purifikatorischen Sinne benutzt, wie auf den Thargelia, einem Vorerntefest (hierbei aber nicht im Zusammenhang mit einer Kanephorie von Jungfrauen).[225] Die Grammatik der Aristophanes-Stelle läßt eine Trennung der Riten der Kanephorie und des Tragens von Feigenschnüren und damit ihre Zuweisung zu zwei verschiedenen Kulten nicht zu (siehe S. 199 mit Anm. 142). Da aber ein Kult, in dem beide Riten miteinander verbunden sind, nicht bekannt ist, bleibt die Textstelle - inhaltlich gesehen - unerklärbar. Im vorstehenden Zusammenhang genügt indes die Feststellung, daß die Jungfrauen im Zeitraum zwischen

---

[224] Monographisch bei J. SCHELP, Das Kanoun der griechische Opferkorb (1975)
[225] L. DEUBNER, Attische Feste (1932) 179ff.; E.SIMON, Festivals of Attica (1983) 77f.

dem Bärinnen-Dienst und der Hochzeit kultische Aufgaben wahrnahmen.

Eine Gesamtdarstellung dieser Lebensphase würde den vorstehenden Rahmen überschreiten. Es ergäbe sich aber sicher ein differenziertes Bild, das einen zusätzlichen Beitrag zur Überwindung der überkommenen Vorstellung von der ausschließlichen Bindung der heranwachsenden Frauen an das Hauswesen liefern könnte.

In Kürze sei jedoch noch auf die Beteiligung der Jungfrauen an dem wichtigsten athenischen Fest, den Panathenäen, eingegangen. Über das Fest in seiner Gesamtheit mit seinen vielfältigen rituellen Bezügen gibt es ausführliche Untersuchungen.[226] Neben den schriftlichen Quellen stellt der Parthenon-Fries mit seiner Darstellung des Festzuges (fertiggestellt 438 v.Chr.) eine wichtige archäologische Quelle dar.[227]

Auf alten Kulten beruhend wurden die Panathenäen 565 v.Chr. durch Peisistratos neu begründet. Es gab die jährlichen Panathenäen und die großen penteterischen Panathenäen, die beide ähnlich gestaltet waren. Jedoch wurde der von den Arrhephoren und den Frauen mit den Töchtern gewebte Peplos für die Athena Polias nur auf den penteterischen Panathenäen mitgeführt.

Das Fest wurde am Vortage mit einem Fackellauf und auf der Burg mit Tänzen und Liedern der männlichen wie weiblichen Jugendlichen eingeleitet. Unter den weiblichen Jugendlichen können wir die heranwachsenden Jungfrauen vermuten, die den Bärinnen-Dienst bereits hinter sich hatten. Am nächsten Tag in der Frühe zog die große Pompé von Kerameikos zur Akropolis. Am Anfang des Zuges gingen die Kanephoren. Ihre Aufgabe war es, Kana (Opferkörbe), Schalen und Kannen mit Opfergaben, außerdem Thymiaterien (Räuchergeräte) zu tragen. Kanephoren sind auf dem Ostabschnitt des Parthenon-Frieses an bevorzugter Stelle dargestellt, wie sie soeben die Opfergaben an Kultbeamte übergeben haben.[228] Es folgten die Opfertiere (Rinder und Schafe), anschließend die männlichen Skaphephoren (Träger von trogartigen Gefäßen) und die Hydriaphoren (Trägerinnen von Hydrien). Auf dem Fries sind die Hydriaphoren ebenfalls männlich, aber schriftlichen Quellen zufolge wurde dieser Dienst auch von Frauen und Mädchen wahrgenommen.[229] Diese gehörten ebenso wie die Skaphephoren dem Metökenstande an. Denn an dem Fest hatten alle sozialen Schichten anteil. (Auch die Freigelassenen und Sklaven waren aktiv am Fest beteiligt; sie trugen segenskräftige Eichenzweige über die Agora.) Nach den Skaphephoren und Hydriaphoren kamen die Musikanten und Musikan-

---

[226] DEUBNER a.O. 22ff. (ausführlich mit Testimonien); SIMON a.O. 55ff; H.W.PARKE, Athenische Feste (1987) 33ff.

[227] F. BROMMER, Der Parthenonfries (1977); B.F. COOK, The Elgin Marbles (1989). In beiden Arbeiten ausführliche Literatur

[228] Fries-Platte VIII im Louvre. SCHELP a.O. Tf.3,2; BROMMER a.O. 121-123 Tf.186.187; SIMON a.O. Tf.22,1; etc.

[229] DEUBNER a.O. 28

tinnen. Mitten im Zug fuhr der Schiffskarren, an dessen Mast und Rahe der Peplos ausgebreitet hing. Beim Erreichen des Akropolisfelsens wurde der Peplos, ein großes und gewichtiges Stück Webarbeit, von dem Schiffskarren abgenommen und hinaufgetragen. Im Zuge vertreten waren ebenfalls alte angesehene Männer als Thallophoren (Träger von Ölzweigen), und natürlich Epheben, Reiter und Wagenlenker. Der Fries zeigt, daß sich der Festzug auf der Akropolis in zwei Teile teilte. Der eine Teil zog nördlich des Parthenon-Tempels zu dem Altar auf der Fläche zwischen dem Parthenon-Tempel und dem Erechtheion und führte den Peplos für Athena Polias mit, der andere Teil zog südlich um den Parthenon-Tempel zur Athena Parthenon. Der Peplos wurde am Ziel des ersteren Zug-Teiles dem Archon Basileus überreicht, damit er der Athena Polias im Erechtheion dargebracht werden konnte. Diese Szene ist an zentraler Stelle des Ostfrieses (über dem Cella-Eingang) dargestellt[230]: Der Archon Basileus nimmt den Peplos im gefaltetem Zustand von einem Kind entgegen. Links von dieser Szene, ebenfalls noch im zentralen Bereich des Frieses, kommen zwei Mädchen, die Sessel auf den Köpfen tragen, auf die Priesterin der Athena zu. Es sind wahrscheinlich die Arrhephoren, und die Sessel könnten den Zweck haben, daß der Peplos darauf ausgebreitet wird.

Kommen wir noch einmal auf Aristophanes zurück. Wenn auch die Kanephoren im Panathenäen-Festzug nicht direkt mit demjenigen Kanephoren-Dienst in Verbindung gebracht werden können, der sich aus der Textstelle ergibt (schon wegen der Unklarheit über die gleichzeitige Erwähnung des Tragens von Feigenschnüren), so ist es doch berechtigt, sie in den vom Dichter vorausgesetzten Sinnzusammenhang zu stellen. Denn die Kanephorie auf den Panathenäen war für die Bürgertöchter die wichtigste von allen. In Ansehung der letzteren wird die von Christiane SOURVINOU-INWOOD auf Grund philologischer Merkmale festgestellte inhaltliche Struktur des gesamten Textstückes (siehe S. 213) evident. Als Kanephoren standen die Jungfrauen - um die Formulierung von Chr. SOURVINOU-INWOOD zu benutzen - in einer „sakralen" Funktion, während sie als *arktoi* und zu Anfang als Arrhephoren in einem kultischen Zusammenhang mit „initiatorischer" Funktion standen (wobei unsere Erörterung deutlich machen konnte, daß aus ursprünglicher Initiation ein Bildungsprozeß geworden war). Von ihrem Kindesalter an durchliefen die Jungfrauen - idealtypisch bis zur Hochzeit - einen Bildungsweg, auf dem sich institutionalisiertes Lernen mit vollgültigen kultischen Aufgaben abwechselte, zugespitzt auf die Stufen der Arrhephoria, Aletrides, Arkteia und Kanephorie. Die durch die Arrhephoria und Arkteia bestimmten Stufen des Lernens sowie die durch die Aletrides und Kanephorie gekennzeichneten Stufen der Kult-Ausübung waren aber in ihren Ansprüchen an die Mädchen und Jungfrauen nicht streng voneinander geschieden;

---

[230] Diese Szene und die folgende mit den Sesselträgerinnen auf Fries-Platte V im Britischen Museum. DEUBNER a.O. Tf. 1,1; BROMMER a.O. 112-116 Tf. 163,1.2 mit Lit. Neuere Abbildungen: SIMON a.O. Tf.20; H. RÜHFEL, Kinderleben im klassischen Athen (1984) Abb.54; COOK a.O. Abb.43. Zum Deutungsproblem: DEUBNER a.O. 12.31; BROMMER a.O.263-267; COOK a.O.35

vielmehr kommen darin Akzentsetzungen zum Ausdruck, und die Ansprüche gingen ineinander über. Denn Arrhephoria und Arkteia schlossen jeweils mit bedeutsamen kultischen (sakralen) Handlungen ab, und auf die Aletrides und die Kanephorie sind die Mädchen und Jungfrauen von den Priesterinnen sicher auch lernmäßig vorbereitet worden. Und wenn die Deutung der Fries-Darstellung mit sesseltragenden Arrhephoren auf den Panathenäen richtig ist, so waren die Mädchen schon früh auch auf dem Höhepunkt des Lebens in der Polis kultisch aktiv, bis sie dann später erneut als Kanephoren in das festliche Geschehen eingebunden waren.

Was die Kanephorie im Besonderen anbetrifft, so stellt sich wie schon bei den Arrephoria die Frage, ob denn ein solcher Dienst für alle Bürgertöchter in Frage kam. Auf den Panathenäen konnten auch nur wenige von ihnen aktiv an den feierlichen Handlungen teilnehmen. Aber es ist doch anzunehmen, daß die Jungfrauen auch sonst allenthalben in Kulte eingebunden waren. Die konkrete Klärung dieser Frage wäre einer monographischen Bearbeitung vorbehalten.

Es sei nicht vergessen, daß auch die Metöken-Töchter an kultischen Aufgaben beteiligt waren, wie das Beispiel der Hydriaphoren auf den Panathenäen zeigt. Allerdings blieb ihnen eine so hervorragende Förderung wie den Bürgertöchtern bei den Priesterinnen der Artemis wohl versagt.

Zit.

Nehmen wir alle Stufen auf dem Bildungsweg athenischer Mädchen vom Kindes- bis zum Jungfrauenalter zusammen, so ergeben sich gewichtige Schlußfolgerungen für das Kindheitsverständis der Griechen. Den Mädchen wurde in ihrer Erziehung und Sozialisation von Anfang an ein Sinnhorizont eröffnet, der menschliche Existenz, Lebensrecht und Anerkennung des Weiblichen umfaßte. Sie lebten nicht in einer „pädagogischen Provinz", auch und gerade dann nicht, wenn sie institutionell abgesondert waren. Die festlichen Höhepunkte in ihrem Leben waren immer zugleich Höhepunkte im Leben der Erwachsenen wie auch umgekehrt. Gleichwohl wurden sie nicht überfordert, wenn sie mit den gewichtigen Fragen des späteren Lebens als Glieder der Polis im allgemeinen und als Frauen im Besonderen vertraut gemacht wurden. Die Griechen hatten eine Sicherheit in der Auffassung dessen, was Kindern und Heranwachsenden zugetraut werden kann, physisch und psychisch, unter Beachtung ihrer sich entwickelnden Kraft und unter Wahrung ihrer altersgemäßen Lebensbedürfnisse. Das griechische Verständnis von Kindheit können wir vielleicht andeutungsweise mit den heutigen Begriffen von Ganzheitlichkeit und Gestalthaftigkeit umschreiben. Arrhephoria und Arkteia sind Markierungspunkte eines in der Kindheitsgeschichte einmaligen Bildungsmodells, das auf der Grundüberzeugung von Humanität beruhte.

Als die Arrhephoria und Arkteia in Athen in hoher Blüte standen, waren an anderer Stelle der alten Welt, in Karthago, die Kinder-Opfer für Baal und Tannit hoch entwickelt. In Palästina lebte der Baal noch, wenn dort auch sein Stern im Sinken war, wie es EISSFELDT ausdrückt.

Kultische Vollzüge waren entscheidender Bestandteil griechischer Lebens-Deutung und Lebens-Sicherung. In der athenischen Mädchen- und Jungfrauenbildung hat sich diese Grundeinstellung in der Orientierung auf die weiblichen Gottheiten Artemis und Athena, auch auf Aphrodite und Demeter, gestalthafte Geltung verschafft. Traten die Jungfrauen dann in die Ehe ein, so versicherten sie sich wiederum ihrer Bindung an die Gottheit. Nach einer Stelle bei Theokrit 2,66 mit Schol. veranstalteten die Bräute vor ihrer Hochzeit eine - der privaten Frömmigkeit zurechnende - feierliche Kanephorie zur Artemis im Brauronion auf der Akropolis und brachten Opfer dar. Und in der nun folgenden Lebensphase als Frauen und Mütter in Glück und Unglück traten sie erneut in Beziehung zu der Göttin, sei es in deren Gestalt als Iphigeneia oder als Tauropolos.

11. Zusammenfassung: Bewußtseinsinhalte im Artemis-Kult

Unser Diskurs war - im Rahmen einer Geschichte der Kindheit insgesamt - schwerpunktmäßig auf das Grundverständnis athenischer Mädchenbildung und auf ihre konkreten Ausprägungen in historischer Zeit bis zum Ausgang der klassischen Epoche gerichtet. Es hat sich gezeigt, daß die Mädchenbildung mit ihren Lern- und Bewußtseinsinhalten auf einer Entwicklung beruht, die den gesamten Zeitraum griechischer Geschichte umfaßt. Leben und Aufwachsen der griechischen Mädchen in allen Jahrhunderten war an die Wesengestalten der weiblichen Gottheiten gebunden. Unter diesen hatte Artemis eine wesentliche Bedeutung. Die Göttin unterlag seit den Ursprüngen einem Gestaltwandel, der zugleich als Fortentwicklung einer symbolischen Figuration für das Kindheitsverständnis und die Mädchenerziehung aufgefaßt werden kann. Der Kult der Göttin hatte zu einem großen Teil die Funktion, hierfür in ritueller Sprache die Grundbedeutungen zu formulieren und zu tradieren, und zwar unter tätiger Mitwirkung der lernenden Kinder.

Alle symbolisierten Inhalte treten im Artemis-Kult in einer weiblich, oder besser noch: in einer fraulich orientierten Singebung und Ausprägung auf, die - sozial- und religionsgeschichtlich gesehen - vielleicht auf frühe matriarchale Ordnungen zurückgehen. So unsicher indessen die matriarchale Vermutung beim derzeitigen Forschungsstand auch ist, so sicher liegen die Ursprünge nicht in einer „heilen Welt" der Frauen, die dem noch hilflosen menschlichen Leben auf seiner kindlichen Stufe Schutz und Sicherheit gewährt hätte.

Der Artemis-Kult läßt sich umrißhaft ein Jahrtausend bis in die mykenische Zeit zurückverfolgen. Die Menschen jener Zeit hatten, wiederum schon in früheren Epochen verwurzelte, weibliche Gottheiten, welche Menschen-Opfer forderten. In der Legende um Iphigeneia besteht das Opfer in der Preisgabe der Tochter durch den Vater, eine existentielle Zuspitzung, die ihren religiongeschichtlichen Hintergrund im Kinder-Opfer überhaupt hat. Aber die Überlieferung berichtet von einer Befreiung. Artemis selbst ersetzt das Tochter-Opfer durch ein Tier-Opfer. In den Ur-Zwängen ist - so darf man aus dieser Überlieferung folgern - keimhaft die Erlösung angelegt.

Die Geschichte des Artemis-Kultes ist die lange Geschichte der Entbindung des Menschen aus tiefen Zwängen - entscheidend getragen von Frauen, die der Göttin als Priesterin dienten. An dieser Geschichte ist ablesbar, wie die Griechen schließlich ein religiöses und soziales Lebensverständnis humanistischer Prägung entwickelt haben, mit einer nur aus dem Bewußtsein der Freiheit erklärbaren Akzeptanz des Menschen auf seiner noch hilflosen, kindlichen Lebensstufe.

In historischer Zeit vertritt die Göttin Artemis in der männlich ausgeprägten griechischen Kultur einen Gesamtumkreis des Frauenlebens in erheblicher Dichte, nicht in Antithese zur Polis-Welt der Männer, sondern eher integrativ. Der Artemis-Kult war ein vielfältig korrespondierender Faktor im differenzierten griechischen Sozialgefüge.

Die klassische Dichtung versteht die Einbindung des Menschen in die Urzwänge als tragisch. Aber sie zeigt auch die Lösung der tragischen Verknüpfungen auf. Iphigeneia im besonderen ist auf die Überwindung des Tragischen hin angelegt. Bei Euripides ist sie als Priesterin der Artemis mit schutzgewährender Frauen-Kraft ausgestattet. In der Legende von Embaros und seiner Tochter in Mounichia hinwiederum, die nicht in die Dichtung eingegangen ist, tritt uns der Vater entgegen, dessen Handeln direkt auf Befreiung hin gerichtet ist. Deuten wir die symbolischen Linien in der Mythologie und in der tragischen Dichtung auf solche Weise, so entsteht eine Gegenposition zur Annahme fortdauernder böser Kräfte aus dem „wilden Ursprung" der Menschheitsgeschichte im Sinne von Walter BURKERT. Modern gewendet: Die Göttin Artemis wird zwar auch durch ein NIETZSCHE- oder FREUD-Paradigma einsichtig, jedoch in höherem Maße durch das Prinzip Hoffnung nach Ernst BLOCH. Letztlich gilt das auch für die Tauropolos, als derjenigen Verkörperung der Göttin, die Leid und Tod auffängt.

Das von den Griechen gewonnene klassische Verständnis der Sinnfigur „Artemis" ist gleichwohl von der Erinnerung an die Ursprungslage nicht zu trennen. Ja die Erinnerung ist förmlich konstitutiv für die schließliche humanistische Ausprägung. Denn existentielle Grundbefindlichkeiten wie das Bedrohtsein und das Befreitsein bleiben in der Vorstellung an Urszenen und Ursprungslagen gebunden. Das gilt für den Einzelnen mit seiner Lebensgeschichte ebenso wie für die soziale Gesamtheit mit ihrer großen Geschichte. Erinnerungen werden von einer Generation an die nächste weitergegeben.

Der Artemis-Kult umfaßte von Anfang an in komplexer Verschränkung, auch in wechselnden lokalen Verdichtungen, existentielle Lebens- und Bewußtseinsinhalte, nämlich:

- Naturgebundenheit: Jagd, Kraft, die Wesenheiten Hirsch und Stier, Unabhängigkeit und Verborgenheit der Frauen
- Sexuelle Stilisierung des Lebens: Weibliche Askese und Stärke, Virginität ebenso wie Entäußerung und Tanz, die Artemis-Dionysos-Korrespondenz

- Stufen des Lebens und Begrenzung des Lebens: Geburt, Kindes-, Jungfrauen- und Frauenalter, Hochzeit und Ehe, Kindbett und Mutterschaft, Kindbettod und Kindestod
- Emotionale Grundbeziehungen und ihre Diskrepanzen: Familie, Mutter-Kind, Vater-Kind und insbesondere Vater-Tochter, der Iphigenien-Impuls der Güte.

Alle diese Lebensinhalte blieben den Griechen bewußt in der numinosen Rückbindung an die Gottheit im rituellen Opfer, anfangs als leibhaftige Darbringung von Kindern auf dem Blutaltar, schließlich als lebensfördernder Dienst heranwachsender Jungfrauen im Heiligtum der Göttin.

Die griechische Erinnerung an das Bewußtwerden der Humanitas war immer zugleich auch ein pädagogischer Prozeß mit gestalthaften Zügen. Arrhephoria und Arkteia sind der sinnfällige Ausdruck hierfür. Alle ausgebreiteten religionsgeschichtlichen, mythologischen, historischen und archäologischen Sachverhalte in ihrer Verflechtung nehmen so betrachtet den Charakter eines Bedingungsrahmens an, in dem sich Erziehung und Bildung vollzogen haben. Die Sachverhalte bezeichnen die Lebens- und Geisteswelt der als Lehrerinnen handelnden Priesterinnen und der ihnen anvertrauten Mädchen. Das erhebliche Wissen, das die Frauen gehabt haben müssen, war aber sicher bildhafter strukturiert, als es in unseren quellenorientierten Erörterungen aufscheint. An einigen Stellen hat sich uns in Andeutungen die Menschlichkeit der Priesterinnen offenbart, etwa auf einem Vasenbild, das eine Frau im Umgang mit den *arktoi* zeigt, oder auf einem Votivrelief mit einer Familie, die der Göttin (der Priesterin) entgegen tritt. Aus der humanen Gesinnung des Zeitalters heraus eröffnete sich schließlich eine Sphäre der Bewußtheit, die Eltern dazu bewegte, Bildnisse ihrer Kinder im Heiligtum aufzustellen.

12. Kinder blicken uns an

Die Kinder von Brauron werden nunmehr an erhaltenen vollständigen Statuen wie auch an Köpfen, die zum großen Teil aus dem Erasinos-Schlamm stammen, vorgestellt. Wichtige Ergänzungen sind Kinder-Skulpturen und -Köpfe aus anderen Heiligtümern spätklassisch-frühhellenistischer Zeit. Außerdem wird aus der bedeutenden Sachgruppe der attischen Grabstelen eine Kinder-Grabstele vorgestellt.[231] Eigens hingewiesen sei auf die den brauronischen Kinder-Bildnissen in vieler Hinsicht entsprechenden Kinder-Bildnisse aus dem Eschmun-Heiligtum im phönizischen Sidon, von welchen im vorausgehenden Kapitel bereits drei Köpfe vorgestellt worden sind (Abb. 7 bis 9).

Die Künstler aller dieser Kinder-Votive haben ausdrucksvolle Bildnisse von ungemeiner

[231] Zur Sachgruppe insgesamt: A. CONZE, Die attischen Grabreliefs II; III (1900). - Eine ausführliche Liste der in ihrer Studie vorkommenden Grabreliefs von Kindern bringt Chr. VORSTER, Griechische Kinderstatuen (1983) 69ff.

Differenziertheit geschaffen. In den Bildnissen offenbart sich ein physiognomisches und psychologisches Verständnis, das um so bemerkenswerter ist, als es sich eben auf die Kinder bezieht und nicht mehr nur auf berühmte Persönlichkeiten. Die Wahrnehmung kindlicher Eigenart kann auch als Ausdruck der Achtung des Kindes verstanden werden - bei den Künstlern und bei den auftraggebenden Eltern.

Die meisten Gesichter haben eine Richtung, aus der man mit ihnen „in Blickkontakt treten" kann. Der Betrachter muß sich dabei die Augen „sehend" vorstellen, das heißt mit Pupille und gerichtetem Blick. Zumindest ein Teil der Skulpturen war vollständig oder über bestimmte Partien, so auch in den Augen, bemalt. Semni PAPASPYRIDI-KAROUZOU hat bei dem blinden Mädchen (Abb. 28) Spuren von Bemalung festgestellt.[232] Auch die Grabstele der Plangon (Abb. 40) weist Spuren von Bemalung auf.[233] Die Bemalungen von Steinbildwerken haben in den wenigsten Fällen die Jahrtausende überdauert.

Bei der Erschließung des physiognomischen Gehaltes der Kinder-Bildnisse kann die erhebliche Vorarbeit, die Ernst BUSCHOR in seinen Studien zu den Bildnisstufen geleistet hat, nicht unberücksichtigt bleiben[234], wobei allerdings die Einschränkung zu machen ist, daß dem Autor die brauronischen Kinder-Bildnisse in ihrer Fülle noch nicht bekannt waren und ihm die Kinder-Bildnisse aus anderen Heiligtümern nicht als eine eigene herausragende Sachgruppe erschienen sind. Unter den von BUSCHOR für den gesamten historischen Verlauf entwickelten 17 Bildnisstufen kommen im vorstehenden Zusammenhang das für die klassische Zeit gültige „Seinsporträt" und das nachklassische „Erscheinungsporträt" in Frage. Prägnante Beispiele für Seinsporträts findet BUSCHOR etwa unter den olympischen Sieger-Statuen des 5./4. Jahrhunderts. Zu den Erscheinungsporträts gehören viele der bekannten Statuen oder Köpfe von Philosophen und berühmten Persönlichkeiten der Folgezeit. Dem Seinsporträt kommt ein überzeitlicher, auf Menschlich-Allgemeines hin gerichteter Charakter zu, auch wenn der persönliche, namentlich genannte Mensch dargestellt ist. In den Erscheinungsporträts drängt sich dem Betrachter ein vielfältiges Individuelles auf. Aber es liegt nahe, auch in diesen Bildnissen noch nach einem Allgemeinen, oder einfacher: nach einem Typischen im Menschsein zu suchen, und zwar gemäß dem von PANOFSKY formulierten Sinn, wonach „die Welt des klassisch-antiken Künstlers aus einer Summe von Typen" besteht, „deren jeder eine Mehr- oder Vielzahl von Sonderfällen in sich zum Ausdruck bringt".[235] BUSCHOR äußert sich über einen dahingehenden Zusammenhang: „... auch die freien Votivporträts [der nachklassi-

---

232 S. PAPASPYRIDI-KAROUZOU, ArchEphem 1957, 69

233 CONZE a.O. III 194 (zu Kat.Nr.815)

234 E. BUSCHOR, Bildnisstufen (1947); ders., Das hellenistische Bildnis (1949). - Hinzuweisen ist ebenfalls auf B. SCHWEITZER, Studien zur Entstehung des Porträts bei den Griechen (1940) mit den Kapiteln „Zur Beurteilung individueller Züge im 5.Jh." S.29ff. und „Zur Entstehung der physiognomischen Sehweise im 5.Jh." S.40ff.

235 E. PANOFSKY, Sinn und Deutung in der bildenden Kunst (dt.Ausg. 1978) 292

schen Zeit], die zu Ehren von Zeitgenossen oder Verstorbenen in die Heiligtümer geweiht wurden, haben den Ring [d.i. die Verbindung von allgemeinem ‚Sein' und individueller ‚Erscheinung'] nicht ganz gesprengt. So sicher unter ihnen persönliche, unaustauschbare Darstellungen begegnen, so ist dieses Persönliche doch erst dem überpersönlichen Seinsbild des Menschen abgewonnen und fügt sich in allen nachweisbaren Fällen dem Bild der Grabfiguren in harmonischer Erweiterung ein..."[236] Bei den von BUSCHOR genannten „Grabfiguren" ist vor allem an die Darstellungen auf den attischen Grabstelen des ausgehenden 4. Jahrhunderts zu denken, worunter sich übrigens viele Bildnisse von Frauen und Kindern befinden.

In den nachfolgend abgebildeten Kinder-Darstellungen gehen wir vornehmlich dem Moment des Persönlichen, Unaustauschbaren nach, konkreter: die Aufmerksamkeit gilt den je einmaligen Jungen und Mädchen. Diese Blickrichtung braucht nicht die mögliche Erkenntnis von allgemeineren, zeittypischen Ausdrucksformen zu verstellen.

Ausführliche oder gar „vollständige" physiognomisch-psychologische Analysen der Kinder-Gesichter und - soweit es sich um Statuen handelt - der körperlichen Erscheinung sind nicht beabsichtigt, eingedenk der allgemeinen Erkenntnis, daß jedes Gesicht vieldeutig ist. Es mag bei Hinweisen sein Bewenden haben. Der Betrachter kann versuchen, weiter in die individuellen Dimensionen einzudringen.

Bei der Erschließung des physiognomischen „Gehaltes" der Kinder-Gesichter ist es auch nützlich, ergänzend das Gespräch mit Künstlern oder Psychologen unserer Zeit zu suchen, die zwar in der Erfassung von Ausdruck und Mimik geübt sind, der anstehenden archäologischen Materie jedoch fernstehen. Dieser methodische Akzent schließt im Prinzip an BUSCHORs Vorgehen an, der ja Bildnisse aus allen Kultur-Epochen bis ins 19. Jahrhundert n.Chr. untersucht, ohne überall „Experte" zu sein. Der Betrachter muß sich gleichwohl darum bemühen, mit den Kinder-Gesichtern aus einem anderen Zeitalter und sozialkulturellen Umfeld vertraut zu werden.

Die Bildnisse enthalten natürlich auch vielfältige kulturgeschichtliche Informationen. Dem steht nicht entgegen, daß sie in ihrem statuarischen Charakter einer leicht beschreibbaren, umgrenzten Ikonographie folgen.

Bei den vollständig erhaltenen Mädchen-Skulpturen fällt zunächst die Kleidung ins Auge.[237] Die Mädchen sind alle in Gewänder gehüllt. Und zwar tragen sie den Chiton, ein hemdartiges Gewand, das meist über Brust und Rücken sowie an den Achseln gegürtet ist. Durch die Achselgürtung entstehen aus der Stoffbahn Ärmel, die das Gewand für den

---

236 BUSCHOR (1947) 189ff.

237 Zur griechischen Kleidermode: M. BIBER, Entwicklungsgeschichte der griechischen Tracht (1967). - Zur Kindertracht im anstehenden Zeitalter: Chr. VORSTER, Griechische Kinderstatuen (1983) 16ff. et passim.

Alltag gut verwendungsfähig machen. Keine Achselgürtung haben die Chitones der Mädchen auf den Abbildungen 34 und 35. Wenn der Chiton hochgegürtet wird, entsteht ein Apóptygma (ein Überhang) wie auf den Abbildungen 24 und 36. Einige Mädchen tragen zusätzlich ein Himation (einen Mantel, oder richtiger: ein mantelartiges Gewand). Der Mantel ist entweder über die Schulter drapiert (Abb. 35) oder nur um den Körper gewunden (Abb. 33) und wird über einem Arm gerafft . - Knaben sind in der Regel unbekleidet. Ein Mantel kann dann offen über die Schultern gelegt oder auch über dem Arm gerafft sein (Abb. 27 und 26). - Die Frisuren sind unterschiedlich. Halblange Haare reichen bis über die Ohren oder sind im Nacken gebunden. Verbreitet sind der Zopfkranz und der Scheitelzopf.[238] Mehrere Kinder, Knaben wie Mädchen, tragen einen Stephane (einen Stirnreif). - Besonderes Interesse erregen die von den Kindern oft gehaltenen Tiere oder Spielzeuge, worauf im folgenden jeweils hingewiesen ist. Eindrucksvoll ist, wie das Mädchen auf Abb. 23 ein Kaninchen in dem um den Köper drapierten Mantel trägt.

Bei allen vollständig erhaltenen Skulpturen ist es auf Grund der naturalistisch erfaßten Körperproportionen leicht, das Alter der dargestellten Kinder einzugrenzen, was im einzelnen nicht ausgeführt zu werden braucht.

Die Kinder-Bildnisse aus dem spätklassisch-frühhellenistischen Zeitalter können auf dem Hintergrund eines sozialkulturell bedingten Habitus der Menschen verstanden werden, der vieleicht mit den Begriffen der Sanftheit und der Gemessenheit näher umschrieben werden darf. Die Künstler schufen ihre Werke aus einer dahingehenden allgemeinen Befindlichkeit heraus. Auf dem Hintergrund eines „gemeinsamen Wesens" erscheinen die dargestellten Kinder in ihren vielfältig ausgeprägten Physiognomien als je individuelle Charaktere. Wir erkennen fröhliche und ernste, treuherzige und verschmitzte, gelegentlich auch mokante Gesichter, ferner solche mit offen zugewandtem Wesen und solche mit eher verharrendem Ausdruck. Es gibt phlegmatische und agile Nuancen in der kindlichen Art, und wir schauen in Gesichter mit gröberen und mit feingliedrigen Zügen.

Die vielfältigen individuellen Eigenarten in den Kinder-Gesichtern lassen den Schluß zu, daß die Menschen in der Lage waren, Kinder in ihrem jeweiligen So-Sein zu erkennen und zu akzeptieren - die Künstler ebenso wie die Eltern, welche die Bildnisse in Auftrag gaben. Was die allgemeinen Merkmale des zeitspezifischen Habitus anbetrifft, so darf man vom Wesen der dargestellten Kinder auf das Wesen der Erwachsenen schließen, der Eltern und der erzieherisch Tätigen. Die Kinder sind förmlich ein Spiegel des Erscheinungsbildes und des Verhaltens der Erwachsenen. So ist es nicht unberechtigt, bei den Mädchen auch ihre Priesterinnen in den Frauen-Heiligtümern mit in die Vorstellung einzubeziehen. Es müssen hingebungsvolle und liebenswerte Frauen gewesen sein.

Die Eigenart der griechischen Kinder-Bildnisse aus der zur Rede stehenden Zeit wird

---

[238] Zur griechischen Haarmode: „Haartracht und Haarschmuck" (STEININGER), RE VII 210ff. - Zur Kinder-Haarmode im anstehenden Zeitalter: VORSTER a.O. 19ff. mit Literatur.

besonders deutlich, wenn wir sie mit Darstellungen von Kindern aus einer anderen Zeit und Kultur vergleichen. In unserem Zusammenhang gleitet der Blick zu den über anderthalb Jahrtausende jüngeren Kindern aus Florenz in ihren eigentümlichen Lebensmöglichenkeiten und mit ihren von den Künstlern - z.B. im Engel-Genre - bis zur Expressivität hin erfaßten Verhaltensweisen. Aber vielleicht zeigt der Vergleich auch, daß das Kindliche im Grunde aller Kulturen gleich ist.

Stelen (Oberteile) mit Weihungs-Texten für Kinder-Statuen

Die Kinder-Bildnisse

Abb. 23 a, b, c. Mädchen-Statue aus Brauron

Marmor, H. 80 cm. Gefunden im Nordflügel der Stoa (siehe Abb. 15 und 16). Museum Brauron Inv.Nr.60. Aufnahme 23a TAP-Service Athen. - PAPASPIRIDI-KAROUZOU, ArchEphem 1957, 68ff.; Ergon 1958, S.8 u. Abb.38; BCH 83, 1959, S.596 u. Abb.27; DRÖGEMÜLLER, Gymnsaium 68, 1961, S.214ff. u. Tf.7 (Abb. unvollkommen); PAPADIMITRIOU, Scientific American 1963, 116 mit Abb.; THEMELIS (o.J.) S.70 u. Abb. S.71; VORSTER (1983) Kat.Nr.41; RÜHFEL (1984, 1) S.221 u.Abb.91; HOOF (1990) Abb.4 u.5.

Wenn wir das Bildnis von unserer heutigen Mentalität aus einschätzen, so tritt uns ein gereiftes Kind entgegen, dessen etwas nach unten gezogene Lippen sogar eine pessimistische Abgeklärtheit zum Ausdruck bringen könnten. Dargestellt ist aber ein noch recht junges Mädchen von etwa fünf Jahren. Wir wissen nichts über den Entstehungsprozeß der Statue, insbesondere, inwieweit der Bildhauer „nach der Natur" gearbeitet hat und ob er dabei auch einem vertrauten sozialen Typus gefolgt sein könnte. Vor allem wissen wir nichts über das Lebensschicksal des Kindes. Seine Ernsthaftigkeit und Sanftheit, die uns ebenfalls entgegen strahlen, enthalten über die individuellen Züge des Bildnisses hinaus vielleicht eine mentale Komponente der Menschen und ihres Zeitalters.

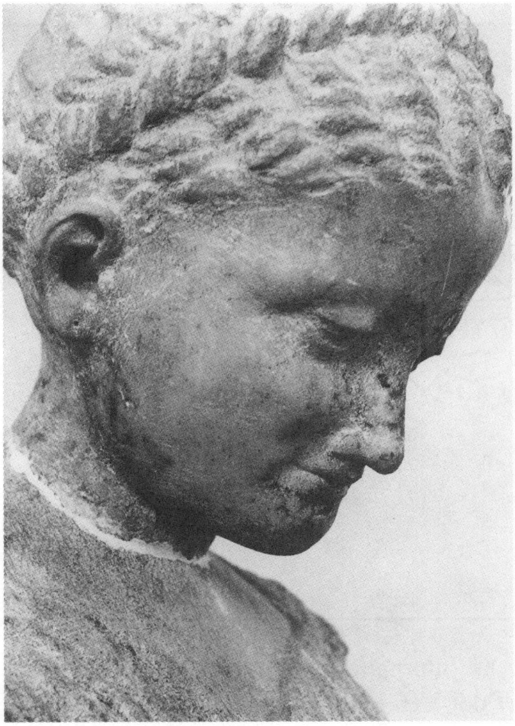

a

b

Abb. 24 a-b. Mädchen-Statue aus Brauron

Marmor, H. 115 cm. Aus der Stoa. Museum Brauron Inv.Nr.62. Aufn. 24b TAP-Service Athen. - THEMELIS (o.J.) S.70 u. Abb. S.71; VORSTER (1983) Kat.Nr.5; DOUSKOU (1985) S.54 u. Abb.56.

Das Bildnis belegt eindrucksvoll, wie die Künstler einzelne bestimmte Kinder darzustellen gewohnt waren. Man achte auf die wesensbestimmende Ausprägung von Stirn und Kinn und auf die Nuancen des Mundes. Auch die Haltung des Kindes hat einen eigentümlichen Zug. Das Mädchen mag etwa sieben oder acht Jahre alt sein. - Auch bei diesem Bildnis sticht kindliche „Abgeklärtheit" hervor. Wiederum erscheint Individualität auf dem Hintergrund einer gemeinsamen „sozialen Gestik".

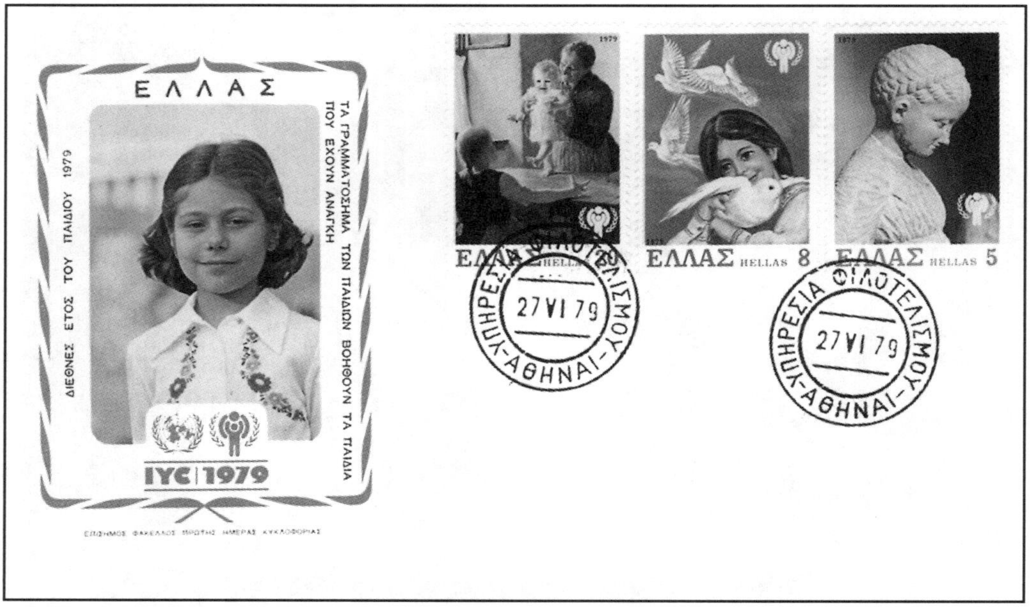

Abb. 25. Griechische Briefmarkenausgabe zum Internationalen Jahr des Kindes 1979 auf offiziellem Ersttagsbrief der Vereinten Nationen

Die Marke zu 5 Dr zeigt die Mädchen-Statue aus Brauron Abb. 24. - Auf einem entsprechenden amtlichen Ersttagsblatt der griechischen Post führt Spiros DOXIADIS, griechischer Minister für Sozialwesen, die bereits 1959 von den Vereinten Nationen proklamierten Rechte des Kindes an, die aber seither nicht in allen Ländern der Welt anerkannt wurden. Weiter sagt er: „So richteten wir uns an die Vereinten Nationen und verursachten eine neuerliche internationale Kampagne für die Rechte des Kindes. Die UN Generalversammlung im Dezember 1976 stimmte für den Beschluß, durch den das Jahr 1979 zum internationalen Jahr des Kindes ernannt wurde ...“

Z u d e n A b b i l d u n g e n 26 u n d 27 :

Beide Knaben sind in recht jungem Alter dargestellt. Die bei den Mädchen erkannte Grundstimmung des „abgeklärten Ausdrucks“ kann man auch diesen Kindern zusprechen. Verstärkend wirken hierbei sicher die ikonographischen Muster des über den Arm gelegten bzw. über die Schulter drapierten Mantels. - Man beachte bei dem Knaben in Abb.27 das Statuettenformat. Die angewandte Terrakotta-Technik läßt im übrigen auch die bildnerische Herausbildung von Nuancen beim Gesichtsausdruck zu.

a

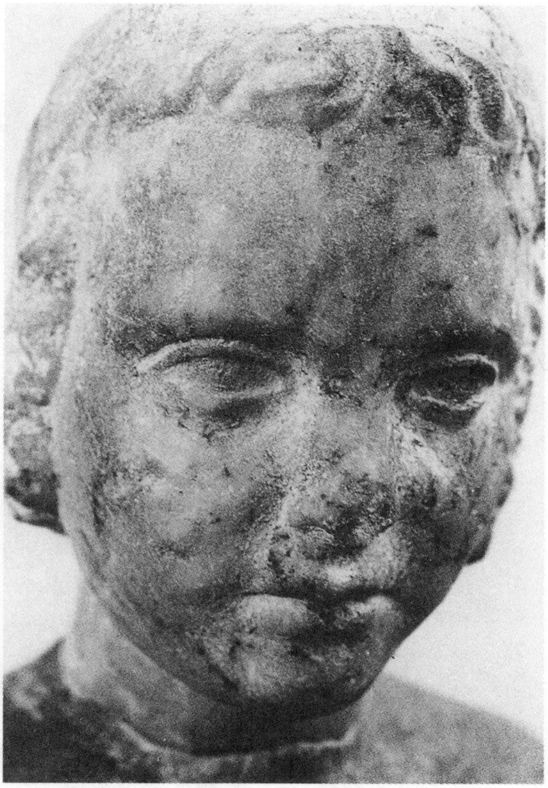

b

Abb. 26 a-b. Knaben-Statue aus Brauron

Marmor, H. um 70 cm. Aus dem Temenos-Bereich. Museum Brauron. - THEMELIS (o.J.) S.70 u. Abb.71; PAPADIMITRIOU, Scientific American 1963, 116; VORSTER (1983) Kat.Nr.91. (Lediglich der Kopf ist abgebildet in: Ergon 1959, Abb.16; Praktika 1959, Tf.12a; BCH 84, 1960, Abb.7. An allen drei Stellen als Kopf eines Mädchens - einer *arktos* - angesprochen.)

Abb. 27. Knaben-Statuette aus Brauron

Marmor, H. um 15 cm. Aus dem Temenos-Bereich. Museum Brauron. - Ergon 1960, Abb.38; BCH 85, 1961, Abb.9; VORSTER (1983) Kat. Nr. 93.

a

Abb. 28 a-b. „Das blinde Kind von Brauron"

Kopf einer Kinder-Skulptur mit ergänzender Ausdrucksstudie. Marmor, H. noch 17 cm. Gefunden im Nordflügel der Stoa (siehe Abb. 15 und 16). Museum Brauron. Aufnahme 28a TAP-Service Athen. - PAPASPYRIDI-KAROUZOU, ArchEphem 1957, 68ff.; Ergon 1958, Abb.39; BCH 83, 1959, Abb.25; CHARBONNEAUX et. al. (1971), Abb.240; THEMELIS (o.J.) S.26, Abb. das.; VORSTER (1983) Kat.Nr.170 (polemisch gegen die Annahme der Blindheit); RÜHFEL (1984, 1), S.219f. u. Abb.89; HOOF (1990).

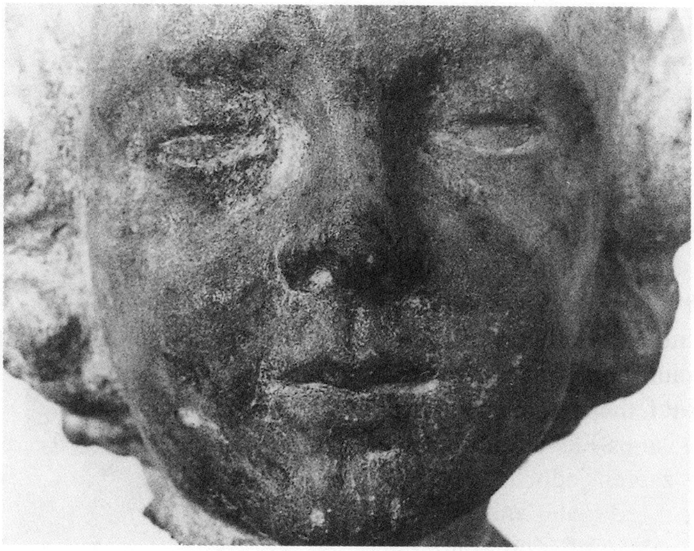

b

Die Betrachtung des blinden Kindes von Brauron kann als Höhepunkt unseres Diskurses über die griechischen Kinder verstanden werden. In ihrer sorgfältigen Studie hat Semni PAPASPYRIDI-KAROUZOU den erhalten gebliebenen Kopf anatomisch und stilistisch beschriebenen und mit den beiden vollständig erhaltenen brauronischen Mädchenstatuen (Abb. 23 und 24) verglichen, nicht nur zum Zwecke der Datierung, sondern auch in der Absicht, sich das Kind vorzustellen, mit langem Chiton bekleidet und liebevoll ein Kleintier umfassend. Was die Darstellung der Blindheit anbetrifft, zieht Verfasserin die bekannte hellenistische Büste des blinden Homer (römische Replik u.a. im Louvre) zum Vergleich heran, die aber später als der Brauroner Kopf datiert.

Die Blindheit findet ihren plastischen Ausdruck in den eingefallenen Augäpfeln, die keine Verbindung zur Außenwelt haben, und im Herabfall der oberen Wimpern. Diese Merkmale sind, so weit bekannt, von griechischen Künstlern vorher noch nie wahrgenommen worden. Hier gehören sie zu einem Kindergesicht, das mit seinem ungewöhnlich empfindsamen Munde - man beachte die „vibrierenden" Lippen - und einem fast unsichtbaren Lächeln schweigende Geduld offenbart. Das Kind blickt in innere Tiefen und scheint dennoch mit der Umwelt in dichtem Kontakt zu stehen.

Das Mädchen trägt eine Stephane mit einer diademartigen Spitze, die in dieser ausgeprägten Form in Brauron selten zu sein scheint. Wenn wir auch nichts weiter über das Kind wissen - ob es etwa eine *arktos* war -, so darf man dennoch vermuten, daß es einen anerkannten Platz in seinem Lebensumkreis einnahm.

„Kranz der Kindheit"
Weitere 21 Gesichter von Kindern aus Brauron

Aus der großen Zahl brauronischer Kinder-Skulpturen folgt eine mehr zufällige Auswahl von erhaltenen Köpfen, wobei in Ansehung einer kritischen Veröffentlichung auf nähere Angaben verzichtet sein möge. Gefunden an verschiedenen Stellen des Temenos. Museum Brauron.

Man achte darauf, daß einige Köpfe durch das Geröll des Erasinos-Flusses verschliffen sind. Die Köpfe zeigen jedoch meist noch charakteristische Merkmale, insbesondere Frisuren wie Scheitelzopf, Zopfkranz oder zum Hals herabreichendes Lockenhaar. Mehrere Kinder tragen eine Stephane.

Auf den Bildern begegnen uns Knaben wie Mädchen, Kinder in ganz jungem oder auch schon in etwas fortgeschrittenem Alter, ohne daß dies im einzelnen Falle immer genau bestimmt werden kann, wie das Beispiel des etwa zweijährigen Knaben auf Abbildung 26 a/b zeigt, dessen Kopf zunächst als einem älteren Mädchen zugehörig angesehen wurde.

Insgesamt ist der heutige Betrachter geneigt, die dargestellten Kinder älter aufzufassen, als sie tatsächlich waren. Man vergleiche hierzu auch das kleine Mädchen mit seinem Gesichtsausdruck auf Abb. 23.

a

b

c

Abb. 29 a-c. Erster Teil einer Reihe von Kindern aus Brauron

a b c d e f

Abb. 30 a-f. Kinder aus Brauron, Fortsetzung

a b c d e f

Abb. 31 a-f. Kinder aus Brauron, Fortsetzung

a b c d e f

Abb. 32 a-f. Kinder aus Brauron, Fortsetzung und Schluß

Abb. 33

Abb. 34

Abb. 35

Abb. 36

Vier Mädchen-Statuen aus verschiedenen Heiligtümern

Abb. 33. Mädchen-Statue in Piräus
Marmor, H. 80 cm. Die naheliegende Herkunft aus dem Heiligtum der Artemis Mounichia in Piräus ist nicht mehr nachzuweisen. Der von dem Mädchen gehaltene große Vogel ist ohne Kopf. - Archäologisches Museum Piräus Inv.Nr.427. Aufnahme TAP-Service Athen. - VORSTER (1983) Kat.Nr.53

Abb. 34. Mädchen-Statue in Delphi
Marmor, H. 86 cm. Gefunden beim Apollon-Tempel. Archäologisches Museum Delphi. Aufnahme TAP-Service Athen. - VORSTER (1983) Kat.Nr.44 (mit weiterer Literatur); RÜHFEL (1984, 1) Abb. bei S.64

Abb. 35. Mädchen-Statuette aus Attika
Terrakotta, H. 14,6 cm. Antikenmuseum Berlin, Staatl. Museen Preußischer Kulturbesitz Inv. Nr.1380.24. Museumsphoto I. GESKE. - Lit.: Antikenmuseum Berlin, Die ausgestellten Werke (1988), S.180f.

Abb. 36. Mädchen-Statue von unbekanntem Fundort
Marmor, H. 107 cm. Staatl. Antikensammlung und Glyptothek München Inv.Nr. GL490. Museumsphoto Chr. KOPPERMANN. - LAWRENCE, Later Greek Sculpture (1927) S.17 u. Tf.21; VORSTER Kat.Nr.24.

Zu den Abbildungen 33 bis 36:
Die vier Mädchen-Statuen (wie auch die folgenden Skulpturen) belegen eindrucksvoll, daß das an den Brauroner Kinder-Skulpturen erkannte Verständnis von Kindheit die griechische Kultur insgesamt ergriffen hatte. Nicht nur die ikonographischen und stilistischen Gemeinsamkeiten mit den Brauroner Funden treten deutlich hervor. Auch ist allen Bildnissen, die ja in keinem direkten Zusammenhang miteinander stehen, die verhaltenen kindliche Ernsthaftigkeit zu eigen, meist verbunden mit einem gewissen Lächeln. Gleichwohl bringt sich jedes Kind auf eine persönliche Weise zur Geltung.

Abb. 37

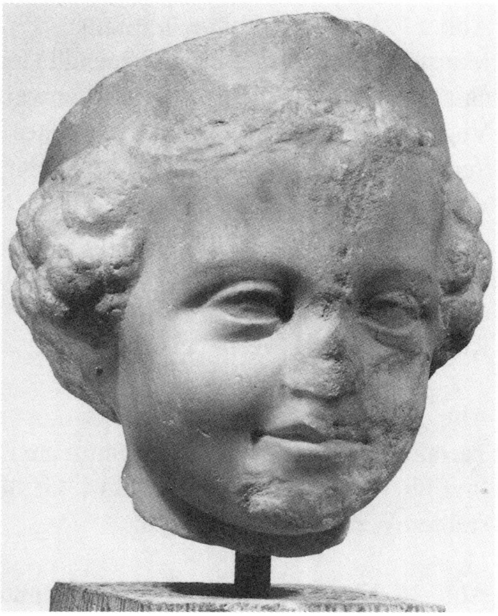

Abb. 38

Abb. 39

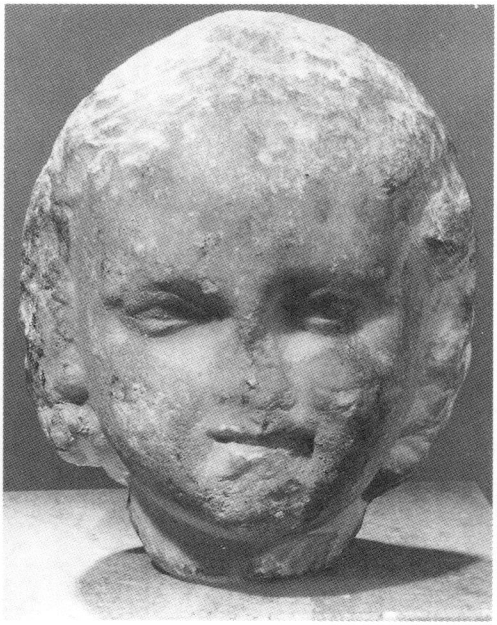

Abb. 40

Vier Köpfe von Kinder-Skulpturen, wahrscheinlich aus attischen Heiligtümern, vermutlich aus Brauron. Sie wurden im Kunsthandel erworben, ehe Brauron noch längst nicht ausgegraben war.

Abb. 37. Kopf einer Kinder-Skulptur, Fundort unbekannt

Marmor, H. 14,5 cm. Aus einer Berliner Privatsammlung, verschollen. - BIELEFELD, Wissenschaftl. Zeitschr. d. Ernst Moritz Arndt-Universität Greifswald. Gesellschafts- u. sprachwissenschaftl. Reihe 4/5, 1955/56, S.250 u. Abb.3 (diese hier wiedergegeben): - VORSTER (1983) Kat.Nr.168.

BIELEFELD bestimmt den Marmor als pentelisch, so daß die attische Herkunft der Skulptur quasi sicher ist. Somit kann es sich um ein Votiv aus einem Artemis-Heiligtum handeln. - Was die Darstellung anbetrifft, so spricht der Autor von „entzückendem Lächeln" und „weichen kindlichen Formen".

Abb. 38. Kopf einer Kinder-Skulptur, Fundort unbekannt

Marmor, H. 17 cm. Martin von Wagner-Museum der Universität Würzburg Inv.Nr. HA 3935. Aufnahme K. ÖHRLEIN. - MÖBIUS, AM 81, 1966, S.148f. u Tf.23, 1-2; VORSTER (1983) Kat.Nr.200 (mit weiterer Literatur).

In Ansehung der Höhe des Kopfes von 17 cm hat es sich um eine ziemlich große Skulptur gehandelt. Die Vermutung, daß es vielleicht eine Mädchen-Statue aus einem Artemis-Heiligtum gewesen sein könnte, bleibt unbeweisbar, auch wenn die stilistischen Merkmale des Kopfes dafür sprechen.

Abb. 39. Kopf einer Kinder-Skulptur, Fundort unbekannt

In Athen erworben. Marmor, H. 12,5 cm. Szépmüvészeti Múzeum (Museum der Schönen Künste) Budapest. Aufnahme des Museums. - FREL, Bulletin du Musée hongrois des Beaux-Arts 24, 1964, S.3ff. u. Abb.2-3; VORSTER (1983) Kat Nr.181.

Der offensichtlich aus Attika stammende Fund wird von FREL mit Brauron in Verbindung gebracht. Wiederum ist wahrscheinlich, daß es sich um eine Mädchen-Statue handelt.

Abb. 40. Kopf einer Kinder-Skulptur, angeblich aus Brauron

Pentelischer Marmor, H. 14 cm. Národni Muzeum (Nationalmuseum) Prag Inv. Nr. HIA 4739. Aufnahme des Museums. - FREL, Bulletin du Musée hongrois des Beaux Arts 24, 1964, S.3ff. u. Abb.1; VORSTER (1983) Kat.193.

Wegen des pentelischen Marmors ist die attische Herkunft der Skulptur kaum fraglich. Die gesamte Oberfläche des Kopfes ist beschädigt. Dennoch ist Wesentliches vom Ausdruck des Kindes erhalten. Sicher hat der Kopf zu einer Votiv-Statue gehört.

Abb. 41. Die Grabstele der Plangon

Marmor, H. 71 cm. Gefunden in Athen um 1868. Staatl. Antikensammlung und Glyptothek München Inv.Nr. GL199. Museumsphoto Chr. KOPPERMANN. - Lit. Auswahl: CONZE, Die attischen Grabreliefs (1900) II Tf.156; III S.174, Kat.Nr.815 und Nachtrag; KLEIN, Anita (1932) Tf.10; RÜHFEL (1984,1) S.174f. u. Abb.72.

Der Name der Plangon ist auf dem Epistyl (dem Gebälk) angebracht. Plangon starb, ehe Demetrios von Phaleron, der von 317 bis 307 unter mazedonischer Herrschaft Athen regierte, die bekannten Luxusgesetze erließ, welche aufwendigen Grabschmuck wie diese Stele verboten.

Das Kind mag um vier Jahre alt gewesen sein. Es trägt einen hochgegürteten Chiton mit Achselgürtung. Das über die Ohren fallende, lockige Haar wird durch eine Stephane zusammengehalten. Plangon hält in der rechten Hand eine Puppe, in der linken einen Vogel, und korrespondiert dabei mit der zu ihr aufschauenden Gans. Die an der Wand hängenden Gegenstände sind wahrscheinlich ein Puppenkleid und ein Beutel mit Astragalen (d.s. Spielsteine aus Schafsknöcheln). Im Bildfeld sind Reste roter Bemalung erhalten.

Von Hildegard RÜHFEL a.O. stammt eine ins Detail gehende, liebevolle Beschreibung des Bildwerkes. - Grabstelen für Kinder stellen innerhalb der Gesamtgruppe attischer Grabstelen wichtige Quellen zur Kindheitsgeschichte dar. Zur Erstinformation siehe CONZE a.O., Kat.Nr.814ff. Hingewiesen sei auch auf die Studie von Ernst BUSCHOR, Grab eines attischen Mädchen (1939), welche der Kinderbestattung im vorausgehenden Jahrhundert, der „Parthenonzeit", nachgeht.

Abb. 42. Skulptur eines Mädchens aus Agrai am Ilissos
(heute im Stadtgebiet von Athen beim Olympieon)
Marmor, H. 41 cm. Archäologisches Nationalmuseum Athen Inv.Nr.695. Aufnahme des Museums. - SVORONOS, ArchEphem 1927, 87ff. u. Tf.1; HADACZEK, ÖJh 4, 1901, 209ff. u. Abb.S. 12; PAPASPYRIDI-KAROUZOU, ArchEphem 1957, 77f. u. Tf.20; VORSTER (1983) Kat.Nr.59.

Die Skulptur wurde zusammen mit drei weiteren Kinder-Skulpturen und einer Votiv-Inschrift an die Geburtsgöttin Eileithyia gefunden. Zwei dieser Skulpturen sind stehende Mädchen, die dritte stellt ein sitzendes Kleinkind dar (SVORONOS a.O. Tf.2; VORSTER a.O. Kat. Nr.1; 2; 60). Es ist wahrscheinlich, daß alle vier Kinder-Skulpturen von Eltern der Eileithyia dargebracht worden waren.

Die sitzende Haltung ist bei den Kinder-Skulpturen zwar seltener, aber dennoch verbreitet (siehe VORSTER Kat.58-64 [Mädchen] und 122-152 [Knaben]). Von den Körperproportionen her ist es ein noch recht junges Kind. Auf die Kreuzgürtung mit Medaillon auf der Brust über einem knappen Apoptygma sei besonders hingewiesen. Der Vogel als Spielgefährte war, wie sich gezeigt hat, allgemein verbreitet. Durch die sitzende Haltung erscheint das Kind noch näher an seinen Alltag herangerückt.

III. HISTORISCHE FORTFÜHRUNG: SYMBOLISCHE KRÄFTE VOM ALTERTUM BIS ZUR NEUZEIT (EROTEN, ENGEL GOTTES UND DAS GÖTTLICHE KIND)

Im Vorausgehenden konnte das Kindheitsverständnis der Griechen in der ausgehenden Klassik an solchen Quellen dargestellt werden, die, wie die Votiv-Reliefs und die Votiv-Skulpturen aus den Artemis-Heiligtümern sowie die attischen Grabreliefs tatsächliches Kinderleben zum Hintergrund haben, wobei sogar konkrete Personen der damaligen Zeit in den Blick geraten sind. Ebenfalls betreffen die herangezogenen schriftlichen Quellen über alte Kulte und Mythen „Tatsächliches", wenn auch in epischer oder dramatischer Zuspitzung und in symbolischer Erhöhung. Man denke an Agamemnon und seine Tochter Iphigeneia oder an Embaros in Mounichia mit seiner Tochter. Aus Texten historischer Zeit ergeben sich mehrfach sogar direkt aufschließbare Sachinformationen, wie etwa aus den *Lysistrate*-Versen zur athenischen Mädchenbildung.

Die Kinder-Skulpturen aus Sidon ordnen sich in einen entsprechenden Tatsachen-Zusammenhang ein wie die Kinder-Skulpturen aus den Artemis-Heiligtümern.

Unsere Erörterung über Kinderopfer-Kulte im westsemitischen Kulturkreis sind ebenfalls auf vielfältige Tatsachen-Zusammenhänge gestoßen. In den betreffenden Quellentexten treten manchmal wiederum namentlich genannte Personen auf, die es in dem einen oder anderen Falle sogar tatsächlich gegeben haben mag. Auf einen kurzen Nenner gebracht erfahren wir aus diesen Quellen, was Erwachsene mit hilflosen Kindern angestellt haben. Die genannten Personen, insbesondere die in alttestamentlichen Erzählungen vorkommenden, können aber auch symbolhaft für Lebenslagen stehen, deren Bewußtseinsinhalte durch Personalisierung artikuliert, stabilisiert und tradiert wurden.

In den Kulten für Baal/Moloch waren die Kinder als Menschen dieser Welt für lange Zeiträume durch die Erwachsenen der ihr Leben fordernden Gottheit ausgeliefert - in grausamer Weise, wie sich gezeigt hat. In einem von Gegenströmungen immer wieder unterbrochenen religions- und kulturgeschichtlichen Prozeß wurden diese Kulte schließlich überwunden.

In den Kulten für Artemis und Eschmun waren die Kinder auf Gottheiten bezogen, die in einem ebenfalls langen Prozeß einen Wandel zu lebensfördernden Kräften durchlaufen hatten.

Im Verlauf der Humanisierung von Kindheit kommen neben der Kultgeschichte und dem Mythos mit ihren uralten Hintergrund-Fakten seit dem Altertum auch Kräfte zu erheblicher Geltung, die sich über bestimmte Kulte hinaus weitreichenden symbolischen Ausdruck verschafft haben. Es sind die Gestalten des Eros bzw. der Eroten und der Engel, die zu Kindern werden können, und außerdem die Gestalt des göttlichen Kindes, auf die sich nunmehr unsere Aufmerksamkeit richtet. Diese Verkörperungen liefern, was das Kindheitsverständnis anbetrifft, förmlich die Klammern von der alten Geschichte zur europäischen Neuzeit. Eroten, Engel und göttliches Kind bilden eine himmlische Versammlung teils geflügelter, heidnischer und christlicher Kind-Wesen, die das in der alten Geschichte begründete Kindheitsverständnis durch die Zeiten bis auf unsere Tage in Klarheit forttragen - allen von Geistigkeit und Geistlichkeit getragenen psychologischen und theologischen Lehren zum Trotz, die diese Gestalten nur in unserem archetypisch fixierten Tiefenbewußtsein oder in der spirituellen Welt auszumachen vermögen.

Eine monographische Aufarbeitung dieser Symbolwelten liegt nicht in unsere Absicht, zumal es bereits umfassende wie auch spezialisierte Studien zu den Themenkreisen in größerer Zahl gibt.[1] Unsere Aufgabe ist vielmehr zeitüberbrückend und schwerpunktsetzend. In der europäischen Frührenaissance, siebzehn Jahrhunderte nach Alexander d.Gr., hat die darstellende Kunst neben den vielen anderen Impulsen aus der Antike auch die Linie der symbolischen Kindergestalten aus dem Altertum wieder aufgegriffen und zwar in Darstellungen, die wie „aus dem Leben gegriffen" erscheinen.

Die neuzeitlichen Schöpfungen geraten direkt neben die antiken Bildwerke, so wie schon die Kunstsammler in der Renaissance-Zeit selbst beide nebeneinander gestellt haben. In den Uffizien von Florenz sind von Anbeginn bis heute - wenn auch mehrfach verändert - die Gemäldesammlungen mit den antiken Werken vereinigt.

Die Herausbildung von Menschlichkeit, aus der sich die Akzeptanz des Kindes herleitet, vollzog sich wie alle sozialen Prozesse in der alten Geschichte in numinoser Rückverbundenheit. Kindlichkeit wurde in göttlichen Kindern lebhaft ansichtig, und die göttlichen Kinder wiederum konnten den irdischen Eltern ihre leiblichen Kinder wesenhaft bewußt machen.

Unsere Aufmerksamkeit richtet sich zunächst auf Kind-Wesen mit Flügeln im Umkreis der griechischen und römischen Religion. Sie stammen ikonographisch von dem geflügelten Eros ab, einem im 5. Jahrhundert v.Chr. zur Entfaltung gekommenden Bildmuster des meist schwebenden jungen Mannes.[2] Seine Flügel sind groß und ausgebreitet.

Der Gott Eros verkörpert komplexe Wesenheiten. Einer in Hesiods *Theogonie* überlieferten Vorstellung zufolge ist Eros die Welt-Liebe und aus dem Chaos erwachsen, zusam-

[1] Aus der umfangreichen Literatur seien genannt: A. GREIFENHAGEN, Griechische Eroten (1957); G. BEREFELT, A Study on the Winged Angel (1968); A.Cl.M. BECK, Genien und Niken als Engel in der altchristlichen Kunst (1936); M. SÖLDNER, Untersuchungen zu liegenden Eroten ... (1986); P.L. WILSON, Engel (1980); A. ROSENBERG, Engel und Dämonen (1967); L. HEISER, Die Engel im Glauben der Orthodoxie (1976); W. MESSERER; Kinder ohne Alter (1962); R. GLÄSER, Ein himmlischer Kindergarten (1939); E. NORDEN, Die Geburt des Kindes (1924); P. SCHWARZENAU, Das göttliche Kind (1984).

[2] A. GREIFENHAGEN, Griechische Eroten (1957); mit zahlreichen Beispielen.

men mit dem Tartaros (d.i. die unterste Welt, noch unter dem Hades), der Finsternis und der Nacht. Auch wird Eros als Verkörperung der Fruchtbarkeit verstanden. Nach einer anderen Überlieferung ist Eros in mehr anthropomorpher Weise als Sohn des Kriegsgottes Ares und der Aphrodite der Gott der Liebesleidenschaft. Die Mutter gab ihrem Sohn einen Bruder, nämlich den Anteros oder die Gegenliebe bei, damit er mit seiner Liebessehnsucht nicht so alleine ist. Aphrodite verkörpert aber ebenso komplexe Wesenheiten aus der Tiefe menschlicher Existenz. Seit hellenistischer Zeit sind Aphrodite und Eros besonders miteinander verbunden, was zu einem verbreiteten Bildmuster geführt hat. Dieses reicht bis zu der galanten Venus der Rokoko-Zeit, die mit ihrem puttohaften, Liebespfeile absendenden Söhnchen Amor oder Cupido im Rosenhag der Ruhe pflegt oder das von Tauben gezogene Gespann fährt. Doch bleiben wir vorerst in der Antike.

Eros ist, wie es die angedeuteten, unterschiedlichen Vorstellungen nahelegen, für die Philosophen gleichwie für jedermann Symbolisierung eines existentiellen Prinzips, sei es in ernster oder heiterer Sichtweise. - Die bekannteste Auseinandersetzung mit Eros ist wohl Platons Dialog *Symposion.* Es sei nur erwähnt, daß Platon zwei verschiedene Aphroditen herausstellt, nämlich eine, die von Uranos, und eine andere, die von Zeus abstammt, wobei jeder Aphrodite auch ein eigener Eros zugesellt ist. Die erstere Aphrodite verkörpert die himmlische, die letztere die irdische Liebe. Die entsprechenden zwei Eroten sind wohl Platons Erfindung. (Plat.symp.180 C ff.)

Der mit ausgebreiteten Flügeln schwebende Eros der Künstler ist nicht im platonischen Sinne aufgespalten. Vielmehr zeigt er sich in verschiedenen, Wachstum und Liebesfreude anzeigenden Verknüpfungen, aus denen keine himmlisch-irdische Hierachie folgert. Die Vasenmaler des 5. Jahrhunderts stellten Eros auf ihren, überwiegend dem rotfigurigen Stil angehörigen Werken zum Beispiel als „vielblumig", d.h. in Blüten liegend dar, oder mit Schmuckbinde, auch reifenschlagend, flötenblasend und kitharaspielend, sowie in Begegnung mit Aphrodite.[3] Seit dem 4. Jahrhundert tritt Eros außerdem mit Pfeil und Bogen auf.

Eros kann sich vervielfältigen. So entstehen die Eroten, die sogar in Scharen auftreten können. Die Möglichkeit der Vervielfältigung von Eros sollte weitreichende Bedeutung für die Ausprägung von Bildmustern späterer Jahrtausende haben. Anfangs waren die in der Mehrzahl auftretenden geflügelten Wesen noch junge Männer. Aber dann wurden sie zu geflügelten Kindern. Eine Darstellung des zu Beginn des 5. Jahrhunderts v.Chr. wirkenden attischen Vasenmalers Makron zeigt Hera, die Königin des Himmels, mit Aphrodite, wobei letztere von vier schon knabenhaften Eroten umflattert wird.[4]

→ S. 273

[3] Siehe GREIFENHAGEN a.O. Abb.1-17. Besonders „Aphrodite und Eros im Parisurteil" auf einer weißgrundigen Pyxis des frühklassischen Penthesileia-Malers im Metropolitan Museum of Arts New York (Abb.17).

[4] Auf einer rotfigurigen Schale des Makron, (ehemals) im Staatlichen Museum Berlin Inv. Nr. F.2291; GREIFENHAGEN a.O. Abb.51 u.S.72.

Abb. 43. Fliegender Eros, 2. Jahrh.v.Chr.

Terrakotta, Höhe 31 cm. Aus einem Haus in Priene, der antiken Stadt am Mäander in Jonien. - Staatl.Museen Preußischer Kulturbesitz, Antikenmuseum Berlin, Inv. TC 8560. Aufnahme Ute JUNG. - WIEGAND, Th. / SCHRADER, H., Priene. Ergebnisse der Ausgrabungen und Untersuchungen in den Jahren 1895 - 1898 (Königliche Museen zu Berlin), Berlin 1904. - RAEDER, J., Priene. Funde aus einer griechischen Stadt (Bilderhefte der Staatlichen Museen Preußischer Kulturbesitz 45/46), Berlin 1983, S.34 u. 73.

Das späthellenistische Werk wurde vermutlich in einer lokalen Werkstatt geschaffen. Der Körper wie auch weitere Teile der Figur, etwa die Flügel, stammen aus Matrizen. Die Künstler haben die Teile vor dem Brand zusammenmodelliert und plastisch ergänzt, so daß es keine gleichartigen Stücke gibt. Auf der rotbraunen Terrakotta sind Bemalungsspuren in Rot und Gold erhalten. Man kann sich den Eros aufgehängt vorstellen. - Es gibt aus Priene zahlreiche weitere verschiedene Eros-Figuren. Sie dienten als Schmuck in Privathäusern.

Aus der umfangreichen Eros-Thematik sei noch auf einen besonderen Typus hingewiesen, nämlich auf den des im hellenistischen und römischen Umkreis weit verbreiteten liegenden Eros mit seiner kindhaften bis kleinkindhaften Ausprägung. Magdalene SÖLDNER, der eine umfassende Monographie zu diesem Typus in der Plastik verdankt wird[5], stellt heraus, daß liegende Eroten gleichermaßen im religiös-sepulchralen Bereich wie auch in Haus, Garten und Landschaft vorkommen. Als „divinierte Kinder-Bildnisse"[6] sind sie eine Allegorie der Glückseligkeit. Sie konnten auf den Gräbern von Kindern wie von Erwachsenen Sinn stiften und ebenso die Lebenden im Alltag begleiten.

Die Frage liegt nahe, warum der Gott zum geflügelten Kinde wurde und sich außerdem vervielfältigen konnte. Schwergewichtige Versuche, diese Ausprägungen herzuleiten, sind eher müßig.[7] Eros ist ein Gott des Ursprungs, und Kinder sind auch noch dem Ursprung des Lebens nahe, und zwar einem glücklichen Ursprung. Im Alten Testament ist es das Paradies. Das Kind, das der erwachsene Mensch einmal war, lebt in diesem weiter, und er hat ein Streben, wieder in den Ursprung einzukehren. Die göttlichen Kinder verleihen darum auch den Kindern in der irdischen Welt einen göttlichen Schein. Aber es ist ein wechselseitiges Verhältnis, denn das Bild der göttlichen Kinder entwickelt sich aus der Auffassung, die eine Gesellschaft von ihren wirklichen Kindern hat. Dort, wo die Menschen einem Baal untertan sind, dem man Kinder in den Feuerschlund werfen muß, können gar keine Eroten fliegen.

Das vielfältige Leid der Kinder in der irdischen Welt ist durch die göttlichen Kinder noch nicht aufgehoben. Aber die Geflügelten zeigen an, daß die Menschen eine Tiefenschicht ihres Wesens wachhalten können, die immer auch Akzeptanz des Kindlichen einschließt.

Von religionswissenschaftlicher Seite ist mehrfach in Abrede gestellt worden, daß zwischen göttlichen Kindern und irdischen Kindern ein gegenseitiges Verhältnis oder überhaupt ein Zusammenhang besteht. Denn man kann leicht auf eine andersartige (geistige, spirituelle, sphärische, himmlische etc.) Qualität der göttlichen Kinder hinweisen, die mit den irdischen Kindern nicht vereinbar sei.[8] Auch haben sich, kunst-

---

[5] M. SÖLDNER, Untersuchungen zu liegenden Eroten ... (1986)

[6] M. SÖLDNER a.O. 337ff.

[7] SÖLDNER a.O. 358ff. setzt sich in ihren abschließenden Erörterungen mit der Frage auseinander, warum der Gott zum Kinde werden konnte. Als Voraussetzung erkennt sie im Hellenismus die „neue, beherrschende Idee der mythosungebundenen Darstellungsweise der Götter". Und weiter führt sie aus, „daß nicht das Interesse am Kind, sondern das Interesse am Gott als Kind den Ausschlag erteilt" habe. Den Göttern komme nämlich, wie Verfasserin weiter ausführt, ein „konstantes Wesen" zu. Dieser Erklärung muß doch wohl widersprochen werden. Die Religionsgeschichte kann allenthalben belegen, daß und wie sich Gottes- und Götterbilder mit den Menschen ändern. Darum ist auch eine Frage, ob das „Interesse am Kind" oder das „Interesse am Gott als Kind" zuerst war, so müßig wie die, ob das Ei oder die Henne am Anfang stand. (Aspekte hierzu auch bei SÖLDNER a.O. Anm.1550 S.588.)

[8] SÖLDNER a.O. 354ff.

Abb. 44. Liegender Eros, Erste Hälfte 1. Jahrh.n.Chr.
Marmor, Länge 93 cm. Mit ausgebesserten Beschädigungen. Fundort unbekannt, vermutlich in Rom erworben. - Residenzmuseum (Antiquarium) München Inv. P. I 359. Aufnahme des Museums. - M. SÖLDNER, Untersuchungen zu liegenden Eroten in der hellenistischen und römischen Kunst, S.18ff. u. Kat.15 (daselbst mit unrichtiger Inv.Nr.). - Das Werk wiederholt, der Bearbeiterin zufolge, ein verbreitet gewesenes Bildmuster.

geschichtlich gesehen, die Eroten nicht im sachlich-inhaltlichen Zusammenhang mit den Bildnissen wirklicher Kinder entwickelt, wobei auf die - hier in erster Linie heranzuziehenden - Votiv-Bildnisse von Kindern in den Heiligtümern von kindschützenden Gottheiten hinzuweisen ist. Die Votiv-Bildnisse kommen schon in der späten Klassik auf und sind etwa ein Jahrhundert aktuell. Die kindlichen Eroten hingegen entfalten sich in der hellenistischen Vorstellungswelt und bleiben über das gesamte Altertum hin lebendig. Sicher ist, daß die kindlichen Eroten kein direkter Spiegel von Kindheit in ihrer Zeit sind, und daß man durch sie nur bedingt konkrete Einzelheiten über Kinder-Leben erfahren oder aus ihnen erschließen kann. Es bleibt aber bei dem gewichtigen Sachverhalt, daß Götter in Kindesgestalt nur leben konnten, weil die Menschen ihren wirklichen Kindern prinzipiell elterliche Anerkennung gewährten. Daher greift auch die Erklärung, daß die Götter in Kindesgestalt lediglich Projektionen der Sehnsüchte Erwachsener seien, sicher zu kurz.

Die kindlichen Eroten sind in ihrem Wesen unverkennbar und einprägsam. Ihre Körperproportionen haben sie von den Kindern der Welt, bis hin zu den pummeligen Armen und Beinen, wenn man nicht sogar von Ärmchen und Beinchen sprechen darf. Ihr Gesicht aber kann erwachsenenhaft sein. Zumindest ist es abgeklärt und verrät Weisheit.

Wenn dann noch ein naiv-heiteres Moment mit ins Spiel kommt, ist auf einmal der Putto da. Sein Grundmuster wurde auch schon im Altertum grundgelegt.[9]

Als sich das Christentum ausbreitete, sanken die kindlichen Eroten in einen tausendjährigen tiefen Schlaf. Trivialer gesagt: Sie verschwanden aus der Kunstszene. Dann erwachten sie - ungemein gestärkt - wieder zu neuem Leben. Wie ist es dazu gekommen? Eine Antwort auf diese Frage sei zunächst zurückgestellt. Zwei Momente sind jedoch noch festzuhalten, nämlich einmal, daß die Eroten immer männlichen Geschlechts sind, und zum anderen, daß es sich bei ihnen als Angehörige der griechisch-römischen Götterwelt noch nicht um Engel handelt, da diese ja christliche Sinngestalten sind. Jedoch stehen die Eroten, seien es Männer, Jünglinge, Knaben oder Knäblein, an wichtiger Stelle in der Ahnenreihe der Engel.

Aus der griechischen Götterwelt ist aber auch eine weibliche Sinn-Gestalt erwachsen, die an der Ausprägung der eines Tages auftretenden Engel teilhat. Es ist die Nike oder Viktoria, die bekanntermaßen in faltenreichem Gewande, mit einer meist entblößten Brust und großen Flügeln hernieder oder voran schwebt, mit Siegeszeichen in der erhobenen Hand irgend ein Ereignis lobpreisend. Wiederum kann die Nike auch in der Mehrzahl auftreten, dann sind es die Niken oder Viktorinen. Hinsichtlich ihres Alters ist die Nike allerdings festgelegt; es handelt sich in aller Regel um eine junge Frau.[10] Bekannte Niken sind die Nike des Paionios aus und in Olympia von 424 v.Chr., die Nike von Samothrake um 190 v.Chr. (in Paris), die goldene Viktoria des Friedrich DRAKE auf der Siegessäule in Berlin von 1873 n.Chr. und andere.

Schließlich gibt es im Umkreis der Engel-Vorfahren noch eine männliche Sinn-Gestalt, den Genius, der nicht minder vervielfältigt auftreten kann. Der Genius verkörpert die innere Kraft, das Besondere eines Mannes, aber ebenso eines umgrenzten sozialen Gefüges wie etwa der Familie. Genien können wie Niken mit ihren großen Flügeln einherschweben, auch entschweben. Sie sind meistens als junge nackte Männer oder Jünglinge dargestellt. Gunnar BEREFELT vertritt in seiner Studie über den geflügelten Engel die Auffassung, daß die zur Rede stehende Sinn-Gestalt zutreffender durch den Begriff „Eros Psychophoros" (der die Seele tragende Eros) gekennzeichnet sei.[11]

Bedeutungsvoll in unserem Zusammenhang ist somit, daß die Niken und Genien den Eroten nahestehen und wie diese fliegen können. Im Gegensatz zu letzteren sind sie jedoch in antiker Zeit noch nicht zu Kindern geworden. Dennoch nehmen sie in der kom-

---

[9] SÖLDNER a.O. 129 im Anschluß an H. DÖHL, Der Eros des Lysipp. Frühhellenistische Eroten (1968)

[10] A.Cl.M. BECK, Genien und Niken (1936) 7ff.; G. BEREFELT, A Study on the Winged Angel (1968) 102, mit Quellenhinweisen.

[11] BEREFELT a.O. 57ff.

plexen Engel-Genese, wie sie uns unter dem Kindheits-Aspekt beschäftigt, auch einen wichtigen Platz ein.

Außer den einzeln schwebenden Niken und Genien gibt es noch ein in spätklassischer Zeit entstandenes Bildmuster der paarweisen Niken und Genien in repräsentativer Absicht. Seine Entfaltung erlebte dieses Muster oder auch Motiv in den nachchristlichen Jahrhunderten bis zur Ausbreitung des Christentums im römischen Reich. Man findet die Niken oder Genien in symmetrischer Gegenüberstellung angeordnet, wie sie, meist halb liegend, aber auch stehend, ein Bildnis, ein Medaillon, eine Inschrift, einen Kranz oder ein Symbol mit ihren Händen fassen und es so einrahmen. Bevorzugte Stellen für solche Gestaltungen waren die kunstvollen, von Bildhauern geschaffenen Sarkophage des Zeitalters als Medien für Trauergefühle, Trost-Verheißungen und Jenseits-Vorstellungen.[12] An Bauwerken und auf Münzen sind die paarweisen Niken und Genien ebenfalls vertreten.

In der christlichen Zeit leben die Geflügelten in paarweiser Anordnung ohne Unterbrechung weiter. Nun umgreifen sie meistens christliche Bilder und Zeichen, insbesondere Jesus Christus, das Christusmonogramm oder das Kreuz, im weströmischen wie im oströmischen Bereich. Durch die christlichen Themen werden die Flügelwesen zu Engeln, und zwar schon im Verständnis der zeitgenossischen Betrachter und bei den Kirchen-Schriftstellern, schließlich bei den Kunsthistorikern. Das Bildmuster wird durch alle Jahrhunderte bis in unsere Zeit bedeutsam bleiben, auch wiederum antikisierend oder mit „säkularisierten" Engel-Paaren. (Renaissance-Beispiele auf der Mugello-Lünette von Luca della Robbia Abb. 52 und auf der Konsole der Madonna der Architekten Abb. 54.)

Auch die einzelnen, geflügelten Niken und Genien (die letzteren nunmehr ebenfalls bekleidet) bleiben lebendig. Sie verbinden sich nämlich direkt mit der biblischen Engel-Vorstellung. Der Engel-Begriff selbst sowie die Bezeichnungen für vielfältige engelgleiche Wesen entstammen der Bibel. Insofern handelt es sich bei den einzelnen Wesen gegenüber den repräsentativen, paarweisen Engeln um die primären Engel-Gestalten. In den ersten nachchristlichen Jahrhunderten wurden biblische Engel auch noch in weiblicher Gestalt dargestellt. So gibt es aus dem 5. Jahrhundert aus Byzanz einen Verkündigungsengel Gabriel (Luk. 1,26-38) im Nike-Muster mit großen Flügeln.[13] Die Figur ist in ein klassizistisches Gewand gehüllt und trägt außerdem einen für Nike kennzeichnenden Palmzweig. In der zweiten Hälfte des Jahrtausends gibt es sie nur noch als Männer, wie auch die betreffenden biblischen Texte meist das Verständnis von männlichen Engeln nahelegen.

---

[12] Beispiele bei BEREFELT a.O. 60ff. Ausführlich bei: C. ROBERT, Die antiken Sarkophagreliefs (1890-1919); J. WILPERT, I sarcofagi cristiani antichi I-II (1929-1932).

[13] BEREFELT a.O. 36 mit Abb.20 (Skulptur im Ottomanischen Museum Istanbul)

Weitergehende Zusammenhänge der Engel mit entsprechenden göttlichen Wesen anderer Religionen sollen hier nicht verfolgt werden.[14]

Es bleibt festzuhalten, daß die Engel-Bildmuster, wie sie sich im christlichen Kulturkreis ausgeprägt haben, entscheidend von antiken Bildmustern mitgeprägt sind. Waren es in der Spätantike und im Mittelalter entsprechend dem Lebensverständnis und der spirituellen Orientierung Erwachsene als Engel, so kommen seit der frühen Neuzeit auch die kindlichen Flügelwesen wieder als Engel zur Geltung. Ihretwegen erörtern wir ja überhaupt die Zusammenhänge der Engel-Ausprägungen.

Exkurs: Engel in der Bibel

Engel kommen im Alten und Neuen Testament vor. Als starke Mächte umgeben sie Gott in seiner Glorie oder vermitteln zwischen Himmel und Erde, als Boten Gottes und als Verkündiger göttlicher Heilstaten. Es gibt biblische Engel, die ausdrücklich Flügel haben und solche, die ursprünglich ohne solche Hilfsmittel in der Welt erscheinen konnten.

Geflügelte Engel sind die *Seraphim* und *Cherubim*. Eine für das Engelverständnis wichtige Quelle ist die Vision Jesajas über seine Berufung: *...sah ich den Herrn auf einem hohen und erhabenen Throne sitzen, und seine Säume füllten den Tempel. Seraphe standen über ihm, ein jeder hatte sechs Flügel: mit zweien bedeckte er sein Angesicht, mit zweien bedeckte er seine Füße, und mit zweien flog er* (Jes.6,1-2), und in einem der folgenden Verse steht noch: *Da flog einer der Seraphe zu mir her...* (V.6). In der Berufungsvision des Ezechiel kommen ungenannte Flügelwesen mit je vier Gesichtern und je vier Flügeln vor (Ez.1,5f.) - *Cherubim* sind Engel-Wesen mit ursprünglich zwei Flügeln. In Gold getrieben befanden sie sich auf der Bundeslade (Ex.25,18ff.; 37,7ff.). Auch die Cherubim, die Salomo im neuerrichteten Tempel zu Jerusalem aufstellen ließ, trugen Flügel. *Ein Cherub maß mit seinen zwei Flügeln zehn Ellen* (1.Kön.6,23-35). Auf der Tempeltür aus Zypressenholz waren mit Gold überzogene Cherubim angebracht; sie werden auch Flügel getragen haben. In Davids Dank- und Siegeslied 2.Sam.22,10-11; Ps.18,10-11 fuhr Gott der Herr *auf dem Cherub und flog daher und schwebte auf Flügeln des Windes.* Hier sind die Flügel im begleitenden Bilde. Von den Cherubim, die in der Sündenfall-Erzählung den verlorenen Garten Eden bewachen (Gen.3,24), wird nicht mitgeteilt, ob sie Flügel trugen. Das gilt auch von den beiden folgenden Stellen. In der Erzählung von der Offenbarung Gottes an Samuel holte das Volk die in Silo befindliche *Lade des Herrn der Heerscharen, der über den Cheruben thront* (1.Sam.4,4), und in einem Gebet des Königs Hiskia ist Gott wiederum als Herrscher mit einem solchen repräsentativen Hofstaat ausgestattet: *O Herr, der du über den Cheruben thronst...* (2.Kön.19,15). Solche Bilder von Gott dem Herrn in der Glorie der Engel sollten in der christlichen Bildkunst noch eine ungemeine Bedeutung erlangen.

---

[14] A. ROSENBERG, Engel und Dämonen (1967); P.L. WILSON, Engel (1980)

Engel als nicht ausdrücklich geflügelte Boten und Verkündiger göttlicher Heilstaten kommen vielfältig in der Bibel vor. Zweimal erschienen sie dem Abraham. Zum ersten Mal in der Gestalt von drei *Männern*, die seiner hochbetagten Frau Sara einen Sohn verkündigten (Gen.18,2ff.). Zum zweiten Mal war es ein Schutzengel für ebenjenen Sohn, als Abraham diesen, schon herangewachsen, auf dem Blutaltar zu opfern gedachte, wie wir bereits ausführlich erörtert haben. Als die von Abraham verstoßene Magd Hagar in der Wüste ihrem verdurstenden Sohn Ismael nicht mehr helfen konnte, erschien der *Engel Gottes* und schaffte Abhilfe (Gen.21,15ff.). - Zu den hier zur Rede stehenden Engeln gehört auch der *Mann,* der nächstens mit Jakob *rang, ... bis die Morgenröte anbrach* (Gen.32,24ff.) -. Im Kriege der Israeliten gegen die Moabiter wurde der moabitische Wahrsager Bileam durch einen anfangs unsichtbaren *Engel,* der sich seinem sprechenden Esel mit gezogenem Schwert in den Weg gestellt hatte, zu einem Propheten des Herrn gewandelt (Num.22). - Dem Josua erschien vor der Eroberung Jerichos ein *Mann*, der sich als *der Oberste über das Heer des Herrn* zu erkennen gab und ihn auf den heiligen Charakter der Stätte Jerichos aufmerksam machte (Jos.5,13-15). Die Formulierung „der Oberste über das Heer des Herrn" bringt - wie verschiedene andere Bibelstellen auch - zum Ausdruck, daß es eine Hierarchie der Engel gibt. - Auch der *Engel Michael* ist in führender Position. Dem Propheten Daniel gab er sich als einer der *obersten Engel-Fürsten* zu erkennen, der sich gegen den *feindlichen Engel-Fürsten* des Perserreiches wenden konnte (Dan.10,13.21;12,1). Im Judasbrief 9 steht, daß Michael als *Erzengel* auftrat, der *mit dem Teufel um den Leichnam Moses'* stritt; und gemäß der Johannes-Apokalypse *führten Michael und seine Engel Krieg mit dem Drachen* (Off.12,7-9). - Als sich der Prophet Elia einmal in Todesstimmung befand, wurde er von einem *Engel* wieder aufgerichtet und für seinen Weg zum Gottesberg Horeb gestärkt (1.Kön.19,5-8).

Besonders oft hatte der *Engel* (oder *Erzengel*) *Gabriel* göttliche Aufträge zu erfüllen. Dem Propheten Daniel erklärte er dessen Gesichte (Dan.8,16; 9,21-27). Und dem Zacharias, der - wie einstmals Abraham auch - eine hochbetagte Frau hatte, verkündigte er die Geburt eines Sohnes (Luk.1,11ff.), welcher nachmals als Johannes der Täufer von sich reden machen sollte. Schließlich verkündigte Gabriel der Maria einen Sohn und schenkte dadurch der Christenheit eines ihrer wichtigsten Gebete, den englischen Gruß (Luk. 1,26ff.). - Allgemein bekannt ist auch, daß nach der Geburt Jesu ein *Engel des Herrn* den Hirten auf dem Felde die Frohe Botschaft verkündigte und *die Menge des himmlischen Heeres* dabei mitwirkte, auch, daß die Engel anschließend alle wieder gen Himmel fuhren (Luk.2,8-15). Als König Herodes dem Kinde nach dem Leben trachtete, teilte *ein Engel des Herrn* dem Josef im Traume mit, daß er mit seiner Familie nach Ägypten entfliehen solle (Mat.2,13-15). Derselbe Engel veranlaßte Joseph auch, nachdem die Gefahr vorüber war, wieder zurückzukehren (Mat.2,19-23). Nicht minder bekannt sind die wunderbaren Geschehnisse bei der Auferstehung des Herrn von den Toten. Matthäus berichtet 28,2-7, daß *ein Engel des Herrn* aus dem Himmel herabkam, den Stein des Grabes wegwälzte und sich darauf setzte. *Sein Aussehen aber war wie der Blitz und sein Kleid weiß wie der Schnee.* Im Johannes-Evangelium erfahren wir über denselben

Vorgang, daß zwei Engel *in weißen Kleidern* in der Gruft saßen, *der eine beim Haupte, der andere bei den Füßen,* da wo der Leib Jesu gelegen hatte (Joh.20,11). Es bleibt festzuhalten: Flügel hatten diese Engel auch nicht, aber sie trugen weiße, gewiß außergewöhnlich prächtige Kleider. - Im ersten Thessalonicher-Brief 4,16 spricht Paulus von der *Stimme eines Erzengels* als einem *Befehlsruf Gottes,* im Kolosser-Brief 1,16 nennt er die Engelgruppen der *Throne, Hoheiten, Gewalten* und *Mächte,* und im Römerbrief 8,36 ist außer von Engeln im allgemeinen von *Gewalten* und von *Kräften* die Rede. - Letztlich sei noch generell auf die Johannes-Apokalypse hingewiesen, die ganz auf Engel-Botschaften und Engel-Erscheinungen aufgebaut ist. *Die sieben Engel mit den sieben Posaunen* (Offb.8,2-11,19 et passim) werden in nachbiblischer Tradition als die sieben Erzengel aufgefaßt. Einer von ihnen ist schon im apokryphen Buch Tobias 12,15 mit seinem Namen *Rafael* aufgeführt. Von diesen sieben Engeln wird wiederum nicht gesagt, ob sie Flügel hatten, aber an mehreren Stellen der Johannes-Apokalypse erfahren wir, daß sie sich durch himmlische Räume bewegen konnten. - Die einzeln erscheinenden Engel und die in Heerscharen auftretenden sind, wie sich gezeigt hat, nicht streng voneinander geschieden. Der Engel, der dem Josua in Jericho erschien, war sogar *der Oberste über das Heer des Herrn.*

Unser kurzer Durchgang durch die Bibel sub specie angelorum ist nicht erschöpfend. Vorstehende Auszüge vermögen jedoch die erhebliche Bedeutung der Sinnfigur „Engel" deutlich zu machen.

In der bildenden Kunst werden die Engel seit dem 5. Jahrhundert allgemein mit Flügeln dargestellt, im byzantinischen wie im weströmischen Bereich. Das entsprechende Bildmuster war durch die heidnischen Flügel-Wesen längst vorgegeben. Von den späteren Kind-Engeln sind sie aber noch weit entfernt.

Alle Engel-Mitteilungen der Bibel sind von Pseudo-Dionysius Areopagita, dem aus Syrien stammenden und um 500 n.Chr. wirkenden neuplatonischen Philosophen[15], zu einer Engel-Hierarchie mit drei Ordnungen zusammengefaßt worden, was hier wenigstens angedeutet sein möge. Die *Seraphim, Cherubim* und *Throne* sind Engel-Wesen in der ersten Ordnung. *Hoheiten, Gewalten* und *Mächte* bilden die zweite Ordnung, und die übrigen Engel, worunter die *Erzengel,* bilden die dritte Ordnung.[16]

Nachdem im Jahre 843 n.Chr. der Bilderstreit (entstanden durch das von byzantinischen Kaisern erlassene Verbot der Bilderverehrung) beigelegt war und die Kunst sich wieder christlichen Themen zuwenden konnte, gewann die Engel-Hierarchie des Pseudo-Diony-

---

[15] [Pseudo-] Dionysius Areopagita, Opera (Ausg.Straßburg 1503). Darin: cap.I-XV: Celestis hierarchie.

[16] Zusammenfassend bei L. HEISER, Die Engel im Glauben der Orthodoxie (1976) 254ff.

sius Areopagita erhebliche Bedeutung für die Herausbildung der orthodoxen Ikonographie in der Fresken- und Ikonen-Malerei. Es entstand eine bis in die Gegenwart wirksam gebliebene Bild-Tradition, allerdings nicht unter strenger Beibehaltung der drei Ordnungen. Die Erzengel zum Beispiel wurden später auf eine Stufe mit den Cherubim und Seraphim gesetzt.

In der ostkirchlichen Bildtradition sind seither die Engel-Scharen und -chöre von Bedeutung. Auf Fresken und Ikonen begegnen sie uns in vielfältiger Gestalt, wie sie Gott in seiner Herrlichkeit umgeben, den Grund seines Thrones bilden und sein Lob singen. Die sechsflügeligen, nur als Köpfe erscheinenden Cherubim in den Ecken (Zwickeln) ebenso wie in den Hauptfeldern von Gewölbemalereien byzantinischer Kirchen gehören zum gewohnten Repertoire. Die himmlischen Heerscharen um Gottes Thron rühren aber nicht nur aus biblischer Überlieferung, sondern sie waren auch durch Vorstellungen über das Gepränge und die Repräsentation am byzantinischen Kaiserhofe wie überhaupt im byzantinischen Herrschergebaren mitbestimmt. Vormals umfingen Genien und Niken des Herrschers Glorie. In christlicher Zeit wurden daraus repräsentative Engel. Die Menschen konnten sich Gott nicht anders als thronenden Herrscher mit großem Hofstaat vorstellen, und die Engel-Hierarchie des Pseudo-Dionysius Areopagita mag auch von daher Impulse erhalten haben. Man halte sich bewußt, wie lange das oströmische Reich in seinem Glanze bestanden hat.

Natürlich kommen im ostkirchlichen Bilder-Vorrat neben den lobpreisenden himmlischen Heerscharen ebenso alle diejenigen Engel vor, die in biblischen Erzählungen als Gottes Boten auftreten. - Vielfältige ikonographische und stilistische Einflüsse gingen als „maniera greca" auch von Byzanz aus in den Westen, noch bis in die gotische Epoche hinein.

Die mittelalterlichen Engel erscheinen als entrückte Wesen in einer spirituellen Welt, und zwar als junge Männer mit einem ernsten, hoheitsvollen Ausdruck. Seit der Renaissance-Epoche kommen dann auch wieder Engel in Frauen-Gestalt vor. Und es gehen Kinder aus der Engel-Sphäre hervor, lebendige, der diesseitigen Welt zugetane Geschöpfe, wobei die Frage müßig ist, ob sie - als Kinder-Engel - bibel-konform sind oder nicht. Die Kinder-Engel können in vielen Fällen an die Stelle der Engel in Erwachsenen-Gestalt treten, als Himmlische Heerscharen ebenso wie als göttliche Herolde und, indem sie Texttafeln tragen, als Verkündiger biblischer Wahrheiten. Nicht selten schmücken sie in kleinerer oder größerer Zahl religiöse Szenen aus wie früher die erwachsenen Engel, ja sie beleben die Szenen ganz und gar mit ihrem fröhlichen Wesen. Alle diese Erscheinungen von Kinder-Engeln haben einen klaren Grund: Die Engel, wie sie uns in der Bibel entgegen treten, besitzen nämlich Eigenschaften, die das nachmittelalterliche Bewußtsein in den weltlichen Kindern wiedererkennen kann. Sie sind zu allermeist weder Mädchen noch Knaben, sondern nur Kinder. Die Kinder der Menschen kommen wie die Engel unmittelbar von Gott in diese Welt. Und wenn die Engel Flügel haben, um die himmlischen Räume zu durchmessen, und wenn sie prächtige Kleider tragen, so liegt es nahe,

Abb. 45. Andrea della Robbia (1435 - 1525), Madonna mit dem Kinde im Tondo Halbrelief, gebrannter Ton, bemalt, Durchm. 87 cm. Museo Nazionale del Bargello zu Florenz, Inv. Robbie Nr. 30. Photo ALINARI, Florenz. - P. SCHUBRING, Luca della Robbia und seine Familie (1905) S. 112. - G. GENTILINI, Andrea della Robbia I. Madonne (1983) S. 22f. mit Literatur.

daß die Kinder ebenso damit in Erscheinung treten und daß schließlich die Engel selbst als Kinder hernieder kommen. Die sechsflügeligen Seraphim (Jes.6,1-2) wie die ihnen - gemäß späterer Tradition - ähnlichen Cherubim waren bekanntlich in der ostkirchlichen Bildtradition zu Wesen geworden, die nur noch aus Flügeln und Kopf bestehen. In der Frührenaissance nehmen sie wie von selbst kindlichen Ausdruck an, und sie gehören seither zu den lieblichsten von allen, die Gottes Wirken und das seiner Heiligen begleiten und um Tabernakel, Tondi und Lünetten seine Glorie bilden. Auch die Madonna wird von ihnen vielfältig umfangen (Abb. 45).

Kinder sind wie Engel wegen ihrer Nähe zum Ursprung der Schöpfung Wissende, und manchmal sind die erwachsenen Menschen in der Lage, sich diesem Wissen zu öffnen. Unsere Frage wird lauten, ob die Kinder-Engel eine Botschaft mitbringen, welche die mittelalterlichen Engel noch nicht mitteilen konnten.

Übrigens: Schon bald, nachdem die Kinder-Engel in der diesseitigen Welt erschienen waren, wurden auch die Eroten aus der antiken Götterwelt wieder wach. Und es zeigte sich, daß diese und jene Kinder sich auf das beste miteinander vertrugen. Doch davon später mehr.

Unsere Aufmerksamkeit gilt nunmehr noch der Symbolgestalt des göttlichen Kindes, das zusammen mit seiner Mutter eine Einheit bildet. Neben dem Gekreuzigten ist es das in der christlichen Welt am meisten vorkommende Bildthema. Es beruht auf einigen hauptsächlichen Mustern: Die sitzende Maria mit dem Kinde auf dem Schoß, die als Halbfigur stehende Maria, wie sie das auf einer Brüstung etc. stehende Kind umfängt, Maria mit dem vor ihr am Boden liegenden Kinde, Maria und Kind mit den Heiligen Drei Königen, die heilige Familie, die heilige Familie auf der Flucht nach Ägypten, Maria und das Kind mit weiteren biblischen Personen oder mit Heiligen, die schwangere Maria (Maria gravida) und die stillende Maria (Maria lactans). Darstellungen, welche nur Maria mit dem Kinde zeigen, werden als Madonnen im engeren Sinne bezeichnet.[17] Auch die Bezeichnung „Gottesmutter" ist verbreitet. Die Bezeichnungen in anderen Sprachen sind ebenfalls feststehend.

Die Mutter mit dem göttlichen Kind ist nicht auf die christliche Religion beschränkt.[18] Hier seien lediglich Erscheinungen in Religionen genannt, die sich in der Nachbarschaft zum frühen Christentum befinden. Es gibt im Zeitalter vor und nach Christi Geburt eine reich belegbare Ausbreitung verschiedener Mutter-Göttinnen mit Kind von Vorderasien

---

[17] Anzuführen ist noch die „Schutzmantelmadonna", welche die Hilflosen bzw. Erlösten mit ihrem geöffneten Mantel umfängt.

[18] E. NORDEN, Die Geburt des Kindes (1924) (gnostisch-mystisch orientiert); P. SCHWARZENAU, Das Göttliche Kind (1984) (individualpsychologisch). Siehe auch Anm. 20.

und Ägypten über die griechische Welt bis in die westlichen Länder der römischen Machtsphäre. (Mögliche Ursprünge der Mutter-Göttinnen im prähistorischen Kult der Magna Mater haben uns bereits im Zusammenhang mit Artemis und Iphigeneia sowie mit den westsemitischen weiblichen Gottheiten um Astarte/Aschera beschäftigt; siehe S. 88; 107/08; 156; 165ff.)

Besonders erwähnt sei die ägyptische Göttin Isis mit dem Gemahl Osiris. Letzterer ist der Gott des gerechten Handelns, auch des jährlich wiederkehrenden Wachstums. Isis gebar Horus, der seinen Vater im Gerechtigkeits-Kampf unterstützt. In der ägyptischen Kunst, namentlich in der Plastik, ist das Bild der Göttin mit dem Horus-Knaben auf dem Schoß allgemein bekannt. Mit der Verbreitung des Isis-Kultes über den Mittelmeer-Raum und über Europa in römischer Zeit verbreitete sich auch das Isis-Horus-Bild daselbst und wurde sozusagen zwangsläufig zu einem Vorbild für das christliche Madonnen-Bild.

In der griechischen Religion war die Kourotrophos-Sinnfigur verbreitet. Es ist ebenfalls eine Gottheit mit einem Kinde. Meist trägt die Gottheit das Kind auch auf dem Schoß. Die Kourotrophos war ursprünglich wahrscheinlich eine selbständige Göttin, aber sehr früh wurde daraus bereits eine Hypostase für alle - meist weiblichen - Gottheiten, die ein Kind tragen. Das sind nicht wenige. Artemis bzw. Iphigeneia als Kourotrophos ist uns bereits in Brauron begegnet (siehe S. 185/86). Kourotrophoi können ebenfalls Demeter, Ge, Athena, Persephone, Hera, Aphrodite und natürlich die Geburtsgöttin Eileithyia sein. Die erhebliche Bedeutung der Kourotrophos-Vorstellung findet sinnfälligen Ausdruck in einem verbreiteten Mutter-Kind-Bildmuster, dem die christliche Madonna weitgehend entspricht und das ohne Zweifel auch zu deren Vorbildern gehört. Zur Kourotrophos sind ausführliche monographische und katalogmäßige Studien vorgelegt worden.[19]

In Europa verbanden sich die Mutter-Göttinnen, wie Harald v.PETRIKOVITS herausstellt[20], mit entsprechenden einheimischen Gottheiten illyrischen, germanischen und keltischen

---

[19] F. WINTER, Die Typen der figürlichen Terrakotten (1903). Darin im I . Teil S. 139-155: Weibliche Figuren mit Kindern. (Der Katalog umfaßt den gesamten antiken Bereich.) - Th. HADZISTELIOU PRICE, Kourotrophos (1978). (Der Katalog betrifft den griechischen Bereich.)

[20] H.v. PETRIKOVITS, Bonner Jahrbücher 165, 1965, 192ff. erörtert den Zusammenhang der Mutter-Göttinnen im Anschluß an Funde aus einem Heiligtum der Matronae Fachineihiae in Zingsheim (Nordeifel), welches in die römische Kaiserzeit datiert, und er bringt einen ausführlichen (noch nicht vollständigen) Katalog westeuropäischer Funde. - Siehe weiterhin: Marten J. VERMASEREN, Der Kult der Kybele und des Attis im römischen Germanien (Kleine Schriften zur Kenntnis der römischen Besetzungsgeschichte Südwestdeutschlands 23, Limes-Museum Aalen 1979. (Zur Erstinformation über die Kybele-Thematik, mit Literatur.) - Zum neueren Forschungsstand: G. SCHAUERTE, Terrakotten mütterlicher Gottheiten. Formen und Werkstätten rheinischer und gallischer Tonstatuetten der römischen Kaiserzeit (1985). Sowie: G. BAUCHHENSS / G. NEUMANN, Matronen und verwandte Göttinnen. Ergebnisse eines Kolloquiums... (1887)

Ursprungs. Ein weit verbreiteter Typus in diesem fast universalen Zusammenhang ist die Nutrix, eine sitzende Göttin, die ihr Kind stillt. Andere typische Ausprägungen sind die Göttin mit einem oder mehreren Wickelkindern und die Göttin, die ein bekleidetes Kind auf dem Schoß oder Arm trägt. Es gibt auch stehende Göttinnen mit Kindern. Diese haben enge Beziehungen zur römischen Venus, die mit einem Amor oder mehreren Amorini zusammen dargestellt wird, was wiederum auf die griechische Aphrodite mit Eros bzw. mit Eroten verweist. Aufmerksamkeit erregen ebenfalls die verbreiteten, alleine vorkommenden Wickelkinder. Insgesamt handelt es sich um kleine Bildwerke als Statuetten oder Reliefs. Sie können in Stein oder Terrakotta ausgeführt sein. Im letzteren Falle stammen sie fast immer aus Formen und können daher zu mehreren gleich oder ähnlich sein. Die Bildwerke wurden überwiegend wohl als Votivgaben in den Heiligtümern der Mutter-Göttinnen aufgestellt - für die einzelnen Wickelkinder gibt es keine andere Erklärung - und offenbaren damit eine Mentalität der Kindesliebe und der Fürsorge für das Kind, wie wir sie bereits aus dem 4. Jahrhundert v.Chr. kennen.

Im Christentum gibt es vermutlich seit frühester Zeit eine Marien-Verehrung. Die hauptsächliche biblische Grundlage ist die Weihnachtsgeschichte aus dem um 80 n.Chr. niedergeschriebenen Lukas-Evangelium (Luk.2,1-20), welche oben bereits im Zusammenhang mit dem Engel-Thema vorgekommen ist. Man kann die Madonnen-Gestalt als aus der Weihnachtsgeschichte hervorgegangen verstehen. Weitere neutestamentliche Stellen über Maria rufen nicht unbedingt eine Madonnen-Vorstellung hervor, auch wenn sie zum Bilde der verehrungswürdigen Jungfrau beigetragen haben.[21] Von erheblichem Einfluß auf die Entfaltung der Marien-Verehrung war das in der zweiten Hälfte des 2. Jahrhunderts n.Chr. entstandene, apokryphe Protoevangelium des Jakobus.[22] Es handelt sich um eine zum Teil an kanonische Evangelien anschließende Sammlung von Legenden um Maria, worunter sich auch eine Erzählung von Ereignissen im Zusammenhang mit der Geburt Jesu befindet, was wiederum die Madonnen-Vorstellung befördert hat. Im übrigen dreht sich das Protoevangelium des Jakobus um Kindheit und sexuelle *Unbeflecktheit* der Maria. Man bedenke, daß mündliche Überlieferungen und Urtexte dieser apokryphen Schrift bereits vor deren Fixierung in frühchristlichen Gemeinden verbreitet gewesen sein müssen.

Kanonische wie apokryphe Überlieferungen um Maria[23] waren die Grundlage einer seit den frühen Kirchenvätern sich entwickelnden, eigenen Marienlehre in Korrespondenz mit einer über die Christenheit sich ausbreitenden Marien-Verehrung. Hierbei hatten die o.a.

---

[21] Mat.1,18-25; Mark.3,31-35; 6,1-6; Luk.1,26-56; 2,33-35; 2,48-51; 11,27-28; Joh.2,3-5; 19,26-27; Apg.1,14; Gal.4,4; Off.12,1-2; 12,13-17.

[22] „Die Erzählung des Jakobus" im Protoevangelium des Jakobus Kap.1-25 (ed. SCHNEEMELCHER, S.338-349 [deutsch])

[23] Weitere apokryphe Schriften: „Die Fragen Marias", „Das Evangelium der Maria", „Die ‚Genna' Marias" ed. SCHNEEMELCHER S.311ff.

außerchristlichen Impulse sicher Gewicht. Die Symbolgestalt des göttlichen Kindes mit seiner Mutter sollte durch die Jahrhunderte hindurch erheblichen Einfluß auf die Ausprägung des Glaubens und die kultische Praxis wie auch auf die psychosozialen Mentalitäten ausüben.

Die frühesten Marien-Bilder in Europa sind in römischen Katakomben und datieren in das 3. Jahrhundert. Auch auf frühchristlichen Sarkophagen taucht Maria auf. In den ersten Jahrhunderten war Maria vor allem Bestandteil der christologisch bestimmten Heilsgeschichte. Durch ihre Jungfräulichkeit hatte sie aber von Anfang an einen herausgehobenen Status. Auf dem Konzil zu Ephesus 431 wurde Maria ausdrücklich zur *Gottesgebärerin (Theotokos)* erklärt, so daß sie über ihre christologische Bedeutung hinaus zu einer eigenen, der Verehrung würdigen Gestalt an Gottes Seite wurde. (Gegen eine Kennzeichnung Marias als Göttin setzt sich die christliche Theologie vehement zur Wehr.) Die dogmatische Herausstellung Marias als Gottesgebärerin hatte zur Folge, daß das Bildmuster der Madonna sich weiter durchsetzte und variiert wurde. Dieser Prozeß wurde zur Zeit des Bilderstreites allenfalls unterbrochen. Nach dem Jahre 843 lebten die Madonnen-Bilder wieder auf. Das Motiv entfaltete sich seither immer mehr und kann in einer Gesamtdarstellung nicht bewältigt werden.[24] Trotz aller vielfältigen Ausprägungen ist es aber möglich, Grundtendenzen der Madonnen-Darstellung zu bestimmen und ihren allgemeinen religiösen Sinn zu formulieren.[25]

In der byzantinischen und romanischen Entwicklung ist die Madonna eine hoheitsvolle Gottesmutter (oder *Gottesgebärerin*) mit einem Kinde, das ebenfalls Hoheit zum Ausdruck bringt und den anbetenden Betrachter meist mit erhobener Hand oder aufzeigendem Arm auf das göttliche Heilswerk und auf die himmlische Welt verweist. Das Kind ist Gott in Kindesgröße und hat die Gottesmutter zum Herrscherthron. In seiner ernsten Haltung und Gestik kann man das Kind nur schwerlich einer Altersstufe zuordnen, zumal es keine kindlichen Körperproportionen hat.

Man muß sich bewußt halten, daß die mittelalterliche Kunst bis zur Gotik insgesamt nicht „nach der Natur" gestaltet hat - das lag überhaupt nicht im Horizont der Zeit -, sondern die Welt in Systemen von Bedeutungen und Zeichen nach festen malerischen Regeln zu

---

[24] Jedem Einstieg in die mariologische Thematik haftet angesichts ihres Umfanges und ihrer Verzweigung etwas Zufälliges an. Verfasser schätzt das zweibändige Opus von Leonhard KÜPPERS, Die Gottesmutter - Marienbild in Rheinland und Westfalen, Recklinghausen 1974, wegen der von zahlreichen Autoren herausgearbeiteten Aspektfülle in Verbindung mit ausführlichem Apparat einschließlich einer respektablen Auswahl-Bibliographie, und wegen der Gesamtorientierung an den Kunstwerken.

[25] Peter BLOCH, Madonnenbilder (2.Aufl.1984), entwickelt an den Beständen in der Skulpturengalerie der Staatlichen Museen Berlin die folgenden historischen Ausprägungen: Die Gottesgebärerin, die Himmelskönigin, die spätgotische Mutter, die italienische Madonna und die Immaculata des Rokoko.

verstehen bemüht war. Darum wäre es auch verfehlt, aus den Madonnen-Bildern der Zeit herauslesen zu wollen, daß die Menschen dem menschlichen Kinde keine Wertschätzung oder Achtung entgegen gebracht hätten. Wenn sich die Menschen der von einem göttlichen Kind vermittelten Botschaft in den Madonnen-Bildern durch Zeiten und Räume vieltausendfach immer erneut vergewissert haben, so bedeutet das doch auch, daß auf einer grundlegenden Stufe des religiösen und sozialen Bewußtseins Akzeptanz des Kindes bestand. Allerdings ist damit über konkrete Beziehungsformen zwischen Eltern und Kindern wie auch über die Art und Weise der Kindererziehung zunächst noch nichts ausgesagt.

Im Verlauf der Gotik - in Italien um die Wende zum Trecento (dem 14. Jahrhundert) - kommt wie in der bildenden Kunst überhaupt so auch bei den Madonnen-Bildern eine neue, man möchte sagen: revolutionäre Sichtweise zur Geltung. Die Künstler beginnen, Beziehungen zwischen den Menschen, auch ihre Empfindungslagen, ins Bild zu setzen, natürlich noch weitab von emphatischen Ausdrucksformen späterer Epochen. Das göttliche Kind sitzt wie eh und je auf dem Schoße seiner Mutter oder wird stehend von ihr umfangen, aber es ist nicht mehr immer dem Betrachter zugewendet, sondern auch seiner Mutter. Es faßt ihr an den Hals oder ins Gesicht. Mutter und Kind können sich anblicken. Mehr und mehr nimmt das Kind auch kindliche Körperproportionen an, und schließlich tauschen Mutter und Kind deutlich ins Bild gesetzte Zärtlichkeiten aus. Klaus MOLLENHAUER gebührt das Verdienst, erstmals eine solche spätgotische Madonna in exemplarischer pädagogischer Absicht ikonographisch und ikonologisch analysiert zu haben, nämlich die *Madonna di Crevole* von Duccio di Buoninsegna aus der Zeit um 1280.[26] MOLLENHAUER formuliert noch als These, daß in diesem Bild „die Körper- und Leibgesten ... nicht mehr nur Zeichen der übersinnlichen ‚Wirklichkeit' des christlichen Mythos sind, sondern leibhafte Interaktion zwischen Kind und Mutter darstellen; das geschieht ... durch die Annäherung an eine Modellierung des kindlichen Körpers, die dessen sinnliche Qualitäten herausarbeitet".[27] Der Autor trifft hier doch schon eher eine Feststellung dessen, was in statu nascendi eines geistes- und sozialgeschichtlichen Prozesses stattgefunden hat. Für die Madonnen-Künstler des Trecento[28] und erst recht des Quattrocento sollte die angedeutete Sichtweise selbstverständlich werden.

---

[26] Kl. MOLLENHAUER, Ein Jesusknabe um 1280, Informationen zur erziehungs- und bildungshistorischen Forschung 31, 1987, 133ff.

[27] MOLLENHAUER a.0. 139. Kunstgeschichtlich gesehen ist diese Entwicklung natürlich längst bekannt. Literatur-Zusammenstellung bei J.Br. ROSS in Lloyd deMAUSE, Hört ihr die Kinder weinen (1977), Anm.101 auf S.316.

[28] Exemplarisch sei auf die Sieneser Maler Pietro Lorenzetti (um 1280-1348?) und Ambrogio Lorenzetti (gest. 1348) hingewiesen, deren Madonnen öfter schon die veränderte Mentalität zum Ausdruck bringen. - Zur Entfaltung des Mutter-Kind-Themas im Trecento insgesamt siehe Fr. ANTAL, Die florentinische Malerei und ihr sozialer Hintergrund (1947) 125f.

Duccio und weitere Künstler haben in ihren Madonnen auf sensible Weise eine aufkeimende Tendenz der Zeit erfaßt und ins Bild gesetzt. Sie müssen ihren Zeitgenossen und namentlich ihren Zeitgenossinnen im ausgehenden Mittelalter Herz und Seele bewegt haben, was wir heute nur mühsam nachvollziehen können.

Tausend Jahre hatte Jesus mit seiner Mutter aus der jenseitigen Welt, in der auch all die ernsten Engel-Wesen leben, hernieder auf die Erlösung suchenden Menschen geblickt. Dann ging mit ihm und seiner Mutter eine Veränderung vor. Die Mutter nahm das Kind so mütterlich sicher und lieb auf den Arm, daß man richtig sehen konnte, wie gut es ihm ging. Wenn - wie oben schon angedeutet - die Engel-Wesen wieder zu Kindern wurden, so war es nur folgerichtig, daß auch das göttliche Kind zu einem Kind mit menschlichen Eigenschaften wurde. Wilhelm MESSERER sagt über die „Engel in Kindesgestalt" noch weitergehend: „Gleichsam ihr Protagonist, der erste der Putten, in Gestalt und Gebaren ist das Jesuskind".[29] Dabei hat er insbesondere die barocken Engel im Sinn, und er kann sich auf eine entsprechende Formulierung von Bartholomeo de los RIOS y ALARCON aus dem 17. Jahrhundert berufen: „Angelus primus pacis est filius Dei."[30]

Wir vergegenwärtigen uns nun die Welt, in der sich auf solche Weise Kindliches ausprägen konnte.

---

[29] W. MESSERER, Kinder ohne Alter (1962) 12

[30] Zitiert nach MESSERER a.O. Anm.9 zu S.12

IV. EINE STADT UND IHRE KINDER - FLORENZ IN DER FRÜHRENAISSANCE

1. Der neue Impuls des Zeitalters

Die Welt der Engel und des Jesuskindes öffnet sich also im ausgehenden Mittelalter zur diesseitigen Welt und äußert sich in symbolischen Figurationen, die nicht mehr nur für Transzendenz stehen, sondern auch für die Achtung und Liebe, welche die Menschen ihren eigenen Kindern entgegenbringen. Ein wohlgenährter, „natürlich" erscheinender Säugling, der sich an seine Mutter anschmiegt und von ihr umfangen wird, ist eine solche Figuration. Man kann darin ein neuen Lebensgefühl erkennen, das sich seit dem Trecento in der italienischen Stadtkultur herausbildet. Es umgreift die verschiedenen Facetten der Freisetzung individuellen und sozialen Lebens.

14. Jh.

Natürlich haben die Menschen auch im Mittelalter das Kind geachtet, denn sie wußten, daß es Gottes Geschöpf ist. Mit Beginn der Neuzeit aber wird das Kind in seinen kindlichen Eigenheiten gesehen, wie man es an der Körpersprache der Engel und des Jesuskindes erkennen kann.

Bekanntlich hat die Kindheitsforschung eine Erkenntnislinie entwickelt, wonach sich Kindheit in einem eigentlichen Sinne erst in der bürgerlichen Lebenswelt des 19. und 20. Jahrhundert ausprägen konnte, und frühere Zeiten das Kind als „kleinen Erwachsenen" ansahen. Dabei wird gerne auf die Darstellungen von Kindern im höfischen Milieu des Rokoko verwiesen. Eine weitere Erkenntnis besteht darin, daß Kindern in gesellschaftlichen Schichten am Rande des Existenzminimums kein Eigenrecht zuerkannt wurde. Denn sie mußten wie die Erwachsenen arbeiten und zum Lebensunterhalt der Familie beitragen.

Der Neuentdeckung von Kindheit im späten bürgerlichen Zeitalter soll keineswegs widersprochen werden, nur umfaßt sie nicht das anthropologische Insgesamt von Kindheit. Die seit den Zeiten der antiken Kind-Götter gewonnene Sichtweise, daß Kinder vom Ursprung des Lebens her durch ihre Kindlichkeit ein Leuchten in die Welt tragen, ist den Menschen nie ganz verloren gegangen. In der Renaissance gewinnt dieses Bild von Kindheit ungemein an Intensität, und es verbindet sich mit der für die Zeit neuartigen, humanistischen Denkweise. Die aufbrechende Antiken-Begeisterung trägt das ihrige hierzu bei.

Ein früher humanistischer Autor ist Petrarca (1304 - 1374). Er lotet in seinen Sonetten und Kanzonen auf die Madonna Laura die Tiefen der Empfindungsfähigkeit des Individuums aus, wie er andererseits auch die existentiellen Grundfragen des Menschseins in philosophisch übergreifenden Gedankengängen mit antiken Stilmitteln ausarbeitet. Petrarcas Schüler Boccacio (1313 - 1374) entwickelt die literarische Kunstform der Novelle zu einem Höhepunkt und gestaltet eine sinnenfrohe Erlebniswelt des Individuums.

Wenige Jahrzehnte später begründet Filippo Brunelleschi (1376 - 1446) in Florenz den Frührenaissance-Stil und leitet damit in Europa eine neue Phase der Baukunst ein. Besonders beschäftigen wird uns der Bildhauer Donatello (1386 - 1466). Er gilt als derjenige Künstler, der erstmals in der neuzeitlichen Kunstgeschichte Engel als Kinder gestaltet hat. Auch stammen von ihm mütterlich-hingebungsvolle Madonnen. Luca della Robbia (1400 - 1482) ist der erste in einer Künstlerfamilie, deren Angehörige durch ihre ausdrucksstarken, glasierten Terrakotta-Bildwerke für alle Zeiten bekannt geblieben sind. Zu ihren Themen gehören u.a. wiederum Madonnen, auch Engel und Kinder. Der von den de Robbias entwickelte künstlerische Stil wie auch ihre Technik sind bis ins 19. Jahrhundert vielfältig aufgegriffen worden bis hin zu Werk-Zitaten und sogar Kopien. - Von den weiteren Künstlern, die unter anderem Madonnen gestaltet haben, seien noch der Bildhauer Ghiberti (1378 - 1455), der Architekt und Bildhauer Michelozzo (1396 - 1472) sowie der Bildhauer Desiderio da Settignano (1428 - 1464) genannt.

Für das Aufkommen und die Entfaltung der Renaissance hat Florenz paradigmatische wie fundamentale Bedeutung. Die im folgenden zur Sprache kommenden Skulpturen Florentiner Künstler - samt und sonders weltberühmte Werke - repräsentieren dennoch nur einen kleinen Ausschnitt aus den Äußerungen des Zeitaltern insgesamt.

Kunstwerke spiegeln ihre Zeit. Sie können sogar wieder in das Leben zurückwirken. Bei der Renaissance-Kunst, in unserem Falle bei der Skulptur des Quattrocento, haben wir es mit einem seit langem erforschten Gebiet zu tun, das bis in die Gegenwart hinein nichts von seiner Bedeutung und Faszination verloren hat. Genauso war und ist die Politik- und Wirtschaftsgeschichte der Renaissance-Epoche Gegenstand eingehender Untersuchungen. Seit einiger Zeit findet die Sozialgeschichte verstärkte Aufmerksamkeit. Oft jedoch stehen die Ergebnisse der Untersuchungen in der Politik-, Wirtschafts- und Sozialgeschichte isoliert neben denjenigen der Kunstgeschichte. Jacob BURCKHARDT ist von Anfang an die Ausnahme.[1] 1947 erschien das Buch von Frederick ANTAL „Florentine painting and its social background".[2] Nunmehr wird es notwendig, die neuen Ergebnisse der Sozialgeschichtsforschung mit denjenigen der Kunstgeschichte in einen Zusammenhang zu bringen. In vorliegender Studie soll schwerpunktmäßig herausgestellt werden, daß kunstgeschichtliche Ausprägungen deutlich auf erziehungsgeschichtliche Erscheinungen hin bezogen sein können - und umgekehrt. - Vorab seien die politischen, sozialökonomischen und religiösen Umstände in Florenz skizziert, so weit sie zum Verständnis des Kindheits-Problems beitragen können.

---

[1] J. BURCKHARDT, Die Kultur der Renaissance in Italien. Ein Versuch (1860); ders., Beiträge zur Kunstgeschichte von Italien (1898)

[2] Deutsche Ausgabe: F. ANTAL, Die florentinische Malerei und ihr sozialer Hintergrund (1958). Die Untersuchung verarbeitet ein reichhaltiges Faktenmaterial aus der Sozialgeschichte wie aus der Kunstgeschichte.

2. Historischer Abriß

Die Republik Florenz hatte sich im 14. Jahrhundert zu einem Stadtstaat von überregionaler Bedeutung in politischer, wirtschaftlicher und kultureller Hinsicht entwickelt. Vor der großen Pestepidemie im Jahre 1348 gab es in der Stadt an die 100 000 Einwohner. Nur die Hälfte von ihnen blieb am Leben. Es war nicht die einzige Epidemie in diesen Jahrzehnten. Hinzu kamen Hungersnöte von kürzerer Dauer und Kriege, insbesondere der Krieg gegen den Papst von 1375 bis 1378. Von allen diesen Katastrophen, deren menschliche Dimensionen in den kurzen Angaben kaum zum Ausdruck kommen, erholte sich die Stadt immer wieder erstaunlich schnell und regenerierte ihre hochentwickelten gewerblichen und merkantilen Strukturen.

Man halte sich bewußt, daß das Leben in einem Gemeinwesen mit den Erfahrungen ständiger tödlicher Bedrohungen über Generationen hin eine existentielle Befindlichkeit erzeugte, die zwischen vitaler Diesseitigkeit und asketischer Jenseitsorientierung hin und her schwang und den Heranwachsenden vieldeutige Lebensmuster von hoher Intensität anbot, darunter auch das der Trauer. Städtische Politik, Verwaltung und Rechtsprechung, Weltkirche und einflußreiche Orden, Handwerk und Gewerbe, Handel und Kapital, Bildungswesen und Kultur stellten ein hochdifferenziertes Spektrum für Handlungsmöglichkeiten bereit, allerdings nicht für alle sozialen Schichten gleichermaßen.

Trotz ausgeprägter sozialer Unterschiede war Florenz für die damalige Zeit und im Gegensatz zu anderen italienischen Städten ein Gemeindewesen mit republikanischen Merkmalen, insofern nämlich, als die Adels- oder Magnaten-Herrschaft zunächst beseitigt war und es die gewählte Regierung, die *Signoria,* gab.[3] Die Bildung und Kontrolle der Regierung und damit die tatsächlichen Machtverhältnisse beruhten aber weniger auf demokratischen Prozessen im modernen Sinne, als vielmehr auf etablierten Formen oligarchischer Einflußnahme einer bürgerlichen Oberschicht, nämlich des im Volke so bezeichneten *popolo grasso*, des fetten Volkes. Diese einflußreiche Schicht war durch ihre Zugehörigkeit zu den *arti maggiori* (große Zünfte, im Gegensatz zu den *arti minori*) definiert. Unter den arti maggiori war die *Arte della Lana*, die Wollentuchzunft, wegen ihrer zentralen wirtschaftlichen Bedeutung die mächtigste. Die großen Kaufleute und Bankiers waren ebenfalls in den arti maggiori organisiert. Die arti minori hingegen waren die Vertretung der Handwerker, Gewerbetreibenden und Händler. Ihre politische Macht reichte nicht aus, um die arti maggiori in ihrem bestimmenden Einfluß einschränken zu können, obzwar sie eine erhebliche größere Volksschicht repräsentierten. Mit Vorbehalt

---

[3] Zum Überblick: G. BRUCKER (Hrsg.): The Society of Renaissance Florence (1973) (eine Zusammenstellung von ins Englische übersetzten Quellen). - G. BRUCKER, Renaissance Florence (1969; deutsch 1990). - E. PIPER, Der Aufstand der Ciompi (1990). Gl. FOSSI, Florenz (1987). - V. BREIDECKER, Florenz oder „Die Rede, die zum Auge spricht“ (1990).

kann man diese Schicht als das Kleinbürgertum bezeichnen (obzwar der Begriff eher im Rahmen der sozialen Schichtung des 19. Jahrhunderts verwendbar ist).

Die für die Signoria wählbaren Männer (natürlich noch keine Frauen) wurden von den Zünften nominiert und von einer Kommission auf ihre Eignung hin überprüft. Sie mußten über 30 Jahre alt, unbescholten und frei von Schulden sein, außerdem keinen Zweifel an ihrer guelfischen Gesinnung[4] aufkommen lassen. Bei der Nominierung und Auswahl der in Frage kommenden Männer spielten auch massive, informell zur Geltung kommende Machtinteressen und Einflußnahmen von Gruppen und Einzelnen mit. Aus den Ausgewählten wurden durch das Los die *Prioren* (Regierungsmitglieder) bestimmt, die jeweils zwei Monate im Amt blieben und während dieser Zeit den *Palazzo dei Priori* (heute bekannt als *Palazzo Vecchio*, fertiggestellt in den ersten Jahren des Trecento) nicht verlassen durften, um sich ganz den Regierungsgeschäften und den zu erlassenden Gesetzen widmen zu können. Die Beschlußfassung über die Gesetze lag bei den beiden, ebenfalls nur auf kurze Zeit, nämlich vier Monate, gewählten Körperschaften *Consiglio del Popolo* und *Consiglio del Comune*. Die Signoria wurde bei ihrer Tätigkeit von Kommissionen unterstützt. Außerdem gab es die mit Beamten besetzte Verwaltung, an deren Spitze der auf Lebenszeit gewählte Kanzler stand.

Unterhalb der durch die arti minori repräsentierten kleinbürgerlichen Schicht gab es die politisch macht- und rechtlose Unterschicht des *popolo minuto*. Zu ihr gehörten die Krämer, Handwerksgesellen, Bediensteten, Sklaven und Lohnarbeiter, außerdem die Menschen auf der untersten sozialen Stufe, nämlich das Fahrende Volk, die Bettler und die sozial Gestrauchelten, alle mit ihren Kindern. In sozialökonomischer Hinsicht, was Eigenständigkeit oder Abhängigkeit der Zugehörigen anbetraf, war der popolo minuto mithin inhomogen.[5] Alle einigte die Tatsache, daß sie keiner Korporation mehr angehören konnten. Es kam vor, daß sich bei Aufbegehren und Aufständen die Grenzen zwischen dem popolo minuto und der kleinbürgerlichen Schicht auflösten und beide Schichten partiell gemeinsam agierten.

Zahlenmäßig gesehen war der popolo minuto die größte soziale Schicht in Florenz. Er umfaßte zwei Drittel der Bevölkerung. Und innerhalb dieser Schicht wiederum waren die Lohnarbeiter in der Tuchindustrie, die *Ciompi*, am stärksten. - Auf die Gruppe der Sklaven sei besonders hingewiesen. Diese Menschen waren meist aus dem ostmediterranen Raum nach Italien verbracht worden und standen als Bedienstete unter der Botmäßigkeit

---

[4] Die Partei der *Guelfen* war päpstlich orientiert im Gegensatz zu den *Ghibellinen*, die dem Kaiser anhingen.

[5] Ch.-M. de LA RONCIERE, Pauvres et pauvreté à Florence au XIVe siecle, in: M. MOLLAT (Hrsg.), Etudes sur l' histoire de la pauvreté (1974), 661ff. - S. Kl. COHN, The Laboring Classes... (1980).

von Oberschicht-Familien. Was die Sklavinnen anbetrifft, so gibt es zahlreiche Hinweise darauf, daß sie auch sexuell ausgebeutet wurden.[6]

Die Ciompi haben seit langem die Aufmerksamkeit der Sozialgeschichtsforschung bürgerlicher wie marxistischer Richtung erregt.[7] Als abhängige Lohnarbeiter mit 16-stündigem Arbeitstag waren sie an entscheidender Stelle der prosperierenden florentinischen Wirtschaft mit der Wertschöpfung befaßt. Die Wollentuchindustrie war zu jener Zeit technologisch bereits hochdifferenziert. Es gab 26 verschiedene Arbeitsgänge von der Reinigung der Vliese bis zum Falten der Tuche.[8] Das Reinigen der Vliese war eine der schmutzigsten Arbeiten, es fand in zentralen Werkstätten unter einem heute kaum noch vorstellbaren körperlichen Einsatz statt.

Im Jahre 1378 ereignete sich der große Aufstand („Tumult") der Ciompi, im gleichen Jahr, als der Krieg von Florenz gegen den Papst ein Ende fand. Die Aufständischen, die die Häuser führender Mitglieder der Signoria niedergebrannt hatten, erreichten mit ihren, ebenfalls den unteren Schichten angehörenden Verbündeten, daß eine Kommission zur Änderung der Verfassung eingesetzt wurde. Im weiteren Verlauf des Aufstandes eroberten die Ciompi den Priorenpalast. Sie bewirkten die Bildung einer neuen Regierung und neuer Zünfte, in denen sie auch vertreten waren. Nach wenigen Monaten jedoch wurde der Aufstand niedergeschlagen und das meiste, was die Aufständischen erreicht hatten, wurde wieder rückgängig gemacht. Ein Grund für das Mißlingen des Aufstandes lag auch darin, daß die verschiedenen Gruppen innerhalb der Aufständischen kein einheitliches politisches Programm formulieren konnten.[9]

Die Frage, ob der popolo minuto bereits als Proletariat im marxistischen Sinne angesehen werden kann und ob es sich bei dem Tumult der Ciompi demzufolge um eine klassenkämpferische Auseinandersetzung handelte, ist bislang nicht eindeutig beantwortet (ebensowenig wie bei anderen Aufständen von Unterschichtgruppen seit dieser Zeit). In diesem Zusammenhang wäre zu ermitteln, welches Bewußtsein die Ciompi hatten und ob diesem - in der Zeit des 14. Jahrhunderts - zumindest „vorproletarischer" Charakter zukam. An sich ist die Frage müßig. Es reicht eigentlich aus, festzustellen, daß die Ciompi ihr Los der Abhängigkeit und ihre drückende Armut lindern wie auch an den politischen Entscheidungen Anteil haben wollten, angesichts der ihnen täglich ansichtigen, besseren Lebensumstände der Angehörigen des popolo grasso. Sicher ist jedenfalls, daß es im 14. Jahrhundert in Florenz ein revolutionäres Potential gab, das sich allerdings

---

[6] I. ORIGO, The Domestic Enemy: Eastern Slaves in Tuscany..., Speculum 30, 1955, 321ff.; Ch. VERLINDEN, L' sclavage dans l' Europe medievale, Bd.2 (1977)

[7] E. PIPER, Der Aufstand der Ciompi (1990); V. HUNECKE, Il tumulto dei Ciompi - 600 Jahre danach, in: Quellen und Forschungen in italienischen Archiven und Bibliotheken 58, 1978, 360ff.

[8] PIPER a.O. 40ff.

[9] HUNECKE a.O. 406f.

im folgenden Jahrhundert der Medici-Herrschaft wieder verlief, was zu der Feststellung führt, daß geschichtlicher Fortschritt nicht immer gradlinig stattfindet.[10]

Schließlich interessiert in unserem Zusammenhang noch besonders, ob derjenige große Bevölkerungsanteil, der den gänzlich unterprilegierten Ebenen des popolo minuto angehörte, Anteil an den für das städtische Leben so bedeutsamen religiösen Veranstaltungen hatte, insbesondere, ob Kinder und Jugendliche aus den untersten Ebenen dieser Schicht an den Chören und festlichen Umzügen, deren es in der Stadt, in ihren Quartieren und Parochien sehr viele gab, aktiv teilnahmen und in entsprechenden Institutionen eine soziale Einbindung hatten. Ebenso wichtig wäre zu wissen, ob die für die Menschen in Florenz charakteristische Madonnen-Verehrung, über die im folgenden zu sprechen sein wird, in den verschiedenen sozialen Schichten unterschiedliche Formen hatte.

Die bislang mitgeteilten historischen Umstände charakterisieren das republikanisch-oligarchische Gemeinwesen Florenz in den letzten Jahrzehnten des Trecento und bilden eine Verständnis-Basis für die sozial relevanten künstlerischen Erscheinungen im Quattrocento, auf die unser Diskurs hinführt. - Einige wichtige historische Fakten dieses Jahrhunderts seien nunmehr angesprochen. Durch die Niederschlagung des Ciompi-Aufstandes wurden auf der politischen Bühne der Stadt die Albizzi zu einer mächtigen oligarchischen Kraft, insbesondere in der Außenpolitik, gekennzeichnet durch Standfestigkeit gegenüber Mailand und den dort herrschenden, mächtigen Visconti. Im Jahre 1426 jedoch fand ein erfolgloser Krieg gegen Mailand statt, was in Florenz wiederum eine Verschiebung der Machtverhältnisse zur Folge hatte. Denn nunmehr begannen die Medici, sich zur beherrschenden Kraft zu entwickeln. Wichtigste Gestalt ist zunächst Cosimo dei Medici d.A. (der Alte; Sohn des Begründers der Medici-Herrschaft Giovanni dei Medici). Er lenkte unter formaler Wahrung der republikanischen Verfassung von 1434 bis 1464 die florentinische Politik. Die Platonische Akademie geht auf ihn zurück, und er zog Humanisten in die Stadt. In seiner Zeit entstand die Domkuppel (Brunelleschi, Michelozzo), und berühmte Bildhauer der Frührenaissance konnten unter seiner Herrschaft wirken.

Im Jahre 1457 wurde das von Brunelleschi erbaute, nachmals berühmte *Ospedale degli Innocenti* an der späteren *Piazza Santissima Annunziata* fertiggestellt. Es handelt sich um das erste, nach festem städtebaulichen Plan errichtete Renaissance-Gebäude. In den Bogenzwickeln der weiten Arkaden befinden sich seit 1487 die Wickelkinder-Tondi von Andrea della Robbia, welche sehr zur Bekanntheit des Hauses beigetragen haben. Das Haus und sein Skulpturenschmuck bedürfen in unserem Zusammenhang noch einer besonderen Erörterung.

Auf Cosimo den Alten folgte Lorenzo dei Medici (il Magnifico); er regierte von 1469 bis

---

[10] S. KL. COHN Jr., The Laboring Classes ... (1980) 129ff. („Class Struggle I") 155ff. („Class Struggle II")

1492. Mit ihm ist eine kulturelle Hochblüte der Stadt verbunden. Auch er rief Künstler und Wissenschaftler nach Florenz. Unter ihm wirkten neben anderen Ghirlandaio und Botticelli, ebenso der junge Michelangelo. Im Jahre 1494 wurden die Medici zwar gestürzt, aber im folgenden Jahrhundert gelang es ihnen, Herzöge von Florenz und schließlich der gesamten Toskana zu werden (Herzog Cosimo I. 1537 - 1574).

Die florentinische Rechtsprechung im Renaissance-Zeitalter war prinzipiell der Gleichheit aller vor dem Gesetz verpflichtet - auf der Basis der bestehenden sozialökonomischen Ordnung. Es gab ein differenziertes System von Gerichten und Zuständigkeiten für Zivil-, Wirtschafts-, Kriminal- und Staats-Angelegenheiten mit legalen Eingriffsmöglichkeiten der Signoria. Unredlichkeiten der Richter kamen vor, aber sie wurden wiederum auch geahndet. Angehörige der unteren Schichten hatten Urteile zu erwarten, die unter Umständen zwar hart, aber „gerecht" waren. Die peinlichen Strafen waren durchgreifend, gegen Kriminelle ebenso wie gegen unredliche Kaufleute und gegen Betrüger. Das Abhacken von Händen und Füßen war Bestandteil des Strafkanons. Politische Gegner, Männer, die sich gegen die gerade bestehende Ordnung gewandt hatten, mußten, wenn sie nicht an Leib und Leben gestraft wurden, mit Verbannung aus der Stadt und mit Zerstörung ihres Hauses rechnen. Hinrichtungen fanden im *Bargello*, dem Palast des *Podestà* (des Polizeipräsidenten) statt, jedoch auch in der Öffentlichkeit wie im Falle von Savonarola (s.u.). Hingerichtete konnten zur Abschreckung öffentlich zur Schau gestellt werden.[11] Mit solchen Formen der Strafjustiz unterschied sich Florenz allerdings kaum von anderen Städten in Europa. Es gilt allgemein, daß der rigide und grausame Umgang mit Leib und Leben zu allen Zeiten tiefe Spuren im allgemeinen Bewußtsein, gerade der neu heranwachsenden Generation hinterläßt und so wieder in die Zukunft wirkt.

Blicken wir mit diesem Verständnis von der Frührenaissance aus noch ein Jahrhundert weiter, auf ein bestimmtes Kunstwerk über Gewalt. 1554 wurde in der *Loggia dei Lanzi* Benvenuto Cellinis bronzenes Meisterwerk *Perseus* aufgestellt, und es steht noch heute dort. Jedermann sieht, wie der nackte, wohlgestaltete Gott das der nackten Medusa abgeschlagene, bluttriefende Haupt in Siegerpose mit einer Hand hochhält, während die andere Hand das zur Tat benutzte, nach vorne weisende Schwert (was eigentlich ein Sichel sein müßte) umfaßt, und wie der Fuß noch immer die tote Medusa bändigt. Eine solche Demonstration von Gewalt an zentraler Stelle städtischer beziehungsweise herrschaftlicher Selbstdarstellung wie der Loggia dei Lanzi war direkt auf den Auftraggeber Cosimo I. beziehbar, aber auch auf alle nachfolgenden Potentaten, solange deren Macht irrational und selbstherrlich konstituiert war. Schon ein Jahrhundert früher, um 1455, hatte Donatello die bronzene Statue *Judith, die den Holofernes enthauptet* ebenfalls für

---

[11] Hierzu ein Gemälde: Florentiner Meister, Geschichte von Antonio di Giuseppe Rinaldeschi, 1501 (Mus.Stibbert, Florenz). Die Darstellung zeigt, wie der Erhängte aus dem Fenster des Stadtvogt-Palastes (des Bargello) herausgehangen wird. Ausschnitt des Bildes bei Gloria FOSSI, Florenz (1986) Abb.39.

die Medici geschaffen. John POPE-HENNESSY bezeichnet das Werk als den absoluten Höhepunkt der Kunst Donatellos.[12] Die Statue stand später einige Jahrzehnte mit dem *Perseus* zusammen in der Loggia die Lanzi. (Heute befindet sie sich im *Palazzo Vecchio.*) Beide Bildwerke zusammen verstärkten naturgemäß ihre Mitteilungen gegenseitig.[13] Volker BREIDECKER bringt den zeitgenössischen Bericht über eine am 22. Juli 1543 auf den Straßen der Stadt veranstaltete Schaustellung der Hinrichtung eines Staatsfeindes (*Guiliano Buonacorsi, der den Herzog zu ermorden beabsichtigt hat*). Das besonders Bemerkenswerte an diesem Ereignis ist nun nicht die in einem solchen Falle allgemein üblich gewesene und gerichtlich vorgeschriebene, bestialische Quälerei, die der Hinzurichtende vor seinem Abscheiden aushalten mußte, sondern das anschließende Geschehen, als sich der *Pöbel* des Leichnams bemächtigen durfte, diesen mit abgeschnittenen Händen durch die Stadt schleifte, ihm schließlich den Bauch aufschnitt und das Herz den im Käfig gehaltenen florentinischen Löwen zum Fressen gab.[14] Der *Pöbel*, das waren die Angehörigen der Unterschicht, die von allen politischen Entscheidungen, von feierlichen Staatshandlungen und von den Festivitäten der Herrschenden ausgeschlossen waren, die aber auf die bezeichnete Weise zum Glanz der Herrschaft beitrugen. Ihre Kinder und Jugendlichen erlebten die eskalierende Perversion im Teufelskreis der Unterdrückung aus der Nähe mit. Sie konnten sogar, in „Gangs“ organisiert, aktiv an den Handlungen teilnehmen.[15]

3. Kunst und gesellschaftliche Wirklichkeit

Um direkt an die Kinder„gangs“ anzuschließen: Solche Verwahrlosungen gab es auch schon im Quattrocento, in der Erscheinungsform der alleingelassenen Straßenkinder, und schon damals kamen, wie zu zeigen ist, eifrige Bestrebungen auf, diese Kinder aufzufangen. Andererseits kann vorausgesetzt werden, daß Kindergruppen keineswegs immer nur am Rande der Gesellschaft oder gar in der Verwahrlosung agierten. In Verfolgung dieser Spur stoßen wir auf ein bestimmtes Genre in der florentinischen Kunst des Zeitalters, nämlich auf Darstellungen mit Engeln oder Kindern in chorischen und tänzerischen Aktionen. Es sind vor allem Werke der bereits angeführten Bildhauer Donatello

---

[12] J. POPE-HENNESSY, Donatello (1986) 11. - Abbildungen mit Details bei L. PLANISCIG, Donatello (3.Aufl.1939) Abb.132-134.

[13] Hierzu siehe die Erörterung von V. BREIDECKER „Der Perseus von 1554“ in: BREIDECKER, Florenz oder „Die Rede, die zum Auge spricht“ (1990) 25ff. - Zu den öffentlich dargebotenen Gewaltszenen gehört zweifellos auch die Statue von Donatello und Nanni di Bartolo „Opferung Isaaks“ von 1421 am Campanile in Florenz (Abb.u.a. bei PLANISCIG a.O. Nr.21).

[14] Archival.Quelle: Biblioteca Nazionale di Firenze 72 r-v; deutsche Übersetzung bei BREIDECKER a.O. 30.

[15] R.C. TREXLER, Public Life in Renaissance Florence (1980) 367ff. („The New Ritual Groups“). Der Autor zeigt die soziale Ausgangssituation der Jugendverwahrlosung im Quattrocento auf.

und Luca della Robbia. Die Engel und Kinder auf diesen Darstellungen vermitteln in Bewegung und Physiognomie den Eindruck von Lebenskraft und Handlungssicherheit, auch von Befähigtsein und glücklicher Lage. Solche Eigenschaften mögen die dargestellten Wesen als einzelne Individuen oder - mehr noch - als Mitglieder ihrer Gruppe gehabt haben. Die Frage ist naheliegend, ob der künstlerische Ausdruck eine gesellschaftliche Wirklichkeit, genauer: eine tatsächliche Befindlichkeit von Kindern, und eine entsprechende Akzeptanz der Erwachsenen widerspiegelt, oder ob es sich nur um humanistische Idealbilder handelt, was im geistigen Umkreis der Zeit durchaus möglich gewesen wäre. Letzteres ist auch aus dem Grunde zu prüfen, weil die betreffenden Werke erkennbar antike Anregungen empfangen haben.

Konkret lautet unsere Frage daher, ob es in der Stadt eine Kinderkultur mit rhythmischen und musikalischen Ausdrucksformen gab, die den Künstlern ansichtig war und von ihnen - gewiß in erhöhter Weise - ins Bild gesetzt wurde. Falls solche Feststellungen möglich sind, könnten sie erheblich zum Verständnis von Kindheit in der Renaissance-Epoche, aber auch von Kindheit überhaupt beitragen.

Analoge Fragen ergeben sich bei den Madonnen-Darstellungen jener Jahrzehnte, nämlich, ob die darin zum Ausdruck kommende Mutter-Kind-Beziehung und die Sichtweise auf das Kleinkind Entsprechungen in der Wirklichkeit hatten, ob eventuell sogar eine Interdependenz zwischen der Madonnen-Kunst und der Wirklichkeit bestand. - Nicht minder stellt sich die Wirklichkeits-Frage bei den in der florentinischen Kunst vorkommenden Darstellungen von Findel- und Waisenkindern, in der Malerei wie in der Plastik.

„Wirklichkeit“, das ist in Bezug auf die Findel- und Waisenkinder sowie die Engel- und Kindergruppen in der Kunst vor allem eine soziale und sozialpädagogische, aber auch eine religiöse Wirklichkeit. Bei den Madonnen-Bildern ist die bezogene Wirklichkeit noch komplexer, weil das Kind Erlöser-Eigenschaft hat, und weil durch die Mutter-Kind-Beziehung eine direkte familienpädagogische Dimension aufgeschlossen wird.

Alle das Kinder- und Jugendleben in Florenz betreffenden Erörterungen können dankbar an die ausführlichen sozialgeschichtlichen Untersuchungen von Richard C. TREXLER und anderer[16] anknüpfen. Die Quellen für eine Sozialgeschichte der Kindheit in der Renaissance waren zwar schon immer vorhanden, zum Teil sogar reichlich, aber um sie aufzuschließen, hat es des neuartigen Forschungsimpulses bedurft. Die an den schriftlichen Quellen zum Kinder- und Jugendleben gewonnenen Erkenntnisse bilden - so ist die Erwartung - die Basis zum ikonographischen Verständnis der Bildwerke, wie auch die

---

[16] R.C. TREXLER, Ritual in Florence: Adolescence and Salvation in the Renaissance, in: TRINKAUS / OBERMAN (1974) 200ff.; TREXLER, Public Life... (1980); Chr. KLAPISCH, Annales de démographie historique 1973, 99ff.; D. HERLIHY / Chr. KLAPISCH-ZUBER, Tuscans and their Families - A Study of the Florentine Catastro of 1427 (1985). Die Arbeiten von TREXLER und weiteren Autoren zu den Themen „Infantizid“, „Findel- und Waisenkinder“ s.w.u.

darin aufscheinende Sinnebene (der ikonologische Gehalt) auf das tatsächliche Kinder- und Jugendleben der Zeit zurückschließen läßt.

4. Kinder- und Jugendleben

a) Säkulare Umbrüche

Im ausgehenden Trecento erscheinen erstmals Notlagen und Probleme von Kindheit und Jugendalter deutlicher im Licht der Geschichte. Sie umspannten ein breites Spektrum privaten und öffentlichen Lebens.

Da gab es die elternlosen und unversorgten, oft dem Tode anheimgegebenen Findelkinder. Sie wurden deutlich erkennbar schon früh als soziale Aufgabe verstanden, und es gab schon praktische Fürsorgemaßnahmen. Maßgebend war ein Bewußtsein christlicher Verpflichtung gegenüber hilflosen Neugeborenen, welche der Taufe und der Pflege bedürfen. Die gesellschaftliche Akzeptanz dieser Aufgabe führte früh bereits zur Gründung von hilfreichen Institutionen, nämlich von Findlings-Hospitälern und Waisenhäusern, in Florenz und in anderen Städten.

Anders war dies bei den alleingelassenen Straßenkindern. Sie stellten für die bürgerlichen Schichten zunächst keine soziale Aufgabe dar, sondern eine Belästigung. Daß ihre Lage bedingt war durch die soziale Verlorenheit ihrer Familien, welche auf der untersten gesellschaftlichen Stufe standen, wurde nach und nach akzeptiert. Wir kennen in unserer heutigen Welt ähnliche Erscheinungen, in Bogotá, in Recife und anderswo. Aber vermutlich gingen die etablierten Florentiner nicht so grausam menschenverachtend mit ihren Straßenkindern um wie die Todesschwadronen in südamerikanischen Geschäftsstraßen.

Das Alter der florentinischen Straßenkinder mag zwischen vier und zwölf Jahren gelegen haben. Sie spielten auf der Straße, warfen Bälle gegen Klostermauern, verbrannten Puppen, welche alte Frauen darstellten, bewarfen die Vorübergehenden mit Steinen und belästigten auch sonst die Besucher in der Stadt.[17] Soziale Verlorenheit im vollen Sinne des Wortes kommt darin nicht zum Ausdruck, eher Unreguliertheit und Unversorgtsein. Kreisspiele und überkommende Kinderlieder werden diese Kinder wohl beherrscht haben. Schulbildung gab es für sie nicht. Doch in Stadt und Kirche regten sich auch für sie sorgende Stimmen.

Die Kinder aus der gehobenen und namentlich aus der höheren Schicht waren aus ganz anderen Gründen in eine schwierige Lage geraten. Sie hatten in ihren Familien die gesicherten emotionalen Bezüge verloren. Die neueren sozialwissenschaftlichen Untersuchungen (TREXLER, HERLIHY / KLAPISCH-ZUBER, auch BRUCKER) machen insgesamt

---

[17] TREXLER a.O . (1980) 368f. mit Quellenhinweis

deutlich, daß es im Zeitalter der Frührenaissance eine Krise der städtischen Familien gab. So war die aus dem Mittelalter überkommene Großfamilie nicht mehr alleinige Form des Zusammenlebens. Auch die Gattenfamilie wurde üblich. Aber das alleine wäre noch keine Krise gewesen. Entscheidender noch war, daß die religiösen Bindungen als Alltagsregulative Lockerungen ausgesetzt waren und der Einzelne sich gegen das kirchliche Primat wenden konnte. Das schloß nicht aus, daß Religion und religiöse Lebensformen nach wir vor starke Wirkungen ausübten - als Möglichkeiten der Stilisierung des Lebens. Jedoch konnte die der Renaissance-Kultur eigene Tendenz zur Ausprägung des Individuellen auch zum Individualismus führen.

Die Kinder in florentinischen Familien unterstanden oft keiner sorgsamen und den Tagesablauf umfassenden Förderung, auch nicht in den von traditionellem Familiensinn bestimmten Kreisen der Begüterten und Herrschenden. Dort pflegten die Eltern nicht immer ein häuslich-familiäres Erziehungsmilieu. Manchmal weilten die Väter aus beruflichen Gründen über längere Zeit nicht zu Hause, was sich aus den weitreichenden geschäftlichen Verbindungen der höheren Schicht erklärte. Meist waren die Väter auch schon älter, oder sie waren gar verstorben, und die Erziehung der Kinder lag alleine bei der Mutter.[18] Im ganzen gesehen kann man vermuten, daß die Kinder - Knaben mehr als Mädchen - viel sich selbst überlassen und dementsprechend außer Haus orientiert waren. Was im besonderen die Knaben und die heranwachsenden männlichen Jugendlichen anbetraf, so hatte die „Straße“ erheblichen Anteil an ihrer Sozialisation, einschließlich der Begegnung mit Erwachsenen außerhalb ihrer Familie. Sexuelle Gefährdung und namentlich homosexuelle Orientierung war für die Knaben der höheren Schichten somit leicht gegeben (s.u.). Dennoch sollte die Rede von der florentinischen Homosexualität, wie sie seit eh und je im Schwange ist, nicht so generell und ungeprüft weitergeführt werden. Überhaupt ist es schwierig, Generalisierungen hinsichtlich erzieherischer Defizite für eine gesamte Gesellschaft vorzunehmen.

In den ersten Jahrzehnten des Quattrocento gab es mehr und mehr Bestrebungen von Verantwortung empfindenden Laien, die alleine gelassenen männlichen Jugendlichen und Knaben einschließlich der Unterschicht-Angehörigen in das religiöse und kulturelle Leben der Stadt einzubinden. Institutionelle Basis waren die bereits bestehenden Bruderschaften für Erwachsene.

Trotz ausgeprägter Schicht- und Standesunterschiede ging ein integrativer Zug durch die florentinische Gesellschaft. Mit August BUCK kann man von einem Bürgerhumanismus sprechen, der eine diesseitsbejahende Gesinnung hervorbrachte mit Übungen der praktischen Tugenden und dem Glauben an das Gute im Menschen *contra miseria hominis*, verbunden mit einer Schärfung des sozialen Bewußtseins. Bezeichnend hierfür ist die auf Petrarca zurückgehende sogenannte *Dignitas*-Literatur des Quattrocento (eine um den

---

[18] HERLIHY / KLAPISCH-ZUBER a.O. 247f . 363

Begriff der Menschenwürde kreisende Literatur). Ihre Vertreter suchten nach der Befreiung aus den Fesseln mittelalterlichen, jenseitsbezogenen Miseria-Denkens. Wichtigster florentinischer Autor ist Gianozzo Manetti (1396 - 1459), den „seine kompromißlose republikanische Gesinnung" (BUCK) unter Cosimo dei Medici d.A. ins neapolitanische Exil trieb.[19]

b) Bruderschaften (confraternite) für Jugendliche und Kinder

Die neuartige soziale und sozialpädagogische Bewegung für Jugendliche und Kinder konnte auf schon bestehenden, charakteristischen Formen des öffentlichen Lebens in der Stadt aufbauen. Die Mentalität der Menschen in der italienischen Stadtkultur war religiös und rituell geprägt und auf eine charakteristische Weise extrovertiert. Das kam unter anderem in den Feiern und Festveranstaltungen des Kirchenjahres und in besonderen festlichen Ereignissen der Quartiere und Parochien zum Ausdruck. Irgendwo in der Stadt gab es immer eine Prozession.

Schon im Trecento waren die Bruderschaften (*confraternite*), auch *Sozietäten* oder *Kompagnien* genannt, ein bedeutsamer öffentlicher Faktor.[20] Das Wesentliche an diesen Zusammenschlüssen war, daß sie von Laien initiiert und geleitet wurden, auch, daß die leitenden Persönlichkeiten meistens durch Wahlen ins Amt kamen. Die Bruderschaften verstanden sich trotz ihrer Laien-Struktur meistens als Teil ihrer Parochie, und sie waren ihrer jeweiligen Kirche, deren Räume sie benutzten, innerlich verbunden.

In den ersten Jahrzehnten des Quattrocento entwickelten sich die Bruderschaften weiter und ordneten sich in das sehr lebendige öffentliche Leben der Stadt ein (TREXLER: the framework of ritual). Es gab auch Bruderschaften für Frauen und solche für Männer und Frauen gemeinsam. Jedoch war die Rolle der Frauen in diesem Bereich des Lebens von eher marginaler Bedeutung (s.w.u.). Die Bruderschaften lassen sich unterscheiden in solche, die sich mehr den religiösen Aufgaben widmeten und in solche, die mehr soziale Tätigkeiten in der Armen- und Krankenpflege wahrnahmen. Unter den ersteren waren ursprünglich, also noch in der Zeit des ausgehenden Trecento, stark die Büßergenossenschaften oder Flagellanten (*disciplinati*) vertreten, welche die Öffentlichkeit suchten, indem sie die bekannten Geißler-Umzüge veranstalteten. Demgegenüber widmeten sich die Chöre (*laudesi*) auch innerhalb der Häusermauern dem Lobe Gottes. Weitere öffentliche Zusammenschlüsse waren die Theatergruppen, die das geistliche Spiel pflegten. Aber auch die dem sozialen Werk zugewandten Bruderschaften hatten sich in ihren Satzungen zu religiösen Übungen verpflichtet.[21]

---

[19] A. BUCK, Studien zu Humanismus und Renaissance (1991) 329

[20] TREXLER a.O. (1980) Kap.11 „The New Ritual Groups". - G. BRUCKER, Florenz in der Renaissance (1990) 253ff. 352

[21] BRUCKER a.O.

In den Quellen über die Bruderschaften tauchen öfter Handwerker als maßgebliche Persönlichkeiten auf. Es gab aber auch bruderschaftliche Zusammenschlüsse von Unterschicht-Angehörigen. Die Bruderschaften waren somit ein öffentlicher Bereich, in dem soziale Schichten wirksam sein konnten, denen auf der Ebene städtischer Politik - wie oben gezeigt - die Mitwirkung versagt war.

Von Amts wegen waren die Bruderschaften nicht vorbehaltslos geduldet. Im Jahre 1419 erließ die Signoria sogar einmal einen Auflösungsbeschluß für alle Bruderschaften der Stadt mit der weiteren Maßgabe, daß Neugründungen sich einem Genehmigungsverfahren unterziehen mußten.[22] Auf diese Weise konnte die Signoria versuchen, die Bruderschaften, welche verständlicherweise nicht zu unterdrücken waren, in die Kontrolle zu nehmen und ihre Tätigkeiten stärker auf soziale Tätigkeiten hin auszurichten und ihren politischen Einfluß zu verringern. Auf den städtischen wie kirchlichen Veranstaltungen traten die Bruderschaften weiterhin neben den anderen gesellschaftlichen und politischen Gruppierungen als öffentliche Kraft in Erscheinung.

Wir fragen danach, wie die Jugendlichen und Kinder in dieses lebendige kulturelle und soziale Leben der Stadt hineinwuchsen, und halten dabei auch die Mädchen sowie die Unterschicht-Kinder im Blick, so weit es über sie in dem anstehenden Zusammenhang Informationen gibt.

Im Jahre 1396 hatten die Kapitäne der *Sozietät von San Matteo*, die sich in der Kirche *Santo Spirito* traf, bei der Signoria beantragt, eine eigene Bruderschaft für junge Männer (*iuvenes*) einrichten zu dürfen. Es war die erste, einem bestimmten Lebensalter vorbehaltene Bruderschaft. Sie erhielt sogar, obwohl nichtkirchlich initiiert, öffentliche Mittel zugewiesen.[23] Weitere Gründungen folgten, und es wurde bald deutlich, daß auch für die noch jüngere Altersstufe gesorgt werden mußte. Im Jahre 1410 gründete ein frommer Goldschmied für Heranwachsende die *Bruderschaft des Erzengels Raphael oder der Geburt Christi*. 1442 wurde diese Bruderschaft erweitert und geteilt. Fortan konnten Knaben (*fanciulli* oder *pueri)* und Heranwachsende bis 19 Jahre (*adolescenti*) sowie Ältere je in eine eigene Einrichtung aufgenommen werden.[24] Es gab inzwischen noch drei Bruderschaften für Knaben, und bis 1451 kamen weitere drei Neugründungen hinzu. Alle Bruderschaften waren autorisiert, an Prozessionen teilzunehmen. In den folgenden Jahrzehnten bis zu Savonarolas Wirken (s.u.) wuchs die Zahl der Bruderschaften für Jugendliche und für Knaben noch. Die kirchlichen und staatlichen Stellen waren auch in diesen Jahrzehnten auf die Bruderschaften achtsam bis hin zur Verhinderung von Neugründungen.[25] Es muß daher insgesamt erhebliche Aktivitäten zu Zusam-

---

[22] BRUCKER a.O. 253f.; ders., The Society of Renaissance Florence (1971) 74f.

[23] TREXLER a.O. (1974) 206; TREXLER a.O. (1980) 370ff.(jeweils mit Quellenhinweisen; auch alle folgenden Verweise sind belegt)

[24] TREXLER a.O. (1974) 207

[25] TREXLER a.O. (1974) ebd.

menschlüssen von Jugendlichen und Kindern gegeben haben mit der erkennbaren Tendenz, die Angehörigen der betreffenden Altersgruppen sozial aufzufangen. Viele Gruppierungen werden ohne offizielle Anerkennung gewirkt haben.

Aufschlußreich ist ein von TREXLER mitgeteiltes Schreiben des Ordengenerals der Kamaldulenser, Ambrogio Traversari, an Papst Eugenius IV. aus dem Jahre 1435.[26] Gegenstand des Schreibens sind unter anderem die Knabenbruderschaften. Traversari ist bemüht, seinem obersten Herrn die besonderen Vorteile der Knabenbruderschaften hinsichtlich einer gottgefälligen Entwicklung ihrer Mitglieder nahezubringen. Die Knaben würden in den Bruderschaften doch von allen schädlichen Einflüssen ferngehalten. Auch weist der Schreiber ausdrücklich auf den Laienstand der leitenden Persönlichkeiten hin. Kirchliche Stellen trachteten also nicht generell danach, die Bruderschaften in ihrem Wirken zu hindern. Besonders zu erwähnen ist auch ein einleitender Hinweis in dem Schreiben von Traversari, daß es in der Stadt verschiedene Bruderschaften für Knaben aus der Oberschicht und solche aus der Mittelschicht sowie für arme Knaben gäbe. An Sonn- und Feiertagen seien aber alle Knaben im Lobe Gottes vereinigt.

In den ersten Jahrzehnten des Quattrocento wurde das Alter der Knaben, welche Aufnahme in die Bruderschaft fanden, immer jünger. Eine solche sozialpädagogische Ausrichtung fand offenbar nicht die Kritik der Obrigkeiten; sie wurde wohl im Sinne des erwünschten sozialen Wirkens der Bruderschaften verstanden. - Die jüngsten Knaben (*fanciulli*) in den betreffenden Bruderschaften können um zehn Jahre, vielleicht sogar noch jünger gewesen sein.[27] Es gab somit in den Bruderschaften auch ein im engeren Sinne kindliches Moment. Zu bedenken ist aber, daß „Kindlichkeit“ sicher eine andere Prägung hatte, als wir es uns aus heutigen, spätbürgerlich bestimmten Erfahrungen heraus vorstellen. Kinder waren deutlicher an Erwachsenen orientiert.

Den Bruderschaften bot sich ein weites Wirkungsfeld in der florentinischen Gesellschaft an. Besonders wichtig war das an religiösen Formen orientierte soziale Lernen. Die Knaben und Heranwachsenden wurden hauptsächlich befaßt mit Chorsingen, ritualisierten Bewegungsspielen, liturgischem Beten und Kirchgang. Die ritualisierten Bewegungsspiele waren kaum ganz neu in diesem Kreise. Vielmehr werden die Pädagogen aus einem noch gegenwärtigen Fundus der Kinderkultur geschöpft haben. Leider wissen wir im einzelnen nichts darüber. Es gab auch Gespräche im Kreis, worüber ebenfalls nichts Genaueres bekannt ist.[28] Höhepunkte im bruderschaftlichen Leben war die Teilnahme an den kirchlichen und städtischen Festen und Feiern, wobei die erlernten Fertigkeiten zur Geltung kamen. In weißen Gewändern gingen die Knaben und Heranwachsenden wie

---

[26] TREXLER a.O. (1974) 209f. mit englischer Übersetzung des angezogenen sowie eines weiteren Briefes von Traversari.
[27] TREXLER a.O. (1980) 371
[28] TREXLER a.O. (1974) 209; TREXLER a.O. (1980) 373

Engel in den Prozessionen mit[29] (hierzu auch w.u. S. 308/09). Gerne würden wir Einzelheiten über die pädagogische Qualifikation und über die Umgangsformen der leitenden Kräfte erfahren.

Die Knaben in den Bruderschaften waren früh selbständig und lernten sich darzustellen. Auch wurden sie an der Wahl ihrer Oberen beteiligt.[30] Gleichwohl empfingen die Knaben eine klare Prägung, wie sie sich aus dem religiösen und kulturellen Umfeld ergab, wahrscheinlich auch ohne daß wesentliche Generationskonflikte zum Tragen kamen. Ihre Handlungsformen, Aktivitäten, Bewußtseinsinhalte und Attitüden übernahmen sie leicht von älteren Mitgliedern in den Bruderschaften und von den Oberen, die von ihnen als Autoritäten akzeptiert wurden.

In sittlicher Hinsicht gab es strenge Prinzipien. Ob diese aber immer eingehalten wurden, ist fraglich. Warum hätte sonst der Heilige Berhardin, auf den wir noch zu sprechen kommen, seine flammenden Bußpredigten gehalten?

Die Erziehung in den Bruderschaften war affirmativ mit ausgeprägten intentionalen und funktionalen Momenten. Sie richtete sich auf eine bisher alleine gelassene Jugend. Die leitenden Persönlichkeiten mußten davon überzeugt sein, daß persönliche und soziale Kräfte in der heranwachsenden Generation entwickelt werden können. Ihre affirmative Erziehungsweise war „positive“, humanistische Erziehung im Entfaltungsraum einer Stadt, die in ein neues Zeitalter aufgebrochen war.

Die herrschenden Kreise empfanden die Bruderschaften nach wie vor als eine latente politische Gegenkraft. Im Jahre 1443/44, unter Cosimo dei Medici d.A., wurde den jungen Männern der Oberschicht, die ja in die politischen Machtstrukturen hineinwuchsen, per Gesetz die Mitgliedschaft in einer Bruderschaft über das 25. Lebensjahr hinaus untersagt. 1455 wurde die Altersgrenze auf 20 Jahre herabgesetzt.[31] Für die erwachsenen Angehörigen der niederen Schichten hingegen waren die Bruderschaften Stätten der Begegnung und Identitätsfindung.

Die Bruderschaften für Erwachsene unterhielten natürlich auch Verbindungen zu den Bruderschaften für Jugendliche und Knaben. Die Mitglieder der ersteren fanden ihre Söhne in den letzteren aufgehoben. In dem Maße, wie die herrschende Schicht die „Entpolitisierung“ der Bruderschaften betrieb, stärkte sie deren soziale und pädagogische Kräfte.

Die Bruderschaften als zeittypische Institutionen leisteten soziale und kulturelle Erziehung für die Lebensstufen von der Kindheit bis zum Erwachsenenalter. Es handelte sich um einen eigenen Bereich der Bildung, den die allgemeinen Schulen der Stadt nicht abdeckten.

---

[29] TREXLER a.O. (1974) 227; mit Berichten aus den Jahren 1405, 1419 und 1428

[30] TREXLER (1974) 211

[31] TREXLER a.O. (1980) 378, Anm.44

c) Die Mädchen und die Familie

Wichtige indirekte Hinweise auf die Mädchenerziehung haben sich schon daraus ergeben, daß die Väter oft nicht durchgehend ihren Familien zur Verfügung standen, was insbesondere die Knaben früh auf die Straße brachte und die Heranwachsenden bald eigene Wege gehen ließ. Diese Lage rief unter anderem ja die Bruderschaften mit pädagogischer Zielsetzung auf den Plan. Die Mädchen in bürgerlichen Familien blieben im Hause. Die Mädchen aus der Unterschicht wurden, wenn sie nicht anderweitig in Arbeitsprozesse eingebunden waren, oft schon vor dem zwölften Lebensjahr in Stellung gegeben[32] und nahmen dann in den bürgerlichen Häusern unter Umständen eine Stellung in der Nähe des Sklavinnen-Status ein.

Lebens-Lern-Ort für die Mädchen war das Hauswesen. Aus dem Trecento stammt das *Libro di buoni costumi* des toskanischen Kaufmanns Paolo da Certaldo[33] mit einer sicher auch noch im Quattrocento gültigen Aufzählung von Tätigkeiten, welche die Eltern den Mädchen beibringen sollten, nämlich Brotbacken, Geflügelreinigen, Mehlsieben, Kochen und Waschen, Bettenmachen, Spinnen und Weben, Seidenstickerei, Leinen- und Wollkleiderzuschneiden, Strümpfestopfen und noch mehr. Diese Aufzählung umfaßt erkennbar das Insgesamt der Haushaltstätigkeiten. Sie wurden überwiegend von den Frauen wahrgenommen, zu denen, wenn es sich noch um eine Großfamilie handelte, Großmütter, Tanten, junge Frauen, Dienstkräfte und eben die heranwachsenden Mädchen gehörten. Diejenige Tochter hatte es gut, die bei der notwendigen Geschäftigkeit eines Hauses in der Mutter, der Großmutter oder einer Magd eine liebevolle Bezugsperson fand, bei der sie nicht nur aufgehoben war, sondern auch alles richtig lernen konnte. Das soziale Klima in einer städtischen Familie war, wie oben schon herausgestellt, keineswegs immer von der Art, daß Kinder darin eine glückliche Kindheit fanden.

Es war üblich, daß bürgerliche Töchter Lesen und Schreiben lernten; die Frauen treten in aller Regel als darin bewandert in Erscheinung. Wiederum gab es auch Stimmen, daß Mädchen nur die Haushaltstätigkeiten lernen sollten.[34] Aber diese Ansicht war nicht repräsentativ.

Im übrigen heirateten Mädchen früh, mit 14 Jahren, oder zutreffender: sie wurden von ihren Vätern verheiratet, sofern diese noch lebten. So konnte es sein, daß sie schon mit 20 Jahren eine kinderreiche Familie hatten, oder sie starben im Wochenbett[35], oder die Pest suchte die Familie heim...Wenn junge Frauen früh Witwe wurden, konnte es sein, daß sie

---

[32] D. HERLIHY / Chr. KLAPISCH-ZUBER, Tuscans and their Families. A Study of the Florentine Catastro of 1427 (1985) 136f.

[33] J.Br. ROSS in Lloyd deMAUSE, Hört ihr die Kinder weinen (1977), 295 ff. ausführlich nach: Paolo da Certaldo, Libro di buoni costumi (nach 1350), ed. A. SCHIAFFINI, Florenz 1945.

[34] ROSS a.O. 296 nach Certaldo

[35] HERLIHY / KLAPISCH-ZUBER a.O. 86ff.

das häusliche und mütterliche Eingebundensein als Belastung empfanden. Daher rührende familiäre Auflösungserscheinungen waren somit struktuell bedingt, in einer herkömmlichen Großfamilie ebenso wie in einer mehr der Gatten-Familie zuneigenden Lebensform.

Wenn es in bürgerlichen Familien opportun erschien, wurden Mädchen auch in ein Kloster gegeben. Sie stellten dann in der familienpolitischen Strategie keinen schwierigen Faktor mehr dar. Klosteraufenthalte konnten aber ebenso der Erziehung dienen[36], und die betreffenden Mädchen entschieden sich später, ob sie den Schleier nehmen oder wieder in das bürgerliche Leben zurückkehren wollten.

Im gleichen Alter, in dem Mädchen heirateten, begann für die Knaben der Lebensabschnitt in den Bruderschaften für *adolescenti*. Das Heiratsalter der Männer lag um 30 Jahre oder darüber.[37] Oft gingen die Männer schon auf das 40. Lebensjahr zu, wenn sie erstmalig Väter wurden. Bei den Männern war aber auch die Neigung verbreitet, nicht zu heiraten.

Der soziale Strukturwandel in der Frührenaissance hatte zur Folge, daß die florentinische Familie an sich für diese Zeit nicht mehr definiert werden kann. James Bruce ROSS entwickelt in seiner materialreichen, im Rahmen des Buches von Lloyd deMAUSE veröffentlichten Studie entlang den Quellen ein komplexes Bild der städtischen Familie als schwankend zwischen Fürsorge und Vernachlässigung des Kindes, zwischen elterlicher Liebe und elterlichem Desinteresse.[38] Ein verbreiteter Brauch war, Säuglinge zu einer Amme auf das Land zu geben. Vielleicht waren die Mädchen von dieser Gesamtlage mehr betroffen als die Jungen, denen sich in den Bruderschaften soziales Aufgehobensein und emotionale Bindung anbot.

Nun dürfen wir nicht in den Irrtum verfallen, die Frauen in der florentinischen Gesellschaft hätten nur in der Zurückgezogenheit des Hauses gelebt. Dies entsprach weder der überkommenen christlichen Lebensart im allgemeinen noch dem städtischen Naturell der Florentiner. Allerdings waren die Frauen an den politischen Geschäften nicht beteiligt. Das schließt aber nicht aus, daß Nachbarschaft, Gottesdienst und kirchliche Riten, öffentliches Leben, Feste und Feiern für Frauen ein ebenso lebendiges Forum bildeten wie für Männer. Für 1455 ist überliefert, daß in einer Kreuzzugs-Bittprozession Knaben und Mädchen am Anfang gingen und Frauen den Schluß bildeten. Von den letzteren waren einige in Weiß gekleidet und trugen ein rotes Kreuz auf der Brust.[39] In den letzten Jahrzehnten des Jahrhunderts gewann zunehmend der Karneval an öffentlicher Bedeu-

---

[36] HERLIHY / KLAPISCH-ZUBER a.O. 137

[37] HERLIHY / KLAPISCH-ZUBER a.O. 86ff.

[38] Die erstmals 1974 erschienene Studie von ROSS ist übrigens unabhängig von den in Anm.16 aufgeführten Arbeiten entstanden.

[39] TREXLER a.O. (1980) 376f. Siehe auch im folgenden Anm.46 u. 49.

tung; die Frauen waren insgesamt daran beteiligt. Auch gab es Vereinigungen für Frauen, genauer: für Ehefrauen (*societates mulierum* o.ä.) entsprechend den Bruderschaften für Männer. Diese Vereinigungen waren jeweils an eine Parochie gebunden; sie sind u.a. überliefert für San Lorenzo, Santa Reparata (die Kirche, an deren Stelle der Dom Santa Maria del Fiore trat) und Santa Croce.[40] Die Frauengruppen von Domenico Ghirlandaio auf Fresken in Santa Maria Novella stellen in verschiedenen biblischen Zusammenhängen selbstbewußte Menschen dar, die man sich ebenso in der florentinischen Öffentlichkeit vorstellen kann. Die Mädchen wuchsen, so darf man voraussetzen, zwanglos in alle sozialen Beziehungsfelder hinein.

Es gab also für Knaben und Mädchen in der florentinischen Gesellschaft unterschiedliche Formen institutionalisierter Bildung und ganz unterschiedliche Lebensperspektiven. Aber das war in der italienischen Stadtkultur prinzipiell kaum anders als sonstwo in Europa.

d) Schulen

Um noch einmal an die Bruderschaften für Jugendliche und Knaben anzuknüpfen: Die in diesen Institutionen geleistete soziale und kulturelle Erziehung vollzog sich neben der schulischen Erziehung, welche allgemeine und fachliche Kenntnisse vermittelte. Auf die Schule müssen wir noch kurz eingehen (eingedenk der Tatsache, daß Schule im Zeitalter der Renaissance eigentlich ein umfangreiches und gewichtiges Gebiet in der Geschichte der Pädagogik darstellt).

Der Schulbesuch war vom Willen der Eltern abhängig, die ihren Kindern berufliche Qualifikationen mitgeben wollten. Es ist somit denkbar, daß Knaben zwar Mitglieder in einer Bruderschaft waren, aber nicht die Schule besuchten. Ansonsten war die Tages- und Wochen-Zeit der Knaben zwischen der Schule und der Bruderschaft aufgeteilt.

Die Schulen vermittelten Grundkenntnisse für die Berufsfelder in Wirtschaft, Gewerbe und Staatswesen. Es gab Lese- und Schreibschulen für die Jüngsten von sieben bis zwölf Jahren, Schulen für „Arithmetik“ (worunter sich das kaufmännische Rechnen verbirgt), die von Schülern bis 15 Jahren besucht wurden, und Schulen für lateinische Grammatik, deren Schüler bis 18 Jahre alt waren.[41] Die Schüler kehrten täglich nach dem Unterricht ins Elternhaus zurück oder gingen in die Bruderschaft. Über die Teilnahme der Mädchen an schulischer Förderung wäre eigens nachzuforschen. Wenn die Töchter der gehobenen

---

[40] TREXLER a.O. (1980) 15 mit Anm.28 daselbst

[41] Zum Schulwesen: Chr. BEC, Les Marchands écrivains (1967). - Chr. KLAPISCH, Annales de demographie historique 1973, 114f. (in Gegenüberstellung zum Bildungsgang der Mädchen, mit demographischen Daten zum Heiratsalter der letzteren). - TREXLER a.O. (1974) 203.242 mit Literatur.

und höheren Schichten schreiben und lesen konnten, so hatten sie das privater Unterweisung zu verdanken.

Die skizzierten Strukturen des florentinischen Bildungswesens, wie sie in den Bruderschaften und Schulen zum Ausdruck kamen, waren also nicht primär von der Kirche bestimmt. Die Bruderschaften standen trotz ihrer für die Zeit kennzeichnenden religiös-kirchlichen Ausrichtung nicht unter klerikalem Einfluß, und die Schulen waren vollends weltlich bestimmt, ohne in einem Gegensatz zu Religion und Kirche zu stehen. Es wurde schon gesagt, daß die Kirche dem Aufkommen der Laien-Bruderschaften nicht ganz tatenlos zusehen mochte - in einer Zeit, da die Klöster erheblich an Ansehen verloren hatten. Papst Eugenius IV. versuchte mit nur teilweisem Erfolg die Neugründungen von Bruderschaften für Knaben und Jugendliche durch Einsetzung einer Kommission unter Kontrolle zu bekommen. Erfolgreicher war er im Jahre 1436 mit der Gründung einer kirchlichen Schule für Knaben ab zehn Jahren, die er dem jüngst neu geweihten Dome zuordnete. (Papst Eugenius IV. war überhaupt bemüht, im norditalienischen Raume kirchliche Schulen zu begründen.) Cosimo dei Medici ließ 1458 eine entsprechende Schule an San Lorenzo einrichten. Diese Schulen sollten in erster Linie den Priester-Nachwuchs ausbilden. Die Schulzeit dauerte bis zum 25. Lebensjahr[42], das heißt, sie umfaßte den gesamten Bildungszeitraum, der heute für Schule und Studium in Anspruch genommen wird. Auch betreuten die kirchlichen Schulen ihre Schüler ganztägig, und sie bildeten ein Gegengewicht gegen das weltliche Bildungswesen, namentlich gegen Laien-Bruderschaften für Jugendliche und Knaben. Durch die ganztägige Betreuung fanden die Jugendlichen und Knaben eine soziale Bindung. Die kirchlichen Schulen spielten wie die Bruderschaften eine öffentliche Rolle. Ihre Schüler nahmen ebenso wie die Mitglieder der letzteren in weißen Gewändern an Prozessionen teil.[43]

Bürgerlich-humanistische und traditionell-kirchliche Kräfte waren in der Frührenaissance vielfältig miteinander verschränkt, und das sollte auch in der nachfolgenden Epoche noch so bleiben.

e) Wie die hilflosen Kleinen und die Engelhaften im öffentlichen Leben erscheinen

Um die Wende zum Quattrocento treten in Bild- und Textquellen die am meisten der Hilfe bedürftigen Kinder in der Gesellschaft, nämlich die Findlings- und Waisenkinder, auf ungewohnte Weise in Erscheinung, nämlich nicht nur als institutionell aufgefangen (siehe hierzu w.u. S. 337ff.), sondern darüber hinaus in einem repräsentativen Zusammenhang des städtischen Lebens. Ein in zwei Szenen geteiltes Fresco von Ambrogio di Baldese und Nicolò Gerini aus dem Jahre 1386 an der *Loggia del Bigallo*, dem Sitz der

[42] TREXLER a.O. (1974) 216f.; TREXLER a.O. (1980) 371
[43] TREXLER a.O. (1980) 372

Compagnia del Bigallo e della Misericordia, zeigt einmal, wie Findelkinder in ein Waisenhaus gebracht werden, und zum anderen, wie vor eben dieser Loggia die Fratres der Misericordia glückliche Findelkinder an glückliche Adoptiv-Eltern übergeben.[44] Die Loggia del Bigallo befindet sich gegenüber dem Baptisterium und lag schon damals im Zentrum des öffentlichen religiösen Lebens. Das Fresko gehörte zur Außenfassade, für jedermann deutlich sichtbar. Heute wird es im Inneren des Hauses bewahrt. Die Ikonologie der Darstellung ist eindeutig, sie macht den Anspruch deutlich, den die Waisenkinder in der florentinischen Gesellschaft stellen, und bezeichnet die Rolle, die sie ausfüllen (TREXLER: „important to the city's spiritual health"). In einem zeitgenössischen Bericht ist von einer Gruppe von Waisenkindern aus der Einrichtung *Santa Maria della Scala* die Rede, welche 1390 in den großen szenischen Aufbau einer Messe auf der Piazza della Signoria eingefügt waren, die im Zusammenhang einer Bittprozession zelebriert wurde.[45] - Anläßlich der Abfahrt des ersten florentinischen Schiffes nach Alexandria am 20. April 1422 - ein für die Stadt erhebliches Ereignis - fanden mehrere große Prozessionen statt, an denen die städtischen und kirchlichen Institutionen beteiligt waren, so auch die Waisenkinder von *Santa Maria della Scala*, ebenso die Kinder (*fanciulli*) aus den Werkstätten und Schulen.[46] Auch in der Folgezeit blieben die Waisenkinder in der öffentlichen Aufmerksamkeit, ja die Sorge verstärkte sich noch, wie zu zeigen ist.

Oben ist schon erwähnt, daß die Mitglieder der Knaben-Bruderschaften in weißen Gewändern an den Prozessionen teilnahmen. Dieser Brauch war aber nicht erst mit den Knaben-Bruderschaften entstanden, sondern schon vorher üblich. TREXLER teilt eine Quelle mit, aus der hervorgeht, daß 1405 eine Männer-Bruderschaft weißgekleidete Engel in ihrer Prozessions-Gruppe mitgehen ließ.[47] In einer weiteren, das Jahr 1428 betreffenden Quelle ist davon die Rede, daß reich gekleidete Knaben mit engelhaften Gesichtern in der Prozession mitgingen.[48] In dieser Zeit entwickelten sich, wie wir gesehen haben, auch die Knaben-Bruderschaften; für sie ergab es sich sozusagen selbstverständlich, daß ihre Mitglieder als Engel in den Prozessionen mitgingen.

---

[44] Ein Ausschnitt des Bildes ist abgedruckt bei Gl. FOSSI, Florenz (1986) Abb.46. Über weitere zugehörige Darstellungen im Bigallo siehe TREXLER, The Foundlings of Florence ..., in: History of Childhood Quarterly 1973, Vol.1, 261; sowie TREXLER a.O. (1980) 369. Monographisch über die Compagnia del Bigallo e della Misericordia: H. Saalman: The Bigallo ... (1969). Auf Tf. 6 das genannte Bild..

[45] TREXLER a.O. (1980) 356 (mit Quellen-Auszug); 369

[46] TREXLER a.O. (1980) 369

[47] C. GUASTI, Le Feste di S.Giovanni Batista in Firenze Descritte in Prosa e in Rima da Contemporanei (Florenz 1884). Enthält eine Mitteilung von Goro Dati 1405. Siehe TREXLER a.O. (1974) 222.

[48] R. HATFIELD, The Compagnia de' Magi, Journal of the Warburg and Courtauld Institutes 23, 1970, 146. Siehe TREXLER a.O. (1974) 222.

Aus dem Jahre 1428 gibt es noch eine weitere interessante Nachricht. Die *Compagnia dei Magi* (die Bruderschaft der Heiligen Drei Könige), welche das ihrem Namen zugrunde liegende biblische Geschehen in einer Prozession darzustellen pflegte, ließ in dem genannten Jahre das Christuskind durch den dreijährigen Francesco d'Andruccio de Risacoli darstellen.[49] Der Chronist Pietrobuoni vermerkt das spontane, natürliche Verhalten des Kindes, das bei einem Erwachsenen nicht hätte besser sein können. Dieser Sachverhalt ist „simpel", aber dennoch wird daran Wesentliches deutlich, nämlich, daß man einem kleinen Kinde eine liebenswerte Rolle in einem öffentlichen Stück zu spielen gab, daß ferner das Kind die Rolle gut ausfüllen konnte, und schließlich, daß ein Erwachsener das Kind in seiner kindlichen Natürlichkeit besonders wahrnahm (was vermutlich die Zuschauer auch vermochten).

Aus dem letzten Jahrzehnt des Quattrocento, das heißt aus der Savonarola-Zeit, berichtet Luca Landucci, Verfasser eines Tagebuches, über die Teilnahme der Knabenchöre an den Fastengottesdiensten. Die Chormitglieder, Kinder und Knaben von fünf bis fünfzehn Jahren, seien ganz in Weiß gekleidet gewesen, uns sie hätten die Gottesdienst-Teilnehmer zu Tränen gerührt. Ein solcher Chor habe *wahrlich aus Engeln* bestanden.[50]

Vorstehende Informationen sind in Ansehung des langen Zeitraumes, dem sie entstammen, noch zu knapp, als daß man daraus endgültige Verallgemeinerungen ableiten kann. Deutlich wird aber, daß es während der gesamten Zeit öffentliche Aufmerksamkeit auf hilflose Kinder gab, und daß es Brauch war, Kinder, namentlich Knaben bis zum Pubertätsalter, als Engel auftreten zu lassen oder sie doch in weiße Gewänder zu kleiden. Die engelhaften Kinder konnten den Menschen auf der Straße und in der Kirche einen Abglanz des Himmels vermitteln.[51] Mit diesen Festellungen sind wir erheblichen kindheitsgeschichtlichen Tatsachen auf der Spur.

f) Starke Prediger und ihre Irrtümer

Unsere Aufmerksamkeit gilt nunmehr drei kirchlichen Persönlichkeiten, die in verschiedenen Jahrzehnten des Quattrocento wirkten und jeweils auf unterschiedliche Weise

---

[49] ebd.; TREXLER a.O. 224

[50] Mitgeteilt bei J.Br. ROSS in Lloyd deMAUSE, Hört ihr die Kinder weinen (1977), 319, Anm.145 (betr.das Tagebuch des Luca Landucci, in englischer Übersetzung London 1927).

[51] D. WEINSTEIN, Critical Issues..., in: TRINKAUS / OBERMAN (1774) 265ff., entwickelt in Ergänzung zu TREXLER für die von der Kirche sich lösenden rituellen Formen des öffentlichen Lebens die Kennzeichnungen „laicization", „the emergence of the young", „secularization" und „the attribution of holiness to the city itself". Von daher kann das Erscheinen der Engelkinder im öffentlichen Leben der Stadt als religionssoziologischer Vorgang auf humanistischem Hintergrund verstanden werden. Die Engel repräsentierten Glückshoffnung, allgemein und im Hinblick auf die nicht gelösten Probleme von Kindheit und Jugend.

Einfluß auf die gesellschaftliche Entwicklung wie auf die Jugenderziehung zu nehmen trachteten. Indem wir die programmatischen Äußerungen und die Aktionen der drei Männer - im vorstehenden Rahmen allerdings sehr zusammengefaßt - herausstellen, treten zugleich weitere charakteristische Seiten der Jugend- und Kinderkultur der Zeit hervor, denn diese gab ja einen Anlaß für die Schriften, Predigten oder Angriffe der kirchlichen Persönlichkeiten.

Es sind die folgenden Persönlichkeiten: Der Dominikanermönch und Kardinal Giovanni Dominici (1357-1419), der Heilige Bernhardin von Siena, als Franziskanermönch und Prediger (1380-1444), sowie der Dominikanermönch und Bußprediger Girolamo Savonarola (1452-1498).

Dominici, der in Florenz geboren wurde, wirkte von 1399 bis 1408 in seiner Vaterstadt als erfolgreicher Prediger, und er verfaßte daselbst eine Erziehungslehre.[52] In die Jahre danach fällt seine Tätigkeit als namhafter Politiker im Dienste der Kurie während des großen Schismas.

In seiner Erziehungslehre vertritt Dominici eine unbedingte Auffassung vom Primat christlicher Lebensführung in der Bindung an die Kirche. Die in jenen Jahren aufgekommene, sozusagen noch „taufrische" Begeisterung für die Antike und das neuerwachte Interesse an den alten Schriftstellern lehnt er ab. Er will die alten Schriftsteller am liebsten ganz aus Erziehung und Schulunterricht entfernt wissen.[53] Man dürfe sie mit den Schülern allenfalls ausschnittweise lesen, wenn dadurch die christliche Erziehung befördert werden könne.

Träger der Erziehung sind nach Dominici Elternhaus und Kirche. Die sich zu Beginn des Quattrocento anbahnenden neuartigen Formen des öffentlichen Lebens und die Bruderschaften nahm er, wenn wir seine pädagogische Hauptschrift zugrundelegen, überhaupt nicht wahr, oder er wollte sie nicht wahrnehmen. Auch die verstärkte öffentliche Kenntnisnahme der Verwahrlosungserscheinungen bei den Stadt- und Straßenkindern spiegelt sich in seiner Erziehungslehre nicht.

Dominicis Schrift ist etwa zwischen 1400 und 1405 aus besonderem Anlaß entstanden. Die hochstehende Donna Bartholomäa Alberti war durch politische Verbannung ihres Mannes in die Lage geraten, ihre Kinder alleine erziehen zu müssen, weshalb sie sich ratsuchend an Dominici wandte, sicher weil sie von seinen Predigten beeindruckt war. Dominici bringt zwar durch Benutzung der Anredeform zum Ausdruck, daß seine Erziehungslehre im Hinblick auf die besondere Lage der Donna Alberti verfaßt wurde, aber im Nachhinein zeigt sich, daß es sich um ein wenn auch komprimiertes, so doch

---

[52] Kardinal Johannes DOMINICIs Erziehungslehre [zwischen 1400 und 1405], übers. u. hrsg. von A. RÖSLER (1894)
[53] DOMINICI a.O. 28f.

nach Vollständigkeit strebendes Kompendium der Erziehung handelt, in heutiger erziehungswissenschaftlicher Sprache um ein „normatives System". „Anlaßbezogenheit" des Werkes könnte darin gesehen werden, daß die anempfohlenen Erziehungsmaßnahmen nur eine etablierte Familie betreffen können, die zudem in fester, traditioneller Bindung an die Kirche lebt. Aber gerade die aus dem Mittelalter überkommene Familienordnung begann sich zu verändern und aufzulösen. Dahingehende Anzeichen werden jedoch von Dominici nicht wahrgenommen. Überhaupt ist die sozialökonomische Gesamtheit für ihn kein Gegenstand pädagogischen Nachdenkens.

Dominici geht konkret und detailliert auf die alltäglichen Erziehungsfragen ein, so wie sie ihm von der Norm her wichtig sind, und über weite Strecken macht er keinen Unterschied zwischen Knaben und Mädchen. Durch alle Darlegungen und Anweisungen hindurch scheint eine rigorose Ethik auf und eine strikte Anweisung, die Kinder zu den kirchlich-religiösen Lebensformen hinzuführen. Die Kinder werden mit planvoll vorgenommenen Gewährungen und Versagungen zu Persönlichkeiten gebildet, auch für die „staatliche Gemeinschaft".

Doch kann man Dominicis Schrift nicht ohne weiteres mit den autoritär bestimmten, auf Gehorsam hin ausgerichteten Erziehungslehren des 19. und 20. Jahrhunderts zusammenbringen. Der Autor war aus seiner streng kirchlich-christlichen Gesinnung heraus von dem überzeugt, was er niederschrieb. Von eben dieser Position aus sind auch seine kritischen Bemerkungen über das Klosterleben seiner Zeit zu verstehen. Es ist bekannt, daß bei den Klöstern einiges im argen lag. - Dominicis Ausführungen erscheinen vielleicht noch in etwas anderem Licht, wenn wir sie uns mündlich vorgetragen vorstellen, als Äußerung eines erfolgreichen Predigers mit starker Ausstrahlung, der das Ziel verfolgte, die Menschen in ihrer Religion und kirchlichen Bindung zu stärken. Mystische und tiefinnerliche Gottes-Empfindungen, wie sie das Mittelalter kannte, waren Dominici fremd. Er dachte und handelte in vielem so extrovertiert, wie es der florentinischen Lebensart entsprach, die auf den rituellen Ordnungen des Lebens aufbaute. Insofern repräsentierte er eine Seite der Renaissance-Kultur. Die Menschen, die ihm in der Kirche zuhörten, mögen anschließend in den Korporationen ihre eigenen Aktivitäten verfolgt haben.

Was der zölibatäre Dominici allerdings der Donna Alberti und seinen späteren Lesern an sexualpädagogischen Ratschlägen gibt, ist aus heutiger Sicht nur noch erschütternd. Am ehesten einsehbar von einem Standpunkt verleugnender Sexualerziehung aus mögen noch die Forderungen gewesen sein, ein Kind solle ab drei Jahren nicht erfahren, daß das andere Geschlecht außer in der Kleidung von ihm unterschieden sei, und die Erziehung von Knaben und Mädchen solle möglichst getrennt - auch räumlich getrennt - stattfinden. Aber dann wird es schier unerträglich:

... Auch sollst du weit davon entfernt sein zu meinen, du dürftest das Kind dann noch [nach dem dritten Jahre] weiter umarmen, küssen und ihm schön tun, bis es etwa das

25. Lebensjahr überschritten hat. Denn angenommen, es habe bis zu fünf Jahren auch keinerlei sinnliche Gedanken oder Regungen, so gewöhnt es sich doch bei solcher Behandlung an solche Liebkosungen, durch die es später, wenn das Schamgefühl nicht entwickelt ist, ohne Vorsicht leicht zu Falle kommt. Darum muß du bei den Knaben nicht weniger darauf achten, daß sie ehrbar und schamhaft bekleidet sind, als bei den Mädchen. Was aber der weise Mann im Buche Ekklesiasticus [= Jesus Sirach 7, 26] sagt: „Der Vater soll seine Töchter nicht mit zärtlicher Freundlichkeit anblicken, damit sie nicht von der Zuneigung zum Antlitz der Männer ergriffen werden", das lege ich dir bezüglich deines Sohnes ans Herz. Willst du ihn für Gott erziehen, so zeige ihm dein Gesicht nicht so, daß er vorher von Frauenliebe ergriffen werde, bevor er weiß, was das sei.[54]

Dominici geht mit seiner Übersetzung von Jes.Sir.7,26 noch über den - ebenfalls schon unerträglichen - Originaltext hinaus; die Vulgata formuliert lediglich: *Filiae tibi sunt serva corpus illarum et non ostendas hilarem faciem tuam ad illas.*

Dem klerikalen Pädagogen war kindliche Vitalität, wenn sie nur von ferne den Anschein erweckte, daß Sexualität mit im Spiele sein könnte, ein Greuel. Und das muß gewirkt haben wie Stiche in sein verhärtetes Herz. Ganz anders empfanden die Künstler, mit denen wir uns im folgenden befassen. Für sie waren die vitalen Lebensäußerungen der Kinder ein Abglanz des Himmels, der in diese Welt strahlt.

Es bleibt noch daran zu erinnern, daß die *Erziehungslehre* von Dominici erstmals 1860 veröffentlicht wurde[55], und daß die deutsche Ausgabe, besorgt von Augustin RÖSLER, 1894 erschienen ist.[56] RÖSLER, selbst Ordensgeistlicher, kennzeichnet die *Erziehungslehre* als „eine bislang in Deutschland unbekannte Perle der pädagogischen Literatur" und ist bemüht, sie mit anderen italienischen Schriften des 15. Jahrhunderts als Gegengewicht gegen die im Zusammenhang mit der „sogen. Reformation" entstandene pädagogische Literatur „von protestantischer Seite" herauszustellen.

Als weiterführender Hinweis sei schon mitgeteilt, daß Dominici sich - übrigens gleich zu Anfang - ausführlich über die Bedeutung von im Hause befindlichen Bildern christlichen Inhalts für die Erziehung der Kinder äußert (siehe S. 334).

Dominici konnte sein sexualverleugnendes Erziehungsprogramm nur auf dem Hintergrund einer sozialen Lage entwickeln, in der eine gewisse Form von Ignoranz gegenüber dem Sexuellen[57] sowieso vorhanden war. Das Verhalten der Menschen zu Beginn der

---

[54] DOMINICI a.O. 34

[55] Regola del governo di cura familiare compilata dal Beato Giovanni DOMINICI..., hrsg. von O. SALVI (1860)

[56] Siehe Anm.52

[57] Begriffe wie „Sexuelles" und „Sexualität" waren im Quattrocento noch nicht in Gebrauch. Es wurden umschreibende Begriffe benutzt, die oft mit negativem Akzent behaftet waren. Eine diesbezügliche sprachhistorische Untersuchung steht noch aus.

Renaissance-Epoche entwickelte sich zwar in Richtung auf Intensität und Ausdruckskraft in der Inszenierung von Persönlichkeit und Menschengruppe im öffentlichen Leben, aber es gab noch keine sozialkulturell allgemein akzeptierten öffentlichen Figurationen für Beziehungen zwischen Frau und Mann wie später im Zeitalter des Barock und des Rokoko. Die Kultur des erotischen Miteinander sollte sich erst noch ausprägen. Lauras und Petrarcas Sehnsucht war gewiß nicht nur Fiktion des Dichters, sondern auch Ausdruck eines Lebensgefühls der Zeit, aber ihre Geschichte endet bekanntlich nicht im Lebensglück. Und Dominicis Maximen für eine gute Ehepartnerwahl kommen geradenwegs aus der lieblosen Welt zu uns herüber.

Die Bruderschaften für Jugendliche und Knaben, so fortschrittlich sie in sozialer und pädagogischer Hinsicht auch waren, standen natürlich im Strome der Zeit. Wenn wir die Hintergrundverweise in den Quellentexten richtig verstehen, so agierten sie in einer gruppenorientierten, lebhaften Weise. Aber es waren keine Kontakte mit dem weiblichen Geschlecht im Programm. Homosexuelle Kontakte wurden ganz und gar nicht toleriert, ja sie führten sogar zum Ausschluß aus der Bruderschaft. Es mußte zwangsläufig zu sexuellen Problemen in der Breite der städtischen Gesellschaft kommen. Familiäre Desorientierungen der erwachsenen Männer taten ein übriges hinzu. Diese Lage rief um Reform bemühte Kräfte auf den Plan, und zwar in Gestalt der Mendikanten oder Bettelmönche.

Seit dem Ausgang des Mittelalters hatten sich die Bettelorden zu einer starken kirchlichen und gesellschaftlichen Kraft entwickelt. Sie vertraten Besitzlosigkeit der Klöster und erstrebten eine Erneuerung der Kirche. Sie wirkten auch stark in das weltliche Leben hinein. In Florenz predigte in den zwanziger Jahren des Quattrocento unter anderem der Heilige Bernhardin von Siena. Sein Orden, der der Franziskaner, gehörte zu den Bettelorden im engeren Sinne. Ein Hauptthema der Predigten Bernhardins war der Sittenverfall in der Stadt.

Die Worte Bernhardins waren stark, und sein Zulauf war groß. Die Predigten sind erhalten und liegen seit 1953 in einer kritischen Ausgabe vollständig vor.[58] In unserem Zusammenhang sind Bernhardins Anklagen gegen elterliches Verhalten und gegen kindliche Fehlentwicklungen, bzw. das, was von ihm als Fehlentwicklungen verstanden wurde, wichtig. Bernhardin predigte nicht nur in der Vollmacht Gottes, sondern auch im Auftrage der Signoria, die eine sittliche Erneuerung der Stadt im Sinne hatte. Er predigte gegen das sündhafte Tun im allgemeinen und gegen die verbreitete Homosexualität im besonderen. Denn in den damaligen Zeiten zeichnete sich der Untergang des Menschengeschlechtes ab. Zumindest stagnierte die florentinische Bevölkerungsentwicklung aus

[58] San BERNARDINO da SIENA, Opera omnia, Bde I-V, Florenz 1950-1956

den gewissen Gründen.[59] Die Männer zeigten keine Absicht, ihr Verhalten zu ändern. Wenn überhaupt, so heirateten sie erst spät, wenn sie schon über Dreißig waren. Die Signoria - ihre Mitglieder waren sicher auch nicht gegen Abirrungen gefeit - hätte die Männer dann doch lieber bei Prostituierten gesehen, anstatt in der *Sodomie*, wie die Homosexualität damals bezeichnet wurde. Bernhardin erkannte allenthalben die ärgsten Fehler, in welche die Menschen verfallen konnten. Die Frauen vermehrten durch ihr Verhalten die Verirrungen ihrer Männer, und in den politischen Vereinigungen grassiere das Übel. Die Knaben verfielen schon früh dem Übel; zwischen acht und fünfzehn Jahren seien sie passive Partner, und zwischen vierzehn und fünfzehn Jahren würden sie selber aktiv. Daran seien die Eltern schuld. Denn diese ließen die Knaben bald außer Haus, damit sie einen Patron fänden, der ihnen später beim beruflichen Fortkommen hilfreich sein könne. Sie würden ihre Kinder auch nicht zur Beichte und zur Kommunion schikken. Die Väter seinen nicht in der Lage, ein väterliches Verhältnis zu ihren Kindern herzustellen - wenn diese älter als vier oder fünf Jahre wären. Nur bis zu diesem Alter würden die Eltern für ihre Kinder sorgen. Die verbreitete Ammenhaltung sei jedoch ein Ärgernis.

Alle diese Unerträglichkeiten und noch mehr waren Inhalt der über die Zeit hinaus berühmt gebliebenen Predigt-Kampagnen des gesegneten Gottesmannes. Im April 1424 fand in Santa Croce und auf der großen Piazza davor eine mehrtägige Predigtfolge statt, bei der die Menschen dicht an dicht gedrängt gestanden haben müssen. Am neunten Tage schließlich veranstaltete der Prediger ein gewaltiges Scheiterhaufen-Fest, auf dem die Vanitas und alle Sünden den Flammen übergeben wurden. (Ein solches Fest war allemal besser als die öffentliche Verbrennung eines Menschen.) Auch in den nächsten Jahren predigte Bernhardin kraftvoll weiter.

Seelsorge oder psychosoziale Hilfe ist in den harten Anklagen Bernhardins nicht unbedingt zu erkennen, es sei denn, die Menschen hätten den Ruf nach totaler Abkehr vom sündhaften Leben als Hilfsangebot verstanden. Aber dazu waren die angeprangerten Lebensformen und Beziehungsstrukturen noch viel zu sehr stabilisiert. Die Aktionen des Heiligen hatten eher den Charakter von öffentlichen Ereignissen, wenn nicht gar von Spektakeln, welche die Florentiner so sehr schätzten. Zweifellos vermochte Bernhardin die Gemüter erheblich in Bewegung zu versetzen. Aber hinterher waren die Männer wieder mit ihren Geliebten zusammen.

In jener Zeit leisteten die Bruderschaften für das Wohl der heranwachsenden Generation mehr als die Kirche. Ohne Zweifel gelang es den Bruderschaften, Kräfte gegen die Ver-

---

[59] Kurze Zusammenfassungen von Predigtinhalten bei R.C. TREXLER, Public Life in Renaissance Florence (1980) 380f. mit Quellenhinweisen zur Frage der Homosexualität. - Zur demographischen Entwicklung in Florenz und ihrem sozialökonomischen Zusammenhang ausführliche Angaben und Zahlen bei S.Kl. COHN Jr., The Laboring Classes ... (1980) passim.

einseitigung der Jugendlichen wachzurufen, die Homosexualität zu bekämpfen und auch religiöse Lebensformen zu pflegen.

Zu allen Zeiten haben Menschen versucht, die vitalen Lebensäußerungen der jungen Generation und das immer erneut drängende Geschlechter-Problem mit ihrer jeweiligen Sozialordnung in Einklang zu bringen - im guten oder im schlechten. Was die Kinder anbetrifft, so ist es wiederum schwer, in Bernhardins Predigten konkrete Hilfsangebote zu erkennen. Allerdings legte er die Finger in einer schwärende Wunde der Zeit, indem er den Zerfall der Familie anklagte und die mangelnde Fähigkeit der Eltern, ihre Kinder zu erziehen. Aber von der Anklage bis zur Veränderung war ein weiter Weg, der insbesondere einen Mentalitätswandel jenseits von temporärer Bußfertigkeit erfordert hätte.

Im Außenraum des öffentlichen Lebens hatten die Menschen des Zeitalters das lebendige Miteinander längst zur Hochform entwickelt, und die Kinder und Jugendlichen konnten am Gruppenleben teilhaben. Die Bruderschaften im Dienst des männlichen Teiles der heranwachsenden Generation ersetzten zwar die Familie nur bedingt, und zur Geschlechter-Begegnung konnten sie auch nicht beitragen, aber im Gegensatz zu den Predigern handelten sie, anstatt im Sünden-Lamento zu beharren.

Bei allen sozialen und religiösen Problemen bleibt die Tatsache, daß in der florentinischen Gesellschaft Kinder und Jugendliche eine eigene Rolle spielten und sich zur Geltung bringen konnten, die Knaben und - auf andere Weise - auch die Mädchen. Es war nicht alles sündhaft in dieser Welt.

Die dritte große Predigergestalt, der Dominikanermönch Girolamo Savonarola, wirkte Ende des Jahrhunderts. Halten wir den zeitlichen Zusammenhang fest: Der Heilige Berhardin von Siena predigte noch in den letzten Jahren vor Beginn der Medici-Herrschaft, welche 1434 begann. Savonarola gewann seinen erheblichen Einfluß in Florenz sechs Jahrzehnte später, nachdem im Jahre 1494 die Medici vorerst gestürzt wurden. - In seinen leidenschaftlichen Predigten rief Savonarola zu einer sittlichen Erneuerung des Lebens auf. Er strebte eine Volksherrschaft auf theokratischer Grundlage an. Er geißelte nicht nur den sittlichen Verfall der Menschen im allgemeinen, sondern auch des päpstlichen Hofes im besonderen. So traf ihn der Bann des Papstes, und ihm wurde in Florenz der Prozeß gemacht, der am 23. Mai 1498 mit seiner öffentlichen Hinrichtung und anschließenden Verbrennung auf der Piazza della Signoria endete.[60]

---

[60] Eine Kritische SAVONAROLA-Ausgabe (Edizione Nationale delle Opere) ist seit 1955 erschienen. - Deutschsprachige Auswahlen neuerer Zeit mit biographischen und Werk-Informationen sind erschienen: 1927 (ed. J. SCHNITZLER), 1957 (ed. A. FERRARA), 1961 (ed. G. GIERATHS), 1964 (ed. Fr.P. SONNTAG).

Eine so gewaltige Prediger-Gestalt wie Savonarola konnte sich auf florentinischem Boden genuin entfalten. Denn dort gab es die Zuhörer in großer Zahl, welche sich bis zum letzten hinreißen ließen - und schließlich auch seinem letzten Gang ihre starke Teilnahme zollten. Savonarolas Predigten richteten sich zunächst an alle Menschen in der Stadt und an das städtische Regiment, was nicht weiter ausgeführt werden soll. Sehr bald jedoch erfaßte er besonders die heranwachsende Generation und sogar die Kinder.[61] Dieser, eigentlich nur kurzzeitige historische Vorgang war von solcher Dichte in pastoraler, sozialer, sozialpsychologischer und politischer Hinsicht, daß im vorstehenden Rahmen lediglich einige Grundlinien skizziert werden können, die aber das kindheitsgeschichtliche Problem deutlich machen.

Savonarola konnte an Aktivitäten anschließen, die in den Jahren vor seinem Wirken, seit etwa 1488, von verschiedenen Predigern ausgegangen waren und die Einbeziehung der Knaben in eine religiöse Erneuerung zum Ziel hatten.[62] Daß sich überhaupt solche Absichten artikulieren konnten, lag daran, daß die Knaben in ihren Gruppierungen Bestandteil des öffentlichen Lebens geworden waren und dadurch leicht das Interesse, wenn nicht gar die Begehrlichkeit von potentiellen Führern und Verführern erweckten. Die Prediger müssen Worte gefunden haben, mit welchen sie die Knaben stark beeinflussen konnten, etwa nach der Predigt den jüdischen Geldverleihern demonstrativ zuzusetzen oder sich an den, schon von Bernhardin zu Anfang des Jahrhunderts bekannten, Verbrennungen von Eitelkeiten auf dem Scheiterhaufen zu beteiligen.[63]

Savonarola konnte binnen kurzem die Jugendlichen und die Knaben ab zehn Jahren in ein die gesamte Stadt überspannendes Handlungs- und Herrschaftssystem einfügen. Das fand anfangs nicht nur die Billigung der Öffentlichkeit, sondern auch der Signoria. Er schuf mit Hilfe jugendlicher Hilfspersonen (einer „Kinderpolizei") aus gehobenen Schichten eine auf den Quartieren und Parochien basierende Organisation, bei der er sich der bestehenden bruderschaftlichen Zusammenschlüsse bediente bzw. diese durch die neuen Aktivitäten aufhob. Das alles war möglich, weil die Menschen sich seinem Einfluß nicht entziehen konnten. Savonarola war in der Lage, tausende von Knaben zu aktivieren. So zum Beispiel gingen an einem Tage einmal 1300 Knaben im Dom zur Heiligen Kommunion.[64] Die Chronisten heben übereinstimmend das disziplinierte Verhalten der

---

[61] Zusammenfassender Überblick über die Ereignisse im Savonarola-Kontext (zusammen mit Hinweisen auf weiterführende Quellen, die Kinder und Jugendlichen betreffend) bei TREXLER a.O. (1980) 474ff.

[62] Ein erfolgreicher, weite Kreise erfassender Jugend-Erzieher in den Jahren vor Savonarola war u.a. der Franziskaner-Mönch Bernardino da Feltre.

[63] TREXLER a.O. (1980) 475

[64] R.C. TREXLER, Ritual in Florence..., in: TRINKAUS / OBERMAN (1974) 251, bezieht sich auf Jacopo NARDI, der selbst als Knabe in die Savonarola-Organisation eingefügt war, und der eine „Istorie della città di Firenze" verfaßt hat, welche 1888 in Florenz erschienen ist.

Jugendlichen und Kinder hervor. Die Jugendlichen nahmen an keiner Lustbarkeit (*rappresentatione*) und an keinem Tanzvergnügen mehr teil.[65] Der Prediger hatte sie aus der „Privatheit“ der Bruderschaften in eine offizielle Funktion der Heiligung der Gesellschaft überführt, und sie hörten auf sein Wort. Alle Knaben, die mindestens zehn Jahre alt waren, sollten seine Predigten hören. Daß Savonarola auch wiederum die Trennung der Geschlechter predigte, verwundert nicht.

Im Karneval veranstalteten die Jugendlichen und Knaben eigene, große Prozessionen. Überhaupt manifestierte sich ihre öffentliche Wirksamkeit in zahlreichen Prozessionen. Wenn es nicht ihre eigenen Veranstaltungen waren, so bildeten sie die größten Teilnehmer-Gruppen neben den Männern, Frauen und Mädchen. Die männlichen Jugendlichen und Kinder waren binnen kurzer Zeit zu einer Phalanx Gottes geworden.

Einfach gekleidet, mit militanter Intensität agierten die jungen Gotteskämpfer im rituellen Lebensrahmen der Stadt. Viele Faktoren kamen zusammen: florentinische Extrovertiertheit und Festfreude, seit Jahrzehnten stabilisierte Außenorientierung der Heranwachsenden, ein vorübergehender politischer Freiraum und die einmalige Prediger-Gestalt, für die wir den Begriff des Demagogen nicht zu benutzen wagen. Savonarolas Gottes-Leidenschaft war tief, und die Menschen gingen eine Strecke des Weges mit ihm, das himmlische Jerusalem vor Augen. Und als die Erwachsenen dem Anspruch aktiven Lebens für den Gottesstaat nicht mehr genüge taten, konnte Savonarola sich immer noch des ungebrochen erscheinenden Potentials der Heranwachsenden vergewissern. Auswärtige Besucher allerdings waren verwundert über das, was sich in der Stadt zutrug.

Vier Jahre lang stand Savonarola auf der Höhe seines Wirkens. Er hatte auch politische Erfolge. Nicht nur, daß er die Stadt mit einem Netzwerk religiöser Organisationen und jugendlicher Aktivitäten überziehen konnte, die städtische Verfassung beeinflußte er ebenfalls. In die damals bestehende gesetzgebende Körperschaft des *Consiglio Maggiore* wurden auf Savonarolas Betreiben ab 1496 auch Mitglieder gewählt, die erst 25 bis 30 Jahre alt waren. Vorher hatte das passive Wahlrecht bei 30 Jahren gelegen, was aber bedeutete, daß viele Ratsmitglieder im fortgeschrittenen Alter waren. Die jungen Männer sollten im Consiglio Maggiore ihre besondere Tugend im Sinne der religiösen Bewegung zur Geltung bringen.[66]

Savonarola glaubte, Gott wieder in sein Recht eingesetzt zu haben. Aber dabei hatte er dem Kinde sein Recht genommen, nämlich als Mensch und Gottes Wesen frei in diese Welt hineinwachsen zu können. Kinder sind noch keine Gotteskämpfer. Am Ausgang dieses Jahrtausends sagen wir auch: Kinder haben das Recht zur freien Entfaltung ihrer Persönlichkeit. Das Kindesrecht ist Gottesrecht.

---

[65] TREXLER a.O. (1974) 255

[66] TREXLER a.O. (1974) 257

Savonarola hatte sich auch intensiv in die florentinische Außenpolitik eingemischt. Denn er glaubte, dadurch ebenfalls den Gottesstaat befördern zu können. Sein Fehler war jedoch, den verbliebenen Einfluß seiner politischen Gegner unterschätzt zu haben.

1498 brach der Gottesstaat mit seinem irrealen Anspruch zusammen, indem sein Urheber gemäß den Gepflogenheiten der Zeit ausgeschaltet wurde. Am Tage seiner Hinrichtung schrieb der fromme Savonarola Meditationen über Psalm 50 (51): *Sei mir gnädig, o Gott,* und über Psalm 30 (31): *Auf dich, o Herr, vertraue ich...*[67]

5. Kinder in humanen Symbolwelten. Wie die florentinische Plastik der Frührenaissance Wirklichkeit und Fiktion von Kindheit vermittelt

a) Madonnen, Mütter und Säuglinge

In spätgotischer Zeit gab es, wie schon gezeigt, Anzeichen eines Mentalitätswandels in der Mutter-Kind-Beziehung. Genauer gesagt läßt sich ein Wandel bei der künstlerischen Auffassung der Mutter-Kind-Beziehung in dem sehr verbreitet gewesenen Genre der Madonnen-Darstellungen feststellen. Die Künstler wie zum Beispiel Duccio di Buoninsegna (siehe S. 286) begannen, zunächst vereinzelt, Akzente menschlicher Beziehung wie Zärtlichkeiten und emotional bestimmte Körperkontakte zwischen Mutter und Kind ins Bild zu setzen, auch das göttliche Kind als richtiges Menschenkind in seiner Körperlichkeit zu verstehen. Von ihrem Ursprung her und wegen der bestimmten Umgrenztheit von Bildinhalt und -muster waren und sind Madonnen-Bilder zwar primär Übermittler einer Heilsbotschaft und Medium der Anbetung. Religiöse Bilder sind aber, ohne daß dies noch erörtert werden muß, immer auch Bilder der Zeit ihrer Entstehung und dementsprechend aufschließbare historische Quellen. Kein Madonnen-Bild kann den Säugling Jesus und seine Mutter, wie sie tatsächlich gelebt und sich verhalten haben, darzustellen.

Die Kunst in der Spätgotik und in der Frührenaissance vollzieht eine Wendung zur „Wirklichkeit" hin, so schwierig auch dieser Begriff zu bestimmen sein mag. Jedoch bildet die Kunst jener Epochen ihre Umwelt nicht einfach ab, sie beschreibt auch keine Szenen und kein Milieu des Alltags an sich. Aber dennoch ist von alledem vieles in den Bildern enthalten. Die empirischen Momente stehen jeweils in einem Bedeutungszusammenhang, ja sie komponieren diesen, manchmal bis zur emblematischen Verdichtung und Sinnbildhaftigkeit. Alle genannten Bestimmungen gelten für die Malerei wie für die Plastik.

Die in den künstlerischen Darstellungen zum Ausdruck kommenden Bedeutungen spitzen religiöse und soziale Gegebenheiten der Zeit zu - auf eine der Interpretation be-

---

[67] Girolamo SAVONAROLA, Letzte Meditationen über die Psalmen 50 und 30, übersetzt von H.M. REINHARD, Einführung von O. KARRER (Düsseldorf 1956)

dürftige Weise. Die Madonnen erschließen einen auf den ersten Blick einfachen Bedeutungszusammenhang „Mutter und Kind“ oder „Gottesmutter und Erlöser“ und den dadurch eröffneten „Empfindungsraum“. Es ergibt sich aber ein komplexer, „kontextueller“ Zusammenhang, ohne dessen Berücksichtigung die Madonnen letztlich nicht zu verstehen sind.

Zu berücksichtigen ist unter anderem, daß Madonnen-Bilder in ihrer festgelegten Ikonographie, also Darstellungen einer Mutter, die ihr Kind auf dem Schoß hält oder es auf einer Brüstung etc. stehen umfaßt, nur einen gewissen Ausschnitt aus dem Gesamt-Lebens-Verhalten von Mutter und Kind betreffen. Mütter können nicht immer still dasitzen und ihr Kind halten. Wenn die Madonna einen demutsvollen Ausdruck zeigt, oder wenn in ihren Zügen eine Vorahnung künftigen Leides erscheint, so ist der Betrachter - Frau oder Mann - geneigt, das Bild als Weisung in die transzendente Dimension zu verstehen. Andererseits ist die Madonnen-Gestik, im besonderen die Umfassung des Kindes durch seine Mutter, unverkennbarer Ausdruck der wesentlichen Beziehung zwischen Mutter und Kind in der irdischen Welt.

Unsere Fragen nach Bedeutung und Sinn der Madonnenbilder im Quattrocento können lauten: Haben sich die Mütter damals, emotional gesehen, mit ihren kleinen Kindern so verhalten wie die dargestellte Gottesmutter? Und waren die Madonnen deshalb für sie ein Spiegel ihrer selbst? Oder waren es Wunschbilder und Projektionen auf die beste aller Mütter, wenn nicht gar Imperative in einer problemgeladenen sozialen Umwelt? Fragen in diese Richtungen betreffen bestimmte Seiten äußerer und innerer Wirklichkeit der Zeit, und die Antworten tragen zur Erhellung der Kindheitsgeschichte bei.

In einem Punkt jedenfalls sind die Madonnen-Darstellungen ausgesprochen naturalistisch und auch realistisch, nämlich was die kindlichen Körperformen anbetrifft. Die Künstler haben sich die nackten Säuglinge und Kleinkinder genau angesehen, und sie wissen, wo sich die Fettpölsterchen befinden, auch, wie sich ein Kinderärmchen bewegt. Es gibt indessen Einwände der Art, daß die wirklichen florentinischen Säuglinge auch aus den gehobenen und höheren Schichten nicht immer von so praller Gesundheit gewesen seien, wie alle die Jesuskinder der Zeit.[68] Im übrigen waren Säuglinge, zumindest die jüngeren unter ihnen, dem Brauch der Zeit entsprechend die meiste Zeit fest gewickelt und zur Bewegungslosigkeit verurteilt, das Jesuskind dieser Zeit jedoch - der mittelalterlichen Ikongraphie folgend - meistens nicht.

Wenden wir uns zunächst einigen von der Sozialforschung ermittelten Sachverhalten aus dem Bereich des Familienlebens und der Kindererziehung zu. Die seit dem Mittelalter überkommene Großfamilie war auch in der italienischen Stadtkultur der Frührenaissance-Epoche noch eine verbreitete Lebensform. Ursprünglich war die Großfamilie ein Raum der Sicherheit und zwingenden Bindung für Kleinkinder und heranwachsende Kinder,

→ S. 330

[68] J.Br. ROSS in Lloyd deMAUSE, Hört ihr die Kinder weinen (1977), 284ff.

Abb. 46. Werkstatt des Lorenzo Ghiberti (1378 - 1455), Madonna im Rund
(Maria mit dem Kinde)

Halbrelief, gebrannter Ton, bemalt; Durchm.65 cm. Staatl. Museen zu Berlin - Preußischer Kulturbesitz - Skulpturensammlung Inv.Nr.7164. Aufnahme des Museums vor 1939 (das Werk hat im Kriege Schäden erlitten). - F. SCHOTTMÜLLER, Bildwerke Berlin S.2 (Nr.5547). - STAATL. MUSEEN IN BERLIN, Italienische Skulpturen ... (1933) 16.

Die Darstellung hat einen blauen, mit goldenen Sternen besetzten Hintergrund. Mutter und Kind tragen einen Heiligenschein. Dennoch sind sie ganz in menschlicher, inniger Liebe aufeinander bezogen.

Abb. 47. Donatello, Madonna aus dem Palazzo Pazzi in Florenz, um 1422 Flachrelief, Marmor, H.74,5 cm. Staatl. Museen zu Berlin - Preußischer Kulturbesitz - Skulpturensammlung Inv.Nr.51. Aufnahme J.P. ANDERS, Berlin. - H.W. JANSON , The Sculpture of Donatello (1957) Tf.64/65 und S.44f. mit Lit. - P. BLOCH, Madonnenbilder (Berlin 2. Aufl.1984) Nr.27 mit Lit. - U. SCHLEGEL, Italienische Skulpturen (Berlin 1989) S. 12 und Abb.11.

J. POPE-HENNSESSY, The Study and Criticism of Italien Sculpture (1980) erörtert S.72f. das Problem des optischen Blickpunktes für das Bildwerk. R.G. KECKS, Madonna und Kind (1988) bespricht S. 85 (mit Abb. 34) ebenfalls die Perspektive und weist außerdem auf den emotionalen Aspekt der Darstellung hin. - Es ist eine tiefe Mutter-Kind-Beziehung.

Abb. 48. Donatello (Nachfolge), Madonna mit dem Kinde und fünf Engeln.
Nicht genau datiert

Terrakotta mit Spuren von Bemalung. H.21,5 cm. Staatl. Museen zu Berlin - Preußischer Kulturbesitz - Skulpturensammlung Inv.Nr. M 88. Aufnahme J.P. ANDERS, Berlin. - F. SCHOTTMÜLLER, Bildwerke Berlin S.14f. (Daselbst auch Vergleichswerke und Lit. Hinweise). - U. SCHLEGEL, Italienische Skulpturen (Berlin 1989) S.14 und Abb.12.

Nach Ursula SCHLEGEL handelt es sich um einen Bozetto, d.i. ein Künstler-Entwurf. Vorstehendem Bozetto eignet ein hohes Maß an Ursprünglichkeit des mütterlichen Ausdrucks. Man achte auch auf die betenden Hände.

Abb. 49. Florentinisch, Maria mit dem Kind, das sie umarmt.
Zwischen 1410 und 1430

Hochrelief ohne Grund mit Resten von Bemalung, Stuck, H.72 cm. Ehemals Staatl. Museen zu Berlin Skulpturensammlung Inv.Nr.134 (Kriegsverlust). Aufnahme des Museums. - F. SCHOTTMÜLLER, Bildwerke Berlin S.4f. mit Abb.134 und Literatur-Hinweisen auf mögliche Zusammenhänge mit weiteren Werken der Zeit. - R.G. KECKS, Madonna und Kind (1988) Abb.57 (betr. ein Exemplar aus derselben Form, im Philbrook Art Center Tulsa, Oklahoma; der Werkstatt des Ghiberti zugeschrieben).

Bemerkenswert ist, wie innig das Kind die Mutter umarmt. Bei den von Frida SCHOTTMÜLLER vermerkten Vergleichswerken ist diese Geste nicht so intensiv ausgeprägt.

Abb. 50. Luca della Robbia, Maria mit dem Kind im Arm (Madonna Friedrichstein). Zwischen 1435 und 1440

Hochrelief im Rahmen, gebrannter Ton, farbig glasiert, Augen gezeichnet, H.47,5 cm. Ehemals Staatliche Museen - Skulpturensammlung - zu Berlin, Inv.143 (Kriegsverlust). Aufnahme des Museums. - W. BODE / F. BRUCKMANN (Hrsg.), Denkmäler der Renaissance-Skulptur Toscanas (München seit 1892) Tf.223 a; ders., Luca della Robbia, in: Jahrb.d.Königl.Preuß.Kunstsammlungen 21, 1900, 25 (ohne Abb.). - F. SCHOTTMÜLLER, Bildwerke Berlin S.24 mit Abb. S.25 und Lit. - L. PLANISCIG, Luca della Robbia (1940) Kat. und Abb.78. - J. POPE-HENNESSY, Luca della Robbia (1980) S.250 mit Farb-Tf. XXV (betr. ein Exemplar in Buffalo, New Jersey).

Abb. 51. Luca della Robbia, Madonna mit dem Apfel, um 1460
Hochrelief ohne Grund (das Tabernakel - hier nur im Ausschnitt - ist nachträglich), gebrannter Ton, weiß glasiert mit Resten von Bemalung (an den Augen) und Vergoldung (am Saum), H.58 cm. Staatl. Museen zu Berlin - Preußischer Kulturbesitz - Skulpturensammlung Inv.Nr. M 6. Aufnahme J.P. ANDERS, Berlin. - W. BODE / F. BRUCKMANN (Hrsg.), Denkmäler der Renaissance-Skulptur Toscanas (München seit 1892) Tf.22 b; ders., Luca della Robbia, in: Jahrb.d.Königl.Preuß.Kunstsammlungen 21, 1900, S.25f. mit Abb. - P. SCHUBRING, Luca della Robbia und seine Familie (1905) S.81.83 und Abb.80. - F. SCHOTTMÜLLER, Bildwerke Berlin S.25 mit Abb. - L. PLANISCIG, Luca della Robbia (1940) Kat. und Abb.83 (daselbst auf Abb.82 eine weitere Apfel-Madonna im Museo Nazionale del Bargello zu Florenz). - P. BLOCH: Madonnenbilder (Berlin 2.Aufl.1984) Nr.29 (Abbildung mit vollständigem Tabernakel). - J. POPE-HENNESSY, Luca della Robbia (1980) S.254, Tf.83 (außerdem auf Farb-Tf. XXVIII die Apfel-Madonna im Bargello). - U. SCHLEGEL, Italienische Skulpturen (Berlin 1989) S.14 und Abb.15 (ebenfalls mit vollständigem Tabernakel).

Luca della Robbia hat in diesem Bildwerk besonders den mütterlichen und kindlichen Ausdruck dargestellt. Das Kind mit dem Finger im Munde kommuniziert auf kindliche Weise mit dem Betrachter. Man beachte demgegenüber die anderartige Sinngebung der vom selben Künstler stammenden Madonna in der Mugello-Lünette (siehe folgende Abbildung).

Abb. 52. Luca della Robbia, Madonna mit zwei anbetenden Engeln (Mugello-Lünette). Zwischen 1440 und 1455

Hochrelief, gebrannter Ton, weiß glasiert auf späterem, blau glasiertem Grund, Augen gezeichnet, H.83 cm. Holzrahmen ebenfalls nicht original. Das Werk soll von einer Privatkapelle im Mugello (Florenz) stammen. Staatl. Museen zu Berlin - Preußischer Kulturbesitz - Skulpturensammlung Inv.Nr.2967. Aufnahme des Museums. - F. SCHOTT-MÜLLER, Bildwerke Berlin S.26 mit Abb. S.27. - L. PLANISCIG, Luca della Robbia (1940) Kat. und Abb.81. - J. POPE-HENNESSY, Luca della Robbia (1980) S.252 mit Tafeln 96. 98-100.

Maria ist eine selbstbewußte Frau, die mit dem Kinde auf dem Arm momentan ebenso in einer weltlichen Situation fixiert sein könnte. Das Kind hält seine rechte Hand segnend empor wie auf Madonnen-Darstellungen früherer Epochen. Jedoch blicken Mutter und Kind nicht den Betrachter an, sondern richten ihren Blick etwas zur Seite.

Abb. 53. Luca della Robbia, Die Genueser Madonna.
Zwischen 1450 und 1455

Hochrelief, gebrannter Ton, weiß glasiert auf blau glasiertem Grund, Augen gezeichnet, H.51 cm. Kunsthistorisches Museum Wien Inv.Nr.PS 9114. Aufnahme des Museums. - W. BODE / F. BRUCKMANN (Hrsg.), Denkmäler der Renaissance-Skulptur Toscanas (München seit 1892) Tf. 223 b; ders., Luca della Robbia, in: Jahrb.d.Königl.Preuß. Kunstsammlungen 21, 1900, 16ff. (mit Abbildungen der Exemplare im Museo Nazionale del Bargello zu Florenz und in der Skulpturensammlung Berlin). - P. SCHUBRING, Luca della Robbia und seine Familie (1905) S.72.78.81 und Abb.81. - F. SCHOTTMÜLLER, Bildwerke Berlin S.25f. mit Abb. (Berliner Exemplar). - L. PLANISCIG, Luca della Robbia (1940) Kat. und Abb.74. - J. POPE-HENNESSY, Luca della Robbia (1980) S.255 mit Tf.105 (Exemplar im Detroit Museum of Arts).

Mutter und Kind sind trotz der Heiligenscheine ganz in diesseitiger, menschlich-liebevoller Beziehung dargestellt und kommunizieren dabei mit dem Betrachter. Man achte auch darauf, wie die Mutter das Kind mit ihren Händen umfaßt und wie das Kind seine Hand auf den Hals der Mutter legt.

Abb. 54.

Abb. 54. Andrea della Robbia, Die Madonna der Architekten (Bauleute). Tabernakel

Zu diesem frühen Werk erhielt der Künstler den Auftrag am 5.März 1475 von der *Arte dei Maestri di Pietra e Legname*. Die Konsole stammt nicht von Andrea della Robbia, sondern möglicherweise von Francesco di Simone Ferrucci. - Hochrelief, gebrannter Ton, weiß und farbig glasiert. Höhe ohne Konsole 135 cm. Museo Nazionale del Bargello in Florenz, Inv.Robbie Nr.74. - Photo ALINARI, Florenz. - P. SCHUBRING, Luca della Robbia und seine Familie (1905) S.111 und Abb.118. - J. POPE-HENNESSY, The Study and Criticism of Italian Sculpture (1980) S.173f. mit Abb.13. - G. GENTILINI, Andrea della Robbia, I. Madonne (1983) Titelbild (farbig); S.12ff. (mit frontalen Abbildungen der neun Cherubim).

Maria und das Kind sind mit Heiligenscheinen versehen. Während das Kind in kindlicher Gestik einen Finger in den Mund steckt, ist Maria mit gesenktem Blick in Demutshaltung dargestellt. Die Hände von Gott-Vater senden den Heiligen Geist in Gestalt der Taube hernieder. Darüber ein Kinder-Cherubim. Weitere acht Kinder-Cherubim rahmen das Geschehen zu beiden Seiten ein. GENTILINI zeigt in seinen Frontal-Aufnahmen deren freundlichen und kindlich-frischen Gesichtsausdruck.

Cherubim mit kindlicher Physiognomie sind ein durchgehendes Gestaltungsmoment in den heiligen Szenen von Andrea della Robbia (siehe auch Abb.45.). Sie kommen in langen Reihen, in himmlischer Glorie, auf Friesen, in Lünetten- und Rundbögen, auf Umrahmungen und rund um Tondi vor, und immer sind sie gleich frohgemut und abgeklärt. Auch die Blumen-Umrahmung kommt oft und vielfältig bei Andrea della Robbia vor. (Ebenso finden wir bei dem späteren Giovanni della Robbia aufgereihte Kinder-Cherubim und Blumenmuster in großer Zahl.) Die Madonna der Architekten hat in der unteren Leiste außerdem die Zunftzeichen der Auftraggeber. Auf der Konsole kommen nochmals zwei Cherubim und außerdem ein das Christushaupt flankierendes Engelpaar vor. Diese haben bei ebenfalls kindlichen Zügen ein eigenes Gepräge frohen Mutes.

Es bleibt festzuhalten: Mit diesem Bildwerk stellte sich eine Berufsgruppe, die mit kraftvollen, männlichen Aufgaben befaßt war, unter den Schutz der Gottesmutter.

Forts. von S. 319

sicher auch mit vielen leidvollen Erfahrungen.[69] In der Neuzeit konnten mehr und mehr individuelle Kräfte, das heißt eigenen Absichten von Familienmitgliedern zur Geltung kommen. In der Stadt war es den Männern eher möglich, sich dem Familienleben zu entziehen, und die Frauen konnten sich, wenn ihr Kleinkind zur Amme gegeben war, von einer Verantwortung befreit fühlen und individuelle Verhaltensweisen im Hause entwickeln. Die heranwachsenden Knaben gingen, wie wir schon gesehen haben, außer Haus und fanden in andere soziale Bindungen.

Überhaupt war die Ammenhaltung in den gehobenen und höheren Schichten aus heutiger Sicht das gravierendste Problem für die emotionale und soziale Entwicklung der Kinder. Die diesbezüglichen Quellen geben in der Tat Anlaß, die Kleinkinderziehung etwa im florentinischen Quattrocento in finsteren Farben zu malen, insbesondere was den oftmaligen Wechsel der *Balia* als Bezugsperson für das Kleinkind und die damit verbundenen Deprivationen anbetrifft.[70] Aber statistisch abgesichert werden können dahingehende Aussagen nicht, und es gab ganz bestimmt auch Mütter, die - selbst in jungen Jahren nach ihren frühen Eheschließung - intensiv ihre Kinder betreuten und ihnen emotionale Wärme gaben. Und nicht alle Väter der gehobenen Schichten waren, wie mehrfach in den Quellen mitgeteilt wird, oft monate- und jahrelang beruflich außer Haus, und manche konnten sich auch, trotz des üblichen vorgerückten Alters, noch um Frau und Kinder kümmern. Im *popolo minuto* waren die Voraussetzungen zur Kleinkinderziehung ohnehin ganz andere als in den gehobenen Schichten. Dort entbehrten die Kinder einfach deshalb der Pflege, weil die Kräfte der Eltern durch den Lebenskampf absorbiert wurden.

In allen sozialen Schichten drohte dem Leben der Kinder ständige Gefahr, und ein hoher Prozentsatz der Kinder erreichte nicht das Erwachsenenalter. Im Trecento und Quattrocento gab es vielfältige Katastrophen, schleichende, permanente und plötzliche. Eine schleichende Katastrophe war die immerwährende hohe Kindersterblichkeit, ebenso der Kindbettod der Mütter (nicht nur in diesem Zeitalter). Eine nahezu permanente Bedrohung für Eltern und Kinder war im Trecento über mehrere Generationen hin die Pest. Dadurch entstand einer Dauerbefindlichkeit des Gefährdetseins und der Lebensangst (S. 291). Plötzliche Katastrophen waren Kriege und Hungersnöte. Somit mußte das Zeitalter, in dem sich neuzeitliche Individualität heranbildete, auch vielfältige Trauererfahrungen und Lebensbrüche verarbeiten. Familienbeziehungen und Elternliebe, ohnehin in einer langandauernden Umbruchsphase, entbehrten schon von den äußeren Voraussetzungen her oft der Stetigkeit, die zum Aufbau gesicherter emotionaler Bezüge notwendig ist.

---

[69] Allgemein im Hinblick auf Westeuropa: M.M. McLAUGHLIN, Überlebende und Stellvertreter: Kinder und Eltern zwischen dem neunten und dreizehnten Jahrhundert, in: Lloyd deMAUSE a.O. 147ff. In der Zusammenfassung formuliert Verfasserin, „daß das entscheidende Problem... der fortwährende Konflikt zwischen destruktiven, abweisenden und stützenden bzw. helfenden Einstellungen gegenüber Kindern war".

[70] ROSS in Lloyd deMAUSE a.O. 265 ausführlich mit Quellen

Mütter mußten damit rechnen, ihr Kind wieder zu verlieren. Sie konnten es auch allenthalben in ihrer Umwelt erleben.

Im Gegensatz zu den irdischen Müttern mit ihren Kindern erleiden Maria und der kleine Jesus in ihrem, auf irdische, menschliche Weise dargestellten Glück keine Beeinträchtigungen. Das Mutterbild der umfangenden Liebe kommt in den vielen Gemälden und Plastiken des Zeitalters voll zur Geltung. Das Kind, welches die Gottesmutter auf dem Arm trägt, kann nur gesund, körperlich frei und wohlgenährt sein.

Die solcherart herausragende Madonna war in der Breite der Gesellschaft, bei Arm und Reich, bei Frauen und Männern, Gegenstand besonderer Verehrung, und in der Not wurde sie von allen zur Hilfe angerufen. Die Madonna war die wichtigste Patronin unter allen Heiligen - seit altersher, und sie sollte es auch bleiben. Florenz, die Stadt der Santa Maria del Fiore, war noch besonders der Madonna zugetan. Sie spielte eine ständige Rolle im täglichen Leben der Menschen. „O Heilige Jungfrau, beschütze mein Kind und mich, so wie du dein göttliches Kind umfängst." Männer und männliche Kreise begaben sich ebenfalls unter den Schutz der Gottesmutter, wie zum Beispiel die Architekten-Zunft (*Arte dei Maestri di Pietra e Legname*; siehe Abb. 54).

Den Künstlern war seit langem die Aufgabe zugefallen, die „Medien der Madonnen-Verehrung" bereitzustellen - im Rahmen aller, der Verehrung würdigen Glaubensinhalte.

Ehe wir uns der Frage zuwenden, wie in der Frührenaissance die Madonna verehrt wurde, namentlich, welche Stellung sie in der öffentlichen und privaten Frömmigkeit einnahm, erscheint es notwendig, zunächst ein bestimmtes modernes Verständnismuster für die Madonna zu erörtern, nämlich die in der Individualpsychologie von Carl Gustav JUNG wurzelnde Archetypen-Lehre.[71] Die Madonna ist nach JUNG und seinen Schülern eine besonders herausragende archetypische Vorstellung im Rahmen des Archetyps der Mutter. Archetypen sind kollektive unbewußte Vorlagen des Lebens, allgemein gültige Strukturdominanten menschlicher Existenz, die sich konkrete Geltung in archetypischen Vorstellungen wie eben der Madonna verschaffen. Die Archetypen seien, so C.G. JUNG, in allen Menschen und allen Kollektiven (Gesellschaften) unbewußt vorhanden und verschaffen sich jeweils konkreten Ausdruck. JUNG betont außerdem, daß die Archetypen quasi identisch mit den präexistenten Ideen im Platonischen Sinne sind. Neben dem Archetyp „Mutter" sind in unserem Zusammenhang die von C.G. JUNG ebenfalls herausgestellten Archetypen „Anima" (das weiblich-chtonische Element in mannigfaltigen symbolischen Vorstellungen), „Vater" (zum Beispiel in der neutestamentlichen Gottesvorstellung) und „Kind" (wie in den Kind-Gott-Vorstellungen seit der Antike) zu nennen.[72]

---

[71] C.G. JUNG, Archetyp und Unbewußtes (Grundwerk II), Olten 1984; ders., Heros und Mutterarchetyp (Grundwerk VIII), Olten 1985.

[72] JUNG, Archetyp und Unbewußtes a.O. 126ff.

Man mag die Lehre von den Archetypen beifällig aufnehmen und darin ein eingängiges Denkmuster zur Erklärung tiefer existentieller Fragen sehen. Der „Absolutheitsanspruch" jedoch, wonach den Archetypen eine anthropologisch begründbare, allgemeine und kollektive Präexistenz, ein „universaler Parallelismus mythologischer Motive"[73], eignet, ist gleichwohl in Frage zu stellen. Schon C.G. JUNG selbst hat die Archetypen gerade an solchen historischen und ethnischen Vorstellungen aus der weiten Welt zu illustrieren versucht, die das Gemeinte besonders prägnant wiedergeben. Dabei müßte man doch die Archetypen direkt und überall in jeder Kultur und Gesellschaft gleichermaßen wiederfinden. Aber das ist nicht der Fall. Es gibt erhebliche Unterschiede in dem, was die Menschen unbewußt in sich tragen. In den Gesellschaften alttestamentlicher Zeit, bei den Israeliten, Kanaanäern, Phöniziern und Karthagern, die sich dem Kinder-Opfer hingaben, war der Kind-Archetyp, so es ihn denn gibt, allenfalls rudimentär und verformt vorhanden. Der Säugling Mose wäre indessen eine Positiv-Vorstellung. Und der Mutter-Archetyp - er könnte bei den Nachbarn Israels an der Göttin Tanit und entsprechenden Vorstellungen festgemacht werden - war nicht minder vereinseitigt. Die Israeliten selbst hatten überhaupt keine Göttin, die als Mutter-Vorstellung in Frage kam. „Mutter" und „Kind" sind somit keineswegs archetypisch konstant und im kollektiven Unterbewußtsein präexistent. Sonst hätten nicht manche religiösen Vorstellungen und die daraus folgenden Praktiken so maßlos ins Unmenschliche ausschlagen können.

Doch kommen wir wieder auf die christliche Madonna zurück. Sie hat, wie bereits dargestellt (S. 285ff.), bis zum Quattrocento verschiedene Ausprägungen erfahren, die sicher auch aus den Tiefen des Unbewußten im mittelalterlichen Menschen bestimmt waren. Aber wenn wir alleine bei diesem Denkmuster bleiben, so werden dadurch alle sonstigen sozialgeschichtlichen und theologisch-dogmatischen Impulse vernachlässigt, die ebenfalls auf das Madonnen-Bild eingewirkt haben, so etwa die an die Madonna gebundene Jenseits-Orientierung oder das zu Zeiten arg strapazierte Jungfräulichkeits-Prinzip. Hierbei reicht das Archetyp-Denkmodell keineswegs zum Verständnis aus.

Über Strecken hin können wir C.G. JUNG und seiner Schule also darin folgen, daß die Madonna - in der christlichen Welt - kollektives Unbewußtes verlebendigt hat. Streng genommen ist die Madonna sogar eine komplexe, auf zwei Archetypen beruhende Vorstellung, denn ihr liegen die „Mutter" und das „Kind" zugleich zugrunde. Wenn C.G. JUNG von der archetypischen Vorstellung des Christus-Bildes feststellt, daß sie viel „Allgemein-Mythisches" und wenig „Menschlich-Persönliches" zur Geltung bringt[74], so gilt das ebenso für die Madonna - zu bestimmten Epochen. Die Gestalten Maria und Jesus-Kind waren entrückt, sphärisch, transzendent, himmlisch, spirituell, eben „allgemein-mythisch". Sie waren es so lange, bis sich bei den spätgotischen Künstlern ein neues Bewußtsein (nicht Unbewußtes) über Mutter und Kind andeutete.[75]

---

[73] JUNG, Archetyp und Unbewußtes a.O. 131

[74] JUNG, Heros und Mutterarchetyp a.O. 200

Die Madonna der Frührenaissance paßt in die Denkwelt der Archetypen kaum noch hinein. Es kommt auch kaum jemand auf den Gedanken, Erörterungen, die sich mit dem archetypischen Aspekt der Madonna befassen, etwa durch Werke von Donatello oder der Familie della Robbia zu erläutern. Vielmehr werden zum Zwecke archetypischer Verallgemeinerungen meist byzantinische und mittelalterliche Madonnen herangezogen, aus den bereits dargelegten Gründen. (Die Madonnen späterer Epochen, seit der Hochrenaissance und dem Manierismus, kommen ebenfalls oft nicht mehr in Frage, denn sie bewahren mehr oder minder das in der Frührenaissance erworbene Bewußtsein noch auf. Aber das wäre Gegenstand einer eigenen Untersuchung.)

Die Madonna der Frührenaissance ist eine Sinnfigur der direkten Art. Maria steht mit ihrem Kinde trotz der überkommenen ikonographischen Festlegung ganz im Diesseits einer notvollen Welt. Nicht, daß die Madonna diese Welt mit ihren für Mütter oft kaum noch zu ertragenden physischen und seelischen Belastungen widerspiegelt, sondern in dem Sinne, daß sie den Müttern Trost spendet. In allen folgenden Jahrhunderten ist das so geblieben. Volkstümliche Marien- und Wallfahrtslieder enthalten oft Worte wie „das Kind auf deinen Armen", „deine Mutterhände", „dein Muttersegen"...

Die Vermenschlichung der göttlichen Thematik war einer der mächtigsten Sinnfindungsimpulse in der Religions-, Sozial- und Kunstgeschichte und der Hauptgrund dafür, daß im Verlauf des Quattrocento die religiösen Bilder in vormals nicht gekannter Weise den profanen Bereich ausfüllten.

Die Madonna repräsentierte Erlösungs-Verheißung, die bei den Menschen in jener Zeit, die so inbrünstig beten konnten, immer auch eine irdische Komponente hatte, im Sinne einer Real-Utopie. Die Hoffnung auf Erlösung richtete sich wesentlich auf ein befreites Leben in dieser Welt für Mutter, Kind und Familie. Und wenn das Kind sterben mußte, vertrat die Madonna das verlorene Familien- und Mutter-Glück.

Überhaupt durchzieht alle künstlerischen Äußerungen des Zeitalters, alle bildgewordenen Glaubensinhalte aus Heiliger Schrift und heiliger Überlieferung ein himmlisch-irdischer Zug von Erlösungs-Gewißheit. In dem gewaltigen Œuvre sind Mutter und Kind eines der bedeutendsten Bild-Themen. Die Menschen waren zuversichtlich, im göttlichen Kind die irdischen Kinder zu erblicken, deren Weg in dieser Welt oft ein gar trauriger und kurzer Weg war.

Es gibt auch eine zeitgenössische Stimme über die Bedeutung der Bildwerke (Gemälde,

---

[75] P. SCHWARZENAU, Das göttliche Kind (1984) 121ff. („Die Madonna und das Kind") illustriert seinen Diskurs zum Archetyp der Madonna u.a. durch das Gemälde von Stephan Lochner (um 1410 - 1451) „Anbetung des Kindes" (Alte Pinakothek München). Das Bild zeigt ein hoheitsvoll am Boden und auf dem Rücken liegendes, nacktes Kind mit erhobener rechter Hand und die das Kind anbetende Maria, beide mit Heiligenschein. Die Szene hat keine Beziehung zu irdischen Müttern mit ihren Säuglingen.

Statuen, Schnitzwerke) im alltäglichen Leben, und zwar von dem bereits zur Sprache gekommenen Kardinal Johannes Dominici (S. 310ff.). In seiner *Erziehungslehre* aus den Jahren zwischen 1400 und 1405, also wenige Jahrzehnte vor der Zeit, in der die hier vorgestellten Madonnen entstanden sind, spricht er den Bildwerken eine wichtige Aufgabe bei der Erziehung der Kinder zu. Der Mutter, Donna Bartholomäa Alberti, trägt er auf: *Sorge dafür, daß sich in deinem Hause B i l d e r von heiligen Knaben oder Jungfrauen befinden.* An weiterer Stelle führt er aus, *daß die Bilder der Engel und Heiligen erlaubt und bestimmt* seien *zur geistigen Förderung der Anfänger...* An den Bildern, so spricht es gleich am Anfang seines Werkes zu seiner Adressatin, *soll sich dein Kind, ich möchte sagen, noch in den Windeln, erfreuen als an seinesgleichen... Die ganze Darstellung soll daher den kindlichen Alter entsprechen und angenehm sein... So wäre sehr passend das Bild der allerseligsten Jungfrau Maria mit dem Kinde auf dem Arme, das einen Vogel oder einen Apfel im Händchen hält. Gleichfalls gut wäre die Darstellung des Jesuskindes an der Mutterbrust, oder wie es auf dem Schoße der Mutter schläft; ferner wie Jesus voll Artigkeit und Gehorsam vor der Mutter steht, wie Jesus zeichnet, während die Mutter stickt...* Dominici führt noch weitere christliche Bildinhalte mit Kindern an, wie Johannes mit den Vögeln, Jesus zusammen mit dem Täufer und mit Johannes dem Evangelisten. *Empfehlenswert wären endlich auch Bilder der hl. Agnes mit dem Lamme, der hl. Cäcilie mit Rosen bekränzt, der hl. Elisabeth, wie sie die wunderbaren Rosen trägt, der hl. Katharina mit dem Rade. Diese und ähnliche Bilder würden ihnen gleichsam mit der Muttermilch Liebe zur Tugend, Verlangen nach Christus, Haß gegen die Sünde, Verachtung der Eitelkeiten, Abscheu vor den traurigen blutigen Feindschaften einflößen und sie dagegen durch die Anschauung der Heiligen anleiten, den Heiligsten im Heiligen zu betrachten.* Auch das Thema des bethlehemitischen Kindermordes hält Dominici sehr geeignet für Kinder, weil man damit Furcht und Abneigung vor den Waffen und den Soldaten einflößen kann.[76] Die antimilitärische Position des bedeutenden Kirchenmannes nehmen wir beifällig zur Kenntnis. (Der bethlehemitische Kindermord war - sicher wegen der von Dominici genannten Gesichtspunkte - ein geschätztes Bildthema.)

Erheblich an den Ausführungen von Dominici ist nun in der Tat seine direkte, pragmatische Auffassung über die Funktion der Bildwerke im Alltag. Er zählt einen ganzen Katalog von christlichen Erziehungszielen auf, die durch Betrachtung von Bildwerken erreicht werden können. Die heiligen Kinder und die erwachsenen Heiligen stehen direkt für die Menschen in der Welt. Sie zeigen exemplarisch, was im Leben wichtig ist.

---

[76] Kardinal Johannes DOMINICIs Erziehungslehre [zwischen 1400 und 1405] (1894) 26f. Der Text hat inzwischen mehrfach Beachtung gefunden, so von Chr. KLAPISCH, Annales de dèmographie historique 1973, 120; und von Kl. ARNOLD, Kind und Gesellschaft in Mittelalter und Renaissance (1980) 140f.; ders., in: RITTELMEYER / WIERSING, Bild und Bildung (1991) 173. - Weitere entsprechende zeitgenössische Quellen bei M. BAXANDALL, Die Wirklichkeit der Bilder (1988) 58ff. mit Quellenangaben S.204-205.

Dominici ist jeder tiefseelischen Bewegung abhold; christliche Moral und christlicher Lebenswandel sind seine Themen, das kann er aus Bildern entnehmen. Viele Frauen und Männer seiner Zeit hingegen, die die Madonna im Bilde anbeteten, waren zu einer ganz anderen Emphase fähig; sie konnten tiefen Gefühlen Ausdruck im Gebet verleihen, wo der eloquente Prediger eher rhetorisch agierte. Dominici belegt auf seine Weise, wie die Bilder des Zeitalters, worunter Maria mit dem Kinde, dem Leben in dieser Welt verpflichtet waren und zugleich die religiösen Tröstungen vermittelten.

Versuchen wir nunmehr zu klären, wo und auf welche Weise die Menschen die Madonna verehrten, und welche Bildwerke ihnen überhaupt zur Verfügung standen. Zunächst ist vorauszusetzen, daß die Menschen die Kirche aufsuchten und vor den Marien-Altären beteten. Aber das war es ja nicht mehr alleine. Wie aus dem mitgeteilten Hinweis bei Dominci zu entnehmen ist, gab es schon im Trecento Bildwerke frommen Inhaltes im privaten Bereich, allerdings zunächst eher in Familien der wohlhabenden Schichten.

Die in der kunsthistorischen Forschung erkannte, erhebliche Ausbreitung des Genre im Quattrocento und die - nicht allzu reich fließenden - Quellen über die Auftraggeber machen allein schon deutlich, daß die Bilder, mit denen wir hier befaßt sind, meistens Skulpturen, vornehmlich für das familiäre Leben, auch für die berufliche Sphäre (für Arbeitsräume, Werkstätten, Sitzungssäle) bestimmt waren. Ebenso finden wir solche Bildwerke als Staßentabernakel an Häuserwänden. Einige von ihnen haben sich bis heute an Ort und Stelle erhalten. Daneben gab es natürlich die Sakralkunst (Altar- und Tafelbilder, Fresken) in ungebrochener Tradition, desgleichen die für repräsentative Zwecke in den Palazzi und Bürgerhäusern bestimmte Kunst. In allen genannten Bereichen handelt es sich um Auftragskunst.

Die gesteigerte Nachfrage nach Bildern insbesondere für das familiäre Leben - sie werden im folgenden als Hausandachtsbilder bezeichnet - hatte zur Folge, daß manche Werkstätten auf Vorrat arbeiteten. Dort, wo es die angewandte Technik zuließ, bei Skulpturen in Terrakotta und Stuck, kommen Bildwiederholungen und Bildabwandlungen vor, was der Forschung seit langem ein breites Arbeitsfeld eröffnet hat. In seiner Monographie über das häusliche Andachtsbild im Florenz des 15. Jahrhunderts erörtert Ronald G. KECKS die Gegebenheiten im einzelnen[77], und er widmet sich ausführlich der Geschichte des Hausandachtbildes. Die Ergebnisse der Studie tragen erheblich auch zur Klärung unserer Fragestellung hinsichtlich Mutter und Kind bei.

Bemerkenswerterweise waren zunächst die Bildhauer mit den Hausandachtsbildern befaßt, nämlich Lorenzo Ghiberti (geb. 1378 in Florenz, gest. 1455 daselbst) und sein Schüler Donatello (Donato Bardi, geb. um 1387 in Florenz, gest. 1466 daselbst). Luca della Robbia (geb. 1400 in Florenz, gest. 1482 daselbst) gesellte sich hinzu, und Andrea

---

[77] R.G. KECKS, Madonna und Kind. Das häusliche Andachtsbild im Florenz des 15.Jahrhunderts (1988)

della Robbia (geb. 1435 in Florenz, gest. 1525 daselbst) folgte diesem nach. Das Œuvre der beiden letzteren ist umfangreich. Die Liste weiterer Bildhauer alleine in Florenz ist nicht klein. Es gibt die Madonnenbilder als Flach-, Halb- und Hochreliefs. Bald beteiligten sich auch die Maler an der Fortentwicklung des Hausandachtsbildes.[78] Die Bildgattung hat sich in der christlichen Welt in jeweiligen zeit- und kulturtypischen Ausprägungen über die Jahrhunderte hin erhalten.

Zur häuslichen Verehrung der Madonna sind inzwischen eine Reihe von Fakten bekannt, die in Umrissen ein Gesamtbild entstehen lassen. Schon aus Dominicis Schrift von etwa 1400 erfahren wir, daß Bilder christlichen Inhaltes im Hause *vergoldet und mit Edelsteinen geschmückt* waren und daß vor ihnen Kerzen angezündet wurden.[79] Ronald G. KECKS hat zum Thema aufschlußreiche Quellen ermittelt. Neben schriftlichen Informationen, etwa über die Bestellung von Bildwerken in den Werkstätten, veröffentlicht er über 30 zeitgenössische Gemälde, die ein „Bild im Bilde" zeigen, nämlich das Madonnenbild, seltener ein anderes Heiligenbild, als Bestandteil eines Interieurs, in dem die betreffende Bildszene dargestellt ist.[80] Die Bilder in den Bildern können auf Grund des Zusammenhangs zu einem großen Teil als Hausandachtsbilder gekennzeichnet werden. Sie kommen als Tondi oder rechteckig gerahmte Bilder vor, auch mit schmuckartigem Hintergrund in tabernakelähnlicher Umrahmung. Bevorzugter Aufhängungsort für das Hausandachtsbild ist das Schlafgemach. Das Bild kann Bestandteil eines Hausaltars sein, oder es ist mit Kerzenhalter und Weihwassergefäß verbunden. Eine Darstellung zeigt ein Ewiges Licht vor dem Andachtsbild.[81] Auch ist ein Betpult vor dem Andachtsbild üblich. Eine Darstellung, allerdings aus dem Cinquecento, zeigt eine Person kniend vor dem Andachtsbild im Schlafgemach.[82]

Zusammenfassend ergibt sich aus den herangezogenen Quellen, daß die Menschen zu Hause angesichts der Madonna beteten und andächtig waren. Es ist vorauszusetzen, daß in den Gebeten neben den allgemeinen Lebensnöten die Mutter-und-Kind-Angelegen-

---

[78] KECKS a.O. 93ff. („Der Beginn in der Malerei: Fra Filippo Lippi [1406 - 1469]")

[79] DOMINICI Ausg.1894 a.O. 27: *Solltest du ... Bilder für dein Haus anfertigen lassen, so beachte dabei auch folgendes: Laß die goldenen und silbernen Ausschmückungen bei Seite, sonst könnten die kleinen eher Götzendiener werden, bevor sie den christlichen Glauben kennen lernen. Wenn sie nämlich sehen, daß mehr Kerzen angezündet werden vor den vergoldeten und mit Edelsteinen geschmückten Bildern als vor den vom Alter geschwärzten, daß man vor den ersteren zumeist das Haupt entblößt und sich verneigt, so meinen sie, die Verehrung gelte dem Golde und den Juwelen, nicht aber den Bildern oder vielmehr denjenigen in Wahrheit, welche durch die Bilder dargestellt werden.*

[80] KECKS a.O. 24-31 und Abb.1-33

[81] KECKS a.O. Abb.6: Girolamo Tessari (?), Der Heilige Antonius erweckt ein im heißen Wasser ertrunkenes Kind zum Leben (Scuola del Santo, Padua).

[82] KECKS a.O. Abb.28: Andacht vor einem Madonnenbild im Schlafgemach (Holzschnitt Florenz 1554).

heiten eine wichtige Rolle spielten. Natürlich waren die Hausandachtsbilder oft auch einfach frommes Inventar des Hauses, und sie wirkten mentalitätsbildend dadurch, daß man sie ständig vor Augen hatte.

In dem Maße, wie sich in der Frührenaissance die Frömmigkeit der Menschen privatisierte - man könnte auch sagen: emanzipierte - und die Menschen sich nicht mehr vom kirchlichen Kult abhängig fühlten, entwickelte sich ihre Neigung, die Madonna vermehrt im Hause zu verehren und anzubeten. Im Laufe des Quattrocento wandte sich die Kirche aber auch selbst verstärkt den Bildern zu und erkannte wieder ihre Bedeutung im Sinne der biblia pauperum.

Die Madonna der Frührenaissance stand in einem komplexen religiösen, sozialen und mentalitätsgeschichtlichen Zusammenhang. Sie vermittelte nicht nur eine transzendente Botschaft der Erlösung, sondern verlieh zugleich der Mutterliebe in dieser Welt Ausdruck. In Ansehung der oftmals bedrückenden Lebensumstände und des Kindesleides in Krankheit und Tod war die Madonnenverehrung auch von Komponenten der Sehnsucht und der Trauer getragen.

b) Die Findelkinder (Innocenti) und ihr Haus

Die in den Madonnen zum Ausdruck kommenden Aspekte des Glücks von Mutter und Kind oder auch nur der Hoffnung auf Mutterglück in schwieriger Lage repräsentieren eine Seite der sozialen Wirklichkeit, in die das Kleinkind eingefügt war. In vielen anderen Fällen wünschten sich die Eltern - Mütter wie auch Väter - den Tod des Ungeborenen oder Neugeborenen oder doch die Befreiung von dem Kinde in ihrer sozialen und ökonomischen Lage, die mit einem Kinde als unlösbar erschien. Zumindest waren Eltern bereit, ihr ohnehin gefährdetes Kind an eine Fürsorgeeinrichtung fortzugeben und es damit einem ungewissen Schicksal und einem sehr erhöhten Sterberisiko auszusetzen.

Die diesbezüglichen Forschungen über das Zeitalter der Frührenaissance in Florenz sind nicht zuletzt dank einer hervorragenden Quellenlage weit fortgeschritten. Die Studien von TREXLER[83], HERLIHY / KLAPISCH-ZUBER[84], GAVITT[85] u.a. haben an Hand eines reichhaltigen Datenmaterials und vielfältiger Sachquellen einen ins einzelne gehenden demographischen und historischen Zusammenhang erschlossen, woran exemplarisch deutlich wird, wie sich eine Gesellschaft am Ursprung der Neuzeit gegenüber ihren hilflosesten Gliedern verhalten hat - keineswegs immer nur in einer negativ zu beurteilenden

---

[83] R.C. TREXLER, Infanticide in Florence .... HistChildhoodQuart 1973, Vol.1, 99ff.; ders., The Foundlings of Florence .... HistChildhoodQuart 1973, Vol.1, 258ff.

[84] D. HERLIHY / Chr. KLAPISCH-ZUBER Tuscans and their Families ... (1985), insbes. S.145ff. („Abandonment“) mit statistischen Angaben.

[85] Ph. GAVITT, Charity and Children in Renaissance Florence. The Ospedale degli Innocenti ... (1990). Die folgende Darstellung verdankt dieser Arbeit viel.

Weise. Es ist notwendig, den angeführten Arbeiten aus der amerikanischen und französischen Forschung, hier insbesondere, so weit sie auf das frühkindliche Lebensalter bezogen sind, auch in der deutschsprachigen Forschung weitere Beachtung zu verschaffen.

In unserer Darstellung sollen Grundzüge des inzwischen gewonnen Erkenntnisrahmens mit seiner komplexen Faktenfülle skizziert werden. Mittelpunkt der Erörterungen ist das *Ospedale degli Innocenti* in Florenz. Zugleich ergibt sich ein Verständnishintergrund für die einschlägigen künstlerischen Äußerungen des Zeitalters.

Die bekanntesten Kunstwerke zum Thema der hilflosen Kinder sind neben den Fresken an (bzw. von) der *Loggia del Bigallo* aus dem Jahre 1386 (siehe S. 307/08) die Wickelkinder-Tondi von Andrea della Robbia am Ospedale degli Innocenti aus dem Jahre 1487. In diesem Jahre bestand das Ospendale bereits drei Jahrzehnte. Die Tondi, heute vierzehn an der Zahl, befinden sich, wie auf Abb.55 erkennbar, in den Bogenzwickeln der Arkaden an dem vorderen Flügel des von Brunelleschi errichteten Gebäudes, dem der Piazza Santissima Annunziata zugewandten Teil des weiträumigen Komplexes. Andrea della Robbia schuf diese Werke in seiner mittleren Schaffensperiode. Sie sind in der von seinem Onkel Luca della Robbia entwickelten Technik der glasierten Terrakotta ausgeführt, die Andrea della Robbia kongenial weiterentwickelt hat. Die beiden Künstler betrieben eine gemeinsame Werkstatt. Luca hatte seine Altersphase erreicht, war aber noch an der Konzipierung der Wickelkinder-Tondi beteiligt.

Tondi sind ein übliches Gestaltungselement an Renaissance-Arkaden. Am Ospedale degli Innocenti sind es integrative, auf visuelle Wirkung hin in das Gebäude eingefügte „Bildträger“ mit einer deutlichen Botschaft, die von den Marktbesuchern, auswärtigen Reisenden und Kirchgängern aufgenommen werden konnte und noch heute aufgenommen wird. (Die 1481 fertiggestellte Kirche Santissima Annunziata befindet sich auf dem Bilde nicht mehr sichtbar links im Winkel zum Ospedale.)

Bemerkenswert an den Wickelkindern ist ihre seit jeher als freundlich wie auch eindringlich empfundene einladende Gestik und Physiognomie.[86] Seit es die Photographie gibt, sind die Wickelkinder weltweit bekannt geworden. Aber auch vorher waren ihre Bilder schon durch Nachzeichnungen verbreitet. „Unser Haus steht offen für alle alleingelassen Kinder! Kommt herein! Laßt euch hereinbringen!“, das teilen sie schon 500 Jahre lang den Florentinern und allen Vorübergehenden mit.

Interessant ist übrigens auch, daß einige der Wickelkinder mehr oder minder von ihren

---

[86] Der Ausdruck der Wickelkinder ist oftmals herausgestellt worden. Gelegentlich ist von Gleichförmigkeit die Rede. P. SCHUBRING, Luca della Robbia und seine Familie (1905), formuliert auf S.113 demgegenüber: „Überraschend ist der Wechsel des Ausdrucks im Antlitz dieser kleinen Findlinge, die so rührend ihre Ärmchen heben, um die herbeiströmenden Brüderchen willkommen zu heißen.“

Wickeln befreit sind und sogar ihre Blöße zeigen. Damit ist Andrea della Robbia seiner Zeit weit voraus geeilt.[87]

Hinter den so sehr liebenswerten Wickelkindern am Ospedale degli Innocenti steht die erschütternde soziale Wirklichkeit der unerwünschten Kinder, womit wir uns im folgenden ausführlich befassen.

Im Verlauf der Geschichte kommen vielfältige Formen der Preisgabe des Kindes durch seine Eltern vor. Einige Formen treten über alle Jahrhunderte hin auf. Die Handlungsweisen der Eltern, oft auch nur der Mütter alleine, reichen von planvollem Weggeben des Kindes über ambivalentes Verhalten dem Kinde gegenüber (z.B. bei Verwahrlosung) bis zu direkter Tötung. Die letztere, schlimmste Form hat nochmals viele Seiten. So gibt es den Kindsmord (die Tötung des Kindes in oder gleich nach der Geburt durch seine Mutter), die Kindestötung (die meist ebenfalls noch in frühestem Lebensalter vorgenommen wird) und die Kindesaussetzung an einer Stelle, die das Auffinden des Kindes unwahrscheinlich macht. Diese drei Formen, Kinder zu Tode zu bringen, können unter dem Begriff „Infantizid" zusammengefaßt werden. Subtile Formen des Infantizids, die nicht immer als solche erkannt werden konnten, waren in früherer Zeit die Engelmacherei und das Totdrücken des Kindes im Bett. Namentlich Ammen praktizierten solche Kindestötungen. Engelmacherinnen setzten auf eine planmäßige Vernachlässigung des Kindes bis zur letzten Konsequenz. Das Totdrücken des Kindes im Bett war aus dem Grunde nicht immer als Kindestötung nachweisbar, weil es ja als Unfall beim winterlichen Warmhalten des Kindes im Bett der Amme oder Mutter erklärt werden konnte. (Vielerorts war es deshalb verboten, einen Säugling mit ins Bett der Erwachsenen zu nehmen.)

Kindesaussetzung in der Gewißheit, daß das Kind gefunden und versorgt wird, setzt voraus, daß es in der betreffenden Gesellschaft Hilfseinrichtungen oder -möglichkeiten gibt, die umgehend in Anspruch genommen werden können, insbesondere, daß eine Amme zur Verfügung steht, die das Kind regulär stillen kann. Nur Muttermilch kam als Ernährung auf der frühesten Lebensstufe in Frage. Es war bekannt, daß ein Kind 30 Monate, mindesten 25 Monate die Mutterbrust brauchte, um überleben zu können. Alle sonstigen Nahrungsmittel wie Tiermilch oder vorgekauter Brei bedeuteten eine Pflege des Kindes auf den Tod hin. Die Hauptsorge für das Kind bestand dann eigentlich nur darin, es in der Kirche taufen zu lassen, damit es der Gnade Gottes teilhaftig werden konnte. So war es möglich, die Verantwortung für einen neugeborenen Menschen an Gott

[87] Über das Wickeln der Säuglinge allgemein: Lloyd deMAUSE: Evolution der Kindheit, in: ders., Hört ihr die Kinder weinen, 63ff.; J.Br. ROSS, ebenfalls in Lloyd deMAUSE 277ff. In beiden Beiträgen Quellen und Lit. - Bei den Frührenaissance-Madonnen ist das Kind fast immer ungewickelt. Eine interessante Ausnahme: Michelozzo: Maria mit dem Kind im Arm. Hochrelief, gebr. Ton, bemalt und vergoldet. Staatl. Museen - Skulpturensammlung - zu Berlin, Inv.73. F. SCHOTTMÜLLER, Bildwerke, Berlin S.17 mit Abb.

zu delegieren. Insofern kann man die christliche Sakraments-Theologie nicht von einer Mittäterschaft an der Vernachlässigung der Allerhilflosesten in dieser Welt freisprechen.

Infantizid gab es durch die Menschheitsgeschichte hindurch aus unterschiedlichen Motiven und in schwankender Intensität. In Griechenland war die Kindesaussetzung weitverbreitet, auch noch, wie wir bei Menandros (siehe S.169) gesehen haben, in spätklassischer und hellenistischer Zeit, als die am Leben gebliebenen Kinder längst eine an humanen Prinzipien orientierte Erziehung genossen. Als eine besondere Ausprägung des Infantizids ist das Kinder-Opfer anzusehen, einmal in der Form des Erstlings-Opfers, wie es aus früher alttestamentlicher Zeit überliefert ist, und zum anderen als Opfer für Baal/ Moloch sowie für Baal Hammon und Tanit bei den Kanaanäern, Phöniziern und Karthagern. Diese Kindestötungs-Formen wurden, wie wir gesehen haben, erst in einem langen historischen Prozeß überwunden. Ansonsten waren und sind wirtschaftliche Not und soziale Zwänge die Hauptgründe für den Infantizid.

Im christlichen Kulturkreis regten sich bald aus der Glaubensüberzeugung kommende, massive Stimmen gegen den Infantizid bis hin zu seiner Qualifizierung als besonderen Mord im strafrechtlichen Sinne.[88] Die Wirklichkeit blieb jedoch über alle Jahrhunderte dahinter zurück, auch noch im bürgerlichen Zeitalter.[89] Aber ebenso kamen immer wieder humanitäre Impulse auf, dem Infantizid etwa durch Findelhäuser und karitative Bemühungen beizukommen, auch, das komplexe Problem in seiner strukturellen Verflechtung zu verstehen und Lösungen vorzuschlagen.

In Florenz gab es den für die Renaissance-Zeit wegen seiner umfassenden Planung und Organisation außergewöhnlichen Versuch, den Infantizid zu bekämpfen, und zwar in Verbindung mit einem Versorgungsprogramm und weitergehender Lebens-Fürsorge für die Waisenkinder, eben das *Ospedale degli Innocenti*, welches im Jahre 1445 seine Pforten öffnete. Vergegenwärtigen wir uns zunächst die Ausgangslage.

Fürsorge für Findelkinder und Waisen wurde im Mittelalter als karitative Aufgabe verstanden, wie sie sich aus der Auffassung des Menschen als Gottes Geschöpf ergab, dem in der Not Hilfe gewährt werden muß. Daß die praktischen Erfolge, nämlich die Säuglinge am Leben zu erhalten, im Mittelalter wie auch später insbesondere wegen der Ernährungsprobleme eher gering waren, tat dem karitativen Bestreben grundsätzlich keinen Abbruch, da ja Gott über Leben und Tod entscheidet.

Seit der Frührenaissance erwuchs in Florenz wie an anderen Orten eine neue Haltung

---

[88] Das Infantizid-Problem seit dem Mittelalter: M. SCHWARZ (1935); A. FELBER (1961); D. BLANKE (1966); W. WÄCHTERSHÄUSER (1973); KL. ARNOLD, Kind und Gesellschaft in Mittelalter und Renaissance (1980) 42ff. („Das Kind und der Tod - II. Kindestötung")

[89] D. HOOF, Pestalozzi und die Sexualität seines Zeitalters (St.Augustin 1987) 153ff. 226ff. et passim

gegenüber den hilflosen Mitgliedern der Gesellschaft. Sie kam aus dem Diesseitsverständnis der Menschen und war durch soziales Verantwortungsbewußtsein den Benachteiligten gegenüber gekennzeichnet. Eine solche Haltung ist uns bereits bei den Laienbruderschaften begegent, die eine Verpflichtung gegenüber den Jugendlichen und Kindern in der Stadt erkannten. Wenn es wie bei den Findel- und Waisenkindern um Leben oder Tod ging, kam wohl auch ein schlechtes Gewissen der Bürger zur Geltung, weil man ja selbst wirtschaftlich gesichert war, während anderen alles zum Leben Notwendige fehlte. Karitativ-altruistische Motive mögen bei Reichen auch mit dem Bestreben verbunden gewesen sein, sich selbst moralische Absolution und soziale Anerkennung zu verschaffen und natürlich für das ewige Leben vorzusorgen. Desungeachtet war der humane Effekt wesentlich, und soziale Handlungsfelder wie die hier zur Rede stehende Fürsorge für Findel- und Waisenkinder konnten Menschen einen besonderen Lebensinhalt geben. TREXLER hat die dahingehenden Mentalitäten zu beschreiben versucht und dabei komplexe Motivationsbündel erhellt.[90]

Es gab in Florenz bereits seit über einem Jahrhundert öffentliche Hospitäler, in welchen Findelkinder Aufnahme fanden, nämlich das Ende des 13. Jahrhunderts gegründete Hospital von *Santa Maria da San Gallo* und das 1316 gegründete Hospital von *Santa Maria della Scala.* Beide Einrichtungen versorgten neben den Findelkindern auch mittellose Kranke.[91] Die Mittel kamen zu einem großen Teil durch Stiftungen und Spenden zusammen. TREXLER hat eine für Santa Maria della Scala in Frage kommende Quelle ermittelt, wonach es dort im Jahre 1435 eine Zahl von 200 Findelkindern beiderlei Geschlechts gab. Die Kinder wurden zunächst einer Amme bis zur Entwöhnung übergeben, anschließend fanden sie Aufnahme ins Hospital, das heißt wohl in dessen Waisenhaus-Abteilung, wo die Knaben wie die Mädchen die für sie im Leben notwendigen Dinge lernten. Dann wurden die Knaben in eine Lehre vermittelt und die Mädchen nach Möglichkeit verheiratet.[92] Diese Angaben belegen einmal die Beständigkeit dieser sozialen Einrichtungen über ein Jahrhundert und zum anderen, daß es für die Findelkinder ein Betreuungs- und Ausbildungskonzept bis zu ihrem Erwachsensein gab. Wir erfahren allerdings nichts über das gravierende Problem der Säuglingssterblichkeit. Natürlich starben auch in Santa Maria da San Gallo und in Santa Maria della Scala die Kinder in großer Zahl. - Außer den beiden genannten Hospitälern gab es in Florenz unter anderem noch die uns ebenfalls bereits bekannte *Compagnia del Bigallo e Misericordia* (ursprünglich waren es zwei getrennte Einrichtungen), die seit dem 13. Jahrhundert mit vielfältigen sozialen Aufgaben befaßt war, so auch mit der Versorgung und weiteren

---

[90] R.C. TREXLER, HistChildhoodQuart 1973, Vol.1, 260 et passim

[91] TREXLER (1973) a.O - 261ff.; D. HERLIHY / Chr. KLAPISCH-ZUBER, Tuscans and their Families ... (1985) 145ff.

[92] Die Angaben entstammen einem Brief des Kamaldulenser-Oberen Ambrogio Traversari an den Papst von 1435. Siehe TREXLER (1973) a.O. 261. Traversari und sein Brief sind uns bereits im Zusammenhang mit den Knaben-Bruderschaften begegnet (siehe Anm.26).

Unterbringung von Findelkindern aus den Waisenhäusern bei Pflegeeltern (S. 307/08). Diese Einrichtung besteht mit weiterentwickelten Aufgaben heute noch als *Arciconfraternita della Misericordia*, und ihre Einsatzfahrzeuge sind im Straßenverkehr um den Dom unübersehbar.

Trotz der erheblichen Anstrengungen, welche die genannten Einrichtungen zur Errettung hilfloser Kinder unternahmen, konnte die Not nicht annähernd gelindert werden. Das quantitative und qualitative Ausmaß der Not trat immer deutlicher ins Bewußtsein einer sensibilisierten Öffentlichkeit. Gönner, Geldgeber und Erblasser bekundeten ihre Bereitschaft, soziale Werke zu befördern. So entstand der Gedanke einer großen, die Kräfte und Mittel effektiv bündelnden Einrichtung der Fürsorge für Findel- und Waisenkinder.

Seit längerem bereits sorgte die *Arte por Santa Maria o della Seta* (die Seidenweberzunft) in Abstimmung mit der städtischen Regierung in institutionell geregelter Weise für Findel- und Waisenkinder. Wirtschaftlicher Wandel und neue Abnehmer-Gewohnheiten hatten bewirkt, daß die Arte della Seta die früher mächtigste *Arte della Lana* (die Wollenweberzunft) an wirtschaftlicher Macht überflügeln und dadurch an politischem und sozialem Einfluß gewinnen konnte. Die Arte della Seta beteiligte sich auch selbst an der Finanzierung sozialer Werke, und ihre Mitglieder wendeten ebenfalls oft erhebliche Mittel dafür auf - aus den skizzierten sozialen und religiösen Motiven heraus. Kleinere Spendenbeiträge waren kaum geeignet, die gewaltigen Aufgaben zu erfüllen.

Im Jahre 1419 erwarb die Arte della Seta das weiträumige Grundstück an der *Piazza de' Servi*, der nachmaligen *Piazza Santissima Annunziata*, für ein neues *Ospedale degli Innocenti*. 1426 nahm Brunelleschi den Bau des Ospedale in Angriff. Der Gebäudekomplex war 1457 fertiggestellt; die ersten Kinder konnten schon 1445 aufgenommen werden. (Der Serviten-Orden begann 1444 mit dem Bau der Kirche Santissima Annunziata.)

Während der langen Bauzeit des Ospedale bestand natürlich Fürsorge für die Findel- und Waisenkinder. Neben den oben genannten Hospitälern nahm in diesen Jahrzehnten auch das in der Verantwortung der Arte della Seta stehende Hospital *Santa Maria Nuova* Fürsorge-Aufgaben wahr. Santa Maria Nuova und das entstehende Ospedale degli Innocenti waren anfänglich miteinander verbunden. Nach der Eröffnung des Ospedale degli Innocenti ging die Fürsorge für die Findel- und Waisenkinder auf das letztere über. Ab 1462 kamen die bislang im Hospital von Santa Maria da San Gallo betreuten Kinder hinzu. Auch die Kinder von Santa Maria della Scala wurden vermutlich um diese Zeit übernommen.

Die Geschichte der Planung, Gründung und Etablierung des Ospedale ist dank der ausführlichen Untersuchung von Philip GAVITT bis in Einzelheiten hinein bekannt.[93] Eine

---

[93] Ph. GAVITT, Charity and Children in Renaissance Florence. The Ospedale degli Innocenti ... (1980). (Die Baugeschichte des Ospedale in architektonischer und kunsthistorischer Hinsicht ist nicht das Thema des Verfassers. Es bleibt festzuhalten, daß es sich um das erste florentinische

zu wirtschaftlicher Macht gelangte Zunft kooperierte nicht immer ganz einfach mit der staatlichen Instanz zum Besten eines Sozialwerkes, das den Beteiligten Ansehen wie moralische Rechtfertigung verschaffte und ebenso philanthropischen Bestrebungen Raum gab. Die Initiativen kamen nicht von kirchlicher Seite, wenn auch das Vorhaben keineswegs gegen die Kirche realisiert wurde. Das Werk in der diesseitigen Welt sollte doch auch in das jenseitige Leben der Initiatoren und Verantwortlichen hineinwirken. Die Baugeschichte des Ospedale ist zugleich Teil der florentinischen Wirtschaft- und Sozialgeschichte. Die Verantwortlichen der Arte della Seta mußten sich naturgemäß ausnehmend mit Finanzierungsproblemen befassen, sie pflegten Kontakte zu den Geldgebern und potentiellen Erblassern, und sie waren um Befreiung von den staatlichen Steuern bemüht. Die geschäftlichen Verbindungen in ihrem nicht verdienst-orientierten Charakter waren ständig im richtigen Maß zu halten, und es mußten Kontakte zur Kirche und zu Priestern unterhalten werden. Soziale Werke konnten in einer Stadt mir ausgeprägten kirchlichen Lebensformen nicht isoliert betrieben werden, wenn man sich auch bei der praktischen Durchführung des Fürsorge-Handelns, das ja zudem in vielfältige Angelegenheiten des Geschlechtlichen hineinreichte, von kirchlicher Seite offensichtlich nichts vorschreiben ließ.[94] Die Eltern oder Mütter von Findel- und Waisenkindern - wie immer ihre jeweilige Lage auch war - hatten, wie alle anderen Menschen ebenfalls, Berührungen mit religiösen Fragen und mit der Kirche, und sei es, daß sie an einem vorerst tiefsten Lebenspunkt ihr Kind bei der Kirche aussetzten.

Eine eigene Detailstudie widmet GAVITT dem frommen Kaufmann Francesco Datini, der mit seiner nicht geringen Hinterlassenschaft den Bau des Ospedale maßgeblich befördert hat. Es ist eine ausführliche Korrespondenz erhalten zwischen Datini und seinem, den sozialen Problemen ebenfalls zugewandten Notar Ser Lapo Mazzei; genauer gesagt sind es die Briefe von Mazzei an Datini.[95] Daraus sind die über viele Jahre seines Lebens reichenden Überlegungen Datinis zur bestmöglichen Verwendung seines Vermögens für soziale und religiöse Zwecke bis in die Einzelheiten erkennbar, ebenso sein Bewußtsein und seine Motivation.

GAVITT stellt die Florentiner Bemühungen um die sozialen Aufgaben, hier im besonderen um die Findel- und Waisenkinder, in den Zusammenhang des Zeitalters, auch durch Verweise auf entsprechende Entwicklungen in anderen italienischen Städten. Gleichwohl ist das Ospedale degli Innocenti in Florenz ein herausragendes Zeugnis sozialer Verantwortung und urbanen Bewußtseins in der Epoche der Frührenaissance, der Zeit, in der

---

Bauwerk im Stile der Frührenaissance handelt.) - Ältere Bücher: Fr. BRUNI (1819); L. PASSERINI (1853).

94 GAVITT a.O. 61ff. („Hospital, Church and Commune")

95 GAVITT a.O. 33ff. („Francesco Datini and the Foundation of the Hospital of the Innocenti") im Anschluß an: Lapo MAZZEI, Lettere di un notaio a uno mercante, 2 Bde, hrsg.von C. GUASTI, Florenz 1888.

Cosimo dei Medici d.A. die politische Macht in der Stadt errang und zugleich sich die Künste und Wissenschaften zu ihrer Blüte entfalteten. Die soziale Not in bestimmten Schichten und Gruppen war natürlich noch nicht aufgehoben.

Wenden wir uns der Zeit nach Eröffnung des Ospedale 1445 zu. - Im ersten Jahr wurden 62 Kinder aufgenommen. Bis 1465 stieg die Zahl der jährlich Aufgenommenen nahezu kontinuierlich bis auf 202 Kinder.[96] Die ursprünglich vorgesehene Kapazität des Hauses war damit weit überschritten mit allen Konsequenzen, die sich daraus für eine gedeihliche Pflege der Kinder ergaben. Der Anteil der Mädchen war immer höher als der der Jungen, nämlich um 56 Prozent.[97] Auch in allen Statistiken der Folgezeit sind Mädchen immer stärker vertreten als Jungen. Ein Hauptgrund für diese Erscheinung ist wahrscheinlich, daß Mädchen von den Eltern, von Vätern wie von Müttern, weniger geschätzt waren als Jungen, unter anderem deshalb, weil die eines Tages unumgängliche Mitgift oft für die Familie ein kaum zu lösendes finanzielles Problem darstellte.

Schon TREXLER ist an Hand der Quellen der Frage nachgegangen, wie die Findelkinder ins Haus kamen, das heißt, von wem sie gebracht wurden. (Das heimliche Einliefern von Säuglingen durch eine Drehlade war erst in späterer Zeit üblich.) Der Autor legt eine exemplarische Liste aus dem Jahre 1455 /56 vor.[98] Unter 100 Personen, die Kinder ins Ospedale brachten, waren 37 Frauen, deren Beziehung zu dem Kinde mit Ausnahme von sechs Ammen nicht genannt wird, sodann 20 männliche Personen, worunter sich beauftragte Knaben befanden, sowie 30 weitere, meist unbekannte Personen, auch solche, die vom Pförtner des Hauses nicht gesehen worden waren. Nur sieben Kinder wurden von namentlich bezeichneten Verwandten übergeben, darunter zwei Mütter. Die Kinder waren überwiegend neugeboren oder wenige Tage alt; es wurden aber auch ältere Kinder den Ospedale übergeben. Öfter trugen die Kinder ein Beutelchen mit Salz zum Zeichen, daß sie noch nicht getauft waren, und manchmal befand sich bei ihnen ein Zeichen, etwa eine gerissene Briefhälfte oder dergleichen, mittels dessen die Eltern später eventuell ihre Elternschaft glaubhaft machen konnten. Aus den Quellen ist nicht genau zu ermitteln, welche der überbrachten Kinder Findelkinder im engeren Sinne waren, das heißt, welche von ihnen, meist in der Nähe des Ospedale, niedergelegt worden waren und dann durch eine der o.a. Personen ins Haus gebracht wurden. Insgesamt gesehen galt, daß das Ospedale, fürs erste vertreten durch den aufnehmenden Pförtner, keine Nachforschungen über die Eltern der Kinder anstellte, wenn man auch deren Namen registrierte, sofern diese genannt wurden. Der Sinn dieses Prinzips ist offensichtlich: Hätte das Ospedale strenge Nachforschungen über die Herkunft der Kinder angestellt und so gegebenenfalls die Eltern bzw. die Väter einer strafbaren Handlung überführt, so wäre wiederum eine

---

[96] GAVITT a.O. Tabelle S.209

[97] GAVITT a.O.

[98] TREXLER, HistChildhoodQuart 1973,Vol.1, 264ff.; GAVITT a.O.187ff. („Omnes Sancti Innocentes") mit Fallstudien und Episoden.

Lage eingetreten, die durch Findel- und Waisenhäuser gerade überwunden werden sollte, nämlich das Ansteigen der Zahl heimlicher Infantizide. Natürlich war das Haus bemüht, da wo es möglich war, ein Kind eines Tages seinen Eltern zurückzugeben. Wenn übrigens dem Ospedale bedeutet wurde, daß das Kind aus einer illegitimen Beziehung zwischen einem Vater von Stand und einer Abhängigen (Dienstmagd oder Sklavin) stammte oder einen Priester zum Vater hatte, so war jede Vaterschaftsbefragung strikt ausgeschlossen, auch wenn die Mutter sich zu erkennen gegeben hatte. Das Ospedale verstand seine Aufgabe in der Rettung des Lebens Neugeborener, nicht in der Änderung ungerechter sozialer Verhältnisse.

Wichtig ist noch, darauf hinzuweisen, daß die Existenz eines Findel- und Waisenhauses in einem Ort zwar die Zahl der Infantizide daselbst zu verringern vermochte, andererseits aber auch die Bereitschaft von Eltern oder Müttern zur Preisgabe des Kindes verstärkte, wie sich aus demographischen Untersuchungen, nicht nur für Florenz, ergibt.[99]

Unsere Erörterung spitzt sich auf die Frage zu, wie denn die Säuglinge im (und vom) Ospedale versorgt und betreut wurden, wie im einzelnen dem Anspruch, die hilflosen Kinder zu erretten, Genüge getan wurde. Sie zur Taufe zu bringen und dann sterben zu lassen, reichte den Initiatoren ja keineswegs mehr aus.[100]

Bei allen in das Ospedale gebrachten Kindern war ihre Ausstattung mit den notwendigen Textilien, insbesondere mit Umhüllung und Windeln wichtig. Entsprechende Mängel sind in den Aufnahme-Eintragungen immer vermerkt; sie bedeuteten zusätzlichen Aufwand für das Haus. Das hauptsächliche Problem aber war die Ernährung des Kindes von Zeitpunkt der Aufnahme in das Haus an. Zu diesen Zweck hatte das Ospedale eine Anzahl von Ammen unter Vertrag, anfangs 12 bis 15. Die Ammen gehörten der unteren Schicht an; sie waren Dienstmägde oder Sklavinnen, wobei die letzeren von ihrer Herrschaft vermittelt wurden. Im übrigen war die Kluft zwischen diesen beiden Gruppen oft nicht sehr groß, abgesehen davon, daß die Sklavinnen rechtlich nicht über sich entscheiden konnten. - In besonderen Fällen fanden auch alleinstehende und stillende Mütter Aufnahme in das Ospedale.

Amme konnte man nach einer Fehlgeburt oder Totgeburt werden oder nach dem Tode des eigenen Säuglings. Es wurde darauf geachtet, daß die betreffenden (oder betroffenen) Frauen sogleich mit einem unversorgten Säugling betreut wurden, damit ihre Stillfähigkeit erhalten blieb. Sicher gab es auch Frauen, die absichtlich eine Lage herbeiführten,

---

[99] TREXLER a.O. 263 hat für Florenz im frühen 16.Jahrhundert eine jährliche Zahl von ca. 900 Kindern ermittelt, die dem Ospedale degli Innocenti übermittelt wurden. - Hinweise auf die Situation in Paris bei E.W. MARVICK in Lloyd deMAUSE (1977) 401ff.; für Moskau siehe bei P.P. DUNN ebenfalls in Lloyd deMAUSE (1977), daselbst S.543. - Weitere Verweise bei HOOF (1987) 220 und Anm.360.

[100] Der Mentalitätswandel ist ausführlich beschrieben bei GAVITT a.O. 273ff. („Orate pro Nobis").

um stillen zu können, damit sie auf dem Ammen-Markt einen Erwerb fanden. Ein nicht geringer Teil der das Ammen-Geschäft ermöglichenden Schwangerschaften war durch illegitime Beziehungen bedingt, namentlich durch Verbindungen zwischen Brotherren und Abhängigen. Aber auch verheiratete Frauen aus der Unterschicht waren als Ammen tätig, einige von ihnen sogar in der Weise, daß sie ein fremdes Kind neben dem eigenen nährten. Wenn eine in herrschaftlicher Familie angestellte Amme vorübergehend ohne Säugling war, weil die Herrin, welche selbst nicht stillte, ihre Niederkunft erst erwartete, kam es vor, daß der Amme für diese Zeit ein Säugling aus dem Ospedale übergeben wurde, und es ist öfter überliefert, daß solche Säuglinge besonders wohlgenährt in das Ospedale zurückgebracht wurden. Alle diese Gegebenheiten zeigen, daß die Menschen auf der Basis einer gewiß ungerechten Sozialordnung die Versorgung der Säuglinge durch Ammen pragmatisch angingen, im Prinzip ohne sexualethische oder moraltheologische Skrupel. Für das Ospedale stellte sich nur die Frage nach guten Ammen als der entscheidenen Voraussetzung für das Weiterleben der Säuglinge. Und da die Hilflosen nicht warten konnten - schon einige Stunden ohne Nahrung bedeuteten für einen geschwächten Säugling unter Umständen den Tod - mußte das Ospedale eine „störungsfreie“ Organisation der Direkthilfe unterhalten - ohne Telefon und PKW/Taxi.

Das Betreuungskonzept des Ospedale ging dahin, die neuaufgenommenen Säuglinge möglichst bald, etwa innerhalb von zwei Wochen, zu Ammen in deren Familien zu geben, wobei Frauen auf dem Lande in den Ortschaften um Florenz besonders gesucht waren.[101] Hier kamen dann zum Teil wieder Familienmütter in Frage. Es gab ein Aufsichtssystem, denn das Ospedale war ständig bemüht zu erfahren, ob die den Frauen bzw. Familien übergebenen Kinder gut versorgt waren. Nicht immer konnten alle Säuglinge bei Ammen außer Haus untergebracht werden. Ein Teil blieb auch länger oder dauernd bei Ammen im Ospedale.

Lebenschancen und gedeihliche Entwicklung der vom Ospedale und seinen Ammen betreuten Kinder waren - auf der Grundlage vorbehaltloser Hilfsbereitschaft des Hauses - von vielfältigen Faktoren abhängig, die in ihrer Korrelation Gegenstand der empirischen, auch demographischen Untersuchungen von TREXLER, GAVITT und anderen sind. Berücksichtigt haben die Autoren unter anderem das Alter der Kinder bei der Aufnahme, ihr Geschlecht, das Jahr wie auch die Jahreszeit ihrer Aufnahme, ihre Herkunft (soweit darüber Informationen vorhanden sind), die Art ihrer Versorgung (ob bei einer Amme außer oder im Hause), die Anzahl der aufgenommenen Kinder über die Jahre hin und in Verbindung damit die schwankenden finanziellen Mittel des Ospedale, Kriegsereignisse, Teuerungen und Epidemien. Eine wichtige Frage wäre natürlich, ob die Ammen den Kindern Zuwendung und Geborgenheit schenken konnten, in einer Zeit, als Säuglinge öfter sich selbst überlassen und üblicherweise fest gewickelt waren. Aber gerade dahingehende Tatsachen sind aus den Quellen - im ganzen gesehen - nur spärlich zu ermitteln

---

[101] GAVITT a.O. 188ff.

und erst recht nicht zu operationalisieren. Aber es gibt dennoch Mitteilungen über mütterliches Verhalten der Ammen, wie es auch vorkam, daß Familien oder alleinstehende Frauen den aufgenommenen Findling nach Ablauf der Stillphase adoptierten.

Von besonderer Bedeutung ist die Frage nach der Sterblichkeit der vom Ospedale betreuten und außer Haus gegebenen Findel- und Waisenkinder. Die Sterberate lag in den ersten drei Jahren (1445 bis 1447) bei noch geringer Belegung des Ospedale unter 30 Prozent, und sie schwankte in den Jahren bin 1465 zwischen 30 und 60 Prozent. Betroffen waren wie überall in damaliger Zeit ganz überwiegend die Kinder im ersten Lebensjahr.[102] Im ganzen gesehen war diese Sterberate sehr gering, sie näherte sich in einigen Jahren schon der allgemeinen Säuglingssterblichkeit. In allen sonstigen Findel- und Waisenhäusern Europas starben erheblich mehr Kinder, und die Angaben für die nachfolgenden Jahrhunderte sind, wie in der Forschung allgemein bekannt, nur noch erschütternd.

Leider hat das Ospedale die in den Jahren nach der Gründung erreichten Erfolge nicht zum „Standard" machen können. Vielleicht war auch der anfängliche Anspruch, gemessen an der sozialen und medizinischen Realität des Zeitalters, zu hoch gewesen. Dennoch wirkte diese Einrichtung auch in den folgenden Jahrhunderten weiter und blieb mit ihren Sterberaten fast immer noch unter denjenigen anderer Findelhäuser.[103]

Hatte ein Kind die besonders kritische erste Lebensphase überstanden und war auch seine mindesten 25-monatige Stillzeit bei der Amme zu Ende, so übernahm wieder das Ospedale die Betreuung und Erziehung, und zwar so lange, bis sein weiteres Fortkommen gesichert war. Vorzeitige Adoptionen wurden natürlich gerne akzeptiert.

Es gab im Ospedale Frauen, die als Erzieherinnen für die jüngeren Kinder eingestellt waren. Man halte sich bewußt, daß die Jüngsten noch keine drei Jahre alt waren und sich nach heutigem Verständnis im Krippenalter befanden. Mit fünf Jahren wurden die Kinder bereits unterrichtet und in praktischen Dingen unterwiesen. Zu diesem Zweck hatte das Ospedale Kapläne und Handwerker unter Vertrag.[104] Die religiöse Erziehung wurde ernst genommen. Sie hatte sicher ein anderes Gepräge als die repressive religiöse Heimerziehung späterer Jahrhunderte. Strenge war kaum ausgeschlossen, aber es ist doch wahrscheinlich, daß der pädagogische Geist, der in jenen Jahrzehnten zum Beispiel in den Bruderschaften für die älteren Kinder herrschte (siehe S. 300ff.), auch im Ospedale zur Geltung kam. Die Knaben wurden in die Anfänge des Lesens und Schreibens eingeführt, während die Mädchen früh hauswirtschaftliche Tätigkeiten kennenlernten.[105] Insbesondere lernten die Kinder, Knaben wie Mädchen, früh das Weben. Insgesamt ge-

---

[102] TREXLER a.O. 277f. mit statistischen Angaben; GAVITT a.O. 213ff.

[103] GAVITT a.O. 222ff. Siehe auch Kl. ARNOLD, Kind und Gesellschaft ... (1980) 46ff.

[104] GAVITT a.O. 154 mit Quellenhinweisen

[105] GAVITT a.O. 153f.; 257

sehen entsprach das Ospedale den Tendenzen und Absichten (nicht der Realität) der Zeit hinsichtlich der allgemeinen Sozialisation und Erziehung. Das Besondere an dieser Einrichtung war, daß die Kinder nicht verwahrlosten, was den Kindern der untersten Schicht sonst leicht zustoßen konnte. Von Ärzten und Badern wurde erwartet, daß sie ihre Dienste an den Kindern kostenfrei ausübten.[106]

Das Ospedale war bemüht, die Kinder so früh wie möglich in Familien unterzubringen, die Mädchen in Stellen, wo sie später Hausmägde werden konnten, und die Knaben in Handwerkerfamilien, um einen Beruf zu erlernen. Trotz seiner zahlreichen Kinder verstand sich das Ospedale in der Funktion eines Elternhauses. So wurden auch besondere Mühen darauf verwendet, den Mädchen eine Mitgift zu beschaffen, möglichst über Gönner, denn sonst hätten sie nicht heiraten können und wären später leicht ins soziale Abseits geraten.[107]

Wenden wir uns auf der Basis der gewonnen sozial- und kindheitsgeschichtlichen Informationen wiederum den Wickelkindern in den Tondi zu. Es ist einsichtig, daß die Wickelkinder die Wirklichkeit nicht im direkten Sinne spiegeln, sondern vielmehr, daß sie mit der Wirklichkeit korrespondieren. Die „Wirklichkeit", das war der soziale Umkreis der Menschen, die mit dem Leid der Findel- und Waisenkinder konfrontiert waren und zur Verantwortung fanden, Frauen und Männer, Politiker, Etablierte, Kleriker, Sponsoren und überhaupt alle Bürger. Von ihrem äußeren Habitus her sind die Wickelkinder kindlich, in Ansehung der Windeln stellen sie sogar Säuglinge dar. Haltung und Ausdruck vermitteln aber durch die Kindlichkeit hindurch auch den Eindruck von gereiften Wesen. Freundlich blicken sie die Menschen an und repräsentieren das humane Werk der Fürsorge für die Hilflosen. Symbolisch formuliert: Die Wickelkinder in den Tondi wissen von der so überaus traurigen, todbringenden Wirklichkeit der Findel- und Waisenkinder draußen in der Welt, aber sie haben auch erfahren, wie das Haus, welches sie mit ihrem Bilde schmücken, Hilfe bringt.

Das Ospedale degli Innocenti hat eine über die Jahrhunderte reichende Wirksamkeit entfaltet, und es besteht heute noch als *Istituto degli Innocenti per l'Assistenza dell' Infancia*. Das Institut ist demselben humanitären Anspruch verpflichtet wie zur Zeit seiner Gründung, nur haben sich die Aufgaben inhaltlich weiterentwickelt. Es gibt im Institut eine gynäkologische und pädiatrische Ambulanz, auch Hilfsangebote für werdende und junge Mütter. Die Stadt Florenz unterhält im Institut eine zentrale Ludothek, und eine UNICEF-Dienststelle hat dort ebenfalls ihr Domizil. Historische Forschung und ein Museum sind angesichts der ehrwürdigen Geschichte der Einrichtung nachgerade selbstverständlich. Hierfür ist das Uffico Cultura im Institut zuständig. Die Wickelkinder sind allenthalben im Hause präsent, so unter anderem als Fresken in den Zwickeln der Arkaden des ersten Kreuzgartens, als Steinskultpuren im Hause bzw. im Museum, auch als

→ S. 354

[106]GAVITT a.O. 154ff. mit Beispielen aus den Quellen
[107]GAVITT a.O. 79.f.; 257ff. mit Berichten über Mitgift-Ausstattungen

Abb. 55. Das *Ospedale degli Innocenti* (Vorderfront)
an der *Piazza Santissima Annunziata*

Erbaut von Brunelleschi, fertiggestellt 1457. Es ist das erste im Renaissance-Stil errichtete Gebäude überhaupt. Der weiträumige Komplex war von vornherein zur Wahrnehmung der geplanten humanitären Aufgabe bestimmt.

In den Bogenzwickeln der Arkaden befinden sich 14 Tondi mir den lebensgroßen Wickelkindern von Andrea della Robbia aus dem Jahre 1487. Im Bilde sind, von links gezählt, die Tondi 2 bis 10 sichtbar. Tondo 1 hat seinen Platz am Anfang der Arkaden (links neben der Durchfahrt) in einem halben Zwickel rechts neben einem Pilaster. Die Tondi 2 und 3 sind, wie im Bilde erkennbar, beidseitig an einem durch den Zwickel reichenden Pilaster angebracht; analog verhält es sich mit den nicht mehr erkennbaren Tondi 12 und 13. Auch der letzte Tondo, nämlich Nr. 14 rechts daneben, ist spiegelbildlich angebracht; er befindet sich an der linken Seite eines Pilasters am rechten Ende der Arkaden in einem halben Zwickel. - Vier Tondi sind Repliken aus moderner Zeit: Tondi 1 und 13 entsprechen dem Tondo 3; Tondi 2 und 14 sind dem Tondo 12 nachgebildet.

Abb. 56. Der dritte Tondo von links am *Ospedale degli Innocenti*
Gemäß der bei der vorherigen Abbildung erläuterten Reihe ist es der erste originale Tondo von Andrea della Robbia. Glasierte Terrakotta; der Körper des Kindes und das Wickelband sind in weiß, die Windel ist in braun ausgeführt. Am linken Rand ist der den Bogenzwickel teilende Pilaster mit Kapitell erkennbar.- Photo ALINARI, Florenz.

Hinweis: Der Hintergrund ist bei allen Tondi, auch wenn die Windel braun glasiert ist, in blauer Glasur ausgeführt.

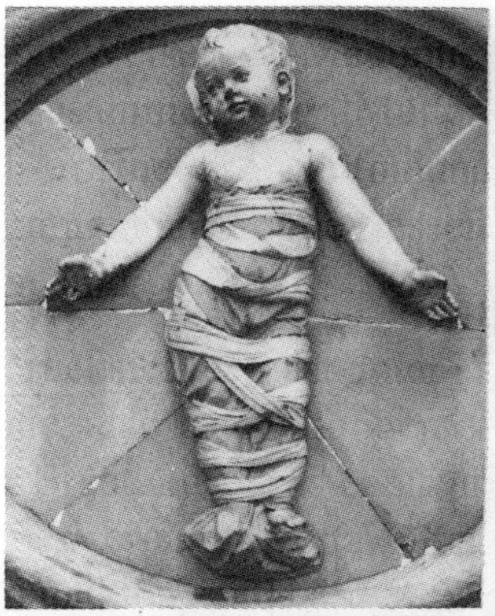

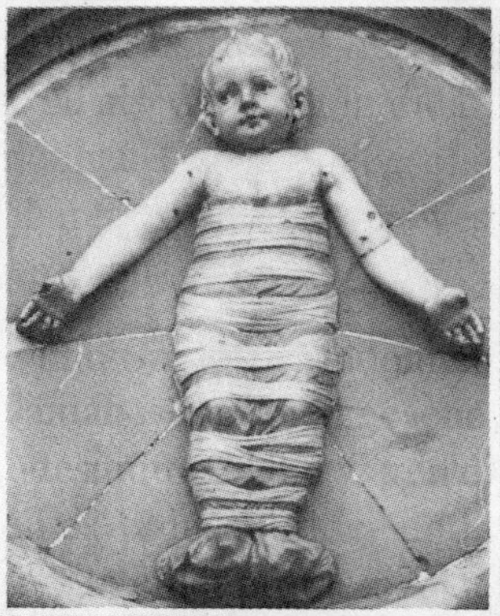

57. 58. 59.
60. 61. 62.
63. 64.

Abb. 57. Tondo 4 mit weiß und blau glasiertem Wickelkind

Abb. 58 . Tondo 5 (weiß und braun) Dieses Wickelkind dient dem heutigen *Istituto degli Innocenti* als Wahrzeichen.

Abb. 59. Tondo 6 (weiß und blau)

Abb. 60. Tondo 7 (weiß und braun)

Abb. 61. Tondo 8 (weiß und blau)

Abb. 62. Tondo 9 (weiß und braun) Nun sind die Füße nicht mehr zusammen gebunden!

Abb. 63. Tondo 10 (weiß und blau)

Abb. 64. Tondo 11 (weiß und braun)

Abb. 65. Der zwölfte Tondo (weiß und braun)
In der Reihe der Tondi an den Arkaden ist es die letzte originale Darstellung von Andrea della Robbia. (Es folgen noch die Repliken Tondi Nr. 13 und 14.) Obiger Tondo ist analog zum dritten Tondo (siehe Abb.56) angeordnet. - Photo ALINARI, Florenz.

Was alle Wickelkinder anbetrifft: In Detailstudien kann ermittelt werden, wie die Skulpturen formmäßig zusammengehören, insbesondere, welche Teile und Partien der Gestalten aus derselben Form stammen und für sich weiter bearbeitet und angepaßt worden sind. Die Windeln und Wickelbänder sind bei jedem Kinde neu angelegt. Der Künstler ist mit dem feuchten Ton wie mit Stoffbahnen umgegangen.

Die Proportionen der Kinder sind kaum noch die von Säuglingen, sondern schon eher von Kleinkindern in der Streckungsphase. Dies wird besonders bei denjenigen deutlich, die außer entblößten Schultern und Armen auch Beine und Körper zeigen (außer obigem Kind die Kinder auf den Tondi 7 und 9). Dem Künstler war auch daran gelegen, kindliche Körper ohne Mangelerscheinungen zu zeigen. Die Betrachter verstanden wohl gut, was gemeint war.

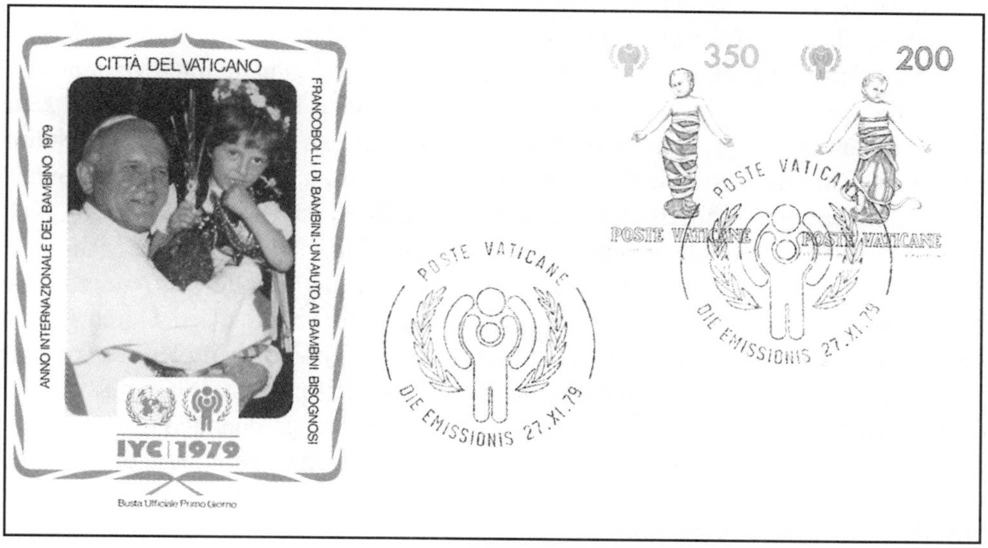

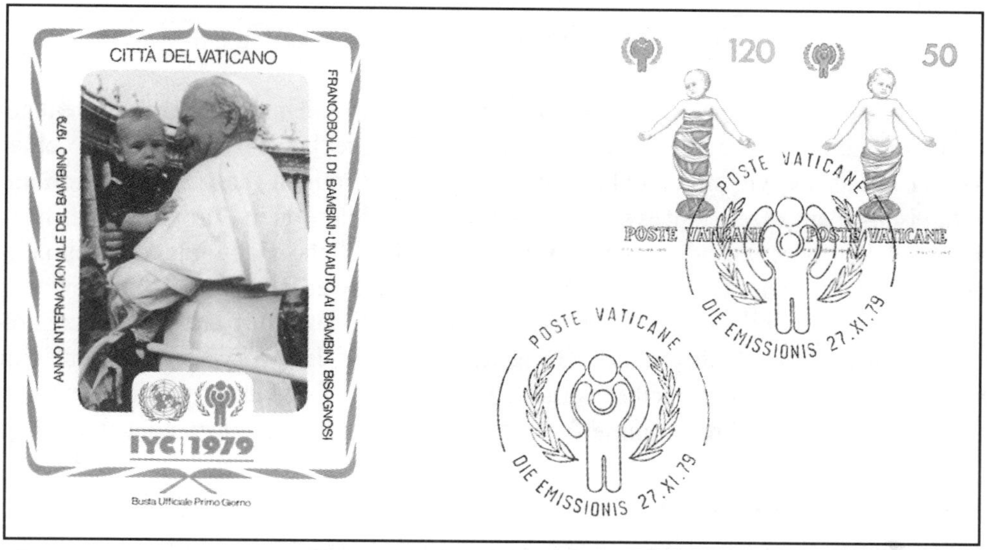

Abb. 66. Briefmarkenausgabe der vatikanischen Post zum Internationalen Jahr des Kindes 1979 auf offiziellen Ersttagsbriefen der Vereinten Nationen

Die Marken zeigen vier Wickelkinder des *Ospedale degli Innocenti* zu Florenz von Andrea della Robbia. Es sind die Wickelkinder von Tondo 6 (Marke zu 120 Lire), Tondo 7 (Marke zu 50 Lire), Tondo 4 (Marke zu 350 Lire) und Tondo 9 (Marke zu 200 Lire).

Forts. von S. 348
Abbildungen auf Einrichtungsgegenständen. Der Tondo Nr. 5 (Abb.58) kommt als heutiges Wahrzeichen des Instituts auf Gedrucktem, auch auf dem Türschild vor. Beeindruckend ist eine Pontormo (1494 - 1557) zugeschriebene Schutzmantel-Madonna im Museum. Das Gemälde zeigt die Madonna vor dem Arkaden-Hintergrund, wie sie zehn Wickelkinder und sechs größere Kinder umfängt. Das Museum besitzt auch die Madonna Innocenti von Luca della Robbia[108], deren Kind auf dem Arm einmal nicht Liebeskontakt mit der Mutter pflegt, sondern sich mit dem Spruchband EGO SUM LUX MUNDI verkündigend an den Betrachter wendet. (Luca della Robbia hat noch mehrere Madonnen nach ähnlichem Bildmuster gestaltet.) Schließlich ist auf die Lünette von Andrea della Robbia, heute über dem Eingang zur Kapelle des Ospedale, hinzuweisen. Deren Thema ist die Verkündigung im Moment des Ave Maria, wobei Gott-Vater, im Kreise von vier Kinder-Cherubim in der Höhe thronend, den Heiligen Geist in Gestalt einer Taube zur Jungfrau hernieder sendet.[109] Wie auch auf vielen anderen entsprechenden Darstellungen von Andrea dellea Robbia (siehe Abb. 45 und 54) ist die Szene mit einem, dem oberen Rand der Lünette folgenden Bogen oder einer Glorie von weiteren, hier dreizehn, liebenswerten Kinder-Cherubim umgeben.

c) Sie tanzen Reigen, und sie singen Psalmen

Im Jahre 1428 erhielt Donatello zusammen mit Michelozzo den Auftrag, die Außenkanzel am Dom zu Prato neu zu gestalten.[110] Die Außenkanzel befindet sich an der rechten Ecke der Westseite, wo sie von allen Stellen der weiträumigen Piazza del Duomo aus sichtbar ist. Außenkanzeln gibt es seit romanischer Zeit vielerorts in Europa. Sie befinden sich an solchen Kirchen oder Kapellen, wo gottesdienstliche Handlungen regelmäßig über den Innenraum des Gotteshauses hinaus veranstaltet werden, und sie sind meist von innen her zugänglich.[111] In Prato diente die Außenkanzel dazu, den auf dem Platz zahlreich versammelten Gläubigen den Gürtel der Heiligen Jungfrau vorzuweisen, eine Handlung, die vom Bischof selbst vorgenommen wurde. Der Gürtel war ehedem von Maria persönlich bei ihrer Himmelfahrt dem Apostel Thomas gespendet worden.[112]

→ S. 356

---

[108] P. SCHUBRING, Luca della Robbia und seine Familie (1905) Abb.77; J. POPE-HENNESSY, Luca della Robbia (1980) Kat.Nr.33 und Tf.XXXVI

[109] SCHUBRING a.O. Abb.128; J. POPE-HENNESSY, The Study and Criticism of Italian Sculpture (1980) 191 mit Abb.4 (1957)

[110] H.W. JANSON, The Sculpture of Donatello (1957) II 108ff. ausführlich mit Quellen

[111] E.-S. ALTENLOH, Sakrale Außenkanzeln ... (1985), passim

[112] Das Motiv der Gürtelspende war in der Kunst des Zeitalters verbreitet. Zur Ikonographie ist anzuführen: Die in einer Mandorla entschwebende Maria reicht dem unter ihr, im Kreise weiterer Heiliger knienden Thomas ihren Gürtel, den sie soeben gelöst hat. Die Szene wird von schwebenden Engeln umrahmt. Einige Werke von Florentiner Künstlern: 1. Maso di Banco: Die Jungfrau spendet ihren Gürtel dem Apostel Thomas, Gemälde, ca.1335-40 (Staatl. Museen zu

→ S. 356

Abb. 67. Donatello und Michelozzo, Die Außenkanzel am Dom zu Prato
Auf der Brüstung befinden sich sieben Reliefs von Donatello, entstanden 1433 - 1438. Die bronzenen Reliefplatten auf dem Kapitell des Pilasters unter der Kanzel stammen von Michelozzo. Die Kanzel hat außerdem einen ausladenden, reich verzierten Baldachin.

Forts. von S. 354
Später hatte die kostbare Reliquie dann ihren Weg nach Prato gefunden. Bei der Zeremonie des Gürtel-Vorweisens gerieten die Menschen in gemeinsame, äußerste Verzückung.

Die Außenkanzel bedurfte einer bildlichen Darstellung, die mit dem so überaus emotional bestimmten öffentlichen Ereignis korrespondierte und den Menschen das Jahr über vor Augen stand. Ein jubilierender Engelreigen konnte diese Aufgabe erfüllen.

Um es gleich deutlich herauszustellen: Donatellos Pratenser Engelreigen ist die Wiedergeburt des Putto in der abendländischen Symbol-, Mentalitäts- und Kunstgeschichte. Zwar gab es auch im spätgotischen Bildervorrat bereits Kinder-Engel, aber diese verleugneten noch nicht ihre Abkunft von den hoheitsvollen Vorfahren eines verflossenen Jahrtausends.

Über die bau- und kunstgeschichtliche Seite der Außenkanzel gibt es ausführliche Untersuchungen.[113] Wir wenden uns schwerpunktmäßig dem von Donatello gestaltenten Anteil der Kanzel, den sieben Feldern an der Brüstung zu. Die Brüstung selbst ist, da die Kanzel die Ecke des Kirchengebäudes konstruktiv umfaßt, ein annähender Dreiviertelkreis. Die Felder werden von links nach rechts aufgeführt. Heute sind die Marmorreliefs in den Feldern übrigens Kopien. Die von der Witterung bereits angegriffenen Originale sind nunmehr im Dommuseum von Prato im einzelnen noch besser zu betrachten.

H.W. JANSON setzt sich in seinem ausführlichen, kritischen Donatello-Katalog[114] mit der Entstehung der Marmorreliefs und mit der Arbeitsweise des Künstlers auseinander, auch mit der Frage, ob dieser Gehilfen eingesetzt hat. Frühere Ansichten über mögliche Anteile anderer Künstler werden referiert. JANSON kommt zu dem Ergebnis, daß das Werk in allen Teilen Donatello zuzuschreiben ist. Auch stellt er zwei Arbeitsphasen, vor und nach 1436, fest. In der letzten Phase sind die Felder 5, 6 und 7 entstanden, bei denen er eine gewisse „Inferiorität" konstatiert[115], was vom Verfasser des Vorstehenden jedoch nicht ganz mitvollzogen wird. Für Detailstudien ist die Kanzel mit ihrer Bau- und Rezeptionsgeschichte ein sehr aufschlußreiches Kunstwerk, wegen der Putten und wegen des religiösen Hintergrundes, wegen der vielen hier nicht angesprochenen baulichen und

→ 360

Berlin - Preußischer Kulturbesitz - Gemäldegalerie). Die Mandorla wird von vier jünglingshaften Engeln in Bewegung gebildet. 2. Nanni di Banco: Madonna della Mandorla im Tympanon des Portals auf der Nordseite des Domes. - 3. Andrea della Robbia: Madonna mit dem Gürtel; Halbrelief, gebrannter Ton, glasiert (Altarbild in La Verna, Santa Maria degli Angeli). Die Mandorla wird aus einem Kranz von Kinder-Cherubim gebildet. 4. Andrea della Robbia: Gürtelspende; Halbrelief, gebrannter Ton, glasiert (Altarbild in Foiano). Die Mandorla besteht wiederum aus Kinder-Cherubim.

113 H. KAUFFMANN, Donatello (1935) 74ff. - JANSON a.O. - J. POPE-HENNESSY, Donatello (1985) 110ff.

114 JANSON a.O. II 117f.

115 JANSON a.O. II 117

Abb. 68 a. Donatello, Engelreigen an der Außenkanzel des Domes zu Prato
1. Feld (Photo ALINARI, Florenz)

Das Werk insgesamt (Abbildungen a - g) besteht aus sieben Feldern (Paneelen) mit Marmorreliefs auf Mosaikhintergrund. Größe eines Reliefs ca. 74 x 79 cm. Heute im Dommuseum Prato. Jedes Feld ist beidseitig durch kannelierte Pilaster mit Basen und Kapitellen - letztere mit korinthischen oder romanischen Formelementen - begrenzt. Die einzelnen Darstellungen sind in sich geschlossen und zeigen jeweils einen Reigen von vier oder fünf Personen/Engeln.

Abb. 68 b-g. Donatello, Engelreigen an der Außenkanzel des Domes zu Prato
2. bis 7. Feld

Abb. 69. Spielende Amoretten

Hochrelief-Plakette, Bronze. 12,5 x 22,3 cm. Staatl. Museen zu Berlin, Skulpturensammlung, Inv. 1024. Aufnahme des Museums. Die Plakette wird von BANGE (Die italienischen Bronzen der Renaissance und des Barock, II: Reliefs und Plaketten [Katalog der Staatl. Museen zu Berlin], Berlin 3. Aufl. 1922, S.39f., Nr. 296) unter Berufung auf weitere Autoren Donatello zugeordnet.

Abb. 70. Allegorie auf Amor

Flachrelief-Plakette, Bronze. 7,7 x 8,9 cm. Staatl. Museen zu Berlin, Skulpturensammlung, Inv. 2712. Aufnahme des Museums. Von BANGE (siehe bei Abb.69) S.40, Nr. 298, einer Gruppe „Art des Donatello" zugeordnet.

Zu Abb. 69 und 70: Plaketten wie die hier abgebildeten wurden meist in mehreren Exemplaren gegossen. - Von einer Erörterung über die Richtigkeit der Zuschreibungen zu Donatello bzw. zur Art des Donatello sei abgesehen. Wilhelm BODE (Jahrb.d.Königl. Preuß.Kunstsammlungen 5, 1884, Anm. S.42 und Abb. S.30) war von der Urheberschaft Donatellos an den Spielenden Amoretten überzeugt. Die beiden Plaketten gehören sicher in die Nachbarschaft zu Donatello.

Forts. von S. 356
ornamentalen Details und überhaupt, weil es sich um ein so herausragendes Werk der Frührenaissance handelt.

In den Jahren 1432/33 weilte Donatello in Rom. Den Auftrag für die Außenkanzel in Prato hatte er schon 1428 erhalten. Alle Forscher sind sich darüber einig, daß die Eindrücke, die er auf dieser Reise von der antiken und mittelalterlichen Kunst gewann, für sein weiteres Werk entscheidend wurden. Das Reigen-Thema übernahm Donatello deutlich erkennbar von antiken Vorbildern (s.u. S. 362f.); den Mosaik-Hintergrund und die Marmor-Inkrustationen fand er in spätmittelalterlichen Werken, namentlich in denen der Cosmati (einer Künstlergruppe), als Ausdrucksmittel für die ewige oder jenseitige Welt. Die kindlichen Engelswesen aber sind ganz und gar des Künstlers eigene Schöpfung. Ihr in der Zeit ans Licht drängender Geist hat sich dem begnadeten Donatello als erstem offenbart.

Die Engelswesen an der Außenkanzel des Domes zu Prato sind allesamt männlichen Geschlechts. Auf den Feldern 1, 2, 5 und 7 kommt je ein unbekleideter Engel vor, auf Feld 3 sind es deren zwei. Auch ist bei einem Engel auf Feld 1 der Rücken bis über das Gesäß textilfrei, und auf Feld 5 erkennen wir zwei der Kleinen, deren Gewand nicht über das Gesäß reicht. Feld 4 zeigt einen Engel, bei dem die Genitalien entblößt sind. Mehrfach sind die männlichen Körperteile durch die Gewänder hindurch erkennbar wie beim antiken „nassen Stil". Für den Prediger Giovanni Dominici war es schon ein Glück, daß er solches an einem Gotteshause nicht mehr zu erblicken brauchte.

Überhaupt ist bei den Gewändern das antike Vorbild evident. Einige Engel tragen einen untergegürteten Peplos, wie auf Feld 1. Nur die Beinschlitze sind nicht antik. Meist hat Donatello die antiken Gewänder souverän umgeformt. Einige Male liegt das Gewand nur über einer Schulter, so daß die freie Gewandbahn unter der anderen Schulter zu einer schönen Drapierung wird, wie insbesondere bei einem Engel auf Feld 2. Dann gibt es noch vorderseitig verkürzte Gewandbahnen, z.B. auf Feld 4, sowie solche, die schalartig um Körper oder Schulter geschwungen sind. Auch kommen verschiedenartige Gürtel vor. Die Frisuren zeigen ebenfalls Unterschiede; einzelne Engel tragen ein Haarband. Auf Feld 4 und 6 bläst jeweils eines der Wesen ein Instrument, vermutlich den Zink.

Alle diese Engel haben kleinkindhafte Körperproportionen. Ihre Bewegungsformen aber entsprechen eher einem späteren Kindesalter. Die Phsysiognomien sind unterschiedlich. Es gibt direkt kindhafte wie auch mehr gereifte und sogar schon fast erwachsenenhafte Gesichter. Mehrere Engel, insbesondere auf den Feldern 5 und 6, haben einen knorrig-gnomenhaften Ausdruck.

Verallgemeinernd läßt sich feststellen, daß Donatello kein bestimmtes Kindesalter im Sinn hatte, sondern daß er eher ein allgemeines Verständnis von Engeln in Kindesgestalt - oder von Kindern in Engelsgestalt - zur Geltung bringen wollte.

Eine mitreißende Dynamik beherrscht jeden der sieben Reigenkreise. Aus allen Gesten und Bewegungen der Tanzenden strömt eine ursprüngliche Kraft. Es sind ungestüme Engel-Kinder, die sich bis zum Furioso ausleben.

Christlich sind solche Wesen kaum, sie sind vielmehr „heidnisch". Aber ihre wilde Verzückung wurde von den Menschen aus eigenem religiösen Erleben heraus verstanden.

In der Frührenaissance sind auch Werke mit Putten entstanden, die in ihrer Ikonographie direkt „heidnisch" sind. Hierzu gehören die beiden Plaketten Abb. 69 und Abb. 70. Die *Spielenden Amoretten* mit Donatello-haften Zügen können, dem Bearbeiter zufolge, in ihren Einzelmotiven auf ein römisches Vorbild zurückgeführt werden.[116] Die im Vordergrund sich bewegenden Amoretten sind insbesondere damit beschäftigt, zwei ihrer Artgenosssen hinfort zu tragen. Im Hintergrund, in einer angedeuteten Landschaft, bewegen sich noch weitere Wesen. Das Bild steht exemplarisch für das Muster der tanzenden oder in der Gruppe einherziehenden Putten. Im Gegensatz aber zu dem Reigen der Engelkinder in Prato und von der Cantoria in Florenz (s.u.) sind diese Wesen fast schon frivol zu nennen, eine Tendenz, die man nicht so oft bei Donatello findet.[117] Die Lust, welcher sich die Wesen hingeben bzw. hingegeben haben, ist eher die Lust von Erwachsenen. - In der *Allegorie auf Amor* kommt das seit der Antike bekannte Muster der Geflügelten in paarweise Anordnung zur Geltung, nur daß es sich jetzt um Putten handelt. Das Puttenpaar - hier sind es Ungeflügelte - hat die Aufgabe, den ebenfalls als Putto dargestellten Kind-Gott Amor, dessen Augen verbunden sind, dekorativ zu umfangen. Der linke Putto sitzt auf einem Baumstumpf mit einem Widderkopf und ist mit Fackeln befaßt; der rechte Putto sitzt auf einem Baumstumpf mit einem Wolfskopf und hält einen Spiegel (Beschreibung nach BANGE). Die paarweisen Putten werden wie alle anderen in der Folgezeit noch ungemeine Bedeutung als christliche Kinder-Engel erlangen.

Doch wenden wir uns wieder den großen Werken der Zeit zu. 1433, im gleichen Jahr, als Donatello mit der Arbeit am Pratenser Engelreigen begann (den Auftrag hierfür hatte er schon 1428 erhalten), erhielt er auch den Auftrag für die Sängerkanzel über der Tür zur Neuen Sakristei im Dom zu Florenz. Er war damals 56 Jahre alt. Bis 1439 war er mit der Sängerkanzel befaßt.[118] Die Kanzel in Prato war ein Jahr vorher fertig geworden.

---

[116] E.Fr. BANGE, Die italienischen Bronzen ... II: Reliefs und Plaketten (Berlin 3.Aufl.1922) 40f. (Nr.296), führt den sog. Saturnus-Thron im Archäologischen Museum Venedig an, wo Putten die Blitze des Zeus tragen.

[117] Ins „Frivole" reichen etwa die geflügelten Putten auf den Reliefs an der Basis von Donatellos „Judith" im Palazzo Vecchio.

[118] JANSON a.O. II 119ff.

Bereits 1431 war der junge Luca della Robbia (geboren 1400 in Florenz, gestorben 1482 daselbst) mit der Gestaltung der Sängerkanzel über der Tür zur Alten Sakristei im Dom zu Florenz beauftragt werden. Sein Werk war 1438 vollendet.[119]

Während Luca della Robbia den Psalm 150 ins Bild zu setzen hatte[120], ist bei dem an Donatello ergangenen Auftrag eine thematische Vorgabe nicht bekannt. Es bleibt lediglich eine Vermutung, daß Donatellos Darstellungen mit den Psalmen 148 und 149 in Zusammenhang stehen könnten.[121] Auch ist nicht bekannt, ob die Sängerkanzeln tatsächlich von Sängern oder von Instrumentalisten benutzt wurden. Es wäre jeweils Platz für ein Quartett gewesen. Desungeachtet strömen beide Bildreihen ein lebhaftes musikalisches Lob Gottes aus.

Für Luca della Robbia ist die Sängerkanzel nach allgemeiner Kenntnis das erste Hauptwerk, mit dem er an die Öffentlichkeit getreten ist. Jedoch erweist die künstlerische Vollendung des Werkes, daß er bereits eine prägende Entwicklung hinter sich hatte. Die Reliefs an der Kanzel sind aus Marmor geschaffen; mit den Werken aus glasierter Terrakotta, die ihn nachmals weltberühmt gemacht haben, begann er gerade erst. Für das Verständnis seines Werkes insgesamt ist es gewiß nicht unerheblich zu wissen, daß er aus einem strenggläubigen Elternhaus stammte. Luca della Robbia war Mitglied der Bruderschaft *Misericordia,* die auch Bußübungen veranstaltete, und er blieb unverheiratet. Ebendieser Künstler konnte die Kinder auf der Sängerkanzel schaffen.

Alle drei hier erörterten Kanzeln stehen mit ihren Bildreigen in einem Zusammenhang. Es ist evident, daß Donatellos Engelreigen in Prato mir dem Engelreigen in Florenz inhaltlich und hinsichtlich der Werk-Genese aufs engste verknüpft ist. Ebenso liegen bestimmte enge Verbindungen zwischen der Sängerkanzel Donatellos und der Sängerkanzel Luca della Robbias vor. Die kunsthistorischen Zusammenhänge sind bereits ausführlich dargestellt worden, worauf hier Bezug genommen werden kann.[122]

Engel- und Musikantenreigen haben eine in die Antike zurückreichende ikonographische Tradition, die darzustellen, einer eigenen Monographie bedürfte. John POPE-HENNESSY befaßt sich in seiner Studie über die Sängerkanzel von Luca della Robbia mit Vorbildern der Engel- und Musikantenreigen auf römischen Sarkophagen und weiteren Werken antiker Plastik.[123] Das Tanzen wie das Musizieren im Reigentanz bis hin zur dionysischen Ausgelassenheit waren im hellenistischen und römischen Bereich vertraute Vorstellungs- und Handlungsmuster. Es ist als sicher anzusehen, daß Donatello wie auch Luca della

→ S. 367

---

[119] J. POPE-HENNESSY, Luca della Robbia (1980) 19ff. und Kat.Nr.1 auf S.225ff.

[120] J. SCHUBRING, Luca della Robbia und seine Familie (1905) 12ff.; POPE-HENNESSY a.O. 21f.

[121] POPE-HENNESSY a.O. 25f. (über Donatello im Zusammenhang von Luca della Robbia).

[122] Vgl. u.a. POPE-HENNESSY a.O.24ff. über Luca della Robbia.

[123] POPE-HENNESSY a.O. 22f. mit Abb.4-11. Weitere Literatur über römische Sarkophage siehe Anm.12 auf S. 276.

Abb. 71. Donatello, Sängerkanzel (Cantoria) aus dem Dom zu Florenz.
1433 - 1439

348 x 570 cm. Der ursprüngliche Platz war über der Tür zur „Neuen“ - südlichen - Sakristei im Chor des Domes. Heute im Museo dell’Opera del Duomo (Museum der Dombauhütte) zu Florenz. Photo ALINARI, Florenz.

Abb. 72. Luca della Robbia, Sängerkanzel (Cantoria) aus dem Dom zu Florenz.
1431 - 1438

328 x 560 cm. Der ursprüngliche Platz war über der Tür zur „Alten“ - nördlichen - Sakristei im Chor des Domes. Heute im Museo dell’Opera del Duomo (Museum der Dombauhütte) zu Florenz. Photo ALINARI, Florenz.

Abb. 73 a. Donatello, Engelreigen an der Brüstung der Sängerkanzel aus dem Dom zu Florenz (siehe Abb. 71). Linke Hälfte des vorderen Frieses

Zum Werk insgesamt (Abbildungen 73 a-d, Photos ALINARI, Florenz): Der Engelreigen ist dargestellt auf dem vorderen Fries von 98 x 522 cm und den beiden Seitenfriesen von je 98 x 132 cm. Es sind Marmorreliefs auf mehrfarbigem, auch vergoldetem Mosaikhintergrund. Vor dem vorderen Fries befinden sich fünf, den Rand der Brüstung tragende Paare von Säulen mit mosaizierter Oberfläche, welche das Bild gliedern und beim Draufblick Einzelheiten der Darstellung verdecken. (Die photographischen Aufnahmen sind bei abgenommen Säulen entstanden.) Auf der Kanzel befinden sich vielfältige, antikisierende Ornamente und weitere bildliche Darstellungen, die Gegenstand einer eigenen Betrachtung wären. - Die Darstellungen auf dem vorderen Fries sind nicht in Einzelbilder aufgeteilt. Die rechte Hälfte (siehe das folgende Bild) kann als Fortsetzung der linken Hälfte verstanden werden.

Abb. 73 b. Donatello, Engelreigen an der Sängerkanzel aus dem Dom zu Florenz. Rechte Hälfte des vorderen Frieses
Das Engelwesen rechts außen bläst auf einem Instrument.

Abb. 73 c, d. Donatello, Engelreigen an der Sängerkanzel aus dem Dom zu Florenz.
Linker und rechter Seitenfries
Auf dem linken Fries spielt ein Engel ein Instrument in der Art der antiken Doppelaulos oder der Schalmei. Rechts könnten Zinke (Holzblasinstrumente) dargestellt sein.

Forts. von S. 362

Robbia bei ihren Vorstudien die entsprechenden antiken Anregungen empfangen haben. - Neben den antiken Vorbildern ist für beide Künstler bestimmt auch die aus Bibel und christlicher Tradition herrührende Vorstellung von den Himmlischen Heerscharen bedeutsam gewesen und in die Bildprogramme aller drei Kanzeln eingeflossen. (siehe oben S. 280ff.). Hans KAUFFMANN bringt die Darstellungen auf der Sängerkanzel Donatellos direkt mit der im Dom verehrten florentinischen Santa Maria del Fiore (der Heiligen Jungfrau der Blumen) in Zusammenhang. Hierauf verweisen seiner Überzeugung nach unter anderem die Blumen, die Donatello den tanzenden Engeln gestreut hat.[124] Natürlich konnten auch die Musikanten-Darstellungen auf der Sängerkanzel Luca della Robbias für eine festliche Form der Marienverehrung in Anspruch genommen werden.

Unser Blick richtet sich wiederum besonders auf diejenigen Aspekte in den Reliefs der Sängerkanzeln, die über die direkte kultische Absicht hinaus das Kindheitsverständnis des Zeitalters aufschließen. Hierbei sind die Darstellungen von Donatello und Luca della Robbia bei allen Beziehungen jeweils sehr eigentümlich. Wenn Donatello in den Engeln das Kindliche und in den Kindern das Engelhafte entdeckt hat, so ist Luca della Robbia den Kindern selbst auf die Spur gekommen, ihrem Wesen und der Art und Weise, wie sie ihre Lebenskraft zur Geltung bringen. Beide Künstler haben humanen - oder humanistischen - Auffassungen Ausdruck verschafft, die in der Zeit lagen. Die Engel im Werk Donatellos offenbaren als symbolische Gestalten aus der himmlischen Sphäre die Ursprünglichkeit kindlicher Lebenskraft. Die Musikanten-Kinder bei Luca della Robbia zeigen in symbolischer Verdichtung, wie sich kindliche Lebenskraft in glücklicher Lage ausprägen kann.

Die traditionellen ikonographischen Muster waren für die Künstler das Medium, um eine neue soziale Bedeutungsebene ins Licht zu setzen. Die Kirche, welche die Reigen- und Musikanten-Darstellungen zu ihrem Schmuck und zur Betrachtung aufstellte, war zur damaligen Zeit auch ein wesentlicher sozialer Raum, der ausdauernd Identität stiftete. In diesem Prozeß setzten Darstellungen mit aktiv tätigen Kindern einen bewußtseinsbildenden Akzent.

Was die Sängerkanzel von Donatello im besonderen anbetrifft (Abb.73 a-d):

Die kindlichen Engelwesen auf Donatellos Sängekanzel in Florenz sind gleicher Abstammung wie diejenigen auf der Außenkanzel in Prato. Wiederum begegnen und puttohafte Wesen, die in fließende Gewänder unterschiedlicher Länge gehüllt sind, wenn sie nicht, wie insbesondere auf den beiden Seitenbildern, unbekleidet erscheinen und auch die Genitalien frei zeigen. Man könnte sie alle als Knaben ansehen, aber bei den Engelwesen auf der langen Vorderfront stellt sich die Frage, ob es Knaben oder Mädchen sind, überhaupt nicht. Es sind kindliche Engel. Ihre wilden Reigentänze sind über die gesamte Darstellung hin zusammenhängend komponiert. Eine Trennung des Grundes in

---

[124] H. KAUFMANN, Donatello (1935) 71ff. Vgl. auch JANSON a.O. II 125

der Mitte bedeutet nicht zwingend eine Aufteilung des Bildes in zwei Figurationen. Auf der Vorderfront kann man 26 Wesen zählen, auf den beiden Seiten sind es nochmals je vier. Ein geschlossener Reigen ist nicht auszumachen, dagegen kommen vielfältige Kontakte und Verschränkungen mit den Händen vor. Auf der rechten vorderen Hälfte sind mehrfach zwei Engelwesen dadurch miteinander verbunden, daß sie, antiken Vorbildern folgend, einen kleinen Kranz zwischen sich fassen. Einmal hat der Kranz auch ein reifenartiges Teilstück. Das Spiel, das die Engelwesen treiben, erweckt den Eindruck eines lebhaften Ganzen. Hans KAUFFMANN äußert sich dahingehend, daß Donatello mit Hilfe der Antike (genauer wäre: der antiken Bildmuster) ein Gruppenleben seiner Epoche klären wollte, das sich aus „gotischen Tanzbräuchen" herleitet.[125]

Es sind Kinder ohne bestimmtes Alter. Mehrfach haben ihre Physiognomien erwachsenenhafte Züge - bei kindlichen Körperproportionen. Gemeinsam ist allen ein „wissender" Ausdruck, der durch die vitalen Bewegungsformen und die angespannte Gestik hindurch scheint.

Donatello hat in seinen Werken vielfältige typisierende Physiogomien geschaffen, die seine tiefe Einsicht in das Wesen und den Charakter von Menschen verraten.[126] In den Kanzel-Reliefs bringt er Menschliches in kindlicher Gestalt zum Ausdruck.

Auch sonst sind im Œuvre Donatellos Putten und kindhafte Engel vertreten. Einige Werke seien wenigstens genannt, so die drei nackten Putten vom Taufbecken im Dom zu Siena von 1429 (zwei davon noch in Siena, der dritte in der Skulptursammlung der Staatlichen Museen zu Berlin); hierzu ein vierter Putto im Bargello-Museum Florenz;[127] weiterhin der bekannte, als Amor/Athys verstandene Putto von 1440 (im Bargello-Museum);

→ S. 376

---

[125] KAUFFMANN, a.O. 73f. (unter Hinweis auf C. SACHS, Eine Weltgeschichte des Tanzes (Berlin 1933) 180ff. (Der Zusammenhang bedarf einer erneuten Überprüfung.)

[126] Darüber hinaus steht Donatello am Anfang einer Entwicklung in der Frührenaissance, die in Porträts auch das individuelle Bildnis wieder hervorgebracht hat. Jüngere Bildhauer wie Antonio Rossellino (1427 - 1479) und Desiderio da Settignano (1428 - 1467) haben heilige Knaben (Jesus, Johannes) mit individuellen Kindergesichtern gestaltet, die von lebenden Kindern stammen, auch wenn diese - der noch ausgeprägten Mentalität zufolge - nicht namentlich genannt wurden. Besonders prägnant ist die individuelle Ausprägung in der bekannten Büste des Jesusknaben von Andrea della Robbia (im Museo Nazionale del Bargello in Florenz), die allerdings später als die Arbeiten der o.a. Künstler datiert. Lit.: W. BODE, Florentiner Bildhauer der Renaissance (1902) 214ff. („Porträts von Knaben aus vornehmen Florentiner Familien in Quattrocento--Büsten des jungen Christus und Johannes"; darin die Jesus-Büste von Andrea della Robbia irrtümlich Luca della Robbia zugeschrieben). Erstveröffentlichung des Beitrages in Jahrb.der Königl. Preuß.Kunstsammlungen 1900. - Sodann: U. SCHLEGEL: Zu Donatello und Desiderio da Settignano. Beobachtungen zur physiognomischen Gestaltung im Quattrocento, in: Jahrb.d. Berliner Museen. Jahrb. d.Preuß.Kunstsammlungen N.F. 9, 1967, 135ff.

[127] Alle vier Putti aus Siena sind abgebildet bei L. PLANISCIG, Donatello (3.Aufl.1939) Abbildungen 37-40.

Abb. 74 a. Luca della Robbia, Musikantenszene an der Sängerkanzel aus dem Dom zu Florenz (siehe Abb.72). Das erste von zehn Marmorreliefs

Die Sängerkanzel von Luca della Robbia
(Abbildungen 74 a-k; Photos ALINARI, Florenz)

Die Reliefs 1 bis 4 (von links) befinden sich als Paneele in der Brüstung zwischen - nicht mehr originalgetreuen - Doppelpilastern; vier weitere Reliefs haben ihren Platz darunter in den Feldern zwischen fünf Konsolen, welche den „Balkon" tragen, und außerdem ist je ein Relief auf der linken und der rechten Seite der Brüstung angebracht. Die Reliefs sind um 100 cm hoch. - Die Sängerkanzel von Luca della Robbia trägt wie diejenige von Donatello reichhaltige, antiken Vorbildern nachgebildete Ornamente.

Die Szenen in den zehn Feldern sind jeweils in sich geschlossen. In ihrer Gesamtheit bilden sie den 150. Psalm ab. Der Text ist, der Vulgata folgend, in drei Zeilen auf der Kanzel angebracht, und zwar am oberen und am unteren Rand der Brüstung sowie in einer Zeile unter den Konsolen. Es wäre eine eigene musikwissenschaftliche Studie wert, die von Luca della Robbia dargestellten musikalischen Ausdrucksformen und Instrumente im einzelnen mit dem Text der Vulgata, auch mit dem der Zürcher Bibel, zu vergleichen. Wir beschränken uns im folgenden auf kurze Hinweise.

Die beiden ersten Verse, die keine musikalische Erwähnung enthalten, sind nur textlich in der oberen Reihe wiedergegeben:

Ps.150,1 *Laudate Dominum in sanctis eius*
laudate eum in firmamento virtutis eius
Ps. 150,2 *laudate eum in virtutibus eius*
laudate eum secundum multitudinem magnitudinis eius

Die folgenden Verse hat Luca della Robbia bildnerisch umgesetzt.

Zum ersten Relief, siehe umseitige Abbildung:
Ps. 150, 3a *laudate eum in sono tubae*

Die aus der Antike überkommene *tuba* war eine Naturtrompete mit tiefem Ton. Auf dem Bilde werden drei Businen (= Trompeten-Instrumente) gespielt. Davon sind zwei gestreckt, und eine ist gewunden.

Besondere Beachtung erfordern jeweils Geschlecht und Alter der auf den einzelnen Reliefs dargestellten Kinder. Das erste Relief zeigt sechs ältere Knaben und vier jüngere Mädchen. Drei Knaben zur Linken blasen die Instrumente, und drei Knaben zur Rechten befinden sich in Ruhe. Zwei von den letzteren halten, wie bei näheren Zusehen festgestellt werden kann, Trompeten über ihre Schulter, während der dritte offensichtlich ein Trompetenmundstück in der Hand trägt. Die vier Mädchen tanzen einen Reigen, währenddessen zwei von ihnen die langen Instrumente der Knaben stützend halten. Die Darstellung ist räumlich und inhaltlich verdichtet.

Abb. 74 b, c.
Luca della Robbia, Musikantenszenen an der Sängerkanzel des Domes zu Florenz, 2. und 3. Relief in den beiden mittleren zentralen Feldern an der Brüstung der Kanzel.

Beide Darstellungen zeigen ältere Mädchen und zu ihren Füßen jeweils zwei kleine Knaben, deren Anordnung das überkommene Muster der paarweise angeordneten Engel aufgreift und variiert.
Ps. 150, 3b
laudate eum in psalterio (Relief 2)
et cithara (Relief 3).
Das *psalterium* war ein zitherartiges Saiteninstrument. Relief 2 zeigt die charakteristische Renaissance-Version. Die *cithara* war ursprünglich auch eine „Zither"; später wurde darunter eine Laute wie auf Relief 3 verstanden.

d	e
f	g

Abb. 74 d, e, f, g. Luca della Robbia, Musikantenszenen an der Sängerkanzel des Domes zu Florenz, 4., 5., 6. und 7. Relief

Zu den Abbildungen 74 d, e, f, g (4., 5., 6. und 7. Relief):

Auf den Reliefs 4, 6 und 7 dominieren die Knaben; den Reigen auf Relief 5 spielen Knaben und Mädchen gemeinsam.

Wiederum hat der Künstler das Muster der paarweisen Engel aufgegriffen; auf Relief 4 tanzen sie als kleine Knaben lebhaft zur Musik, welche die größeren Knaben spielen. Interessanterweise schaut auf demselben Relief links und rechts ganz außen noch je ein Kleines hervor; offensichtlich sind es Mädchen.

Einmal hat Luca della Robbia sogar richtige Engel ins Bild gesetzt, nämlich auf Relief 7. Aber erst bei genauem Zusehen nimmt der Betrachter die Flügel an den beiden äußeren Knaben links und rechts im Vordergrund wahr. Dieses Bild hat übrigens eine ausgeprägte Symmetrie im Vorder- und Hintergrund. Der Kranz, der dem mittleren Knaben von der Schulter über den Körper fällt, kommt in einer kleineren, für die Hand bestimmten Ausführung auch bei Donatello vor (siehe Abb.73 b). Genauer handelt es sich in beiden Fällen um eine Kombination von Kranz und Reifen; die gebundenen Blätter sind nicht durchgehend. Hinter den drei vorderen Musikanten auf diesem Relief wirken vier weitere Musikanten mit; die beiden auf der rechten Seite sind ausweislich ihrer langen Gewänder Mädchen.

In der Darstellung auf Relief 6 waltet wiederum eine Symmetrie, die jedoch teilweise durch unterschiedliche Tätigkeiten aufgehoben ist bzw. in Analogie übergeht: Die Kinder zur Rechten spielen Instrumente, während diejenigen zur Linken singen und sich zum Teil um die Schulter fassen. Die beiden Kinder hinter dem sitzenden Handorgelspieler im Vordergrund sind offensichtlich wiederum Mädchen.

Das Alter der Kinder auf den vier Darstellungen ist unterschiedlich. Auf den Reliefs 5, 6 und 7 mögen es Kinder auf der Stufe ihrer vollen Kindheit sein. Auf Relief 4 sind die Haupt-Akteure schon ältere Knaben wenn nicht sogar Jugendliche, während die beiden tanzenden Knaben vor ihnen und die hervorlugenden Mädchen noch recht jung sind.

Ps. 150, 4a *laudate eum in tympano* (Relief 4)
et choro (Relief 5)
Ps. 150, 4b *laudate eum in cordis et organo* (Relief 6)
Ps. 150, 5a *laudate eum in cymbalis bene sonantibus* (Relief 7)

Das *tympanum* ist eine Handpauke oder Trommel. Auf vorstehender Darstellung werden Trommeln geschlagen. Ein Musikant befeuchtet soeben seinen Trommelstock im Mund. Der *chorus* kann als Chor wie als Reigen verstanden werden. - *Corda* (*chorda*) bezeichnet allgemein das Saitenspiel. Auf dem betreffenden Relief ist es das Spiel auf einer kleinen Harfe und auf der Laute. Das *organum*, die Orgel, ist hier durch das Portativ vertreten. - Das *cymbalum*, die Zimbel, ist entweder ein Tamburin oder ein kleines Becken-Paar. Relief 7 zeigt tamburin-spielende Kinder.

Abb. 74 h. Die Krachmacherkinder, das volle Leben und die große Freude.
Luca della Robbia, Musikantenszene an der Sängerkanzel
aus dem Dom zu Florenz, 8. Relief.
Ps. 150, 5b: *laudate eum in cymbalis jubilationis*. Hier sind die *cymbala* Becken.

Abb. 74 i, k. Knabenchöre.
Luca della Robbia,
Musikantenszenen an der
Sängerkanzel aus dem Dom
zu Florenz. Die Reliefs
auf der linken und rechten Seite.
Ps.150, 6:
omnis spiritus laudet Dominum

Forts. von S. 368

sodann die sehr bedeutsamen musizierendem Engel auf zehn Hochrelief-Platten in der Kirche des Hl. Antonius (Il Santo) zu Padua 1447-1450. Daß die letzteren in unserem Zusammenhänge nicht im Bilde vorgestellt werden, ist fast schon unverzeihlich, aber eine Darstellung wäre nicht ausreichend gewesen, es hätten alle zehn sein müssen. Sie seien dem Leser besonders anempfohlen. Nicht unerwähnt bleiben dürfen schließlich die zechenden und musizierenden Eroten auf den Reliefs an der Basis der Statue von Judith und Holofernes um 1455 (in der Signoria, dem Palazzo Vecchio, Florenz). (Alle genannten Werke sind aus Bronze.)

In der Frührenaissance, kulminierend im Werk Donatellos, werden Engel in der Gestalt von Kindern so wie ehedem die kindlichen Eroten zu Trägern von göttlichen Botschaften, und sei es, daß die Botschaften von den Kindern selbst handeln. Diese kunstgeschichtliche Entwicklung offenbart eine prinzipielle Anerkennung der kindlichen Lebensstufe in der Gesellschaft, die diese Kunstwerke ermöglichte.

Was die Sängerkanzel von Luca della Robbia im besonderen anbetrifft (Abb.74 a-k):

In zehn Szenen gestaltet Luca della Robbia, wie bei den Abbildungen im einzelnen ausgewiesen, ein großes und vielfältiges Musikfest junger Menschen. Es sind Kinder und Jugendliche aller Altersstufen, von Kleinkindern an, Knaben wie Mädchen, die letzteren bis ins Heiratsalter. Diese Kinder und Jugendlichen treten - im ganzen gesehen - nicht mehr als Engel auf, sondern als Menschenkinder. Eine Ausnahme zeigt das Relief 7 (Abb.74 g), auf dem die beiden äußeren Knaben links und rechts mit Flügeln dargestellt sind. Dann ist noch eine direkte Abkunft von den Engeln deutlich bei den paarweisen Kleinen auf den Reliefs 2 und 3 (Abb. 74 b und c), die sich auch durch ihre Nacktheit von den in antike Gewänder gehüllten Jungfrauen unterscheiden. Auf dem ersteren Bild spielen sie das gleiche Instrument wie die Jungfrauen, nämlich das *psalterium*, und ihr Ausdruck verrät die gleiche hingebungsvolle Stimmungslage wie die der Jungfrauen. Auf der anderen Darstellung weisen die beiden Kleinen in symmetrischer Anordnung demonstrativ auf das Lautenspiel der Jungfrauen hin. Ihrer Körperform nach gehören die beiden Paare eher noch dem Kleinkindalter an, ihr Gestus hingegen ist der von älteren Kindern. Schließlich können auch die beiden nackten Tänzer vor den Musikanten auf dem Relief 4 (Abb.74 d) ihre ikonographische Herkunft von den paarweisen Engeln nicht verleugnen.

Aber eigentlich sind auch die engelhaften Musikanten bei Luca della Robbia genau so „wirkliche“ Kinder wie die übrigen auf den zehn Bildern. Florentinische Kinder der Zeit allerdings waren weder nackt, noch trugen sie antike oder antikisierende Gewänder wie die meisten Kinder auf der Sängerkanzel. Betrachten wir die Gewänder noch etwas genauer: Die das *psalterium* spielenden Mädchen auf Relief 2 tragen richtige untergegürtete Peploi. Ansonsten erkennen wir verschieden lange und - bei den Knaben - kürzere bis kurze Gewänder bis hin zu knappen Schleiern, die nur noch die Genitalien verdecken. Die älteren Knaben hinter den beiden Tanzenden auf Relief 4 tragen Gewänder und Fußbekleidung, die der zeitgenössischen Mode der Frührenaissance entlehnt sind. Für weitere Detailstudien sind auch die unterschiedlichen Frisuren und Accessoires von Interesse. Daß die Musikanten alle auf Wolken stehen oder tanzen, sei noch besonders festgehalten. Aber nichts hindert uns, die Wolken als flauschigen Bodenbelag anzusehen, so daß wir mit den Kindern „auf dem Teppich" bleiben können. Denn die Frage nach den Realitätskomponenten in den Musikanten-Darstellungen von Luca della Robbia betrifft den zentralen Aspekt unserer Erörterung.

Luca della Robbia hat dem künstlerischen Verständnis des Zeitalters gemäß streng komponierte und inhaltlich dichte Darstellungen geschaffen. Die ikonographischen Momente und Zusammenhänge rühren, so lautet die These, nicht nur aus Antike und Bibel, sondern ebenso aus der dem Künstler ansichtigen Umwelt, nämlich der florentinischen Kinderkultur, die sich, wie schon dargelegt, vor allem in den sozialen Formen der Bruderschaften, der Chöre und Prozessionsgruppen artikulierte. John POPE-HENNESSY führt seine Erörterung über die Sängerkanzel so weit, daß er feststellen kann: „The children on Luca della Robbia's Cantoria ... are humanly persuasive images which offer a mimetic record of the world the sculptor saw".[128] Der Autor verifiziert diese erhebliche These durch Hinweise auf weitere musizierende Engelgruppen mit naturalistischen Zügen von Bildhauern der Zeit. Aber er konzediert auch, daß die musizierenden Kinder der Sängerkanzel Göttliches zum Ausdruck bringen.

Luca della Robbia erkennt, so wie Donatello auf seine Weise, im Kinder- und Jugendleben eine von Grund auf positive Lebenskraft und erhöht diese mit seinen künstlerischen Mitteln. Es lag ihm fern, im Kinder- und Jugendleben seiner Zeit kritische Züge zu ermitteln, gar Sündhaftes und Verdorbenes zu suchen wie die starken Prediger seines Jahrhunderts.

Die Kinder auf der Sängerkanzel von Luca della Robbia offenbaren durch den angespannten Ernst des Musizierens hindurch ein urtümliches, fröhliches Befinden und eine ungezwungene Körperlichkeit. Darin liegt eine auf Beobachtung des Künstlers beruhende, empirische Note. Ebenso enthalten die Werke aber auch ein imaginatives Moment und ein humanistisches Programm. Kinder hatten in Florenz die Möglichkeit, sich darzustellen und zu Geltung zu kommen, in einer Gesellschaft, die bei allen sozialen und erzieherischen Problemen vom Grunde aus nicht nur kinderfreundlich war, sondern dem Kinde als Kind Achtung entgegenbrachte.

d) Zusammenfassung

Die vorgestellten drei thematischen Bereiche der florentinischen Skulptur in der Frührenaissance, die Madonnen, die Innocenti und die reigentanzenden Engel-Kinder, stehen wie alle Kunstwerke in einem bestimmten Korrespondenz-Verhältnis zur „Wirklichkeit"

---

[128] POPE-HENNESSY a.O. 26

ihrer Zeit, genauer: zu einem jeweils bestimmten Ausschnitt der Wirklichkeit. Diese Ausschnitte sind unbeschadet der in jedem Themenbereich auch gegebenen spirituellen Bezüge: Das Verhältnis zwischen Mutter und Kleinkind, die Fürsorge für Findel- und Waisenkinder sowie der Reigentanz und das Musizieren von Kindergruppen als Ausdruck der Kinderkultur auf der Straße, in den Bruderschaften und bei Prozessionen. Die besprochenen Werke haben gemeinsam, daß sie - in einem weiten Rahmen - Kindliches und Kindheit darstellen. Darüber hinaus demonstrieren sie augenfällig menschliche und sozialkulturelle Kräfte, die im Sinne des Prinzips Hoffnung von Ernst BLOCH in ihrem Zeitalter Geltung beanspruchen. Das Mutter-Kind-Verhältnis war generell gesehen hochproblematisch, aber die Madonnen zeigen Mutter und Kind körperlich und emotional zufrieden und glücklich. Die Findel- und Waisenkinder stellten ein in menschlicher und sozialer Hinsicht fast unsagbar trauriges und kaum ganz zu lösendes Problem dar, aber die Wickelkinder am Ospedale degli Innocenti laden die Ärmsten zu einem glücklichen Leben ins Haus ein. Die Kinder und Heranwachsenden, denen das Elternhaus so viel schuldete, so daß die fürsorglichen Institutionen nicht alle Deprivationen ausgleichen konnten, offenbaren sich auf den Darstellungen der Kanzeln als vitale Gruppen, die in glücklicher Selbstvergessenheit tanzen und musizieren. Gerade solche Ausdrucksformen waren den Florentinern, die allenthalben Prozessionen veranstalteten sowie Tanz und Musik pflegten, überhaupt nicht fremd.

Ein Vergleich mit den Kinder-Darstellungen aus dem spätklassischen und frühhellenistischen Griechenland, demjenigen kulturellen Umkreis, zu dem die Renaissance, speziell die Frührenaissance, ihre eigene Affinität hat, ist hier sicher möglich und sinnvoll. Die Kinder-Bildnisse aus den Artemis-Heiligtümern und weitere entsprechende Kinderbildnisse zeigen viel Persönliches, wenn nicht sogar Porträthaftes. Insofern spiegeln sie kindliche Wirklichkeit ganz konkret, und es ist möglich, in vergleichender und zusammenschauender Betrachtung zu Aussagen über die psychosoziale Mentalität der Menschen im Umfeld der Entstehung der Bildnisse zu kommen. Jedes dieser Bildnisse, wie sie etwa im antiken Brauron aufgestellt wurden, spiegelt Akzeptanz eines Kindes, und allen Kindern widerfuhr Anerkennung. Die besprochenen Frührenaissance-Skulpturen stellen keine bestimmten Kinder dar, sondern sie typisieren und verallgemeinern kindliche Lebensentfaltung.[129] Daraus sind ebenfalls Mentalitäts-Aussagen zu gewinnen, und zwar im Hinblick auf Sehnsüchte, Wünsche und Absichten, auch auf Überzeugungen der Menschen in einer problemvollen, aber human ersehnten Welt. In der Kunst erscheint diese Welt entweder als Realutopie wie bei den Madonnen mit ihren Säuglingen und bei den Wickelkindern vom Ospedale degli Innocenti, oder als Erhöhung einer Wirklichkeit wie bei den tanzenden und musizierenden Engel-Kindern auf den Kanzeln. Die Bildwerke der Frührenaissance zeigen, was im wirklichen Leben möglich werden kann.

---

[129] Zur Entstehung des Kinderporträts im Quattrocento siehe Anm.126.

V. FORTSETZUNG OHNE ENDE: DIE ENGEL-KINDER

Aus den weiten Räumen, die wir durchmessen haben, um Kindheit zu verstehen, strahlen die Engel-Kinder bis in unsere Gegenwart. Sie sind Bilder der Vorstellung einer besseren Welt, in einer wirklichen Welt, die für Kinder voller Probleme und über große Strecken hin traurig ist. Die Engel-Kinder leben in der Neuzeit vor allem als Putten weiter, nachdem Donatello das antike Vortellungs-Muster wieder mit neuem Leben erfüllt hat. Das seither entfaltete, vielgestaltete Leben der Putten ist bereits oft dargestellt worden.[1] Einige Hinweise im Anschluß an unsere Untersuchungen mögen noch angebracht sein.

In der Fortentwicklung des Putto-Musters nimmt der in Soest wirkende Heinrich Aldegrever (1502 - nach 1555) eine wichtige Stelle ein. ZSCHELLETZSCHKY zeigt in seiner monographischen Bearbeitung der Graphik von Aldegrever[2] einen Zusammenhang auf, der von Raffael über den italienischen Kupferstecher Marcanton (Marcantonio Raimondi, um 1480 - um 1534) zu Aldegrever reicht. Marcanton, der übrigens auch Dürer kopierte, arbeitete von ca.1510 bis 1527 in Rom. Unter anderem stach er Zeichnungen Raffaels, dessen Kunst er somit über Europa verbreitete und zur Kenntnis Aldegrevers brachte. Der junge Raffael wirkte, ehe er nach Rom berufen wurde, um an der Sixtinischen Kapelle zu arbeiten, mehrere Jahre in Florenz. Dort gab er - im Rahmen seines Gesamtwerkes - dem bislang entwickelten Kinderengel-Motiv oder -Muster die kennzeichnende, an manieristische Bewegungsgestalt heranreichende Hochrenaissance-Ausprägung.

Aldegrever hatte bereits mehrfach Putten einzeln, paarweise oder zu dritt in ornamentalem Zusammenhang gestaltet[3], ehe er in seiner „zweiten Phase" mit einer Gruppe von vier Kinderfriesen hervortrat. Drei dieser Werke werden hier vorgestellt (Abb. 75 - 77). Der vierte Fries[4] stellt Knaben im Kampf mit einem Bären dar.

In den Bildern waltet eine ornamentale Symmetrie. Die Szene der Kinder unter dem Baldachin wird zur Linken durch Musikanten und Pferd, zur Rechten durch Fahnenschwenker erhöht. Die tanzenden Kinder auf dem folgenden Bild sind in ihren Positionen um eine gedachte Kreismitte komponiert. Die bösen Buben am Brunnen treiben ihr Werk zu zweit auf jeder Seite mit je einem Opfer, während zwei Musikanten in der Mitte hinter dem Brunnen aufspielen.

ZSCHELLETZSCHKY hat ermittelt, daß acht Kinder aus dem Kreise der Tanzenden auf dem zweiten Bilde deutlich aus einem von Marcanton nach Raffael gestochenen „Kindertanz" entlehnt sind.[5]

→ S. 382

---

[1] R. GLÄSER, Ein himmlischer Kindergarten (1939). - W. MESSERER, Kinder ohne Alter (1962), mit Quellen und Literatur.

[2] H. ZSCHELLETZSCHKY, Das graphische Werk Heinrich Aldegrevers (1933)

[3] ZSCHELLETZSCHKY a.O. Tf.36 u. 37

[4] ZSCHELLETZSCHKY a.O. 179ff. u. Tf.38

Abb. 75. Heinrich Aldegrever (geb. 1502 Paderborn, gest. nach 1555 Soest), Kinder unter einem Baldachin (Kinderreigen). Um 1532 - 1533
Kupferstich, 4, x 10,1 cm. Exempl. Herzog Anton Ulrich Museum, Kupferstichkabinett, Braunschweig, Inv. B205. Museumsfoto B.P. KEISER. - BARTSCH (Le Peintre-Graveur, Leipzig 1866) Kat. 205; H. ZSCHELLETZSCHKY, Das graphische Werk Heinrich Aldegrevers (Straßburg 1933) S.204ff.

Abb. 76. Heinrich Aldegrever, Kinderfries (Tanzende Putten).1535
Kupferstich, 5,2 x 16,6 cm. Exempl. Herzog Anton Ulrich Museum, Kupferstichkabinett Braunschweig, Inv. B.252. Museumsfoto B.P. KEISER. - BARTSCH 252; ZSCHELLETZSCHKY, S.204., Kat.B252.

Abb. 77. Heinrich Aldegrever, Kinder an einem Brunnen.1539
Kupferstich, 3,8 x 9,2 cm. Exempl. Burghofmuseum Soest Inv.243. Aufnahme des Museums. - BARTSCH 267; ZSCHELLETZSCHKY, S.204., Kat. 267.

Abb. 78. Peter Paul RUBENS (1577 - 1640), Der Früchtekranz
Gemälde auf Leinwand, 120 x 203 cm. Bayrische Staatsgemäldesammlungen, Alte Pinakothek, München Inv.Nr.330. Aufnahme des Museums.

Forts. von S. 379

Die von Aldegrever gewählte Form der Friese macht es wahrscheinlich, daß die Stiche als Muster-Bilder vertrieben werden sollten, etwa für Schnitzarbeiten an Hausbalken. In Soest wird auf entsprechende Beispiele hingewiesen.

Die ornamentale Ordnung in den Friesen verstellt nicht den Blick dafür, daß Aldegrever hier, wie bereits die Künstler der Frührenaissance, vitales Kinderleben symbolisch erhöht ins Bild gesetzt hat. Die Kinder im zweiten Bild, welches zwei Jahre nach dem ersten Bild entstanden ist, steigern sich bis zum Furioso, wie unter anderem die wehenden Haare zeigen. Bei der Bösewichterei, welche die Kinder am Brunnen zelebrieren (ZSCHELLETZSCHKY spricht von „derbem westfälischem Humor"), bleibt die Frage offen, ob die Agierenden ihre beiden Gespielen tatsächlich im Brunnen ertränken wollen. Ausdruck und Bewegungsformen jedenfalls sind - auch in den Nuancen des Erwachsenseins - dem Leben abgeschaut.

Letztlich sei an Peter Paul RUBENS in Antwerpen erinnert, der, nochmals ein Jahrhundert später, auf die lieblichste Art Kinder als Putten gestaltet hat, die wiederum Reigentänze aufführen können. Diesen Wesen ist alles Rüpelhafte fremd. Sie umgeben sich vielmehr mit Blumen- und Früchtegirlanden und dienen der Schönheit des Lebens. Die Putten von RUBENS sind ganz souverän, „christlich" oder „heidnisch", so wie Menschen in der Lebenswelt des Malers damals Urkräfte des Kindlichen wahrnehmen konnten, in derselben Zeit übrigens, als auch die Kinderopfer-Überlieferungen um Abraham und Isaak sowie um Jephta im allgemeinen Bewußtsein lebendig waren. Wir sehen die Engel-Kinder, wie sie mit der Heiligen Jungfrau in den Himmel entschweben oder in ihrer Unbekümmertheit die Heiligen Gottes umgeben. Sie sind Gespielen der Nymphen und schmücken die Bildnisse der Götter und Göttinnen mit Blumenkränzen. Auch sind sie dabei, wenn Diana von der Jagd heimkehrt. Sie umfangen Apollo, der auf dem Sonnenwagen fährt, und sie umfliegen den thronenden Gottvater im Himmel ... Ihre Lebenswelt im Werk von Peter Paul RUBENS ist unendlich weit und ein ideales Bild der Fülle des Lebens, in das die Menschenkinder hineinwachsen können. In den Kinderreigen der Künstler liegt auch ein Ausdruck der Sehnsucht nach glücklichem Leben in einer nicht mehr notvollen Welt menschlicher Entfaltung.

ANTIKE QUELLEN MIT ABKÜRZUNGEN

Aischylos, Agamemnon (Aischyl.Ag.)
Aristophanes, Lysistrate (Aristoph.Lys.)
..., Der Frieden (Aristoph.Pax)
..., Lysistrate; Scholion (Schol.Aristoph.Lys.)
Aristoteles, Athenaion politeia (Aristot.Ath.pol.)
Athenaion VI (Athen.)
Diodorus Siculus, bibliotheca historica (Diod.)
[Pseudo] Dionysius Areopagita opera, Ausg. Straßburg 1503
Euripides, Ion
..., Iphigeneia in Aulis (Eur.Iph.A.)
..., Iphigeneia bei den Taurern (Eur.Iph.T.)
Eustathios zu Homer Ilias (Eust.zu Hom.Il.)
Harpokration, Lexikon zu den attischen Rednern (Harpokr. ed. BEKKER)
Hesychios
Homer, Ilias
Kallimachos, Hymnen (Kall.h.)
Kypria in Proclus' Chrestomathia, Homeri opera V ed. ALLEN
Lucianos; Scholion (Schol.Lucian)
Menandros, Epitrepontes (Men.Epitr.)
Pausanias, Beschreibung Griechenlands (Paus.)
Pindar, Elfte pythische Ode
Platon, nomoi
..., politeia
..., symposion
Plutarchos, Moralia (Plut.mor.)
Pollux
Sophokles, Elektra
..., Iphigeneia [Fragmente]
Strabon, Geographie (Strab.)
Suda [Byzantinisches Lexikon 10. Jh.]
Theokrit 2; mit Scholion
Xenophon, oikonomikos (Xen.oik.)

Bibelstellen werden nach dem Text der Zürcher Bibel zitiert.
Auch die Abkürzungen der biblischen Bücher folgen der daselbst üblichen Weise.

Apokryphen und Pseudepigraphen:
Jesus Sirach gem. Vulgata ed. WEBER 1969
Pseudo-Philo ed. RIESSLER deutsch 1928
Protoevangelium des Jakobus ed. SCHNEEMELCHER deutsch 6. Aufl. 1990

ABGEKÜRZT ZITIERTE ZEITSCHRIFTEN, SAMMELWERKE UND REIHEN

AA	Archäologischer Anzeiger. Beiblatt zum Jahrbuch des Deutschen Archäologischen Instituts. Berlin
ABSA	The Annual of the British School at Athens. London
AC	L'Antiquité classique. Brüssel
AD	Antike Denkmäler. Hrsg. vom Archäologischen Institut des Deutschen Reiches. Berlin
ADAW	Abhandlungen der Deutschen Akademie der Wissenschaften zu Berlin. Klasse für Sprachen, Literatur und Kunst
AJA	American Journal of Archaeology. Princeton
AM	Mitteilungen des Deutschen Archäologischen Instituts, Athenische Abteilung. Stuttgart u.a.
Anthropos	Anthropos. Revue Internationale d' Ethnologie et de Linguistique Posieux (Freiburg), Schweiz
AntKunst	Antike Kunst. Halbjahresschrift, hrsg. von der Vereinigung der Freunde antiker Kunst. Basel
ArchDelt	'Αρχαιολογικόν Δελτίον. Athen
ArchEphem	'Αρχαιολογική 'Εφημερίς. Athen
ARW	Archiv für Religionswissenschaft. Berlin u.a.
ATD	Das Alte Testament Deutsch. Neues Göttinger Bibelwerk
BASOR	Bulletin of the American Schools of Oriental Research Jerusalem/Bagdad
BCH	Bulletin de correspondance hellénique. Paris
Berytus	Berytus. Archaeological Studies. American University of Beirut
Bibl	Biblica. Commentarii Periodici Pontificii Instituti Biblici
BiblArchRev	Biblical Archaeology Review. Washington
BK	Biblischer Kommentar Altes Testament. Neukirchen-Vluyn
Bonner Jahrbücher	Bonner Jahrbücher des Rheinischen Landesmuseums in Bonn und des Vereins von Alterstumsfreunden im Rheinlande
CBQ	The Catholic Biblical Quarterly. The Catholic Biblical Association of America. Washington
CIA	Corpus Inscriptionum Atticarum
ClassQuart	Classical Quarterly. Oxford
CRAI	Comptes Rendus de l'Académie des Inscriptions et Belles-Lettres Paris
CVA	Corpus Vasorum Antiquorum
Ergon	Το Ἔργον τῆς ἐν Ἀθήναις Ἀρχαιολογικῆς Ἑταιρείας
EvTh	Evangelische Theologie. Gütersloh u.a.
EvThBeih	Beihefte zur Evangelischen Theologie

Gnomon	Gnomon. Kritische Zeitschrift für die gesamte klassische Altertumswissenschaft. München
Hermes	Hermes. Zeitschrift für klassische Philologie. Wiesbaden
Hesperia	Hesperia. Journal of the American School of Classical Studies at Athens. Athen
HistChildhoodQuart	History of Childhood Quarterly. The Journal of Psychohistory. New York
IG	Inscriptiones Graecae
IstMitt	Istanbuler Mitteilungen. Deutsches Archäologisches Institut, Abt.Istanbul. Tübingen
JAOS	Journal of the American Oriental Society. New Haven
JDAI	Jahrbuch des Deutschen Archäologischen Instituts. Berlin
JHS	Journal international d'archéologie numismatique. Athen
Kairos	Kairos. Zeitschrift für Religionswissenschaft und Theologie (früher: Zeitschrift für Judaistik und Religionswissenschaft). Salzburg
NewTestStud	New Testament Studies. Cambridge
NT	Novum Testamentum. An International Quarterly for New Testament and Related Studies. Leiden
ÖJh	Jahreshefte des Österreichischen Archäologischen Institutes in Wien
Paideuma	Paideuma. Mitteilungen aus der Kulturkunde. Frankfurt a. M.
PraktArchEt	Πρακτικά τῆς ἐν Ἀθήναις Ἀρχαιολογικῆς Ἑταιρείας
RA	Revue archéologique. Paris
RE	PAULY-WISSOWA, Realencyklopädie der classischen Altertumswissenschaft
RGG	Die Religion in Geschichte und Gegenwart. 3. Aufl. 1957-65
RheinMus	Rheinisches Museum für Philologie. Frankfurt a. M.
RM	Mitteilungen des Deutschen Archäologischen Instituts, Römische Abteilung. Heidelberg
Speculum	Speculum. A Journal of Mediaeval Studies. Cambridge, Mass.
Ugarit-Forschungen	Ugarit-Forschungen. Internationales Jahrbuch für die Altertumskunde Syrien-Palästinas. Neukirchen-Vluyn u.a.
VT	Vetus Testamentum. Quarterly, published by the International Organisation of Old Testament Scholars. Leiden
WZKM	Wiener Zeitschrift für die Kunde des Morgenlandes
ZAW	Zeitschrift für die Alttestamentliche Wissenschaft. Berlin
ZThK	Zeitschrift für Theologie und Kirche. Tübingen u.a.

BIBLIOGRAPHIE

Zu Kapitel I: **Kinder auf dem Blutaltar und im Feuerofen**

ALBRIGHT, W.F.: Abram the Hebrew. A New Archaeological Interpretation, BASOR 163, 1961, 36ff.

ALT, Albrecht: Völker und Staaten Syriens im frühen Alterum (Der alte Orient XXXIV 4), Leipzig 1936

AUERBACH, Erich: Mimesis. Dargestellte Wirklichkeit in der abendländischen Literatur, 4. Aufl. Bern 1967 (1. Aufl. 1946). (Darin S. 5ff: Die Narbe des Odysseus [Vergleich zwischen Hom.Od. XIX 385ff. und Gen.22])

BAKAN, David: Das Opfer im Buch Hiob, in: SPIEGEL, Yorick (Hrsg.), Psychoanalytische Interpretation biblischer Texte, München 1972, 152ff.

BAUMGARTNER, Walter: Jephtas Gelübde Jud. 11, 30-40, ARW 18, 1915, 240ff.

BLÜMEL; Carl: Die klassisch griechischen Skulpturen der Staatlichen Museen zu Berlin, ADAW 1966, Nr. 2

BUBER, Martin: Königtum Gottes (Werke II: Schriften zur Bibel, 485ff.), München/Heidelberg 1964. (1. Aufl. 1932)

CHARLES-PICARD, Gilbert: Les religions de l'Afrique antique, Paris 1954

CONHEENEY, Janice / PIPE, Alan: Note on some cremated bone from Tyrian cinerary urns, Berytus - Archaeological Studies (Beirut) 56, 1991, 83ff.

CORNFELD, Gaalyahu (Hrsg.): Von Adam bis Daniel. Das Alte Testament und sein historisch-archäologischer Hintergrund, Würzburg 1962

DALY, Robert J.: The Soteriological Significance of the Sacrifice of Isaak, CBQ 39, 1977, 45ff.

DONNER, Herbert: Der Felsen und der Tempel, Zeitschr. d. Dt. Palästina-Vereins 93, 1977, 1ff.

DUSSAUD, René: Précisions épigraphiques touchant les sacrefices puniques d'enfants, CRAI 1949, 371ff.

EISSFELDT, Otto: Molk als Opferbegriff im Punischen und Hebräischen und das Ende des Gottes Moloch (Beiträge zur Religionsgeschichte des Altertums Heft III), Halle 1935

EISSFELDT, Otto: Philister und Phönizier (Der alte Orient XXXIII 3), Leipzig 1936

FEUCHTWANGER, Lion: Jefta und seine Tochter [Roman] (Gesammelte Werke in Einzelausgaben IX), Berlin /Weimar 6. Aufl. 1984 (zuerst erschienen 1957)

FLAUBERT, Gustave: Salambo. Deutsch von Friedrich von OPPELN-BRONIKOWSKI (Gustave FLAUBERTs Gesammelte Werke II) Minden i. Westf. o. J. (1908). Original: Salammbô. Roman historique, Paris 1862; endgültige Ausg. 1888)

FRANCE, Richard T.: Herod and the Children of Bethlehem, NT 21, 1979, 98ff.

FRANCE, Richard T.: The Formula-Quotations of Matthew 2 and the Problem of Communication, NewTestStud 27, 1981, 233ff.

GANZMANN, Lilo / van der MEIJDEN, Hella - STUCKY, Rolf A.: Das Eschmun-Heiligtum von

Sidon. Die Funde der türkischen Ausgrabungen von 1901 bis 1903 im Archäologischen Museum in Istanbul, IstMitt 37, 1987, 81ff.

GAUCKLER, Paul: Nécropoles Puniques de Carthage I. Carnets de Fouilles, Paris 1915

GRAS, M / ROUILLARD, P. / TEIXIDOR, J.: L' univers phenicien, Paris 1989

GRUNDMANN, Walter: Das Evangelium nach Matthäus (Theologischer Handkommentar zum Neuen Testament. In Neuer Bearbeitung...) Berlin 4. Aufl. 1975

HARDEN, Donald: The Phoenicians (Ancient Peoples and Places XXVI), London 1962

HEGEL, Der Geist des Judentums, 1798 (Werke in zwanzig Bänden I, Frankfurt a.M. 1971, 274ff.)

HENNINGER, Joseph: Menschenopfer bei den Arabern, Anthropos 53, 1958, 721ff.

HERM, Gerhard: Die Phönizier. Das Purpurreich der Antike, Düsseldorf/Wien 1973 (auch als TB-Ausgabe, Hamburg o. J.)

HERTZBERG, Hans Wilhelm: Die Bücher Josua, Richter, Ruth (ATD IX), 5. Aufl. 1973

JAROŠ, Karl: Der Elohist in der Auseinanderstzung mit seiner Umwelt, Kairos N. S. 17, 1975, 279ff.

JENSEN, Ad. E.: Über das Töten als kulturgeschichtliche Erscheinung, Paideuma 4, 1950, 23ff.

„Jephtah“, in: Encyclopaedia Judaica (Jerusalem) IX 1978, col. 1341ff.

JUNG, Carl Gustav: Über die psychologische Bedeutung des Opfers, in: SPIEGEL, Yorick (Hrsg.) Psychoanalytische Interpretation biblischer Texte, München 1972, 139ff.

KAISER, Otto: Den Erstgeborenen deiner Söhne sollst du mir geben. Erwägungen zum Kinderopfer im Alten Testament, in: KAISER, O. (Hrsg.): Denkender Glaube. Festschrift für Carl Heinz RATSCHOW, Berlin/New York 1976, 24ff.

KAISER, Otto: Salammbo, Moloch und das Tophet. Erwägungen zum Kinderopfer der Karthager, Die Karawane 19, Heft 1/2, 1978, 3ff.; 130ff.

KANT: Streit der philosophischen Facultät mit der theologischen, 1798 (Werke [Akademie-Ausgabe] VII 1917, 15ff.)

KIERKEGAARD, Sören: Furcht und Zittern. Dialektische Lyrik. Nachwort von Friedrich GROSSART. Krefeldt 1949

KIERKEGAARD, Sören: Furcht und Zittern. Mit Erinnerungen an Kierkegaard von Hans BRÖCHNER ... sowie einem Essay <Zum Verständnis des Werkes> herausgegeben von Liselotte RICHTER (Philosophie der Neuzeit III), Hamburg 1961

KIERKEGAARD, Sören: Furcht und Zittern (Gesammelte Werke, hrsg. von E. HIRSCH und H. GERDES 4. Abt.), Gütersloh 3. Aufl. 1993

KORNFELD, Walter: Der Moloch. Eine Untersuchung zur Theorie O. EISSFELDS, WZKM 51, 1952, 287ff.

KRAUS, Hans-Joachim: Psalmen. 2. Teilband Psalmen 60-150 (BK XV/2), 5. Aufl. 1978

„Kronos“ (MAYER, Maximilian), in: ROSCHER, Ausführl.Lex.d.Griech.u.Röm.Mythologie II 2 (darin: Der sogenannte Moloch)

LERCH, David: Isaaks Opferung christlich gedeutet. Eine auslegungsgeschichtliche Untersuchung (Beiträge zur historischen Theologie XII), Tübingen 1950

LUNDIUS, Johannes: Die Alten Jüdischen Heiligtümer, Gottesdienste und Gewohnheiten, für Augen gestellet, In einer ausführlichen Beschreibung des gantzen Levitischen Priesterthums, Und fünff unterschiedenen Büchern ... Samt einem Vorbericht [von] Henricus MUHLIUS ... theils vermehret durch Johan(nes) Christopherus WOLFIUS ... Hamburg 1738 (Erste Auflage 1701; weitere Auflagen 1704, 1711 und 1722)

LUZ, Ulrich: Das Evangelium nach Matthäus, 1. Teilband MT 1-7 (Evangelisch-Katholischer Kommentar zum Neuen Testament I/1), Zürich/Neukirchen-Vluyn 1985

MAYBAUM, Ignaz: Die Opferung Isaaks, EvTh 6, 1957, 249ff.

„Moloch" (EISSFELDT), RGG IV col.1089f.

MOSCA, Paul G.: Child Sacrifice in Canaanite and Israelite Religion. A Study in *Mulk* and מלך, Phil.Diss. Cambrige, Mass. 1975

MÜNTER, Friedrich: Religion der Karthager, Kopenhagen 1. Aufl. 1816

NEGEV, Avraham: Funde und Schätze im Land der Bibel, Stuttgart 2. Aufl. 1979

NEIDHARDT, Uta: „Die Opferung der Tochter Jephtas" von Willem de POORTER. Eine Schenkung an die Gemäldegalerie Alte Meister, in: Dresdner Kunstblätter. Zweimonatsschrift der Staatlichen Kunstsammlungen Dresden 4, 1994, 98ff.

NOTH, Martin: Das zweite Buch Mose. Exodus (ATD V), 6. Aufl. 1978

NOTH, Martin: Das dritte Buch Mose. Leviticus (ATD VI), 4. Aufl. 1978

NOTH, Martin: Das vierte Buch Mose. Numeri (ATD VII), 3. Aufl. 1977

NOTH, Martin: Könige. 1. Teilband I Könige 1-16 (BK IX/1), 2. Aufl. 1983

PARROT, André - CHEHAB, Maurice H. - MOSCATI, Sabatino: Die Phönizier. Die Entwicklung der phönizischen Kunst von den Anfängen bis zum Ende des dritten Punischen Krieges, München 1977

PEDLEY, John Griffiths (Hrsg.): New Light on Ancient Carthage, Michigan 1980

PHILLIPS, Anthony: Some Aspects of Family Law in Pre-Exilic Israel, VT 23, 1972, 347ff.

PÖHLMANN, Wolfgang: Die Opferung Isaaks - die „Bindung" Isaaks. Ein umstrittener Bibeltext in vielfacher Auslegung, braunschw. Beitr. f. theorie u. praxis von ru und ku 72, 1995, 38ff.

von RAD, Gerhard: Das fünfte Buch Mose. Deuteronomium (ATD XIII), 2. Aufl. 1968

von RAD, Gerhard: Das Opfer des Abraham. Mit Texten von LUTHER, KIERKEGAARD, KOLAKOWSKI und Bildern von REMBRANDT, München 1971

RENDTORFF, Rolf: Studien zur Geschichte des Opfers im alten Israel (Wissenschaftl. Monographien zum Alten und Neuen Testament XXIV), Neukirchen-Vluyn 1967

RICHTER, Wolfgang: Die Überlieferung um Jephtah Ri 10, 17 - 12,6, Bibl 47, 1966, 485ff.

RIESSLER, Paul: Altjüdisches Schrifttum außerhalb der Bibel. Übersetzt und erläutert ..., Freiburg/Heidelberg 1928 (Nachdrucke)

ROSENZWEIG, Efraim M.: Historische und psychoanalytische Bemerkungen über Volk und Land Israel mit besonderer Berücksichtigung des Deuteronomiums, in: SPIEGEL, Yorick (Hrsg.), Psychoanalytische Interpretationen biblischer Texte, München 1972, 185ff.

ROST, Leonhard: Einleitung in die alttestamentlichen Apokryphen und Pseudepigraphen einschließlich der großen Qumran-Handschriften, Heidelberg 2. Aufl. 1979

SCHARBERT, Josef: Patriarchentradition und Patriarchenreligion. Ein Forschungs- und Literaturbericht, EvThBeih (Verkündigung und Forschung) 19, 1974, 2ff.

SCHELLING: Der Philosophie der Offenbarung zweiter Teil. Neunundzwanzigste Vorlesung (Werke, hrsg. von Manfred Schröter, VI 511ff.) München 1927

SCHMIDT, Werner H.: Einführung in das Alte Testament, Berlin 4. Aufl. 1989

SCHOCKENHOFER, Josef: Von Abraham bis David (Eine chronologische Betrachtung). 1. Heft: Einleitung - Die Patriarchenzeit, Regensburg 1964

SEEDEN, Helga: A thophet in Tyre? Berytus - Archaeological Studies (Beirut) 56, 1991, 39ff.

SMITH, Morton: A Note on Burning Babies, JAOS 95, 1972, 477ff. (Entgegnung auf M. WEINFELD, Ugarit-Forschungen 4, 1972, 133ff.)

SOGGIN; J. Alberto: Alttestamentliche Glaubenszeugnisse und geschichtliche Wirklichkeit, Theologische Zeitschrift (Basel) 6, 1961, 385ff.

STAGER, Lawrence E.: The Rite of Child Sacrifice at Carthage, in: PEDLEY, J. G. (Hrsg.): New Light on Ancient Carthage, University of Michigan 1980, 1ff.

STAGER, Lawrence E.: - WOLFF, Samuel R.: Child Sacrifice at Carthage - Religious Rite or Population Control? Archaeological Evidence for a New Analysis, BiblArchRev 10, 1984, 31ff.

STUCKY, Rolf A.: Die Skulpturen aus dem Eschmun-Heiligtum bei Sidon. Griechische, römische, kyprische und phönizische Statuen und Reliefs vom 6. Jahrhundert vor Chr. bis zum 3. Jahrhundert nach Chr., AntKunst 17. Beiheft, 1993

SYPHERD, Wilbur Owen: Jephtah and his Daughter. A Study in Comparative Literature, Newark (University of Delaware) 1948

TRIBLE, Phyllis: Mein Gott, warum hast du mich vergessen! Frauenschicksale im Alten Testament, Gütersloh 2. Aufl. 1990 (Darin: Die Tochter Jiftachs. Ein unmenschliches Opfer, 135ff.)

de VAUX, Roland: Les sacrifices de l'Ancien Testament (Les Cahiers de la Revue Biblique I), Paris 1964

de VAUX, Roland: Die Patriarchenerzählungen und die Geschichte (Stuttgarter Bibelstudien 3), Stuttgart 1965

VORSTER, Christiane: Griechische Kinderstatuen, Phil.Diss. Bonn 1988 (betr. Kinderbildnisse aus Sidon)

WARMINGTON, B. H.: Karthago. Aufstieg und Untergang einer antiken Weltstadt, Wiesbaden 1963

WEINFELD, Moshe: The Worship of Molech and the Queen of Heaven and its Background, Ugarit-Forschungen 4, 1972, 133ff

WEINFELD, Moshe: Burning Babies in Ancient Israel. A Rejonder to Morton SMITH's Article in JOAS 95 (1975), pp 477-479. Ugarit-Forschungen 10, 1978, 411ff.

WEIPPERT, Manfred: Abraham der Hebräer? Bemerkungen zu W. F. ALBRIGHTs Deutungen der Väter Israels, Bibl 52, 1971, 407ff.

WEISER, Artur: Das Buch Jeremia Kapitel 1-25, 14 (ATD XX), 7. Aufl. 1976

WEISER, Artur: Das Buch Jeremia Kapitel 25, 15-52, 34 (ATD XXI), 6. Aufl. 1877

WESTERMANN, Claus: Forschung am Alten Testament. Gesammelte Studien (Theologische Bücherei XXIV), München 1964

WESTERMANN, Claus: Das Buch Jesaja Kapitel 40-66 (ATD XIX), 3. Aufl. 1976

WESTERMANN, Claus: Genesis. 2. Teilband Genesis 12-36 (BK I/2), 1981

WÖLLER, Hildegunde: Vom Vater verwundet. Töchter der Bibel (Tabus des Christentums), 3. Aufl. Stuttgart 1992 (Darin: Jephtas Tochter. Die religiöse Entmündigung, 32ff.)

WOLFF, Hans Walter: Dodekapropheton 4. Micha (BK XIV/4), 1982

ZIMMERLI, Walther: Ezechiel. 1. Teilband Ezechiel 1-24 (BK XIII/1), 1979

Zu Kapitel II: **Die Kinder von Brauron**

ALFÖLDI, Andreas: Die Struktur des voretruskischen Römerstaates (Bibliothek der klassischen Altertumswissenschaften NF 1. Reihe, Bd. 5), Heidelberg 1974

AMUNDSEN, Darrel W. - DIERS, Carol Jean: The Age of Menarche in Classical Greece and Rome, Human Biology 41, 1969, 125ff.

„Artemis“ (WERNICKE), RE III 1336-1440

BECK, Frederick A.G.: Album of Greek Education. The Greeks at School and Play, Sydney 1975

BIEBER, Margarete: The Sculpture of Hellenistic Age, 2. Aufl. New York 1961

BIEBER, Margarete: Entwicklungsgeschichte der griechischen Tracht. 2. Aufl. Berlin 1967

BIELEFELD, E.: Antike Kunst in deutschem Besitz, Wissenschaftl. Zeitschr. d. Ernst Moritz Arndt-Universtität Greifswald, Ges. u. sprachwiss. Reihe 4/5, 1955/56, 249ff. (betr. Kinderkopf aus Attika, 250)

BLÜMEL, Carl: Die klassisch griechischen Skulpturen der Staatlichen Museen zu Berlin; ADAW 1966 Nr. 2

BÖRKER, Christian: Χαράλαμπος Μπούρας [BOURAS]: ʽΗ ἀνατήλωσις τῆς στοᾶς της Βραυρῶνος. Τὰ ἀρχιτεκτονικά της προβλήματα. Ἀϑῆναι 1967 ... [Rezension], Gnomon 41, 1969, 802ff.

BÖRKER, Christoph: Festbankett und griechische Architektur (Xenia. Konstanzer Althistorische Vorträge und Forschungen 4), Konstanz 1983

BOURAS, Charalampos: ʽΗ ἀναστήλωσις τῆς στοᾶς τῆς Βραυρῶνος. Τὰ ἀρχιτεκτονικά της προβλήματα (Γενικὴ Διεύϑυνσις Ἀρχαιοτήτων καὶ Ἀναστηλώσες. Δημοσιεύματα τοῦ Ἀρχαιολογικοῦ Δελτίου, 11) Athen 1967

Brauron-Berichte

J. PAPADIMITRIOU, PraktArchEt 1948, 81-90; 1949, 75-90; 1950, 173-187; 1955, 118-120; 1956, 73-89; 1957, 42-47 (auch über Halai-Araphenides); 1958, 68; 1959 (1965), 18-20. Mit Tafeln

Ergon 1957, 20-25 (auch über Halai-Araphenides); 1958, 30-39; 1959, 13-20; 1960, 21-30; 1961, 20-37; 1962, 25-39. Mit Tafeln →

BCH 83, 1959, 589-597; 84, 1960, 663-671; 85, 1961, 638-644; 86, 1962, 664-683; 87, 1963, 104-713. Mit Tafeln

AJA 53, 1949, 370-371; 61, 1957, 282 (Kurzbericht); 67, 1963, 279-280. Mit Tafeln

„Brauron“ (MILCHHÖFER), RE V, 822-824; (E. Meyer) RE Suppl. XI, 355-356

„Brauronia“ (KERN) RE V, 824-826

BRELICH, Angelo: Paides e Parthenoi I (Incunabula Graeca 26), Rom 1969

BROMMER, Frank: Der Parthenonfries, Mainz 1977

BURKERT, Walter: Kekropidensage und Arrhephoria. Vom Initiationsritus zum Panathenäenfest, Hermes 94, 1966, 1ff. (Abdr. in: ders., Wilder Ursprung. Opferritual und Mythos bei den Griechen, Berlin 1990, 40ff.)

BURKERT, Walter: Homo Necans. Interpretationen altgriechischer Opferriten und Mythen (Religionsgeschichtliche Versuche und Vorarbeiten 32), Berlin / New York 1972

BURKERT, Walter: Glaube und Verhalten: Zeichengehalt und Wirkungsmacht von Opferritualen, in: RUDHARDT, Jean / REVERDIN, Olivier (Hrsg.), Le sacrifice dans l'antiquité (Entretiens Hardt 27), Genf 1981, 91ff.

BURKERT, Walter: Anthropologie des religiösen Opfers (Carl Friedrich von Siemens Stiftung, Themen XL), 2. Aufl. München 1987

BURKERT, Walter: Antike Mysterien. Funktionen und Gehalt, 2. Aufl. München 1991

BUSCHOR, Ernst: Grab eines attischen Mädchen, München 1939

BUSCHOR, Ernst: Bildnisstudien, München 1947

BUSCHOR, Ernst: Das hellenistische Bildnis, München 1949

CHARBONNEAUX, Jean / MARTIN, Roland / VILLARD, Francois: Das hellenistische Griechenland, München 1971 (aus dem Französischen)

CLEMENT, Paul: New Evidence for the Origin of the Iphigeneia Legend, AC 3, 1934, 393ff.

CONZE, Alexander: Die attischen Grabreliefs II, III, Berlin 1900

COOK, Brian F.: The Elgin Marbles (British Museum Publications), 4. Aufl. London 1989

CURTIUS, Ernst / KAUPERT, Johann August: Karten von Attika ... mit erläuterndem Text [von A. MILCHHÖFER]; 3 Hefte u. 5 Karten, Berlin 1884

DEISSMANN-MERTEN, Marieluise: Zur Sozialgeschichte des Kindes im antiken Griechenland, in: Zur Sozialgeschichte der Kindheit, hrsg. von J. MARTIN und A. NITSCHKE, Freiburg i.Br. 1986, 267

DEUBNER, Ludwig: Hochzeit und Opferkorb, JDAI 40, 1925, 210ff.

DEUBNER, Ludwig: Attische Feste, Berlin 1932

DEVEREUX, Georges: Baubo. Die mythische Vulva, Frankfurt a.M. 1981 (aus dem Französischen)

DEVEREUX, Georges: Frau und Mythos, München 1986 (Original: Femme et Mythe, Paris 1982)

DISTLER, Sonja: Mütter, Amazonen & dreifältige Göttinnen. Eine psychologische Analyse der feministischen Matriarchatsdebatte, Wien 1989

DÖRNER, Eleonore / DÖRNER, Friedrich Karl: Kultbild und Porträt. Frauenbildnisse im griechischen Altertum, Antike Welt 8, 1977, Sondernummer

DONTAS, George S., The True Aglaurion, Hesperia 52, 1983, 48ff.

DOUSKOU, Iris: Athen. Die Stadt und ihre Museen. Athen 1985

DOVER, Kenneth J.: Homosexualität in der griechischen Antike, München 1983 (Original: Greek Homosexuality, London 1978

DRÖGEMÜLLER, Hans-Peter: Bericht über neuere Ausgrabungen in Griechenland, Gymnasium 68, 1961, 214ff (betr. Brauron und Aulis)

„Eileithyia“ (JESSEN), RE V, 2101-2110

(Entretiens Hardt) RUDHARDT, Jean / REVERDIN, Olivier (Hrsg.): Le sacrifice dans l' antiquité (Entretiens sur l'antiquité classique 27), Genf 1981

FARNELL, Lewis Richard: The Cults of the Greek States II, Oxford 1896 (betr. Weibliche und Mutter-Gottheiten)

FIMMEN, Dietrich: Die kretisch-mykenische Kultur, Leipzig 1921 (S. 6ff.: Fundstätten in Attika)

FLUCK, Hanns: Skurrile Riten in griechischen Kulten, Phil. Diss. Freiburg 1931

FOLEY, Helene P.: Marriage and Sacrifice in Euripides' „Iphigeneia in Aulis“, Arethusa. A Journal of the Wellsprings of Western Man, Buffalo, 15, 1982, 159ff.

FOUCAULT, Michel: Der Gebrauch der Lüste (Sexualität und Wahrheit 2), Frankfurt a.M. 1986 (Original: L'usage des plaisirs, Paris 1984)

FREDRICH, C.: Lemnos I, AM 31, 1906, 60ff.; Lemnos II, AM 31, 1906, 241ff.

FREL, Jiři: Deux têtes d'„arktoi“ et deux rectifications supplementaires, Bulletin du Musée hongrois des Beaux-Arts 24, 1964, 3ff.

FURTWÄNGLER, Adolf: Zu den olympischen Skulpturen, in: ders.: Kleine Schriften, München 1912, 313ff. (betr. ergänzende Mitteilung eines Kopfes aus Brauron, 332ff.)

GOLDSTEIN, Michael Sanford: The Setting ot the Ritual Meal in Greek Sanctuaries 600-300 B.C., Phil. Diss. University of California, Berkerley, 1975

GOULD, John: Law, custom and myth: Aspects of the social position of women in classical Athens, JHS Vol. C 1980, 38ff.

GRAF, Fritz: Das Götterbild aus dem Taurerland, Antike Welt 10, Heft 4, 1979, 33ff.

„Haartracht und Haarschmuck“. A. Griechenland (STEININGER), RE VII 2109 - 2135

HADACZEK, Carl: Mädchenstatuette mit Vogel im Vatican, ÖJh 4, 1901, 209ff. (mit Vergleichsfunden vom Ilissos)

HADZISTELIOU PRICE, Theodora: Kourotrophos. Cults and Representations of the Greek Nursing Deities, Leiden 1978

HASKELL, Francis / PENNY, Nicholas: Taste and the Antique. The Lure of Classical Sculpture 1500-1900, New Haven/London 1981 (darin: Diane de Gabies, 198f.)

HERTER, Hans: Das unschuldige Kind, Jahrb. f. Antike u. Christentum, 4, 1961, 146ff.

HEUBACH, Dittmar: Das Kind in der griechischen Kunst, Phil. Diss. Heidelberg 1903

HILL, Ida Thallon: The Ancient City of Athens. Its Topography and Monuments, London 1953

HOENN, Karl: Artemis. Gestaltwandel einer Göttin, Zürich 1946

HOOF, Dieter: Das blinde Kind von Brauron. Ausprägung von Individualität und Akzeptanz von Behinderung in der späten Klassik Griechenlands, in: ELLGER-RÜTTGARDT, S. (Hrsg.): Bildungs- und Sozialpolitik für Behinderte. Festschrift für Ulrich BLEIDICK, München/Basel 1990, 257ff. (Auf der Grundlage der bis 1969 veröffentlichten Befunde)

van HOORN, Gerardus: De vita atque cultu puerorum monumetis antiqis explanato, Phil. Diss. Amsterdam 1909

HUCHTHAUSEN, Liselot (Hrsg.): Die Frau in der Antike. Kolloquium der Winckelmann-Gesellschaft Stendal 1985, Stendal 1988

HUGHES, Dennis D.: Human Sacrifice in Ancient Greece, New York 1991

KAHIL, Lilly: Quelques vases du sanctuaire d'Artémis à Brauron, AntKunst 1. Beiheft, 1963, 5ff.

KAHIL, Lilly: Autour de l'Artémis attique, AntKunst 8, 1965, 20ff.

KAHIL, Lilly: Artémis attique, Comptes rendus de l'Académie des Inscriptions et Belles-Lettres 1976, 126ff.

KAHIL, Lilly: L'Artémis de Brauron, rites et Mystères; AntKunst 20, 1977, 86ff.

KAHIL, Lilly: La déesse Artémis: mythologie et iconographie, in: Greece and Italy in the Classical World. Acta of the XI International Congress of Archaelogy London 1978, 73ff.

KAHIL, Lilly: Le „cratérisque" d'Artemis et la Brauronion de l'Acropole, Hesperia 50, 1981, 253ff.

KAMMERER-GROTHAUS, Helke: Frauenleben - Fraunalltag im antiken Griechenland (Antikenmuseum, Staatliche Museen preußischer Kulturbesitz), Berlin 1984

KARRAS, Margret / WIESHÖFER, Josef: Kindheit und Jugend in der Antike. Eine Bibliographie, Bonn 1981

KERÉNY, Karl: Dionysos. Urbild des unzerstörbaren Lebens, München/Wien 1976

KLEIN, Anita E.: Child Life in Greek Art, Phil. Diss. New York 1932

KOLIDADIS, Manolis Georg.: Die Jugend im Athen der klassischen Zeit. Ansätze zu einer historischen Jugendforschung, Frankfurt/Main 1988

KONDIS, Johann D.: Ἄρτεμις Βραυρώνια, ArchDelt 22, 1967, 156ff.

KRENKEL, Werner A.: Der Sexualtrieb: seine Bewertung in Griechenland und Rom, Wiss. Zeitschr. d. Wilh.-Pieck-Univ. Rostock 27, 1978 (Gesellschafts- u. sprachwiss. Reihe 3) 165

LANDELS, J.G.: The Brauron Aulos, ABSA 58, 1963, 116ff.

LAWRENCE, A.W.: Later Greek Sculpture and its Influence on East and West, London 1927

LECHAT, M. Henri: Terres cuites de Corcyre, BCH 15, 1891.1ff.

LEFKOWITZ, Mary R.: Die Töchter des Zeus. Frauen im alten Griechenland, München 1992 (Original: Woman in Greek Myth, London/Baltimore 1986)

LEHNER, Hans: Über die athenischen Schatzverzeichnisse des vierten Jahrhunderts, Phil. Diss. Straßburg, Bonn 1890

LINDERS, Tullia: Studies in the Treasure Records of Artemis Brauronia Found in Athens (Acta Instituti Atheniensis Regni Sueciae, Series in 4°, XIX) Stockholm 1972

LIPPOLD, Georg: Rezension zu Franz STUDNICZKA, Artemis und Iphigenie..., Philologische Wochenschrift 47, 1927, 264ff.

LIPPOLD, Georg: Die griechische Plastik (Handbuch der Archäologie im Rahmen des Handbuchs der Altertumswissenschaft 3), München 1950

MARINATOS, Nanno: Kunst und Religion im alten Thera. Zur Rekonstruktion einer bronzezeitlichen Gesellschaft, Athen 1988 (aus dem Neugriechischen)

MARROU, Henri-Irénée: Geschichte der Erziehung im klassischen Altertum, Freiburg 1957 (Original: Histoire de l'éducation dans l'antiquité, Paris 1955)

MEIER, Christian: Politik und Anmut, Berlin 1985

MÖBIUS, Hans: Das Metroon in Agrai und sein Fries, AM 69/61, 1935/36, 234ff.

MÖBIUS, Hans: Eigenartige attische Grabreliefs, AM 81, 1966, 236ff. (betr. Mädchenkopf in Würzburg, 148f.)

MOMMSEN, August: Feste der Stadt Athen im Altertum, geordnet nach attischem Kalender; Leipzig 1898

MONTEPAONE, Claudia: L ἄρκτεία a Brauron, Studi Storico Religiosi 3, 1979, 343ff.

MÜLLER, Claudia: Kindheit und Jugend in der griechischen Frühzeit. Eine Studie zur pädagogischen Bedeutung von Riten und Kulten. (Focus Kritische Universität), Gießen 1990. (Der Titel des Buches impliziert die klassische Zeit. In Bezug auf Arrhephoria und Arkteia ist die Quellenbasis der Studie unvollständig.)

PALAIOKRASSA, Lydia: Τὸ ἱερὸ τῆς Ἀρτέμιδος Μουνιχίας, Phil. Diss. Saloniki 1983

PAPADIMITRIOU, Johannes: The Sanctuary of Artemis at Brauron, Scientific American 1963, 111ff.

PAPADIMITRIOU siehe „Brauron-Berichte"

PAPASPYRIDI-KAROUZOU, Semni: Ἡ τυφλὴ Ἄρκτος, ArchEphem 1957, 68ff.

PARKE, Herbert. W.: Athenische Feste (Kulturgeschichte der antiken Welt 38), Mainz 1987 (Original: Festivals of the Athenians, London 1977)

PERLMAN, Paula: Plato Laws 833C-834D and the Bears of Brauron, Greek, Roman and Byzantine Studies 24, 1983, 115ff.

POMEROY, Sarah B.: Goddesses, Whores, Wives and Slaves. Woman in Classical Antiquity, New York 1975

PRELLER, Ludwig: Griechische Mythologie, I-III, 4. Aufl. bearb. von Carl ROBERT, Berlin 1894-1926 (PRELLER / ROBERT)

von RANKE-GRAVES, Robert: Griechische Mythologie. Quellen und Deutung, Hamburg 1969. Neuausgabe.1987 (Original: GRAVES, R.: The Greek Myths, 1955)

RICHTER, Gisela M.A.: The Portraits of the Greeks, London 1965

ROBERT, Carl: Archaeologische Maerchen aus alter und neuer Zeit (Philologische Untersuchungen 10), Berlin 1886 (darin: Die Kultbilder der Brauronischen Artemis, 144ff.)

ROSCHER, Wilhelm Heinrich: Ausführliches Lexikon der Griechischen und Römischen Mythologie, Leipzig 1884-1937

ROSE, Herbert Jennings: Griechische Mythologie. Ein Handbuch, München 1969. 6. Aufl. 1982 (Original: A Handbook of Greek Mythology, London)

RÜHFEL, Hilde: Das Kind in der griechischen Kunst. Von der minoisch-mykenischen Zeit bis zum Hellenismus (Kulturgeschichte der antiken Welt 18), Mainz 1984

RÜHFEL, Hilde: Kinderleben im klassischen Athen. Bilder auf klassischen Vasen (Kulturgeschichte der antiken Welt 19), Mainz 1984

RÜHFEL, Hilde: Bilddokumente zur Paideia im antiken Athen, in: RITTELMEYER, Chr. / WIERSING, E. (Hrsg.): Bild und Bildung. Ikonologische Interpretationen vormoderner Dokumente von Erziehung und Bildung (Wolfenbütteler Forschungen 49) Wiesbaden 1991, 53ff.

RUMPF, Andreas: Attische Feste - Attische Vasen, Bonner Jahrbücher 161, 1961, 208ff.

SALE, William: The Temple-Legends of the Arkteia, RheinMus 118, 1975, 265ff.

SCHELP, Jochen: Das Kanoun der griechische Opferkorb (Beiträge zur Archäologie), Würzburg 1975

SCHMIDT, Regine: Die Darstellung von Kinderspielzeug und Kinderspiel in der griechischen Kunst (Raabser Märchen-Reihe 3) Wien 1977

SCHWEITZER, Bernhard: Studien zur Entstehung des Porträts bei den Griechen, Abh. der Philolog.-hist. Klasse d. Sächs. Akademie d. Wiss. 91 (4), 1940

SCHWEITZER, Bernhard: Das Menschenbild der griechischen Plastik, Potsdam 1947

SIMON, Erika: Die Geburt der Aphrodite, Berlin 1959

SIMON, Erika: Festivals of Attica. An Archaeological Commentary (Wisconsin Studies in Classics), Wisconsins/London 1983

SOLDERS, Severin: Die außerstädtischen Kulte und die Einigung Attikas, Phil. Diss. Lund 1931

SOURVINOU [-INWOOD], Christiane: Aristophanes, Lysistrata, 641-647; ClassQuart 21, 1971, 339ff.

SOURVINOU-INWOOD, Christiane: Studies in Girls' Transitions. Aspects of the arkteia and age representation in Attic iconography, Athen 1988

SPECHT, Edith: Schön zu sein und gut zu sein. Mädchenbildung und Frauensozialisation im antiken Greichenland (Reihe Frauenforschung Bd. 9) Wien 1989

STAUROPOULLOS, Phoebos D.: Τιμητικὸν ψήφισμα Ἁλων τῶν Ἀραφηνίδων, ArchDelt 1932, 30ff.

STEVENS, Gorham P.: The Periclean Entrance Court of the Acropolis of Aethens, Hesperia 5, 1936, 443ff. (darin: The Sanctuary of the Brauronian Artemis, 459ff.)

STEVENS, Gorham P.: The Setting of the Periclean Parthenon, Hesperia Suppl. III, 1940

STEVENS, Gorham P.: Architectural Studies Concerning the Acropolis of Athens, Hesperia 15, 1949, 73ff. (im selben Jahrgang weitere Studien des Verfassers zur Akropolis)

STIKAS, Eustathios: Ἀνασκαφὴ παλαιοχριστιανικῆς βασιλικῆς παρὰ τὴν Βραυρῶνα, PraktArchEt 1951 und folgende Jahrgänge

STINTON, T.C.W.: Iphigeneia and the Bears of Brauron, ClassQuart 26, 1976, 11ff.

STUDNICKA, Franz: Artemis und Iphigenie. Marmorgruppe der Ny Carlsberg Glyptothek, Abh. d. Philol.-hist. Klasse d. Sächs. Akademie d. Wiss. 37 (5), 1926

STUDNICZKA, Franz: Artemis und Iphigenie. Marmorgruppe der Ny Carlsberg Glyptothek, AD 4, 1931, 56ff.

SUCHIER, Hugo F.: De Diana Brauronia, Phil. Diss. Marburg 1847

SVORONOS, I.: Τὸ Μητρῷον τοῦ ᾿Ιλισοῦ καὶ ἡ ζωφόρος αὐτοῦ, JIAN 18, 1916, 1ff. (Die von Svoronos vorgenommene Gleichsetzung des Metroons in Agrai mit dem Tempel am Ilissos ist fraglich.)

SVORONOS, I.: Τέσσαρα αγάλματα θυγατρίων τοῦ Ἀσκληπιοῦ ἐκ τοῦ ἐν Αγρᾳ ιερου της Ειλειθυίας, ArchEphem 1917, 87ff.

„Tauropolos“ (OPPERMANN,), RE 2. Reihe IX 34-38 (auch RE III, 1399-1400 [„Artemis“])

THEMELIS, Petros G.: Brauron. Führer durch das Heiligtum und das Museum, Athen o.J.

THIERSCH, H.: Eros von Motye, JDAI 30, 1925, 179ff. (betr. Vergleichsfund Kopf aus Brauron, 191f.)

THREPSIADIS, J.: Ἀνασκαφικαὶ ἔρευναι ἐν Καστέλλᾳ τοῦ Πειραιῶς, PraktArchEt, 1935, 159ff.

THREPSIADIS, J.: Sanctuaire d'Artémis [Aristoboulè], BCH 83, 1955, 572ff.

THREPSIADIS, J.: Aulis [zusammengefasster Fundbericht], BCH 83, 1959, 682ff.

THREPSIADIS, J. / Vanderpool, E.: Themistokles' Sanctuary of Artemis Aristoboule, ArchDelt 19, 1964, 26ff.

TOMLINSON, R.A.: Greek Sanctuaries, London 1976

TRAVLOS, John: Bildlexikon zur Topographie des antiken Athen, Tübingen 1971

TRAVLOS, John: Τρεῖς ναοὶ τῆς Ἀρτέμιδος: Αὐλιδίας, Ταυροπόλου καί Βραυρωνίας, in: Neue Forschungen in griechischen Heiligtümern. Internationales Symposion in Olympia 1974, hrsg. von U. JANTZEN, Tübingen 1976, 197ff.

TRHÉHEUX, J.: Sur le nombre des statues cultuelles du Brauronion et la date de l'Artémis Brauronia de Praxitèle, RA 55, 1964, 1ff.

VORSTER, Christiane: Griechische Kinderstatuen, Phil. Diss. Bonn 1983

WAGNER, Beate: Zwischen Mythos und Realität. Die Frau in der frühgriechischen Gesellschaft, Frankfurt/Main 1982

WAGNER-HASEL, Beate (Hrsg.): Matriarchatstheorien der Alterumswissenschaft (Wege der Forschung 651), Darmstadt 1992

WECKLEIN, N.: ÄSCHYLOS Orestie mit erklärenden Anmerkungen, Leipzig 1888

von WILAMOWITZ-MOELLENDORFF, Ulrich: Die beiden Elektren, Hermes 18, 1883, 214ff. (Darin S. 249ff.: Excurs: Iphigeneia)

von WILAMOWITZ-MOELLENDORFF, Ulrich: ARISTOTELES und Athen I, II. Berlin 1893

von WILAMOWITZ-MOELLENDORFF, Ulrich: ARISTOPHANES Lysistrate erklärt ..., Berlin 1927

WILL, Ernest: Banquets et salles de banquet dans les cultes de la Grèce et de l'Empire romain, in: Mélanges d'histoire ancienne et d'archéologie offerts á Paul COLLART, Lausanne 1976, 353ff.

WINTER, Franz: Die Typen der figürlichen Terrakotten (Die antiken Terrakotten, hrsg. von R.K. v. STRADONITZ, III) Berlin 1903

ZOEPFEL, Renate: Geschlechtsreife und Legitimation zur Zeugung im alten Griechenland, in: Geschlechtsreife und Zeugung, hrsg. v. E.W. MÜLLER, Freiburg i. Br. 1985, 319

Zu Kap. III: **Symbolische Kräfte...**
Zu Kap. IV: **Eine Stadt und ihre Kinder**
Zu Kap. V: **Fortsetzung ohne Ende**

ALTENLOH, Ellen-Senta: Sakrale Außenkanzeln in Europa von der Romanik bis zur Gegenwart, Bonn 1985

ANTAL, Frederick: Die florentinische Malerei und ihr sozialer Hintergrund, Berlin 1958. (Original: Florentine painting and its social background. The bourgeois republic before Cosimo de'Medici's advent to power: XIV and early XV centuries, London 1947)

ARIÈS, Philippe: Geschichte der Kindheit, München 1975 (Original: L'enfant et la vie familiale sous l'ancien régime, Paris 1960)

ARNOLD, Klaus: Kind und Gesellschaft in Mittelalter und Renaissance. Beiräge und Texte zur Geschichte der Kindheit (Sammlung Zebra B2), Paderborn/München 1980

ARNOLD, Klaus: Mutter-Kind- und Familiendarstellungen in der Kunst des späten Mittelalters und der Renaisance. In: RITTELMEYER, Chr. / WIERSING, E. (Hrsg.): Bild und Bildung. Wiesbaden 1991, 173ff.

BAADER, Meike Sophia: Die romantische Idee des Kindes und der Kindheit. Auf der Suche nach der verlorenen Unschuld, Neuwied 1996

BANGE, Ernst Friedrich: Die italienischen Bronzen der Renaissance und des Barock, II: Reliefs und Plaketten (Staatliche Museen zu Berlin, Beschreibung der Bildwerke der christlichen Epochen, II), Berlin 3. Aufl. 1922

BAUCHHENSS, Gerhard / NEUMANN, Günter (Red.): Matronen und verwandte Gottheiten. Ergebnisse eines Kolloquiums veranstaltet von der Göttinger Akademiekommission für die Altertumskunde, Bonner Jahrbücher 44. Beiheft, 1987

BAXANDALL. Michael: Die Wirklichkeit der Bilder. Malerei und Erfahrung im Italien des 15. Jahrhunderts (STW), Frankfurt a.M. 2. Aufl. 1988. (Original: Painting and Experience in 15th Century Italy. A Primer in the Social History of Pictorial Style, Oxford 1972)

BEC, Christian: Les Marchands écrivains. Affaires et humanisme à Florence, 1375 - 1434 (Ecole pratique des hautes études, Paris, Vle section. Centre de recherches historiques. Publications Sér. Civilisations et sociétés IX), Paris 1967

BECK, Alfons Cl.M.: Genien und Niken als Engel in der altchristlichen Kunst, Phil.Diss. Gießen 1936

BENKO, Stephen: Protestanten, Katholiken und Maria. Eine kritische Darstellung der römisch-katholischen und der protestantischen Äußerungen zur Mariologie, Hamburg-Bergstedt 1972

BEREFELT, Gunnar: A Study on the Winged Angel. The Origin of a Motiv, Stockholm 1968

BLANKE, Dieter: Die Kindestötung in rechtlicher und kriminologischer Hinsicht, Jur.Diss. Kiel 1966

BLOCH, Marc / BRAUDEL, Fernand / FEBVRE, Lucien u.a.: Schrift und Materie der Geschichte. Vorschläge zur systematischen Aneignung historischer Prozesse, Frankfurt a.M. 1977

BLOCH, Peter: Madonnenbilder (Bilderhefte der Staatlichen Museen Preußischer Kulturbesitz XIV), Berlin 2. Aufl. 1984

BODE, Wilhelm: Die italienischen Skultpuren der Renaissance in den königlichen Museen zu Berlin III: Bildwerke des DONATELLO und seiner Schule, Jahrbuch der Königlich Preußischen Kunstsammlungen 5, 1884, 27ff.

BODE, Wilhelm: Luca della ROBBIA, Jahrbuch der Königlich Preußischen Kunstsammlungen 21, 1900, 1ff.

BODE, Wilhelm: Versuche der Ausbildung des Genre und der Putto in der Florentiner Plastik des Quattrocento. In: Jahrb.d.Königl.Preuß. Kunstsammlungen 9, 1890, 95ff. (Abdruck in: BODE, W.: Florentiner Bildhauer der Renaissance, Berlin 1902, 4. Aufl. 1921, S 227ff.)

BODE, Wilhelm: Florentiner Bildhauer der Renaissance, Berlin 1902 (4.Aufl. 1921)

BODE, Wilhelm / BRUCKMANN, Friedrich (Hrsg.): Denkmäler der Renaissance-Kultur Toscanas, München seit 1892

BREIDECKER, Volker: Florenz oder „Die Rede, die zum Auge spricht". Kunst, Fest und Macht im Ambiente der Stadt, München 1990

BRUCKER, Gene: Florenz in der Renaissance. Stadt, Gesellschaft, Kultur, Hamburg 1990 (Original: Renaissance Florence, New York 1969)

BRUCKER, Gene (Hrsg.): The Society of Renaissance Florence. A Documentary Study, New York 1971

BRUNI, Francesco: Storia dell' I.e R. Spedale di S.Maria degl' Innocenti di Firenze e di molti altri pii stabilimenti. 2 Bde; Bd.I Florenz 1819

BUCK, August: Studien zu Humanismus und Renaissance. Gesammelte Aufsätze aus den Jahren 1981 - 1990, hrsg. von B. GUTHMÜLLER, K. KOHUT und O. ROTH (Wolfenbütteler Abhandlungen zur Renaissanceforschung XI), Wiesbaden 1991

BUCK, August: Die „ottima madre di famiglia" in L.B. ALBERTIs „Libri della Famiglia", in: P.G. SCHMIDT (Hrsg.): Die Frau in der Renaissance (Wolfenbütteler Abhandlungen zur Renaissanceforschung XIV), Wiesbaden 1994, 9ff.

COHN, Samuel Klien, Jr.: The Laboring Classes in Renaissance Florence (Studies in Social Discontinuity), New York 1980

COLLARETA, Marco: DONATELLO in Toscsana. Itinerario (Hrsg. Associatione Amici del Bargello et.al.), Florenz 1985

DAVIS, Charles T.: Education in DANTE's Florence, Speculum 40, 1965, 415ff.

DOMESTICI, Fiamma: Die Künstlerfamilie della ROBBIA, Florenz (Scala) 1992

Kardinal Johannes DOMINICIs Erziehungslehre, hrsg. von Augustin RÖSLER (in: Bibliothek der katholischen Pädagogik 7 [zus.m.weiteren pädag.Schriften des 15.Jh.]), Freiburg i.Br. 1894. (Regola del governo di cura familiare; enstanden in Florenz zwischen 1400 und 1405. Hrsg. von Donato SALVI unter dem Titel: Regole del governo di cura familiare compilata dal Beato Giovanni DOMINICI dell' ordine de' frati Predecatori. Testo di lingua, Florenz 1860

FELBER, Alfons: Unzucht und Kindsmord in der Rechtsprechung der freien Reichsstadt Nördlingen vom 15. Bis 19. Jahrhundert, Jur.Diss. Bonn 1961

FOSSI, Gloria: Florenz. Blühende Metropole der Toskana, München 1987 (Original: Firenze. Itinerario storico-artistico nella cittá dell' Umanesimo, Mailand 1986)

GARIN, Eugenio (Hrsg.): Der Mensch der Renaissance, Frankfurt a.M./ New York 1990. (Original: L' Uomo del Rinascimento, Rom 1988)

GAVITT, Philip: Charity and Children in Renaissance Florence. The Ospedale degli Innocenti, 1410 - 1536 (Studies in Medieval and Early Modern Civilisation), Ann Arbor 1990

GENTILINI, Giancarlo: Andrea della ROBBIA, I Madonne (Lo specchio del Bargello) Florenz 1983

GLÄSER, Rudolf: Ein himmlischer Kindergarten. Putten und Amoretten, München 1939

GREIFENHAGEN, Adolf: Griechische Eroten, Berlin 1937

HEISER, Lothar: Die Engel im Glauben der Orthodoxie (Sophia. Quellen östlicher Theologie 13), Trier 1976

HERLIHY, David: Vieillir à Florence au Quattrocentto, Annales economies, sociétés, civilisations 24, 1969, 1338ff.

HERLIHY, David / KLAPISCH-ZUBER, Christiane: Tuscans and their Families. A Study of the Florentine Catastro of 1427, New Haven/London 1985. (Erstausgabe unter dem Titel: Les Toscans et leurs familles. Une étude du Catastro florentin de 1427, Paris 1978)

HUNECKE, Volker: Il tumulto dei Ciompi - 600 Jahre danach. Bemerkungen zum Forschungsstand, Quellen und Forschungen in italienischen Archiven und Bibliotheken LVIII, 1978, 360ff.

JANSON, H.W.: The Sculpture of DONATELLO, Incorporating the Notes and Photographs of the Late Jenö LÁNY; Bd. I: Plates; Bd. II: Critical Catalogue, Princeton/New Jersey 1957

KAUFFMANN, Hans: DONATELLO. Eine Einführung in sein Bilden und Denken, Berlin 1935

KECKS, Ronald G.: Madonna und Kind. Das häusliche Andachtbild im Florenz des 15. Jahrhunderts (Frankfurter Forschungen zur Kunst XV), Berlin 1988

KLAPISCH, Christiane: L'enfance en Toscana au début du XVe siécle, Annales de démographie historique 1973, 99ff.

KNUTH, Michael: Die Berliner „Maria mit dem Kind im Mantel" - ein Frühwerk DONATELLOs? Forschungen und Berichte (Staatliche Museen zu Berlin) 28, 1990, 201ff.

KÜPPERS, Leonhard (Hrsg.): Die Gottesmutter. Marienbild in Rheinland und in Westfalen, I, II, Recklinghausen 1974

LAAGER, Jacques: Geburt und Kindheit des Gottes in der griechischen Mythologie, Winterthur 1957

LANDINI, Placido: Istoria dell' oratoria di S. Maria del Bigallo e della venerabile compagnia della misericordia della città di Firenze, Florenz 1779 (nicht eingesehen)

LEISTE, Susanne: Studien zur Darstellung des Kindes und der Kindheit in der bildenden Kunst des ausgehenden Mittelalters und der frühen Neuzeit, Phil.Diss. Erlangen 1985

LISNER, Margrit: Luca della ROBBIA: Die Sängerkanzel, Stuttagart (Reclam), 1960

LÖHMER, Cornelia: Die Welt der Kinder im fünfzehnten Jahrhundert, Weinheim 1989

MANSELLI, Raoul: De DANTE à Coluccio Salutati: Discussions sur la pauvreté à Florence au XIVe siècle, in: MOLLAT, Michael (Hrsg.): Etudes sur l'histoire de la pauvreté (Publications de la Sorbonne - Etudes - VIII), Paris 1974, 637ff.

deMAUSE, Lloyd (Hrsg.): Hört ihr die Kinder weinen. Eine psychogenetische Geschichte der Kindheit (STW), Frankfurt a.M. 1977 (Original: The History of Childhood, New York 1974)

MÈLICH, Joan-Carles: Erziehung und Mythos. Überlegungen zur symbolischen Anthropologie und Pädagogik, Pädagogische Rundschau 51, 1997, 307ff.

MESSERER, Wilhelm: Kinder ohne Alter. Putten in der Kunst der Barockzeit, Regensburg 1962

MOLLENHAUER, Klaus: Streifzug durch fremdes Terrain: Interpratation eines Bildes aus dem Quattrocento in bildungstheoretischer Absicht, Zeitschrift für Pädagogik 29, 1983, 173ff.

MOLLENHAUER, Klaus: Ein Jesusknabe um 1280 [DUCCIO, Madonna di Crevole], Informationen zur erziehungs- und bildungshistorischen Forschung 31, 1987, 133ff.

MOLLENHAUER, Klaus: Vergessene Zusammenhänge. Über Kultur und Erziehung, Weinheim /München 3. Aufl. 1991

NORDEN, Eduard: Die Geburt des Kindes. Geschichte einer religiösen Idee, Stuttgart 1924

„Nutrix, Nutrices" (v. PETRIKOVITS), RE XVII (1937), 1500ff.

ORIGO, Iris: The Domestic Enemy: Eastern Slaves in Tuscany in the Fourteenth and Fifteenth Centuries, Speculum 30, 1955, 321ff.

PANOFSKY, Erwin: Studien zur Ikonologie. Humanistische Themen in der Kunst der Renaissance, Köln 1980. (Original: Studies in Iconology, New York 1972)

PASSERINI, L.: Storia degli stabilimenti di beneficenza e di istruzione elementare gratuita della citta di Firenze, Florenz 1853. (Darin: Notizie storiche dello Spedale degl'Innocenti di Firenze dall'epoca della sua fondazione...)

v. PETRIKOVITS, Harald: Ein Mädchenkopf und andere Plastiken aus dem Heiligen Bezirk in Zingsheim, Bonner Jahrbücher 165, 1965, S. 192ff. (Der Beitrag enthält eine Erörterung über mütterliche Göttinnen nebst einem Katalog über west- und mitteleuropäische Funde)

PIPER, Ernst: Der Aufstand der Ciompi. Über den „Tumult", den die Wollarbeiter im Florenz der Frührenaissance anzettelten, Berlin 1990 (Erstausgabe 1978). (Verf. zitiert in den Literaturhinweisen S. 126 die unveröffentlichte Magisterarbeit von W. NOCKE „Der Ciompi-Aufstand im Rahmen der florentinischen Sozialentwicklung", Bochum 1978, welche den neuesten Forschungsstand repräsentiere und der sein Buch am meisten verdanke.)

PLANISCIG, Leo: DONATELLO, Wien 3. Aufl. 1939

PLANISCIG, Leo: Luca della ROBBIA, Wien 2. Aufl. 1940

POPE-HENNESSY, John: Luca della ROBBIA, Oxford 1980

POPE-HENNESSY, John: The Study and Criticism of Italian Sculpture, New York (The Metropolitan Museum of Art) 1980

POPE-HENNESSY, John: DANATELLO. Mit Aufnahmen von Liberto PERUGI und Werkkommentaren von Giovanna RAGIONIERI, Berlin 1986. (Original in Italienisch Florenz 1985)

PROKOPP, Mária: Pietro und Ambrogio LORENZETTI, Berlin 1985 (Original: Pietro és Ambrogio LORENZETTI, Budapest 1984)

RITTELMEYER, Christian / WIERSING, Erhard (Hrsg.): Bild und Bildung. Ikonologische Interpretationen vormoderner Dokumente von Erziehung und Bildung (Wolfenbütteler Forschungen IL), Wiesbaden 1991

de LA RONCIERE, Charles-M.: Pauvres et pauvreté à Florence au XIVe sieclè, in: MOLLAT, Michael (Hrsg.): Etudes sur l'histoire de la pauvreté (Publications de la Sorbonne - Etudes - VIII), Paris 1974, 661ff.

ROSENAUER, Artur: Studien zum frühen DONATELLO. Skultpur im projetiven Raum der Neuzeit (Wiener kunstgeschichtliche Forschungen III), Wien 1975

ROSENBERG, Alfons: Engel und Dämonen. Gestaltwandel eines Urbildes, München 1967

ROSS, James Bruce: Das Bürgerkind in den italienischen Stadtkulturen zwischen dem vierzehnten und dem frühen sechzehnten Jahrhundert. In: deMAUSE, Lloyd (Hrsg.): Hört ihr die Kinder weinen (1977) 263ff.

SAALMAN, Howard: The Bigallo. The Oratory and Residence of the Compagnia del Bigallo e della Misericordia in Florence, New York 1969

SCHAUERTE, Günther: Terrakotten mütterlicher Gottheiten. Formen und Werkstätten rheinischer und gallischer Tonstatuetten der römischen Kaiserzeit, Bonner Jahrbücher 45. Beiheft, 1985

SCHLEGEL, Ursula: Zu DONATELLO und Desiderio da SETTIGNANO. Beobachtungen zur physiognomischen Gestaltung im Quattrocento, Jahrbuch der Berliner Museen 9, 1967, 135ff.

SCHLEGEL, Ursula: Italienische Skulpturen. Ein Gang durch die Berliner Skulpturengalerie (Bilderhefte der Staatlichen Museen Preußischer Kulturbesitz 60/61), Berlin 1989. (1933 erschien bereits eine von den Staatlichen Museen in Berlin herausgegebene Schrift „Italienische Skulpturen im Kaiser Friedrich Museum")

SCHMIDT, Theun-Matthias - KRUMMREY, Hans: Zwei römische Sarkophage (Aus den Sammlungen der Winckelmann-Gesellschaft in Stendal II), Stendal 1988

SCHNEEMELCHER, Wilhelm (Hrsg.): Neutestamentliche Apokryphen in deutscher Übersetzung. Von Edgar HENNECKE begründete Sammlung, I. Evangelien, Tübingen 6. Aufl. 1990. (Darin u.a.: Protoevangelium des Jakobus)

SCHOTTMÜLLER, Frida: Die italienischen und spanischen Bildwerke der Renaissance und des Barock, Bd. I: Die Bildwerke in Stein, Holz, Ton und Wachs (Staatliche Museen zu Berlin, Bildwerke des Kaiser-Friedrich Museums), Berlin 2. Aufl. 1933

SCHUBRING, Paul: Luca della ROBBIA und seine Familie, Bielefeld/Leipzig 1905

SCHWARZ, Manfred: Die Kindestötung (Wechselnde Beurteilung von Straftaten in Kultur und Recht I), Berlin 1935

SCHWARZENAU, Paul: Das göttliche Kind. Der Mythos vom Neubeginn, Stuttgart 1984

SETTESOLDI, Enzo: DONATELLO und die Opera del Duomo in Florenz, Florenz (Scala) 1986

SÖLDNER, Magdalene: Untersuchungen zu liegenden Eroten in der hellenistischen und römischen Kunst I, II, Frankfurt a.M. 1986

STAATLICHE MUSEEN IN BERLIN: Italienische Skulpturen im Kaiser Friedrich Museum. Achtzig Abbildungen, Berlin 1933

TREXLER, Richard C.: The Foundlings of Florence 1395 - 1455, History of Childhood Quarterly 1973, Vol. 1, S.258ff.

TREXLER, Richard C.: Infanticide in Florence: New Sources and First Results, History of Childhood Quarterly 1973, 1, S.99ff.

TREXLER, Richard C.: Ritual in Florence: Adolescence and Salvation in the Renaissance, in: TRINKAUS, Charles / OBERMAN, Heiko A. (Hrsg.): The Pursuit of Holyness in Late Medieval and Renaissance Religion, Leiden 1974, 200ff.

TREXLER, Richard C.: Public Life in Renaissance Florence (Studies in Social Discontinuity), New York 1980

TRINKAUS, Charles / OBERMAN, Heiko A. (Hrsg.): The Pursuit of Holyness in Late Medieval and Renaissance Religion. Papers from University of Michigan Conference (Studies in Medieval and Reformation Thought X), Leiden 1974

VERLINDEN, Charles: L'sclavage dans l'Europe medievale II: Italie, colonies italiennes du Levant, Levant latin, Empire byzantin, Gent 1977

WÄCHTERSHÄUSER, Wilhelm: Das Verbrechen des Kindesmordes im Zeitalter der Aufklärung. Eine rechtgeschichtliche Untersuchung der dogmatischen, prozessualen und rechtssoziologischen Aspekte (Quellen und Forschungen zur Strafrechtsgeschichte III), Berlin 1973

WEINSTEIN, Donald: Critical Issues in the Study of Civic Religion in Renaissance Florenz, in: TRINKAUS, Ch. / OBERMAN, H. (Hrsg.): The Pursuit of Holyness in Late Mediaval and Renaissance Religion, Leiden 1974, 265ff.

WILSON, Peter Lamborn: Engel, Stuttgart 1981 (Origianal in Englisch London 1980)

ZSCHELLETZSCHKY, Herbert: Das graphische Werk Heinrich ALDERGREVERs. Ein Beitrag zu seinem Stil im Rahmen der deutschen Stilentwicklung (Studien zur deutschen Kunstgeschichte 292), Straßburg 1933

Zum Namenregister:

Vermerkt sind

- *Namen von Personen, Gestalten, Gruppen und Völkern aus Mythologie, Religion und Geschichte bis zum Ausgang der Renaissance-Epoche (in kursiver Schrift)*
- Namen von PERSONEN / AUTOREN bis zur Gegenwart

NAMENREGISTER

REGISTER DER GEOGRAPHISCHEN UND HISTORISCHEN BEZEICHNUNGEN

Orte, Lokalitäten, Gebiete und Länder, einschließlich der betreffenden Einwohner